Le Nouveau Testament

Traduction revue sur l'original grec
pour la diffusion de l'Évangile

Éditions "La Bonne Semence"
2011

Bibles et Publications Chrétiennes
30 rue Châteauvert
CS 40335
26003 Valence Cedex
FRANCE

Au lecteur

La Bible est la Parole de Dieu. Par elle, Dieu a révélé ce qu'il est et ses pensées aux hommes, ses créatures. Il l'a fait écrire par plusieurs d'entre eux, guidés par le Saint Esprit. L'ensemble de ces textes constitue "Les Saintes Ecritures".

La Bible se compose de deux parties :

- *L'Ancien Testament nous présente les origines de l'humanité et ses caractères moraux tout au long de son histoire. Écrit bien avant la naissance de Jésus Christ, il annonce sa venue sur la terre. Les textes de l'Ancien Testament nous montrent comment, jusque-là, Dieu s'est occupé des hommes et particulièrement d'un peuple : Israël.*
- *Le Nouveau Testament, que vous avez entre les mains, a été écrit quelques dizaines d'années après la mort et la résurrection de Jésus Christ, il y a environ 2000 ans. Il est composé de 27 parties appelées "livres".*

Les quatre premiers livres, les Évangiles, chacun sous un éclairage complémentaire, retracent la vie sur la terre de Jésus Christ, le Fils de Dieu. Homme parfait, sans péché, il a marché de lieu en lieu, faisant du bien. Rejeté par l'humanité, il a accepté de mourir sur une croix pour délivrer de leurs péchés ceux qui croient en lui.

L'Évangile (mot qui signifie : la bonne nouvelle) pourrait se résumer par ces trois citations de l'Évangile selon Jean :

- "Dieu a tant aimé le monde qu'il a donné son Fils unique, afin que quiconque croit en lui ne périsse pas, mais qu'il ait la vie éternelle." *(page 216)*
- "Moi (Jésus), je suis le chemin, la vérité et la vie ; personne ne vient au Père si ce n'est par moi." *(page 251)*
- "Mais tout cela a été écrit afin que vous croyiez que Jésus est le Christ, le Fils de Dieu, et qu'en croyant vous ayez la vie par son nom." *(page 267)*

Les autres livres du Nouveau Testament complètent et développent ce que sont la foi et l'espérance chrétiennes. Un bref résumé en est donné dans les Annexes (page 601).

Comme tous les livres de la Bible, les livres du Nouveau Testament sont divisés en chapitres. Le premier livre, l'évangile selon Matthieu, comprend 28 chapitres. Ils sont eux-mêmes subdivisés en versets numérotés en marge. Cette division permet de situer exactement une citation de la Bible. L'indication : Matthieu 11. 28, par exemple, renvoie à l'évangile de Matthieu, chapitre 11, verset 28 (page 32).

Les signes ° ᵅ ᵖ placés à la fin d'un mot renvoient à l'Index (page 607), pour une explication de ce mot.

*L'astérisque (*) placé après le mot "Seigneur" signifie que ce nom correspond à l'Éternel de l'Ancien Testament.*

Les textes entre guillemets sont généralement des citations de l'Ancien Testament.

Abréviations :

A. T. : Ancien Testament
c.-à-d. : c'est-à-dire
comp. : comparer
env. : environ
litt. : littéralement
mss. : manuscrits
N. T. : Nouveau Testament
pl. : plusieurs
qq. : quelques
qqs. : quelques-uns
v. : verset

Table des matières

Évangile selon Matthieu

Livre de la généalogie de Jésus Christ°, fils[a] de 1
David, fils[a] d'Abraham : Abraham engendra Isaac ; 2
Isaac engendra Jacob ; Jacob engendra Juda et ses
frères ; Juda engendra Pharès et Zara, de Thamar ; 3
Pharès engendra Esrom ; Esrom engendra Aram ;
Aram engendra Aminadab ; Aminadab engendra 4
Naasson ; Naasson engendra Salmon ; Salmon en- 5
gendra Booz, de Rachab ; Booz engendra Obed, de
Ruth ; Obed engendra Jessé ; Jessé engendra David, 6
le roi ; David engendra Salomon, de celle qui avait
été femme d'Urie ; Salomon engendra Roboam ; 7
Roboam engendra Abia ; Abia engendra Asa ; Asa 8
engendra Josaphat ; Josaphat engendra Joram ; Joram engendra Ozias ; Ozias engendra Joatham ; 9
Joatham engendra Achaz ; Achaz engendra Ézéchias ; Ézéchias engendra Manassé ; Manassé en- 10
gendra Amon ; Amon engendra Josias ; Josias en- 11
gendra Jéchonias et ses frères, au temps de la
déportation à Babylone ; après la déportation à Ba- 12
bylone, Jéchonias engendra Salathiel ; Salathiel
engendra Zorobabel ; Zorobabel engendra Abiud ; 13
Abiud engendra Éliakim ; Éliakim engendra Azor ;
Azor engendra Sadok ; Sadok engendra Achim ; 14
Achim engendra Éliud ; Éliud engendra Éléazar ; 15
Éléazar engendra Matthan ; Matthan engendra Jacob ; Jacob engendra Joseph, l'époux de Marie, de 16
laquelle est né Jésus, qui est appelé Christ°.

Ainsi, toutes les générations depuis Abraham 17
jusqu'à David : quatorze générations ; depuis David jusqu'à la déportation à Babylone : quatorze
générations ; depuis la déportation à Babylone jusqu'au Christ : quatorze générations.

Or voici comment arriva la naissance de Jésus 18
Christ : Marie, sa mère, était fiancée à Joseph ;
avant qu'ils soient ensemble, elle se trouva enceinte par l'Esprit Saint°. Joseph, son mari, qui 19

---

a • *au sens large* : descendant.

était juste et ne voulait pas l'exposer à la réprobation publique, se proposa de la répudier en secret.
20 Mais comme il y réfléchissait, voici, un ange du Seigneur* lui apparut en songe *et lui dit* :
–Joseph, fils[a] de David, ne crains pas de prendre auprès de toi Marie ta femme, car ce qui a été
21 conçu en elle est de l'Esprit Saint; elle enfantera un fils et tu l'appelleras du nom de Jésus[b], car c'est lui qui sauvera son peuple de leurs péchés.
22 Or tout cela arriva afin que soit accompli ce que le
23 Seigneur* avait dit par le prophète : "Voici, la vierge sera enceinte et enfantera un fils, et on l'appellera du nom d'Emmanuel"[c], qui se traduit :
24 Dieu avec nous. Réveillé de son sommeil, Joseph fit comme l'ange du Seigneur* le lui avait or-
25 donné : il prit sa femme auprès de lui, mais il ne la connut pas jusqu'à ce qu'elle ait enfanté son fils premier-né ; et il l'appela du nom de Jésus.

2 Après que Jésus fut né à Bethléem de Judée, aux jours du roi Hérode°, voici, des mages arrivèrent
2 de l'Orient à Jérusalem et dirent :
–Où est le roi des Juifs qui a été mis au monde ? Car nous avons vu son étoile en orient et nous sommes venus lui rendre hommage.
3 L'ayant appris, le roi Hérode fut troublé et tout Jé-
4 rusalem avec lui; il assembla tous les principaux sacrificateurs° et scribes° du peuple et leur de-
5 manda où devait naître le Christ°. Ils lui dirent :
–À Bethléem de Judée; car il est ainsi écrit par
6 le prophète : "Et toi, Bethléem, terre de Juda, tu n'es nullement le plus petit des chefs-lieux de Juda, car c'est de toi que sortira un conducteur qui fera paître mon peuple Israël"[d].
7 Alors Hérode appela secrètement les mages et s'informa exactement auprès d'eux du temps où

---

a• *au sens large* : descendant. – b• Jésus°, *transcription de l'hébreu :* Jéshua *ou* Joshua (Nombres 13. 17 ; Aggée 1. 1) : "L'Éternel (est) Sauveur." – c• Ésaïe 7. 14. – d• Michée 5. 2.

apparaissait l'étoile ; puis il les envoya à Bethléem 8
en disant :

– Allez vous renseigner exactement au sujet du petit enfant ; et quand vous l'aurez trouvé, faites-le-moi savoir, pour que moi aussi j'aille lui rendre hommage.

Après avoir entendu le roi, ils partirent ; et voici, 9
l'étoile qu'ils avaient vue en orient allait devant
eux, jusqu'au moment où elle vint s'arrêter au-dessus du lieu où était le petit enfant. Quand ils virent 10
l'étoile, ils se réjouirent d'une très grande joie.
Une fois entrés dans la maison, ils virent le petit 11
enfant avec Marie sa mère ; alors, se prosternant,
ils lui rendirent hommage ; ils ouvrirent leurs trésors et lui offrirent des dons : de l'or, de l'encens
et de la myrrhe°. Mais, avertis divinement en 12
songe de ne pas retourner vers Hérode, ils se retirèrent dans leur pays par un autre chemin.

Après leur départ, voici, un ange du Seigneur* 13
apparaît en songe à Joseph et lui dit :

– Lève-toi, prends le petit enfant et sa mère, fuis en Égypte et demeure là jusqu'à ce que je te le dise ; car Hérode va chercher le petit enfant pour le faire périr.

Joseph se leva, prit de nuit le petit enfant et sa 14
mère et se retira en Égypte. Et il fut là jusqu'à la 15
mort d'Hérode, afin que soit accompli ce que le
Seigneur* avait dit par le prophète : "J'ai appelé
mon fils hors d'Égypte"[a]. Quand Hérode vit que 16
les mages s'étaient joués de lui, il fut très en colère ; il envoya tuer tous les garçons qui étaient
dans Bethléem et dans tout son territoire, depuis
l'âge de deux ans et au-dessous, d'après le temps
qu'il s'était fait préciser par les mages. Alors fut ac- 17
compli ce qui a été dit par le prophète Jérémie :
"Une voix a été entendue à Rama, des pleurs et de 18
grands gémissements : c'est Rachel pleurant ses
enfants ; et elle n'a pas voulu être consolée, parce
qu'ils ne sont plus"[b].

---

a• Osée 11. 1. – b• Jérémie 31. 15.

19 Après la mort d'Hérode, voici, un ange du Sei-
20 gneur* apparaît en songe à Joseph, en Égypte, et
lui dit :
– Lève-toi, prends le petit enfant et sa mère, et
va dans la terre d'Israël ; car ils sont morts, ceux
qui en voulaient à la vie du petit enfant.
21 Il se leva, prit le petit enfant et sa mère, et vint
22 dans la terre d'Israël. Mais ayant appris qu'Archélaüs régnait en Judée° à la place d'Hérode° son
père, il craignit d'y aller ; averti divinement en
23 songe, il se retira dans la région de la Galilée° et
vint habiter dans une ville appelée Nazareth, de
sorte que soit accompli ce qui avait été dit par les
prophètes : "Il sera appelé Nazaréen".

3 En ces jours-là arrive Jean le Baptiseur, qui prê-
2 chait dans le désert de la Judée° et disait :
– Repentez-vous°, car le royaume des cieux s'est
approché.
3 C'est en effet celui dont le prophète Ésaïe a parlé
quand il dit : "Voix de celui qui crie dans le désert :
Préparez le chemin du Seigneur*, faites droits ses
4 sentiers"[a]. Jean lui-même avait un vêtement de
poil de chameau et une ceinture de cuir autour
des reins ; il se nourrissait de sauterelles et de miel
sauvage.
5 Alors Jérusalem, toute la Judée et tout le pays
6 des environs du Jourdain sortaient vers lui ; ils
étaient baptisés par lui dans le Jourdain, confessant leurs péchés.
7 En voyant beaucoup de pharisiens° et de saddu-
céens° venir à son baptême, il leur dit :
– Race de vipères, qui vous a avertis de fuir la co-
8 lère qui vient ? Produisez donc du fruit qui
9 convienne à la repentance° ; et ne vous avisez pas
de dire en vous-mêmes : Nous avons Abraham
pour père ; car je vous dis que Dieu peut, de ces
10 pierres, susciter des enfants à Abraham. Déjà la cognée est mise à la racine des arbres ; tout arbre

---

a • Ésaïe 40. 3.

donc qui ne produit pas de bon fruit est coupé et
jeté au feu. Moi, je vous baptise d'eau pour la re- 11
pentance ; mais celui qui vient après moi est plus
puissant que moi, et je ne suis pas digne de porter[a]
ses sandales : lui vous baptisera de l'Esprit Saint et
de feu. Il a son van° dans sa main ; il nettoiera en- 12
tièrement son aire et assemblera son froment dans
le grenier ; mais il brûlera la balle au feu qui ne
s'éteint pas.

Alors Jésus vient de Galilée° au Jourdain, auprès 13
de Jean, pour être baptisé par lui ; mais Jean lui ré- 14
sistait en disant :

– C'est moi qui ai besoin d'être baptisé par toi, et
c'est toi qui viens à moi ! Mais Jésus lui répondit : 15

– Laisse faire maintenant, car ainsi il nous est
convenable d'accomplir toute justice.
Alors il le laisse faire. Après avoir été baptisé, Jésus 16
remonta aussitôt de l'eau. Et voici, les cieux lui furent ouverts, et il vit l'Esprit° de Dieu descendre
comme une colombe, et venir sur lui. Et voici une 17
voix qui venait des cieux :

– Celui-ci est mon Fils bien-aimé, en qui j'ai
trouvé mon plaisir.

Alors Jésus fut emmené dans le désert par l'Es- **4**
prit pour être tenté par le diable. Il jeûna quarante 2
jours et quarante nuits, après quoi il eut faim. Le 3
tentateur s'approcha de lui et dit :

– Si tu es Fils de Dieu, dis que ces pierres deviennent des pains. Mais il répondit : 4

– Il est écrit : "L'homme° ne vivra pas de pain
seulement, mais de toute parole qui sort de la bouche de Dieu"[b].

Alors le diable le transporte dans la ville sainte, 5
et le place sur le faîte du temple, et lui dit : 6

– Si tu es Fils de Dieu, jette-toi en bas, car il est
écrit : "Il donnera des ordres à ses anges à ton sujet, et ils te porteront sur leurs mains, de peur que

a• *ou* : d'enlever. – b• Deutéronome 8. 3.

7 tu ne heurtes ton pied contre une pierre"[a]. Jésus
lui dit :

–Il est encore écrit : "Tu ne tenteras pas le Seigneur* ton Dieu"[b].

8 Encore, le diable le transporte sur une très
haute montagne ; il lui montre tous les royaumes
9 du monde et leur gloire, et il lui dit :

–Tout cela, je te le donnerai si, te prosternant,
10 tu me rends hommage. Alors Jésus lui dit :

–Va-t'en, Satan, car il est écrit : "Tu rendras
hommage au Seigneur* ton Dieu, et tu le serviras°
lui seul"[c].

11 Alors le diable le laisse ; et voici, des anges s'approchèrent, et ils le servaient.

12 Ayant appris que Jean avait été livré, Jésus se re-
13 tira en Galilée° ; il quitta Nazareth et alla demeurer à Capernaüm, qui est au bord de la mer[d], sur
14 les territoires de Zabulon et de Nephthali, afin
que soit accompli ce qui avait été dit par le pro-
15 phète Ésaïe : "Terre de Zabulon, et terre de Nephthali, chemin de la mer au-delà du Jourdain, Gali-
16 lée des nations° : le peuple qui était assis dans les
ténèbres a vu une grande lumière ; et sur ceux qui
étaient assis dans la région et dans l'ombre de la
17 mort, une lumière s'est levée"[e]. Dès lors, Jésus
commença à prêcher et à dire :

–Repentez-vous°, car le royaume des cieux s'est
approché.

18 Comme il marchait le long de la mer de Galilée,
il vit deux frères, Simon appelé Pierre, et André
son frère, qui jetaient un filet dans la mer, car ils
19 étaient pêcheurs. Il leur dit :

–Venez après moi, et je ferai de vous des pêcheurs d'hommes.

20 Aussitôt, ils laissèrent leurs filets et le suivirent. Il
21 passa plus loin et vit deux autres frères, Jacques°,
le fils de Zébédée, et Jean son frère, dans la barque

---

a• Psaume 91. 11-12. – b• Deutéronome 6. 16. – c• Deutéronome 6. 13. – d• *mer de Galilée, ou mer de Tibériade, ou lac de Génésareth* (Jean 6. 1 ; Luc 5. 1). – e• Ésaïe 9. 1-2.

avec Zébédée leur père, en train de raccommoder
leurs filets, et il les appela. Aussitôt, laissant la 22
barque et leur père, ils le suivirent.
Jésus parcourait toute la Galilée, enseignant 23
dans leurs synagogues°, proclamant l'évangile° du
royaume et guérissant toute maladie et toute infirmité parmi le peuple. Sa renommée se répandit 24
dans toute la Syrie ; on lui amena tous ceux qui se
portaient mal, qui étaient affligés de diverses maladies et de divers tourments : démoniaques°, luna-
tiques[a], paralysés, et il les guérit. De grandes fou- 25
les le suivirent de la Galilée, de la Décapole°, de
Jérusalem, de la Judée° et de l'autre côté du Jourdain.

Voyant les foules, il monta sur la montagne. **5**
Lorsqu'il se fut assis, ses disciples s'approchèrent
de lui ; et ouvrant la bouche, il les enseignait : 2
Bienheureux les humbles[b] en esprit, car c'est à 3
eux qu'est le royaume des cieux.
Bienheureux ceux qui mènent deuil, car c'est 4
eux qui seront consolés.
Bienheureux les débonnaires[c], car c'est eux qui 5
hériteront de la terre.
Bienheureux ceux qui ont faim et soif de la jus- 6
tice, car c'est eux qui seront rassasiés.
Bienheureux les miséricordieux, car c'est à eux 7
que miséricorde sera faite.
Bienheureux ceux qui sont purs de cœur, car 8
c'est eux qui verront Dieu.
Bienheureux ceux qui procurent la paix, car 9
c'est eux qui seront appelés fils de Dieu.
Bienheureux ceux qui sont persécutés à cause 10
de la justice, car c'est à eux qu'est le royaume des
cieux.
Bienheureux, vous l'êtes quand on vous inju- 11
riera, qu'on vous persécutera et qu'on dira, en

---

a• *malades souffrant de crises à caractère épileptique.* – b• *litt. :* pauvres. – c• *ceux qui sont doux (comp.* 11. 29 et 21. 5).

mentant, toute espèce de mal contre vous, à cause
de moi.
12 Réjouissez-vous et tressaillez de joie, parce que votre récompense est grande dans les cieux ; car c'est
ainsi qu'on a persécuté les prophètes qui ont été
avant vous.
13 Vous êtes le sel de la terre. Mais si le sel a perdu
sa saveur, avec quoi sera-t-il salé ? Il n'est plus bon
à rien qu'à être jeté dehors et foulé aux pieds par
les hommes.
14 Vous êtes la lumière du monde. Une ville située
au sommet d'une montagne ne peut pas être ca-
15 chée. On n'allume pas non plus une lampe pour la
mettre ensuite sous le boisseau°, mais sur le pied
de lampe ; et elle brille pour tous ceux qui sont
16 dans la maison. Que votre lumière brille ainsi devant les hommes, afin qu'ils voient vos bonnes œuvres et qu'ils glorifient votre Père qui est dans les
cieux.
17 Ne pensez pas que je sois venu pour abolir la
Loi[a] ou les Prophètes : je ne suis pas venu pour
18 abolir, mais pour accomplir ; car, en vérité°, je
vous le dis : Jusqu'à ce que le ciel et la terre passent, un seul iota ou un seul trait de lettre[b] ne pas-
19 sera pas de la Loi, que tout ne soit arrivé. Dès lors,
quiconque aura supprimé[c] l'un de ces plus petits
commandements° et aura enseigné ainsi les hommes, sera appelé le plus petit dans le royaume des
cieux ; mais quiconque l'aura pratiqué et enseigné,
celui-là sera appelé grand dans le royaume des
20 cieux. Car je vous le dis : si votre justice ne surpasse pas celle des scribes° et des pharisiens°,
vous n'entrerez pas dans le royaume des cieux.
21 Vous avez entendu qu'il a été dit aux anciens° :
"Tu ne tueras pas"[d] ; et celui qui tuera sera pas-

---

a• *la Loi° donnée par Dieu à Israël (les dix commandements), et, par extension, les cinq premiers livres de l'A. T., qui la contiennent. Les Prophètes sont une deuxième partie de l'A. T. ; voir note en* Luc 24. 44. – b• iota *en grec : notre i, la plus petite lettre à écrire* ; trait de lettre : *autre signe de l'écriture, tel un accent ou un point.* – c• *ou* : violé. – d• Exode 20. 13.

sible du jugement. Mais moi, je vous dis que qui- 22
conque se met en colère légèrement contre son
frère sera passible du jugement; celui qui dira à
son frère : “raca”[a], sera passible du jugement du
sanhédrin° ; et celui qui dira : “fou”, sera passible
de la géhenne° du feu. Si donc tu présentes ton of- 23
frande à l’autel et que là tu te souviennes que ton
frère a quelque chose contre toi, laisse là ton of- 24
frande devant l’autel, et va d’abord, réconcilie-toi
avec ton frère; et alors viens présenter ton offrande. Mets-toi rapidement d’accord avec ta par- 25
tie adverse pendant que tu es en chemin avec elle,
de peur que ta partie adverse ne te livre au juge,
que le juge ne te livre au gendarme et que tu ne
sois jeté en prison; en vérité, je te le dis : Tu ne sor- 26
tiras pas de là jusqu’à ce que tu aies payé le dernier
quart d’un sou.

Vous avez entendu qu’il a été dit : “Tu ne com- 27
mettras pas d’adultère”[b]. Mais moi, je vous dis : 28
Quiconque regarde une femme pour la convoiter
a déjà commis l’adultère avec elle dans son cœur.
Si ton œil droit est pour toi une occasion de 29
chute°, arrache-le et jette-le loin de toi; car il est
avantageux pour toi qu’un de tes membres périsse
et que tout ton corps ne soit pas jeté dans la gé-
henne°. Si ta main droite est pour toi une occasion 30
de chute, coupe-la et jette-la loin de toi; car il est
avantageux pour toi qu’un de tes membres périsse
et que tout ton corps ne s’en aille pas dans la géhenne.

Il a été dit aussi : “Si quelqu’un répudie sa 31
femme, qu’il lui donne une lettre de divorce”[c].
Mais moi, je vous dis que quiconque répudiera sa 32
femme, si ce n’est pour cause de fornication°, l’expose à commettre l’adultère; et celui qui épousera
une femme répudiée commet l’adultère.

Vous avez encore entendu qu’il a été dit aux an- 33
ciens° : “Tu ne te parjureras pas, mais tu t’acquit-

---

a• *mot araméen très méprisant (exemple : stupide, vaurien).* –
b• Exode 20. 14. – c• *voir* Deutéronome 24. 1.

34 teras envers le Seigneur* de tes serments"[a]. Mais
moi, je vous dis de ne pas jurer du tout; ni par le
35 ciel, car il est le trône de Dieu; ni par la terre, car
elle est le marchepied de ses pieds; ni par Jérusa-
36 lem, car elle est la ville du grand Roi. Tu ne jureras
pas non plus par ta tête, car tu ne peux pas faire
37 blanc ou noir un cheveu. Mais que votre parole
soit oui : oui, et votre non : non; car ce qui est de
plus provient du mal[b].

38 Vous avez entendu qu'il a été dit : "Œil pour
39 œil, et dent pour dent"[c]. Mais moi, je vous dis :
Ne résistez pas au mal; au contraire, si quelqu'un
te frappe sur la joue droite, présente-lui aussi l'au-
40 tre; à celui qui veut plaider contre toi et prendre
41 ta tunique, laisse-lui aussi le manteau; et si quelqu'un veut te contraindre à faire un mille°, fais-en
42 deux avec lui. Donne à qui te demande, et ne te
détourne pas de celui qui veut emprunter de toi.

43 Vous avez entendu qu'il a été dit : "Tu aimeras
44 ton prochain°"[d] et tu haïras ton ennemi. Mais
moi, je vous dis : Aimez vos ennemis, et priez
45 pour ceux qui vous persécutent; ainsi vous serez
les fils de votre Père qui est dans les cieux, car il
fait lever son soleil sur les méchants et sur les
bons, et envoie sa pluie sur les justes et sur les in-
46 justes. Car si vous aimez ceux qui vous aiment,
quelle récompense avez-vous? Les publicains°
47 même n'en font-ils pas autant? Et si vous saluez
vos frères seulement, que faites-vous de plus que
les autres? Les gens des nations° même ne font-ils
48 pas ainsi? Vous, soyez donc parfaits, comme votre
Père céleste est parfait.

6 Gardez-vous de faire votre aumône devant les
hommes, pour être vus par eux; autrement vous
n'avez pas de récompense auprès de votre Père
2 qui est dans les cieux. Ainsi, quand tu fais l'au-

---

a• Exode 20. 7; Lévitique 19. 12; Nombres 30. 3. – b• *ou* : du Méchant *(c.-à-d. : du diable)*. – c• Exode 21. 23-24. – d• Lévitique 19. 18.

mône, ne le claironne pas devant toi, comme font
les hypocrites dans les synagogues° et dans les
rues, pour être glorifiés par les hommes. En vérité,
je vous le dis : ils ont déjà leur récompense ! Mais 3
toi, quand tu fais l'aumône, que ta main gauche
ne sache pas ce que fait ta main droite, afin que 4
ton aumône soit faite dans le secret ; et ton Père,
qui voit dans le secret, te récompensera.

Quand vous priez, ne soyez pas comme les hypo- 5
crites, car ils aiment prier debout dans les synagogues et aux coins des rues, pour être vus des hommes. En vérité, je vous le dis : ils ont déjà leur
récompense ! Mais toi, quand tu pries, entre dans 6
ta chambre, et, après avoir fermé ta porte, prie
ton Père qui demeure dans le secret ; et ton Père,
qui voit dans le secret, te récompensera. Quand 7
vous priez, ne répétez pas de vaines paroles,
comme ceux des nations°, parce qu'ils s'imaginent
qu'ils seront exaucés en parlant beaucoup. Ne leur 8
ressemblez donc pas, car votre Père sait de quoi
vous avez besoin avant que vous le lui demandiez.
Vous donc, priez ainsi : Notre Père qui es dans les 9
cieux, que ton nom soit sanctifié ; que ton règne 10
vienne ; que ta volonté soit faite, comme dans le
ciel, aussi sur la terre. Donne-nous aujourd'hui le 11
pain qu'il nous faut ; remets-nous nos dettes 12
comme nous aussi nous remettons à nos débiteurs ; et ne nous expose pas à la tentation, mais 13
délivre-nous du mal[a]. Car si vous pardonnez aux 14
hommes leurs fautes, votre Père céleste vous par-
donnera° aussi à vous ; mais si vous ne pardonnez 15
pas aux hommes leurs fautes, votre Père non plus
ne pardonnera pas vos fautes.

Quand vous jeûnez, ne prenez pas, comme les 16
hypocrites, un air morne, car ils donnent à leur visage un air défait, pour bien montrer aux hommes
qu'ils jeûnent. En vérité, je vous le dis : ils ont déjà
leur récompense ! Mais toi, quand tu jeûnes, oins 17
ta tête et lave ton visage, pour ne pas laisser voir 18

a• *ou* : du Méchant.

aux hommes que tu jeûnes, mais seulement à ton
Père qui demeure dans le secret; et ton Père, qui
voit dans le secret, te récompensera.
19 Ne vous amassez pas des trésors sur la terre, où
la mite et la rouille détruisent, et où les voleurs
20 font effraction et dérobent; mais amassez-vous
des trésors dans le ciel, où ni la mite ni la rouille
ne détruisent, et où les voleurs ne font pas effrac-
21 tion ni ne dérobent; car là où est ton trésor, là
sera aussi ton cœur.
22 La lampe du corps° c'est l'œil; si donc ton œil
est en bon état[a], ton corps tout entier sera plein
23 de lumière; mais si ton œil est en mauvais état[b],
ton corps tout entier sera ténébreux; si donc la lumière qui est en toi est ténèbres, quelles grandes
ténèbres!
24 Personne ne peut servir deux maîtres; car ou il
haïra l'un et aimera l'autre, ou il s'attachera à l'un
et méprisera l'autre : vous ne pouvez pas servir
25 Dieu et les richesses[c]. C'est pourquoi je vous dis :
Ne soyez pas en souci pour votre vie, de ce que
vous mangerez et de ce que vous boirez, ni pour
votre corps, de quoi vous serez vêtus : la vie n'est-
elle pas plus que la nourriture, et le corps plus que
26 le vêtement? Observez les oiseaux du ciel : ils ne
sèment, ni ne moissonnent, ni n'amassent dans
des greniers, et votre Père céleste les nourrit. Ne
27 valez-vous pas beaucoup mieux qu'eux? Qui d'entre vous, par le souci qu'il se donne, peut ajouter
28 une coudée à sa taille[d]? Et pourquoi êtes-vous en
souci du vêtement? Étudiez les lis des champs,
comment ils croissent : ils ne travaillent ni ne fi-
29 lent; mais je vous dis que même Salomon dans
toute sa gloire n'était pas vêtu comme l'un d'eux.
30 Si Dieu revêt ainsi l'herbe des champs qui est là
aujourd'hui, et qui demain est jetée au four, ne le

---

a• *litt* : simple, *c.-à-d. sain, ou aussi : sans duplicité.* — b• *ou* : méchant. — c• *litt.* : Mammon, *personnification de la puissance de l'argent.* — d• *ou* : un seul instant à la durée de sa vie. *Voir* Mesures°.

fera-t-il pas à plus forte raison pour vous, gens de
petite foi ? Ne soyez donc pas en souci, en disant : 31
Que mangerons-nous ? ou que boirons-nous ? ou
de quoi serons-nous habillés ? Car tout cela, les 32
gens des nations° le recherchent ; et votre Père céleste sait que vous avez besoin de tout cela ; mais 33
cherchez d'abord le royaume de Dieu et sa justice[a], et tout cela vous sera donné par-dessus. Ne 34
soyez donc pas en souci pour le lendemain, car le
lendemain sera en souci de lui-même : à chaque
jour suffit sa peine.

Ne jugez pas, afin que vous ne soyez pas jugés ; **7**
car du jugement dont vous jugerez, vous serez ju- 2
gés ; et de la mesure dont vous mesurerez, il vous
sera mesuré. Pourquoi regardes-tu la paille qui est 3
dans l'œil de ton frère, et ne t'aperçois-tu pas de la
poutre qui est dans ton œil ? Ou comment peux-tu 4
dire à ton frère : Permets, je vais ôter la paille de
ton œil ; et voici, la poutre est dans ton œil ? Hypocrite, ôte d'abord la poutre de ton œil, et alors tu 5
verras clair pour ôter la paille de l'œil de ton frère.

Ne donnez pas ce qui est saint aux chiens, et ne 6
jetez pas vos perles devant les porcs, de peur qu'ils
ne les piétinent et que, se retournant, ils ne vous
déchirent.

Demandez, et il vous sera donné ; cherchez, et 7
vous trouverez ; frappez, et il vous sera ouvert.
Car quiconque demande reçoit ; et celui qui cher- 8
che trouve ; et à celui qui frappe il sera ouvert. Ou 9
quel est l'homme parmi vous qui, si son fils lui demande un pain, lui donnera une pierre ou, s'il de- 10
mande un poisson, lui donnera un serpent ? Si 11
donc vous, qui êtes méchants, vous savez donner
de bonnes choses à vos enfants, combien plus votre Père qui est dans les cieux donnera-t-il de bonnes choses à ceux qui les lui demandent ! Ainsi, 12
tout ce que vous voulez que les hommes vous fas-

---

a • *c.-à-d.* : la justice de Dieu.

sent, vous, faites-leur de même ; car c'est cela, la
Loi et les Prophètes.
13 Entrez par la porte étroite ; car large est la porte,
et spacieux le chemin qui mène à la perdition, et
14 nombreux sont ceux qui s'y engagent ; car étroite
est la porte, et resserré le chemin qui mène à la
vie, et peu nombreux sont ceux qui le trouvent.
15 Soyez en garde contre les faux prophètes qui
viennent à vous déguisés en brebis, mais qui au-de-
16 dans sont des loups ravisseurs. Vous les reconnaîtrez à leurs fruits. Cueille-t-on du raisin sur des épi-
17 nes, ou des figues sur des chardons ? Ainsi tout bon
arbre produit de bons fruits, mais l'arbre mauvais
18 produit de mauvais fruits. Un bon arbre ne peut
pas produire de mauvais fruits, ni un arbre mau-
19 vais produire de bons fruits. Tout arbre qui ne pro-
20 duit pas de bon fruit est coupé et jeté au feu. Ainsi
vous les reconnaîtrez à leurs fruits.
21 Ce ne sont pas tous ceux qui me disent : Sei-
gneur°, Seigneur, qui entreront dans le royaume
des cieux, mais celui qui fait la volonté de mon
22 Père qui est dans les cieux. Beaucoup me diront
en ce jour-là : Seigneur, Seigneur, n'avons-nous
pas prophétisé en ton nom, n'avons-nous pas
chassé des démons° en ton nom, et n'avons-nous
23 pas fait beaucoup de miracles en ton nom ? Alors
je leur déclarerai : Je ne vous ai jamais connus ; allez-vous-en loin de moi, vous qui pratiquez l'ini-
quité°.
24 Ainsi, quiconque entend ces paroles que je dis,
et les met en pratique, je le comparerai à un
25 homme prudent qui a bâti sa maison sur le roc ; et
la pluie est tombée, les torrents sont venus, les
vents ont soufflé, ils se sont jetés contre cette maison ; et elle n'est pas tombée, car elle avait été fon-
26 dée sur le roc. Mais quiconque entend ces paroles
que je dis, et ne les met pas en pratique, sera com-
paré à un homme insensé qui a bâti sa maison sur
27 le sable ; et la pluie est tombée, les torrents sont

venus, les vents ont soufflé, ils ont battu cette maison ; et elle est tombée, et sa chute a été grande.

Quand Jésus eut achevé ces discours, il arriva 28
que les foules étaient frappées par son enseignement, car il les enseignait comme ayant autorité, 29
et non pas comme leurs scribes°.

Quand il fut descendu de la montagne, de gran- **8**
des foules le suivirent. Et voici, un lépreux s'appro- 2
cha ; prosterné devant lui, il disait :

– Seigneur, si tu veux, tu peux me rendre net[a].
Jésus étendit la main, le toucha et lui dit : 3

– Je veux, sois net[a].
Aussitôt il fut nettoyé[b] de sa lèpre. Puis Jésus lui 4
dit :

– Prends garde ! Ne le dis à personne ; mais va te montrer au sacrificateur° et présente l'offrande que Moïse a ordonnée[c], pour que cela leur serve de témoignage.

Comme il entrait dans Capernaüm, un centu- 5
rion° vint à lui et le supplia :

– Seigneur, mon serviteur est couché à la mai- 6
son, atteint de paralysie, souffrant horriblement.
Jésus lui dit : 7

– J'irai, moi, et je le guérirai. Le centurion répon- 8
dit :

– Seigneur, je ne suis pas digne que tu entres sous mon toit ; mais dis seulement une parole, et
mon serviteur sera guéri. Car moi aussi je suis un 9
homme placé sous l'autorité d'un autre, ayant des soldats sous mes ordres ; je dis à l'un : Va, et il va ; à un autre : Viens, et il vient ; à mon esclave : Fais cela, et il le fait.
L'ayant entendu, Jésus s'en étonna et dit à ceux 10
qui le suivaient :

– En vérité, je vous le dis : Je n'ai pas trouvé,
même en Israël, une si grande foi. Je vous dis que 11
beaucoup viendront d'orient et d'occident, et se mettront à table avec Abraham, Isaac et Jacob

a• *ou* : pur. – b• *ou* : purifié. – c• *voir* Lévitique 14.

12 dans le royaume des cieux; mais les fils du royaume seront jetés dans les ténèbres de dehors : là se-
13 ront les pleurs et les grincements de dents. Puis
Jésus dit au centurion :
–Va ; qu'il te soit fait comme tu as cru.
Et à cette heure-là son serviteur fut guéri.
14 Jésus vint dans la maison de Pierre ; il vit sa
15 belle-mère couchée, avec de la fièvre ; il lui toucha
la main, et la fièvre la quitta : elle se leva, et elle le
servait.
16 Le soir venu, on lui apporta beaucoup de démo-
niaques° ; il chassa les esprits par une parole et
17 guérit tous ceux qui se portaient mal, de sorte que
soit accompli ce qui avait été dit par le prophète
Ésaïe : "Lui-même a pris nos infirmités et a porté
nos maladies"[a].
18 Jésus, voyant de grandes foules autour de lui,
19 commanda de passer à l'autre rive. Un scribe° s'approcha et lui dit :
20 – Maître°, je te suivrai où que tu ailles. Jésus lui
dit :
– Les renards ont des tanières et les oiseaux du
ciel ont des nids ; mais le Fils de l'homme n'a pas
21 de lieu où reposer sa tête. Un autre de ses disciples
lui dit :
– Seigneur, permets-moi de m'en aller d'abord
22 ensevelir mon père. Mais Jésus lui dit :
– Suis-moi, et laisse les morts ensevelir leurs
morts.
23 Il monta dans la barque et ses disciples le suivi-
24 rent ; et voici, une grande tempête s'éleva sur la
mer, si bien que la barque était couverte par les va-
25 gues ; mais lui dormait. Les disciples s'approchèrent, le réveillèrent et lui dirent :
26 – Seigneur, sauve-nous ! nous périssons. Il leur
dit :
– Pourquoi êtes-vous craintifs, gens de petite
foi ?

---

a• Ésaïe 53. 4.

Alors il se leva, reprit les vents et la mer, et il se fit
un grand calme. Saisis d'admiration, ces hommes 27
dirent :

– Quel est celui-ci, pour que même les vents et la
mer lui obéissent !

Quand il arriva à l'autre rive, dans le pays des 28
Gergéséniens, deux démoniaques°, sortant des
tombeaux, vinrent à sa rencontre ; ils étaient très
violents, au point que personne ne pouvait passer
par ce chemin-là. Les voilà qui se mirent à crier : 29

– Qu'avons-nous à faire avec toi, Jésus, Fils de
Dieu ? Es-tu venu ici avant le temps pour nous
tourmenter ?
Or il y avait, loin d'eux, un grand troupeau de 30
porcs qui paissait. Les démons° le priaient : 31

– Si tu nous chasses, envoie-nous dans le troupeau de porcs. Jésus leur dit : 32

– Allez.
Ils sortirent et allèrent dans les porcs ; alors tout le
troupeau se rua du haut de la côte dans la mer ; et
ils moururent dans les eaux. Ceux qui les faisaient 33
paître s'enfuirent et s'en allèrent dans la ville : ils
racontèrent tout, ainsi que l'affaire des démoniaques. Et voici que toute la ville sortit à la rencontre 34
de Jésus ; quand ils le virent, ils le prièrent de se retirer de leur territoire.

Il monta dans une barque, passa à l'autre rive et **9**
vint dans sa propre ville. Et voici, on lui apporta 2
un paralysé couché sur un lit. Voyant leur foi,
Jésus dit au paralysé :

– Bon courage, mon enfant, tes péchés sont par-
donnés°.
Certains des scribes° dirent alors en eux-mêmes : 3

– Cet homme blasphème.
Jésus, connaissant leurs pensées, dit : 4

– Pourquoi avez-vous de mauvaises pensées
dans vos cœurs ? En effet, qu'est-ce qui est le plus 5
facile, de dire : Tes péchés sont pardonnés, ou de
dire : Lève-toi et marche ? Or, afin que vous sa- 6

chiez que le Fils de l'homme a le pouvoir sur la
terre de pardonner les péchés – il dit alors au paralysé :

– Lève-toi, prends ton lit et va dans ta maison.
7 Et il se leva et s'en alla dans sa maison. Ayant vu
8 cela, les foules furent saisies de crainte et elles glorifièrent Dieu d'avoir donné un tel pouvoir aux
hommes.

9 Jésus, passant plus loin, vit un homme nommé
Matthieu, assis au bureau des impôts ; il lui dit :

– Suis-moi.
10 Il se leva et le suivit ; et il arriva, comme Jésus était
à table dans la maison, que voici, beaucoup de pu-
blicains° et de pécheurs° vinrent se mettre à table
11 avec Jésus et ses disciples. Ayant vu cela, les phari-
siens° dirent à ses disciples :

– Pourquoi votre maître° mange-t-il avec les publicains et les pécheurs ?
12 Jésus, l'ayant entendu, leur dit :

– Ce ne sont pas les gens en bonne santé qui ont
besoin d'un médecin, mais ceux qui se portent
13 mal. Allez donc apprendre ce que signifie : "Je
veux miséricorde et non pas sacrifice°"[a] ; car je ne
suis pas venu appeler des justes, mais des pécheurs.

14 Alors les disciples de Jean viennent dire à Jésus :

– Pourquoi, nous et les pharisiens, jeûnons-nous
souvent, tandis que tes disciples ne jeûnent pas ?
15 Jésus leur dit :

– Les compagnons de l'époux pourraient-ils mener deuil tant que l'époux est avec eux ? Mais des
jours viendront où l'époux leur aura été enlevé ;
16 alors ils jeûneront. Personne ne met un morceau
de drap neuf à un vieil habit, car la pièce emporte
17 une partie de l'habit, et la déchirure s'aggrave. On
ne met pas non plus du vin nouveau dans de vieilles outres ; autrement les outres éclatent, le vin se
répand et les outres sont perdues ; mais on met le

---

a • Osée 6. 6.

vin nouveau dans des outres neuves, et tous les
deux se conservent.

Comme il leur disait cela, voici, un chef s'appro- 18
cha, lui rendit hommage et dit :

– Ma fille vient de mourir, mais viens, pose ta
main sur elle, et elle vivra.
Jésus se leva et le suivit, ainsi que ses disciples. Et 19
voici, une femme, qui avait une perte de sang de- 20
puis douze ans, s'approcha par derrière et toucha
le bord de son vêtement ; car elle se disait : Si seu- 21
lement je touche son vêtement, je serai guérie[a].
Jésus se retourna, la vit et lui dit : 22

– Bon courage, ma fille ; ta foi t'a guérie[a].
Et la femme fut guérie[a] dès cette heure. Arrivé à la 23
maison du chef, voyant les joueurs de flûte et l'agitation de la foule, Jésus dit : 24

– Retirez-vous, car la jeune fille n'est pas morte,
mais elle dort.
Ils se moquaient de lui. Mais quand la foule eut 25
été mise dehors, il entra, prit la main de la jeune
fille, et elle se leva. La nouvelle s'en répandit dans 26
tout ce pays-là.

Comme Jésus passait plus loin, deux aveugles le 27
suivirent en criant :

– Aie pitié de nous, Fils de David !
Quand il fut arrivé à la maison, les aveugles vin- 28
rent à lui. Et Jésus leur dit :

– Croyez-vous que je puisse faire cela ? Ils lui disent :

– Oui, Seigneur.
Alors il toucha leurs yeux et dit : 29

– Qu'il vous soit fait selon votre foi.
Et leurs yeux furent ouverts. Puis Jésus leur parla 30
sévèrement :

– Prenez garde que personne ne le sache.
Mais eux, une fois sortis, répandirent sa renom- 31
mée dans tout ce pays-là.

Comme ils sortaient, voici qu'on lui amena un 32
homme muet, démoniaque°. Quand le démon° 33

---

a • *litt.* : sauvée.

eut été chassé, le muet parla. Les foules s'en étonnèrent et dirent :
– Il ne s'est jamais rien vu de pareil en Israël ;
34 mais les pharisiens° disaient :
– C'est par le chef des démons qu'il chasse les démons.
35 Jésus parcourait toutes les villes et les villages,
enseignant dans leurs synagogues°, prêchant
l'évangile° du royaume, et guérissant toute maladie et toute infirmité.
36 Voyant les foules, il fut ému de compassion
pour elles, parce que ces gens étaient las et dispersés, comme des brebis qui n'ont pas de berger.
37 Alors il dit à ses disciples :
– La moisson est grande, mais il y a peu d'ou-
38 vriers : suppliez donc le Seigneur de la moisson,
pour qu'il pousse des ouvriers dans sa moisson.

10 Ayant appelé à lui ses douze disciples, il leur
donna autorité sur les esprits impurs° pour les
chasser, et pour guérir toute maladie et toute infir-
2 mité. Voici les noms des douze apôtres° : le premier, Simon appelé Pierre, et André son frère ; Jac-
ques° le fils de Zébédée, et Jean son frère ;
3 Philippe et Barthélemy ; Thomas et Matthieu le
publicain° ; Jacques°, le fils d'Alphée, et Thaddée ;
4 Simon le Cananéen°, et Judas l'Iscariote, celui qui
le livra.
5 Ces douze, Jésus les envoya et leur donna les instructions suivantes :
– N'allez pas sur le chemin des nations°, et n'en-
6 trez pas dans une ville de Samaritains° ; mais allez
plutôt vers les brebis perdues de la maison d'Israël.
7 Et en chemin, proclamez : Le royaume des cieux
8 s'est approché. Guérissez les infirmes, ressuscitez
les morts, rendez nets[a] les lépreux, chassez les dé-
mons°. Vous avez reçu gratuitement, donnez gra-
9 tuitement. Ne faites provision ni d'or, ni d'argent,
10 ni de petite monnaie dans vos ceintures, ni d'un

---

a • *ou* : purs.

sac pour le chemin, ni de deux tuniques, ni de sandales, ni d'un bâton, car l'ouvrier est digne de sa
nourriture. Dans toute ville ou tout village où 11
vous entrerez, informez-vous pour savoir qui,
dans ce lieu, est digne, et demeurez chez lui jusqu'à votre départ. Quand vous entrerez dans une 12
maison, saluez-la. Et si la maison en est digne, que 13
votre paix vienne sur elle ; mais si elle n'en est pas
digne, que votre paix retourne à vous. Et si quel- 14
qu'un ne vous reçoit pas et n'écoute pas vos paroles, quand vous partirez de cette maison ou de
cette ville, secouez° la poussière de vos pieds. En 15
vérité, je vous le dis : le sort du pays de Sodome et
de Gomorrhe sera plus supportable au jour° du jugement que celui de cette ville-là.

Voici, moi je vous envoie comme des brebis au 16
milieu des loups ; soyez donc prudents comme les
serpents, et simples[a] comme les colombes. Soyez 17
en garde contre les hommes, car ils vous livreront
aux sanhédrins°, vous fouetteront dans leurs syna-
gogues° ; et vous serez menés devant les gouver- 18
neurs° et les rois, à cause de moi, pour servir de témoignage, à eux et aux nations°. Quand ils vous 19
livreront, ne vous inquiétez pas de savoir comment parler ou que dire, car ce que vous aurez à
dire vous sera donné à cette heure-là : ce n'est pas 20
vous qui parlez, mais c'est l'Esprit de votre Père
qui parle en vous. Le frère livrera son frère à la 21
mort, et le père son enfant ; les enfants s'élèveront
contre leurs parents et les feront mourir ; vous se- 22
rez haïs de tous à cause de mon nom ; mais celui
qui persévérera jusqu'à la fin, celui-là sera sauvé.
Quand on vous persécutera dans une ville, fuyez 23
dans une autre ; car, en vérité, je vous le dis : vous
n'aurez pas achevé de parcourir les villes d'Israël,
avant que le Fils de l'homme soit venu.

Le disciple n'est pas au-dessus du maître°, ni 24
l'esclave au-dessus de son seigneur. Il suffit au dis- 25
ciple d'être comme son maître°, et à l'esclave

---

a• *ou :* purs, *sans compromission avec le mal.*

d'être comme son seigneur : s'ils ont appelé Béel-
zébul° le maître° de la maison, à plus forte raison
26 le feront-ils pour les gens de sa maison ! Ne les
craignez donc pas ; car il n'y a rien de caché qui ne
27 sera révélé, ni rien de secret qui ne sera connu. Ce
que je vous dis dans les ténèbres, dites-le dans la
lumière ; et ce qui vous est dit à l'oreille, procla-
28 mez-le sur les toits. Et ne craignez pas ceux qui
tuent le corps°, mais ne peuvent pas tuer l'âme° ;
craignez plutôt celui qui peut détruire et l'âme et
29 le corps, dans la géhenne°. Ne vend-on pas deux
moineaux pour un sou° ? Et pas un seul d'entre
eux ne tombe à terre sans la permission de votre
30 Père. Quant à vous, les cheveux même de votre
31 tête sont tous comptés. Ne craignez donc pas ;
vous valez mieux que beaucoup de moineaux.
32 Ainsi, quiconque me reconnaîtra devant les hommes, moi aussi je le reconnaîtrai devant mon Père
33 qui est dans les cieux ; mais quiconque m'aura renié devant les hommes, moi aussi je le renierai devant mon Père qui est dans les cieux.

34 Ne pensez pas que je sois venu mettre la paix
sur la terre ; je ne suis pas venu mettre la paix,
35 mais l'épée : car je suis venu jeter la division entre
un homme et son père, entre une fille et sa mère,
36 entre une belle-fille et sa belle-mère ; et les ennemis d'un homme seront les gens de sa maison. Ce-
37 lui qui aime père ou mère plus que moi n'est pas
digne de moi ; et celui qui aime fils ou fille plus
38 que moi n'est pas digne de moi ; et celui qui ne
prend pas sa croix et ne vient pas après moi n'est
39 pas digne de moi. Celui qui aura trouvé sa vie la
perdra ; et celui qui aura perdu sa vie à cause de
40 moi la trouvera. Qui vous reçoit me reçoit ; et qui
41 me reçoit, reçoit celui qui m'a envoyé. Celui qui
reçoit un prophète en qualité de prophète recevra
la récompense d'un prophète ; celui qui reçoit un
juste en qualité de juste recevra la récompense
42 d'un juste. Et quiconque aura donné à boire seulement un verre d'eau fraîche à l'un de ces petits, en

qualité de disciple, en vérité, je vous le dis : il ne
perdra pas sa récompense.

Et il arriva, quand Jésus eut achevé de donner **11**
ses ordres à ses douze disciples, qu'il partit de là
pour enseigner et prêcher dans leurs villes.

Jean, qui avait entendu parler dans sa prison des 2
œuvres du Christ°, envoya ses disciples pour lui 3
dire :

– Es-tu celui qui vient, ou devons-nous en attendre un autre ? Jésus leur répondit : 4

– Allez, rapportez à Jean ce que vous entendez
et voyez : les aveugles voient et les boiteux mar- 5
chent ; les lépreux sont rendus nets[a], les sourds entendent, les morts ressuscitent, et l'évangile° est
annoncé aux pauvres ; et bienheureux quiconque 6
ne sera pas scandalisé° à mon sujet.

Comme ceux-ci s'en allaient, Jésus se mit à dire 7
de Jean aux foules :

– Qu'êtes-vous allés regarder au désert ? Un roseau agité par le vent ? Mais qu'êtes-vous allés 8
voir ? Un homme vêtu de vêtements précieux ?
Voici, ceux qui portent des vêtements précieux
sont dans les maisons des rois. Mais qu'êtes-vous 9
allés voir ? Un prophète ? Oui, vous dis-je, et plus
qu'un prophète ; c'est celui dont il est écrit : 10
“Voici, moi j'envoie devant ta face mon messager,
qui préparera ton chemin devant toi”[b]. En vérité, 11
je vous le dis : parmi ceux qui sont nés de femme,
il n'en a été suscité aucun de plus grand que Jean
le Baptiseur ; mais le plus petit dans le royaume
des cieux est plus grand que lui. Depuis les jours 12
de Jean le Baptiseur jusqu'à maintenant, le royaume des cieux est pris par violence et les violents
s'en emparent. Car tous les Prophètes et la Loi[c] 13
ont prophétisé[d] jusqu'à Jean. Et si vous voulez 14
bien comprendre, c'est lui, Élie qui doit venir. Qui 15

---

a• *ou* : purs. – b• Malachie 3. 1. – c• *les cinq livres de Moïse, ou Pentateuque.* – d• *au sens large,* prophétiser *signifie : communiquer aux hommes la pensée de Dieu.*

16 a des oreilles pour entendre, qu'il entende. Mais à
qui comparerai-je cette génération ? Elle est com-
parable à des petits enfants assis dans les places
17 publiques, qui crient à leurs compagnons : Nous
vous avons joué de la flûte, et vous n'avez pas
dansé ; nous vous avons chanté des complaintes,
18 et vous ne vous êtes pas lamentés. Car Jean est
venu ne mangeant ni ne buvant, et ils disent : Il a
19 un démon°. Le Fils de l'homme est venu, mangeant et buvant, et ils disent : Voici un mangeur et
un buveur, un ami des publicains° et des pé-
cheurs°. Et la sagesse a été justifiée par ses enfants.

20 Alors il commença à adresser des reproches aux
villes dans lesquelles avaient été faits la plupart de
ses miracles, parce qu'elles ne s'étaient pas repen-
ties° :

21 – Malheur à toi, Chorazin ! malheur à toi, Bethsaïda ! car si les miracles qui ont été faits au milieu
de vous avaient été faits dans Tyr et dans Sidon, il
y a longtemps qu'elles se seraient repenties sous le
22 sac et la cendre. Mais je vous le dis : le sort de Tyr
et de Sidon sera plus supportable que le vôtre au
23 jour du jugement. Et toi, Capernaüm, qui as été
élevée jusqu'au ciel, tu seras abaissée jusque dans
l'hadès°. Car si les miracles qui ont été faits au milieu de toi avaient été faits dans Sodome, elle sub-
24 sisterait encore aujourd'hui. Mais je vous le dis : le
sort du pays de Sodome sera plus supportable que
le tien, au jour du jugement.

25 En ce temps-là, Jésus prit la parole et dit :

– Je te loue, ô Père, Seigneur du ciel et de la
terre, parce que tu as caché ces choses aux sages
et aux intelligents, et que tu les as révélées aux pe-
26 tits enfants. Oui, Père, car c'est ce que tu as trouvé
27 bon devant toi. Toutes choses m'ont été livrées par
mon Père ; et personne ne connaît le Fils, si ce
n'est le Père ; ni personne ne connaît le Père, si ce
n'est le Fils et celui à qui le Fils voudra le révéler.
28 Venez à moi, vous tous qui vous fatiguez et qui
êtes chargés, et moi, je vous donnerai du repos.

Prenez mon joug sur vous et apprenez de moi, car 29
je suis débonnaire[a] et humble de cœur ; et vous
trouverez le repos de vos âmes°. Car mon joug est 30
facile à porter et mon fardeau est léger.

En ce temps-là, Jésus vint à traverser les mois- **12**
sons, un jour de sabbat°. Ses disciples eurent
faim : ils se mirent à arracher des épis et à manger.
Voyant cela, les pharisiens° lui dirent : 2
– Voilà, tes disciples font ce qu'il n'est pas permis de faire un jour de sabbat ! Mais il leur dit : 3
– N'avez-vous pas lu ce que fit David, quand il
eut faim, ainsi que ses compagnons ? Il entra dans 4
la maison° de Dieu et mangea les pains de présentation[b] ; pourtant, il ne lui était pas permis d'en
manger, ni non plus à ses compagnons, mais seulement aux sacrificateurs°. Ou n'avez-vous pas lu 5
dans la Loi que, le jour du sabbat, les sacrificateurs
dans le temple profanent le sabbat et ne sont pas
coupables ? Mais je vous le dis : il y a ici plus grand 6
que le temple. Si vous aviez compris ce que signi- 7
fie : "Je veux miséricorde et non pas sacrifice°"[c],
vous n'auriez pas condamné ceux qui ne sont pas
coupables. Car le Fils de l'homme est seigneur du 8
sabbat.
Étant parti de là, il vint dans leur synagogue°. 9
Or il se trouvait là un homme qui avait une main 10
paralysée. Ils interrogèrent Jésus :
– Est-il permis de guérir, le jour du sabbat ? afin
de l'accuser. Mais il leur dit : 11
– Quel sera l'homme d'entre vous qui, ayant une
brebis, si elle vient à tomber dans un trou un jour
de sabbat, n'ira la prendre et la relever ? Combien 12
donc un homme° vaut-il mieux qu'une brebis !
Ainsi, il est permis de faire du bien le jour du sabbat.
Alors il dit à l'homme : 13
– Étends ta main.

a• *ou* : doux (*comp.* 5. 5 *et* 21. 5). – b• *voir* Exode 25. 30 ; 40. 22, 23 ; 1 Samuel 21. 1-6. – c• Osée 6. 6.

Il l'étendit et elle fut rendue saine comme l'autre.
14 Mais les pharisiens sortirent et tinrent conseil
contre lui pour le faire périr.
15 Jésus, le sachant, se retira de là. De grandes fou-
16 les le suivirent, et il les guérit tous. Mais il leur défendit sévèrement de faire connaître publique-
17 ment qui il était, afin que soit accompli ce qui
18 avait été dit par le prophète Ésaïe : "Voici mon serviteur que j'ai élu, mon bien-aimé, en qui mon
âme a trouvé son plaisir ; je mettrai mon Esprit
sur lui, et il annoncera le jugement aux nations°.
19 Il ne contestera pas, il ne criera pas, et personne
20 n'entendra sa voix dans les rues ; il ne brisera pas
le roseau froissé et il n'éteindra pas le lumignon
qui fume, jusqu'à ce qu'il ait fait triompher le ju-
21 gement ; et les nations espéreront en son nom"[a].
22 Alors on lui amena un démoniaque° aveugle et
muet, et il le guérit, si bien que le muet parlait et
23 voyait. Frappées de stupeur, toutes les foules disaient :

– Celui-ci serait-il le Fils de David ?
24 Mais les pharisiens, ayant entendu cela, dirent :

– Celui-ci ne chasse les démons° que par Béelzé-
bul°, le chef des démons.
25 Connaissant leurs pensées, il leur dit :

– Tout royaume divisé contre lui-même est réduit en désert ; et toute ville ou maison divisée
26 contre elle-même ne subsistera pas. Si Satan
chasse Satan, il est divisé contre lui-même ; com-
27 ment donc son royaume subsistera-t-il ? Si c'est
par Béelzébul que moi je chasse les démons, vos
fils, par qui les chassent-ils ? C'est pourquoi ils se-
28 ront eux-mêmes vos juges. Mais si c'est par l'Esprit
de Dieu que moi je chasse les démons, alors le roy-
29 aume de Dieu est parvenu jusqu'à vous. Ou encore, comment quelqu'un peut-il entrer dans la
maison de l'homme fort et piller ses biens, si
d'abord il n'a lié l'homme fort ? Alors seulement il
30 pillera sa maison. Celui qui n'est pas avec moi est

---

a • Ésaïe 42. 1-4.

contre moi ; et celui qui n'assemble pas avec moi
disperse. C'est pourquoi je vous dis : Tout péché, 31
tout blasphème sera pardonné° aux hommes ;
mais le blasphème contre l'Esprit ne sera pas pardonné. Et quiconque aura parlé contre le Fils de 32
l'homme, il lui sera pardonné ; mais quiconque
aura parlé contre l'Esprit Saint, il ne lui sera pardonné ni dans ce siècle°, ni dans celui qui est à venir.

Ou bien faites l'arbre bon et son fruit bon ; ou 33
bien faites l'arbre mauvais et son fruit mauvais,
car c'est au fruit que se reconnaît l'arbre. Race de 34
vipères, comment, étant méchants, pouvez-vous
dire de bonnes choses ? car de l'abondance du
cœur, la bouche parle. L'homme° bon, du bon tré- 35
sor, produit des choses bonnes, et l'homme mauvais, du mauvais trésor, produit des choses mauvaises. Or je vous dis que de toute parole vaine 36
qu'ils auront dite, les hommes rendront compte
au jour° du jugement ; car d'après tes paroles tu 37
seras justifié, et d'après tes paroles tu seras
condamné.

Quelques-uns des scribes° et des pharisiens° lui 38
répondirent :

– Maître°, nous désirons voir un signe[a] de ta
part. Mais il leur répondit : 39

– Une génération méchante et adultère recherche un signe ; et il ne lui sera pas donné de signe,
si ce n'est le signe du prophète Jonas. Car, comme 40
Jonas fut dans le ventre du cétacé[b] trois jours et
trois nuits, ainsi le Fils de l'homme sera trois jours
et trois nuits dans le sein de la terre. Des hommes 41
de Ninive se lèveront, lors du jugement, face à
cette génération, et la condamneront, car ils se
sont repentis° à la prédication de Jonas, et voici, il
y a ici plus que Jonas. Une reine du midi se lèvera, 42
lors du jugement, face à cette génération, et la
condamnera, car elle vint des bouts de la terre

a • signe miraculeux. – b • *ou* : monstre marin.

pour entendre la sagesse de Salomon, et voici, il y
a ici plus que Salomon.
43 Quand l'esprit impur° est sorti de l'homme, il va
par des lieux secs pour chercher du repos et il n'en
44 trouve pas. Alors il dit :
–Je retournerai dans ma maison d'où je suis
sorti.
45 Il y vient et la trouve vide, balayée et ornée. Alors
il va prendre avec lui sept autres esprits plus méchants que lui-même ; puis, étant entrés, ils habitent là ; et la dernière condition de cet homme est
pire que la première. Ainsi en sera-t-il aussi pour
cette génération méchante.
46 Pendant que Jésus parlait aux foules, voici, sa
mère et ses frères, qui étaient dehors, cherchaient
47 à lui parler. Quelqu'un lui dit :
–Voici, ta mère et tes frères sont dehors et cher-
48 chent à te parler. Mais il répondit à celui qui lui
parlait :
–Qui est ma mère, et qui sont mes frères ?
49 Puis désignant de la main ses disciples, il dit :
50 –Voici ma mère et mes frères ; car quiconque
fait la volonté de mon Père qui est dans les cieux,
celui-là est mon frère et ma sœur et ma mère.

13 En ce jour-là, Jésus sortit de la maison et s'assit
2 près de la mer. De grandes foules se rassemblèrent
auprès de lui, si bien qu'il monta dans une barque
où il s'assit, tandis que toute la foule se tenait sur
3 le rivage. Il leur parla de beaucoup de choses en
paraboles° ; il leur disait :
4 –Voici, le semeur sortit pour semer. Comme il
semait, quelques grains tombèrent le long du chemin : les oiseaux vinrent et mangèrent tout. D'au-
5 tres tombèrent sur les endroits rocailleux, où ils
n'avaient pas beaucoup de terre. Aussitôt ils levèrent, parce qu'ils n'avaient pas une terre pro-
6 fonde ; le soleil s'étant levé, ils furent brûlés et,
parce qu'ils n'avaient pas de racine, ils séchèrent.
7 D'autres tombèrent parmi les épines ; les épines

montèrent et les étouffèrent. D'autres tombèrent 8
sur la bonne terre et donnèrent du fruit, l'un cent,
l'autre soixante, l'autre trente. Qui a des oreilles 9
pour entendre, qu'il entende.

Les disciples s'approchèrent et lui dirent : 10
– Pourquoi leur parles-tu en paraboles° ? Il leur 11
répondit :

– C'est parce qu'à vous il est donné de connaître
les mystères° du royaume des cieux ; mais à eux, ce
n'est pas donné. Car à celui qui a, il sera donné, et 12
il sera dans l'abondance ; mais à celui qui n'a pas,
cela même qu'il a lui sera ôté. C'est pourquoi je 13
leur parle en paraboles, parce que voyant ils ne
voient pas, et qu'entendant ils n'entendent ni ne
comprennent. Et pour eux s'accomplit la prophé- 14
tie d'Ésaïe : "En entendant vous entendrez et vous
ne comprendrez pas, et en voyant vous verrez et
vous n'apercevrez pas ; car le cœur de ce peuple 15
s'est épaissi : ils sont devenus durs d'oreilles, et ils
ont fermé leurs yeux, de peur qu'ils ne voient des
yeux, qu'ils n'entendent des oreilles, qu'ils ne comprennent du cœur, qu'ils ne se convertissent[a], et
que je ne les guérisse"[b]. Mais bienheureux sont 16
vos yeux, parce qu'ils voient, et vos oreilles, parce
qu'elles entendent ; car en vérité, je vous dis que 17
beaucoup de prophètes et de justes ont désiré voir
ce que vous regardez et ils ne l'ont pas vu, entendre ce que vous entendez et ils ne l'ont pas entendu.

Vous donc, écoutez la parabole° du semeur. Si 18
quelqu'un entend la parole du royaume et ne la 19
comprend pas, le Méchant[c] vient et ravit ce qui
est semé dans son cœur : c'est celui qui a été semé
le long du chemin. Celui qui a été semé sur les en- 20
droits rocailleux, c'est celui qui entend la Parole et
la reçoit aussitôt avec joie, mais il n'a pas de racine 21
en lui-même ; au contraire il ne tient qu'un temps :
quand survient la tribulation ou la persécution à

---

a• *Ce verbe signifie* : faire volte-face, se retourner. – b• Ésaïe 6. 9-10. – c• le diable (v. 38-39).

22 cause de la Parole, il est aussitôt scandalisé°. Celui
qui a été semé dans les épines, c'est celui qui entend la Parole ; mais les soucis du monde et la
tromperie des richesses étouffent la Parole, et il
23 est sans fruit. Celui qui a été semé sur la bonne
terre, c'est celui qui entend et comprend la Parole,
qui aussi porte du fruit et produit l'un cent, l'autre
soixante, l'autre trente.

24 Il leur proposa une autre parabole° :
– Le royaume des cieux a été fait semblable à un
homme qui avait semé de la bonne semence dans
25 son champ. Mais pendant que les hommes dor-
maient, son ennemi vint, sema de l'ivraie[a] parmi
26 le froment et s'en alla. Lorsque la tige monta et
27 produisit du fruit, alors apparut aussi l'ivraie. Les
esclaves du maître de maison vinrent lui dire : Seigneur, n'as-tu pas semé de la bonne semence dans
ton champ ? D'où vient donc qu'il contient de
28 l'ivraie ? Il leur dit : Un ennemi a fait cela. Les esclaves lui disent : Veux-tu donc que nous allions
29 l'arracher ? Mais il dit : Non, de peur qu'en arrachant l'ivraie, vous ne déraciniez le froment avec
30 elle. Laissez-les croître tous deux ensemble jusqu'à
la moisson ; et au temps de la moisson, je dirai aux
moissonneurs : Ramassez d'abord l'ivraie et liez-la
en bottes pour la brûler ; quant au froment, amas-
sez-le dans mon grenier.

31 Il leur proposa une autre parabole° :
– Le royaume des cieux est semblable à un grain
de moutarde qu'un homme prit et sema dans son
32 champ. Ce grain est, certes, la plus petite de toutes
les semences ; mais quand il a poussé, il est plus
grand que les herbes et devient un arbre, si bien
que les oiseaux du ciel viennent nicher dans ses
branches.

33 Il leur dit une autre parabole° :
– Le royaume des cieux est semblable à du levain qu'une femme prit et qu'elle cacha parmi

---

a • *plante qui ressemble au froment, et dont la consommation provoque une ivresse qui trouble les pensées.*

trois mesures° de farine, jusqu'à ce que tout eut
levé.
Tout cela, Jésus le dit aux foules en paraboles°, 34
et il ne leur disait rien sans parabole, de sorte que 35
soit accompli ce qui avait été dit par le prophète
en ces termes : "J'ouvrirai ma bouche en paraboles, je proférerai des choses qui ont été cachées
dès la fondation du monde"[a].
Alors il renvoya les foules et entra dans la mai- 36
son ; ses disciples vinrent lui dire :
– Explique-nous la parabole de l'ivraie du
champ. Il leur répondit : 37
– Celui qui sème la bonne semence, c'est le Fils
de l'homme ; le champ, c'est le monde ; et la bonne 38
semence, ce sont les fils du royaume ; l'ivraie, ce
sont les fils du Méchant ; l'ennemi qui l'a semée, 39
c'est le diable ; la moisson, c'est l'achèvement du
siècle° ; les moissonneurs sont des anges. De 40
même que l'ivraie est ramassée et brûlée au feu,
ainsi en sera-t-il à l'achèvement du siècle°. Le Fils 41
de l'homme enverra ses anges, qui ramasseront de
son royaume tous les scandales° et ceux qui commettent l'iniquité° ; puis ils les jetteront dans la 42
fournaise de feu : là seront les pleurs et les grincements de dents. Alors les justes resplendiront 43
comme le soleil dans le royaume de leur Père. Qui
a des oreilles pour entendre, qu'il entende.
Le royaume des cieux est semblable à un trésor 44
caché dans un champ, qu'un homme, après l'avoir
trouvé, a caché ; et de la joie qu'il en a, il s'en va,
vend tout ce qu'il possède et achète ce champ-là.
Encore, le royaume des cieux est semblable à un 45
marchand qui cherche de belles perles : ayant 46
trouvé une perle de très grand prix, il s'en est allé,
a vendu tout ce qu'il avait et l'a achetée.
Encore, le royaume des cieux est semblable à un 47
filet jeté dans la mer et rassemblant des poissons
de toute sorte. Quand il est plein, on le tire sur le 48
rivage, on s'assied et on recueille dans des réci-

---

a• Psaume 78. 2.

pients ce qui est bon, puis on jette dehors ce qui
49 est mauvais. Il en sera de même à l'achèvement
du siècle° : les anges sortiront, sépareront les mé-
50 chants° du milieu des justes et les jetteront dans
la fournaise de feu ; là seront les pleurs et les grincements de dents.
51 Jésus leur dit :
– Avez-vous compris tout cela ? Ils lui répon-
dent :
52 – Oui, Seigneur. Il leur dit :
– C'est pourquoi tout scribe° qui a été fait disciple du royaume des cieux est semblable à un maître de maison qui tire de son trésor des choses nouvelles et des choses anciennes.
53 Il arriva, quand Jésus eut achevé ces paraboles°,
54 qu'il se retira de là. Venu dans son pays, il les enseignait dans leur synagogue°, si bien qu'ils étaient
frappés d'étonnement et disaient :
– D'où lui viennent cette sagesse et ces mira-
55 cles ? Celui-ci n'est-il pas le fils du charpentier ? Sa
mère ne s'appelle-t-elle pas Marie ? et ses frères,
56 Jacques°, Joses, Simon et Jude° ? Ses sœurs ne
sont-elles pas toutes auprès de nous ? D'où lui
vient donc tout cela ?
57 Et ils étaient scandalisés° à son sujet. Mais Jésus
leur dit :
– Un prophète n'est pas sans honneur, si ce n'est
dans son pays et dans sa maison.
58 Aussi ne fit-il pas là beaucoup de miracles, à cause
de leur incrédulité.

14 En ce temps-là, Hérode° le tétrarque° apprit la
2 renommée de Jésus ; et il dit à ses serviteurs :
– C'est Jean le Baptiseur ; c'est lui, ressuscité des
morts ; c'est pourquoi les miracles s'opèrent par
lui.
3 En effet, Hérode avait fait arrêter Jean, l'avait fait
lier et mettre en prison, à cause d'Hérodias, la
4 femme de son frère Philippe ; car Jean lui disait : Il
5 ne t'est pas permis de l'avoir pour femme. Tout en

ayant le désir de le faire mourir, il craignait la
foule, parce qu'on le considérait comme un prophète.
Mais, pendant qu'on célébrait l'anniversaire de la 6
naissance d'Hérode, la fille d'Hérodias dansa devant tous et plut à Hérode : aussi lui promit-il avec 7
serment de lui donner tout ce qu'elle demande-
rait. Elle, poussée par sa mère, lui dit : 8
– Donne-moi ici, sur un plat, la tête de Jean le
Baptiseur.
Le roi en fut affligé ; mais, à cause des serments et 9
de ceux qui étaient à table avec lui, il commanda
de la lui donner : il envoya décapiter Jean dans la 10
prison. Sa tête fut apportée sur un plat et donnée 11
à la jeune fille ; et elle la porta à sa mère. Alors ses 12
disciples vinrent enlever le corps et l'ensevelirent ;
puis ils allèrent rapporter à Jésus ce qui était arrivé.

L'ayant appris, Jésus se retira de là en barque 13
dans un lieu désert, à l'écart ; les foules le surent
et le suivirent à pied, des différentes villes. En dé- 14
barquant, il vit une grande foule : il fut ému de
compassion envers eux et il guérit leurs infirmes.
Le soir venu, ses disciples vinrent lui dire : 15
– Le lieu est désert et il est tard ; renvoie les foules, afin qu'elles aillent dans les villages et s'achètent des vivres. Mais Jésus leur dit : 16
– Il n'est pas nécessaire qu'elles s'en aillent ;
vous, donnez-leur à manger. Ils lui disent : 17
– Nous n'avons ici que cinq pains et deux poissons. Il dit alors : 18
– Apportez-les-moi ici.
Après avoir donné l'ordre aux foules de s'asseoir 19
sur l'herbe, il prit les cinq pains et les deux poissons, regarda vers le ciel et bénit ; puis il rompit
les pains, les donna aux disciples, et les disciples
aux foules. Ils mangèrent tous et furent rassasiés. 20
Des restes, ils recueillirent douze paniers pleins.
Or ceux qui avaient mangé étaient environ cinq 21

mille hommes, sans compter les femmes et les enfants.
22 Aussitôt après, il contraignit les disciples à monter dans la barque et à le précéder sur l'autre rive,
23 jusqu'à ce qu'il ait renvoyé les foules. Quand il eut
renvoyé les foules, il monta sur la montagne, à
l'écart, pour prier ; et le soir étant venu, il était là,
seul.
24 Or la barque était déjà au milieu de la mer, bat-
25 tue par les vagues, car le vent était contraire. À la
quatrième veille° de la nuit, il alla vers eux, mar-
26 chant sur la mer. Les disciples, le voyant marcher
sur la mer, furent bouleversés ; ils dirent : C'est un
27 fantôme ! Et ils crièrent de peur. Mais Jésus leur
parla aussitôt, disant :
– Ayez bon courage ; c'est moi, n'ayez pas peur !
28 Pierre lui répondit :
– Seigneur, si c'est toi, commande-moi d'aller
29 vers toi sur les eaux. Il dit :
– Viens.
Alors Pierre descendit de la barque et marcha sur
30 les eaux pour aller vers Jésus. Mais voyant que le
vent était fort, il eut peur ; et comme il commençait à enfoncer, il s'écria :
– Seigneur, sauve-moi !
31 Aussitôt Jésus, étendant la main, le saisit et lui dit :
– Homme de petite foi, pourquoi as-tu douté ?
32 Quand ils furent montés dans la barque, le vent
33 tomba. Ceux qui étaient dans la barque lui rendirent hommage et dirent :
– Véritablement, tu es le Fils de Dieu !
34 Après avoir passé à l'autre rive, ils vinrent dans
35 la contrée de Génésareth. L'ayant reconnu, les
hommes de ce lieu-là envoyèrent prévenir tous les
gens d'alentour ; et on lui apporta tous ceux qui se
36 portaient mal. Ils le priaient de les laisser toucher
seulement le bord de son vêtement, et tous ceux
qui le touchèrent furent complètement guéris.

Alors, de Jérusalem, viennent à Jésus des phari- **15**
siens° et des scribes° qui lui disent :
– Pourquoi tes disciples transgressent-ils la tradi- 2
tion des anciens°, car ils ne se lavent pas les mains
quand ils mangent ? Il leur répondit : 3
– Et vous, pourquoi transgressez-vous le com-
mandement° de Dieu à cause de votre tradition ?
Car Dieu a commandé : “Honore ton père et ta 4
mère”[a] ; et : “Que celui qui maudit père ou mère
soit puni de mort”[b]. Mais vous, vous dites : Si quel- 5
qu'un dit à son père ou à sa mère : Tout ce dont tu
pourrais profiter de ma part est un don[c] – il n'ho- 6
norera pas son père ou sa mère. Ainsi vous avez
annulé le commandement de Dieu à cause de votre tradition. Hypocrites ! Ésaïe a bien prophétisé 7
à votre sujet quand il dit : “Ce peuple m'honore 8
des lèvres, mais leur cœur est très éloigné de moi ;
et c'est en vain qu'ils me révèrent, puisqu'ils ensei- 9
gnent comme doctrines des commandements
d'hommes”[d].
Puis, appelant à lui la foule, il leur dit : 10
– Écoutez et comprenez : ce n'est pas ce qui en- 11
tre dans la bouche qui souille l'homme° ; mais ce
qui sort de la bouche, voilà ce qui souille l'homme.
Alors ses disciples s'approchèrent et lui dirent : 12
– Sais-tu que les pharisiens ont été scandalisés°
en entendant cette parole ? Il répondit : 13
– Toute plante que mon Père céleste n'a pas
plantée sera déracinée. Laissez-les ; ce sont des 14
aveugles, conducteurs d'aveugles : si un aveugle
conduit un aveugle, ils tomberont tous deux dans
un trou. Pierre lui répondit : 15
– Explique-nous cette parabole°. Il dit : 16
– Vous aussi, êtes-vous encore une fois sans intelligence ? Ne comprenez-vous pas que tout ce 17
qui entre dans la bouche va dans le ventre, puis
est rejeté dans la fosse ? Mais ce qui sort de la bou- 18

---

a• Exode 20. 12. – b• Exode 21. 17. – c• *c.-à-d.* : une offrande consacrée à Dieu (*voir* Marc 7. 11-13). – d• Ésaïe 29. 13.

che vient du cœur, et c'est cela qui souille
19 l'homme. Car c'est du cœur que viennent mauvaises pensées, meurtres, adultères, fornications°,
20 vols, faux témoignages, injures : voilà ce qui
souille l'homme ; mais manger avec des mains non
lavées ne souille pas l'homme.

21 Partant de là, Jésus se retira vers la région de Tyr
22 et de Sidon. Et voici qu'une femme cananéenne°
venue de ces territoires se mit à crier :

– Aie pitié de moi, Seigneur, Fils de David ; ma
fille est cruellement tourmentée par un démon°.
23 Mais il ne lui répondit pas un mot. Ses disciples,
s'approchant, le prièrent :
24 – Renvoie-la, car elle nous poursuit de ses cris. Il
répondit :

– Je n'ai été envoyé qu'aux brebis perdues de la
maison d'Israël.
25 Mais elle vint lui rendre hommage, en disant :
26 – Seigneur, viens à mon secours ! Il répondit :

– Il ne convient pas de prendre le pain des en-
27 fants et de le jeter aux chiens. Elle dit :

– Oui, Seigneur ; car même les chiens mangent
les miettes qui tombent de la table de leurs maî-
28 tres. Alors Jésus lui répondit :

– Femme, ta foi est grande ; qu'il te soit fait
comme tu veux.
Et, dès ce moment-là, sa fille fut guérie.

29 Jésus partit de là et vint près de la mer de Gali-
30 lée° ; il monta sur la montagne, et là, il s'assit. De
grandes foules vinrent à lui, ayant avec elles des
boiteux, des aveugles, des estropiés, des muets, et
beaucoup d'autres. On les mit à ses pieds et il les
31 guérit, si bien que les foules s'étonnèrent à la vue
des muets qui parlaient, des estropiés qui deve-
naient valides, des boiteux qui marchaient et des
aveugles qui voyaient ; alors elles glorifièrent le
Dieu d'Israël.

32 Jésus appela à lui ses disciples et dit :

– Je suis ému de compassion envers la foule, car
voici trois jours déjà qu'ils sont là auprès de moi,

sans rien avoir à manger ; je ne veux pas les renvoyer à jeun, de peur qu'ils ne défaillent en chemin. Ses disciples lui disent : 33
–Où trouverions-nous dans le désert assez de
pains pour rassasier une si grande foule ? Jésus 34
leur dit :
–Combien avez-vous de pains ? Ils dirent :
–Sept, et quelques petits poissons.
Il commanda à la foule de s'asseoir par terre. 35
Après avoir pris les sept pains et les poissons, il 36
rendit grâces et les rompit ; et il les donnait à ses
disciples, et les disciples à la foule. Ils mangèrent 37
tous et furent rassasiés ; des restes, ils recueillirent
sept corbeilles pleines. Or ceux qui avaient mangé 38
étaient quatre mille hommes, sans compter les
femmes et les enfants. Ayant renvoyé les foules, il 39
monta dans la barque et vint dans la région de Ma-
gadan.

Alors les pharisiens° et les sadducéens° s'ap- **16**
prochèrent et lui demandèrent, pour l'éprouver,
de leur montrer un signe venant du ciel. Mais il 2
leur répondit :
–Quand le soir est venu, vous dites : Il fera beau
temps, car le ciel est rouge ; et le matin : Il y aura 3
aujourd'hui de l'orage, car le ciel est rouge et s'as-
sombrit. Vous savez discerner l'apparence du ciel ;
et les signes des temps, vous ne le pouvez pas ?
Une génération méchante et adultère recherche 4
un signe ; mais il ne lui sera pas donné de signe, si
ce n'est le signe de Jonas[a].
Et, les laissant, il s'en alla.
Quand les disciples furent venus à l'autre rive, 5
ils avaient oublié de prendre du pain. Jésus leur 6
dit :
–Attention ! Gardez-vous du levain des phari-
siens° et des sadducéens°.

---

a• *voir* 12. 39-41.

7 Ils raisonnaient en eux-mêmes : C'est parce que
8 nous n'avons pas pris de pain. Mais Jésus, le sachant, dit :

– Pourquoi raisonnez-vous en vous-mêmes, gens
de petite foi, parce que vous n'avez pas de pain ?
9 Ne comprenez-vous pas encore, et ne vous souvenez-vous pas des cinq pains des cinq mille hommes
10 et combien de paniers vous en avez recueillis ? Ni
des sept pains des quatre mille hommes et combien de corbeilles vous en avez recueillies[a] ? Com-
11 ment ne comprenez-vous pas que ce n'était pas au
sujet des pains que je vous disais : Gardez-vous du
levain des pharisiens et des sadducéens ?
12 Alors ils comprirent que ce n'était pas du levain du
pain qu'il leur avait dit de se garder, mais de la
doctrine des pharisiens et des sadducéens.

13 Lorsque Jésus fut venu dans la région de Césarée
de Philippe, il interrogea ses disciples :

– Qui dit-on que je suis[b], moi, le Fils de
14 l'homme ? Ils répondirent :

– Les uns disent : Jean le Baptiseur ; d'autres :
Élie ; d'autres encore : Jérémie ou l'un des prophè-
15 tes. Il leur dit :

16 – Et vous, qui dites-vous que je suis ? Simon
Pierre répondit :

17 – Tu es le Christ°, le Fils du Dieu vivant. Jésus lui
dit :

– Tu es bienheureux, Simon, fils de Jonas, car ce
ne sont pas la chair et le sang[c] qui t'ont révélé cela,
18 mais mon Père qui est dans les cieux. Moi aussi, je
te dis que tu es Pierre[d] ; et sur ce roc[e] je bâtirai
mon assemblée°[f], et les portes de l'hadès° ne pré-
19 vaudront pas contre elle. Je te donnerai les clefs du
royaume des cieux ; tout ce que tu lieras sur la
terre sera lié dans les cieux ; et tout ce que tu délie-
ras sur la terre sera délié dans les cieux.

---

a• *voir* 14. 15-21 *et* 15. 32-38. – b• *litt.* : Qui disent les hommes que je suis ? – c• la chair et le sang : *c.-à-d. : l'homme, la nature humaine.* – d• *ou* : une pierre (*grec* : pétros). – e• *ou* : ce rocher (*grec* : pétra). – f• *grec* : ekklèsia, *devenu en français* : église.

Alors il commanda expressément aux disciples de 20
ne dire à personne qu'il était le Christ°.
Dès lors Jésus commença à montrer à ses disci- 21
ples qu'il fallait qu'il aille à Jérusalem, et qu'il souffre beaucoup de la part des anciens°, des principaux sacrificateurs° et des scribes°, et qu'il soit
mis à mort, et qu'il soit ressuscité le troisième
jour. L'amenant à l'écart, Pierre se mit à le repren- 22
dre en disant :
– Seigneur, Dieu t'en préserve, cela ne t'arrivera
pas !
Mais lui se retourna et dit à Pierre : 23
– Va arrière de moi, Satan, tu m'es en scandale° ;
car tes pensées ne sont pas aux choses de Dieu,
mais à celles des hommes.
Alors Jésus dit à ses disciples : 24
– Si quelqu'un veut venir après moi, qu'il renonce à lui-même, qu'il prenne sa croix et me
suive : car quiconque voudra sauver sa vie la per- 25
dra ; mais quiconque perdra sa vie à cause de moi
la trouvera. En effet, quel profit y aura-t-il pour un 26
homme° s'il gagne le monde entier, mais qu'il
fasse la perte de son âme° ? ou que donnera un
homme en échange de son âme ? Car le Fils de 27
l'homme viendra dans la gloire de son Père, avec
ses anges, et alors il rendra à chacun selon sa
conduite. En vérité, je vous le dis : quelques-uns 28
de ceux qui sont ici présents ne goûteront pas la
mort avant d'avoir vu le Fils de l'homme venant
dans son royaume.

Six jours après, Jésus prend avec lui Pierre, Jac- **17**
ques° et Jean son frère, puis les mène à l'écart sur
une haute montagne. Et il fut transfiguré devant 2
eux ; son visage resplendit comme le soleil, ses vêtements devinrent blancs comme la lumière. Et 3
voici, Moïse et Élie leur apparurent, parlant avec
lui. Prenant la parole, Pierre dit à Jésus : 4
– Seigneur, il est bon que nous soyons ici ; si tu le

veux, faisons ici trois tentes : une pour toi, une
pour Moïse et une pour Élie.
5 Comme il parlait encore, voici une nuée lumi-
neuse les couvrit ; et voici une voix venant de la
nuée, qui disait :
– Celui-ci est mon Fils bien-aimé, en qui j'ai
trouvé mon plaisir ; écoutez-le.
6 L'ayant entendu, les disciples tombèrent le visage
contre terre et furent saisis d'une très grande
7 peur. Mais Jésus s'approcha, les toucha et dit :
– Relevez-vous et n'ayez pas peur.
8 Eux, levant les yeux, ne virent personne, sinon
Jésus seul.
9 Tandis qu'ils descendaient de la montagne,
Jésus leur donna cet ordre :
– Ne racontez la vision à personne, jusqu'à ce
que le Fils de l'homme soit ressuscité d'entre les
10 morts. Ses disciples l'interrogèrent :
– Pourquoi donc les scribes° disent-ils qu'il faut
11 qu'Élie vienne d'abord ? Il répondit :
12 – En effet, Élie vient et il rétablira tout. Mais je
vous dis qu'Élie est déjà venu, et ils ne l'ont pas reconnu ; au contraire, ils lui ont fait tout ce qu'ils
ont voulu ; de même aussi le Fils de l'homme va
souffrir de leur part.
13 Alors les disciples comprirent qu'il leur parlait de
Jean le Baptiseur.
14 Quand ils furent venus auprès de la foule, un
homme s'approcha de lui, se jeta à genoux devant
lui et dit :
15 – Seigneur, aie pitié de mon fils, car il est lunati-
que[a] et souffre cruellement : souvent il tombe
16 dans le feu et souvent dans l'eau ; je l'ai apporté à
17 tes disciples, mais ils n'ont pas pu le guérir. Jésus
répondit :
– Ô génération incrédule et perverse, jusqu'à
quand serai-je avec vous ? jusqu'à quand vous sup-
18 porterai-je ? Amenez-le-moi ici.

---

a • *malade souffrant de crises à caractère épileptique.*

Jésus réprimanda sévèrement le démon°, qui sortit
de lui ; et le jeune garçon fut guéri dès cette heure-
là.
Alors les disciples s'approchèrent de Jésus et lui 19
dirent en privé :
– Pourquoi n'avons-nous pas pu le chasser ?
Jésus leur dit : 20
– À cause de votre incrédulité. Car, en vérité, je
vous le dis : si vous avez de la foi comme un grain
de moutarde, vous direz à cette montagne : Trans-
porte-toi d'ici là-bas, et elle se transportera ; et rien
ne vous sera impossible. Mais cette sorte d'esprit 21
impur° n'est chassée que par la prière et par le
jeûne.
Comme ils séjournaient en Galilée°, Jésus leur 22
dit :
– Le Fils de l'homme va être livré entre les mains
des hommes ; ils le feront mourir, et le troisième 23
jour il sera ressuscité.
Alors ils furent profondément attristés.
Lorsqu'ils furent venus à Capernaüm, les rece- 24
veurs des didrachmes[a] s'approchèrent de Pierre et
dirent :
– Votre maître° ne paie-t-il pas les didrachmes ?
Il dit : 25
– Si.
Mais quand il fut entré dans la maison, Jésus prit
les devants et dit :
– Qu'en penses-tu, Simon ? Les rois de la terre,
de qui reçoivent-ils des tributs ou des impôts, de
leurs fils ou des étrangers ? Pierre dit : 26
– Des étrangers. Jésus lui dit :
– Les fils en sont donc exempts. Mais, afin que 27
nous ne les scandalisions° pas, va à la mer, jette
un hameçon et saisis le premier poisson qui montera ; quand tu lui auras ouvert la bouche, tu y

---

a • *impôt juif de deux drachmes° par personne, pour l'entretien et le service du Temple.*

trouveras un statère[a]; prends-le et donne-le leur pour moi et pour toi.

18 À cette heure-là, les disciples s'approchèrent de Jésus et dirent :

–Qui donc est le plus grand dans le royaume des cieux ?
2 Jésus appela auprès de lui un petit enfant, le plaça
3 au milieu d'eux et dit :
–En vérité, je vous le déclare : Si vous ne vous
convertissez[b] pas et ne devenez pas comme les petits enfants, vous n'entrerez pas dans le royaume
4 des cieux. Celui qui s'abaissera comme ce petit enfant, celui-là est le plus grand dans le royaume des
5 cieux ; et celui qui reçoit un petit enfant tel que celui-ci en mon nom me reçoit.
6 Mais celui qui est une occasion de chute° pour un
de ces petits qui croient en moi, il serait avantageux pour lui qu'on lui ait pendu au cou une
meule d'âne[c] et qu'il ait été noyé dans les profon-
7 deurs de la mer. Malheur au monde à cause des occasions de chute ! Car il est inévitable qu'il arrive
des occasions de chute ; mais malheur à l'homme
8 par qui l'occasion de chute arrive ! Si ta main ou
ton pied est pour toi une occasion de chute,
coupe-le et jette-le loin de toi : mieux vaut pour
toi entrer dans la vie manchot ou estropié que
d'avoir deux mains ou deux pieds et d'être jeté
9 dans le feu éternel. Et si ton œil est pour toi une
occasion de chute, arrache-le et jette-le loin de
toi ; car mieux vaut pour toi d'entrer dans la vie
avec un seul œil que d'avoir deux yeux et d'être
jeté dans la géhenne° de feu.
10 Gardez-vous de mépriser un de ces petits ; car je
vous dis que, dans les cieux, leurs anges voient
continuellement la face de mon Père qui est dans

---

a• *Le statère était une pièce de monnaie valant quatre drachmes, ou deux didrachmes (impôt pour deux personnes). Voir* Monnaie/poids° – b• *Ce verbe signifie :* faire volte-face, se retourner. – c• *grosse meule de pierre que fait tourner un âne.*

les cieux. Car le Fils de l'homme est venu pour sau- 11
ver ce qui était perdu. Qu'en pensez-vous ? Si un 12
homme a cent brebis et que l'une d'elles s'égare,
ne laissera-t-il pas les quatre-vingt-dix-neuf sur les
montagnes, pour aller chercher celle qui s'est éga-
rée ? Et s'il arrive qu'il la trouve, en vérité, je vous 13
dis qu'il a plus de joie de celle-là que des quatre-
vingt-dix-neuf qui ne se sont pas égarées. Ainsi, ce 14
n'est pas la volonté de votre Père qui est dans les
cieux qu'un seul de ces petits périsse.

S'il arrive que ton frère pèche contre toi, va, re- 15
prends-le[a], seul à seul ; s'il t'écoute, tu as gagné ton
frère ; s'il ne t'écoute pas, prends avec toi encore 16
une ou deux personnes, afin que par la bouche de
deux ou de trois témoins toute parole soit établie.
S'il ne veut pas les écouter, dis-le à l'assemblée° ; 17
et s'il ne veut pas non plus écouter l'assemblée,
qu'il soit pour toi comme un homme des nations°
et comme un publicain°.
En vérité, je vous le dis : Tout ce que vous lierez 18
sur la terre sera lié dans le ciel, et tout ce que vous
délierez sur la terre sera délié dans le ciel[b]. Je vous 19
dis encore que si deux d'entre vous sont d'accord
sur la terre pour une chose quelconque, quelle
que soit la chose qu'ils demanderont, elle sera
faite pour eux par mon Père qui est dans les cieux ;
car là où deux ou trois sont assemblés à mon nom, 20
je suis là au milieu d'eux.

Alors Pierre s'approcha et lui dit : 21

– Seigneur, combien de fois mon frère péchera-
t-il contre moi et lui pardonnerai-je ? Jusqu'à sept
fois ? Jésus lui dit : 22

– Je ne te dis pas jusqu'à sept fois, mais jusqu'à
soixante-dix fois sept fois. C'est pourquoi le royau- 23
me des cieux a été fait semblable à un roi qui voulut faire ses comptes avec ses esclaves. Et quand il 24
eut commencé à le faire, on lui en amena un qui
lui devait dix mille talents°. Comme il n'avait pas 25

---

a• *ou* : convaincs-le *(de sa faute ou de son erreur)*. – b• *comp.* 16. 19.

de quoi payer, son maître° ordonna qu'il soit
vendu, ainsi que sa femme, ses enfants et tout ce
26 qu'il avait, et que le paiement soit effectué. Se jetant alors à ses pieds, l'esclave lui rendait hommage et disait : Prends patience à mon égard et je
27 te paierai tout. Ému de compassion, le maître de
28 cet esclave-là le relâcha et lui remit la dette. Mais
cet esclave, une fois sorti, trouva un de ceux qui
étaient esclaves avec lui et qui lui devait cent de-
niers° ; il le saisit, et il l'étranglait en disant : Paie
29 ce que tu dois. Se jetant donc à ses pieds, son compagnon le suppliait : Prends patience à mon égard
30 et je te paierai. Mais il ne voulait pas ; au contraire,
il alla le faire jeter en prison, jusqu'à ce qu'il ait
31 payé la dette. Ceux qui étaient esclaves avec lui,
voyant ce qui était arrivé, furent très affligés et vinrent informer leur maître de tout ce qui s'était
32 passé. L'ayant alors appelé auprès de lui, son maître lui dit : Méchant esclave, je t'ai remis toute
cette dette parce que tu m'en as supplié ; n'aurais-
33 tu pas dû, toi aussi, avoir pitié de celui qui est esclave avec toi, comme moi aussi j'ai eu pitié de
34 toi ? Et son maître, en colère, le livra aux bour-
reaux, jusqu'à ce qu'il ait payé tout ce qui lui était
35 dû. C'est ainsi que mon Père céleste vous fera, si
vous ne pardonnez pas, de tout votre cœur, chacun à son frère.

19 Et il arriva, quand Jésus eut achevé ces discours, qu'il partit de la Galilée° et vint vers les ter-
2 ritoires de la Judée°, au-delà du Jourdain ; de grandes foules le suivirent et il les guérit là.
3 Alors, pour le mettre à l'épreuve, des phari-
siens° vinrent lui dire :
– Est-il permis à un homme de répudier sa
4 femme pour n'importe quel motif ? Il leur répondit :
– N'avez-vous pas lu que le Créateur, dès le com-
5 mencement, les a faits homme et femme, et a dit :
"C'est pourquoi l'homme laissera son père et sa

mère et sera uni à sa femme ; et les deux seront
une seule chair"[a] ? Ainsi, ils ne sont plus deux, 6
mais une seule chair. Donc, ce que Dieu a uni, que
l'homme ne le sépare pas. Ils lui disent : 7

– Pourquoi alors Moïse a-t-il commandé de donner une lettre de divorce en la répudiant ? Il leur 8
dit :

– Moïse, à cause de votre dureté de cœur, vous a
permis de répudier vos femmes ; mais au commencement, il n'en était pas ainsi. Et je vous le dis : 9
quiconque répudie sa femme, sauf pour cause de
fornication°, et en épouse une autre, commet
l'adultère ; et celui qui épouse une femme répudiée commet l'adultère. Ses disciples lui disent : 10

– Si telle est la condition de l'homme à l'égard
de la femme, il n'est pas avantageux de se marier.
Il leur répondit : 11

– Tous ne reçoivent pas cette parole, mais seulement ceux à qui cela est donné. Car il y a des eunu- 12
ques° qui sont nés tels dès le ventre de leur mère ;
il y a des eunuques qui ont été faits eunuques par
les hommes ; et il y a des eunuques qui se sont faits
eux-mêmes eunuques pour le royaume des cieux.
Que celui qui peut recevoir cette parole la reçoive.

Alors on lui apporta des petits enfants, afin qu'il 13
leur impose les mains et qu'il prie ; mais les disciples firent des reproches à ceux qui les apportaient. Jésus dit : 14

– Laissez venir à moi les petits enfants et ne les
en empêchez pas ; car le royaume des cieux est à
ceux qui sont comme eux.

Puis, leur ayant imposé les mains, il partit de là. 15

Voici qu'un homme s'approcha pour lui dire : 16

– Maître°, que ferai-je de bon pour obtenir la vie
éternelle ? Il lui dit : 17

– Pourquoi m'interroges-tu au sujet de ce qui est
bon ? Un seul est bon. Mais si tu veux entrer dans
la vie, garde les commandements°. Il lui dit : 18

– Lesquels ? Jésus dit :

---

a • Genèse 2. 24.

–Tu ne tueras pas; tu ne commettras pas d'adultère; tu ne voleras pas; tu ne diras pas de faux té-
19 moignage; honore ton père et ta mère; et : Tu ai-
20 meras ton prochain° comme toi-même. Le jeune
homme lui dit :

–J'ai gardé tout cela; que me manque-t-il en-
21 core ? Jésus lui dit :

–Si tu veux être parfait, va, vends ce que tu as,
donne aux pauvres, et tu auras un trésor dans le
ciel; et viens, suis-moi.
22 Mais le jeune homme, après avoir entendu cette
parole, s'en alla tout triste, car il possédait de
23 grands biens. Jésus dit alors à ses disciples :

–En vérité, je vous dis qu'un riche entrera diffi-
24 cilement dans le royaume des cieux. Et je vous le
dis encore : Il est plus facile à un chameau de passer par un trou d'aiguille, qu'à un riche d'entrer
dans le royaume de Dieu.
25 L'ayant entendu, les disciples en furent extrêmement étonnés; ils dirent :
26 –Qui donc peut être sauvé ? Jésus, les regardant,
leur dit :

–Pour les hommes, cela est impossible; mais
pour Dieu, tout est possible.
27 Alors Pierre prit la parole et lui dit :

–Voici, nous avons tout quitté et nous t'avons
28 suivi; qu'en sera-t-il donc pour nous ? Jésus leur
dit :

–En vérité, je vous dis que vous qui m'avez
suivi, – dans la régénération[a], quand le Fils de
l'homme s'assiéra sur le trône de sa gloire, vous
aussi vous serez assis sur douze trônes, jugeant les
29 douze tribus d'Israël. Et quiconque aura quitté
maisons, ou frères, ou sœurs, ou père, ou mère,
ou enfants, ou champs à cause de mon nom, en recevra cent fois autant et héritera de la vie éter-
30 nelle. Mais beaucoup de premiers seront derniers,
et beaucoup de derniers seront premiers.

---

a • *ici* : le renouvellement de toutes choses.

En effet, le royaume des cieux est semblable à **20**
un maître de maison qui sortit dès le point du jour
afin d'embaucher des ouvriers pour sa vigne.
Après être tombé d'accord avec les ouvriers pour 2
un denier° par jour, il les envoya dans sa vigne.
Sortant vers la troisième heure°[a], il en vit d'autres 3
qui étaient sur la place du marché à ne rien faire;
il leur dit : 4

–Allez, vous aussi, dans la vigne, et je vous donnerai ce qui sera juste.

Ils y allèrent. Sortant encore vers la sixième heu- 5
re[b] et vers la neuvième heure[b], il fit de même. Sortant enfin vers la onzième heure[c], il en trouva 6
d'autres qui étaient là; il leur dit :

–Pourquoi vous tenez-vous ici tout le jour sans
rien faire ? Ils lui disent : 7

–Parce que personne ne nous a embauchés. Il leur dit :

–Allez, vous aussi, dans la vigne et vous recevrez ce qui sera juste.

Le soir venu, le maître de la vigne dit à son inten- 8
dant :

–Appelle les ouvriers et paie à chacun son salaire, en commençant par les derniers, jusqu'aux premiers.

Lorsque ceux qui avaient été embauchés vers la 9
onzième heure furent venus, ils reçurent chacun
un denier°. Quand les premiers furent venus, ils 10
croyaient recevoir davantage, mais ils reçurent,
eux aussi, chacun un denier. Après l'avoir reçu, ils 11
murmuraient contre le maître de maison, en di- 12
sant :

–Ceux-ci, les derniers, n'ont travaillé qu'une
heure, et tu les traites comme nous, qui avons supporté le fardeau du jour et la chaleur. Mais il ré- 13
pondit à l'un d'eux :

–Mon ami, je ne te fais pas tort : n'es-tu pas
tombé d'accord avec moi pour un denier? Prends 14

---

a• *au milieu de la matinée.* – b• *midi, puis le milieu de l'après-midi.* – c• *une heure avant le coucher du soleil.*

ce qui est à toi et va-t'en. Je veux donner à celui-ci,
15 le dernier, autant qu'à toi. Ne m'est-il pas permis
de faire ce que je veux de ce qui m'appartient ?
Ton œil est-il méchant, parce que moi je suis
16 bon ? Ainsi les derniers seront les premiers, et les
premiers seront les derniers ; car il y a beaucoup
d'appelés, mais peu d'élus° [a].

17 En montant à Jérusalem, Jésus prit à part les
douze disciples et, en chemin, il leur dit :

18 – Voici, nous montons à Jérusalem : le Fils de
l'homme sera livré aux principaux sacrificateurs°
19 et aux scribes° ; ils le condamneront à mort et ils
le livreront aux nations° pour se moquer de lui, le
fouetter et le crucifier ; et le troisième jour, il ressuscitera.

20 Alors la mère des fils de Zébédée s'approcha de
lui avec ses fils et se prosterna, pour lui présenter
21 une demande. Il lui dit :

– Que veux-tu ? Elle lui dit :

– Ordonne que mes deux fils que voici s'asseyent, l'un à ta droite et l'autre à ta gauche, dans
22 ton royaume. Jésus répondit :

– Vous ne savez pas ce que vous demandez. Pouvez-vous boire la coupe que moi je vais boire ? Ils
lui disent :

23 – Nous le pouvons. Il leur dit :

– Vous boirez bien ma coupe ; mais quant à s'asseoir à ma droite et à ma gauche, il ne m'appartient pas de le donner, sinon à ceux pour qui cela
est préparé par mon Père.

24 Les dix, qui avaient entendu, furent indignés
25 contre les deux frères. Jésus les appela auprès de
lui et dit :

– Vous savez que les chefs des nations dominent
sur elles et que les grands usent d'autorité sur
26 elles. Il n'en sera pas ainsi parmi vous ; mais celui
qui voudra devenir grand parmi vous sera votre
27 serviteur ; et celui qui voudra être le premier
28 parmi vous, qu'il soit votre esclave. C'est ainsi que

---

a • *pl. mss. omettent la fin de ce verset.*

le Fils de l'homme n'est pas venu pour être servi,
mais pour servir et pour donner sa vie en rançon
pour un grand nombre.

Comme ils sortaient de Jéricho, une grande 29
foule le suivit. Et voici, deux aveugles assis au 30
bord du chemin, ayant appris que Jésus passait, se
mirent à crier :

– Aie pitié de nous, Seigneur, Fils de David !
La foule les reprit, pour les faire taire ; mais ils 31
criaient encore plus fort :

– Aie pitié de nous, Seigneur, Fils de David !
Jésus s'arrêta ; il les appela et dit : 32

– Que voulez-vous que je vous fasse ? Ils lui di- 33
sent :

– Seigneur, que nos yeux soient ouverts.
Ému de compassion, Jésus toucha leurs yeux ; aus- 34
sitôt, ils recouvrèrent la vue et le suivirent.

Quand ils approchèrent de Jérusalem et qu'ils **21**
furent arrivés vers Bethphagé, au mont des Oliviers, alors Jésus envoya deux disciples en leur di- 2
sant :

– Allez au village qui est en face de vous, et aussitôt vous trouverez une ânesse attachée et un
ânon avec elle ; détachez-les et amenez-les-moi. Si 3
quelqu'un vous dit quelque chose, vous direz : Le
Seigneur en a besoin ; et il les enverra aussitôt.
Tout cela arriva afin que soit accompli ce qui avait 4
été dit par le prophète : "Dites à la fille de Sion : 5
Voici, ton roi vient à toi, débonnaire[a] et monté
sur une ânesse et sur un ânon, le petit d'une bête
de somme"[b]. Les disciples allèrent et firent comme 6
Jésus leur avait ordonné : ils amenèrent l'ânesse et 7
l'ânon, mirent leurs vêtements dessus, et Jésus s'y
assit. Une immense foule étendit ses vêtements 8
sur le chemin, d'autres coupaient des rameaux des
arbres et les répandaient sur le chemin ; les foules 9
qui allaient devant lui et celles qui suivaient
criaient :

---

a• *ou* : doux (*comp.* 5. 5 *et* 11. 29). – b• Zacharie 9. 9.

–Hosanna° au Fils de David ! Béni soit celui qui
vient au nom du Seigneur* ! Hosanna dans les
lieux très hauts !
10 Quand il entra dans Jérusalem, toute la ville fut en
émoi ; on disait :
11 –Qui est celui-ci ? Mais les foules disaient :
–C'est le prophète Jésus, de Nazareth de Galilée°.
12 Jésus entra dans le temple de Dieu et chassa
tous ceux qui vendaient et achetaient dans le temple ; il renversa les tables des changeurs et les siè-
13 ges de ceux qui vendaient les colombes. Puis il
leur dit :

–Il est écrit : "Ma maison° sera appelée une maison de prière"[a] ; mais vous, vous en avez fait une caverne de voleurs.

14 Des aveugles et des boiteux vinrent à lui dans le
15 temple et il les guérit. Quand les principaux sacrifi-
cateurs° et les scribes° virent les choses extraordinaires qu'il avait faites et les enfants qui criaient
dans le temple : Hosanna au Fils de David, ils en
16 furent indignés et lui dirent :
–Tu entends ce qu'ils disent ? Mais Jésus leur dit :

–Oui ; n'avez-vous jamais lu : "Par la bouche des petits enfants et des nourrissons, tu as établi ta louange"[b].

17 Les ayant laissés, il sortit de la ville et s'en alla à
Béthanie, où il passa la nuit.
18 Le matin, comme il retournait à la ville, il eut
19 faim. Voyant un figuier sur le chemin, il s'en approcha ; et il n'y trouva rien que des feuilles ; il lui
dit :

–Qu'aucun fruit ne vienne plus jamais de toi !

20 Et à l'instant, le figuier sécha. Voyant cela, les disciples furent étonnés et dirent :
–Comment en un instant le figuier est-il devenu
21 sec ? Jésus leur répondit :
–En vérité, je vous le dis : Si vous avez de la foi

a• Ésaïe 56. 7. – b• Psaume 8. 2.

et que vous ne doutiez pas, non seulement vous ferez ce qui a été fait au figuier, mais si même vous
dites à cette montagne : Soulève-toi et jette-toi
dans la mer, cela se fera. Quoi que vous demandiez 22
en priant, si vous croyez, vous le recevrez.
Quand il fut entré dans le temple, les principaux 23
sacrificateurs° et les anciens° du peuple vinrent à
lui, pendant qu'il enseignait, et dirent :
– Par quelle autorité fais-tu cela, et qui t'a donné
cette autorité ? Jésus leur répondit : 24
– Je vous demanderai, moi aussi, une chose, une
seule ; si vous me la dites, je vous dirai, moi aussi,
par quelle autorité je fais cela : Le baptême de 25
Jean, d'où était-il ? du ciel ou des hommes ?
Ils se mirent à raisonner en eux-mêmes : Si nous 26
disons : Du ciel, il nous dira : Pourquoi donc ne
l'avez-vous pas cru ? Et si nous disons : Des hommes, nous craignons la foule, car tous considèrent
Jean comme un prophète. Ils répondirent à Jésus : 27
– Nous ne savons pas. Alors il leur dit :
– Moi non plus, je ne vous dis pas par quelle autorité je fais cela.
Qu'en pensez-vous ? Un homme avait deux en- 28
fants ; il s'approcha du premier et dit : Mon enfant, va aujourd'hui travailler dans ma vigne. Il ré- 29
pondit : Je ne veux pas. Mais plus tard, pris de
remords, il y alla. S'approchant du second, il dit la 30
même chose ; et celui-ci répondit : Moi j'y vais, seigneur. Et il n'y alla pas. Lequel des deux fit la vo- 31
lonté du père ? Ils lui disent :
– Le premier. Jésus leur dit :
– En vérité, je vous dis que les publicains° et les
prostituées vous devancent dans le royaume de
Dieu. Car Jean est venu à vous dans le chemin de 32
la justice et vous ne l'avez pas cru, mais les publicains et les prostituées l'ont cru ; et vous, après
avoir vu cela, vous n'en avez pas eu de remords ensuite pour le croire.
Écoutez une autre parabole° : Il y avait un maître 33
de maison qui planta une vigne, l'entoura d'une

clôture, y creusa une cuve et y bâtit une tour ; puis
il la loua à des cultivateurs et s'en alla hors du
34 pays. Lorsque la saison des fruits approcha, il envoya ses esclaves aux cultivateurs pour recevoir
35 ses fruits. Les cultivateurs se saisirent de ses esclaves, battirent l'un, tuèrent l'autre et en lapidèrent
36 un autre. Il envoya encore d'autres esclaves en
plus grand nombre que les premiers, et ils leur fi-
37 rent de même. Enfin, il leur envoya son fils, en di-
38 sant : Ils auront du respect pour mon fils. Mais les
cultivateurs, voyant le fils, dirent entre eux : Celui-
ci est l'héritier ; venez, tuons-le et possédons son
39 héritage. Ils le prirent, le jetèrent hors de la vigne
40 et le tuèrent. Quand donc le maître de la vigne
41 viendra, que fera-t-il à ces cultivateurs-là ? Ils lui disent :

– Il fera périr misérablement ces méchants et
louera sa vigne à d'autres cultivateurs, qui lui re-
42 mettront les fruits en leur saison. Jésus leur dit :

– N'avez-vous jamais lu dans les Écritures : "La
pierre que ceux qui bâtissaient ont rejetée, c'est
elle qui est devenue la pierre maîtresse de l'angle ;
elle est de la part du Seigneur*, elle est merveil-
43 leuse devant nos yeux"[a]. C'est pourquoi je vous
dis que le royaume de Dieu vous sera ôté et sera
44 donné à une nation qui en rapportera les fruits. Et
celui qui tombera sur cette pierre sera brisé ; mais
celui sur qui elle tombera, elle le broiera.

45 Après avoir entendu ses paraboles°, les principaux sacrificateurs° et les pharisiens° comprirent
46 qu'il parlait d'eux. Ils cherchaient à se saisir de lui,
mais ils craignaient les foules, parce qu'elles le
considéraient comme un prophète.

22 Prenant la parole, Jésus leur dit encore sous
forme de paraboles° :

2 – Le royaume des cieux a été fait semblable à un
3 roi qui fit un festin de noces pour son fils et qui envoya ses esclaves pour appeler ceux qui étaient in-

a • Psaume 118. 22, 23.

vités aux noces ; mais ils ne voulurent pas venir. Il 4
envoya encore d'autres esclaves, disant : Allez dire
aux invités : Voici, j'ai préparé mon dîner. Mes
taureaux et mes bêtes grasses sont tués et tout est
prêt : venez aux noces. Mais eux n'en tinrent pas 5
compte et s'en allèrent, l'un à son champ, un autre
à son commerce ; les autres se saisirent de ses es- 6
claves, les outragèrent et les tuèrent. Le roi en fut 7
irrité ; il envoya ses troupes, fit périr ces meur-
triers-là et brûla leur ville. Alors il dit à ses escla- 8
ves : La noce est prête, mais les invités n'en étaient
pas dignes ; allez donc dans les carrefours des che- 9
mins et, tous les gens que vous trouverez, invitez-
les aux noces. Ces esclaves-là s'en allèrent par les 10
chemins ; ils assemblèrent tous ceux qu'ils trouvèrent, tant mauvais que bons, et la salle des noces
fut remplie de gens qui étaient à table. Le roi entra 11
pour voir ceux qui étaient à table ; il aperçut là un
homme qui n'était pas vêtu d'un habit de noces. Il 12
lui dit : Ami, comment es-tu entré ici, sans avoir
d'habit de noces ? Mais il eut la bouche fermée. Le 13
roi dit alors aux serviteurs : Liez-le pieds et mains,
emportez-le et jetez-le dans les ténèbres de dehors : là seront les pleurs et les grincements de
dents. Car il y a beaucoup d'appelés, mais peu 14
d'élus.

Alors les pharisiens° allèrent tenir conseil pour 15
le prendre au piège dans ses paroles. Ils lui en- 16
voient leurs disciples avec les hérodiens° pour lui
dire :

– Maître°, nous savons que tu es vrai, que tu enseignes la voie de Dieu en vérité et que tu ne t'embarrasses de personne, car tu ne regardes pas à
l'apparence des hommes. Dis-nous donc, qu'en 17
penses-tu : Est-il permis de payer le tribut à César°,
ou non ?

Jésus, connaissant leur méchanceté, leur dit : 18

– Pourquoi me tentez-vous, hypocrites ? Montrez-moi la monnaie du tribut. 19

Ils lui apportèrent un denier°. Et il leur dit : 20

–De qui sont cette image et cette inscription ?
21 Ils lui disent :
–De César. Alors il leur dit :
–Rendez donc à César ce qui est à César, et à
Dieu ce qui est à Dieu.
22 L'ayant entendu, ils furent étonnés ; puis, le laissant, ils s'en allèrent.
23 Ce même jour, des sadducéens°, *qui disent qu'il*
n'y a pas de résurrection, vinrent à lui et l'interrogèrent :
24 –Maître[¤], Moïse a dit : Si quelqu'un meurt sans
avoir d'enfants, son frère épousera sa femme et
25 suscitera une descendance à son frère. Or il y avait
parmi nous sept frères ; le premier se maria, mourut, et, comme il n'avait pas de descendance, il
26 laissa sa femme à son frère ; de la même manière,
le deuxième aussi et le troisième, jusqu'au sep-
27 tième ; après eux tous, la femme aussi mourut.
28 Dans la résurrection donc, duquel des sept sera-
29 t-elle la femme ? car tous l'ont eue ! Jésus leur répondit :
–Vous êtes dans l'erreur, vous ne connaissez pas
30 les Écritures ni la puissance de Dieu ; car, dans la
résurrection, on ne se marie pas, et on n'est pas
non plus donné en mariage, mais on est comme
31 des anges de Dieu dans le ciel. Quant à la résurrection des morts, n'avez-vous pas lu ce qui vous est
32 dit par Dieu : "Moi, je suis le Dieu d'Abraham et
le Dieu d'Isaac et le Dieu de Jacob"[a] ? Dieu n'est
pas le Dieu des morts, mais des vivants.
33 Ayant entendu cela, les foules étaient frappées par
son enseignement.
34 Les pharisiens apprirent qu'il avait fermé la bou-
35 che aux sadducéens et ils s'assemblèrent. L'un
d'eux, docteur° de la Loi, l'interrogea pour
l'éprouver :
36 –Maître[¤], quel est le grand commandement°
37 dans la Loi ? Il lui dit :
–"Tu aimeras le Seigneur* ton Dieu de tout ton

---

a • Exode 3. 6.

cœur et de toute ton âme et de toute ta pensée"[a].
C'est là le grand et premier commandement. Et le 38
second lui est semblable : "Tu aimeras ton pro- 39
chain° comme toi-même"[b]. De ces deux comman- 40
dements dépendent la Loi tout entière et les Prophètes.
Les pharisiens étant assemblés, Jésus les interro- 41
gea :
– Que pensez-vous du Christ° ? De qui est-il fils ? 42
Ils lui disent :
– De David. Il leur dit : 43
– Comment donc David, par l'Esprit, l'appelle-
t-il Seigneur, en disant : "Le Seigneur* a dit à mon 44
Seigneur : Assieds-toi à ma droite, jusqu'à ce que
je mette tes ennemis sous tes pieds"[c] ? Si donc Da- 45
vid l'appelle Seigneur, comment est-il son fils ?
Et personne ne pouvait lui répondre un mot. De- 46
puis ce jour-là, personne n'osa plus l'interroger.

Alors Jésus parla aux foules et à ses disciples, **23**
en disant :
– Les scribes° et les pharisiens° se sont assis dans 2
la chaire de Moïse. Tout ce qu'ils vous disent, fai- 3
tes-le et observez-le ; mais ne faites pas selon leurs
œuvres, car ils disent et ne font pas. Ils lient des 4
fardeaux pesants et difficiles à porter, et les mettent sur les épaules des hommes, mais eux, ils ne
veulent pas les remuer de leur doigt. Ils font toutes 5
leurs œuvres pour être vus des hommes ; car ils
élargissent leurs phylactères° et donnent plus de
largeur aux franges de leurs vêtements. Ils aiment 6
la première place dans les repas, les premiers sièges dans les synagogues°, les salutations dans les 7
places publiques ; ils aiment à être appelés :
Rabbi°, Rabbi ! par les hommes. Mais vous, ne 8
soyez pas appelés : Rabbi ; car un seul est votre
Maître▫ ; et vous, vous êtes tous frères. N'appelez 9
personne sur la terre votre Père ; car un seul est vo-

a• Deutéronome 6. 5. – b• Lévitique 19. 18. – c• Psaume 110. 1.

10 tre Père, *celui qui* est dans les cieux. Ne soyez pas
non plus appelés maîtres[a], car un seul est votre
11 Maître, le Christ°. Mais le plus grand parmi vous
12 sera votre serviteur. Quiconque s'élèvera sera
abaissé ; et quiconque s'abaissera sera élevé.

13 Malheur à vous, scribes et pharisiens hypocrites ! car vous fermez le royaume des cieux devant les hommes : vous n'entrez pas vous-mêmes, et ne permettez pas à ceux qui entrent d'entrer.

15 Malheur à vous, scribes et pharisiens hypocrites ! car vous parcourez la mer et la terre pour faire un seul prosélyte° ; et quand il l'est devenu, vous le rendez fils de la géhenne° deux fois plus que vous.

16 Malheur à vous, guides aveugles, qui dites : Quiconque aura juré par le temple°, cela ne compte
pas ; mais quiconque aura juré par l'or du temple°
17 est engagé. Fous et aveugles ! car quel est le plus
18 grand, l'or, ou le temple° qui sanctifie l'or ? Et
vous dites : Quiconque aura juré par l'autel, cela
ne compte pas ; mais quiconque aura juré par le
19 don qui est dessus est engagé. Aveugles ! car quel
est le plus grand, le don, ou l'autel qui sanctifie le
20 don ? Celui donc qui jure par l'autel jure par l'au-
21 tel et par tout ce qui est dessus ; et celui qui jure
par le temple° jure par le temple° et par celui qui
22 l'habite ; et celui qui jure par le ciel jure par le
trône de Dieu et par celui qui y siège.

23 Malheur à vous, scribes et pharisiens hypocrites ! car vous payez la dîme° de la menthe, de
l'aneth et du cumin[b], et vous avez laissé les choses
plus importantes de la Loi : le juste jugement[c], la
miséricorde et la fidélité ; il fallait faire ces choses-
24 ci, sans laisser celles-là. Guides aveugles, qui retenez au filtre le moucheron et qui avalez le chameau !

---

a• celui qui dirige *(terme utilisé uniquement dans ce verset).* – b• *Ils tenaient compte, pour la dîme°, même des plantes médicinales poussant spontanément ou cultivées en petite quantité.* – c• la juste appréciation.

Malheur à vous, scribes et pharisiens hypocri- 25
tes ! car vous nettoyez l'extérieur de la coupe et
du plat ; mais au-dedans ils sont pleins de rapine
et d'intempérance. Pharisien aveugle ! nettoie 26
d'abord l'intérieur de la coupe et du plat, afin que
l'extérieur aussi soit net.

Malheur à vous, scribes et pharisiens hypocri- 27
tes ! car vous ressemblez à des tombeaux blanchis,
qui paraissent beaux à l'extérieur, mais qui, à l'intérieur, sont pleins d'ossements de morts et de
toute sorte d'impureté. De même, vous aussi, exté- 28
rieurement vous paraissez justes aux hommes,
mais intérieurement vous êtes pleins d'hypocrisie
et d'iniquité°.

Malheur à vous, scribes et pharisiens hypocri- 29
tes ! car vous bâtissez les tombeaux des prophètes,
vous ornez les sépulcres des justes, et vous dites : 30
Si nous avions vécu dans les jours de nos pères°,
nous n'aurions pas été avec eux pour verser le
sang des prophètes. Ainsi, vous êtes témoins 31
contre vous-mêmes que vous êtes les fils de ceux
qui ont tué les prophètes ; et vous – comblez donc 32
la mesure de vos pères ! Serpents, race de vipères ! 33
comment pourrez-vous échapper au jugement de
la géhenne° ? C'est pourquoi voici, moi je vous en- 34
voie des prophètes, des sages et des scribes° ; et
vous en tuerez, vous en crucifierez et vous en
fouetterez dans vos synagogues° ; vous les persécu-
terez de ville en ville, en sorte que vienne sur vous 35
tout le sang juste versé sur la terre, depuis le sang
d'Abel le juste, jusqu'au sang de Zacharie, fils de
Barachie, que vous avez tué entre le temple° et
l'autel. En vérité, je vous le dis : tout cela retom- 36
bera sur cette génération.

Jérusalem, Jérusalem, la ville qui tue les prophè- 37
tes et qui lapide ceux qui lui sont envoyés, que de
fois j'ai voulu rassembler tes enfants comme une
poule rassemble ses poussins sous ses ailes, et vous
ne l'avez pas voulu ! Voici, votre maison° vous est 38
laissée déserte, car je vous le dis : Vous ne me ver- 39

rez plus désormais, jusqu'à ce que vous disiez : Béni soit celui qui vient au nom du Seigneur*[a].

24 Comme Jésus sortait et s'éloignait du temple,
ses disciples s'approchèrent pour lui montrer les
2 bâtiments du temple. Mais il leur répondit :
– Ne voyez-vous pas tout cela ? En vérité, je vous
le dis : Il ne sera pas laissé ici pierre sur pierre qui
ne soit jetée à terre.
3 Comme il était assis sur le mont des Oliviers, les
disciples s'approchèrent de lui et lui dirent en
privé :
– Dis-nous quand auront lieu ces événements, et
quel sera le signe de ta venue° et de l'achèvement
4 du siècle°. Jésus leur répondit :
– Prenez garde que personne ne vous séduise ;
5 car beaucoup viendront en mon nom et diront :
Moi, je suis le Christ° ; et ils séduiront beaucoup
6 de gens. Vous entendrez parler de guerres et de
bruits de guerres ; prenez garde de ne pas vous laisser troubler, car il faut que tout cela arrive ; mais
7 ce n'est pas encore la fin. Car nation s'élèvera
contre nation et royaume contre royaume ; et il y
aura des famines, des pestes et des tremblements
8 de terre en divers lieux. Mais tous ces événements
sont un commencement de douleurs.
9 Alors ils vous livreront pour vous faire souffrir
et ils vous feront mourir ; vous serez haïs de toutes
10 les nations à cause de mon nom. Alors beaucoup
seront scandalisés°, se dénonceront l'un l'autre et
11 se haïront l'un l'autre ; beaucoup de faux prophè-
12 tes se lèveront et séduiront beaucoup de gens. Et
parce que l'iniquité° ira croissant, l'amour d'un
13 grand nombre sera refroidi ; mais celui qui persé-
14 vérera jusqu'à la fin, celui-là sera sauvé. Et cet
évangile° du royaume sera prêché dans la terre ha-

---

a • Psaume 118. 26.

ɔitée tout entière, en témoignage à toutes les nations. Et alors viendra la fin.
Quand donc vous verrez l'abomination de la dé- 15
solation[a], dont il a été parlé par le prophète Daniel, établie dans le lieu saint (que celui qui lit
comprenne), alors, que ceux qui sont en Judée° 16
s'enfuient dans les montagnes; que celui qui est 17
sur le toit[b] ne descende pas pour emporter de la
maison ses affaires; et que celui qui est aux 18
champs ne retourne pas en arrière pour emporter
son vêtement. Quel malheur pour celles qui seront 19
enceintes et pour celles qui allaiteront en ces
jours-là! Et priez pour que votre fuite n'ait pas 20
lieu en hiver, ni un jour de sabbat°; car alors il y 21
aura une grande tribulation, telle qu'il n'y en a
pas eu depuis le commencement du monde jusqu'à maintenant et qu'il n'y en aura jamais plus.
Si ces jours-là n'avaient pas été abrégés, personne 22
n'aurait été sauvé; mais, à cause des élus°, ces
jours-là seront abrégés.
Alors, si quelqu'un vous dit : Voici, le Christ° est 23
ici, ou : Il est là – ne le croyez pas. Car il s'élèvera 24
de faux christs et de faux prophètes : ils montreront de grands signes et des prodiges, de manière
à séduire, si possible, même les élus. Voilà, je vous 25
l'ai dit à l'avance. Si donc on vous annonce : Le 26
voici au désert – ne sortez pas; le voici dans les pièces intérieures – ne le croyez pas. Car comme 27
l'éclair sort de l'orient et brille jusqu'à l'occident,
ainsi sera la venue du Fils de l'homme. Où que 28
soit le cadavre, là s'assembleront les aigles.
Mais aussitôt après la tribulation de ces jours-là, 29
le soleil sera obscurci, la lune ne donnera pas sa lumière, les étoiles tomberont du ciel et les puissances des cieux seront ébranlées. Alors paraîtra le 30
signe du Fils de l'homme dans le ciel; alors toutes
les tribus de la terre se lamenteront et elles ver-

---

a• *c.-à-d.* : l'idole qui entraînera la ruine (*du pays), ou : rendra (le pays) désert (voir* Daniel 9. 27 ; 12. 11). – b• *toit en terrasse accessible de l'extérieur.*

ront le Fils de l'homme venant sur les nuées du
31 ciel, avec beaucoup de puissance et de gloire. Il enverra ses anges avec un grand son de trompette ; et
ils rassembleront ses élus des quatre vents, d'une
extrémité des cieux à l'autre.

32 Mais apprenez du figuier cette parabole° : Dès
que son rameau est tendre et que ses feuilles pous-
33 sent, vous comprenez que l'été est proche. De
même aussi vous, quand vous verrez tous ces événements, sachez que cela est proche, à la porte.
34 En vérité, je vous le dis : Cette génération ne passera pas, que tous ces événements ne soient arri-
35 vés. Le ciel et la terre passeront, mais mes paroles
ne passeront pas.

36 Mais, quant à ce jour-là et à l'heure, personne
n'en a connaissance – pas même les anges des
37 cieux – si ce n'est le Père seul. Comme ont été les
jours de Noé, ainsi sera la venue du Fils de
38 l'homme. En effet, comme dans les jours précédant le déluge, on mangeait et on buvait, on se
mariait et on donnait en mariage, jusqu'au jour
39 où Noé entra dans l'arche (ils ne se doutèrent de
rien jusqu'à l'arrivée du déluge qui les emporta
40 tous), ainsi sera la venue du Fils de l'homme. Alors
deux hommes seront au champ, l'un sera pris et
41 l'autre laissé ; deux femmes moudront à la meule,
42 l'une sera prise et l'autre laissée. Veillez donc ; car
vous ne savez pas à quelle heure votre Seigneur
43 vient. Mais comprenez-le bien : si le maître de la
maison avait su à quelle heure de la nuit le voleur
devait venir, il aurait veillé et n'aurait pas laissé
44 percer sa maison. C'est pourquoi, vous aussi, soyez
prêts ; car le Fils de l'homme vient, à l'heure que
vous ne pensez pas.

45 Quel est donc l'esclave fidèle et sage que son
maître° a établi sur les domestiques de sa maison,
pour leur donner leur nourriture au temps conve-
46 nable ? Bienheureux est cet esclave-là que son maî-
47 tre, lorsqu'il viendra, trouvera faisant ainsi. En vérité, je vous dis qu'il l'établira sur tous ses biens.

Mais si cet esclave, méchant, dit en son cœur : 48
Mon maître tarde à venir, qu'il se mette à battre 49
ceux qui sont esclaves avec lui, et qu'il mange et
boive avec les ivrognes, le maître de cet esclave-là 50
viendra un jour qu'il n'attend pas et à une heure
qu'il ne sait pas, il le coupera en deux et lui don- 51
nera sa part avec les hypocrites : là seront les
pleurs et les grincements de dents.

Alors le royaume des cieux sera fait semblable **25**
à dix vierges[a] qui, après avoir pris leurs lampes,
sortirent à la rencontre de l'époux. Or cinq d'entre 2
elles étaient folles et cinq sages. Celles qui étaient 3
folles, en prenant leurs lampes, ne prirent pas
d'huile avec elles, alors que les sages prirent de 4
l'huile dans leurs vases avec leurs lampes. Comme 5
l'époux tardait, elles s'assoupirent toutes et s'en-
dormirent.
Mais au milieu de la nuit, un cri retentit : Voici 6
l'époux ; sortez à sa rencontre ! Alors toutes ces 7
vierges se réveillèrent et préparèrent leurs lampes.
Les folles dirent aux sages : Donnez-nous de votre 8
huile, car nos lampes s'éteignent. Mais les sages ré- 9
pondirent : Non, de peur qu'il n'y en ait pas assez
pour nous et pour vous ; allez plutôt vers ceux qui
en vendent et achetez-en pour vous-mêmes.
Or, pendant qu'elles allaient en acheter, l'époux 10
arriva : celles qui étaient prêtes entrèrent avec lui
aux noces ; et la porte fut fermée. Ensuite viennent 11
aussi les autres vierges en disant : Seigneur, Seigneur, ouvre-nous ! Mais il répondit : En vérité, je 12
vous le dis : je ne vous connais pas.
– Veillez donc ; car vous ne savez ni le jour ni 13
l'heure.

Car c'est comme un homme qui, s'en allant hors 14
du pays, convoqua ses propres esclaves et leur
confia ses biens : à l'un, il donna cinq talents° ; à 15
un autre, deux ; à un autre, un ; à chacun selon sa
propre capacité. Puis il s'en alla hors du pays. Aus-

a • jeunes filles, *escorte d'honneur.*

16 sitôt, celui qui avait reçu les cinq talents alla les
17 faire valoir et en acquit cinq autres. De même, celui qui avait reçu les deux en acquit deux autres.
18 Mais celui qui en avait reçu un alla creuser dans la
terre et cacha l'argent de son maître.
19 Longtemps après, le maître° de ces esclaves vient
20 et fait ses comptes avec eux. Celui qui avait reçu
les cinq talents s'approcha, apporta cinq autres talents et dit : Maître, tu m'as confié cinq talents ;
21 voici, j'ai gagné cinq autres talents. Son maître lui
dit : Bien, bon et fidèle esclave ; tu as été fidèle en
ce qui est peu, je t'établirai sur beaucoup : entre
dans la joie de ton maître.
22 Celui qui avait reçu les deux talents s'approcha
aussi et dit : Maître, tu m'as confié deux talents ;
23 voici, j'ai gagné deux autres talents. Son maître lui
dit : Bien, bon et fidèle esclave ; tu as été fidèle en
ce qui est peu, je t'établirai sur beaucoup : entre
dans la joie de ton maître.
24 Celui qui avait reçu un talent s'approcha aussi et
dit : Maître, je te connaissais comme un homme
dur : tu moissonnes où tu n'as pas semé et tu récol-
25 tes où tu n'as pas répandu ; alors, par crainte, je
suis allé cacher ton talent dans la terre ; voici, tu
26 as ce qui t'appartient. Son maître lui répondit :
Méchant et paresseux esclave, tu savais que je
moissonne où je n'ai pas semé et que je récolte où
27 je n'ai pas répandu ! Tu aurais dû placer mon argent chez les banquiers et, à mon retour, j'aurais
28 reçu ce qui m'appartient avec l'intérêt. Ôtez-lui
donc le talent et donnez-le à celui qui a les dix ta-
29 lents. Car à quiconque a, il sera donné, et il sera
dans l'abondance ; mais à celui qui n'a pas, cela
30 même qu'il a lui sera ôté. Quant à l'esclave inutile,
jetez-le dans les ténèbres de dehors : là seront les
pleurs et les grincements de dents.
31 Quand le Fils de l'homme viendra dans sa gloire,
et tous les anges avec lui, alors il s'assiéra sur son
32 trône de gloire. Toutes les nations seront rassem-
blées devant lui, et il séparera les uns d'avec les au-

tres, comme le berger sépare les brebis d'avec les
chèvres : il mettra les brebis à sa droite et les chè- 33
vres à sa gauche.
Alors le roi dira à ceux qui seront à sa droite : Ve- 34
nez, vous les bénis de mon Père, héritez du royaume qui vous est préparé depuis la fondation du
monde. Car j'ai eu faim et vous m'avez donné à 35
manger ; j'ai eu soif et vous m'avez donné à boire ;
j'étais étranger et vous m'avez recueilli ; j'étais nu 36
et vous m'avez vêtu ; j'étais malade et vous m'avez
visité ; j'étais en prison et vous êtes venus auprès
de moi. Alors les justes lui répondront : Seigneur, 37
quand est-ce que nous t'avons vu avoir faim, et
que nous t'avons nourri ; ou avoir soif, et que nous
t'avons donné à boire ? Et quand est-ce que nous 38
t'avons vu étranger, et que nous t'avons recueilli ;
ou nu, et que nous t'avons vêtu ? Et quand est-ce 39
que nous t'avons vu malade, ou en prison, et que
nous sommes venus auprès de toi ? Le roi leur ré- 40
pondra : En vérité, je vous le dis : Dans la mesure
où vous l'avez fait à l'un de ces plus petits qui sont
mes frères, vous me l'avez fait à moi.
Alors il dira aussi à ceux qui seront à sa gauche : 41
Allez-vous-en loin de moi, maudits, dans le feu
éternel qui est préparé pour le diable et ses anges.
Car j'ai eu faim et vous ne m'avez pas donné à 42
manger ; j'ai eu soif et vous ne m'avez pas donné à
boire ; j'étais étranger et vous ne m'avez pas re- 43
cueilli ; nu et vous ne m'avez pas vêtu ; malade et
en prison et vous ne m'avez pas visité. Alors eux 44
aussi répondront : Seigneur, quand est-ce que
nous t'avons vu avoir faim, ou avoir soif, ou être
étranger, ou nu, ou malade, ou en prison, et que
nous ne t'avons pas servi ? Alors il leur répondra : 45
En vérité, je vous le dis : Dans la mesure où vous
ne l'avez pas fait à l'un de ces plus petits, vous ne
me l'avez pas fait non plus à moi. Et ceux-ci s'en 46
iront dans les tourments éternels, mais les justes,
dans la vie éternelle.

26 Et il arriva, lorsque Jésus eut achevé tous ces
discours, qu'il dit à ses disciples :
2 – Vous savez que, dans deux jours, c'est la
Pâque°, et le Fils de l'homme est livré pour être
crucifié.
3 Alors les principaux sacrificateurs° et les an-
ciens° du peuple s'assemblèrent dans le palais du
4 souverain sacrificateur, appelé Caïphe, et tinrent
conseil ensemble pour se saisir de Jésus par ruse et
5 le faire mourir. Mais ils disaient : Non pas pendant
la fête, afin qu'il n'y ait pas d'agitation parmi le
peuple.
6 Comme Jésus était à Béthanie dans la maison de
7 Simon le lépreux, une femme, qui avait un vase
d'albâtre plein d'un parfum de grand prix, s'approcha de lui et le répandit sur sa tête alors qu'il était
8 à table. Voyant cela, les disciples en furent indignés et dirent :
9 – À quoi bon cette perte ? Car ce parfum aurait
pu être vendu pour une forte somme et donné
aux pauvres.
10 Jésus, le sachant, leur dit :
– Pourquoi faites-vous de la peine à cette
femme ? Elle a fait une bonne œuvre envers moi.
11 Vous avez toujours les pauvres avec vous, mais
12 moi, vous ne m'avez pas toujours. Car cette
femme, en répandant ce parfum sur mon corps,
13 l'a fait en vue de ma mise au tombeau. En vérité,
je vous le dis : Partout où cet évangile° sera prêché, dans le monde entier, on parlera aussi de ce
que cette femme a fait, en souvenir d'elle.
14 Alors l'un des douze, appelé Judas Iscariote, alla
trouver les principaux sacrificateurs° et dit :
15 – Que voulez-vous me donner, et moi je vous le
livrerai ?
16 Ils lui comptèrent trente pièces d'argent. Dès lors,
il cherchait une occasion favorable pour le livrer.
17 Le premier jour des Pains° sans levain, les disciples s'approchèrent de Jésus et lui dirent :

– Où veux-tu que nous te préparions ce qu'il faut
pour manger la pâque° ? Il dit : 18
– Allez à la ville auprès d'un tel, et dites-lui : Le
maître° dit : Mon temps est proche ; c'est chez toi
que je vais faire la pâque avec mes disciples.
Les disciples firent comme Jésus leur avait or- 19
donné et ils préparèrent la pâque.
Le soir venu, il se mit à table avec les douze. 20
Pendant qu'ils mangeaient, il dit : 21
– En vérité, je vous dis que l'un d'entre vous me
livrera.
Profondément attristés, ils commencèrent, l'un 22
après l'autre, à lui dire :
– Seigneur, serait-ce moi ? Il répondit : 23
– Celui qui aura trempé la main avec moi dans
le plat, celui-là me livrera. Le Fils de l'homme s'en 24
va, comme il est écrit à son sujet ; mais malheur à
cet homme par qui le Fils de l'homme est livré ! Il
aurait été bon pour cet homme-là qu'il ne soit pas
né.
Judas, qui le livrait, lui répondit : 25
– Serait-ce moi, Rabbi° ? Il lui dit :
– Tu l'as dit.
Comme ils mangeaient, Jésus, ayant pris un pain 26
et ayant béni[a], le rompit, le donna aux disciples et
dit :
– Prenez, mangez ; ceci est mon corps.
Puis, ayant pris la coupe et ayant rendu grâces, il 27
la leur donna, en disant :
– Buvez-en tous. Car ceci est mon sang, le sang 28
de la nouvelle alliance°, qui est versé pour un
grand nombre, en rémission° de péchés[b]. Mais je 29
vous dis que désormais je ne boirai plus de ce fruit
de la vigne, jusqu'à ce jour où, avec vous, je le boirai, nouveau, dans le royaume de mon Père.
Après avoir chanté une hymne, ils sortirent et allè- 30
rent au mont des Oliviers.
Alors Jésus leur dit : 31

---

a • *c.-à-d.* : ayant rendu grâces (*voir* 1 Corinthiens 11. 24). –
b • *c.-à-d. : pour que les péchés soient remis (ôtés, pardonnés).*

–Vous serez tous scandalisés° à mon sujet cette
nuit; car il est écrit : "Je frapperai le berger et les
32 brebis du troupeau seront dispersées"[a]. Mais,
après que je serai ressuscité, j'irai devant vous en
33 Galilée°. Pierre lui répondit :

–Si tous étaient scandalisés° à ton sujet, moi, je
34 ne serai jamais scandalisé. Jésus lui dit :

–En vérité, je te dis que, cette nuit-ci, avant que
le coq chante, par trois fois tu m'auras renié.
35 Pierre lui dit :

–Même s'il me faut mourir avec toi, je ne te renierai pas.

Et tous les disciples dirent de même.

36 Alors Jésus vient avec eux en un lieu appelé
Gethsémané et dit aux disciples :

–Asseyez-vous ici, jusqu'à ce que je sois allé
prier là-bas.

37 Puis, ayant pris Pierre et les deux fils de Zébédée, il
38 commença à être attristé et très angoissé. Alors il
leur dit :

–Mon âme est saisie de tristesse jusqu'à la mort;
restez ici et veillez avec moi.

39 Allant un peu plus loin, il tomba sur sa face et
priait ainsi :

Mon Père, si c'est possible, que cette coupe passe
loin de moi; toutefois, non pas comme moi je
veux, mais comme toi tu veux.

40 Il vient vers les disciples et les trouve endormis; il
dit à Pierre :

–Ainsi, vous n'avez pas pu veiller une heure
41 avec moi ? Veillez et priez, afin que vous n'entriez
pas en tentation; l'esprit° est prompt, mais la
chair est faible.

42 Il s'éloigna de nouveau, une deuxième fois, et il
pria en disant :

Mon Père, s'il n'est pas possible que ceci passe loin
de moi sans que je le boive, que ta volonté soit
faite.

---

a• Zacharie 13. 7.

Étant revenu, il les trouva de nouveau endormis, 43
car leurs yeux étaient appesantis. Les laissant, il 44
s'éloigna de nouveau et pria une troisième fois, en
disant les mêmes paroles. Alors il vient vers les dis- 45
ciples et leur dit :

– Dormez dorénavant et reposez-vous ; voici,
l'heure est arrivée et le Fils de l'homme est livré
entre les mains des pécheurs°. Levez-vous, allons ; 46
voici, celui qui me livre s'est approché.

Comme il parlait encore, voici Judas, l'un des 47
douze, vint, accompagné d'une grande foule avec
des épées et des bâtons, de la part des principaux
sacrificateurs° et des anciens° du peuple. Celui 48
qui le livrait leur avait donné un signe : Celui à
qui je donnerai un baiser, c'est lui ; saisissez-le.
Aussitôt, s'approchant de Jésus, il dit : 49

– Je te salue, Rabbi° ; et avec empressement, il
lui donna un baiser. Jésus lui dit : 50

– Ami, c'est pour cela que tu es venu !
Alors ils s'approchèrent, mirent les mains sur Jésus
et se saisirent de lui. Et voici, l'un de ceux qui 51
étaient avec Jésus étendit la main, tira son épée
et, frappant l'esclave du souverain sacrificateur,
lui emporta l'oreille. Alors Jésus lui dit : 52

– Remets ton épée à sa place ; car tous ceux qui
auront pris l'épée périront par l'épée. Penses-tu 53
que je ne puisse pas prier mon Père, et il me fournira à l'instant plus de douze légions° d'anges ?
Comment alors pourraient s'accomplir les Écritu- 54
res, selon lesquelles il faut que cela arrive ainsi ?

À cette heure-là, Jésus dit aux foules : 55

– Vous êtes sortis comme après un brigand, avec
des épées et des bâtons, pour me prendre ? J'étais
tous les jours assis parmi vous, enseignant dans le
temple ; et vous ne vous êtes pas saisis de moi.
Mais tout ceci est arrivé afin que les Écrits des pro- 56
phètes soient accomplis.
Alors tous les disciples l'abandonnèrent et s'enfuirent.

57 Ceux qui s'étaient saisis de Jésus l'amenèrent à
Caïphe, le souverain sacrificateur°, chez qui les
58 scribes° et les anciens° s'étaient assemblés. Pierre
le suivait de loin, jusqu'à la cour du souverain sacrificateur ; il entra et s'assit avec les gardes pour
voir la fin.

59 Or les principaux sacrificateurs, les anciens et
tout le sanhédrin° cherchaient quelque faux té-
moignage° contre Jésus, de manière à le faire
60 mourir ; et ils n'en trouvèrent pas, bien que plusieurs faux témoins se soient présentés. Mais, à la
61 fin, il s'en présenta deux, qui dirent :
– Celui-ci a affirmé : Je peux détruire le temple°
de Dieu et, en trois jours, le bâtir.
62 Le souverain sacrificateur se leva et lui dit :
– Ne réponds-tu rien au sujet des accusations
qu'ils portent contre toi ?
63 Mais Jésus gardait le silence. Le souverain sacrificateur lui dit :
– Je t'adjure, par le Dieu vivant, de nous dire si
64 toi, tu es le Christ°, le Fils de Dieu. Jésus lui répondit :
– Tu l'as dit. De plus, je vous le déclare : Dorénavant vous verrez le Fils de l'homme assis à la droite
de la Puissance et venant sur les nuées du ciel.
65 Alors le souverain sacrificateur déchira ses vêtements et dit :
– Il a blasphémé ; qu'avons-nous encore besoin
de témoins ? Voilà, vous avez entendu maintenant
66 son blasphème : Qu'en pensez-vous ? En réponse,
ils dirent :
– Il mérite la mort.
67 Alors ils lui crachèrent au visage et le giflèrent ;
68 certains le frappèrent, en disant :
– Prophétise-nous, Christ ; qui est celui qui t'a
frappé ?

69 Or Pierre était assis dehors, dans la cour. Une
servante s'approcha de lui et dit :
70 – Toi aussi, tu étais avec Jésus le Galiléen°. Mais
il le nia devant tous en disant :

–Je ne sais pas ce que tu dis.
Une autre servante le vit, comme il était sorti dans 71
le vestibule ; et elle dit à ceux qui étaient là :
–Celui-ci aussi était avec Jésus le Nazaréen.
De nouveau, il le nia avec serment : 72
–Je ne connais pas cet homme !
Un peu après, ceux qui se trouvaient là s'appro- 73
chèrent et dirent à Pierre :
–Certainement, toi aussi, tu fais partie de ces
gens-là ; d'ailleurs, ta façon de parler te fait recon-
naître.
Alors il se mit à faire des imprécations et à jurer : 74
–Je ne connais pas cet homme !
Aussitôt un coq chanta. Et Pierre se souvint de la 75
parole de Jésus, qui lui avait dit : Avant que le coq
chante, par trois fois tu me renieras. Étant sorti, il
pleura amèrement.

Le matin venu, tous les principaux sacrifica- **27**
teurs° et les anciens° du peuple tinrent conseil
contre Jésus pour le faire mourir. Après l'avoir lié, 2
ils l'emmenèrent et le livrèrent à Pilate°, le gou-
verneur°.
Alors Judas, celui qui avait livré Jésus, voyant 3
qu'il avait été condamné, fut pris de remords ; il
rapporta les trente pièces d'argent aux principaux
sacrificateurs et aux anciens et leur dit : 4
–J'ai péché en livrant le sang innocent. Mais ils
dirent :
–Que nous importe ! À toi de voir !
Alors il jeta l'argent dans le temple° et se retira ; 5
puis il alla se pendre. Mais les principaux sacrifica- 6
teurs, ayant pris les pièces d'argent, dirent :
–Il n'est pas permis de les mettre dans le Trésor[a] sacré, puisque c'est le prix du sang.
Après avoir tenu conseil, ils achetèrent avec cet ar- 7
gent le champ du potier, pour la sépulture des
étrangers ; c'est pourquoi ce champ-là a été appelé 8
Champ du sang, jusqu'à aujourd'hui. Alors fut ac- 9

---

a• *voir* Temple°.

compli ce qui avait été dit par le prophète Jérémie : Ils ont pris les trente pièces d'argent, le prix
auquel il a été évalué, oui, évalué par des fils d'Is-
10 raël ; et ils les ont données pour le champ du potier, comme le Seigneur* m'avait ordonné.

11 Jésus comparut devant le gouverneur° ; et le
gouverneur l'interrogea :

– *C'est toi, le roi des Juifs ? Jésus répondit :*

– Tu le dis.

12 Et, devant les accusations des principaux sacrifica-
13 teurs° et des anciens°, il ne répondit rien. Alors Pilate lui dit :

– N'entends-tu pas tous ces témoignages qu'ils
portent contre toi ?

14 Mais il ne lui répondit pas même un seul mot ; si
bien que le gouverneur s'en étonnait beaucoup.

15 Or, à la fête, le gouverneur avait coutume de relâcher un prisonnier à la foule, celui qu'ils vou-
16 laient. Il y avait alors un prisonnier fameux,
17 nommé Barabbas. Comme ils étaient rassemblés,
Pilate leur dit :

– Lequel voulez-vous que je vous relâche, Barabbas, ou Jésus qui est appelé Christ° ?

18 Car il savait qu'ils l'avaient livré par jalousie. Alors
19 qu'il siégeait au tribunal, sa femme lui envoya
dire :

– N'aie rien à faire avec ce juste ; car j'ai beaucoup souffert aujourd'hui à son sujet dans un
songe.

20 Mais les principaux sacrificateurs et les anciens
persuadèrent les foules de demander Barabbas et
21 de faire périr Jésus. Reprenant la parole, le gouverneur leur dit :

– Lequel des deux voulez-vous que je vous relâche ? Ils dirent :

22 – Barabbas ! Pilate leur dit :

– Que ferai-je donc de Jésus, qui est appelé
Christ ? Ils disent tous :

23 – Qu'il soit crucifié ! Le gouverneur reprit :

– Mais quel mal a-t-il fait ?

Et ils se mirent à crier encore plus fort :
– Qu'il soit crucifié !
Voyant qu'il ne gagnait rien, mais plutôt que cela 24
tournait à l'émeute, Pilate prit de l'eau et se lava
les mains devant la foule, en disant :
– Je suis innocent du sang de ce juste. À vous de
voir !
Tout le peuple répondit : 25
– Que son sang soit sur nous et sur nos enfants !
Alors il leur relâcha Barabbas ; et, après avoir fait 26
fouetter Jésus, il le livra pour être crucifié.

Les soldats du gouverneur prirent avec eux Jésus 27
dans le prétoire° et assemblèrent contre lui toute
la cohorte°. Ils lui ôtèrent ses vêtements et lui mi- 28
rent un manteau écarlate ; puis ils tressèrent une 29
couronne d'épines, la mirent sur sa tête, ainsi
qu'un roseau dans sa main droite. Ils fléchissaient
les genoux devant lui et se moquaient de lui en disant :
– Salut, roi des Juifs !
Ayant craché sur lui, ils prirent le roseau et lui en 30
frappaient la tête. Après s'être moqués de lui, ils 31
lui ôtèrent le manteau, lui remirent ses vêtements
et l'emmenèrent pour le crucifier.

Comme ils sortaient, ils rencontrèrent un 32
homme de Cyrène, nommé Simon, qu'ils contrai-
gnirent à porter sa croix. Arrivés au lieu appelé 33
Golgotha, ce qui signifie lieu du Crâne, ils lui don- 34
nèrent à boire du vinaigre° mêlé de fiel ; mais
quand il l'eut goûté, il ne voulut pas boire. Et 35
l'ayant crucifié, ils partagèrent ses vêtements, en
tirant au sort. Puis, s'étant assis, ils veillaient là sur 36
lui. Ils avaient placé au-dessus de sa tête le motif 37
écrit de sa condamnation : Celui-ci est Jésus, le roi
des Juifs. Alors sont crucifiés avec lui deux bri- 38
gands, l'un à sa droite et l'autre à sa gauche.

Ceux qui passaient par là l'injuriaient ; ils ho- 39
chaient la tête et disaient : 40
– Toi qui détruis le temple° et qui, en trois jours,

le bâtis, sauve-toi toi-même. Si tu es Fils de Dieu,
descends de la croix.
41 De même aussi les principaux sacrificateurs°, avec
les scribes° et les anciens°, disaient en se moquant :
42 – Il a sauvé les autres, il ne peut pas se sauver
lui-même ; s'il est le roi d'Israël, *qu'il descende*
43 *maintenant de la croix* et nous croirons en lui. Il
s'est confié en Dieu, qu'il le délivre maintenant s'il
tient à lui, car il a dit : Je suis Fils de Dieu.
44 Les brigands aussi qui avaient été crucifiés avec lui
l'insultaient de la même manière.
45 Mais, depuis la sixième heure°, il y eut des ténèbres sur tout le pays, jusqu'à la neuvième heure°.
46 Et vers la neuvième heure, Jésus s'écria d'une voix
forte :
– Éli, Éli, lama sabachthani ? c'est-à-dire : Mon
Dieu, mon Dieu, pourquoi m'as-tu abandonné ?[a]
47 Quelques-uns de ceux qui se tenaient là et avaient
entendu disaient :
– Il appelle Élie, celui-ci !
48 Aussitôt l'un d'eux courut, prit une éponge, la
remplit de vinaigre°, la mit au bout d'un roseau et
49 lui donna à boire. Mais les autres disaient :
– Laisse, voyons si Élie vient pour le sauver.
50 Jésus, ayant encore crié à voix forte, rendit l'es-
51 prit. Et voici, le voile° du temple° se déchira en
deux, depuis le haut jusqu'en bas ; la terre trembla,
52 les rochers se fendirent, les tombeaux s'ouvrirent.
Beaucoup de corps des saints° endormis ressuscitè-
53 rent, puis étant sortis des tombeaux après sa résurrection, ils entrèrent dans la ville sainte et apparurent à beaucoup.
54 Aussi, lorsque le centurion° et ceux qui, avec lui,
veillaient sur Jésus, virent le tremblement de terre
et ce qui venait d'arriver, ils eurent une très
grande peur et dirent :
– Véritablement celui-ci était Fils de Dieu.

---

a • *voir* Psaume 22. 1.

Il y avait là plusieurs femmes qui regardaient de 55
loin, celles-là mêmes qui avaient suivi Jésus depuis
la Galilée°, en le servant ; parmi elles se trouvaient 56
Marie de Magdala, Marie la mère de Jacques et de
Joses, et la mère des fils de Zébédée[a].

Le soir venu, il arriva un homme riche d'Arima- 57
thée, nommé Joseph, qui lui-même aussi était devenu disciple de Jésus. Il se rendit auprès de Pi- 58
late° et demanda le corps de Jésus ; alors Pilate
donna l'ordre de le lui remettre. Joseph prit le 59
corps, l'enveloppa d'un linceul net et le mit dans 60
son tombeau neuf qu'il avait taillé dans le roc ;
puis il roula une grande pierre contre la porte du
tombeau et s'en alla. Mais Marie de Magdala et 61
l'autre Marie étaient là, assises en face du tombeau.

Le lendemain, jour qui suit la Préparation°, les 62
principaux sacrificateurs° et les pharisiens° s'assemblèrent auprès de Pilate et dirent : 63

– Seigneur, nous nous sommes souvenus que cet
imposteur[b] a dit, quand il était encore vivant :
Après trois jours, je ressuscite. Ordonne donc que 64
le tombeau soit gardé sûrement jusqu'au troisième jour ; de peur que ses disciples ne viennent
le dérober et ne disent au peuple : Il est ressuscité
des morts ; cette dernière imposture[c] sera pire que
la première. Pilate leur répliqua : 65

– Vous avez une garde ; allez prendre les mesures de sûreté comme vous l'entendez.
Alors ils allèrent rendre le tombeau sûr, en scellant 66
la pierre et en y mettant la garde.

Or, sur le tard, le jour du sabbat°, au crépus- **28**
cule du premier jour de la semaine, Marie de Magdala et l'autre Marie vinrent voir le tombeau.

Et voici, il se fit un grand tremblement de terre : 2
un ange du Seigneur*, descendu du ciel, s'approcha, roula la pierre et s'assit sur elle. Son aspect 3

---

a • *Les fils de Zébédée sont Jacques et Jean* (4. 21-22). –
b • trompeur, qui égare. – c • tromperie, égarement.

était comme un éclair et son vêtement blanc
4 comme la neige. De la frayeur qu'ils en eurent, les
gardiens se mirent à trembler et devinrent comme
5 morts. L'ange s'adressa alors aux femmes :
– Pour vous, n'ayez pas peur : je sais que vous
6 cherchez Jésus, le crucifié ; il n'est pas ici, car il est
ressuscité, comme il l'avait dit. Venez, voyez le
7 lieu où le Seigneur gisait ; et hâtez-vous d'aller
dire à ses disciples qu'il est ressuscité des morts.
Voici, il va devant vous en Galilée° : là vous le verrez ; voilà, je vous l'ai dit.
8 Elles quittèrent en hâte le tombeau avec crainte
et une grande joie, puis coururent l'annoncer à ses
9 disciples. Et comme elles allaient pour l'annoncer
à ses disciples, voici, Jésus vint à leur rencontre et
dit :
– Je vous salue.
Elles s'approchèrent de lui, saisirent ses pieds et lui
10 rendirent hommage. Alors Jésus leur dit :
– N'ayez pas peur ; allez annoncer à mes frères
qu'ils aillent en Galilée, et là ils me verront.
11 Comme elles étaient en chemin, quelques hommes de la garde vinrent dans la ville annoncer aux
principaux sacrificateurs° tout ce qui était arrivé.
12 Ils s'assemblèrent alors avec les anciens°, tinrent
conseil et donnèrent une bonne somme d'argent
13 aux soldats, en ajoutant :
– Dites : Ses disciples sont venus de nuit et l'ont
14 dérobé pendant que nous dormions. Si le gouver-
neur° vient à en entendre parler, nous le persua-
derons et nous vous mettrons hors de souci.
15 Les soldats prirent l'argent et se conformèrent aux
instructions reçues ; c'est ce récit qui s'est répandu
parmi les Juifs jusqu'à aujourd'hui.
16 Quant aux onze disciples, ils se rendirent en Ga-
lilée°, sur la montagne où Jésus leur avait ordonné
17 d'aller. Et, le voyant, ils lui rendirent hommage ;
18 mais quelques-uns doutèrent. Alors Jésus s'approcha et leur parla ainsi :
– Toute autorité m'a été donnée dans le ciel et

sur la terre. Allez donc et faites disciples toutes les 19
nations, les[a] baptisant pour le nom du Père, du
Fils et du Saint Esprit°, leur enseignant à garder 20
tout ce que je vous ai commandé. Et voici, moi je
suis avec vous tous les jours, jusqu'à l'achèvement
du siècle°.

---

a • *litt.* : baptisant eux (les personnes).

Évangile selon Marc

1 Commencement de l'évangile° de Jésus Christ°,
Fils de Dieu.
2 Comme il est écrit dans Ésaïe le prophète :
"Voici, moi j'envoie devant ta face mon messager,
3 qui préparera ton chemin"[a]; "Voix de celui qui
crie dans le désert : Préparez le chemin du Seigneur*, faites droits ses sentiers"[b].
4 Jean vint, baptisant dans le désert et prêchant le
baptême de repentance° pour le pardon[c] des pé-
5 chés. Tout le pays de Judée° et tous les habitants
de Jérusalem sortaient vers lui ; ils étaient baptisés
par lui dans le Jourdain, confessant leurs péchés.
6 Jean était vêtu de poil de chameau et d'une ceinture de cuir autour des reins ; il se nourrissait de
7 sauterelles et de miel sauvage. Et il proclamait : Il
vient après moi, celui qui est plus puissant que
moi, lui dont je ne suis pas digne de délier, en me
8 baissant, la courroie des sandales. Moi, je vous ai
baptisés d'eau ; lui, vous baptisera de l'Esprit Saint.
9 Il arriva, en ces jours-là, que Jésus vint de Nazareth de Galilée° et fut baptisé par Jean au Jour-
10 dain. Aussitôt, comme il remontait hors de l'eau,
il vit les cieux se fendre et l'Esprit, comme une co-
11 lombe, descendre sur lui. Et il y eut une voix venant des cieux :
– Tu es mon Fils bien-aimé ; en toi j'ai trouvé
mon plaisir.
12 Aussitôt l'Esprit le pousse dans le désert. Et il demeura dans le désert quarante jours, tenté par Sa-
13 tan ; il était avec les bêtes sauvages ; et les anges le
servaient.
14 Mais après que Jean eut été livré, Jésus vint en
Galilée ; il prêchait l'évangile° de Dieu et disait :
15 – Le temps est accompli et le royaume de Dieu
s'est approché : repentez-vous° et croyez à l'évangile.

---

a• Malachie 3. 1. – b• Ésaïe 40. 3. – c• *ou* : la rémission°.

Comme il marchait le long de la mer de Galilée°, il 16
vit Simon et André le frère de Simon, qui jetaient
un filet dans la mer ; car ils étaient pêcheurs. Jésus 17
leur dit :

– Venez après moi, et je vous ferai devenir pêcheurs d'hommes.
Aussitôt, ils laissèrent leurs filets et le suivirent. Al- 18
lant un peu plus loin, il vit Jacques le fils de Zébé- 19
dée, et Jean son frère, qui, dans la barque, raccom-
modaient les filets. Aussitôt, Jésus les appela ; 20
alors, laissant leur père Zébédée dans la barque
avec ceux qu'il employait, ils allèrent après lui.

Ils se rendent à Capernaüm ; aussitôt, étant en- 21
tré le jour du sabbat° dans la synagogue°, il enseignait. Et ils étaient frappés par son enseignement ; 22
car il les enseignait comme ayant autorité, non pas
comme les scribes°. Or il y avait dans leur synago- 23
gue un homme possédé d'un esprit impur° ; et il
s'écria :

– Qu'avons-nous à faire avec toi, Jésus Nazaré- 24
nien[a] ? Es-tu venu pour nous détruire ? Je te
connais, je sais qui tu es – le Saint de Dieu.
Jésus le réprimanda sévèrement : 25

– Tais-toi et sors de lui.
L'esprit impur° secoua l'homme avec violence, 26
cria d'une voix forte et sortit de lui. Alors ils furent 27
tous saisis d'étonnement, au point de se demander
entre eux : Qu'est-ce que cela ? Quel est ce nouvel
enseignement ? Car il commande avec autorité,
même aux esprits impurs°, et ils lui obéissent. Et 28
sa renommée se répandit aussitôt tout à l'entour
dans la Galilée°.

Et aussitôt, en sortant de la synagogue, ils allè- 29
rent avec Jacques et Jean dans la maison de Simon
et d'André. Or la belle-mère de Simon était cou- 30
chée, avec de la fièvre ; aussitôt ils lui parlèrent
d'elle. S'approchant, il la fit lever en la prenant 31
par la main ; aussitôt la fièvre la quitta ; et elle les
servait. Le soir venu, comme le soleil se couchait, 32

a • *c.-à-d.* : de Nazareth.

on lui apporta tous ceux qui se portaient mal, ainsi
33 que les démoniaques° ; la ville tout entière était
34 rassemblée à la porte. Il en guérit beaucoup qui
souffraient de diverses maladies, et chassa beaucoup de démons°, mais il ne permit pas aux démons de parler, parce que ceux-ci le connaissaient.
35 Levé le matin, *longtemps avant le jour, il se ren-*
36 *dit dans un lieu désert, et il priait là.* Simon et ceux
37 qui étaient avec lui allèrent à sa recherche. L'ayant
trouvé, ils lui dirent :

38 – Tout le monde te cherche. Il leur dit :

– Allons ailleurs dans les bourgs voisins, afin que j'y prêche aussi ; car c'est pour cela que je suis venu.

39 Il prêchait dans leurs synagogues, par toute la Galilée°, et chassait les démons.

40 Un lépreux vient à lui et, à genoux, le supplie en lui disant :

– Si tu veux, tu peux me rendre net[a].

41 Jésus, ému de compassion, étendit la main, le toucha, et lui dit :

– Je veux, sois net[a].

42 Aussitôt la lèpre se retira de lui ; et il fut net[b]. Lui
43 parlant alors avec sévérité, Jésus le renvoya aussitôt et lui dit :

44 – Prends garde ! N'en dis rien à personne ; mais va, montre-toi au sacrificateur°, et offre, pour ta purification, ce que Moïse a ordonné[c], pour que cela leur serve de témoignage.

45 Mais lui, étant sorti, commença à beaucoup proclamer et à divulguer ce qui était arrivé, si bien que Jésus ne pouvait plus entrer ouvertement dans la ville : il se tenait dehors dans des lieux déserts ; et on venait à lui de toutes parts.

2 Il entra de nouveau dans Capernaüm, quelques
jours après, et on apprit qu'il était à la maison.
2 Aussitôt beaucoup de gens s'y rassemblèrent, au

---

a• *ou* : pur. – b• *ou* : purifié, *c.-à-d.* : guéri. – c• *voir* Lévitique 14.

point qu'*il ne* se trouva *plus* de place, même près
de la porte ; et il leur annonçait la Parole. Des 3
gens viennent à lui, amenant un paralysé porté
par quatre personnes. Comme ils ne pouvaient 4
pas s'approcher de lui, à cause de la foule, ils dé-
couvrirent le toit à l'endroit où il était ; et l'ayant
percé, ils descendent le brancard sur lequel le paralysé était couché. Jésus, voyant leur foi, dit au 5
paralysé :

– Mon enfant, tes péchés sont pardonnés°.

Or il y avait là quelques-uns des scribes°, assis, 6
qui raisonnaient dans leurs cœurs : Pourquoi celui-ci parle-t-il ainsi ? Il blasphème. Qui peut par- 7
donner° les péchés, sinon un seul, Dieu ? Aussitôt 8
Jésus, connaissant dans son esprit qu'ils raisonnaient ainsi en eux-mêmes, leur dit :

– Pourquoi tenez-vous ces raisonnements dans
vos cœurs ? Qu'est-ce qui est le plus facile, de dire 9
au paralysé : Tes péchés sont pardonnés, ou de
dire : Lève-toi, prends ton brancard, et marche ?
Mais, afin que vous sachiez que le Fils de l'homme 10
a le pouvoir[a] sur la terre de pardonner les péchés –
il dit au paralysé :

– Je te dis, lève-toi, prends ton brancard et va 11
dans ta maison.

Il se leva, prit aussitôt le brancard, et sortit devant 12
tous, si bien qu'ils en furent tous étonnés et qu'ils
glorifiaient Dieu en disant :

– Nous n'avons jamais rien vu de pareil.

Jésus sortit encore et longea la mer[b] ; toute la 13
foule venait à lui, et il les enseignait. En passant, il 14
vit Lévi, le fils d'Alphée, assis au bureau des impôts, et lui dit :

– Suis-moi.

Il se leva et le suivit. Et il arriva, comme il était à 15
table dans la maison de Lévi, que beaucoup de pu-
blicains° et de pécheurs° aussi se trouvèrent à
table avec Jésus et ses disciples ; car ils étaient

---

a• autorité, *avec pouvoir pour l'exercer.* – b• *mer de Galilée, ou mer de Tibériade, ou lac de Génésareth* (Jean 6. 1 ; Luc 5. 1).

16 nombreux à le suivre. Les scribes° et les pharisiens°, le voyant manger avec les publicains et les pécheurs, dirent à ses disciples :

– Pourquoi mange-t-il et *boit-il* avec les publicains et les pécheurs ?

17 Jésus l'entendit et leur dit :

– Ce ne sont pas les gens en bonne santé *qui ont besoin de médecin*, mais ceux qui se portent mal ; je ne suis pas venu appeler des justes, mais des pécheurs.

18 Les disciples de Jean et les pharisiens jeûnaient ; on vient lui dire :

– Pourquoi les disciples de Jean et les disciples
des pharisiens jeûnent-ils, tandis que tes disciples
19 ne jeûnent pas ? Jésus leur dit :

– Les compagnons de l'époux peuvent-ils jeûner
pendant qu'il est avec eux ? Aussi longtemps qu'ils
ont l'époux avec eux, ils ne peuvent pas jeûner.
20 Mais des jours viendront où l'époux leur aura été
21 enlevé ; alors ils jeûneront en ce jour-là. Personne
ne coud un morceau de drap neuf à un vieil habit ;
autrement la pièce neuve arrache une partie du
22 vieil habit et la déchirure s'aggrave. Et personne
ne met du vin nouveau dans de vieilles outres ; autrement le vin fait éclater les outres, le vin se répand et les outres sont perdues ; mais le vin nouveau doit être mis dans des outres neuves.

23 Il arriva qu'il traversait les moissons un jour de
sabbat° ; et ses disciples, chemin faisant, se mirent
24 à arracher des épis. Les pharisiens lui dirent :

– Regarde ! Pourquoi font-ils, le jour du sabbat,
25 ce qui n'est pas permis ? Il leur répondit :

– N'avez-vous jamais lu ce que fit David quand il
fut dans le besoin et qu'il eut faim, lui et ses com-
26 pagnons, au temps d'Abiathar, souverain sacrificateur° ? Il entra dans la maison° de Dieu, mangea
les pains de présentation, que personne n'a le
droit de manger, sauf les sacrificateurs°, et il en
27 donna aussi à ses compagnons. Puis Jésus leur dit :

– Le sabbat a été fait pour l'homme°, non pas

l'homme pour le sabbat ; de sorte que le Fils de 28
l'homme est seigneur aussi du sabbat.

Il entra encore dans la synagogue° ; et il s'y trou- **3**
vait un homme qui avait la main paralysée. Ils ob- 2
servaient Jésus pour voir s'il le guérirait le jour du
sabbat°, afin de l'accuser. Il dit alors à l'homme 3
qui avait la main paralysée :
– Lève-toi là devant tous. Puis il leur dit : 4
– Est-il permis de faire du bien le jour du sabbat
ou de faire du mal ? de sauver la vie ou de tuer ?
Mais ils gardaient le silence. Après les avoir regar- 5
dés à la ronde avec colère, étant attristé de l'endurcissement de leur cœur, il dit à l'homme :
– Étends ta main.
Il l'étendit, et sa main fut rétablie. Alors les phari- 6
siens°, sortant aussitôt avec les hérodiens°, tinrent
conseil contre lui pour le faire périr.
Jésus se retira avec ses disciples vers la mer ; une 7
grande multitude le suivit de la Galilée°, de la Ju- 8
dée°, de Jérusalem, de l'Idumée° et de l'autre côté
du Jourdain. Et ceux des environs de Tyr et de Sidon, une grande multitude, ayant appris tout ce
qu'il faisait, vinrent vers lui. Il demanda à ses disci- 9
ples qu'une petite barque soit là à sa disposition, à
cause de la foule, afin qu'elle ne le presse pas ; car 10
il en guérit beaucoup, de sorte que tous ceux qui
souffraient de quelque mal se jetaient sur lui afin
de le toucher. Les esprits impurs°, quand ils le 11
voyaient, se jetaient devant lui et s'écriaient : Tu
es le Fils de Dieu. Mais il leur défendait sévère- 12
ment de le faire connaître.
Puis il monte sur une montagne et appelle à lui 13
ceux qu'il voulait ; ils vinrent à lui, et il en établit 14
douze pour être avec lui, pour les envoyer prêcher 15
et pour avoir autorité de guérir les maladies et de
chasser les démons° : Simon (il le surnomma 16
Pierre) ; Jacques le fils de Zébédée et Jean le frère 17
de Jacques (il les surnomma Boanergès, ce qui signifie : fils de tonnerre) ; André, Philippe, Barthé- 18

lémy, Matthieu, Thomas, Jacques le fils d'Alphée,
19 Thaddée, Simon le Cananéen°, et Judas Iscariote –
celui qui le livra.
20 Puis ils viennent à la maison ; la foule s'assemble
de nouveau, si bien qu'ils ne pouvaient pas même
21 manger leur pain. Apprenant cela, ses proches sortirent pour se saisir de lui ; car ils disaient : Il n'a
22 plus son bon sens. Les scribes° qui étaient descendus de Jérusalem dirent :

– Il a Béelzébul° ; et : C'est par le chef des dé-
mons° qu'il chasse les démons.
23 Les appelant à lui, Jésus leur dit par des parabo-
les° :
24 – Comment Satan peut-il chasser Satan ? Si un
royaume est divisé contre lui-même, ce royaume-
25 là ne peut pas subsister ; si une maison est divisée
contre elle-même, cette maison-là ne pourra pas
26 subsister. Et si Satan s'élève contre lui-même, s'il
est divisé, il ne peut pas subsister, mais pour lui,
27 c'est la fin. Personne ne peut entrer dans la maison
de l'homme fort et piller ses biens, s'il n'a pas
d'abord lié l'homme fort ; alors il pillera sa maison.
28 En vérité°, je vous dis que tous les péchés seront
pardonnés° aux fils des hommes, ainsi que les paroles injurieuses, quelles qu'elles soient, par les-
29 quelles ils blasphèment. Mais quiconque blasphé-
mera contre l'Esprit Saint n'aura jamais de
pardon : il est passible du jugement éternel.
30 C'était parce que les scribes disaient : Il a un esprit
impur.
31 Alors viennent ses frères et sa mère qui, se te-
32 nant dehors, le firent appeler ; et la foule était assise autour de lui. On lui dit :

– Voici, ta mère et tes frères, là dehors, te cher-
33 chent. Il leur répond :

– Qui est ma mère, et qui sont mes frères ?
34 Promenant son regard sur ceux qui étaient assis
autour de lui, il dit :
35 – Voici ma mère et mes frères ; car quiconque

fera la volonté de Dieu, celui-là est mon frère, et
ma sœur, et ma mère.

Il se mit encore à enseigner près de la mer. Une **4**
très grande foule se rassembla autour de lui, si
bien qu'il monta dans une barque sur la mer et
s'assit. Toute la foule était à terre sur le bord de la
mer. Il leur enseignait beaucoup de choses par des 2
paraboles° ; il leur disait dans son enseignement :
– Écoutez. Voici, le semeur sortit pour semer. 3
Comme il semait, il arriva que quelques grains 4
tombèrent le long du chemin ; les oiseaux vinrent
et mangèrent tout. D'autres tombèrent sur le ter- 5
rain rocailleux où ils n'avaient pas beaucoup de
terre ; et aussitôt ils levèrent, parce qu'ils n'avaient
pas une terre profonde ; quand le soleil se leva, ils 6
furent brûlés, et, parce qu'ils n'avaient pas de racine, ils séchèrent. D'autres tombèrent parmi les 7
épines ; les épines montèrent, les étouffèrent, et
ils ne donnèrent pas de fruit. D'autres tombèrent 8
dans la bonne terre et, montant et croissant, ils
donnèrent du fruit et rapportèrent, l'un trente, un
autre soixante et un autre cent. Puis il dit : 9
– Qui a des oreilles pour entendre, qu'il entende.
Quand il fut à l'écart, ceux qui étaient autour de 10
lui, avec les douze, l'interrogèrent au sujet de la
parabole°. Il leur dit : 11
– À vous il est donné de connaître le mystère°
du royaume de Dieu ; mais pour ceux qui sont dehors, tout se traite par des paraboles, de sorte 12
qu'en voyant ils voient et n'aperçoivent pas, et
qu'en entendant ils entendent et ne comprennent
pas, de peur qu'ils ne se convertissent[a] et que leurs
péchés ne leur soient pardonnés°.
Puis il leur dit : 13
– Ne saisissez-vous pas le sens de cette parabole ? Comment comprendrez-vous, alors, toutes
les paraboles ? Le semeur sème la Parole. Voici 14
ceux qui sont le long du chemin, là où la Parole 15

---

a • *Ce verbe signifie :* faire volte-face, se retourner.

est semée : quand ils ont entendu, Satan vient aus-
16 sitôt et ôte la Parole semée en eux. De même, ceux
qui sont semés sur les terrains rocailleux sont ceux
qui, après avoir entendu la Parole, la reçoivent
17 aussitôt avec joie ; ils n'ont pas de racine en eux-
mêmes, mais ne tiennent qu'un temps ; puis,
quand la tribulation ou la persécution survient à
cause de la Parole, ils sont aussitôt scandalisés°.
18 D'autres, qui sont semés parmi les épines, sont
19 ceux qui ont entendu la Parole ; mais les soucis du
monde, la tromperie des richesses et les autres
convoitises, entrant en eux, étouffent la Parole, et
20 elle est sans fruit. Ceux qui sont semés sur la
bonne terre sont ceux qui entendent la Parole, la
reçoivent et portent du fruit : l'un trente, un autre
soixante et un autre cent.

21 Puis il leur dit :

– La lampe vient-elle pour être mise sous le bois-
seau° ou sous le lit ? N'est-ce pas pour être mise
22 sur le pied de lampe ? Car il n'y a rien de secret
qui ne doive être manifesté, et rien de caché n'ar-
23 rive qui ne sera mis[a] en évidence. Si quelqu'un a
des oreilles pour entendre, qu'il entende.

24 Il leur dit encore :

– Prenez garde à ce que vous entendez : de la
mesure dont vous mesurerez, il vous sera mesuré ;
25 et à vous qui entendez, il sera ajouté ; car à celui
qui a, il sera donné ; et à celui qui n'a pas, cela
même qu'il a lui sera ôté.

26 Il dit encore :

– Il en est ainsi du royaume de Dieu ; c'est
comme si un homme avait jeté de la semence sur
27 la terre, et dormait et se levait, de nuit et de jour,
et que la semence germe et croisse, sans qu'il sa-
28 che comment. La terre produit d'elle-même du
fruit, d'abord l'herbe, ensuite l'épi, puis le plein
29 froment dans l'épi ; et quand le fruit est produit,
on y met aussitôt la faucille, parce que la moisson
est arrivée.

---

a • *litt.* : si ce n'est pour venir.

Il disait aussi : 30
– Comment comparerons-nous le royaume de
Dieu, ou par quelle parabole° le représenterons-
nous ? Il est semblable à un grain de moutarde : 31
quand il est semé sur la terre, c'est la plus petite
de toutes les semences de la terre ; mais une fois 32
semé, il monte, devient plus grand que toutes les
herbes et pousse de grandes branches, si bien que
les oiseaux du ciel peuvent demeurer sous son ombre.
Par beaucoup de paraboles semblables, il leur an- 33
nonçait la Parole selon qu'ils pouvaient l'entendre ; mais il ne leur parlait pas sans parabole ; et 34
en privé, il expliquait tout à ses disciples.
Ce jour-là, le soir venu, il leur dit : 35
– Passons à l'autre rive.
Après avoir renvoyé la foule, ils le prennent dans 36
la barque, comme il était ; d'autres barques aussi
étaient avec lui. Il se lève alors un grand tourbillon 37
de vent, et les vagues se jetaient dans la barque, au
point qu'elle se remplissait déjà. Lui, à la poupe, 38
dormait sur un oreiller ; ils le réveillent et lui disent :
– Maître°, ne te soucies-tu pas que nous péris-
sions ?
S'étant réveillé, il reprit le vent et dit à la mer : 39
– Silence, tais-toi !
Alors le vent tomba et il se fit un grand calme. Et il 40
leur dit :
– Pourquoi êtes-vous ainsi craintifs ? Comment
n'avez-vous pas de foi ?
Ils furent saisis d'une grande peur et ils dirent en- 41
tre eux :
– Qui donc est celui-ci, pour que le vent même et
la mer lui obéissent ?

Ils arrivèrent à l'autre rive de la mer, dans le **5**
pays des Gadaréniens. Comme il quittait la 2
barque, aussitôt vint à sa rencontre, sortant des
tombeaux, un homme possédé d'un esprit impur°.

3 Il avait sa demeure dans les tombeaux, et personne ne pouvait le lier, pas même avec une
4 chaîne ; car souvent, quand il avait été lié de fers
aux pieds et de chaînes, *il avait* brisé les chaînes,
mis les fers en pièces, et personne ne pouvait le
5 maîtriser. *Il était continuellement*, de nuit et de
jour, dans les tombeaux et dans les montagnes,
6 criant et se blessant avec des pierres. Voyant Jésus
7 de loin, il courut, se prosterna devant lui ; et d'une
voix forte, il cria :

– Qu'ai-je à faire avec toi, Jésus, Fils du Dieu Très-haut ? Je t'adjure par Dieu, ne me tourmente pas.

8 Car Jésus lui disait :

– Sors de cet homme, esprit impur !

9 Il lui demanda :

– Quel est ton nom ? Il lui répondit :

– Mon nom est Légion°, car nous sommes nombreux.

10 Et il le priait instamment de ne pas les envoyer
hors du pays.
11 Or il y avait là, à flanc de montagne, un grand trou-
12 peau de porcs qui paissait. Les démons le prièrent :

– Envoie-nous dans les porcs, pour que nous entrions en eux.

13 Aussitôt Jésus le leur permit. Les esprits impurs
sortirent, ils entrèrent dans les porcs, et le troupeau se rua du haut de la côte dans la mer ; ils
étaient environ deux mille, et ils se noyèrent dans
14 la mer. Ceux qui les faisaient paître s'enfuirent, et
portèrent la nouvelle dans la ville et dans les campagnes ; alors les gens sortirent pour voir ce qui
15 était arrivé. Ils viennent vers Jésus, et ils voient le
démoniaque° assis, vêtu et dans son bon sens, lui
qui avait été sous l'emprise de Légion ; et ils eurent
peur.
16 Ceux qui avaient vu ce qui était arrivé au démoniaque et ce qui concernait les porcs le leur racon-
17 tèrent ; alors ils se mirent à prier Jésus de s'en aller
18 de leur territoire. Comme il montait dans la

barque, celui qui avait été démoniaque le priait de
lui permettre de l'accompagner. Et il ne le lui per- 19
mit pas, mais il lui dit :

–Va dans ta maison, auprès des tiens, et raconte-leur tout ce que le Seigneur a fait pour toi, et comment il a usé de miséricorde à ton égard.
Il s'en alla et se mit à proclamer dans la Décapole° 20
tout ce que Jésus avait fait pour lui ; et tous s'en
étonnaient.

Quand Jésus eut regagné en barque l'autre rive, 21
une grande foule se rassembla auprès de lui ; il
était au bord de la mer. Survient alors un des chefs 22
de synagogue°, nommé Jaïrus. Voyant Jésus, il se
jette à ses pieds ; et il le priait instamment : 23

–Ma fille est à sa fin ; viens lui imposer les mains, pour qu'elle soit guérie[a] et qu'elle vive.
Il s'en alla avec lui ; une grande foule le suivit et 24
elle le pressait.
Une femme qui avait une perte de sang depuis 25
douze ans – elle avait beaucoup souffert du fait 26
d'un grand nombre de médecins et avait dépensé
tout son bien sans en retirer aucun soulagement ;
au contraire, son état avait plutôt empiré –, cette
femme, ayant entendu parler de Jésus, vint dans 27
la foule par derrière et toucha son vêtement ; car 28
elle disait : Si je touche, ne serait-ce que ses vêtements, je serai guérie[a]. Aussitôt sa perte de sang 29
s'arrêta et elle sentit dans son corps qu'elle était
guérie de son mal. Aussitôt Jésus, connaissant en 30
lui-même la puissance qui était sortie de lui, se retourna dans la foule et dit :

–Qui a touché mes vêtements ?
Ses disciples lui dirent : 31

–Tu vois la foule qui te presse et tu dis : Qui m'a touché ?
Il regardait tout autour de lui pour voir celle qui 32
avait fait cela. Alors la femme, effrayée et trem- 33
blante, sachant ce qui lui était arrivé, vint se jeter
devant lui et lui déclara toute la vérité. Il lui dit : 34

---

a • *ou :* sauvée.

– Ma fille, ta foi t'a guérie[a] ; va en paix, et sois
guérie de ton mal.
35 Comme il parlait encore, des gens arrivent de chez
le chef de synagogue ; ils lui disent :
– Ta fille est morte ; pourquoi importuner encore le maître° ?
36 Mais aussitôt, Jésus, ayant entendu ces paroles, dit
au chef de synagogue :
– Ne crains pas, crois seulement.
37 Il ne permit à personne de le suivre, sinon à Pierre,
38 à Jacques°, et à Jean le frère de Jacques. Ils arrivent à la maison du chef de synagogue ; Jésus voit
l'agitation, ceux qui pleuraient et poussaient de
39 grands cris. Une fois entré, il leur dit :
– Pourquoi cette agitation et ces pleurs ? l'enfant n'est pas morte, mais elle dort.
40 Et ils se moquaient de lui. Mais les ayant tous mis
dehors, il prend le père de l'enfant, la mère, ainsi
que ceux qui étaient avec lui, et entre là où l'en-
41 fant était couchée. Il prit la main de l'enfant et lui
dit :
– Talitha coumi ; ce qui veut dire : Jeune fille, je
te dis, lève-toi.
42 Aussitôt la jeune fille se leva et se mit à marcher,
car elle avait douze ans ; et ils furent saisis d'une
43 grande admiration. Mais il leur commanda expressément que personne ne le sache, et il dit qu'on lui
donne à manger.

6 Il sortit de là et vint dans son pays ; ses disciples
2 le suivirent. Le sabbat° venu, il se mit à enseigner
dans la synagogue° ; beaucoup, en l'entendant,
étaient frappés d'étonnement et disaient : D'où
cela lui vient-il ? Quelle est cette sagesse qui lui est
donnée, et d'où vient que de tels miracles s'opè-
3 rent par ses mains ? Celui-ci n'est-il pas le charpentier, le fils de Marie, et le frère de Jacques, de Joses,
de Jude° et de Simon ? Ses sœurs ne sont-elles pas

---

a • *litt.* : sauvée.

ici auprès de nous ? Et ils étaient scandalisés° à son
sujet. Jésus leur dit : 4
– Un prophète n'est pas sans honneur, si ce n'est
dans son pays, parmi sa parenté et dans sa maison.
Il ne put faire là aucun miracle, sinon qu'il imposa 5
les mains à un petit nombre d'infirmes et les guérit ; et il s'étonnait de leur incrédulité. Il visitait les 6
villages à la ronde, en enseignant.

Puis il appelle à lui les douze. Il se mit à les en- 7
voyer deux par deux, et leur donnait autorité sur
les esprits impurs°. Il leur commanda de ne rien 8
prendre pour le chemin – excepté un bâton – ni
pain, ni sac, ni monnaie dans leur ceinture. Mais
chaussez des sandales et ne portez pas deux tuni- 9
ques. Puis il leur dit : 10
– Partout où vous entrerez dans une maison, demeurez-y jusqu'à ce que vous partiez de là. Si 11
quelque part on ne vous accueille pas et on ne
vous écoute pas, en partant de là, secouez° la
poussière de dessous vos pieds, pour leur servir de
témoignage.
Étant partis, ils prêchèrent qu'on se repente° ; ils 12
chassaient beaucoup de démons°, oignaient 13
d'huile beaucoup d'infirmes et les guérissaient.

Or le roi Hérode° entendit parler de Jésus, car 14
son nom était devenu public ; et l'on disait : Jean
le Baptiseur est ressuscité d'entre les morts ; c'est
pourquoi les miracles s'opèrent par lui. D'autres 15
disaient : C'est Élie ; et d'autres : C'est un prophète, comme l'un des prophètes. Mais Hérode, 16
l'ayant appris, dit : C'est Jean que j'ai fait décapiter, et il est ressuscité d'entre les morts.

En effet, Hérode lui-même avait envoyé prendre 17
Jean et il l'avait fait lier dans une prison, à cause
d'Hérodias, la femme de son frère Philippe, car il
l'avait épousée. Et Jean disait à Hérode : Il ne t'est 18
pas permis d'avoir la femme de ton frère. Hérodias 19
lui en voulait beaucoup et désirait le faire mourir ;
mais elle ne pouvait pas, car Hérode craignait 20
Jean, le sachant homme juste et saint, et il le gar-

dait soigneusement; lorsqu'il l'avait entendu, il
faisait beaucoup de choses, et il l'écoutait volontiers.
21 Mais une occasion favorable se présenta : comme
Hérode, le jour de son anniversaire, donnait un
festin à ses grands seigneurs, aux chefs militaires
22 et aux notables de la Galilée°, la fille de cette
même Hérodias entra et dansa; elle plut à Hérode
et à ceux qui étaient à table avec lui. Le roi dit
alors à la jeune fille :
– Demande-moi tout ce que tu voudras, et je te
23 le donnerai. Il lui jura :
– Tout ce que tu me demanderas, je te le donnerai, jusqu'à la moitié de mon royaume.
24 Elle sortit et dit à sa mère :
– Que dois-je demander ? Celle-ci dit :
– La tête de Jean le Baptiseur.
25 Aussitôt elle se hâta d'entrer auprès du roi et fit
cette demande :
– Je veux que, tout de suite, tu me donnes sur un
plat la tête de Jean le Baptiseur.
26 Le roi en fut très attristé mais, à cause des serments et de ceux qui étaient à table avec lui, il ne
27 voulut pas lui manquer de parole. Aussitôt, le roi
envoya un de ses gardes, avec l'ordre d'apporter la
28 tête de Jean. Le garde alla le décapiter dans la prison, apporta sa tête sur un plat et la donna à la
jeune fille; et la jeune fille la donna à sa mère.
29 L'ayant appris, ses disciples vinrent enlever son
corps et le mirent dans un tombeau.
30 Les apôtres° se rassemblent auprès de Jésus; ils
lui racontèrent tout ce qu'ils avaient fait et tout ce
31 qu'ils avaient enseigné. Alors il leur dit :
– Vous-mêmes, venez à l'écart dans un lieu désert et reposez-vous un peu (car il y avait beaucoup de gens qui venaient, qui s'en allaient, et eux
n'avaient pas même le temps de manger).
32 Ils partirent en barque vers un lieu désert, à
33 l'écart. Mais beaucoup les virent s'en aller et les reconnurent; ils accoururent, à pied, de toutes les

villes, et arrivèrent avant eux. En sortant, Jésus vit 34
une grande foule ; il fut ému de compassion envers
eux, parce qu'ils étaient comme des brebis qui
n'ont pas de berger ; et il se mit à leur enseigner
beaucoup de choses. Comme l'heure était déjà 35
très avancée, ses disciples viennent à lui et lui disent :

– Le lieu est désert, et l'heure est déjà très avancée ; renvoie-les, afin qu'ils s'en aillent dans les 36
campagnes et les villages d'alentour, et qu'ils
s'achètent de quoi manger. Il leur répondit : 37

– Vous, donnez-leur à manger.

Ils lui disent :

– Irons-nous acheter pour deux cents deniers°
de pain, afin de leur donner à manger ? Mais il 38
leur dit :

– Combien de pains avez-vous ? Allez voir.

Et l'ayant su, ils disent :

– Cinq, et deux poissons.

Il leur commanda de faire asseoir tout le monde 39
par groupes sur l'herbe verte : ils s'assirent en ran- 40
gées, par cent et par cinquante. Il prit alors les cinq 41
pains et les deux poissons puis, levant les yeux vers
le ciel, il bénit, et rompit les pains ; et il les donnait
à ses disciples pour les mettre devant eux ; ensuite
il partagea les deux poissons entre tous. Ils mangè- 42
rent tous et furent rassasiés. Et l'on ramassa les 43
morceaux, douze paniers pleins, ainsi que les restes des poissons. Or ceux qui avaient mangé les 44
pains étaient cinq mille hommes.

Aussitôt il contraignit ses disciples à monter 45
dans la barque et à le précéder sur l'autre rive,
vers Bethsaïda, tandis que lui-même renvoyait la
foule. Les ayant congédiés, il s'en alla sur la mon- 46
tagne pour prier.

Le soir venu, la barque était au milieu de la mer, 47
et lui, seul à terre. Les voyant se tourmenter à ra- 48
mer, car le vent leur était contraire, vers la quatrième veille° de la nuit, il vient vers eux, marchant sur la mer ; et il voulait passer à côté d'eux.

49 Mais eux, le voyant marcher sur la mer, crurent
50 que c'était un fantôme et poussèrent des cris ; car
ils le virent tous et furent bouleversés. Mais lui,
aussitôt, parla avec eux et leur dit :
– Ayez bon courage ; c'est moi ; n'ayez pas peur.
51 Puis il monta auprès d'eux dans la barque, et le
vent tomba. Ils furent alors excessivement frappés
52 et remplis de stupeur ; car ils n'avaient pas été rendus intelligents par les pains, mais leur cœur était
endurci.

53 Ayant passé à l'autre rive, ils vinrent dans la ré-
54 gion de Génésareth où ils abordèrent. Comme ils
sortaient de la barque, les habitants le reconnu-
55 rent aussitôt ; ils coururent par tout le pays d'alentour, et se mirent à apporter de tous côtés sur des
brancards ceux qui se portaient mal, là où ils en-
56 tendaient dire qu'il était. Et partout où il se rendait, dans les villages, les villes ou les campagnes,
on plaçait les infirmes dans les marchés et on le
priait de les laisser toucher ne serait-ce que le
bord de son vêtement ; et tous ceux qui le tou-
chaient étaient guéris[a].

7 Les pharisiens° et quelques scribes°, qui étaient
2 venus de Jérusalem, s'assemblent auprès de lui. Ils
voient certains de ses disciples qui mangeaient du
pain avec des mains souillées c'est-à-dire non la-
3 vées – car les pharisiens et tous les Juifs ne mangent pas sans se laver soigneusement les mains, re-
4 tenant la tradition des anciens° ; de retour du
marché, ils ne mangent pas sans s'être lavés. Il y a
aussi beaucoup d'autres prescriptions qu'ils ont reçues par tradition pour les observer, comme de laver les coupes, les pots, les vases de bronze et les
5 lits[b]. Alors les pharisiens et les scribes l'interro-
gent :
– Pourquoi tes disciples ne suivent-ils pas la tradition des anciens, et mangent-ils le pain avec des
mains souillées ?

---

a• *ou :* sauvés. – b• *lits qui servaient de sièges pour les repas.*

Mais il leur répondit : 6
– Ésaïe a bien prophétisé à votre sujet, hypocrites ; comme il est écrit : “Ce peuple m’honore des
lèvres, mais leur cœur est très éloigné de moi ;
c’est en vain qu’ils me révèrent, car ils enseignent, 7
comme doctrines, des commandements d’hom-
mes”[a]. Car vous avez laissé de côté le commande- 8
ment° de Dieu pour observer la tradition des hommes, de laver les pots et les coupes ; et vous faites
beaucoup d’autres choses semblables.
Puis il leur dit : 9
– Vous annulez bel et bien le commandement
de Dieu afin de garder votre tradition ! En effet 10
Moïse a dit : “Honore ton père et ta mère”[b] ; et :
“Que celui qui maudira père ou mère soit puni de
mort”[c] ; mais vous, vous dites : Si un homme dit à 11
son père ou à sa mère : Tout ce dont tu pourrais
profiter de ma part est corban, c’est-à-dire don[d]…,
vous ne lui permettez plus de rien faire pour son 12
père ou pour sa mère, annulant la parole de Dieu 13
par votre tradition que vous vous êtes transmise ;
et vous faites beaucoup de choses semblables.
Ayant de nouveau appelé la foule, Jésus leur dit : 14
– Écoutez-moi, vous tous, et comprenez. Il n’y a 15
rien d’extérieur à l’homme° qui, entrant en lui,
puisse le souiller ; mais ce qui sort de lui, voilà ce
qui souille l’homme. Si quelqu’un a des oreilles 16
pour entendre, qu’il entende !
Quand il fut entré dans la maison, à l’écart de la 17
foule, ses disciples l’interrogèrent sur cette para-
bole°. Et il leur dit : 18
– Ainsi, vous aussi, êtes-vous sans intelligence ?
Ne comprenez-vous pas que tout ce qui est de l’extérieur, entrant dans l’homme, ne peut pas le
souiller, parce que cela n’entre pas dans son cœur, 19
mais dans son ventre, et s’en va dans la fosse ? –
Ainsi déclarait-il purs tous les aliments. Puis il dit : 20
– Ce qui sort de l’homme, voilà ce qui souille

---

a• Ésaïe 29. 13. – b• Exode 20. 12. – c• Exode 21. 17. –
d• *don réservé à Dieu comme offrande* (*comp.* Matthieu 15. 5).

21 l'homme ; car c'est du dedans, du cœur des hom-
22 mes, que sortent mauvaises pensées, fornications°,
vols, meurtres, adultères, cupidité, méchancetés,
fraude, impudicité, œil méchant, injures, orgueil,
23 folie : toutes ces mauvaises choses sortent du dedans et souillent l'homme.

24 Parti de là, il s'en alla vers les territoires de Tyr
et de Sidon. Après être entré dans une maison, il
voulait que personne ne le sache : et il ne put pas-
25 ser inaperçu. Mais une femme dont la fille avait un
esprit impur°, ayant entendu parler de lui, vint
26 aussitôt se jeter à ses pieds (or la femme était
grecque, d'origine syrophénicienne), et elle le
priait de chasser le démon° hors de sa fille. Jésus
lui dit :

27 – Laisse d'abord les enfants se rassasier ; car il ne
convient pas de prendre le pain des enfants et de
28 le jeter aux chiens. Elle lui répondit :

– Oui, Seigneur° ; car même les chiens, sous la
29 table, mangent les miettes des enfants. Il lui dit :

– À cause de cette parole, va, le démon est sorti
de ta fille.

30 De retour à la maison, elle trouva l'enfant couchée
sur le lit : le démon était sorti.

31 Il quitta de nouveau les territoires de Tyr et de
Sidon et vint vers la mer de Galilée°, à travers le
32 territoire de la Décapole°. Alors on lui amène un
sourd qui parlait avec peine, et on le prie de poser
33 la main sur lui. Il le tira à l'écart, hors de la foule,
lui mit les doigts dans les oreilles ; puis, avec sa sa-
34 live, il lui toucha la langue ; levant les yeux vers le
ciel, il soupira et lui dit :

– Ephphatha, c'est-à-dire : Ouvre-toi.

35 Aussitôt ses oreilles s'ouvrirent, le lien de sa langue se dénoua et il se mit à parler correctement.
36 Alors Jésus leur défendit expressément de le dire à
quiconque ; mais plus il le leur défendait, plus
37 ceux-ci le proclamaient. Ils étaient extrêmement
étonnés et disaient : Il fait toutes choses bien ; il
fait entendre les sourds et parler les muets.

En ces jours-là, comme il y avait de nouveau une **8**
très grande foule et qu'ils n'avaient rien à manger,
Jésus, après avoir appelé à lui ses disciples, leur
dit :
–Je suis ému de compassion envers la foule, car 2
voilà trois jours déjà qu'ils sont là auprès de moi,
et ils n'ont rien à manger ; si je les renvoie à jeun 3
dans leurs maisons, ils vont défaillir en chemin,
car certains d'entre eux sont venus de loin.
Ses disciples lui répondirent : 4
–Où trouvera-t-on de quoi les rassasier de pain,
ici, dans le désert ? Alors il leur demanda : 5
–Combien avez-vous de pains ? Ils dirent : 6
–Sept.
Il commanda à la foule de s'asseoir par terre. Puis
il prit les sept pains et, ayant rendu grâces, il les
rompit ; et il les donnait à ses disciples pour les
mettre devant la foule ; ils les mirent alors devant
elle. Ils avaient aussi quelques petits poissons ; 7
après avoir béni, Jésus leur dit de les mettre aussi
devant la foule. Ils mangèrent et furent rassasiés ; 8
des morceaux qui étaient de reste, ils ramassèrent
sept corbeilles. Or ceux qui avaient mangé étaient 9
environ quatre mille. Puis il les renvoya.

Et aussitôt, montant dans la barque avec ses dis- 10
ciples, il vint dans la région de Dalmanutha. Alors 11
les pharisiens° sortirent et se mirent à contester
avec lui : ils lui demandaient un signe venant du
ciel, pour l'éprouver. Soupirant profondément 12
dans son esprit, il dit :
–Pourquoi cette génération demande-t-elle un
signe ? En vérité, je vous le dis : Il ne sera pas
donné de signe à cette génération.
Les laissant, il remonta dans la barque et s'en alla à 13
l'autre rive. Or ils avaient oublié de prendre des 14
pains, et ils n'avaient qu'un seul pain avec eux
dans la barque. Alors il leur commanda expressé- 15
ment :
–Attention ! gardez-vous du levain des phari-
siens° et du levain d'Hérode°.

16 Ils raisonnaient donc entre eux :
– C'est parce que nous n'avons pas de pains.
17 Jésus, le sachant, leur dit :
– Pourquoi raisonnez-vous sur le fait que vous
n'avez pas de pains ? Ne saisissez-vous pas encore
18 et ne comprenez-vous pas ? Votre cœur est-il encore endurci ? Ayant des yeux, ne voyez-vous pas ?
ayant des oreilles, n'entendez-vous pas ? et n'avez-
19 vous pas de mémoire ? Quand j'ai rompu les cinq
pains pour les cinq mille, combien avez-vous recueilli de paniers pleins de morceaux ? Ils lui disent :
– Douze.
20 – Et quand j'ai rompu les sept pains pour les
quatre mille, combien avez-vous recueilli de cor-
21 beilles pleines de morceaux ? Ils dirent :
– Sept. Il leur dit alors :
– Comment ne comprenez-vous pas ?
22 Ils viennent ensuite à Bethsaïda ; on lui amène
23 un aveugle et on le prie de le toucher. Il prit la
main de l'aveugle et le mena hors du village ; lui
ayant mis de la salive sur les yeux, il posa les mains
24 sur lui et lui demanda s'il voyait quelque chose. Il
regarda et dit :
– Je vois les gens, car j'aperçois comme des arbres qui marchent.
25 Puis Jésus lui mit encore les mains sur les yeux et
le fit regarder ; il fut rétabli et voyait tout claire-
26 ment. Jésus le renvoya chez lui, en lui disant :
– N'entre pas dans le village, et ne le dis à personne dans le village.
27 Jésus s'en alla, ainsi que ses disciples, aux villages de Césarée de Philippe ; chemin faisant, il interrogea ses disciples en ces termes :
28 – Qui dit-on[a] que je suis ? Ils répondirent :
– Jean le Baptiseur ; d'autres : Élie ; et d'autres :
29 Un des prophètes. Il leur demanda :
– Et vous, qui dites-vous que je suis ? Pierre lui
répondit :

---

a • *litt.* : Qui disent les hommes.

–Tu es le Christ°.
Et il leur défendit sévèrement de dire cela de lui à 30
qui que ce soit.
Dès lors il commença à les enseigner : 31
–Il faut que le Fils de l'homme souffre beaucoup, qu'il soit rejeté des anciens°, des principaux
sacrificateurs° et des scribes°, qu'il soit mis à mort
et qu'il ressuscite après trois jours.
Il tenait ce discours ouvertement. L'amenant à 32
l'écart, Pierre se mit à le reprendre. Mais lui se re- 33
tourna, regarda ses disciples, reprit Pierre et dit :
–Va arrière de moi, Satan, car tes pensées ne
sont pas aux choses de Dieu, mais à celles des hommes.
Puis ayant appelé à lui la foule avec ses disci- 34
ples, il leur dit :
–Si quelqu'un veut venir après moi, qu'il renonce à lui-même, qu'il prenne sa croix et me
suive : car celui qui voudra sauver sa vie la perdra ; 35
et celui qui perdra sa propre vie à cause de moi et
de l'évangile° la sauvera. En effet, quel profit y 36
aura-t-il pour un homme° s'il gagne le monde entier et fait la perte de son âme° ; ou que donnera 37
un homme en échange de son âme ? Car celui qui 38
aura honte de moi et de mes paroles parmi cette
génération adultère et pécheresse, le Fils de
l'homme aura aussi honte de lui, quand il viendra
dans la gloire de son Père, avec les saints anges.

Il leur dit encore : **9**
–En vérité, je vous dis que, de ceux qui sont ici
présents, il y en a quelques-uns qui ne goûteront
pas la mort avant d'avoir vu le royaume de Dieu
venu avec puissance.
Six jours après, Jésus prend avec lui Pierre, Jac- 2
ques et Jean, et les mène seuls à l'écart, sur une
haute montagne. Et il fut transfiguré devant eux ;
ses vêtements devinrent brillants, d'une extrême 3

blancheur, tels qu'aucun foulon[a] sur terre ne peut
4 ainsi blanchir. Élie leur apparut avec Moïse, et ils
5 parlaient avec Jésus. Alors Pierre, prenant la parole, dit à Jésus :

– Rabbi°, il est bon que nous soyons ici ; faisons trois tentes : une pour toi, une pour Moïse et une pour Élie.

6 Car il ne savait que dire ; en effet, ils étaient épou-
7 vantés. Il vint alors une nuée qui les couvrit, et il
vint de la nuée une voix :

– Celui-ci est mon Fils bien-aimé, écoutez-le.

8 Aussitôt, ayant regardé de tous côtés, ils ne virent
plus personne, sinon Jésus seul avec eux.

9 Comme ils descendaient de la montagne, il leur
ordonna expressément de ne raconter à personne
ce qu'ils avaient vu, sinon quand le Fils de
10 l'homme serait ressuscité d'entre les morts. Ils gardèrent cette parole, se demandant entre eux ce
11 que c'était que ressusciter d'entre les morts. Ils
l'interrogèrent :

– Pourquoi les scribes° disent-ils qu'il faut
12 qu'Élie vienne d'abord ? Il leur répondit :

– Il est vrai, Élie vient d'abord et rétablit toutes
choses. Pourquoi alors est-il écrit que le Fils de
l'homme doit souffrir beaucoup et être chargé de
13 mépris ? Mais je vous le dis : Élie est venu, et ils lui
ont fait tout ce qu'ils ont voulu, comme il est écrit
de lui.

14 Rejoignant les disciples, ils virent autour d'eux
une grande foule, et des scribes° qui discutaient
15 avec eux. Aussitôt toute la foule, quand elle le vit,
16 fut stupéfaite ; on accourut pour le saluer. Il les interrogea :

– De quoi discutez-vous avec eux ?

17 Quelqu'un de la foule lui répondit :

– Maître°, je t'ai amené mon fils qui a un esprit
18 muet ; partout où il le saisit, il l'agite violemment ;
l'enfant écume, grince des dents et devient tout

---

a • *ouvrier qui foulait les tissus dans un bain approprié pour les blanchir.*

raide ; j'ai dit à tes disciples de chasser cet esprit,
mais ils n'ont pas pu. Il leur répondit : 19
– Ô génération incrédule, jusqu'à quand serai-je
avec vous ? jusqu'à quand vous supporterai-je ?
Amenez-le moi. 20
Ils le lui amenèrent ; et quand il vit Jésus, aussitôt
l'esprit secoua violemment l'enfant ; et celui-ci,
étant tombé par terre, se roulait en écumant. Jésus 21
demanda au père de l'enfant :
– Depuis combien de temps cela lui arrive-t-il ? Il
dit :
– Depuis son plus jeune âge ; souvent aussi l'es- 22
prit l'a jeté dans le feu et dans l'eau pour le faire
périr ; mais si tu peux quelque chose, viens à notre
aide, ayant compassion de nous. Jésus lui dit : 23
– Le “Si tu peux”, c'est : Crois ! tout est possible
à celui qui croit.
Aussitôt le père de l'enfant s'écria avec larmes : 24
– Je crois, viens en aide à mon incrédulité.
Jésus, voyant que la foule accourait, réprimanda 25
sévèrement l'esprit impur° :
– Esprit muet et sourd, c'est moi qui t'en donne
l'ordre, sors de lui et n'y rentre plus.
Après avoir crié et l'avoir très violemment secoué, 26
il sortit, et l'enfant devint comme mort, si bien que
tout le monde disait : Il est mort. Mais Jésus, en le 27
prenant par la main, le redressa ; et il se leva.
Lorsque Jésus fut entré dans la maison, ses disci- 28
ples lui demandèrent en privé :
– Pourquoi n'avons-nous pas pu le chasser ? Il 29
leur dit :
– Cette sorte d'esprit impur° ne peut sortir que
par la prière et par le jeûne.

Partis de là, ils traversèrent la Galilée° ; mais il 30
ne voulait pas qu'on le sache, car il enseignait ainsi 31
ses disciples : Le Fils de l'homme est livré entre les
mains des hommes, et ils le feront mourir ; après
avoir été mis à mort, il ressuscitera le troisième
jour. Mais ils ne comprenaient pas cette parole et 32
craignaient de l'interroger.

33 Il vint à Capernaüm. Quand il fut dans la maison, il leur demanda :
– De quoi discutiez-vous en chemin ?
34 Mais ils gardaient le silence, car, en chemin, ils
avaient discuté entre eux pour savoir qui serait le
35 plus grand. Après s'être assis, il appela les douze
et leur dit :
– Si quelqu'un veut être le premier, il sera le dernier de tous et le serviteur de tous.
36 Il prit alors un petit enfant, le plaça au milieu
d'eux ; et l'ayant serré dans ses bras, il leur dit :
37 – Celui qui recevra en mon nom un petit enfant
comme celui-là, me reçoit ; et celui qui me recevra,
ce n'est pas moi qu'il reçoit, mais celui qui m'a en-
38 voyé. Jean lui répondit :
– Maître°, nous avons vu quelqu'un qui chassait
des démons° en ton nom et qui ne nous suit pas ;
nous le lui avons défendu, parce qu'il ne nous suit
39 pas. Jésus leur dit :
– Ne le lui défendez pas ; car il n'y a personne
qui fasse un miracle en mon nom et qui puisse,
40 aussitôt après, mal parler de moi ; en effet, celui
41 qui n'est pas contre nous est pour nous. Car celui
qui vous donnera à boire un verre d'eau en mon
nom parce que vous êtes de Christ°, en vérité, je
42 vous dis qu'il ne perdra pas sa récompense. Et quiconque sera une occasion de chute° pour un de ces
petits qui croient en moi, mieux vaudrait pour lui
qu'on lui mette au cou une pierre de meule, et
43 qu'il soit jeté à la mer. Si ta main est pour toi une
occasion de chute, coupe-la : mieux vaut pour toi
entrer estropié dans la vie, que d'avoir les deux
mains et d'aller dans la géhenne°, dans le feu qui
45 ne s'éteint pas. Si ton pied est pour toi une occasion de chute, coupe-le : mieux vaut pour toi entrer boiteux dans la vie, que d'avoir les deux pieds
46 et d'aller dans la géhenne, dans le feu qui ne
47 s'éteint pas. Et si ton œil est pour toi une occasion
de chute, arrache-le : mieux vaut pour toi entrer
dans le royaume de Dieu avec un seul œil, que

d'avoir deux yeux et d'aller dans la géhenne de
feu, là où leur ver ne meurt pas et où le feu ne 48
s'éteint pas.

Car chacun sera salé de feu ; et tout sacrifice° 49
sera salé de sel. Le sel est bon ; mais si le sel devient 50
insipide, avec quoi lui donnerez-vous de la saveur ?
Ayez du sel en vous-mêmes et soyez en paix entre 51
vous.

Partant de là, il vient aux frontières de la Ju- **10**
dée°, de l'autre côté du Jourdain. Des foules se rassemblent de nouveau auprès de lui ; et il les enseignait encore, comme il en avait l'habitude.

Alors des pharisiens° vinrent à lui et, pour 2
l'éprouver, lui demandèrent :

– Est-il permis à un mari de répudier sa femme ?
Il leur répondit : 3

– Qu'est-ce que Moïse vous a commandé ? Ils di- 4
rent :

– Moïse a permis d'écrire une lettre de divorce
et de répudier sa femme.
Jésus leur répondit : 5

– C'est à cause de votre dureté de cœur qu'il a
écrit pour vous cette prescription ; mais dès le 6
commencement de la création, Dieu les fit homme
et femme : c'est pourquoi l'homme quittera son 7
père et sa mère et sera uni à sa femme, et les deux 8
seront une seule chair[a] ; ainsi, ils ne sont plus
deux, mais une seule chair. Donc, ce que Dieu a 9
uni, que l'homme ne le sépare pas.
De retour à la maison, ses disciples l'interrogèrent 10
encore sur ce sujet ; et il leur dit :

– Celui qui répudiera sa femme et en épousera 11
une autre, commet l'adultère envers la première ;
et si une femme répudie son mari et en épouse un 12
autre, elle commet l'adultère.

On lui apportait des petits enfants pour qu'il les 13
touche, mais les disciples reprirent ceux qui les ap-

---

a • Genèse 2. 24.

14 portaient ; Jésus, voyant cela, en fut indigné et leur
dit :
– Laissez venir à moi les petits enfants ; ne les en
empêchez pas, car le royaume de Dieu est à ceux
15 qui sont comme eux. En vérité, je vous le dis : Quiconque ne recevra pas le royaume de Dieu comme
un petit enfant n'y entrera pas.
16 Puis, après les avoir serrés dans ses bras, il posa les
mains sur eux et les bénit.
17 Comme il se mettait en chemin, un homme accourut et, se jetant à genoux devant lui, lui demanda :
– Bon maître°, que dois-je faire pour hériter de
18 la vie éternelle ? Jésus lui dit :
– Pourquoi m'appelles-tu bon ? Personne n'est
19 bon, sinon un seul : Dieu. Tu connais les comman-
dements° : Ne tue pas ; ne commets pas d'adultère ; ne vole pas ; ne dis pas de faux témoignage ;
ne fais de tort à personne ; honore ton père et ta
20 mère. Il lui répondit :
– Maître°, j'ai gardé tout cela dès ma jeunesse.
21 Jésus, l'ayant regardé, l'aima, et lui dit :
– Une chose te manque : va, vends tout ce que
tu as, donne aux pauvres, et tu auras un trésor
dans le ciel ; et viens, suis-moi.
22 Et lui, consterné par cette parole, s'en alla tout
23 triste, car il possédait de grands biens. Alors Jésus,
ayant regardé autour de lui, dit à ses disciples :
– Comme il est difficile pour ceux qui ont des richesses d'entrer dans le royaume de Dieu !
24 Les disciples s'étonnèrent de ses paroles ; mais
Jésus, s'adressant encore à eux, leur dit :
– Enfants, comme il est difficile pour ceux qui se
confient dans les richesses d'entrer dans le royau-
25 me de Dieu ! Il est plus facile à un chameau de passer par un trou d'aiguille, qu'à un riche d'entrer
dans le royaume de Dieu.
26 Ils s'en étonnaient excessivement, disant entre
eux :
– Et qui peut être sauvé ?

Jésus, les regardant, dit : 27
–Pour les hommes, cela est impossible, mais
non pas pour Dieu ; car tout est possible pour
Dieu.
Pierre se mit à lui dire : 28
–Voici, nous avons tout quitté et nous t'avons
suivi. Jésus répondit : 29
–En vérité, je vous le dis : il n'y a personne qui
ait quitté maison, ou frères, ou sœurs, ou mère,
ou père, ou enfants, ou champs, à cause de moi et
à cause de l'évangile°, et qui n'en reçoive mainte- 30
nant, en ce temps-ci, cent fois autant, maisons, et
frères, et sœurs, et mères, et enfants, et champs,
avec des persécutions et, dans le siècle° qui vient,
la vie éternelle. Mais beaucoup de premiers seront 31
derniers ; et les derniers seront les premiers.
Ils étaient en chemin, montant à Jérusalem, et 32
Jésus allait devant eux ; ils étaient frappés de stupeur et le suivaient avec crainte. Prenant de nouveau les douze avec lui, il se mit à leur dire les choses qui devaient lui arriver :
–Voici, nous montons à Jérusalem ; le Fils de 33
l'homme sera livré aux principaux sacrificateurs°
et aux scribes° ; ils le condamneront à mort, et le
livreront aux nations° ; ils se moqueront de lui, le 34
fouetteront, cracheront sur lui et le feront mourir ;
et il ressuscitera le troisième jour.
Alors Jacques et Jean, fils de Zébédée, viennent 35
à lui et lui disent :
–Maître°, nous voudrions que tu fasses pour
nous tout ce que nous te demanderons. Il leur dit : 36
–Que voulez-vous que je fasse pour vous ? Et ils 37
lui dirent :
–Accorde-nous d'être assis, l'un à ta droite et
l'autre à ta gauche, dans ta gloire. Mais Jésus leur 38
dit :
–Vous ne savez pas ce que vous demandez. Pouvez-vous boire la coupe que moi je bois, ou être
baptisés du baptême dont moi je serai baptisé ? Ils
lui dirent :

39 – Nous le pouvons. Jésus leur dit :
– Vous boirez bien la coupe que moi je bois, et
vous serez baptisés du baptême dont moi je serai
40 baptisé ; mais de s'asseoir à ma droite ou à ma gauche, il ne m'appartient pas de le donner, sinon à
ceux pour qui cela est préparé.
41 Alors les dix, qui avaient entendu, commencèrent
42 à s'indigner contre Jacques et Jean. Les ayant appelés auprès de lui, Jésus leur dit :
– Vous savez que ceux qui sont réputés gouverner les nations° dominent sur elles, et que les
43 grands parmi eux usent d'autorité sur elles. Il n'en
est pas ainsi parmi vous, mais celui qui voudra de-
44 venir grand parmi vous sera votre serviteur, et celui d'entre vous qui voudra devenir le premier sera
45 l'esclave de tous. Car, aussi, le Fils de l'homme
n'est pas venu pour être servi, mais pour servir et
pour donner sa vie en rançon pour un grand nombre.
46 Ils arrivent à Jéricho. Comme il sortait de Jéricho avec ses disciples et une grande foule, Bartimée l'aveugle, le fils de Timée, était assis au bord
47 du chemin et mendiait. Ayant entendu dire que
c'était Jésus le Nazarénien, il se mit à crier et à
dire :
– Fils de David, Jésus, aie pitié de moi !
48 Beaucoup le reprirent pour le faire taire ; mais il
criait d'autant plus fort :
– Fils de David, aie pitié de moi !
49 Jésus s'arrêta et dit :
– Appelez-le.
Ils appellent l'aveugle, en lui disant :
– Bon courage, lève-toi, il t'appelle.
50 Alors, jetant loin son vêtement, il se leva d'un
51 bond et vint à Jésus. Jésus lui répondit :
– Que veux-tu que je te fasse ?
L'aveugle lui dit :
52 – Rabboni°, que je recouvre la vue. Jésus lui dit :
– Va, ta foi t'a guéri[a].

---

a • *litt.* : sauvé.

Aussitôt il recouvra la vue et le suivit dans le chemin.

Comme ils approchent de Jérusalem, de Beth- **11**
phagé et de Béthanie, vers le mont des Oliviers, il
envoie deux de ses disciples et leur dit :
– Allez au village qui est en face de vous ; dès 2
que vous y entrerez, vous trouverez un ânon attaché, sur lequel jamais personne ne s'est assis ; détachez-le et amenez-le. Si quelqu'un vous dit : Pour- 3
quoi faites-vous cela ? dites : Le Seigneur° en a
besoin ; et aussitôt il l'enverra ici.
Ils s'en allèrent et trouvèrent un ânon qui était at- 4
taché à la porte, dehors, au carrefour ; alors ils le
détachent. Quelques-uns de ceux qui étaient là 5
leur dirent :
– Que faites-vous là à détacher l'ânon ?
Les disciples répondirent comme Jésus l'avait dit, 6
et on les laissa faire. Ils amènent l'ânon à Jésus, 7
mettent leurs vêtements sur l'ânon ; et il s'assit
dessus. Beaucoup étendaient leurs vêtements sur 8
le chemin, d'autres coupaient des rameaux des arbres, et les répandaient sur le chemin ; ceux qui al- 9
laient devant et ceux qui suivaient criaient :
– Hosanna°, béni soit celui qui vient au nom du
Seigneur°* ! Béni soit le royaume qui vient, celui 10
de notre père David ! Hosanna dans les lieux très 11
hauts !
Jésus entra dans Jérusalem, et dans le temple ;
après avoir porté ses regards à la ronde sur tout,
comme il était déjà tard, il sortit et s'en alla à Béthanie avec les douze.

Le lendemain, comme ils sortaient de Béthanie, 12
il eut faim. Apercevant de loin un figuier qui avait 13
des feuilles, il s'en approcha pour voir si peut-être
il y trouverait quelque chose ; mais venu là, il n'y
trouva rien que des feuilles, car ce n'était pas la
saison des figues. Prenant la parole, il dit au fi- 14
guier :

–Que désormais personne ne mange jamais aucun fruit de toi !
Et ses disciples l'entendirent.
15 Puis ils arrivent à Jérusalem. Entrant dans le
temple, il se mit à chasser dehors ceux qui vendaient et ceux qui achetaient dans le temple ; il
renversa les tables des changeurs et les sièges de
16 *ceux qui vendaient* les colombes ; et il ne permettait à personne de porter aucun objet à travers le
17 temple. Il enseignait ainsi :
–N'est-il pas écrit : "Ma maison° sera appelée une maison de prière pour toutes les nations"[a] ? mais vous, vous en avez fait une caverne de voleurs.
18 Les principaux sacrificateurs° et les scribes° l'en-
tendirent, et ils cherchèrent comment ils le feraient mourir, car ils le craignaient, parce que toute la foule était frappée par son enseignement.
19 Le soir venu, il sortit de la ville.
20 Le matin, comme ils passaient, ils virent le fi-
21 guier séché depuis les racines. Pierre, se souvenant
de ce qui s'était passé, lui dit :
–Rabbi°, voici, le figuier que tu as maudit est de-
22 venu sec. Jésus répondit :
23 –Ayez foi en Dieu. En vérité, je vous dis qu'à ce-
lui qui dira à cette montagne : Soulève-toi et jettetoi dans la mer, et qui ne doutera pas dans son cœur, mais croira que ce qu'il dit se fait, tout ce
24 qu'il aura dit lui sera accordé. C'est pourquoi je
vous dis : Tout ce que vous demandez en priant, croyez que vous le recevez, et cela vous sera ac-
25 cordé. Et quand vous vous levez pour prier, si
vous avez quelque chose contre quelqu'un, pardonnez-lui, afin que votre Père aussi, qui est dans
26 les cieux, vous pardonne° vos fautes. Mais si vous
ne pardonnez pas, votre Père qui est dans les cieux ne pardonnera pas non plus vos fautes.
27 Ils reviennent à Jérusalem. Et comme Jésus se
promenait dans le temple, les principaux sacrifica-

a• Ésaïe 56. 7.

teurs, les scribes° et les anciens° viennent à lui et
lui disent :

– Par quelle autorité fais-tu cela, ou qui t'a 28
donné cette autorité pour faire cela ? Jésus leur ré- 29
pondit :

– Je vous demanderai, moi aussi, une seule
chose ; répondez-moi, et je vous dirai par quelle
autorité je fais cela. Le baptême de Jean était-il du 30
ciel ou des hommes ? Répondez-moi.
Et ils raisonnaient entre eux : Si nous disons : Du 31
ciel, il dira : Pourquoi donc ne l'avez-vous pas
cru ? Mais si nous disons : Des hommes ?... Ils crai- 32
gnaient la foule ; car tous estimaient que Jean était
réellement un prophète. Répondant, ils disent à 33
Jésus :

– Nous ne savons pas. Jésus leur dit :

– Moi non plus, je ne vous dis pas par quelle autorité je fais cela.

Et il se mit à leur parler en paraboles° : Un **12**
homme planta une vigne, l'entoura d'une clôture,
y creusa une cuve pour un pressoir et y bâtit une
tour ; puis il la loua à des cultivateurs et s'en alla
hors du pays. La saison venue, il envoya un esclave 2
aux cultivateurs pour recevoir d'eux du fruit de la
vigne ; mais eux le prirent, le battirent et le ren- 3
voyèrent les mains vides. Il leur envoya encore un 4
autre esclave ; celui-là, ils le blessèrent à la tête et
le traitèrent ignominieusement. Il en envoya un 5
autre ; celui-là, ils le tuèrent ; et ainsi pour beaucoup d'autres, battant les uns, et tuant les autres.
Il avait encore un unique fils bien-aimé ; il le leur 6
envoya, lui aussi, le dernier, en disant : Ils auront
du respect pour mon fils. Mais ces cultivateurs-là 7
dirent entre eux :

– Celui-ci est l'héritier ; venez, tuons-le, et l'héritage sera à nous. Alors ils le prirent, le tuèrent et le 8
jetèrent hors de la vigne. Que fera donc le maître 9
de la vigne ? Il viendra, fera périr les cultivateurs
et donnera la vigne à d'autres. N'avez-vous pas 10

même lu cette Écriture : “La pierre que ceux qui
bâtissaient ont rejetée, c’est elle qui est devenue
11 la pierre maîtresse de l’angle ; elle est de la part du
Seigneur*, elle est merveilleuse devant nos
yeux”[a] ?

12 Ils cherchaient alors à se saisir de lui, mais ils eurent peur de la foule ; car ils comprirent qu’il avait
dit cette parabole contre eux ; et le laissant, ils s’en
allèrent.

13 Alors ils lui envoient quelques-uns des pharisiens°
et des hérodiens° pour le prendre au piège dans
14 ses paroles. Ils viennent lui dire :

– Maître°, nous savons que tu es vrai et que tu
ne t’embarrasses de personne ; car tu ne regardes
pas à l’apparence des hommes, mais tu enseignes
la voie de Dieu avec vérité. Est-il permis de payer
le tribut à César°, ou non ? Devons-nous payer ou
ne pas payer ?
15 Mais lui, connaissant leur hypocrisie, leur dit :

– Pourquoi me tentez-vous ? Apportez-moi un
denier°, que je le voie.
16 Ils l’apportèrent. Et il leur dit :

– De qui sont cette image et cette inscription ?
17 Ils lui dirent :

– De César. Alors Jésus leur répondit :

– Rendez à César ce qui est à César, et à Dieu ce
qui est à Dieu !
Et ils étaient dans l’étonnement à son sujet.

18 Puis des sadducéens°, qui disent qu’il n’y a pas
de résurrection, viennent à lui ; ils l’interrogèrent
en ces termes :

19 – Maître°, Moïse a écrit à notre intention : Si le
frère de quelqu’un meurt et laisse une femme
sans avoir d’enfant, que son frère prenne sa
20 femme et suscite une descendance à son frère[b]. Il
y avait sept frères ; le premier prit une femme, et
mourut sans laisser de descendance ; le deuxième
21 la prit et mourut ; et lui non plus ne laissa pas de
22 descendance ; le troisième fit de même. Les sept la

---

a• Psaume 118. 22, 23. – b• *voir* Deutéronome 25. 5.

prirent sans laisser de descendance. La dernière de
tous, la femme aussi mourut. Dans la résurrection, 23
quand ils ressusciteront, duquel d'entre eux sera-
t-elle la femme, car les sept l'ont eue pour femme ?
Jésus leur dit : 24

– N'êtes-vous pas dans l'erreur précisément
parce que vous ne connaissez pas les Écritures, ni
la puissance de Dieu ? Car lorsqu'on ressuscite 25
d'entre les morts, on ne se marie pas et on n'est
pas donné en mariage, mais on est comme des anges dans les cieux. Quant aux morts et au fait qu'ils 26
ressuscitent, n'avez-vous pas lu dans le livre de
Moïse, dans le récit : "Du buisson", comment Dieu
lui parla : "Moi, je suis le Dieu d'Abraham, et le
Dieu d'Isaac, et le Dieu de Jacob"[a] ? Il n'est pas le 27
Dieu des morts, mais des vivants. Vous êtes donc
dans une grande erreur.

Alors l'un des scribes°, qui les avait entendus 28
discuter, voyant qu'il leur avait bien répondu, s'approcha et lui demanda :

– Quel est le premier de tous les commande-
ments° ? Jésus répondit : 29

– Le premier c'est : "Écoute, Israël. Le Seigneur*
notre Dieu est un seul Seigneur* ; et tu aimeras le 30
Seigneur* ton Dieu de tout ton cœur et de toute
ton âme, de toute ta pensée et de toute ta force"[b].
C'est là le premier commandement. Et le second 31
lui est semblable : "Tu aimeras ton prochain°
comme toi-même"[c]. Il n'y a pas d'autre commandement plus grand que ceux-là. Le scribe lui dit : 32

– Bien, Maître°, tu as dit selon la vérité qu'il est
unique, et qu'il n'y en a pas d'autre que lui ; et que 33
l'aimer de tout son cœur et de toute son intelligence, de toute son âme et de toute sa force, et aimer son prochain comme soi-même, c'est plus que
tous les holocaustes° et les sacrifices°.
Jésus, voyant qu'il avait répondu avec intelligence, 34
lui dit :

---

a• Exode 3. 6. – b• Deutéronome 6. 4, 5. – c• Lévitique 19. 18.

–Tu n'es pas loin du royaume de Dieu.
Et personne n'osait plus l'interroger.
35 Jésus reprit la parole et se mit à enseigner dans
le temple ; il disait :
–Comment les scribes peuvent-ils dire que le
36 Christ° est fils de David ? Car David lui-même a
dit par l'Esprit Saint : "Le Seigneur* a dit à mon
Seigneur : Assieds-toi à ma droite, jusqu'à ce que
je mette tes ennemis pour marchepied de tes
37 pieds"[a]. David lui-même l'appelle Seigneur ; comment donc peut-il être son fils ?
Et la grande foule prenait plaisir à l'entendre.
38 Il leur disait dans son enseignement :
–Gardez-vous des scribes, qui se plaisent à se
promener en longues robes et qui aiment les salu-
39 tations dans les places publiques, les premiers sièges dans les synagogues° et les premières places
40 dans les repas ; qui dévorent les maisons des veuves, tout en faisant, pour l'apparence, de longues
prières ; ceux-ci recevront une sentence plus sévère.
41 Assis en face du Trésor, Jésus regardait comment la foule jetait de la monnaie au Trésor ; de
42 nombreux riches y jetaient beaucoup. Une veuve
pauvre vint et y jeta deux pites°, ce qui fait le
43 quart d'un sou. Ayant appelé ses disciples, il leur
dit :
–En vérité, je vous dis que cette veuve, pauvre,
a jeté au Trésor plus que tous ceux qui y ont jeté ;
44 car tous y ont jeté de leur superflu, mais celle-ci y a
jeté de son dénuement, tout ce qu'elle possédait,
tout ce qu'elle avait pour vivre.

13 Comme il sortait du temple, un de ses disciples
lui dit :
–Maître°, regarde. Quelles pierres et quels bâti-
2 ments ! Jésus lui répondit :
–Tu vois ces grands bâtiments ? il ne sera pas
laissé pierre sur pierre qui ne soit jetée à terre !

---

a• Psaume 110. 1.

Comme il était assis sur le mont des Oliviers, en 3
face du temple, Pierre, Jacques, Jean et André l'interrogèrent en privé :

– Dis-nous quand ces événements auront lieu, et 4
quel sera le signe quand ils seront sur le point de
s'accomplir ?

En réponse, Jésus se mit à leur dire : 5

– Prenez garde que personne ne vous séduise.
Beaucoup viendront en mon nom, en disant : C'est 6
moi ! et ils séduiront beaucoup de gens. Quand 7
vous entendrez parler de guerres et de bruits de
guerres, ne soyez pas troublés, car il faut que cela
arrive ; mais ce n'est pas encore la fin. Car nation 8
s'élèvera contre nation, et royaume contre royaume ; et il y aura des tremblements de terre en divers lieux ; et il y aura des famines et des troubles.
Ce sont des commencements de douleurs.

Mais vous, prenez garde à vous-mêmes ; on vous 9
livrera aux sanhédrins° et aux synagogues° ; vous
serez battus, et vous serez traduits devant les gou-
verneurs et les rois à cause de moi, pour leur servir
de témoignage. Mais il faut qu'auparavant l'évan- 10
gile° soit prêché dans toutes les nations. Quand 11
on vous emmènera pour vous livrer, ne soyez pas
à l'avance en souci de ce que vous direz, et ne préparez pas votre discours ; mais tout ce qui vous
sera donné à ce moment-là, dites-le ; car ce n'est
pas vous qui parlez, mais l'Esprit Saint°. Le frère li- 12
vrera son frère à la mort, et le père son enfant ; les
enfants se dresseront contre leurs parents et les feront mourir ; et vous serez haïs de tous à cause de 13
mon nom. Mais celui qui persévérera jusqu'à la
fin, celui-là sera sauvé.

Quand vous verrez l'abomination de la désola- 14
tion[a] établie où elle ne doit pas être (que celui qui
lit comprenne), alors, que ceux qui sont en Judée°
s'enfuient dans les montagnes ; que celui qui est 15

---

a• *c.-à-d.* : l'idole qui entraînera la ruine (*du pays), ou : rendra (le pays) désert (voir* Daniel 9. 27 ; 12. 11).

sur le toit[a] ne descende pas pour entrer dans la
16 maison et pour en emporter quoi que ce soit ; et
que celui qui est aux champs ne retourne pas en
17 arrière pour emporter son vêtement. *Mais quel
malheur* pour celles qui seront enceintes et pour
18 celles qui allaiteront en ces jours-là ! Priez que
19 cela n'ait pas lieu en hiver ; car, en ces jours-là, il y
aura une tribulation telle qu'il n'y en a pas eu de
semblable depuis le commencement du monde
que Dieu a créé jusqu'à maintenant, et qu'il n'y
20 en aura jamais. Et si le Seigneur* n'avait pas
abrégé ces jours, personne n'aurait été sauvé ;
mais à cause des élus° qu'il a choisis, il a abrégé
21 ces jours. Si, alors, quelqu'un vous dit : Voici, le
Christ° est ici, ou : Voici, il est là – ne le croyez
22 pas. Car il s'élèvera de faux christs et de faux prophètes ; ils montreront des signes et des prodiges
23 pour séduire, si possible, même les élus. Vous,
soyez sur vos gardes ! voilà, je vous ai tout dit à
l'avance.

24 Mais en ces jours-là, après cette tribulation, le
soleil sera obscurci, la lune ne donnera pas sa lu-
25 mière, les étoiles tomberont du ciel, et les puissan-
26 ces qui sont dans les cieux seront ébranlées. Alors
on verra le Fils de l'homme venant dans les nuées
27 avec une grande puissance et avec gloire : alors il
enverra ses anges, et il rassemblera ses élus des
quatre vents, depuis le bout de la terre jusqu'au
28 bout du ciel. Mais apprenez du figuier cette para-
bole° : dès que son rameau est tendre et que ses
feuilles poussent, vous comprenez que l'été est
29 proche. De même vous aussi, quand vous verrez
arriver ces événements, comprenez que cela est
30 proche, à la porte. En vérité, je vous dis que cette
génération ne passera pas, que tout cela ne soit ar-
31 rivé. Le ciel et la terre passeront, mais mes paroles
32 ne passeront pas. Mais quant à ce jour-là, ou à
l'heure, personne n'en a connaissance, pas même
les anges dans le ciel, ni même le Fils, mais seule-

---

a • *toit en terrasse accessible de l'extérieur.*

ment le Père. Prenez garde, veillez et priez, car 33
vous ne savez pas quand ce temps sera.
C'est comme un homme qui part en voyage, 34
laissant sa maison, et donnant autorité à ses esclaves, à chacun son ouvrage ; et il a commandé au
portier de veiller. Veillez donc ; car vous ne savez 35
pas quand le maître° de la maison viendra, le soir,
ou à minuit, ou au chant du coq, ou au matin ; de 36
peur qu'arrivant tout à coup il ne vous trouve endormis. Or ce que je vous dis, à vous, je le dis à 37
tous : Veillez.

Deux jours après, c'était la Pâque° et les **14**
Pains° sans levain. Les principaux sacrificateurs°
et les scribes° cherchaient comment ils pourraient
se saisir de lui par ruse et le faire mourir ; car ils di- 2
saient : Non pas pendant la fête, de peur qu'il n'y
ait de l'agitation parmi le peuple.
Comme Jésus était à Béthanie dans la maison de 3
Simon le lépreux, et qu'il était à table, une femme
vint, avec un vase d'albâtre contenant un parfum
de nard pur de grand prix. Ayant brisé le vase d'albâtre, elle répandit le parfum sur sa tête. Quelques-uns exprimaient entre eux leur indignation : 4
– À quoi bon la perte de ce parfum ? car ce par- 5
fum aurait pu être vendu plus de trois cents de-
niers° et donné aux pauvres.
Et ils la reprenaient sévèrement. Mais Jésus dit : 6
– Laissez-la ; pourquoi lui faites-vous de la
peine ? Elle a fait une bonne œuvre envers moi ;
car vous avez toujours les pauvres avec vous et, 7
quand vous voudrez, vous pourrez leur faire du
bien ; mais moi, vous ne m'avez pas toujours. Ce 8
qui était en son pouvoir, elle l'a fait ; elle a anticipé
le moment d'oindre mon corps pour la mise au
tombeau. En vérité, je vous le dis : partout où cet 9
évangile° sera prêché, dans le monde entier, on
parlera aussi de ce que cette femme a fait, en souvenir d'elle.

10 Alors Judas Iscariote, l'un des douze, s'en alla
vers les principaux sacrificateurs pour le leur li-
11 vrer. Ceux-ci, l'ayant entendu, s'en réjouirent et
promirent de lui donner de l'argent ; et lui, il cherchait une occasion favorable pour le livrer.
12 Le premier jour des Pains° sans levain, lorsqu'on sacrifiait la pâque°, *ses disciples lui disent* :
– Où veux-tu que nous allions faire les préparatifs pour que tu manges la pâque ?
13 Alors il envoie deux de ses disciples et leur dit :
– Allez à la ville ; un homme portant une cruche
14 d'eau viendra à votre rencontre ; suivez-le et, où
qu'il entre, dites au maître de maison : Le maître°
dit : Où est mon logis où je pourrai manger la
15 pâque avec mes disciples ? Et lui vous montrera, à
l'étage, une grande salle aménagée, toute prête ;
faites-nous là les préparatifs.
16 Ses disciples s'en allèrent, entrèrent dans la ville et
trouvèrent tout comme il leur avait dit ; et ils préparèrent la pâque.
17 Le soir venu, il vient avec les douze. Comme ils
18 étaient à table et qu'ils mangeaient, Jésus dit :
– En vérité, je vous dis que l'un d'entre vous, qui
mange avec moi, me livrera.
19 Ils commencèrent à s'attrister et à lui dire l'un
après l'autre :
20 – Serait-ce moi ? Mais il leur répondit :
– C'est l'un des douze qui trempe avec moi le
21 morceau dans le plat. Le Fils de l'homme s'en va,
comme il est écrit de lui ; mais malheur à cet
homme par qui le Fils de l'homme est livré ! Il aurait été bon pour cet homme-là qu'il ne soit pas né.
22 Et comme ils mangeaient, Jésus, ayant pris un
pain et ayant béni[a], le rompit et le leur donna en
disant :
– Prenez ; ceci est mon corps.
23 Puis, ayant pris la coupe, ayant rendu grâces, il la
24 leur donna ; et ils en burent tous. Il leur dit :
– Ceci est mon sang, le sang de la nouvelle al-

a • *c.-à-d.* : ayant rendu grâces (*voir* 1 Corinthiens 11. 24).

liance°, qui est versé pour un grand nombre. En 25
vérité, je vous dis que je ne boirai plus du fruit de
la vigne, jusqu'à ce jour où je le boirai, nouveau[a],
dans le royaume de Dieu.
Puis, ayant chanté une hymne, ils sortirent et s'en 26
allèrent au mont des Oliviers.
Jésus leur dit alors : 27
– Vous serez tous scandalisés° ; car il est écrit :
"Je frapperai le berger, et les brebis seront dispersées"[b] ; mais après que je serai ressuscité, j'irai au- 28
devant de vous en Galilée°. Pierre lui dit : 29
– Même si tous étaient scandalisés, je ne le serai
pas, moi. Jésus lui dit alors : 30
– En vérité, je te dis qu'aujourd'hui, cette nuit-ci,
avant que le coq ait chanté deux fois, toi, tu me re-
nieras trois fois.
Mais Pierre disait encore plus fortement : 31
– Même s'il me faut mourir avec toi, je ne te renierai pas.
Ils dirent tous aussi la même chose.
Ils arrivent à un endroit appelé Gethsémané. Il 32
dit à ses disciples :
– Asseyez-vous ici, jusqu'à ce que j'aie prié.
Puis il prend avec lui Pierre, Jacques et Jean ; et il 33
commença à être saisi d'effroi et très angoissé. Il 34
leur dit :
– Mon âme est saisie de tristesse jusqu'à la mort ;
restez ici et veillez.
Allant un peu plus loin, il se jeta contre terre et il 35
priait que, s'il était possible, l'heure passe loin de
lui. Il disait : 36
– Abba[c], Père, pour toi, tout est possible ; fais
passer cette coupe loin de moi ; toutefois non pas
ce que je veux, moi, mais ce que tu veux, toi !
Il vient, et les trouve endormis ; il dit à Pierre : 37
– Simon, tu dors ? Tu n'as pas pu veiller une
heure ? Veillez et priez, afin que vous n'entriez 38

---

a• *non pas* : de nouveau, *mais* : différent, d'une autre sorte. – b• Zacharie 13. 7. – c• Père, *en araméen (comp.* Romains 8. 15 ; Galates 4. 6 *).*

pas en tentation ; l'esprit° est prompt, mais la
chair est faible.
39 Il s'en alla de nouveau et il pria, disant les mêmes
40 paroles. Étant revenu, il les trouva de nouveau endormis (car leurs yeux étaient appesantis) ; et ils
41 ne savaient que lui répondre. Il vient pour la troisième fois et leur dit :
– Dormez dorénavant et reposez-vous. C'est suf-
fisant. L'heure est venue. Voici, le Fils de l'homme
42 est livré entre les mains des pécheurs°. Levez-vous,
allons ; voici, celui qui me livre s'est approché.
43 Aussitôt, comme il parlait encore, Judas, l'un
des douze, se trouve là, et avec lui une troupe armée d'épées et de bâtons, de la part des principaux
44 sacrificateurs°, des scribes° et des anciens°. Celui
qui le livrait leur avait fourni un signe, disant : Celui à qui je donnerai un baiser, c'est lui ; saisissez-le
45 et emmenez-le sous bonne garde. Quand il fut
venu, s'approchant aussitôt de lui, il dit :
– Rabbi° ! Rabbi ! et il lui donna un baiser, avec
empressement.
46 Ils mirent alors les mains sur Jésus et se saisirent de
47 lui. Mais l'un de ceux qui étaient là présents tira
l'épée, frappa l'esclave du souverain sacrificateur°
et lui emporta l'oreille.
48 Jésus prit la parole et leur dit :
– Êtes-vous sortis comme après un brigand, avec
49 des épées et des bâtons, pour me prendre ? J'étais
tous les jours avec vous, enseignant dans le temple, et vous ne vous êtes pas saisis de moi ; mais
c'est afin que les Écritures soient accomplies.
50 Alors tous l'abandonnèrent et s'enfuirent. Et un
51 certain jeune homme se mit à le suivre, enveloppé
d'un fin tissu de lin sur son corps nu ; ils le saisi-
52 rent, mais, abandonnant le tissu de lin, il leur
échappa tout nu.
53 Ils amenèrent Jésus devant le souverain sacrificateur ; alors s'assemblent tous les principaux sa-
54 crificateurs, les anciens et les scribes. Pierre le suivit de loin, jusque dans la cour du palais du

souverain sacrificateur ; il était assis avec les gardes
et se chauffait près du feu.
Or les principaux sacrificateurs et tout le sanhé- 55
drin° cherchaient un témoignage contre Jésus,
pour le faire mourir ; et ils n'en trouvaient pas.
Car beaucoup portaient de faux témoignages 56
contre lui ; mais les témoignages ne concordaient
pas. Quelques-uns se levèrent et portèrent un faux 57
témoignage contre lui : Nous l'avons entendu 58
quand il disait : Moi, je détruirai ce temple° qui
est fait de main et, en trois jours, j'en bâtirai un autre qui ne sera pas fait de main. Et ainsi leurs té- 59
moignages ne concordaient pas non plus. Alors le 60
souverain sacrificateur se leva devant tous et interrogea Jésus :
– Tu ne réponds rien ? De quoi ceux-ci témoi-
gnent-ils contre toi ?
Mais Jésus gardait le silence et ne répondit rien. Le 61
souverain sacrificateur l'interrogea encore :
– Toi, tu es le Christ°, le Fils du Béni[a] ? Jésus dit : 62
– Je le suis ; et vous verrez le Fils de l'homme assis à la droite de la puissance et venant avec les
nuées du ciel.
Alors le souverain sacrificateur déchira ses vête- 63
ments et dit :
– Qu'avons-nous encore besoin de témoins ?
Vous avez entendu le blasphème : qu'en pensez- 64
vous ?
Alors tous le condamnèrent comme méritant la
mort. Quelques-uns se mirent à cracher sur lui, à 65
lui couvrir le visage et à le gifler violemment, en
lui disant :
– Prophétise.
Les gardes aussi lui donnaient des coups.
Comme Pierre était en bas, dans la cour, arrive 66
une des servantes du souverain sacrificateur ; apercevant Pierre qui se chauffait, elle le regarda et 67
dit :

---

a• *mot employé par les Juifs pour désigner Dieu.*

–Toi aussi, tu étais avec le Nazarénien Jésus.
68 Mais il le nia et déclara :
–Je ne sais ni ne comprends ce que tu dis.
Puis il sortit dans le vestibule ; alors un coq chanta.
69 La servante, apercevant encore Pierre, se mit à
dire à ceux qui étaient présents :
–Il fait partie de ces gens-là.
70 Il le nia de nouveau. Peu après, ceux qui étaient
présents dirent de nouveau à Pierre :
–Certainement tu fais partie de ces gens-là ;
d'ailleurs, tu es Galiléen°.
71 Il se mit à faire des imprécations et à jurer :
–Je ne connais pas cet homme dont vous parlez.
72 Alors le coq chanta pour la seconde fois. Et Pierre
se souvint de la parole que Jésus lui avait dite :
Avant que le coq chante deux fois, tu me renieras
trois fois. En y pensant, il se mit à pleurer.

15 Aussitôt, au matin, les principaux sacrifica-
teurs° avec les anciens°, les scribes° et tout le san-
hédrin°, ayant tenu conseil, lièrent Jésus et l'emmenèrent et le livrèrent à Pilate°.
2 Pilate l'interrogea :
3 –Toi, tu es le roi des Juifs ? Il lui répondit :
–Tu le dis.
Les principaux sacrificateurs l'accusaient de beau-
4 coup de choses. Pilate l'interrogea encore :
–Tu ne réponds rien ? Vois combien d'accusations ils portent contre toi.
5 Mais Jésus ne répondit plus rien, si bien que Pilate
s'en étonnait.
6 Or il leur relâchait à la fête un prisonnier, celui
7 qu'ils demandaient. Et le nommé Barabbas était
détenu avec les autres émeutiers qui, au cours de
8 l'émeute, avaient commis un meurtre. La foule,
poussant des cris, se mit à demander à Pilate de
9 faire comme il leur avait toujours fait. Pilate leur
répondit :
–Voulez-vous que je vous relâche le roi des
Juifs ?

Car il savait que les principaux sacrificateurs 10
l'avaient livré par jalousie. Mais les principaux sa- 11
crificateurs excitèrent la foule à demander qu'il
leur relâche plutôt Barabbas. Pilate, répondant de 12
nouveau, leur dit :
– Que voulez-vous donc que je fasse de celui que
vous appelez roi des Juifs ? Ils s'écrièrent encore : 13
– Crucifie-le ! Pilate leur dit : 14
– Mais quel mal a-t-il fait ? Et ils s'écrièrent encore plus fort :
– Crucifie-le !
Alors Pilate, voulant contenter la foule, leur relâ- 15
cha Barabbas ; puis, ayant fait fouetter Jésus, il le
livra pour être crucifié.
Les soldats l'emmenèrent dans la cour, c'est- 16
à-dire le prétoire°. Ils assemblent toute la co-
horte°, le revêtent d'un manteau de pourpre, et 17
après avoir tressé une couronne d'épines ils la lui
mettent sur la tête. Puis ils se mirent à le saluer en 18
disant :
– Salut, roi des Juifs !
Ils lui frappaient la tête avec un roseau, crachaient 19
sur lui et, s'agenouillant, ils lui rendaient hommage. Après s'être moqués de lui, ils le dépouillè- 20
rent de la pourpre, et lui remirent ses propres vêtements ; puis ils l'emmènent dehors pour le
crucifier. Ils contraignent un certain Simon, Cyré- 21
néen, père d'Alexandre et de Rufus, qui passait
par là, venant des champs, à porter sa croix.
Ils le mènent au lieu appelé Golgotha, ce qui si- 22
gnifie : lieu du Crâne. Et ils lui donnèrent à boire 23
du vin mêlé de myrrhe° ; mais il ne le prit pas.
L'ayant crucifié, ils partagent ses vêtements, en ti- 24
rant au sort pour savoir ce que chacun en pren-
drait. Or c'était la troisième heure°, quand ils le 25
crucifièrent. L'écriteau concernant le sujet de son 26
accusation portait écrit : Le roi des Juifs. Avec lui, 27
ils crucifient deux brigands, un à sa droite et un à
sa gauche.

29 Ceux qui passaient par là l'injuriaient, ho-
chaient la tête et disaient :
– Hé ! toi qui détruis le temple° et qui le bâtis en
30 trois jours, sauve-toi toi-même, et descends de la
croix !
31 De même aussi les principaux sacrificateurs, se
moquant entre eux avec les scribes, disaient :
– Il a sauvé les autres, il ne peut pas se sauver
32 lui-même. Que le Christ°, le roi d'Israël, descende
maintenant de la croix, pour que nous voyions et
que nous croyions !
Ceux aussi qui étaient crucifiés avec lui l'insultaient.
33 Quand la sixième heure° fut venue, il y eut des
ténèbres sur tout le pays jusqu'à la neuvième
34 heure. Et à la neuvième heure, Jésus s'écria d'une
voix forte :
– Éloï, Éloï, lama sabachthani ? ce qui signifie :
Mon Dieu, mon Dieu, pourquoi m'as-tu abandonné[a] ?
35 Quelques-uns de ceux qui étaient présents, ayant
entendu cela, disaient :
– Voici, il appelle Élie.
36 L'un d'eux courut, remplit de vinaigre° une
éponge, la mit au bout d'un roseau, et il lui donna
à boire en disant :
– Laissez, voyons si Élie vient pour le faire descendre.
37 Mais Jésus, ayant jeté un grand cri, expira. Et le
38 voile° du temple° se déchira en deux, depuis le
39 haut jusqu'en bas. Le centurion° qui était là en
face de lui, voyant qu'il avait expiré en criant ainsi,
dit :
– Véritablement, cet homme était Fils de Dieu.
40 Il y avait aussi des femmes qui regardaient de loin,
parmi lesquelles étaient Marie de Magdala, et Marie, la mère de Jacques° le mineur[b] et de Joses, et
41 Salomé ; lorsqu'il était en Galilée, ces femmes
l'avaient suivi et l'avaient servi, ainsi que beau-

---

a• *voir* Psaume 22. 1. – b• *ou* : le petit.

coup d'autres qui étaient montées avec lui à Jérusalem.
Le soir était déjà venu. Comme c'était la Prépa- 42
ration°, le jour qui précède un sabbat°, Joseph, ori- 43
ginaire d'Arimathée, conseiller honorable qui lui-
même aussi attendait le royaume de Dieu, vint et
prit sur lui d'entrer auprès de Pilate ; il lui demanda le corps de Jésus. Pilate s'étonna qu'il soit 44
déjà mort. Il appela le centurion° et lui demanda
s'il y avait longtemps qu'il était mort. Quand il 45
l'eut appris du centurion, il donna le corps à Joseph. Alors Joseph, ayant acheté un linceul, des- 46
cendit Jésus, l'enveloppa du linceul et le mit dans
un tombeau qui était taillé dans le roc ; et il roula
une pierre contre l'entrée du tombeau. Marie de 47
Magdala, ainsi que Marie, la mère de Joses, regardaient où on le mettait.

Quand le sabbat° fut passé, Marie de Magdala, **16**
Marie, la mère de Jacques, et Salomé achetèrent
des aromates pour aller l'embaumer.
De très grand matin, le premier jour de la se- 2
maine, elles viennent au tombeau, comme le soleil
se levait. Elles disaient entre elles : 3
– Qui nous roulera la pierre de l'entrée du tombeau ?
Elles regardent et voient que la pierre avait été 4
roulée ; or elle était très grande. Après être entrées 5
dans le tombeau, elles virent un jeune homme, assis du côté droit, vêtu d'une robe blanche, et elles
furent épouvantées. Alors il leur dit : 6
– Ne soyez pas épouvantées ; vous cherchez
Jésus le Nazarénien, le crucifié : il est ressuscité, il
n'est pas ici ; voici le lieu où on l'avait mis. Mais al- 7
lez dire à ses disciples et à Pierre : Il va devant vous
en Galilée ; là vous le verrez, comme il vous l'a dit.
Alors elles sortirent et s'enfuirent du tombeau ; en 8
effet, le tremblement et le trouble les avaient saisies ; et elles ne dirent rien à personne, car elles
avaient peur.

9 Ressuscité le matin, le premier jour de la semaine, Jésus apparut d'abord à Marie de Magdala,
10 de laquelle il avait chassé sept démons°. Elle partit
l'annoncer à ceux qui avaient été avec lui, qui
11 étaient dans le deuil et pleuraient. Quand ceux-ci
apprirent qu'il était vivant et qu'il avait été vu par
12 elle, ils ne le crurent pas. Après cela, il apparut
sous une autre forme à deux d'entre eux qui
13 étaient en chemin, allant à la campagne. Et ils allèrent l'annoncer aux autres ; mais eux non plus, ils
14 ne les crurent pas. Plus tard, il apparut aux onze,
comme ils étaient à table, et leur reprocha leur incrédulité et leur dureté de cœur, parce qu'ils
n'avaient pas cru ceux qui l'avaient vu ressuscité.
15 Puis il leur dit :
– Allez dans le monde entier, et prêchez l'évan-
16 gile° à toute la création. Celui qui aura cru et qui
aura été baptisé sera sauvé ; celui qui n'aura pas
17 cru sera condamné. Et voici les signes[a] qui ac-
compagneront ceux qui auront cru : en mon nom
ils chasseront les démons° ; ils parleront en d'au-
18 tres langues ; ils saisiront des serpents ; quand ils
auront absorbé un breuvage mortel, cela ne leur
nuira pas ; ils imposeront les mains aux infirmes et
ceux-ci se porteront bien.
19 Le Seigneur donc, après leur avoir parlé, fut
élevé dans le ciel et s'assit à la droite de Dieu.
20 Quant à eux, ils allèrent prêcher partout, le Seigneur coopérant avec eux et confirmant la Parole
par les signes[a] qui l'accompagnaient.

---

a• *c.-à-d.* : miracles. *Comp.* Jean 2. 11, *et note.*

Évangile selon Luc

Puisque plusieurs ont entrepris de rédiger un ré- **1**
cit des faits qui sont pleinement reçus parmi nous,
comme nous les ont transmis ceux qui, dès le com- 2
mencement, ont été les témoins oculaires et les
serviteurs° de la Parole, il m'a semblé bon à moi 3
aussi, qui ai tout suivi exactement depuis le début,
de t'en écrire le récit ordonné, très excellent Théophile, afin que tu connaisses la certitude des cho- 4
ses dont tu as été instruit.
Aux jours d'Hérode°, roi de Judée°, il y avait un 5
sacrificateur°, nommé Zacharie, de la classe
d'Abia ; sa femme était de la descendance d'Aaron,
et son nom était Élisabeth. Ils étaient tous deux 6
justes devant Dieu, marchant dans tous les com-
mandements° et dans toutes les ordonnances du
Seigneur*, sans reproche. Ils n'avaient pas d'en- 7
fant, parce qu'Élisabeth était stérile ; et ils étaient
tous deux très âgés.
Or il arriva, pendant qu'il exerçait le sacerdoce° 8
devant Dieu dans l'ordre de sa classe, que, selon la 9
coutume sacerdotale, il fut désigné par le sort
pour offrir le parfum en entrant dans le temple°
du Seigneur*. Et toute la multitude du peuple 10
était en prière, dehors, à l'heure du parfum.
Or un ange du Seigneur* lui apparut, debout à la 11
droite de l'autel du parfum. Zacharie, en le 12
voyant, fut troublé, et la crainte le saisit. Mais 13
l'ange lui dit :
– Ne crains pas, Zacharie, parce que tes supplications ont été exaucées ; ta femme Élisabeth t'enfantera un fils, et tu l'appelleras du nom de Jean. Il 14
sera pour toi un sujet de joie et d'allégresse, et
beaucoup se réjouiront de sa naissance ; car il sera 15
grand devant le Seigneur*, il ne boira ni vin ni
boisson forte, et il sera rempli de l'Esprit Saint
déjà dès le ventre de sa mère. Il fera retourner un 16
grand nombre des fils d'Israël au Seigneur* leur

17 Dieu. Et il ira devant Lui dans l'esprit et la puissance d'Élie, pour faire retourner les cœurs des pères vers les enfants, et les désobéissants à la pensée
des justes, pour préparer au Seigneur* un peuple
bien disposé.
18 Zacharie dit à l'ange :
– Comment connaîtrai-je cela, car moi je suis un
19 *vieillard, et ma femme est très âgée ?* L'ange lui répondit :
– Moi, je suis Gabriel, qui me tiens devant Dieu,
et j'ai été envoyé pour te parler et pour t'annoncer
20 ces bonnes nouvelles. Et voici, tu seras réduit au silence, sans pouvoir parler, jusqu'au jour où cela arrivera, parce que tu n'as pas cru mes paroles qui
s'accompliront en leur temps.
21 Le peuple attendait Zacharie ; on s'étonnait qu'il
22 s'attarde dans le temple°. Quand il fut sorti, il ne
pouvait pas leur parler, et ils comprirent qu'il avait
eu une vision dans le temple° ; lui-même leur fai-
23 sait des signes, et il demeurait muet. Puis il arriva,
quand les jours de son service furent accomplis,
qu'il repartit chez lui.
24 Après ces jours-là, Élisabeth sa femme conçut, et
25 elle se cacha cinq mois, disant : Ainsi m'a fait le
Seigneur* dans les jours où il m'a regardée, pour
ôter mon opprobre parmi les hommes.
26 Au sixième mois, l'ange Gabriel fut envoyé par
Dieu dans une ville de Galilée°, nommée Naza-
27 reth, à une vierge, fiancée à un homme dont le
nom était Joseph, de la maison[a] de David ; et le
28 nom de la vierge était Marie. L'ange entra auprès
d'elle et dit :
– Je te salue, toi qui es comblée de faveur ! Le
Seigneur* est avec toi. Tu es bénie parmi les femmes.
29 Elle fut troublée à sa parole et raisonnait en elle-
même sur ce que pouvait signifier cette salutation.
30 L'ange lui dit :
– Ne crains pas, Marie, car tu as trouvé grâce au-

---

a • *c.-à-d. : descendance, comme v. 33, 69 et 2. 4.*

près de Dieu. Et voici, tu concevras dans ton ven- 31
tre, tu enfanteras un fils et tu l'appelleras du nom
de Jésus[a]. Il sera grand et sera appelé Fils du Très- 32
Haut ; le Seigneur* Dieu lui donnera le trône de
David son père ; il régnera sur la maison de Jacob 33
à toujours, et il n'y aura pas de fin à son royaume.
Marie dit à l'ange : 34
– Comment cela arrivera-t-il, puisque je ne
connais pas d'homme ? L'ange lui répondit : 35
– L'Esprit Saint viendra sur toi, et la puissance
du Très-Haut te couvrira de son ombre ; c'est pourquoi celui qui naîtra, saint[b], sera appelé Fils de
Dieu°. Et voici, Élisabeth ta parente, elle aussi, a 36
conçu un fils dans sa vieillesse, et celle qui était appelée stérile en est à son sixième mois ; car rien ne 37
sera impossible à Dieu. Marie dit alors : 38
– Voici l'esclave du Seigneur* ; qu'il me soit fait
selon ta parole.
Et l'ange s'en alla d'auprès d'elle.

En ces jours-là, Marie se leva et s'en alla en hâte 39
au pays des montagnes, dans une ville de Juda. Elle 40
entra dans la maison de Zacharie et salua Élisabeth. Et il arriva, dès qu'Élisabeth entendit la salu- 41
tation de Marie, que le petit enfant tressaillit dans
son ventre ; alors Élisabeth fut remplie de l'Esprit
Saint ; elle s'écria à haute voix : 42
– Tu es bénie parmi les femmes, et béni est le
fruit de ton ventre ! Et d'où m'est-il donné que la 43
mère de mon Seigneur vienne vers moi ? Car voici, 44
dès que la voix de ta salutation est parvenue à mes
oreilles, le petit enfant a tressailli d'allégresse dans
mon ventre. Et bienheureuse est celle qui a cru, 45
parce qu'il y aura un accomplissement de ce qui
lui a été dit de la part du Seigneur*.

Et Marie dit : 46
– Mon âme magnifie le Seigneur*, et mon esprit 47
s'est réjoui en Dieu mon Sauveur, parce qu'il a re- 48

---

a• Jésus°, *transcription de l'hébreu* : Jéshua *ou* Joshua (Nombres 13. 17 ; Aggée 1. 1) : "L'Éternel (est) Sauveur." – b• *ou* : l'être saint qui naîtra ; *litt.* : ce qui naîtra, saint.

gardé l'humble état de son esclave ; car voici, désormais toutes les générations me diront bienheu-
49 *reuse, parce que le Puissant* m'a fait de grandes
50 choses, et son nom est saint, et sa miséricorde est
de générations en générations pour ceux qui le
51 craignent. Il a agi puissamment par son bras ; il a
52 dispersé les hommes au cœur orgueilleux ; *il a fait*
descendre les puissants de leurs trônes, *et il a élevé*
53 les humbles ; il a rempli de biens ceux qui avaient
54 faim, et il a renvoyé les riches à vide ; il a pris la
cause d'Israël, son serviteur, pour se souvenir de
55 sa miséricorde (comme il l'avait déclaré à nos pè-
res°) envers Abraham et envers sa descendance, à
toujours.
56 Marie demeura avec Élisabeth environ trois
57 mois ; puis elle retourna chez elle. Or le temps où
Élisabeth devait accoucher fut accompli, et elle
58 mit au monde un fils. Ses voisins et ses parents apprirent que le Seigneur* avait magnifié sa miséri-
59 corde envers elle, et ils se réjouirent avec elle. Il arriva, au huitième jour, qu'ils vinrent pour
circoncire° le petit enfant ; et ils l'appelaient Za-
60 charie, du nom de son père. Mais sa mère intervint
et dit :
61 – Non, mais il sera appelé Jean. Ils lui dirent :
– Il n'y a personne de ta parenté qui soit appelé
de ce nom.
62 Alors ils firent signe à son père de déclarer com-
63 ment il voulait qu'il soit appelé. Ayant demandé
une tablette, il écrivit ces mots : Jean est son nom.
64 Ils en furent tous étonnés ; et à l'instant sa bouche
fut ouverte, sa langue déliée ; et il parlait, louant
65 Dieu. Tous leurs voisins furent saisis de crainte ; et
on s'entretenait de toutes ces choses par tout le
66 pays des montagnes de Judée° ; tous ceux qui les
apprirent les gardèrent dans leur cœur en se disant : Que sera donc cet enfant ? Et en effet, la
main du Seigneur* était avec lui.
67 Zacharie, son père, fut rempli de l'Esprit Saint
et prophétisa :

– Béni soit le Seigneur*, le Dieu d'Israël, parce 68
qu'il a visité et racheté son peuple, et nous a sus- 69
cité une corne[a] de délivrance dans la maison de
son serviteur David. C'est ce qu'il avait annoncé 70
par la bouche de ses saints prophètes de tout
temps : une délivrance de nos ennemis et de la 71
main de tous ceux qui nous haïssent. Cela pour ac- 72
complir la miséricorde envers nos pères et pour se
souvenir de sa sainte alliance°, du serment par le- 73
quel il a juré à notre père Abraham de nous accor-
der, une fois délivrés de la main de nos ennemis, 74
de le servir° sans crainte, en sainteté et en justice 75
devant lui, tous nos jours.
Et toi, petit enfant, tu seras appelé prophète du 76
Très-Haut : car tu iras devant la face du Seigneur*
pour préparer ses voies, pour donner la connais- 77
sance du salut[b] à son peuple, dans le pardon[c] de
leurs péchés, par la profonde miséricorde de notre 78
Dieu, selon laquelle l'Orient[d] d'en haut nous a visi-
tés, afin de luire pour ceux qui sont assis dans les 79
ténèbres et dans l'ombre de la mort, pour
conduire nos pieds dans le chemin de la paix.

Or l'enfant grandissait et se fortifiait en esprit ; il 80
resta dans les déserts jusqu'au jour de sa manifestation à Israël.

Et il arriva, en ces jours-là, que parut un décret **2**
de César° Auguste, ordonnant de recenser toute
la terre habitée. (Le recensement lui-même se fit 2
seulement pendant que Quirinius était gouverneur de la Syrie.) Tous allaient se faire recenser, 3
chacun dans sa propre ville. Joseph aussi monta 4
de Galilée°, de la ville de Nazareth, en Judée°,
dans la ville de David qui est appelée Bethléem,
parce qu'il était de la maison et de la lignée de David, pour se faire recenser avec Marie, celle qui lui 5
était fiancée, qui était enceinte. Or il arriva, pen- 6
dant qu'ils étaient là, que les jours où elle devait

---

a• corne, *image de la force.* – b• de la délivrance (v. 69, 71). – c• *ou* : la rémission°. – d• le soleil levant.

7 accoucher furent accomplis : elle mit au monde
son fils premier-né, et l'emmaillota, et le coucha
dans une crèche[a], parce qu'il n'y avait pas de place
pour eux dans l'hôtellerie.
8 Dans la même contrée, il y avait des bergers qui
demeuraient aux champs et gardaient leur trou-
9 peau pendant les veilles de la nuit. Alors un ange
du Seigneur* se trouva avec eux ; la gloire du Seigneur* resplendit autour d'eux, et ils furent saisis
10 d'une grande peur. L'ange leur dit :
– N'ayez pas peur, car voici, je vous annonce
une bonne nouvelle, un grand sujet de joie, qui
11 sera pour tout le peuple : Aujourd'hui, dans la cité
de David, vous est né un sauveur, qui est le
12 Christ°, le Seigneur°. En voici pour vous le signe :
vous trouverez un petit enfant emmailloté et couché dans une crèche[a].
13 Soudain il y eut avec l'ange une multitude de l'ar-
mée° céleste, qui louait Dieu et disait :
14 – Gloire à Dieu dans les lieux très hauts ; et sur la
terre, paix ; et bon plaisir dans les hommes !
15 Et il arriva, lorsque les anges les eurent quittés
pour aller au ciel, que les bergers dirent entre
eux : Allons donc jusqu'à Bethléem, et voyons ce
qui est arrivé, et que le Seigneur* nous a fait
connaître.
16 Ils partirent en hâte, et ils trouvèrent Marie et Joseph, et le petit enfant couché dans la crèche[a].
17 Quand ils l'eurent vu, ils divulguèrent la parole
qui leur avait été dite concernant ce petit enfant.
18 Tous ceux qui l'entendirent s'étonnèrent de ce qui
19 leur était dit par les bergers. Mais Marie retenait
20 toutes ces choses, les méditant dans son cœur. Les
bergers s'en retournèrent, glorifiant et louant
Dieu pour tout ce qu'ils avaient entendu et vu, selon ce qui leur avait été dit.
21 Quand furent accomplis les huit jours pour le
circoncire°, il fut appelé du nom de Jésus, celui
dont il avait été appelé par l'ange avant d'être

---

a • mangeoire.

conçu dans le ventre. Puis, quand les jours de leur 22
purification, selon la loi de Moïse, furent accomplis, ils l'amenèrent à Jérusalem, pour le présenter au Seigneur* (selon ce qui est écrit dans la 23
loi du Seigneur* : Tout mâle premier-né sera mis à
part pour le Seigneur*[a]), et pour offrir un sacri- 24
fice°, selon ce qui est prescrit dans la loi du Seigneur*, une paire de tourterelles ou deux jeunes
colombes.

Et voici, il y avait à Jérusalem un homme dont le 25
nom était Siméon; cet homme était juste et
pieux; il attendait la consolation d'Israël, et l'Esprit Saint était sur lui. Il avait été averti divine- 26
ment, par l'Esprit Saint, qu'il ne verrait pas la
mort avant d'avoir vu le Christ° du Seigneur*. Et 27
il vint au temple, conduit par l'Esprit; au moment
où les parents apportaient le petit enfant Jésus
pour faire à son égard selon l'usage de la Loi, il le 28
reçut dans ses bras, bénit Dieu et dit :

– Maintenant, Seigneur, tu laisses aller ton es- 29
clave en paix, selon ta parole; car mes yeux ont vu 30
ton salut, que tu as préparé devant tous les peu- 31
ples : lumière pour la révélation des nations°, et 32
gloire de ton peuple Israël.

Et son père et sa mère s'étonnaient de ce qui était 33
dit de lui. Siméon les bénit et dit à Marie sa mère : 34

– Vois, celui-ci est là pour la chute° et le relève-
ment de beaucoup en Israël, et pour un signe que
l'on contredira (une épée transpercera même ta 35
propre âme), en sorte que les pensées de beaucoup de cœurs soient révélées.

Il y avait aussi Anne, une prophétesse, fille de 36
Phanuel, de la tribu d'Aser. Très âgée – après avoir
vécu avec son mari sept ans depuis sa virginité,
veuve parvenue à l'âge de quatre-vingt-quatre 37
ans –, elle ne quittait pas le temple, servant° Dieu
en jeûnes et en prières, nuit et jour. Arrivée elle 38
aussi à ce moment-là, elle louait Dieu, et parlait

---

a• *litt.* : sera appelé saint au Seigneur (*voir* Exode 13. 2, 12, 15).

de lui à tous ceux qui, à Jérusalem, attendaient la
délivrance.
39 Lorsqu'ils eurent tout accompli selon la loi du
Seigneur*, ils retournèrent en Galilée°, à Naza-
40 reth leur ville. L'enfant grandissait et se fortifiait,
étant rempli de sagesse ; et la faveur de Dieu était
sur lui.
41 Ses parents allaient chaque année à Jérusalem, à
42 la fête de la Pâque°. Quand il eut douze ans,
comme ils étaient montés à Jérusalem, selon la
43 coutume de la fête, et s'en retournaient, une fois
les jours accomplis, l'enfant Jésus demeura dans
Jérusalem ; mais ses parents ne le savaient pas.
44 Croyant qu'il était dans la troupe des voyageurs,
ils firent une journée de chemin et le cherchèrent
45 parmi leur parenté et leurs connaissances ; ne le
trouvant pas, ils retournèrent à Jérusalem à sa re-
46 cherche. Et il arriva, après trois jours, qu'ils le trouvèrent dans le temple, assis au milieu des doc-
47 teurs°, les écoutant et les interrogeant. Tous ceux
qui l'entendaient étaient stupéfaits de son intelli-
48 gence et de ses réponses. Quand ses parents le virent, ils furent frappés d'étonnement, et sa mère
lui dit :
– Mon enfant, pourquoi nous as-tu fait cela ? Tu
vois, ton père et moi nous te cherchions, très in-
49 quiets. Il leur dit :
– Pourquoi me cherchiez-vous ? Ne saviez-vous
pas qu'il me faut être aux affaires de mon Père ?
50 Mais eux ne comprirent pas la parole qu'il leur di-
51 sait. Il descendit avec eux et vint à Nazareth ; et il
leur était soumis. Sa mère conservait toutes ces pa-
52 roles dans son cœur. Et Jésus avançait en sagesse
et en stature, et en faveur auprès de Dieu et des
hommes.

3 La quinzième année du règne de Tibère César°,
Ponce Pilate° étant gouverneur° de la Judée°, Hé-
rode° tétrarque° de la Galilée°, Philippe son frère
tétrarque de l'Iturée et de la contrée de Trachoni-

ide, et Lysanias tétrarque de l'Abilène, au temps 2
des souverains sacrificateurs° Anne et Caïphe, la
parole de Dieu vint à Jean, le fils de Zacharie, au
désert. Et il alla dans tout le pays des environs du 3
Jourdain, prêchant le baptême de repentance°
pour le pardon[a] des péchés; comme il est écrit au 4
livre des paroles du prophète Ésaïe : "Voix de celui
qui crie dans le désert : Préparez le chemin du Seigneur*, faites droits ses sentiers. Toute vallée sera 5
comblée, toute montagne et toute colline seront
abaissées, et ce qui est tortueux sera rendu droit,
les sentiers raboteux deviendront des sentiers
unis; et toute chair verra le salut de Dieu"[b]. 6
Il disait donc aux foules qui venaient pour être 7
baptisées par lui :

– Race de vipères, qui vous a avertis de fuir la colère qui vient? Produisez donc des fruits qui 8
conviennent à la repentance; et ne vous mettez
pas à dire en vous-mêmes : Nous avons Abraham
pour père. Car je vous dis que Dieu peut, de ces
pierres, susciter des enfants à Abraham. Déjà, 9
même, la cognée est mise à la racine des arbres;
ainsi, tout arbre qui ne produit pas de bon fruit
est coupé et jeté au feu.

Les foules l'interrogèrent : 10

– Alors, que devons-nous faire ? Il leur répondit : 11

– Que celui qui a deux tuniques partage avec celui qui n'en a pas, et que celui qui a de quoi manger fasse de même.

Des publicains° aussi vinrent pour être baptisés. 12

– Maître°, lui dirent-ils, que devons-nous faire ?
Il leur dit : 13

– Ne percevez rien au-delà de ce qui vous est ordonné.

Des soldats aussi l'interrogèrent : 14

– Et nous, que devons-nous faire ? Il leur dit :

– Ne commettez pas d'exactions, n'accusez faussement personne et contentez-vous de votre solde.

---

a• *ou* : la rémission°. – b• Ésaïe 40. 3-5.

15 Comme le peuple était dans l'attente et que
tous se demandaient dans leur cœur, au sujet de
16 Jean, si lui ne serait pas le Christ°, Jean répondit à
tous :

– *Moi, je vous baptise avec de l'eau ; mais il vient, celui qui est plus puissant que moi, lui dont je ne suis pas digne de délier la courroie des sandales : lui vous baptisera de*[a] *l'Esprit Saint et de feu.*
17 *Il a son van° dans sa main, il nettoiera entière-*
ment son aire et il assemblera le froment dans son
grenier, mais il brûlera la balle au feu qui ne
s'éteint pas.
18 Avec encore beaucoup d'autres exhortations, il
19 évangélisait le peuple ; mais Hérode[a] le tétrarque°
– repris par lui au sujet d'Hérodias, la femme de
son frère, et au sujet de tous les méfaits qu'il avait
20 lui-même commis – ajouta encore à tous les autres
celui de mettre Jean en prison.
21 Or il arriva que, comme tout le peuple était baptisé, Jésus aussi ayant été baptisé et priant, le ciel
22 s'ouvrit ; alors l'Esprit Saint descendit sur lui sous
une forme corporelle, comme une colombe ; et il
y eut une voix qui venait du ciel :

– Tu es mon Fils bien-aimé ; en toi j'ai trouvé mon plaisir.

23 Jésus lui-même commençait d'avoir environ
trente ans, étant fils (de Joseph comme on l'esti-
24 mait) d'Héli, de Matthat, de Lévi, de Melchi, de
25 Jannaï, de Joseph, de Mattathie, d'Amos, de Na-
26 hum, d'Esli, de Naggé, de Maath, de Mattathie, de
27 Séméi, de Josech, de Joda, de Johanan, de Rhésa,
28 de Zorobabel, de Salathiel, de Néri, de Melchi,
29 d'Addi, de Cosam, d'Elmadam, d'Er, de Josué,
30 d'Éliézer, de Jorim, de Matthat, de Lévi, de Si-
31 méon, de Juda, de Joseph, de Jonan, d'Éliakim, de
Méléa, de Menna, de Mattatha, de Nathan, de Da-
32 vid, de Jessé, d'Obed, de Booz, de Salmon, de Naas-
33 son, d'Aminadab, d'Aram, d'Esrom, de Pharès, de
34 Juda, de Jacob, d'Isaac, d'Abraham, de Thara, de

---

a• en, dans la puissance de.

Nachor, de Seruch, de Ragaü, de Phalek, d'Éber, 35
de Sala, de Caïnan, d'Arphaxad, de Sem, de Noé, 36
de Lamech, de Mathusala, d'Énoch, de Jared, de 37
Maléléel, de Caïnan, d'Énos, de Seth, d'Adam, de 38
Dieu.

Jésus, plein de l'Esprit Saint, revint du Jourdain **4**
et fut mené par[a] l'Esprit dans le désert ; il fut tenté 2
par le diable quarante jours. Et il ne mangea rien
pendant ces jours-là ; lorsqu'ils furent achevés, il
eut faim. Alors le diable lui dit : 3

– Si tu es Fils de Dieu, dis à cette pierre qu'elle
devienne du pain. Jésus lui répondit : 4

– Il est écrit : "L'homme° ne vivra pas de pain
seulement, mais de toute parole de Dieu"[b].
Le diable, le menant sur une haute montagne, lui 5
montra, en un instant, tous les royaumes de la
terre habitée. Et il lui dit : 6

– Je te donnerai toute cette autorité, ainsi que la
gloire de ces royaumes, parce qu'elle m'a été li-
vrée, et je la donne à qui je veux. Si donc tu te 7
prosternes devant moi, elle sera toute à toi. Jésus 8
lui répondit :

– Il est écrit : "Tu rendras hommage au Seigneur* ton Dieu, et tu le serviras° lui seul"[c].
Le diable l'amena à Jérusalem, le plaça sur le faîte 9
du temple° et lui dit :

– Si tu es Fils de Dieu, jette-toi d'ici en bas ; car il 10
est écrit : "Il donnera des ordres à ses anges à ton
sujet, pour te garder" ; et : "Ils te porteront sur 11
leurs mains, de peur que tu ne heurtes ton pied
contre une pierre"[d]. Jésus lui répondit : 12

– Il est dit : "Tu ne tenteras pas le Seigneur* ton
Dieu"[e].

Ayant épuisé toute tentation, le diable s'éloigna 13
de lui pour un temps.

---

a• en, dans la puissance de. – b• Deutéronome 8. 3. – c• Deutéronome 6. 13. – d• Psaume 91. 11-12. – e• Deutéronome 6. 16.

14 Jésus revint en Galilée° dans la puissance de
l'Esprit ; et sa renommée se répandit à travers
15 toute la région. Lui-même enseignait dans leurs sy-
nagogues°, glorifié par tous.
16 Il vint à Nazareth où il avait été élevé. Il entra,
selon sa coutume, le jour du sabbat°, dans la syna-
17 gogue°, et il se leva pour lire. On lui donna le livre
du prophète Ésaïe ; il déroula le livre et trouva le
18 passage où il était écrit : "L'Esprit du Seigneur* est
sur moi, parce qu'il m'a oint pour annoncer de
bonnes nouvelles° aux pauvres ; il m'a envoyé
pour proclamer aux captifs la délivrance et aux
aveugles le recouvrement de la vue ; pour ren-
19 voyer libres ceux qui sont opprimés, pour procla-
20 mer l'an agréable du Seigneur*"[a]. Puis il roula le
livre, le rendit à celui qui était de service et s'assit ;
les yeux de tous, dans la synagogue, étaient arrêtés
21 sur lui. Alors il se mit à leur dire :
– Aujourd'hui, cette Écriture est accomplie,
vous l'entendant[b].
22 Et tous lui rendaient témoignage ; ils s'étonnaient
des paroles de grâce° qui sortaient de sa bouche et
disaient :
23 – Celui-ci n'est-il pas le fils de Joseph ? Il leur dit :
– Assurément vous me direz ce proverbe : Médecin, guéris-toi toi-même ! Tout ce que nous avons
entendu dire, qui s'est passé à Capernaüm, fais-le
24 ici aussi, dans ton pays. Il ajouta :
– En vérité, je vous dis qu'aucun prophète n'est
25 reçu dans son pays. En vérité, je vous le dis : Il y
avait beaucoup de veuves en Israël, aux jours
d'Élie, lorsque le ciel fut fermé trois ans et six
mois, et qu'il y eut une grande famine dans tout le
26 pays ; mais Élie ne fut envoyé vers aucune d'elles,
sinon à Sarepta, dans le pays de Sidon, chez une
27 veuve. Il y avait beaucoup de lépreux en Israël au
temps du prophète Élisée ; mais aucun d'eux ne
fut rendu net[c], sinon Naaman le Syrien.

---

a• Ésaïe 61. 1-2. – b• *litt.* : dans vos oreilles. – c• *ou* : pur.

Alors ils furent tous remplis de colère dans la syna- 28
gogue° en entendant cela ; ils se levèrent, le chas- 29
sèrent hors de la ville et le menèrent jusqu'au
bord escarpé de la montagne sur laquelle leur ville
était bâtie, de manière à l'en précipiter. Mais lui 30
s'en alla en passant au milieu d'eux.

Il descendit à Capernaüm, ville de Galilée°, et il 31
les enseignait, le jour du sabbat ; ils étaient frappés 32
par son enseignement, parce qu'il parlait avec autorité. Or dans la synagogue se trouvait un homme 33
qui avait un esprit de démon impur° ; il s'écria
d'une voix forte :

– Ha ! Qu'avons-nous à faire avec toi, Jésus Na- 34
zarénien ? Es-tu venu pour nous détruire ? Je te
connais, je sais qui tu es – le Saint de Dieu. Jésus 35
le réprimanda sévèrement :

– Tais-toi et sors de lui !

Le démon jeta l'homme au milieu d'eux et sortit
de lui sans lui faire aucun mal. Ils furent tous saisis 36
de stupeur et ils disaient entre eux :

– Quelle est cette parole ? Car il commande avec
autorité et puissance aux esprits impurs, et ils sortent.

Et sa renommée se répandait dans tous les envi- 37
rons.

S'étant levé, il sortit de la synagogue° et entra 38
dans la maison de Simon. Or la belle-mère de Simon était en proie à une forte fièvre ; on le pria
pour elle. S'étant penché sur elle, il commanda sé- 39
vèrement à la fièvre, et celle-ci la quitta : s'étant levée à l'instant, elle les servait.

Comme le soleil se couchait, tous ceux qui 40
avaient des infirmes atteints de diverses maladies
les lui amenèrent ; et lui, imposant les mains à chacun d'eux, les guérit. Des démons° aussi sortaient 41
d'un grand nombre de personnes en criant : Tu es
le Fils de Dieu. Mais, en les réprimandant sévèrement, il ne leur permettait pas de parler, parce
qu'ils savaient qu'il était le Christ°.

42 Quand il fit jour, il sortit et s'en alla en un lieu
désert ; mais les foules le recherchaient et vinrent
jusqu'à lui ; elles le retenaient, pour qu'il ne
43 s'éloigne pas d'elles. Mais il leur dit : Il faut que
j'annonce l'évangile° du royaume de Dieu aux autres villes aussi, parce que c'est pour cela que j'ai
44 été envoyé. Et il prêchait dans les synagogues de
la Galilée°.

5 Or il arriva, comme la foule se pressait autour de
lui pour entendre la parole de Dieu, que lui-même
2 se tenait sur le bord du lac de Génésareth. Il vit
deux barques qui se trouvaient au bord du lac ; les
pêcheurs en étaient descendus et lavaient leurs fi-
3 lets. Montant dans l'une des barques, qui était à Simon, il lui demanda de s'éloigner un peu de la
terre ; et après s'être assis, depuis la barque, il en-
4 seignait les foules. Quand il eut cessé de parler, il
dit à Simon :

– Mène en eau profonde, et lâchez vos filets
5 pour la pêche. Simon lui répondit :

– Maître▽, nous avons travaillé toute la nuit, et
nous n'avons rien pris ; mais sur ta parole, je lâche-
rai les filets.

6 L'ayant fait, ils prirent une grande quantité de
7 poissons, et leurs filets se déchiraient. Alors ils firent signe à leurs compagnons qui étaient dans
l'autre barque de venir les aider ; ceux-ci vinrent
et remplirent les deux barques, au point qu'elles
8 enfonçaient. En voyant cela, Simon Pierre se jeta
aux genoux de Jésus, disant :

– Retire-toi de moi, Seigneur, car je suis un
homme pécheur°.

9 En effet, la frayeur l'avait saisi, lui et tous ceux qui
étaient avec lui, à cause de la prise de poissons
10 qu'ils venaient de faire ; de même aussi Jacques et
Jean, fils de Zébédée, associés de Simon. Jésus dit à
Simon :

– Ne crains pas ; dorénavant tu prendras des
hommes.

Ayant alors mené les barques à terre, ils quittèrent 11
tout et le suivirent.
Il arriva, comme il était dans une des villes, que 12
voici un homme plein de lèpre. Voyant Jésus, il se
jeta sur sa face et le supplia, disant :
– Seigneur, si tu veux, tu peux me rendre net[a].
Jésus étendit la main, le toucha et dit : 13
– Je veux, sois net[a].
Et aussitôt la lèpre se retira de lui. Et il lui com- 14
manda de ne le dire à personne :
– Mais va te montrer au sacrificateur°, et offre
pour ta purification selon ce que Moïse a ordonné[b], pour que cela leur serve de témoignage.
Mais sa renommée se répandait de plus en plus ; et 15
de grandes foules s'assemblèrent pour l'entendre
et pour être guéries de leurs infirmités ; mais lui se 16
tenait à l'écart dans les déserts et priait.
Il arriva, l'un de ces jours-là, qu'il enseignait. 17
Des pharisiens° et des docteurs° de la Loi, qui
étaient venus de chaque village de Galilée° et de
Judée°, ainsi que de Jérusalem, étaient assis là, et
la puissance du Seigneur* était là pour les guérir.
Et voici des hommes portant sur un lit un homme 18
qui était paralysé : ils cherchaient à l'introduire et
à le mettre devant lui. Comme ils ne trouvaient 19
pas par quel moyen l'introduire, à cause de la
foule, ils montèrent sur le toit et, découvrant les
tuiles, ils le descendirent avec son petit lit, au milieu, devant Jésus. Voyant leur foi, il dit : 20
– Homme, tes péchés te sont pardonnés°.
Les scribes° et les pharisiens se mirent à raison- 21
ner :
– Qui est celui-ci, qui profère des blasphèmes ?
Qui peut pardonner° les péchés, sinon Dieu seul ?
Jésus, connaissant leurs raisonnements, répondit 22
et leur dit :
– Pourquoi raisonnez-vous dans vos cœurs ?
Qu'est-ce qui est le plus facile, de dire : Tes péchés 23
te sont pardonnés, ou de dire : Lève-toi et mar-

a• *ou* : pur. – b• *voir* Lévitique 14.

24 che ? Or, afin que vous sachiez que le Fils de
l'homme a le pouvoir sur la terre de pardonner les
péchés – il dit au paralysé :

– Je te dis, lève-toi, prends ton petit lit et va dans
ta maison.
25 Et à l'instant, il se leva devant eux, prit le lit sur lequel il était couché et alla dans sa maison, glori-
26 fiant Dieu. Ils furent tous saisis d'étonnement et
glorifiaient Dieu. Remplis de crainte, ils disaient :
Nous avons vu aujourd'hui des choses extraordinaires.

27 Après cela, Jésus sortit et vit un publicain°
nommé Lévi, assis au bureau des impôts ; il lui dit :

– Suis-moi.
28 Quittant tout, il se leva et se mit à le suivre. Lévi
29 lui fit un grand festin dans sa maison ; et il y avait
une grande foule de publicains° et d'autres gens
30 qui étaient avec eux à table. Les pharisiens° et
leurs scribes° murmuraient contre ses disciples :

– Pourquoi mangez-vous et buvez-vous avec les
31 publicains et les pécheurs° ? Jésus leur répondit :

– Ce ne sont pas les gens en bonne santé qui ont
besoin de médecin, mais ceux qui se portent mal.
32 Je ne suis pas venu appeler des justes, mais des pé-
33 cheurs à la repentance°. Ils lui dirent :

– Pourquoi les disciples de Jean jeûnent-ils souvent et font-ils des prières, comme aussi les disciples des pharisiens, tandis que les tiens mangent
34 et boivent ? Mais il leur dit :

– Pouvez-vous faire jeûner les compagnons de
35 l'époux pendant que l'époux est avec eux ? Des
jours viendront, où l'époux leur aura été enlevé ;
alors ils jeûneront, en ces jours-là.
36 Il leur dit aussi une parabole° :

– Personne ne met une pièce d'un habit neuf à
un vieil habit ; autrement, on aura déchiré le neuf,
et la pièce tirée du neuf ne sera pas assortie au
37 vieux. Personne ne met non plus du vin nouveau
dans de vieilles outres ; sinon, le vin nouveau fera
éclater les outres, il se répandra et les outres se-

ront perdues ; mais le vin nouveau doit être mis 38
dans des outres neuves, et les deux se conservent.
Et personne, après avoir bu du vieux, ne veut aus- 39
sitôt du nouveau ; car il dit : Le vieux est meilleur.

Or il arriva, au sabbat° second-premier[a], qu'il **6**
traversait des moissons ; et ses disciples arra-
chaient des épis, puis les mangeaient, les froissant
entre leurs mains. Quelques-uns des pharisiens° di- 2
rent :
– Pourquoi faites-vous ce qui n'est pas permis le
jour du sabbat ? Jésus leur répondit : 3
– N'avez-vous pas même lu ce que fit David
quand il eut faim, lui et ses compagnons ; comment il entra dans la maison° de Dieu, prit les 4
pains de présentation[b], en mangea et en donna
aussi à ses compagnons, bien qu'il ne soit pas permis d'en manger, sinon aux sacrificateurs° seuls ?
Puis il leur dit : 5
– Le Fils de l'homme est seigneur aussi du sabbat.
Il arriva encore, un autre sabbat, qu'il entra 6
dans la synagogue°, et il enseignait. Or il y avait là
un homme dont la main droite était paralysée. Les 7
scribes° et les pharisiens° observaient s'il guérirait,
le jour du sabbat, pour trouver de quoi l'accuser.
Mais lui connaissait leurs raisonnements, et il dit à 8
l'homme qui avait la main paralysée :
– Lève-toi et tiens-toi debout devant tous. Il se
leva et se tint debout. Jésus leur dit : 9
– Je vous demande s'il est permis, le jour du sabbat, de faire du bien ou de faire du mal, de sauver
la vie ou de la laisser perdre. Après les avoir tous 10
regardés à la ronde, il dit à l'homme :
– Étends ta main.

---

a• *probablement le sabbat qui suivait la fête des prémices* (Lévitique 23. 9-16) ; *d'autres lisent* : un sabbat. – b• *voir* Exode 25. 30 ; 40. 22, 23 ; 1 Samuel 21. 1-6.

11 Il fit ainsi; et sa main fut rétablie. Mais eux en furent hors d'eux-mêmes, et ils s'entretenaient ensemble de ce qu'ils pourraient faire à Jésus.
12 Or il arriva, en ces jours-là, qu'il alla sur la montagne pour prier. Et il passa toute la nuit à prier
13 Dieu. Quand il fit jour, il appela à lui ses disciples.
Il en choisit douze, qu'il nomma aussi apôtres° : Si-
14 mon, qu'il nomma aussi Pierre, et André son frère,
15 Jacques et Jean, Philippe et Barthélémy, Matthieu
et Thomas, Jacques le fils d'Alphée, et Simon ap-
16 pelé Zélote°, Jude° frère de Jacques, et Judas Isca-
17 riote, qui aussi devint traître. Puis, après être descendu avec eux, il s'arrêta dans un endroit plat,
avec une grande foule de ses disciples, et une
grande multitude du peuple de toute la Judée°, de
Jérusalem et de la contrée maritime de Tyr et de
18 Sidon, qui étaient venus pour l'entendre et pour
être guéris de leurs maladies; ceux qui étaient
tourmentés par des esprits impurs° furent guéris;
19 toute la foule cherchait à le toucher, parce que de
la puissance sortait de lui et les guérissait tous.
20 Alors lui, levant les yeux vers ses disciples, dit :
–Bienheureux, vous pauvres, car à vous est le
21 royaume de Dieu; bienheureux, vous qui maintenant avez faim, car vous serez rassasiés; bienheureux, vous qui pleurez maintenant, car vous rirez.
22 Vous êtes bienheureux quand les hommes vous
haïront et vous excluront de leur société, quand
ils vous insulteront et rejetteront votre nom
comme mauvais, à cause du Fils de l'homme°.
23 Réjouissez-vous en ce jour-là et tressaillez de joie,
car voici, votre récompense est grande dans le
ciel; en effet, leurs pères faisaient de même aux
prophètes.
24 Mais malheur à vous, riches, car vous avez déjà
25 votre consolation; malheur à vous qui êtes rassasiés, car vous aurez faim; malheur à vous qui riez
maintenant, car vous mènerez deuil et vous pleurerez.

Malheur à vous quand tous les hommes diront du 26
bien de vous, car leurs pères faisaient de même
aux faux prophètes.

Mais je vous dis, à vous qui écoutez : Aimez vos 27
ennemis; faites du bien à ceux qui vous haïssent;
bénissez ceux qui vous maudissent; priez pour 28
ceux qui vous injurient. À celui qui te frappe sur 29
la joue, présente aussi l'autre; et celui qui te prend
ton manteau, ne l'empêche pas de prendre aussi ta
tunique. Donne à tout homme qui te demande et, 30
à celui qui te prend ce qui t'appartient, ne le ré-
clame pas. Comme vous voulez que les hommes 31
vous fassent, vous aussi faites-leur de même.
Si vous aimez ceux qui vous aiment, quel gré vous 32
en sait-on? Car même les pécheurs° aiment ceux
qui les aiment. Et si vous faites du bien à ceux qui 33
vous font du bien, quel gré vous en sait-on? Car
même les pécheurs en font autant. Et si vous prê- 34
tez à ceux de qui vous espérez recevoir, quel gré
vous en sait-on? Car même les pécheurs prêtent
aux pécheurs, afin de recevoir la pareille.
Mais aimez vos ennemis, et faites du bien, prêtez 35
sans rien espérer en retour; votre récompense
sera grande, et vous serez les fils du Très-Haut, car
il est bon, lui, envers les ingrats et les méchants.
Soyez miséricordieux, comme aussi votre Père est 36
miséricordieux; ne jugez pas, et vous ne serez pas 37
jugés; ne condamnez pas, et vous ne serez pas
condamnés; acquittez, et vous serez acquittés;
donnez, et il vous sera donné : on vous donnera 38
dans le sein[a] bonne mesure, pressée, secouée et
débordante; car de la même mesure dont vous
mesurerez, il vous sera mesuré en retour.

Il leur dit aussi une parabole° : 39

– Est-ce qu'un aveugle peut guider un aveugle?
Ne tomberont-ils pas tous deux dans un trou? Le 40
disciple n'est pas au-dessus de son maître°, mais
tout disciple bien formé sera comme son maître°.

---

a • *c.-à-d.* : dans le pan de votre vêtement *(qui pouvait alors servir de poche à provisions).*

41 Et pourquoi regardes-tu la paille qui est dans l'œil
de ton frère, et ne t'aperçois-tu pas de la poutre
42 qui est dans ton propre œil ? Ou comment peux-
tu dire à ton frère : Frère, permets, j'ôterai la paille
qui est dans ton œil, toi qui ne vois pas la poutre
qui est dans ton œil ? Hypocrite, ôte d'abord la
poutre de ton œil, et alors tu verras clair pour ôter
la paille qui est dans l'œil de ton frère.
43 Car il n'y a pas de bon arbre qui produise de mauvais fruit, ni d'arbre mauvais qui produise de bon
44 fruit : chaque arbre se connaît à son propre fruit ;
car on ne récolte pas des figues sur des épines, on
ne cueille pas non plus du raisin sur un buisson.
45 L'homme bon, du bon trésor de son cœur, produit
ce qui est bon, et l'homme mauvais, du mauvais
trésor, produit ce qui est mauvais : car de l'abondance du cœur, la bouche parle.
46 Pourquoi m'appelez-vous : Seigneur°, Seigneur,
47 et ne faites-vous pas ce que je dis ? Je vous montrerai à qui est semblable tout homme qui vient à
moi, qui entend mes paroles et les met en pra-
48 tique : il est semblable à un homme qui bâtit une
maison, qui a creusé et fouillé profondément, puis
a posé les fondations sur le roc ; or une inondation
étant survenue, le fleuve s'est jeté avec violence
contre cette maison et n'a pas pu l'ébranler, parce
49 qu'elle était fondée sur le roc. Mais celui qui a entendu, et n'a pas mis en pratique, est semblable à
un homme qui a bâti une maison sur la terre, sans
fondations : le fleuve s'est jeté contre elle avec violence et aussitôt elle est tombée ; et la ruine de
cette maison a été grande.

7 Quand il eut achevé de faire entendre au peuple
2 tous ses discours, il entra dans Capernaüm. Or l'esclave d'un centurion°, à qui il était très cher, était
3 malade, sur le point de mourir. Comme il avait entendu parler de Jésus, le centurion envoya vers lui
des anciens° des Juifs, en le priant de venir sauver

son esclave. Venus à Jésus, ils le suppliaient ins- 4
tamment, disant :
–Il est digne que tu lui accordes cela, car il aime 5
notre nation et nous a lui-même bâti la synago-
gue°.
Jésus alla avec eux. Alors qu'il n'était déjà plus très 6
loin de la maison, le centurion envoya des amis
pour lui dire :
–Seigneur, ne te donne pas de peine, car je ne
mérite pas que tu entres sous mon toit ; c'est pour- 7
quoi je ne me suis pas cru digne d'aller moi-même
vers toi ; mais dis une parole, et mon serviteur sera
guéri. Car moi aussi, je suis un homme placé sous 8
l'autorité d'un autre, ayant des soldats sous mes
ordres ; et je dis à l'un : Va, et il va ; et à un autre :
Viens, et il vient ; et à mon esclave : Fais cela, et il
le fait.
Quand il eut entendu ces paroles, Jésus l'admira ; il 9
se tourna vers la foule qui le suivait et dit :
–Je vous le déclare : même en Israël je n'ai pas
trouvé une si grande foi.
De retour à la maison, ceux qui avaient été en- 10
voyés trouvèrent en bonne santé l'esclave qui était
malade.
Il arriva ensuite que Jésus se rendit à une ville 11
appelée Naïn ; et plusieurs de ses disciples, ainsi
qu'une grande foule, faisaient route avec lui.
Comme il approchait de la porte de la ville, voici, 12
on portait dehors un mort, fils unique de sa mère,
et elle était veuve ; une foule considérable de la
ville était avec elle. Le Seigneur, en la voyant, fut 13
ému de compassion envers elle et lui dit :
–Ne pleure pas.
Il s'approcha et toucha la civière ; ceux qui la por- 14
taient s'arrêtèrent ; il dit alors :
–Jeune homme, je te dis, lève-toi !
Le mort se souleva et s'assit, puis il commença à 15
parler ; et Jésus le donna à sa mère. Ils furent tous 16
saisis de crainte, et ils glorifiaient Dieu, disant :

–Un grand prophète a été suscité parmi nous,
et : Dieu a visité son peuple.
17 Cette parole se répandit à son sujet dans toute la
Judée° et dans toute la région.
18 Les disciples de Jean vinrent l'informer de tout
19 cela. Ayant appelé deux de ses disciples, Jean les
envoya vers Jésus pour lui dire :
–Es-tu celui qui vient, ou devons-nous en attendre un autre ?
20 Quand ils furent venus à lui, ces hommes dirent :
–Jean le Baptiseur nous a envoyés vers toi pour
te dire : Es-tu celui qui vient, ou devons-nous en at-
21 tendre un autre ? (À cette heure-là, Jésus guérit
beaucoup de personnes de maladies, de douleurs
et d'esprits malins°, et il donna la vue à beaucoup
22 d'aveugles.) Il répondit alors aux messagers :
–Allez rapporter à Jean ce que vous avez vu et
entendu : les aveugles voient, les boiteux marchent, les lépreux sont rendus nets[a], les sourds entendent, les morts ressuscitent, l'évangile° est an-
23 noncé aux pauvres. Et bienheureux quiconque ne
sera pas scandalisé° à mon sujet.
24 Après le départ des messagers de Jean, Jésus se
mit à dire de Jean aux foules :
–Qu'êtes-vous allés observer au désert ? Un ro-
25 seau agité par le vent ? Mais qu'êtes-vous allés
voir ? Un homme habillé de vêtements précieux ?
Voici, ceux qui sont vêtus magnifiquement et qui
vivent dans les délices sont dans les palais des rois.
26 Mais qu'êtes-vous allés voir ? Un prophète ? Oui,
27 vous dis-je, et plus qu'un prophète. C'est celui
dont il est écrit : "Voici, j'envoie devant ta face
mon messager, qui préparera ton chemin devant
28 toi"[b]. Car je vous le dis : Parmi ceux qui sont nés
de femme, aucun n'est plus grand que Jean ; mais
le plus petit dans le royaume de Dieu est plus
29 grand que lui. (Tout le peuple qui a écouté, et
aussi les publicains°, ont justifié Dieu, ayant été
30 baptisés du baptême de Jean ; mais les pharisiens°

---

a• *ou* : purs. – b• Malachie 3. 1.

et les docteurs° de la Loi ont rejeté, à leur propre
détriment, le dessein de Dieu, n'ayant pas été baptisés par Jean.) À qui donc comparerai-je les hom- 31
mes de cette génération, et à qui ressemblent-ils ?
Ils ressemblent à de petits enfants assis sur la place 32
du marché, qui crient les uns aux autres : Nous
vous avons joué de la flûte et vous n'avez pas
dansé ; nous vous avons chanté des complaintes et
vous n'avez pas pleuré. Car Jean le Baptiseur est 33
venu, ne mangeant pas de pain et ne buvant pas
de vin, et vous dites : Il a un démon°. Le Fils de 34
l'homme est venu, mangeant et buvant, et vous dites : Voici un mangeur et un buveur, un ami des
publicains° et des pécheurs°. Et la sagesse a été 35
justifiée par tous ses enfants.

Un des pharisiens demanda à Jésus de manger 36
avec lui. Il entra dans la maison du pharisien, et se
mit à table ; et voici, une femme de la ville, qui 37
était une pécheresse°, sachant qu'il était à table
dans la maison du pharisien, apporta un vase d'albâtre plein de parfum. Elle se tint derrière à ses 38
pieds, en pleurant, et se mit à lui arroser les pieds
de ses larmes ; elle les essuyait avec ses cheveux,
lui couvrait les pieds de baisers, et répandait sur
eux le parfum. Le pharisien qui l'avait invité, en 39
voyant cela, se dit en lui-même : Celui-ci, s'il était
prophète, saurait qui est cette femme qui le touche et ce qu'elle est : une pécheresse. Mais Jésus, 40
répondant, lui dit :

– Simon, j'ai quelque chose à te dire. Il dit :

– Maître°, dis-le.

– Un créancier avait deux débiteurs : l'un lui de- 41
vait cinq cents deniers° et l'autre cinquante ;
comme ceux-ci ne pouvaient pas payer, il remit la 42
dette à l'un et à l'autre. Quel est donc celui des
deux qui l'aimera le plus ? Simon répondit : 43

– J'estime que c'est celui à qui il a été remis davantage. Jésus lui dit :

– Tu as bien jugé.

Se tournant vers la femme, il dit à Simon : 44

–Vois-tu cette femme ? Je suis entré dans ta maison ; tu ne m'as pas donné d'eau pour mes pieds,
mais elle a arrosé mes pieds de ses larmes et les a
45 essuyés avec ses cheveux. Tu ne m'as pas donné
de baiser ; mais elle, depuis que je suis entré, n'a
46 pas cessé de couvrir mes pieds de baisers. Tu n'as
pas oint ma tête d'huile, mais elle a oint mes pieds
47 avec un parfum. C'est pourquoi je te dis : Ses nombreux péchés sont pardonnés° – car elle a beaucoup aimé ; mais celui à qui il est peu pardonné
48 aime peu. Puis il dit à la femme :
–Tes péchés sont pardonnés°.
49 Alors ceux qui étaient à table avec lui se mirent à
dire en eux-mêmes :
–Qui est celui-ci qui même pardonne les pé-
50 chés ? Mais Jésus dit à la femme :
–Ta foi t'a sauvée, va en paix.

8 Et il arriva, par la suite, qu'il traversait villes et
villages, prêchant et annonçant le royaume de
2 Dieu ; les douze étaient avec lui, et aussi quelques
femmes qui avaient été guéries d'esprits malins°
et d'infirmités : Marie, qu'on appelait Magdeleine,
3 dont étaient sortis sept démons, Jeanne, femme de
Chuzas, intendant d'Hérode°, Suzanne, et plusieurs autres qui l'assistaient de leurs biens.
4 Comme une grande foule s'assemblait et qu'on
venait à lui de toutes les villes, il dit en parabole° :
5 –Le semeur sortit pour semer sa semence.
Comme il semait, quelques grains tombèrent le
long du chemin, furent piétinés, et les oiseaux du
6 ciel mangèrent tout. D'autres tombèrent sur le
roc ; après avoir levé, ils séchèrent, parce qu'ils
7 n'avaient pas d'humidité. D'autres tombèrent au
milieu des épines ; et les épines, qui avaient levé
8 avec eux, les étouffèrent. D'autres tombèrent
dans la bonne terre ; ils levèrent et produisirent
du fruit au centuple.
En disant cela, il criait :
–Qui a des oreilles pour entendre, qu'il entende.

Ses disciples lui demandèrent ce que pouvait signi- 9
fier cette parabole. Alors il dit : 10
–À vous il est donné de connaître les mystères°
du royaume de Dieu ; mais il en est parlé aux autres en paraboles, de sorte que, voyant, ils ne voient pas, et qu'entendant, ils ne comprennent pas.

Or voici le sens de la parabole : La semence, c'est la 11
parole de Dieu. Ceux qui sont le long du chemin 12
sont ceux qui entendent ; ensuite vient le diable,
qui ôte de leur cœur la Parole, de peur qu'ils ne
croient et soient sauvés. Ceux qui sont sur le roc 13
sont ceux qui, lorsqu'ils entendent la Parole, la reçoivent avec joie ; ceux-ci n'ont pas de racine : ils
ne croient que pour un temps et, au moment de
l'épreuve, ils se retirent. Ce qui est tombé au mi- 14
lieu des épines, ce sont ceux qui, après avoir entendu, poursuivent leur chemin sous l'emprise des
soucis, des richesses et des voluptés de la vie : ils
sont étouffés et ne portent pas de fruit à maturité.
Ce qui est dans la bonne terre, ce sont tous ceux 15
qui, après avoir entendu la Parole, la retiennent
dans un cœur honnête et bon, et portent du fruit
avec patience.

Or personne, après avoir allumé une lampe, ne la 16
couvre d'un vase, ni ne la met sous un lit ; mais on
la place sur un pied de lampe, afin que ceux qui
entrent voient la lumière. Car il n'y a rien de secret 17
qui ne deviendra manifeste, ni rien de caché qui
ne doive se connaître et venir en évidence. Prenez 18
donc garde à la manière dont vous entendez ; car à
quiconque a, il sera donné, et à quiconque n'a pas,
cela même qu'il paraît[a] avoir lui sera ôté.

La mère et les frères de Jésus vinrent auprès de 19
lui ; et ils ne pouvaient pas l'aborder, à cause de la
foule. On lui annonça : 20
–Ta mère et tes frères sont là, dehors : ils désirent te voir. Mais il leur répondit : 21

a• *ou* : croit.

– Ma mère et mes frères sont ceux qui écoutent
la parole de Dieu et qui la mettent en pratique.
22 Il arriva, l'un de ces jours-là, qu'il monta dans
une barque, ainsi que ses disciples. Il leur dit :
– Passons à l'autre rive du lac.
23 Et ils prirent le large. Comme ils voguaient, Jésus
s'endormit ; et un vent impétueux fondit sur le
lac ; la barque se remplissait, et ils étaient en péril.
24 Ils s'approchèrent et le réveillèrent, en disant :
– Maître▿, maître, nous périssons !
Lui, s'étant levé, reprit le vent et les flots agités : ils
25 s'apaisèrent et le calme se fit. Il leur dit :
– Où est votre foi ?
Mais eux, saisis de crainte, furent dans l'étonnement et dirent entre eux :
– Qui donc est celui-ci, car il commande même
aux vents et à l'eau, et ils lui obéissent ?
26 Ils abordèrent dans le pays des Géraséniens, qui
27 est en face de la Galilée°. Quand Jésus fut descendu à terre, un homme de la ville, qui avait des
démons°, vint à sa rencontre. Depuis longtemps, il
ne portait pas de vêtements et ne demeurait pas
28 dans une maison, mais dans les tombeaux. Il aperçut Jésus, poussa un cri, se jeta devant lui, et dit
d'une voix forte :
– Qu'ai-je à faire avec toi, Jésus, Fils du Dieu
Très-haut ? Je t'en supplie, ne me tourmente pas.
29 Car Jésus avait commandé à l'esprit impur° de sortir de l'homme. Bien des fois, en effet, l'esprit
s'était saisi de lui ; et on l'avait lié, pour le garder,
dans les chaînes et avec les fers aux pieds ; mais,
brisant ses liens, il était emporté par le démon
30 dans les déserts. Jésus lui demanda :
– Quel est ton nom ? Il dit :
– Légion▫ ; car beaucoup de démons étaient entrés en lui.
31 Et ils priaient Jésus de ne pas leur commander de
32 s'en aller dans l'abîme. Or il y avait là un grand
troupeau de porcs qui paissaient sur la montagne ;
ils le prièrent de leur permettre d'entrer en eux ; et

il le leur permit. Les démons, sortant de l'homme, 33
entrèrent dans les porcs, et le troupeau se rua du
haut de la côte dans le lac, où il se noya.
Ceux qui le faisaient paître, voyant ce qui était ar- 34
rivé, s'enfuirent et le racontèrent dans la ville et
dans les campagnes. Les gens sortirent pour voir 35
ce qui s'était passé ; ils vinrent vers Jésus et trouvèrent assis, vêtu et dans son bon sens, aux pieds de
Jésus, l'homme de qui les démons étaient sortis;
alors ils eurent peur. Ceux qui avaient vu cela leur 36
racontèrent comment le démoniaque° avait été
délivré. Et toute la population de la contrée des 37
Géraséniens pria Jésus de s'en aller de chez eux,
parce qu'ils étaient saisis d'une grande peur; et
lui, étant monté dans la barque, s'en retourna.
L'homme de qui les démons étaient sortis le sup- 38
pliait de lui permettre d'être avec lui; mais il le
renvoya, en disant :
– Retourne dans ta maison et raconte tout ce 39
que Dieu a fait pour toi.
Il s'en alla par toute la ville, proclamant tout ce
que Jésus avait fait pour lui.

Quand Jésus fut de retour, la foule l'accueillit, 40
car tous l'attendaient. Et voici, il vint un homme 41
du nom de Jaïrus; il était chef de la synagogue°.
Se jetant aux pieds de Jésus, il le supplia de venir
dans sa maison, parce qu'il avait une fille unique, 42
d'environ douze ans, et elle se mourait. Comme
Jésus y allait, les foules le pressaient.
Une femme qui avait une perte de sang depuis 43
douze ans et avait dépensé tout son bien en médecins, sans avoir pu être guérie par aucun, s'approcha par derrière et toucha le bord de son vête- 44
ment; et à l'instant, sa perte de sang s'arrêta. Jésus 45
dit :
– Qui m'a touché ?
Comme tous niaient, Pierre dit, ainsi que ceux qui
l'accompagnaient :
– Maître▽, les foules te serrent et te pressent, et
tu dis : Qui m'a touché ? Jésus dit : 46

–Quelqu'un m'a touché, car je sais que de la
puissance est sortie de moi.
47 La femme, se voyant découverte, vint toute trem-
blante ; elle se jeta devant lui et déclara devant
tout le peuple pour quelle raison elle l'avait touché, et comment elle avait été guérie instantané-
48 ment. Il lui dit :
–Bon courage, ma fille ; ta foi t'a guérie[a] ; va en
paix.
49 Comme il parlait encore, quelqu'un vient de chez
le chef de synagogue et lui dit :
–Ta fille est morte, n'importune pas le maître°.
50 Mais Jésus, qui avait entendu, répondit au chef de
synagogue :
–Ne crains pas, crois seulement, et elle sera sauvée.
51 Quand il fut arrivé à la maison, il ne permit à personne d'entrer, sinon à Pierre, à Jean et à Jacques,
52 au père de l'enfant et à la mère. Tous pleuraient et
se frappaient la poitrine à son sujet ; mais il leur
dit :
–Ne pleurez pas, car elle n'est pas morte, mais
elle dort.
53 Et ils se moquaient de lui, sachant qu'elle était
54 morte. Mais lui la prit par la main et cria :
–Enfant, réveille-toi.
55 Son esprit retourna en elle, et elle se leva immédiatement ; alors il commanda de lui donner à
56 manger. Ses parents étaient stupéfaits ; et il leur
ordonna expressément de ne dire à personne ce
qui était arrivé.

9 Après avoir appelé les douze auprès de lui, il
leur donna puissance et autorité sur tous les dé-
2 mons°, et le pouvoir de guérir les maladies. Il les
envoya prêcher le royaume de Dieu et guérir les
3 infirmes ; et il leur dit :
–Ne prenez rien pour le chemin, ni bâton, ni
sac, ni pain, ni argent ; et n'ayez pas chacun deux

---

a • *litt.* : sauvée.

tuniques. Dans toute maison où vous entrerez, de- 4
meurez là, et de là, partez. Quant à ceux qui ne 5
vous recevront pas, en sortant de cette ville-là, se-
couez° la poussière de vos pieds, en témoignage
contre eux.
Ils partirent, et ils parcouraient tous les villages, 6
évangélisant et guérissant partout.
Hérode° le tétrarque° apprit tout ce qui se fai- 7
sait ; il était perplexe, parce que certains disaient
que Jean était ressuscité d'entre les morts ; certains, qu'Élie était apparu ; et d'autres, que l'un 8
des anciens prophètes était ressuscité. Mais Hé- 9
rode dit :
– Moi, j'ai fait décapiter Jean ; mais qui est celui-
ci, dont j'entends dire de telles choses ?
Et il cherchait à le voir.
Une fois de retour, les apôtres° racontèrent à 10
Jésus tout ce qu'ils avaient fait. Il les prit avec lui
et se retira à l'écart vers une ville appelée Bethsaïda. Les foules, qui l'avaient appris, le suivirent. 11
Les ayant accueillies, il leur parlait du royaume de
Dieu, et il guérissait ceux qui en avaient besoin. Or 12
le jour commença à baisser ; les douze s'approchèrent et lui dirent :
– Renvoie la foule, afin qu'ils aillent dans les villages et dans les campagnes des environs, qu'ils s'y
logent et trouvent des vivres, car nous sommes ici
dans un lieu désert.
Mais il leur dit : 13
– Vous, donnez-leur à manger. Ils dirent alors :
– Nous n'avons pas plus de cinq pains et de deux
poissons, à moins que nous n'allions acheter de
quoi manger pour tout ce peuple ; car ils étaient 14
environ cinq mille hommes. Mais il dit à ses disciples :
– Faites-les asseoir par rangs d'environ cinquante.
Ils firent ainsi et les invitèrent tous à s'asseoir. Il 15
prit les cinq pains et les deux poissons et, regar- 16
dant vers le ciel, il les bénit° et les rompit ; et il les

donnait à ses disciples pour les mettre devant la
17 foule. Ils mangèrent et furent tous rassasiés ; et on
ramassa, des morceaux qui étaient de reste, douze
paniers.

18 *Il arriva, comme il était en prière à l'écart,* que
ses disciples étaient avec lui ; et il les interrogea :
19 – Parmi les foules, qui dit-on[a] que je suis ? Ils répondirent :

– Jean le Baptiseur ; d'autres disent : Élie ; d'autres encore, que l'un des anciens prophètes est res-
20 suscité. Il leur dit :

– Et vous, qui dites-vous que je suis ? Pierre répondit :

– Le Christ° de Dieu !
21 Mais lui, s'adressant à eux avec force, leur com-
22 manda de ne dire cela à personne, ajoutant :

– Il faut que le Fils de l'homme souffre beaucoup, qu'il soit rejeté des anciens°, des principaux
sacrificateurs° et des scribes°, qu'il soit mis à mort
et qu'il soit ressuscité le troisième jour.

23 Il disait aussi à tous :

– Si quelqu'un veut venir après moi, qu'il renonce à lui-même, qu'il prenne sa croix chaque
24 jour, et me suive : car celui qui voudra sauver sa
vie la perdra ; mais celui qui perdra sa vie à cause
25 de moi, celui-là la sauvera. Que profitera-t-il, en effet, à un homme de gagner le monde entier, s'il se
26 perd ou se détruit lui-même ? Et celui qui aura
honte de moi et de mes paroles, le Fils de l'homme
aura honte de lui quand il viendra dans sa gloire et
27 dans celle du Père et des saints anges. Et, je vous le
dis en vérité, parmi ceux qui sont ici présents, il y
en a quelques-uns qui ne goûteront pas la mort
avant d'avoir vu le royaume de Dieu.

28 Il arriva, environ huit jours après ces paroles,
qu'il prit avec lui Pierre, Jean et Jacques, et qu'il
29 monta sur la montagne pour prier. Comme il
priait, l'apparence de son visage devint tout autre,
et son vêtement d'une blancheur resplendissante

---

a • *litt.* : Qui les foules disent-elles.

comme un éclair ; et voici, deux hommes s'entrete- 30
naient avec lui : c'étaient Moïse et Élie qui, appa- 31
raissant en gloire, parlaient de sa mort qu'il allait
accomplir à Jérusalem. Pierre et ceux qui étaient 32
avec lui étaient accablés de sommeil ; quand ils furent réveillés, ils virent sa gloire et les deux hommes qui se tenaient avec lui. Et il arriva, comme 33
ceux-ci se séparaient de lui, que Pierre dit à Jésus :
– Maître°, il est bon que nous soyons ici ; faisons
trois tentes : une pour toi, une pour Moïse et une
pour Élie – ne sachant pas ce qu'il disait.
Comme il disait cela, une nuée vint et les couvrit ; 34
ils eurent peur en entrant dans la nuée. Et de la 35
nuée vint une voix :
– Celui-ci est mon Fils bien-aimé, écoutez-le.
Au moment où la voix se fit entendre, Jésus se 36
trouva seul. Et eux gardèrent le silence et ne rapportèrent en ces jours-là à personne rien de ce
qu'ils avaient vu.

Il arriva, le jour suivant, quand ils furent descen- 37
dus de la montagne, qu'une grande foule vint à sa
rencontre. Et voici, du milieu de la foule un 38
homme s'écria :
– Maître°, je t'en supplie, jette les yeux sur mon
fils, car c'est mon fils unique ; et voici, un esprit le 39
saisit : soudain il crie et le déchire, en le faisant
écumer, et c'est à peine s'il se retire de lui après
l'avoir brisé. J'ai supplié tes disciples de le chasser, 40
et ils n'ont pas pu. Jésus répondit : 41
– Ô génération incrédule et perverse, jusqu'à
quand serai-je avec vous et vous supporterai-je ?
Amène ici ton fils.
Comme celui-ci approchait, le démon° le renversa 42
encore et le secoua violemment ; mais Jésus réprimanda sévèrement l'esprit impur°, guérit l'enfant
et le rendit à son père. Et tous étaient frappés de la 43
grandeur de Dieu.

Comme tous s'étonnaient de tout ce que Jésus
faisait, il dit à ses disciples :
– Vous, gardez bien ces paroles que vous avez 44

entendues, car le Fils de l'homme va être livré aux
mains des hommes.
45 Mais ils ne comprirent pas cette parole, et elle leur
était cachée, de sorte qu'ils ne la saisissaient pas ;
et ils craignaient de l'interroger au sujet de cette
parole.
46 Une discussion s'éleva alors entre eux : Qui
47 parmi eux serait le plus grand ? Mais Jésus, discer-
nant le raisonnement de leur cœur, prit un petit
48 enfant, et le plaça auprès de lui ; puis il leur dit :
– Celui qui reçoit ce petit enfant en mon nom
me reçoit ; et celui qui me reçoit, reçoit celui qui
m'a envoyé. Car celui qui est le plus petit parmi
vous tous, c'est lui qui est grand.
49 Jean prit la parole et dit :
– Maître▽, nous avons vu quelqu'un qui chassait
des démons en ton nom, et nous le lui avons dé-
50 fendu, parce qu'il ne te suit pas avec nous. Jésus
lui dit :
– Ne le lui défendez pas, car celui qui n'est pas
contre vous est pour vous.
51 Or, comme les jours de son élévation au ciel arri-
vaient à leur accomplissement, lui-même dressa sa
52 face résolument pour aller à Jérusalem ; et il envoya devant lui des messagers. Ils allèrent et entrèrent dans un village de Samaritains° pour tout lui
53 préparer, mais on ne le reçut pas, parce que sa face
54 était tournée vers Jérusalem. Voyant cela, ses disciples Jacques et Jean dirent :
– Seigneur, veux-tu que nous disions que le feu
descende du ciel et les consume, comme le fit
Élie ?
55 Mais se tournant, il les réprimanda sévèrement et
dit :
– Vous ne savez pas de quel esprit vous êtes ani-
més !
56 Puis ils allèrent à un autre village.
57 Comme ils étaient en chemin, quelqu'un lui dit :
58 – Je te suivrai où que tu ailles. Jésus lui dit :
– Les renards ont des tanières, et les oiseaux du

ciel ont des nids ; mais le Fils de l'homme n'a pas
de lieu où reposer sa tête.
Il dit à un autre : 59
– Suis-moi. Mais celui-ci dit :
– Seigneur, permets-moi d'aller d'abord ensevelir mon père. Jésus lui dit : 60
– Laisse les morts ensevelir leurs morts ; mais toi,
va annoncer le royaume de Dieu.
Un autre encore dit : 61
– Je te suivrai, Seigneur ; mais permets-moi de
prendre d'abord congé de ceux qui sont dans ma
maison. Jésus lui dit : 62
– Nul homme, qui après avoir mis la main à la
charrue regarde en arrière, n'est propre pour le
royaume de Dieu.

Après cela, le Seigneur en désigna aussi **10**
soixante-dix autres, et les envoya deux par deux
devant lui dans toute ville et dans tout lieu où il
devait lui-même aller. Il leur disait : 2
– La moisson est grande, mais il y a peu d'ouvriers ; suppliez donc le Seigneur de la moisson,
afin qu'il pousse des ouvriers dans sa moisson. Al-
lez ; voici, je vous envoie comme des agneaux au 3
milieu des loups. Ne portez ni bourse, ni sac, ni 4
sandales ; et ne saluez personne en chemin.
Mais, dans toute maison où vous entrerez, dites 5
d'abord : Paix à cette maison ! Et s'il y a là un fils 6
de paix, votre paix reposera sur elle, sinon elle re-
tournera sur vous. Et demeurez dans la même mai- 7
son, mangeant et buvant ce qu'on vous donnera ;
car l'ouvrier est digne de son salaire. Ne passez
pas de maison en maison. Et dans toute ville où 8
vous entrerez et où l'on vous recevra, mangez ce
qu'on vous offrira, guérissez les infirmes qui y se- 9
ront, et dites-leur : Le royaume de Dieu s'est approché de vous.
Mais dans toute ville où vous entrerez et où l'on 10
ne vous recevra pas, sortez dans ses rues et dites :
La poussière même de votre ville, qui s'est atta- 11

chée à nos pieds, nous la secouons° contre vous ;
sachez pourtant ceci : le royaume de Dieu s'est ap-
12 proché. Je vous dis que le sort de Sodome sera plus
supportable en ce jour-là que celui de cette ville.
13 Malheur à toi, Chorazin ! malheur à toi, Bethsaïda ! Car si les miracles qui ont été faits au milieu
de vous avaient été faits dans Tyr et dans Sidon, il
y a longtemps qu'elles se seraient repenties°, en
14 s'asseyant sous le sac et la cendre ; mais le sort de
Tyr et de Sidon, au jugement, sera plus suppor-
15 table que le vôtre. Et toi, Capernaüm, qui as été
élevée jusqu'au ciel, tu seras abaissée jusque dans
l'hadès°.
16 Celui qui vous écoute m'écoute, et celui qui vous
rejette me rejette ; mais celui qui me rejette, rejette celui qui m'a envoyé.
17 Les soixante-dix revinrent avec joie en disant :
– Seigneur, même les démons° nous sont assu-
18 jettis en ton nom. Il leur dit :
– Je voyais Satan tomber du ciel comme un
19 éclair[a]. Voici, je vous donne l'autorité de marcher
sur les serpents et les scorpions, et sur toute la
puissance de l'ennemi ; et rien ne pourra vous
20 nuire. Toutefois, ne vous réjouissez pas de ce que
les esprits vous sont assujettis, mais réjouissez-
vous de ce que vos noms sont inscrits dans les
cieux.
21 À cette même heure, Jésus se réjouit en esprit et
dit :
– Je te loue, ô Père, Seigneur du ciel et de la
terre, parce que tu as caché ces choses aux sages
et aux intelligents, et que tu les as révélées aux petits enfants. Oui, Père, car c'est ce que tu as trouvé
22 bon devant toi. Toutes choses m'ont été livrées par
mon Père ; et personne ne connaît qui est le Fils, si
ce n'est le Père ; ni qui est le Père, si ce n'est le Fils
et celui à qui le Fils voudra le révéler.
23 Puis se tournant vers les disciples, il leur dit en
privé :

---

a • *comp.* Apocalypse 12. 7-9.

– Bienheureux sont les yeux qui regardent ce
que vous regardez ! Car je vous dis que beaucoup 24
de prophètes et de rois ont désiré voir ce que vous
regardez, et ils ne l'ont pas vu, et entendre ce que
vous entendez, et ils ne l'ont pas entendu.

Et voici qu'un docteur° de la Loi se leva pour le 25
mettre à l'épreuve et lui dit :

– Maître°, que faut-il que j'aie fait pour hériter
de la vie éternelle ? Jésus lui dit : 26

– Qu'est-il écrit dans la Loi ? Comment lis-tu ? Il 27
répondit :

– "Tu aimeras le Seigneur* ton Dieu de tout ton
cœur et de toute ton âme, de toute ta force et de
toute ta pensée"[a], et "ton prochain° comme toi-
même"[b]. Jésus lui dit : 28

– Tu as bien répondu ; fais cela et tu vivras.

Mais lui, voulant se justifier, dit à Jésus : 29

– Et qui est mon prochain ?

Jésus reprit et dit : 30

– Un homme descendait de Jérusalem à Jéricho ;
et il tomba aux mains de brigands qui, après l'avoir
dépouillé et accablé de coups, s'en allèrent, le laissant à demi mort. Or, fortuitement, un sacrifica- 31
teur° descendait par ce chemin-là et, le voyant,
passa de l'autre côté. De même aussi un lévite°, ar- 32
rivé en cet endroit, vint et, le voyant, passa de l'autre côté. Mais un Samaritain°, allant son chemin, 33
vint à lui et, le voyant, fut ému de compassion : il 34
s'approcha et banda ses plaies, y versant de l'huile
et du vin ; puis il le mit sur sa propre bête, le mena
à l'hôtellerie et prit soin de lui. Le lendemain, en 35
s'en allant, il tira deux deniers°, les donna à l'hôte-
lier et dit : Prends soin de lui ; et ce que tu dépen-
seras de plus, moi, à mon retour, je te le rendrai.
Lequel de ces trois te semble avoir été le prochain 36
de celui qui était tombé entre les mains des brigands ? Il dit : 37

– C'est celui qui a usé de miséricorde envers lui.

Jésus lui dit :

---

a• Deutéronome 6. 5. – b• Lévitique 19. 18.

–Va, et toi fais de même.
38 Il arriva, comme ils étaient en chemin, qu'il entra dans un village; et une femme nommée Mar-
39 the le reçut dans sa maison. Elle avait une sœur
appelée Marie qui, s'étant assise aux pieds de
40 Jésus, écoutait sa parole; mais Marthe était dis-
traite par beaucoup de service. Elle vint près de
Jésus et lui dit :
–Seigneur, ne te soucies-tu pas que ma sœur
m'ait laissée toute seule à servir? Dis-lui donc de
41 m'aider. Mais Jésus lui répondit :
–Marthe, Marthe, tu t'inquiètes et tu te tour-
42 mentes de beaucoup de choses; mais il n'est besoin que d'une seule, et Marie a choisi la bonne
part, qui ne lui sera pas ôtée.

11 Et comme Jésus était en prière en un certain
lieu, après qu'il eut terminé, il arriva qu'un de ses
disciples lui dit :
–Seigneur, enseigne-nous à prier, comme Jean
2 aussi l'a enseigné à ses disciples. Il leur dit :
–Quand vous priez, dites : Père, que ton nom
3 soit sanctifié; que ton règne vienne; donne-nous
4 chaque jour le pain qu'il nous faut; et remets-
nous nos péchés, car nous-mêmes aussi nous remettons à quiconque nous doit; et ne nous expose
pas à la tentation.
5 Il leur dit encore :
–Qui parmi vous, s'il a un ami, ira le trouver au
milieu de la nuit pour lui dire : Ami, prête-moi
6 trois pains, car mon ami est arrivé de voyage chez
moi, et je n'ai rien à lui offrir.
7 L'autre lui répondra-t-il, de l'intérieur : Ne me dé-
range pas; la porte est déjà fermée et mes enfants
et moi, nous sommes au lit; je ne peux pas me le-
8 ver pour te donner du pain. Je vous le dis : même
s'il ne se lève pas pour lui donner en qualité d'ami,
pourtant, à cause de son importunité, il se lèvera
et lui donnera tout ce dont il a besoin.
9 Et moi, je vous dis :

– Demandez, et il vous sera donné ; cherchez, et
vous trouverez ; frappez, et il vous sera ouvert. Car 10
quiconque demande reçoit ; et celui qui cherche
trouve ; et à qui frappe il sera ouvert. Et quel père 11
parmi vous, à qui son fils demandera un pain, lui
donnera une pierre ? ou encore, s'il demande un
poisson, lui donnera, au lieu d'un poisson, un serpent ? ou encore, s'il demande un œuf, lui don- 12
nera un scorpion ? Si donc vous, qui êtes mé- 13
chants, vous savez donner des choses bonnes à vos
enfants, combien plus le Père qui est du ciel donnera-t-il l'Esprit Saint à ceux qui le lui demandent !

Comme il chassait un démon° qui était muet, il 14
arriva, quand le démon fut sorti, que le muet
parla ; et les foules s'en étonnèrent. Mais certains 15
d'entre eux dirent :

– C'est par Béelzébul°, le chef des démons, qu'il
chasse les démons.

D'autres, pour le mettre à l'épreuve, lui deman- 16
daient un signe venant du ciel. Mais lui, connais- 17
sant leurs pensées, leur dit :

– Tout royaume divisé contre lui-même est réduit en désert, et une maison divisée contre elle-
même tombe. Si Satan aussi est divisé contre lui- 18
même, comment son royaume subsistera-t-il ?...
puisque vous dites que je chasse les démons par
Béelzébul. Or si c'est par Béelzébul que moi je 19
chasse les démons, vos fils, par qui les chassent-
ils ? C'est pourquoi ils seront eux-mêmes vos juges.
Mais si c'est par le doigt de Dieu que je chasse les 20
démons, alors le royaume de Dieu est parvenu jusqu'à vous. Quand l'homme fort, équipé de ses ar- 21
mes, garde son palais, ses biens sont en sûreté ;
mais s'il en survient un plus fort que lui qui le 22
vainque, il lui ôte l'armure dans laquelle il se
confiait, et fait le partage de ses dépouilles.

Celui qui n'est pas avec moi est contre moi ; et ce- 23
lui qui n'assemble pas avec moi disperse. Quand 24
l'esprit impur° est sorti de l'homme, il va par des
lieux secs, cherchant du repos ; et n'en trouvant

pas, il dit : Je retournerai dans ma maison d'où je
25 suis sorti. Y étant venu, il la trouve balayée et or-
26 née. Alors il va prendre sept autres esprits plus méchants que lui-même ; une fois entrés, ils habitent
là ; et la dernière condition de cet homme est pire
que la première.
27 Et il arriva, *comme il disait cela, qu'une femme*
éleva la voix du milieu de la foule et lui dit :
– Bienheureux le ventre qui t'a porté et les seins
28 qui t'ont allaité ! Mais il dit :
– Bienheureux plutôt ceux qui écoutent la parole de Dieu et qui la gardent !
29 Comme les foules s'amassaient, il se mit à dire :
– Cette génération est une génération méchante ; elle demande un signe ; et il ne lui sera
pas donné de signe, si ce n'est le signe de Jonas.
30 Car comme Jonas fut un signe pour les Ninivites,
ainsi sera le Fils de l'homme° pour cette généra-
31 tion. Une reine du midi se lèvera, lors du jugement, avec les hommes de cette génération, et les
condamnera ; car elle vint des bouts de la terre
pour entendre la sagesse de Salomon, et voici, il y
32 a ici plus que Salomon. Des hommes de Ninive se
lèveront, lors du jugement, avec cette génération,
et la condamneront ; car ils se sont repentis° à la
prédication de Jonas et voici, il y a ici plus que Jonas.
33 Personne, après avoir allumé une lampe, ne la
met dans un lieu caché, ni sous le boisseau°, mais
sur un pied de lampe, afin que ceux qui entrent
34 voient la lumière. La lampe du corps, c'est ton
œil ; lorsque ton œil est en bon état[a], ton corps
tout entier est lui aussi plein de lumière ; mais
quand il est en mauvais état[b], ton corps aussi est
35 ténébreux. Prends donc garde que la lumière qui
36 est en toi ne soit ténèbres. Si donc ton corps tout
entier est plein de lumière, n'ayant aucune partie

---

a • *litt.* : simple, *c.-à-d.* : sain, *ou aussi : sans duplicité.* – b • *ou* : méchant.

ténébreuse, il sera tout plein de lumière, comme
lorsque la lampe t'illumine de son éclat.
Alors qu'il parlait, un pharisien° l'invite à man- 37
ger chez lui. Une fois entré, il se mit à table ; mais 38
le pharisien, voyant cela, s'étonna qu'il ne se soit
pas d'abord lavé, avant le repas. Le Seigneur lui 39
dit :
– Ainsi, vous les pharisiens, vous nettoyez le dehors de la coupe et du plat, mais au-dedans vous
êtes pleins de rapine et de méchanceté. Insensés ! 40
Celui qui a fait le dehors, n'a-t-il pas aussi fait le dedans ? Donnez plutôt comme aumône ce que vous 41
avez, et voici, tout vous sera pur.
Mais malheur à vous, pharisiens ! Car vous payez 42
la dîme° de la menthe, de la rue[a] et de toute sorte
d'herbes, et vous négligez le juste jugement[b] et
l'amour de Dieu : il fallait faire ces choses-ci et ne
pas laisser celles-là.
Malheur à vous, pharisiens ! Car vous aimez les 43
premiers sièges dans les synagogues° et les salutations dans les places publiques.
Malheur à vous ! Car vous êtes comme les tom- 44
beaux que rien ne signale ; et les hommes marchent dessus sans le savoir.
Prenant la parole, l'un des docteurs° de la Loi 45
lui dit :
– Maître°, en disant cela, c'est nous aussi que tu
insultes. Il répondit : 46
– À vous aussi, malheur, docteurs de la Loi ! Car
vous chargez les hommes de fardeaux difficiles à
porter, et vous-mêmes vous ne touchez pas ces fardeaux d'un seul de vos doigts.
Malheur à vous ! Car vous bâtissez les tombeaux 47
des prophètes – et vos pères° les ont tués ! Vous 48
rendez donc témoignage aux œuvres de vos pères
et vous y prenez plaisir ; car eux les ont tués, et
vous, vous bâtissez leurs tombeaux. C'est pourquoi 49

---

a • *voir* dîme° ; *ils tenaient compte même des plantes médicinales* (rue), *poussant spontanément ou cultivées en petite quantité.* – b • la juste appréciation.

aussi la sagesse de Dieu a dit : Je leur enverrai des
prophètes et des apôtres : ils en tueront et en per-
50 sécuteront, afin qu'il soit demandé compte à cette
génération du sang de tous les prophètes qui a été
51 versé depuis la fondation du monde, depuis le
sang d'Abel jusqu'au sang de Zacharie, qui périt
entre l'autel et la Maison[a] : oui, vous dis-je, il en
sera demandé compte à cette génération.
52 Malheur à vous, docteurs de la Loi ! Car vous avez
enlevé la clé de la connaissance : vous n'êtes pas
entrés vous-mêmes, et ceux qui voulaient entrer,
vous les en avez empêchés.
53 Comme il leur disait cela, les scribes° et les pha-
risiens° se mirent à le harceler violemment ; et ils
le provoquaient à parler sur beaucoup de sujets,
54 lui tendant des pièges pour surprendre quelque
parole de sa bouche, afin de l'accuser.

12 À ce moment-là, comme les gens s'étaient assemblés en foule par milliers au point de se piéti-
ner les uns les autres, Jésus se mit d'abord à dire à
ses disciples :
– Gardez-vous du levain des pharisiens°, qui est
2 l'hypocrisie. Mais il n'y a rien de couvert qui ne
sera révélé, ni rien de secret qui ne sera connu.
3 C'est pourquoi tout ce que vous avez dit dans les
ténèbres sera entendu dans la lumière, et ce dont
vous avez parlé à l'oreille dans les chambres sera
proclamé sur les toits.
4 Mais je vous le dis à vous, mes amis : Ne craignez
pas ceux qui tuent le corps° et qui, après cela, ne
5 peuvent rien faire de plus ; mais je vous montrerai
qui vous devez craindre : craignez celui qui, après
avoir tué, a le pouvoir de jeter dans la géhenne° ;
6 oui, vous dis-je, craignez celui-là. Ne vend-on pas
cinq moineaux pour deux sous° ? Et pas un seul
7 d'entre eux n'est oublié devant Dieu ! Bien plus,
même les cheveux de votre tête sont tous comptés.

---

a • *désigne le Temple.*

Ne craignez donc pas : vous valez mieux que beaucoup de moineaux.
Je vous le dis : Quiconque m'aura reconnu devant 8
les hommes, le Fils de l'homme° le reconnaîtra
aussi devant les anges de Dieu; mais celui qui 9
m'aura renié devant les hommes sera renié devant
les anges de Dieu. Et quiconque parlera contre le 10
Fils de l'homme, il lui sera pardonné° ; mais à celui
qui aura blasphémé contre le Saint Esprit, il ne
sera pas pardonné. Quand on vous mènera devant 11
les synagogues°, les magistrats et les autorités, ne
vous inquiétez pas de la manière dont vous vous
défendrez ou de ce que vous direz ; car le Saint Es- 12
prit vous enseignera à l'heure même ce qu'il fau-
dra dire.

Quelqu'un lui dit alors du milieu de la foule : 13
– Maître°, dis à mon frère de partager avec moi
l'héritage. Mais il lui dit : 14
– Homme, qui m'a établi sur vous pour être votre juge et pour faire vos partages ? Puis il leur dit : 15
– Faites attention, et gardez-vous de toute avarice ; car quelqu'un a beau être dans l'abondance,
sa vie ne dépend pas de ses biens.
Alors il leur dit une parabole° : 16
– Le domaine d'un homme riche avait beaucoup
rapporté ; et il calculait en lui-même, se disant : 17
Que dois-je faire ? car je ne sais pas où amasser
mes récoltes. Puis il dit : Voici ce que je ferai : 18
j'abattrai mes greniers, j'en bâtirai de plus grands
et j'y amasserai tous mes produits et mes biens ; et 19
je dirai à mon âme : Mon âme, tu as beaucoup de
biens en réserve pour beaucoup d'années ; repose-
toi, mange, bois, fais bonne chère. Mais Dieu lui 20
dit : Insensé ! Cette nuit même, ton âme° te sera
redemandée ; et ce que tu as préparé, qui l'aura ?
Il en est ainsi de celui qui amasse des trésors pour 21
lui-même, et qui n'est pas riche quant à Dieu.

Jésus dit encore à ses disciples : 22
– C'est pourquoi je vous dis : Ne soyez pas en
souci pour la vie, de ce que vous mangerez ; ni

23 pour le corps, de quoi vous serez vêtus : car la vie
est plus que la nourriture, et le corps plus que le
24 vêtement. Considérez les corbeaux : ils ne sèment
ni ne moissonnent, *ils* n'ont pas de cellier ni de
grenier ; et Dieu les nourrit. Combien valez-vous
25 plus que les oiseaux ! Et qui d'entre vous, par le
souci qu'il se donne, peut ajouter une coudée à sa
26 taille[a] ? Si donc vous ne pouvez pas même ce qui
est très petit, pourquoi êtes-vous en souci du
27 reste ? Considérez les lis, comment ils croissent :
ils ne travaillent ni ne filent ; cependant je vous
dis que même Salomon, dans toute sa gloire,
28 n'était pas vêtu comme l'un d'eux. Si Dieu revêt
ainsi l'herbe qui est aujourd'hui au champ et qui
demain est jetée au four, à plus forte raison le
29 fera-t-il pour vous, gens de petite foi ! Et vous, ne
cherchez pas ce que vous mangerez ou ce que
30 vous boirez, et n'en soyez pas en peine ; car tout
cela, les nations° du monde le recherchent ; mais
31 votre Père sait que vous en avez besoin ; cherchez
plutôt son royaume, et cela vous sera donné par-
dessus.

32 Ne crains pas, petit troupeau, car il a plu à votre
33 Père de vous donner le royaume. Vendez vos biens
et donnez l'aumône ; faites-vous des bourses qui
ne vieillissent pas, un trésor inépuisable, dans les
cieux, où le voleur n'approche pas, et où la mite
34 ne détruit pas ; car là où est votre trésor, là aussi
sera votre cœur.

35 Que vos reins soient ceints° et vos lampes allu-
36 mées ; et soyez vous-mêmes semblables à des hommes qui attendent leur maître°, lorsqu'il reviendra
des noces : ainsi, dès qu'il arrivera et frappera, ils
37 lui ouvriront aussitôt. Bienheureux sont ces esclaves que le maître, quand il viendra, trouvera en
train de veiller. En vérité, je vous dis qu'il se cein-
dra°, les fera mettre à table et, s'avançant, il les
38 servira. Qu'il vienne à la deuxième ou à la troi-

---

a• *ou* : un seul instant à la durée de sa vie ; *comp.* Psaume 39. 5. *Voir* Mesures°.

sième veille°, s'il les trouve ainsi, bienheureux
sont ces esclaves! Mais sachez-le : si le maître de 39
maison avait su à quelle heure le voleur devait venir, il aurait veillé et n'aurait pas laissé percer sa
maison. Vous donc aussi, soyez prêts; car le Fils de 40
l'homme vient, à l'heure que vous ne pensez pas.
Pierre lui dit : 41
– Seigneur, dis-tu cette parabole° pour nous, ou
aussi pour tous ? Le Seigneur lui répondit : 42
– Quel est donc l'intendant fidèle, sage, que le
maître° établira sur ses domestiques pour leur
donner au temps convenable leur ration de blé ?
Bienheureux est cet esclave que son maître, lors- 43
qu'il viendra, trouvera faisant ainsi ! En vérité, je 44
vous dis qu'il l'établira sur tous ses biens. Mais si 45
cet esclave dit en son cœur : Mon maître tarde à
venir, et qu'il se mette à battre les serviteurs et les
servantes, à manger, à boire et à s'enivrer, le maî- 46
tre de cet esclave viendra un jour qu'il n'attend
pas et à une heure qu'il ne sait pas : il le coupera
en deux et lui donnera sa part avec les infidèles.
Or cet esclave qui a connu la volonté de son maître 47
et qui n'a rien préparé ni fait selon sa volonté, sera
battu de nombreux coups; et celui qui ne l'a pas 48
connue et qui, par sa conduite, a mérité des coups,
sera battu de peu de coups : à quiconque il a été
beaucoup donné, il sera beaucoup redemandé; et
à qui il a été beaucoup confié, il sera réclamé davantage.

Je suis venu jeter le feu sur la terre, et que vou- 49
drais-je, s'il a déjà été allumé ? Mais j'ai à être bap- 50
tisé d'un baptême; et combien je suis étreint jusqu'à ce qu'il soit accompli ! Pensez-vous que je 51
sois venu apporter la paix sur la terre ? Non, vous
dis-je, mais plutôt la division. Car désormais, cinq 52
dans une même maison seront divisés : trois seront 53
divisés contre deux, et deux contre trois; père
contre fils, et fils contre père; mère contre fille et
fille contre mère; belle-mère contre belle-fille, et
belle-fille contre belle-mère.

54 Il disait aussi aux foules :
– Quand vous voyez un nuage se lever à l'occident, aussitôt vous dites : Il vient une averse ; et
55 cela arrive ainsi. Quand c'est le vent du midi qui
souffle, vous dites : Il fera très chaud ; et cela ar-
56 rive. Hypocrites ! Vous savez discerner l'aspect de
la terre et du ciel, et comment ne discernez-vous
57 pas ce temps-ci ? Et pourquoi aussi ne jugez-vous
58 pas par vous-mêmes de ce qui est juste ? Car
lorsque tu vas avec ta partie adverse devant le magistrat, efforce-toi en chemin d'être délivré de
celle-ci, de peur qu'elle ne te traîne devant le
juge ; le juge te livrera au garde, et le garde te jet-
59 tera en prison. Je te dis que tu ne sortiras pas de là
avant d'avoir payé jusqu'à la dernière pite°.

13 Au même moment, se trouvaient là des gens
qui lui rapportèrent l'affaire des Galiléens° dont
Pilate° avait mêlé le sang avec leurs sacrifices.
2 Jésus leur répondit :
– Croyez-vous que ces Galiléens étaient plus pé-
cheurs° que tous les Galiléens, pour avoir souffert
3 de telle manière ? Non, vous dis-je ; mais si vous ne
vous repentez° pas, vous périrez tous pareille-
4 ment. Ou ces dix-huit sur qui tomba la tour à Siloé,
et qu'elle tua, croyez-vous qu'ils étaient plus cou-
5 pables que tous les habitants de Jérusalem ? Non,
vous dis-je ; mais si vous ne vous repentez pas,
vous périrez tous pareillement.
6 Il disait encore cette parabole° :
Quelqu'un avait un figuier planté dans sa vigne ; il
7 vint y chercher du fruit, et n'en trouva pas. Il dit
au vigneron :
– Voici trois ans que je viens chercher du fruit
sur ce figuier, et je n'en trouve pas : coupe-le.
8 Pourquoi occupe-t-il inutilement la terre ? Mais le
vigneron lui répondit :
– Maître°, laisse-le encore cette année, jusqu'à
ce que je l'aie déchaussé et que j'y aie mis du fu-

mier ; peut-être portera-t-il du fruit, *sinon alors tu* 9
le couperas.
Il enseignait dans l'une des synagogues°, le jour 10
du sabbat°. Et voici, il y avait une femme possédée 11
depuis dix-huit ans d'un esprit qui la rendait infirme : elle était courbée et absolument incapable
de se redresser. Quand il la vit, Jésus l'appela et lui 12
dit :
– Femme, tu es délivrée de ton infirmité.
Puis il posa les mains sur elle, et à l'instant elle se 13
redressa et glorifiait Dieu. S'adressant à la foule, le 14
chef de synagogue, indigné de ce que Jésus avait
guéri le jour du sabbat, dit :
– Il y a six jours où il faut travailler ; venez donc
ces jours-là pour être guéris, et non pas le jour du
sabbat. Mais le Seigneur lui répondit : 15
– Hypocrites ! Chacun de vous ne détache-t-il
pas de la crèche[a] son bœuf ou son âne le jour du
sabbat pour le mener boire ? Et celle-ci, qui est fille 16
d'Abraham, elle que Satan avait liée il y a dix-huit
ans, ne fallait-il pas la délivrer de ce lien le jour du
sabbat ?
Comme il disait cela, tous ses adversaires furent 17
couverts de honte ; et toute la foule se réjouissait
de toutes les choses glorieuses qui étaient faites
par lui.
Il disait donc : 18
– À quoi est semblable le royaume de Dieu, et à
quoi le comparerai-je ? Il est semblable à un grain 19
de moutarde qu'un homme prit et jeta dans son
jardin ; il poussa, devint un arbre, et les oiseaux du
ciel nichèrent dans ses branches.
Il dit encore : 20
– À quoi comparerai-je le royaume de Dieu ? Il 21
est semblable à du levain qu'une femme prit et cacha parmi trois mesures° de farine, jusqu'à ce que
tout eut levé.

---

a • mangeoire.

22 Il traversait villes et villages, enseignant et pour-
23 suivant son chemin vers Jérusalem. Quelqu'un lui
dit :

– Seigneur, ceux qui seront sauvés sont-ils en pe-
24 tit nombre ? Mais il leur dit :

– Luttez pour entrer par la porte étroite ; parce
que beaucoup, je vous le dis, chercheront à entrer
25 et ne pourront pas. Dès que le maître de maison se
sera levé et aura fermé la porte, quand vous vous
tiendrez dehors et que vous vous mettrez à frapper à la porte, en disant : Seigneur, ouvre-nous –
en réponse il vous dira : Vous, je ne sais pas d'où
26 vous êtes. Alors vous vous mettrez à dire : Nous
avons mangé et bu en ta présence, et tu as en-
27 seigné dans nos rues. Mais il dira : Je vous le déclare, je ne sais pas d'où vous êtes ; retirez-vous de
28 moi, vous tous, ouvriers d'iniquité. Là seront les
pleurs et les grincements de dents, quand vous verrez Abraham, Isaac, Jacob et tous les prophètes
dans le royaume de Dieu, mais vous, jetés dehors.
29 Il en viendra d'orient et d'occident, du nord et du
midi ; et ils se mettront à table dans le royaume de
30 Dieu. Et voici, il y a des derniers qui seront premiers, et il y a des premiers qui seront derniers.

31 Au même moment, des pharisiens° s'approchèrent et lui dirent :

– Retire-toi et va-t'en d'ici, car Hérode° veut te
32 tuer. Il leur dit alors :

– Allez dire à ce renard : Voici, je chasse des dé-
mons°, j'opère des guérisons aujourd'hui et demain et, le troisième jour, pour moi tout s'achève.
33 Cependant, il faut que je continue à marcher aujourd'hui, demain et le jour suivant, car il est impossible qu'un prophète périsse hors de Jérusalem.
34 Jérusalem, Jérusalem, la ville qui tue les prophètes
et qui lapide ceux qui lui sont envoyés, que de fois
j'ai voulu rassembler tes enfants, comme une
poule rassemble sa couvée sous ses ailes, et vous
35 ne l'avez pas voulu ! Voici, votre maison vous est
abandonnée ; et je vous dis : Vous ne me verrez

plus jusqu'à ce qu'arrive le temps où vous direz :
Béni soit celui qui vient au nom du Seigneur* !

Au moment où il entrait, un jour de sabbat°, **14**
dans la maison d'un des chefs des pharisiens° pour
prendre un repas[a], ceux-ci l'épiaient. Et voici, il y 2
avait devant lui un homme atteint d'hydropisie[b].
Prenant la parole, Jésus s'adressa aux docteurs° de 3
la Loi et aux pharisiens :
– Est-il permis de donner des soins, le jour du
sabbat ?
Mais ils se turent. Alors il prit le malade, le guérit 4
et le renvoya. Puis il leur dit : 5
– Qui de vous, si son âne ou son bœuf tombe
dans un puits, ne l'en retirera pas aussitôt le jour
du sabbat ?
Et ils ne purent rien répliquer à cela. 6
Il dit encore une parabole° aux invités, en obser- 7
vant comment ils choisissaient les premières places ; il leur déclara :
– Quand tu es invité par quelqu'un à des noces, 8
ne t'installe pas à la première place, de peur qu'un
plus honorable que toi ne soit invité par lui, et que 9
celui qui vous a invités, toi et lui, ne vienne te
dire : Cède ta place à celui-ci ; alors tu devrais te
mettre, avec honte, à occuper la dernière place.
Mais, quand tu seras invité, va t'asseoir à la der- 10
nière place, afin que, quand celui qui t'a invité
viendra, il te dise : Ami, monte plus haut. Alors tu
auras de l'honneur devant tous ceux qui seront à
table avec toi ; parce que quiconque s'élève sera 11
abaissé, et celui qui s'abaisse sera élevé.
Il dit aussi à celui qui l'avait invité : 12
– Quand tu donnes un déjeuner ou un dîner,
n'appelle pas tes amis, ni tes frères, ni ta parenté,
ni de riches voisins, de peur qu'ils ne t'invitent à
leur tour et ne te rendent la pareille. Mais quand 13
tu donnes un festin, invite des pauvres, des estro-

---

a• *litt.* : pour manger du pain. – b• *maladie caractérisée par une enflure généralisée (œdème).*

14 piés, des boiteux, des aveugles ; et tu seras bienheureux, parce qu'ils n'ont pas de quoi te le rendre : *cela te sera rendu en la résurrection des justes.*
15 Ayant entendu ces paroles, un de ceux qui
étaient à table dit à Jésus :
– Bienheureux celui qui mangera du pain dans
16 le royaume de Dieu. Mais il lui dit :
– Un homme donnait un grand dîner ; il y invita
17 beaucoup de gens. À l'heure du dîner, il envoya
son esclave dire aux invités :
– Venez, car déjà tout est prêt.
18 Mais ils commencèrent tous unanimement à s'ex-
cuser.
Le premier lui dit : J'ai acheté un champ, et je dois
absolument aller le voir ; je te prie, tiens-moi pour
excusé.
19 Un autre dit : J'ai acheté cinq paires de bœufs, et je
vais les essayer ; je te prie, tiens-moi pour excusé.
20 Puis un autre dit : Je viens de me marier et, à cause
de cela, je ne peux pas venir.
21 À son retour, l'esclave rapporta ces réponses à son
maître. Alors, en colère, le maître de maison dit à
son esclave :
– Va vite dans les rues et les ruelles de la ville, et
amène ici les pauvres, les estropiés, les aveugles et
22 les boiteux. L'esclave dit :
– Maître°, ce que tu as commandé est fait, et il y
a encore de la place.
23 Le maître dit alors à l'esclave :
– Va dans les chemins et le long des haies, et
contrains les gens à entrer, afin que ma maison°
24 soit remplie ; car je vous dis qu'aucun de ces hommes qui ont été invités ne goûtera de mon dîner.
25 De grandes foules faisaient route avec lui. Il se
retourna et leur dit :
26 – Si quelqu'un vient à moi, et ne hait[a] pas son
père, sa mère, sa femme, ses enfants, ses frères, ses

---

a • *hébraïsme qui signifie* : si quelqu'un vient à moi, et aime son père, sa mère, [...] plus que moi (*comp.* Matthieu 10. 37).

sœurs, et même aussi sa propre vie, il ne peut pas
être mon disciple. Et quiconque ne porte pas sa 27
croix et ne vient pas après moi, ne peut être mon
disciple. Qui parmi vous, en effet, s'il veut bâtir 28
une tour, ne s'assied d'abord et ne calcule la dépense, pour voir s'il a de quoi mener l'œuvre à
bonne fin ? Autrement, si, après avoir posé les fon- 29
dations, il ne pouvait pas achever, tous ceux qui le
verraient se mettraient à se moquer de lui et à
dire : Cet homme a commencé à bâtir et il n'a pas 30
pu achever. Ou quel roi, partant pour faire la 31
guerre à un autre roi, ne s'assied d'abord pour se
demander s'il peut avec dix mille hommes affron-
ter celui qui vient contre lui avec vingt mille ? Sinon, pendant qu'il est encore loin, il lui envoie 32
une ambassade et s'informe des conditions de
paix. De la même façon, quiconque parmi vous ne 33
renonce pas à tout ce qu'il a ne peut pas être mon
disciple.
Le sel est bon ; mais si même le sel a perdu sa sa- 34
veur, avec quoi l'assaisonnera-t-on ? Il n'est utile 35
ni pour la terre, ni pour le fumier ; on le jette dehors. Qui a des oreilles pour entendre, qu'il entende.

Tous les publicains° et les pécheurs° s'appro- **15**
chaient de lui pour l'entendre. Mais les pharisiens° 2
et les scribes° murmuraient :
– Celui-ci accueille des pécheurs et mange avec
eux. Il leur dit alors cette parabole° : 3
– Quel est l'homme parmi vous qui, s'il a cent 4
brebis et en a perdu une, ne laisse les quatre-vingt-
dix-neuf au désert pour aller après celle qui est
perdue, jusqu'à ce qu'il l'ait trouvée ? Quand il l'a 5
trouvée, il la met sur ses épaules, tout joyeux ;
puis, de retour à la maison, il assemble les amis et 6
les voisins et leur dit : Réjouissez-vous avec moi,
car j'ai trouvé ma brebis, celle qui était perdue. Je 7
vous dis qu'ainsi il y aura de la joie au ciel pour un
seul pécheur° qui se repent°, plus que pour qua-

tre-vingt-dix-neuf justes qui n'ont pas besoin de repentance.
8 Ou quelle est la femme qui, ayant dix drach-
mes°, si elle perd une drachme, n'allume la lampe,
ne balaie la maison et ne cherche soigneusement
9 jusqu'à ce qu'elle l'ait trouvée ? Quand elle l'a
trouvée, elle assemble les amies et les voisines et
leur dit : Réjouissez-vous avec moi, car j'ai trouvé
10 la drachme que j'avais perdue. Ainsi, je vous le
dis, il y a de la joie devant les anges de Dieu pour
un seul pécheur qui se repent.
11 Il dit encore :
12 Un homme avait deux fils ; le plus jeune dit à son
père :

– Père, donne-moi la part du bien qui me revient.
13 Alors il leur partagea son bien. Peu de jours après,
le plus jeune fils vendit tout et partit pour un pays
éloigné ; là il dissipa ce qu'il avait, en vivant dans la
14 débauche. Après qu'il eut tout dépensé, une
grande famine survint dans ce pays-là ; et lui aussi
15 commença à être dans le besoin. Il alla se joindre à
l'un des citoyens de ce pays-là, qui l'envoya dans
16 ses champs garder les porcs. Et il désirait se remplir le ventre des gousses que mangeaient les
17 porcs ; mais personne ne lui donnait rien. Revenu
à lui-même, il dit :

– Combien d'ouvriers de mon père ont du pain
18 en abondance, et moi je péris ici de faim ! Je me lèverai, je m'en irai vers mon père et je lui dirai :
19 Père, j'ai péché contre le ciel et devant toi ; je ne
suis plus digne d'être appelé ton fils ; traite-moi
comme l'un de tes ouvriers.
20 Il se leva et vint vers son père. Comme il était encore loin, son père le vit et fut ému de compassion ; il courut à lui, se jeta à son cou et le couvrit
21 de baisers. Le fils lui dit :

– Père, j'ai péché contre le ciel et devant toi ; je
ne suis plus digne d'être appelé ton fils.
22 Mais le père dit à ses esclaves :

– Apportez dehors la plus belle robe, et l'en revêtez ; mettez-lui un anneau au doigt et des sandales aux pieds ; puis amenez le veau gras et tuez-le ; 23
mangeons et réjouissons-nous, car mon fils que 24
voici était mort et il est revenu à la vie ; il était
perdu et il est retrouvé.
Et ils se mirent à faire bonne chère.
Or son fils aîné était aux champs. Lorsque, à son re- 25
tour, il approcha de la maison, il entendit la mu-
sique et les danses. Il appela l'un des serviteurs et 26
demanda ce que c'était. Il lui dit : 27
– Ton frère est revenu, et ton père a tué le veau
gras parce qu'il l'a retrouvé sain et sauf.
Il se mit en colère et ne voulait pas entrer. Son 28
père sortit, et il le priait d'entrer. Mais lui répondit 29
à son père :
– Voici tant d'années que je te sers ; jamais je
n'ai désobéi à un de tes commandements, et tu ne
m'as jamais donné un chevreau pour faire bonne
chère avec mes amis. Mais quand celui-ci, ton fils, 30
qui a mangé ton bien avec des prostituées, est
venu, tu as tué pour lui le veau gras. Le père lui 31
dit :
– Mon enfant, tu es toujours avec moi, et tout ce
qui est à moi est à toi ; mais il fallait faire bonne 32
chère et se réjouir ; car celui-ci, ton frère, était
mort et il est revenu à la vie ; il était perdu et il est
retrouvé.

Jésus dit aussi à ses disciples : **16**
Un homme riche avait un intendant ; et celui-ci fut
accusé devant lui de dilapider ses biens. Il l'appela 2
et lui dit :
– Qu'est-ce que j'entends dire de toi ? Rends
compte de ta gestion ; car tu ne pourras plus l'assurer. L'intendant dit en lui-même : 3
– Que vais-je faire, puisque mon maître m'ôte la
gestion ? Je n'ai pas la force pour bêcher la terre ;
j'ai honte de mendier : je sais ce que je vais faire, 4

afin qu'une fois écarté de ma gestion je sois reçu
dans leurs maisons.
5 Il appela chacun des débiteurs de son maître et dit
au premier :
6 – Combien dois-tu à mon maître ? Il répondit :
– Cent baths° d'huile. L'intendant lui dit :
– Prends ton compte, assieds-toi vite et inscris
7 cinquante. Puis il dit à un autre :
– Et toi, combien dois-tu ? Il dit :
– Cent cors° de froment. L'intendant lui dit :
– Prends ton compte et inscris quatre-vingts.
8 Le maître loua l'intendant malhonnête parce qu'il
avait agi prudemment. Car les fils de ce siècle°
sont plus prudents, à l'égard de leurs semblables,
que les fils de la lumière.
9 Et moi, je vous dis :
– Faites-vous des amis avec les richesses injustes,
afin que, quand elles viendront à manquer, vous
10 soyez reçus dans les demeures éternelles. Celui
qui est fidèle dans ce qui est très petit est fidèle
aussi dans ce qui est grand ; et celui qui est injuste
dans ce qui est très petit est injuste aussi dans ce
11 qui est grand. Si donc vous n'avez pas été fidèles
dans les richesses injustes, qui vous confiera les
12 vraies ? Et si vous n'avez pas été fidèles dans ce qui
est à autrui, qui vous donnera ce qui est vôtre ? Au-
13 cun serviteur ne peut servir deux maîtres ; en effet,
ou il haïra l'un et aimera l'autre, ou il s'attachera à
l'un et méprisera l'autre ; vous ne pouvez pas servir Dieu et les richesses.
14 Les pharisiens°, qui aimaient l'argent, enten-
15 daient tout cela, et ils se moquaient de lui. Il leur
dit :
– Vous êtes ceux qui se justifient eux-mêmes devant les hommes, mais Dieu connaît vos cœurs ;
car ce qui est haut estimé parmi les hommes est
16 une abomination devant Dieu. La Loi et les Prophètes ont été jusqu'à Jean ; dès lors le royaume

de Dieu est annoncé[a], et chacun use de violence
pour y entrer. Or il est plus facile que le ciel et la 17
terre passent, que ne tombe un seul trait de lettre
de la Loi. Quiconque répudie sa femme et en 18
épouse une autre commet l'adultère; et quiconque épouse une femme répudiée par son mari
commet l'adultère.

Or il y avait un homme riche qui se vêtait de 19
pourpre et de fin lin, et qui menait joyeuse vie,
chaque jour, splendidement. Et il y avait un pau- 20
vre, nommé Lazare, couché à sa porte, tout couvert d'ulcères; il désirait se rassasier des miettes 21
qui tombaient de la table du riche, mais même les
chiens venaient lécher ses ulcères. Il arriva que le 22
pauvre mourut et qu'il fut porté par les anges
dans le sein d'Abraham. Le riche aussi mourut et
fut enseveli. Et dans l'hadès°, levant les yeux, 23
comme il était dans les tourments, il voit de loin
Abraham, et Lazare dans son sein. Alors il s'écria : 24

– Père Abraham, aie pitié de moi et envoie Lazare, afin qu'il trempe dans l'eau le bout de son
doigt et qu'il rafraîchisse ma langue, car je suis
tourmenté dans cette flamme. Mais Abraham dit : 25

– Mon enfant, souviens-toi que tu as reçu tes
biens pendant ta vie, et Lazare pareillement les
maux; mais maintenant lui est consolé ici, et toi
tu es tourmenté. Et de plus, un grand gouffre est 26
fermement établi entre nous et vous; de sorte que
ceux qui veulent passer d'ici vers vous ne le peuvent pas, et que ceux qui veulent passer de là ne
traversent pas non plus vers nous. Alors il dit : 27

– Je te prie donc, père, d'envoyer Lazare dans la
maison de mon père, car j'ai cinq frères : qu'il les 28
avertisse solennellement, afin qu'ils ne viennent
pas, eux aussi, dans ce lieu de tourment. Mais 29
Abraham lui dit :

– Ils ont Moïse[b] et les prophètes; qu'ils les écoutent. L'autre reprit : 30

---

a• annoncé comme la bonne nouvelle (*litt.* : évangélisé); *voir* Évangile°. – b• *c.-à-d. : les écrits de Moïse.*

–Non, père Abraham ; mais si quelqu'un va des
31 morts vers eux, ils se repentiront°. Abraham lui
dit :

–S'ils n'écoutent pas Moïse et les prophètes, ils
ne seront pas persuadés non plus, même si quelqu'un ressuscite d'entre les morts.

17 Jésus dit à ses disciples :

–Il est impossible qu'il n'arrive pas des scanda-
les° ; mais malheur à celui par qui ils arrivent !
2 Mieux vaudrait pour lui qu'on lui mette au cou
une pierre de moulin[a] et qu'il soit jeté dans la
3 mer, que de scandaliser° un de ces petits. Prenez
garde à vous-mêmes ! Si ton frère pèche, reprends-
4 le et, s'il se repent°, pardonne-lui ; si sept fois par
jour il pèche contre toi, et que sept fois il retourne
à toi, en disant : Je me repens, tu lui pardonneras.
5 Les apôtres° dirent au Seigneur :
6 –Augmente-nous la foi. Le Seigneur dit :
–Si vous aviez de la foi comme un grain de moutarde, vous diriez à ce mûrier : Déracine-toi et
plante-toi dans la mer ; et il vous obéirait.
7 Qui parmi vous, s'il a un esclave occupé à labourer ou à garder le bétail, lui dira, quand il revient
8 des champs : Viens vite te mettre à table ! Ne lui
dira-t-il pas au contraire : Prépare-moi à dîner,
ceins-toi° et sers-moi jusqu'à ce que j'aie mangé et
9 bu ; et après, tu mangeras et tu boiras, toi ! Doit-il
de la reconnaissance à l'esclave pour avoir fait ce
qui avait été commandé ? Je ne le pense pas[b].
10 Ainsi, vous aussi, quand vous aurez fait tout ce qui
vous a été commandé, dites : Nous sommes des esclaves inutiles ; ce que nous étions obligés de faire,
nous l'avons fait.
11 Il arriva qu'en allant à Jérusalem il traversait la
12 Samarie° et la Galilée°. Comme il entrait dans un
village, dix lépreux vinrent à sa rencontre ; ils s'ar-

---

a• *grosse meule de pierre.* – b• *pl. mss. omettent* : Je ne le pense pas.

rêtèrent à distance et ils élevèrent la voix en di- 13
sant :
– Jésus, maître▽, aie pitié de nous ! En les 14
voyant, il leur dit :
– Allez vous montrer aux sacrificateurs°.
Or il arriva qu'en chemin ils furent rendus nets[a].
L'un d'eux, voyant qu'il était guéri, revint sur ses 15
pas en glorifiant Dieu à haute voix ; puis il se jeta 16
sur sa face aux pieds de Jésus, en lui rendant grâces. Et c'était un Samaritain°. Jésus répondit : 17
– Les dix n'ont-ils pas été rendus nets ? Et les
neuf, où sont-ils ? Il ne s'en est pas trouvé pour re- 18
venir donner gloire à Dieu, si ce n'est cet étranger.
Alors il lui dit : 19
– Lève-toi et va ; ta foi t'a guéri[b].
Les pharisiens° lui ayant demandé quand vien- 20
drait le royaume de Dieu, il leur répondit :
– Le royaume de Dieu ne vient pas de manière à
attirer l'attention ; et l'on ne dira pas : Il est ici ! 21
ou : Il est là ! Car voici, le royaume de Dieu est au
milieu de vous. Puis il dit aux disciples : 22
– Les jours viendront où vous désirerez voir l'un
des jours du Fils de l'homme°, et vous ne le verrez
pas. Alors on vous dira : Le voici ! ou : Le voilà ! 23
N'y allez pas et n'y courez pas. Car comme l'éclair, 24
fulgurant, brille d'une extrémité à l'autre sous le
ciel, ainsi sera le Fils de l'homme en son jour°.
Mais auparavant il faut qu'il souffre beaucoup et 25
qu'il soit rejeté par cette génération. Comme il ar- 26
riva aux jours de Noé, ainsi en sera-t-il aussi aux
jours du Fils de l'homme : on mangeait, on buvait, 27
on se mariait, on donnait en mariage, jusqu'au
jour où Noé entra dans l'arche ; alors le déluge
vint et les fit tous périr. Ce sera aussi comme aux 28
jours de Lot : on mangeait, on buvait, on achetait,
on vendait, on plantait, on bâtissait ; mais le jour 29
où Lot sortit de Sodome, il tomba du ciel une pluie
de feu et de soufre, qui les fit tous périr. Il en sera 30
de même le jour où le Fils de l'homme sera révélé.

a• *ou* : purs. – b• *litt.* : sauvé.

31 En ce jour-là, que celui qui sera sur le toit[a] et qui
aura ses affaires dans la maison ne descende pas
pour les emporter; de même, que celui qui sera
aux champs ne retourne pas en arrière. Souvenez-
32 vous de la femme de Lot. Quiconque cherchera à
33 sauver sa vie la perdra; et quiconque la perdra la
34 gagnera. Je vous dis qu'en cette nuit-là, deux seront sur un même lit: l'un sera pris et l'autre
35 laissé; deux femmes moudront ensemble: l'une
36 sera prise et l'autre laissée; deux seront aux
37 champs: l'un sera pris et l'autre laissé. En réponse,
ils lui disent:

– Où, Seigneur? Il leur dit:

– Là où est le corps, là aussi s'assembleront les aigles.

18 Il leur dit encore une parabole° pour montrer
qu'il leur fallait toujours prier et ne pas se lasser:
2 – Il y avait dans une ville un juge qui ne crai-
3 gnait pas Dieu et ne respectait pas les hommes; or
dans cette ville-là il y avait une veuve, qui allait le
voir pour lui dire: Rends-moi justice contre mon
4 adversaire. Pendant longtemps, il s'y refusait.
Mais ensuite il dit en lui-même: Bien que je ne
craigne pas Dieu et que je ne respecte pas les hom-
5 mes, néanmoins, parce que cette veuve me fatigue, je lui rendrai justice, de peur que, revenant
6 sans cesse, elle ne me casse la tête. Le Seigneur dit
alors:
7 – Écoutez ce que dit le juge inique. Et Dieu ne
ferait-il pas justice à ses élus°, qui crient à lui jour
et nuit, lui qui use de patience avant d'intervenir
8 pour eux? Je vous dis que bientôt il leur fera justice. Mais le Fils de l'homme°, quand il viendra,
trouvera-t-il de la foi sur la terre?
9 Il dit aussi cette parabole à quelques-uns qui se
confiaient en eux-mêmes comme s'ils étaient justes et qui tenaient le reste des hommes pour rien:
10 – Deux hommes montèrent au temple pour

---

a • *toit en terrasse accessible de l'extérieur.*

prier, l'un pharisien° et l'autre publicain°. Le pha- 11
risien, se tenant debout, priait ainsi en lui-même :
Ô Dieu, je te rends grâces de ce que je ne suis pas
comme le reste des hommes qui sont rapaces, injustes, adultères ; ou même comme ce publicain.
Je jeûne deux fois par semaine, je donne la dîme° 12
de tout mon revenu.
Le publicain, se tenant loin, ne voulait même pas 13
lever les yeux vers le ciel, mais se frappait la poitrine en disant : Ô Dieu, sois apaisé envers moi, pé-
cheur° ! Je vous le dis, celui-ci descendit dans sa 14
maison justifié plutôt que l'autre ; car quiconque
s'élève sera abaissé, et celui qui s'abaisse sera
élevé.

On lui apportait aussi les tout jeunes enfants, 15
pour qu'il les touche ; en voyant cela, les disciples
reprenaient ceux qui les apportaient. Mais Jésus 16
appela à lui les enfants et dit :

– Laissez venir à moi les petits enfants, et ne les
en empêchez pas ; car le royaume de Dieu est à
ceux qui sont comme eux. En vérité, je vous dis : 17
Quiconque ne recevra pas le royaume de Dieu
comme un petit enfant n'y entrera pas.

Un chef du peuple l'interrogea : 18

– Bon maître°, que faut-il que j'aie fait pour hériter de la vie éternelle ? Jésus lui dit : 19

– Pourquoi m'appelles-tu bon ? Nul n'est bon, sinon un seul, Dieu. Tu sais les commandements : 20
Ne commets pas d'adultère ; ne tue pas ; ne vole
pas ; ne dis pas de faux témoignage ; honore ton
père et ta mère. Il répondit : 21

– J'ai gardé tout cela dès ma jeunesse. Quand 22
Jésus l'eut entendu, il lui dit :

– Une chose te manque encore : vends tout ce
que tu as, distribue-le aux pauvres, et tu auras un
trésor dans les cieux ; et viens, suis-moi.
Mais lui, après avoir entendu cela, devint tout 23
triste ; car il était extrêmement riche. Et Jésus, 24
voyant qu'il était devenu fort triste, dit :

– Comme il est difficile pour ceux qui ont des

25 biens d'entrer dans le royaume de Dieu ! *Car il est*
plus facile à un chameau d'entrer par un trou d'aiguille, qu'à un riche d'entrer dans le royaume de
26 Dieu. Ceux qui l'avaient entendu dirent :
27 – Et qui peut être sauvé ? Mais il dit :
– Ce qui est impossible pour les hommes est pos-
28 sible pour Dieu. Pierre lui dit :
– Voici, nous avons tout quitté et nous t'avons
29 suivi. Il leur déclara :
– En vérité, je vous dis qu'il n'y a personne qui
ait quitté maison, ou parents, ou frères, ou femme,
30 ou enfants, à cause du royaume de Dieu, qui ne reçoive beaucoup plus en ce temps-ci et, dans le siè-
cle° qui vient, la vie éternelle.
31 Il prit avec lui les douze et leur dit :
– Voici, nous montons à Jérusalem, et tout ce
qui a été écrit par les prophètes concernant le Fils
32 de l'homme sera accompli : car il sera livré aux na-
tions°, on se moquera de lui, on l'injuriera, et on
33 crachera sur lui ; après qu'ils l'auront fouetté, ils le
mettront à mort ; et le troisième jour il ressuscitera.
34 Mais eux ne comprirent rien de tout cela ; cette parole leur était cachée et ils ne saisirent pas le sens
de ce qui était dit.
35 Et il arriva, lorsqu'il approchait de Jéricho,
qu'un aveugle était assis au bord du chemin et
36 mendiait. Il entendit la foule qui passait et de-
37 manda ce que c'était. On lui rapporta que Jésus le
38 Nazaréen passait. Alors il cria :
– Jésus, Fils de David, aie pitié de moi !
39 Ceux qui allaient devant le reprenaient pour le
faire taire ; mais il s'écriait d'autant plus fort :
– Fils de David ! aie pitié de moi !
40 Jésus s'arrêta et ordonna qu'on le lui amène.
Quand l'aveugle fut près de lui, il lui demanda :
41 – Que veux-tu que je te fasse ? Il dit :
42 – Seigneur, que je recouvre la vue. Jésus lui dit :
– Recouvre la vue, ta foi t'a guéri[a].

a • *litt.* : sauvé.

À *l'instant il recouvra la vue et le suivit,* glorifiant 43
Dieu. Tout le peuple, voyant cela, donna louange
à Dieu.

Jésus entra dans Jéricho, et il traversait la ville. **19**
Il y avait là un homme appelé Zachée : c'était un 2
chef de publicains°, et il était riche ; il cherchait à 3
voir Jésus, qui il était ; mais il ne le pouvait pas, à
cause de la foule, car il était de petite taille. Il cou- 4
rut en avant, monta sur un sycomore pour voir
Jésus, car il allait passer là. Quand Jésus fut venu à 5
cet endroit, il leva les yeux, le vit et lui dit :

– Zachée, descends vite, car il faut que je demeure aujourd'hui dans ta maison.

Vite, il descendit et le reçut avec joie. Voyant cela, 6
tous murmuraient et disaient qu'il était entré chez 7
un pécheur° pour y loger. Zachée, debout, dit au 8
Seigneur :

– Voici, Seigneur, je donne la moitié de mes biens aux pauvres ; et si j'ai fait tort à quelqu'un par une fausse accusation, je lui rends le quadru-
ple. Jésus lui dit : 9

– Aujourd'hui le salut est venu pour cette maison, vu que lui aussi est fils d'Abraham ; car le Fils 10
de l'homme° est venu chercher et sauver ce qui
était perdu.

Comme ils entendaient cela, Jésus ajouta une 11
parabole°, parce qu'il était près de Jérusalem, et
parce qu'ils pensaient, eux, que le royaume de
Dieu allait immédiatement paraître. Il dit donc : 12
Un homme de haute naissance se rendit dans un
pays éloigné, pour recevoir un royaume et revenir.
Il appela dix de ses esclaves, leur donna dix mines° 13
et leur dit :

– Faites-les fructifier jusqu'à ce que je revienne.

Or ses concitoyens le haïssaient, et ils envoyèrent 14
après lui une délégation pour dire :

– Nous ne voulons pas que celui-ci règne sur nous.

15 Et il arriva, à son retour, après qu'il eut reçu le royaume, qu'il fit appeler auprès de lui ces esclaves
auxquels il avait donné l'argent, afin de savoir ce
16 que chacun avait gagné en le faisant fructifier. Le
premier se présenta et dit :
17 – Maître°, ta mine a rapporté dix mines. Le maître lui dit :
– Bien, bon esclave, parce que tu as été fidèle en
ce qui est très peu de chose, aie autorité sur dix vil-
18 les. Le second vint et dit :
19 – Maître, ta mine a produit cinq mines. Il dit
aussi à celui-ci :
20 – Et toi, sois établi sur cinq villes. Puis un autre
vint et dit :
– Maître, voici ta mine, que j'avais mise de côté
21 dans un linge ; car j'ai eu peur de toi, parce que tu
es un homme sévère : tu retires ce que tu n'as pas
déposé, et tu moissonnes ce que tu n'as pas semé.
22 Il lui dit :
– Je te jugerai par ta propre parole, méchant esclave : tu savais que je suis un homme sévère, retirant ce que je n'ai pas déposé et moissonnant ce
23 que je n'ai pas semé ; pourquoi donc n'as-tu pas
mis mon argent à la banque, et une fois revenu, je
l'aurais retiré avec l'intérêt ?
24 Puis il dit à ceux qui étaient présents :
– Ôtez-lui la mine et donnez-la à celui qui a les
25 dix mines. – Ils lui dirent : Seigneur, il a dix mines !
26 – Car je vous le dis : À quiconque a, il sera donné ;
et à celui qui n'a pas, cela même qu'il a lui sera
27 ôté. Mais ceux-là, mes ennemis, qui n'ont pas
voulu que je règne sur eux, amenez-les ici et tuez-
les devant moi.
28 Après avoir dit cela, il allait devant eux, montant à Jérusalem.
29 Il arriva, comme il approchait de Bethphagé et
de Béthanie, vers le mont appelé mont des Oliviers, qu'il envoya deux de ses disciples, en disant :
30 – Allez au village qui est en face ; en y entrant,
vous trouverez un ânon attaché, sur lequel jamais

personne ne s'est assis ; détachez-le et amenez-le.
Si quelqu'un vous demande pourquoi vous le déta- 31
chez, vous lui direz ainsi : Le Seigneur en a besoin.
Ceux qui étaient envoyés s'en allèrent et trouvè- 32
rent tout comme il le leur avait dit. Comme ils dé- 33
tachaient l'ânon, ses maîtres leur dirent :
– Pourquoi détachez-vous l'ânon ? Ils dirent : 34
– Parce que le Seigneur en a besoin.
Puis ils l'amenèrent à Jésus ; et ayant jeté leurs vê- 35
tements sur l'ânon, ils y firent monter Jésus. À me- 36
sure qu'il avançait, ils étendaient leurs vêtements
sur le chemin. Comme déjà il était près de la des- 37
cente du mont des Oliviers, toute la multitude des
disciples, remplie de joie, se mit à louer Dieu à
haute voix pour tous les miracles qu'ils avaient
vus, et ils disaient : 38
– Béni soit le roi qui vient au nom du Seigneur* !
Paix dans le ciel, et gloire dans les lieux très hauts !
Certains des pharisiens° lui dirent alors du milieu 39
de la foule :
– Maître°, reprends tes disciples. Il répondit : 40
– Je vous dis que si eux se taisent, les pierres crie-
ront.
Quand il fut tout près, voyant la ville, il pleura sur 41
elle en disant : 42
– Si tu avais connu, toi aussi, au moins en cette
journée – la tienne – ce qui t'apporterait la paix !
mais maintenant, cela est resté caché à tes yeux.
Car des jours viendront sur toi où tes ennemis t'en- 43
toureront de tranchées, t'environneront, te serre-
ront de tous côtés et t'écraseront jusqu'en terre, 44
toi et tes enfants au-dedans de toi ; et ils ne laisse-
ront pas en toi pierre sur pierre, parce que tu n'as
pas connu le temps où tu as été visitée.

Puis il entra au temple et se mit à en chasser 45
ceux qui y vendaient et qui y achetaient, en leur 46
disant :
– Il est écrit : “Ma maison° sera une maison de

prière"[a] ; mais vous, vous en avez fait une caverne
de voleurs.
47 Et il enseignait tous les jours dans le temple. Les
principaux sacrificateurs°, les scribes° et les princi-
48 paux du peuple cherchaient à le faire mourir. Mais
ils ne trouvaient pas ce qu'ils pourraient faire ; car
tout le peuple se tenait suspendu à ses lèvres pour
l'entendre.

20 Il arriva, un de ces jours-là, comme il enseignait le peuple dans le temple et évangélisait, que
les principaux sacrificateurs° et les scribes° survin-
2 rent avec les anciens°. Ils lui parlèrent en ces termes :
– Dis-nous par quelle autorité tu fais cela, ou qui
3 est celui qui t'a donné cette autorité ? Il leur répondit :
– Je vais vous poser, moi aussi, une question ; di-
4 tes-moi : Le baptême de Jean était-il du ciel ou des
hommes ?
5 Ils raisonnèrent alors entre eux : Si nous disons :
Du ciel, il dira : Pourquoi donc ne l'avez-vous pas
6 cru ? Si nous disons : Des hommes, tout le peuple
nous lapidera, car il est persuadé que Jean était un
7 prophète. Alors ils répondirent qu'ils ne savaient
8 pas d'où il était. Jésus leur dit :
– Moi non plus, je ne vous dis pas par quelle autorité je fais cela.
9 Puis il se mit à dire au peuple cette parabole° :
– Un homme planta une vigne, la loua à des
cultivateurs et quitta le pays pour longtemps.
10 Puis, en la saison, il envoya un esclave aux cultivateurs pour qu'ils lui donnent du fruit de la vigne ;
mais les cultivateurs, après l'avoir battu, le ren-
11 voyèrent les mains vides. Il envoya encore un autre esclave ; mais après l'avoir, lui aussi, battu et
traité ignominieusement, ils le renvoyèrent les
12 mains vides. Il en envoya encore un troisième ;
mais ils blessèrent aussi celui-ci, et le jetèrent de-

a • Ésaïe 56. 7.

hors. Le maître de la vigne dit : Que ferai-je ? J'en- 13
verrai mon fils bien-aimé ; lui, peut-être, ils le res-
pecteront. Mais quand les cultivateurs le virent, ils 14
raisonnèrent entre eux : Celui-ci est l'héritier,
tuons-le, afin que l'héritage soit à nous. Ils le jetè- 15
rent hors de la vigne et le tuèrent. Que leur fera
donc le maître de la vigne ? Il viendra, fera périr 16
ces cultivateurs et donnera la vigne à d'autres.
Ayant entendu cela, ils dirent : Que rien de tel
n'arrive ! Mais lui les regarda et dit : 17
– Que signifie donc ce qui est écrit : "La pierre
que ceux qui bâtissaient ont rejetée, celle-là est devenue la pierre maîtresse de l'angle[a]" ? Quiconque 18
tombera sur cette pierre sera brisé ; mais celui sur
qui elle tombera, elle le broiera.

Les principaux sacrificateurs° et les scribes° 19
cherchèrent, à cette heure même, à mettre les
mains sur lui, mais ils eurent peur du peuple ; car
ils comprirent qu'il avait dit cette parabole contre
eux.

Après l'avoir épié, ils envoyèrent des agents se- 20
crets qui faisaient semblant d'être justes, pour le
surprendre en quelque parole, de manière à le livrer au magistrat et au pouvoir du gouverneur°.
Ils l'interrogèrent : 21
– Maître°, nous savons que tu parles et que tu
enseignes justement, que tu n'as pas égard à l'apparence des personnes, mais que tu enseignes la
voie de Dieu avec vérité. Nous est-il permis de 22
payer le tribut à César°, ou non ?
S'apercevant de leur perfidie, il leur dit : 23
– Pourquoi me tentez-vous ? Montrez-moi un 24
denier° ; de qui a-t-il l'image et l'inscription ? Ils répondirent :
– De César. Alors il leur dit : 25
– Rendez donc à César ce qui est à César, et à
Dieu ce qui est à Dieu.

---

a• *litt.* : la tête de l'angle (Psaume 118. 22).

26 Et ils ne pouvaient le surprendre dans ses paroles
devant le peuple ; étonnés de sa réponse, *ils se tu-*
rent.

27 Quelques-uns des sadducéens°, qui nient qu'il y
ait une résurrection, s'approchèrent et l'interrogèrent :

28 – Maître°, Moïse a écrit à notre intention : *Si le*
frère de quelqu'un vient à mourir, ayant une
femme, et qu'il meure sans enfant, que son frère
prenne la femme et suscite une descendance à son
29 *frère*[a]. Il y avait donc sept frères ; le premier, après
30 avoir pris une femme, mourut sans enfant ; le
deuxième prit la femme, et celui-ci aussi mourut
31 sans enfant ; le troisième la prit, et de même aussi
les sept : ils ne laissèrent pas d'enfants et mouru-
32 rent ; après eux tous, la femme aussi mourut.
33 Dans la résurrection donc, duquel sera-t-elle la
34 femme, car les sept l'ont eue pour femme ? Jésus
leur dit alors :

– Les fils de ce siècle° se marient et sont donnés
35 en mariage ; mais ceux qui seront estimés dignes
d'avoir part à ce siècle-là et à la résurrection d'entre les morts ne se marient pas ni ne sont donnés
36 en mariage ; en effet, ils ne peuvent plus mourir,
car ils sont semblables aux anges et sont fils de
37 Dieu, étant fils de la résurrection. Or, que les
morts ressuscitent, Moïse même l'a montré dans
le récit : "Du buisson", quand il appelle le Seigneur* : *le Dieu d'Abraham, le Dieu d'Isaac, et le*
38 *Dieu de Jacob*[b]. Or il n'est pas le Dieu des morts,
mais des vivants ; car pour lui tous vivent.
39 Quelques-uns des scribes° répondirent :
40 – Maître°, tu as bien dit. Car ils n'osaient plus
l'interroger sur rien.

41 Puis il leur dit :

– Comment dit-on que le Christ° est fils de Da-
42 vid ? Car David lui-même dit, dans le livre des
Psaumes : "*Le Seigneur* a dit à mon Seigneur : As-*
43 *sieds-toi à ma droite, jusqu'à ce que je mette tes*

---

a• *voir* Deutéronome 25. 5. – b• *voir* Exode 3. 6.

ennemis pour marchepied de tes pieds"[a]. David 44
donc l'appelle Seigneur ; et comment est-il son
fils ?

Comme tout le peuple écoutait, il dit à ses disci- 45
ples :

– Soyez en garde contre les scribes, qui se plai- 46
sent à se promener en longues robes, qui aiment
les salutations dans les places publiques, les premiers sièges dans les synagogues° et les premières
places dans les repas ; qui dévorent les maisons des 47
veuves et, pour l'apparence, font de longues prières – ceux-ci recevront une sentence plus sévère.

Levant les yeux, il vit des riches qui jetaient **21**
leurs offrandes au Trésor. Il vit aussi une veuve in- 2
digente qui y jetait deux pites°. Et il dit : 3

– En vérité, je vous dis que cette veuve, pauvre,
a jeté plus que tous les autres ; car tous ceux-ci ont 4
jeté de leur superflu aux offrandes de Dieu, mais
celle-ci y a jeté de sa pénurie, tout ce qu'elle avait
pour vivre.

Comme certains parlaient du temple et disaient 5
qu'il était orné de belles pierres et de dons[b], il dit :

– Des jours viendront où, de ce que vous 6
contemplez, il ne sera pas laissé pierre sur pierre
qui ne soit jetée à terre. Ils l'interrogèrent : 7

– Maître°, quand donc ces événements auront-
ils lieu, et quel sera le signe lorsqu'ils seront sur le
point d'arriver ? Alors il dit : 8

– Prenez garde, ne vous laissez pas séduire ; car
beaucoup viendront en mon nom, en disant : C'est
moi, et le temps est proche. N'allez pas après eux.
Quand vous entendrez parler de guerres et de bou- 9
leversements, ne vous épouvantez pas ; car il faut
que cela arrive d'abord ; mais la fin n'aura pas lieu
aussitôt. Alors il leur dit : 10

– Nation s'élèvera contre nation, et royaume
contre royaume ; et il y aura de grands tremble- 11

---

a• Psaume 110. 1. – b• choses consacrées à Dieu.

ments de terre en divers lieux, des famines et des
pestes[a]; il y aura aussi des sujets d'épouvante et
12 de grands signes venant du ciel. Mais, avant tout
cela, ils mettront les mains sur vous et vous persé-
cuteront, vous livrant aux synagogues° et vous
mettant en prison; et on vous mènera devant les
13 rois et les gouverneurs° à cause de mon nom. Cela
vous donnera l'occasion de rendre témoignage.
14 Ayez donc à cœur de ne pas vous préoccuper à
15 l'avance de votre défense, car moi je vous donnerai des paroles et une sagesse auxquelles tous vos
adversaires ne pourront pas répondre ni résister.
16 Vous serez aussi livrés par des parents, par des frères, par des proches et par des amis, et on fera
17 mourir quelques-uns d'entre vous; vous serez haïs
18 de tous, à cause de mon nom. Mais pas un cheveu
19 de votre tête ne sera perdu. Possédez vos âmes°
par votre patience.

20 Quand vous verrez Jérusalem environnée d'armées, sachez alors que sa désolation est proche.
21 Alors, que ceux qui sont en Judée° s'enfuient dans
les montagnes; que ceux qui sont au milieu de Jérusalem s'en retirent, et que ceux qui sont dans les
22 campagnes n'entrent pas dans la ville. Car ce sont
là des jours de vengeance, pour que s'accomplisse
23 tout ce qui est écrit. Mais quel malheur pour celles
qui seront enceintes et pour celles qui allaiteront
en ces jours-là ! Car il y aura une grande détresse
24 sur le pays et de la colère contre ce peuple. Ils tomberont sous le tranchant de l'épée; ils seront em-
menés captifs parmi toutes les nations, et Jérusalem sera foulée aux pieds par les nations jusqu'à
25 ce que soient accomplis les temps des nations°. Il
y aura des signes dans le soleil, la lune et les étoiles, et sur la terre une angoisse des nations en perplexité devant le grand bruit de la mer et des flots,
26 les hommes rendant l'âme de peur dans l'attente
de ce qui va atteindre la terre habitée, car les puis-
27 sances des cieux seront ébranlées. Alors on verra le

---

a• *ou* : épidémies.

Fils de l'homme venant sur une nuée avec beaucoup de puissance et de gloire. Quand ces événe- 28
ments commenceront à arriver, regardez en haut
et levez la tête, parce que votre rédemption° approche.

Puis il leur dit une parabole° : 29

–Voyez le figuier et tous les arbres : quand ils 30
ont déjà commencé à bourgeonner, en les regardant, vous comprenez de vous-mêmes que déjà
l'été est proche. De même vous aussi, quand vous 31
verrez arriver ces événements, sachez que le royaume de Dieu est proche. En vérité, je vous dis 32
que cette génération ne passera pas, que tout ne
soit arrivé. Le ciel et la terre passeront, mais mes 33
paroles ne passeront pas. Et prenez garde à vous- 34
mêmes, de peur que vos cœurs ne soient appesantis par la gourmandise, l'ivrognerie et par les soucis de la vie, et que ce jour-là ne tombe sur vous à
l'improviste ; car, comme un filet, il surprendra 35
tous ceux qui habitent sur la face de toute la terre.
Veillez donc, priant en tout temps, afin que vous 36
soyez estimés dignes d'échapper à tout ce qui doit
arriver, et de vous tenir devant le Fils de
l'homme°.

Il passait la journée dans le temple, à enseigner, 37
mais il sortait pour passer la nuit sur le mont appelé mont des Oliviers. Et tout le peuple, dès le 38
point du jour, venait à lui dans le temple, pour
l'entendre.

Or la fête des Pains° sans levain, qui est appe- **22**
lée la Pâque°, approchait. Les principaux sacrifica- 2
teurs° et les scribes° cherchaient comment ils
pourraient le faire mourir ; car ils craignaient le
peuple.

Et Satan entra dans Judas, appelé Iscariote, qui 3
était du nombre des douze, et celui-ci alla parler 4
avec les principaux sacrificateurs et les capitaines
sur la manière dont il le leur livrerait. Ils se réjoui- 5
rent et convinrent de lui donner de l'argent. Il 6

s'engagea, et cherchait une occasion pour le leur
livrer sans que la foule y soit.
7 Alors arriva le jour des Pains° sans levain, où il fal-
8 lait sacrifier la pâque°. Jésus envoya Pierre et Jean,
en leur disant :
– Allez nous préparer la pâque, afin que nous la
9 mangions. Ils lui dirent :
10 – Où veux-tu que nous la préparions ? Il leur répondit :
– Voici, quand vous arriverez dans la ville, un
homme portant une cruche d'eau viendra à votre
rencontre ; suivez-le dans la maison où il entrera.
11 Et vous direz au maître de la maison : Le maître°
te dit : Où est le logis où je pourrai manger la
12 pâque avec mes disciples ? Et lui vous montrera, à
l'étage, une grande salle[a] garnie ; c'est là que vous
ferez les préparatifs.
13 Ils allèrent et trouvèrent tout comme il leur avait
dit ; alors ils préparèrent la pâque.
14 Quand l'heure fut venue, il se mit à table, et les
15 douze apôtres° avec lui. Il leur dit :
– J'ai fortement désiré manger cette pâque avec
16 vous, avant que je souffre ; car je vous dis que je
n'en mangerai plus jusqu'à ce qu'elle soit accomplie dans le royaume de Dieu.
17 Ayant reçu une coupe, il rendit grâces et dit :
18 – Prenez ceci et distribuez-le entre vous, car je
vous dis que je ne boirai plus du fruit de la vigne,
jusqu'à ce que le royaume de Dieu soit venu.
19 Puis, ayant pris un pain, ayant rendu grâces, il le
rompit et le leur donna, en disant :
– Ceci est mon corps, qui est donné pour vous ;
20 faites ceci en mémoire de moi ; de même la coupe
aussi, après le souper, en disant :
– Cette coupe est la nouvelle alliance° en mon
21 sang, qui est versé pour vous. Mais voici, la main
22 de celui qui me livre est avec moi à table. Et le Fils

---

a • *pièce à l'étage supérieur servant, entre autres usages, de salle à manger, avec l'ameublement nécessaire.*

de l'homme s'en va bien, selon ce qui est déterminé[a] ; mais malheur à cet homme par qui il est livré !
Alors ils se mirent à se demander l'un à l'autre qui 23
donc serait celui d'entre eux qui allait faire cela.
Or il s'éleva aussi parmi eux une contestation 24
pour savoir lequel d'entre eux serait estimé le plus
grand. Il leur dit : 25
– Les rois des nations les dominent et ceux qui
exercent l'autorité sur elles sont appelés bienfai-
teurs ; il n'en sera pas ainsi de vous ; mais que le 26
plus grand parmi vous soit comme le plus jeune,
et celui qui conduit comme celui qui sert. En effet, 27
qui est le plus grand, celui qui est à table ou celui
qui sert ? N'est-ce pas celui qui est à table ? Or
moi, je suis au milieu de vous comme celui qui
sert. Mais vous, vous êtes ceux qui avez persévéré 28
avec moi dans mes épreuves. Et moi, je vous 29
confère un royaume comme mon Père m'en a
conféré un, afin que vous mangiez et que vous bu- 30
viez à ma table dans mon royaume, et que vous
soyez assis sur des trônes, jugeant les douze tribus
d'Israël.
Le Seigneur dit encore : 31
– Simon, Simon, voici, Satan a demandé à vous
avoir pour vous cribler comme le blé ; mais moi, 32
j'ai prié pour toi, afin que ta foi ne défaille pas ; et
toi, quand tu seras revenu, fortifie tes frères. Il lui 33
dit :
– Seigneur, avec toi, je suis prêt à aller et en prison et à la mort. Mais Jésus dit : 34
– Pierre, je te le dis, le coq ne chantera pas aujourd'hui, que d'abord tu n'aies, par trois fois, nié
me connaître.
Puis il leur dit : 35
– Quand je vous ai envoyés sans bourse, sans sac
et sans sandales, avez-vous manqué de quelque
chose ? Ils dirent :

---

a• établi à l'avance (*dans les desseins de Dieu : voir* Actes 2. 23).

36 – De rien. Il leur dit donc :
– Mais maintenant, que celui qui a une bourse la
prenne, et de même celui qui a un sac ; que celui
qui n'a pas d'épée vende son vêtement et achète
37 une épée. Car je vous dis qu'il faut encore que ce
qui est écrit soit accompli en moi : "Il a été compté
parmi les iniques"[a]. En effet, ce qui me concerne
38 va s'accomplir. Ils dirent :
– Seigneur, voici deux épées. Il leur dit :
– C'est assez.
39 Puis il sortit, alla selon sa coutume au mont des
40 Oliviers, et les disciples le suivirent. Quand il fut
en ce lieu-là, il leur dit :
– Priez que vous n'entriez pas en tentation.
41 Et lui s'éloigna d'eux environ d'un jet de pierre, et
s'étant mis à genoux, il priait, disant :
42 – Père, si tu voulais faire passer cette coupe loin
de moi ! Toutefois, que ce ne soit pas ma volonté
mais la tienne qui soit faite.
43 Alors lui apparut un ange du ciel, qui le fortifiait.
44 Étant dans l'angoisse du combat, il priait plus instamment ; et sa sueur devint comme des gru-
45 meaux de sang qui tombaient sur la terre. S'étant
levé de sa prière, il vint vers les disciples, qu'il
46 trouva endormis de tristesse ; il leur dit :
– Pourquoi dormez-vous ? Levez-vous et priez,
afin que vous n'entriez pas en tentation.
47 Comme il parlait encore, voici une foule ; et celui qui s'appelait Judas, l'un des douze, marchait
devant eux ; il s'approcha de Jésus pour lui donner
48 un baiser. Jésus lui dit :
– Judas, tu livres le Fils de l'homme par un baiser ?
49 Ceux qui étaient autour de lui, voyant ce qui allait
arriver, lui dirent :
– Seigneur, frapperons-nous de l'épée ?
50 L'un d'eux frappa l'esclave du souverain sacrifica-
51 teur° et lui emporta l'oreille droite. Mais Jésus répondit :

---

a• Ésaïe 53. 12.

– Laissez ; restez-en là !
Et, lui touchant l'oreille, il le guérit. Puis Jésus dit 52
aux principaux sacrificateurs°, aux capitaines du
temple et aux anciens° qui étaient venus contre
lui :
– Êtes-vous sortis comme après un brigand avec
des épées et des bâtons ? Lorsque j'étais tous les 53
jours avec vous dans le temple, vous n'avez pas
porté la main sur moi ; mais c'est maintenant votre
heure et le pouvoir des ténèbres.
Ils se saisirent de lui, l'emmenèrent et le condui- 54
sirent dans la maison du souverain sacrificateur.
Or Pierre suivait de loin. Lorsqu'ils eurent allumé 55
un feu au milieu de la cour et qu'ils se furent assis
ensemble, Pierre s'assit au milieu d'eux. Une ser- 56
vante, le voyant assis près du feu et l'ayant regardé
fixement, dit :
– Celui-ci aussi était avec lui. Mais il le nia : 57
– Femme, je ne le connais pas.
Peu après, un autre, en le voyant, dit : 58
– Toi aussi, tu es de ces gens-là. Mais Pierre dit :
– Homme, je n'en suis pas.
Environ une heure après, un autre affirma : 59
– En vérité, celui-ci aussi était avec lui ; d'ail-
leurs, il est Galiléen. Mais Pierre dit : 60
– Homme, je ne sais pas ce que tu dis.
Et à l'instant, comme il parlait encore, un coq
chanta. Le Seigneur, se retournant, regarda 61
Pierre ; et Pierre se ressouvint de la parole du Sei-
gneur, qui lui avait dit : Avant que le coq chante,
tu me renieras trois fois. Étant sorti dehors, il 62
pleura amèrement.
Les hommes qui tenaient Jésus se moquaient de 63
lui et le frappaient ; lui couvrant les yeux, ils l'in- 64
terrogeaient :
– Prophétise ; qui est celui qui t'a frappé ?
Et ils proféraient contre lui beaucoup d'autres in- 65
sultes.
Quand le jour fut venu, le Conseil des anciens° 66
du peuple, principaux sacrificateurs° et scribes°,

s'assembla; et ils l'amenèrent dans leur sanhé-
67 drin° en disant :
– *Si toi tu es le Christ°*, dis-le nous. Il leur dit :
68 – Si je vous le dis, vous ne le croirez pas; et si je
vous interroge, vous ne me répondrez pas, ni ne
69 me laisserez partir. Mais désormais le Fils de
l'homme *sera assis à la droite de la puissance de*
70 *Dieu*. Ils dirent tous :
– Toi, tu es donc le Fils de Dieu ? Il leur dit :
71 – Vous dites vous-mêmes que je le suis. Alors ils
dirent :
– Qu'avons-nous encore besoin de témoignage ?
Car nous-mêmes nous l'avons entendu de sa bouche.

23 Ils se levèrent tous ensemble et le menèrent à
2 Pilate°. Ils se mirent à l'accuser ainsi :
– Nous avons trouvé cet homme pervertissant
notre nation et défendant de payer les impôts à
César, disant qu'il est lui-même le Christ°, un roi.
3 Pilate l'interrogea :
– Toi, tu es le roi des Juifs ? Jésus lui répondit :
– Tu le dis.
4 Pilate déclara aux principaux sacrificateurs° et aux
foules :
5 – Je ne trouve aucun crime en cet homme. Mais
ils insistaient :
– Il soulève le peuple, en enseignant par toute la
Judée°, à partir de la Galilée° jusqu'ici.
6 Quand Pilate entendit parler de la Galilée, il de-
7 manda si l'homme était Galiléen. Apprenant qu'il
était de la juridiction d'Hérode°, il le renvoya à
Hérode qui, en ces jours-là, était lui-même aussi à
Jérusalem.
8 Quand Hérode vit Jésus, il se réjouit beaucoup;
car il y avait longtemps qu'il désirait le voir, parce
qu'il avait entendu parler de lui; et il espérait voir
9 quelque miracle opéré par lui. Il l'interrogea lon-
10 guement; mais Jésus ne lui répondit rien. Les principaux sacrificateurs et les scribes° se tenaient là et

l'accusaient avec véhémence. Alors Hérode, avec 11
ses troupes, après l'avoir traité avec mépris et
s'être moqué de lui, le revêtit d'un vêtement éclatant et le renvoya à Pilate. Ce même jour, Pilate et 12
Hérode devinrent amis ; car auparavant, il y avait
entre eux de l'inimitié.

Pilate convoqua les principaux sacrificateurs, les 13
chefs et le peuple et leur dit : 14

– Vous m'avez amené cet homme comme poussant le peuple à la révolte et voici, après l'avoir
examiné devant vous, moi je n'ai trouvé dans cet
homme aucun crime quant aux choses dont vous
l'accusez, ni Hérode non plus, car je vous ai ren- 15
voyés à lui ; et voici, rien n'a été fait par lui qui mérite la mort. Donc, après l'avoir châtié, je le relâ- 16
cherai.

Or il était obligé de leur relâcher quelqu'un à la 17
fête. Alors ils s'écrièrent tous ensemble : 18

– Fais mourir celui-ci, et relâche-nous Barabbas
(qui avait été jeté en prison à cause d'une émeute 19
survenue dans la ville et pour meurtre).

Pilate s'adressa de nouveau à eux, désirant relâ- 20
cher Jésus. Mais ils s'écriaient : 21

– Crucifie, crucifie-le !

Il leur dit pour la troisième fois : 22

– Mais quel mal celui-ci a-t-il fait ? Je n'ai rien
trouvé en lui qui mérite la mort ; donc, après
l'avoir châtié, je le relâcherai.

Mais ils insistaient à grands cris, demandant qu'il 23
soit crucifié. Leurs cris et ceux des principaux sacrificateurs eurent le dessus. Alors Pilate décida que 24
leur demande soit satisfaite : il relâcha celui qui, 25
pour cause d'émeute et de meurtre, avait été jeté
en prison – celui qu'ils demandaient – ; et Jésus, il
le livra à leur volonté.

Comme ils l'emmenaient, ils prirent un certain 26
Simon, Cyrénéen, qui venait des champs, et le
chargèrent de la croix, pour la porter derrière
Jésus. Il était suivi par une grande multitude de 27
gens du peuple, et de femmes qui se frappaient la

28 poitrine et menaient deuil sur lui. Mais Jésus se
tourna vers elles et dit :
– Filles de Jérusalem, ne pleurez pas sur moi ;
mais pleurez sur vous-mêmes et sur vos enfants ;
29 car voici, des jours viennent où l'on dira : Bienheu-
reuses les stériles, bienheureux les ventres qui
n'ont *pas enfanté, et les seins qui n'ont pas nourri*.
30 Alors ils se mettront à dire aux montagnes : Tom-
31 bez sur nous ; et aux coteaux : Cachez-nous ; car
s'ils font cela au bois vert, qu'arrivera-t-il au bois
sec ?
32 Deux autres aussi, qui étaient des malfaiteurs, furent menés avec lui pour être mis à mort.
33 Quand ils furent venus au lieu appelé Crâne, ils
le crucifièrent là, ainsi que les malfaiteurs, l'un à sa
34 droite, l'autre à sa gauche. Jésus dit :
– Père, pardonne°-leur, car ils ne savent pas ce
qu'ils font.
Puis, ayant fait le partage de ses vêtements, ils tirè-
35 rent au sort. Le peuple se tenait là et regardait ; les
chefs, de leur côté, se raillaient de lui et disaient :
– Il a sauvé les autres ; qu'il se sauve lui-même, si
lui est le Christ°, l'élu de Dieu.
36 Les soldats aussi se moquaient de lui ; ils s'appro-
37 chaient et lui présentaient du vinaigre° en disant :
– Si toi tu es le roi des Juifs, sauve-toi toi-même.
38 Il y avait aussi au-dessus de lui un écriteau en lettres grecques, romaines, et hébraïques : Celui-ci
est le roi des Juifs.
39 L'un des malfaiteurs qui étaient crucifiés l'inju-
riait en disant :
– N'es-tu pas le Christ, toi ? Sauve-toi toi-même,
et nous aussi.
40 Mais l'autre lui répondit et le reprit :
– Tu ne crains pas Dieu, toi ? Car tu es sous le
41 même jugement. Pour nous, nous y sommes justement, car nous recevons ce que méritent les actes
que nous avons commis ; mais celui-ci n'a rien fait
42 qui ne doive pas se faire. Et il disait à Jésus :

– Souviens-toi de moi, Seigneur, quand tu vien-
dras dans ton royaume ; Jésus lui dit : 43
– En vérité, je te dis : Aujourd'hui tu seras avec
moi dans le paradis.
C'était environ la sixième heure[a] ; et il y eut des 44
ténèbres sur tout le pays jusqu'à la neuvième
heure ; le soleil fut obscurci, et le voile° du tem- 45
ple° se déchira par le milieu. Et ayant crié d'une 46
voix forte, Jésus dit :
– Père ! entre tes mains je remets mon esprit.
Ayant dit cela, il expira.
Voyant ce qui était arrivé, le centurion° glorifia 47
Dieu en disant :
– En vérité, cet homme était juste.
Et toutes les foules qui s'étaient assemblées à ce 48
spectacle, voyant ce qui était arrivé, s'en retournaient en se frappant la poitrine. Tous ceux de sa 49
connaissance se tenaient à distance, ainsi que des
femmes qui l'avaient accompagné depuis la Gali-
lée° et qui voyaient cela.
Or voici, un homme nommé Joseph, qui était 50
conseiller, homme de bien et juste (lui ne s'était 51
pas joint à leur dessein ni à leur action), qui était
d'Arimathée, ville des Juifs, et qui attendait, lui
aussi, le royaume de Dieu, alla trouver Pilate et 52
lui demanda le corps de Jésus. Il le descendit, l'en- 53
veloppa d'un linceul et le mit dans un tombeau
taillé dans le roc, où personne n'avait jamais été
déposé. (C'était le jour de la Préparation° et le cré- 54
puscule du sabbat°.) Les femmes qui avaient ac- 55
compagné Jésus depuis la Galilée° suivirent ; elles
regardèrent le tombeau et comment son corps y
avait été déposé. Puis elles s'en retournèrent et 56
préparèrent des aromates et des parfums ; mais le
sabbat, elles se tinrent en repos, selon le commandement.

---

a • *ici : à la mi-journée (voir* heure°).

24 Le premier jour de la semaine, de très grand
matin, elles vinrent au tombeau, en apportant les
2 aromates qu'elles avaient préparés. Elles trouvèrent que la pierre avait été roulée de l'entrée du
3 tombeau. Une fois entrées, elles ne trouvèrent pas
4 le corps du Seigneur Jésus. Et il arriva, comme
elles étaient en grande perplexité à ce sujet, que
voici, deux hommes se tinrent devant elles, en vê-
5 tements éclatants de lumière. Comme elles étaient
épouvantées et baissaient le visage vers la terre, ils
leur dirent :

– Pourquoi cherchez-vous parmi les morts celui
6 qui est vivant ? Il n'est pas ici, mais il est ressuscité.
Souvenez-vous de ce qu'il vous a dit quand il était
7 encore en Galilée° : Il faut que le Fils de l'homme
soit livré entre les mains des pécheurs°, qu'il soit
crucifié et qu'il ressuscite le troisième jour.
8 Alors elles se souvinrent de ses paroles. Laissant le
9 tombeau, elles s'en retournèrent et rapportèrent
10 tout cela aux onze et à tous les autres. Ce furent
Marie de Magdala, Jeanne, Marie la mère de Jacques, et les autres femmes avec elles, qui dirent
11 cela aux apôtres°. Leurs paroles semblèrent à leurs
yeux comme des contes, et ils ne les crurent pas.
12 Mais Pierre se leva et courut au tombeau ; il se
baisse et ne voit là que les linges ; alors il s'en alla
chez lui, s'étonnant de ce qui était arrivé.

13 Et voici, deux d'entre eux étaient ce même jour
en chemin, pour aller à un village dont le nom
était Emmaüs, éloigné de Jérusalem de soixante
14 stades[a]. Ils parlaient entre eux de tous ces événe-
15 ments. Il arriva, comme ils s'entretenaient et s'in-
terrogeaient, que Jésus lui-même s'approcha et se
16 mit à marcher avec eux. Mais leurs yeux étaient re-
17 tenus, de sorte qu'ils ne le reconnurent pas. Alors
il leur dit :

– Quels sont ces propos que vous échangez en
marchant ? Et vous êtes tristes !

---

a • *environ 11 kilomètres ; voir* Mesures°.

L'un d'eux, dont le nom était Cléopas, lui répon- 18
dit :
– Est-ce que tu séjournes tout seul dans Jérusalem, que tu ne saches pas ce qui y est arrivé ces
jours-ci ? Il leur dit : 19
– Quoi donc ? Ils lui dirent :
– Ce qui concerne Jésus le Nazaréen ; c'était un
prophète puissant en œuvre et en parole devant
Dieu et devant tout le peuple, mais les principaux 20
sacrificateurs° et nos chefs l'ont livré pour être
condamné à mort et l'ont crucifié. Or nous, nous 21
espérions qu'il était celui qui doit délivrer Israël ;
mais encore, avec tout cela, c'est aujourd'hui le
troisième jour depuis que c'est arrivé. Pourtant, 22
quelques femmes d'entre nous nous ont fortement
étonnés ; elles se sont rendues de grand matin au
tombeau et, n'ayant pas trouvé son corps, elles 23
sont venues et ont dit aussi qu'elles avaient eu
une vision d'anges qui déclarent qu'il est vivant.
Certains des nôtres sont allés au tombeau et ont 24
trouvé les choses absolument comme les femmes
les avaient dites ; mais lui, ils ne l'ont pas vu. Alors 25
il leur dit :
– Ô gens sans intelligence et lents de cœur à
croire tout ce qu'ont dit les prophètes ! Ne fallait- 26
il pas que le Christ endure ces souffrances et qu'il
entre dans sa gloire ?
Et commençant par Moïse et par tous les Prophè- 27
tes, il leur expliquait, dans toutes les Écritures, les
choses qui le concernent. Ils approchèrent du vil- 28
lage où ils allaient ; lui fit comme s'il allait plus
loin. Mais ils le pressèrent, en disant : 29
– Reste avec nous, car le soir approche et le jour
a baissé.
Il entra pour rester avec eux. Et il arriva que, 30
comme il était à table avec eux, il prit le pain et il
bénit ; puis il le rompit et le leur distribua. Alors 31
leurs yeux furent ouverts et ils le reconnurent ;
mais lui devint invisible et disparut de devant eux.
Ils se dirent l'un à l'autre : 32

–Notre cœur ne brûlait-il pas au-dedans de
nous, lorsqu'il nous parlait en chemin, et qu'il
nous ouvrait les Écritures ?
33 Se levant à l'heure même, ils retournèrent à Jérusalem ; ils trouvèrent assemblés les onze et leurs
compagnons, qui disaient :
34 –Le Seigneur est réellement ressuscité, et *il* est
apparu à Simon.
35 Eux-mêmes racontèrent ce qui leur était arrivé en
chemin et comment il s'était fait connaître à eux
dans la fraction du pain.
36 Comme ils disaient cela, Jésus se tint lui-même
au milieu d'eux et leur dit :
–Paix à vous !
37 Et eux, tout effrayés et remplis de crainte,
38 croyaient voir un esprit. Mais il leur dit :
–Pourquoi êtes-vous troublés, et pourquoi des
raisonnements s'élèvent-ils dans vos cœurs ?
39 Voyez mes mains et mes pieds : c'est moi-même !
Touchez-moi et voyez : un esprit n'a pas de la
chair et des os, comme vous constatez que j'ai.
40 En disant cela, il leur montra ses mains et ses
41 pieds. Et comme, de joie, ils ne croyaient pas encore et s'étonnaient, il leur dit :
–Avez-vous ici quelque chose à manger ?
42 Ils lui donnèrent un morceau de poisson cuit et
43 quelque peu d'un rayon de miel ; il le prit et en
mangea devant eux.
44 Il leur dit :
–Telles sont les paroles que je vous disais quand
j'étais encore avec vous : il fallait que soit accompli tout ce qui est écrit de moi dans la loi de
Moïse, dans les Prophètes et dans les Psaumes[a].
45 Alors il leur ouvrit l'intelligence pour comprendre
46 les Écritures. Et il leur dit :
–Il est ainsi écrit ; et ainsi il fallait que le Christ
souffre, qu'il ressuscite d'entre les morts le troi-

---

a• *c.-à-d. : les trois grandes divisions de l'A. T. pour les Juifs ; la troisième, commençant par les Psaumes, était désignée par ce mot.*

sième jour, et que la repentance° et la rémission° 47
des péchés soient prêchées en son nom à toutes
les nations, en commençant par Jérusalem. Vous, 48
vous êtes témoins de tout cela ; et voici, moi, j'en- 49
voie sur vous la promesse de mon Père. Mais vous,
demeurez dans la ville, jusqu'à ce que vous soyez
revêtus de puissance d'en haut.

Il les mena dehors jusque vers Béthanie, puis, le- 50
vant les mains en haut, il les bénit. Et il arriva 51
qu'en les bénissant il fut séparé d'eux et fut élevé
dans le ciel. Eux, après lui avoir rendu hommage, 52
s'en retournèrent à Jérusalem avec une grande
joie. Et ils étaient continuellement dans le temple, 53
louant et bénissant Dieu.

Évangile selon Jean

1 Au commencement était la Parole[a]; et la Parole
2 était auprès de Dieu; et la Parole était Dieu. Elle[b]
3 était au commencement auprès de Dieu. Tout fut
fait[c] par elle; et sans elle, pas une seule chose ne
4 fut faite de ce qui a été fait. En elle était la vie, et
5 la vie était la lumière des hommes. Et la lumière
brille dans les ténèbres; et les ténèbres ne l'ont
pas comprise[d].

6 Il y eut un homme envoyé de Dieu; son nom
7 était Jean. Celui-ci vint pour témoigner, pour rendre témoignage de la lumière, afin que tous
8 croient par lui. Lui n'était pas la lumière, mais
9 pour rendre témoignage de la lumière. La vraie lumière était celle qui, venant dans le monde, illu-
10 mine tout homme. Il[e] était dans le monde, et le
monde fut fait[c] par lui, et le monde ne l'a pas
11 connu. Il vint chez lui, et les siens ne l'ont pas
12 reçu. Mais à tous ceux qui l'ont reçu, il leur a
donné le droit d'être enfants de Dieu, c'est-à-dire
13 à ceux qui croient en son nom – qui sont nés non
pas de sang, ni de la volonté de la chair, ni de la volonté de l'homme, mais de Dieu.

14 Et la Parole devint chair et habita au milieu de
nous (et nous avons contemplé sa gloire, une
gloire comme d'un Fils unique de la part du Père)
pleine[f] de grâce° et de vérité.
15 Jean rend témoignage de lui et s'est écrié : "C'est
de lui que j'ai dit : Celui qui vient après moi prend
16 place avant moi; car il était avant moi". De sa plénitude en effet, nous tous nous avons reçu et grâce
sur grâce.

---

a• *ou* : le Verbe (*dans l'original, le mot :* logos *est du genre masculin*). – b• *ou* : Il, *c.-à-d.* : Le Verbe. – c• *c.-à-d. : a été amené à l'existence (comp.* Hébreux 11. 3). *De même, en fin de verset, et au v. 10.* – d• *ou* : reçue, saisie. – e• *c.-à-d.* : le Verbe (*ou* : la Parole), Celui qui était lumière (v. 1-4). – f• pleine *se rapporte à la Parole.*

Car la Loi a été donnée par Moïse ; la grâce° et la 17
vérité sont venues par Jésus Christ°. Personne n'a 18
jamais vu Dieu ; le Fils unique, qui est dans le sein
du Père, lui, l'a fait connaître.

Et voici le témoignage de Jean, lorsque les Juifs 19
envoyèrent de Jérusalem des sacrificateurs° et des
lévites°, pour lui demander :

– Toi, qui es-tu ? Il reconnut et ne le nia pas, il 20
reconnut :

– Moi, je ne suis pas le Christ°. Ils lui demandè- 21
rent :

– Qu'es-tu donc ? Es-tu Élie ? Il dit :

– Je ne le suis pas.

– Es-tu le Prophète[a] ? Il répondit : 22

– Non. Ils lui dirent alors :

– Qui es-tu, afin que nous donnions réponse à
ceux qui nous ont envoyés ? Que dis-tu de toi-
même ? Il dit : 23

– Moi, je suis la voix de celui qui crie dans le désert : Faites droit le chemin du Seigneur°*, comme
dit Ésaïe le prophète[b].

Les envoyés, qui faisaient partie des pharisiens°, 24
l'interrogèrent : 25

– Pourquoi donc baptises-tu, si tu n'es ni le
Christ, ni Élie, ni le Prophète ? Jean leur répondit : 26

– Moi, je baptise d'eau ; mais au milieu de vous il
y en a un que vous ne connaissez pas, celui qui 27
vient après moi, et dont je ne suis pas digne de délier la courroie de sandale !

Cela arriva à Béthanie, au-delà du Jourdain, là où 28
Jean baptisait.

Le lendemain, il voit Jésus venant à lui, et il dit : 29

– Voilà l'Agneau de Dieu qui ôte le péché du
monde !

C'est de celui-ci que j'ai dit : 30

– Après moi vient un homme qui prend place
avant moi, car il était avant moi. Et moi, je ne le 31
connaissais pas ; mais c'est afin qu'il soit manifesté

---

a • *voir* Deutéronome 18. 15 ; Jean 6. 14 ; 7. 40. – b • Ésaïe 40. 3.

32 à Israël que je suis venu baptiser d'eau. Jean rendit
ainsi témoignage : J'ai vu l'Esprit° descendre du
33 ciel comme une colombe, et il demeura sur lui. Et
moi, je ne le connaissais pas ; mais celui qui m'a
envoyé baptiser d'eau, celui-là m'a dit : Celui sur
qui tu verras l'Esprit° descendre et demeurer sur
34 lui, c'est celui-là qui baptise de l'Esprit Saint. Et
moi, j'ai vu et j'ai rendu témoignage que celui-ci
est le Fils° de Dieu.

35 Le lendemain encore, Jean se tenait là, ainsi que
36 deux de ses disciples ; et regardant Jésus qui marchait, il dit :

– Voilà l'Agneau de Dieu !

37 Les deux disciples l'entendirent parler et ils suivi-
38 rent Jésus. Jésus se retourna et vit qu'ils le suivaient ; il leur dit :

– Que cherchez-vous ? Ils lui dirent :

– Rabbi° (ce qui se traduit par : maître°), où de-
39 meures-tu ? Il leur dit :

– Venez et voyez.

Ils allèrent donc et virent où il demeurait ; et ils de-
meurèrent auprès de lui ce jour-là ; c'était environ
40 la dixième heure°. André, le frère de Simon Pierre,
était l'un des deux qui avaient entendu Jean parler
41 de lui, et qui avaient suivi Jésus. Il trouve d'abord
son propre frère Simon et lui dit :

– Nous avons trouvé le Messie (ce qui se traduit
par : Christ°).

42 Et il le mena à Jésus. Jésus, l'ayant regardé, dit :

– Tu es Simon, le fils de Jonas ; tu seras appelé
Céphas (ce qui se traduit par : Pierre).

43 Le lendemain, il voulut s'en aller en Galilée°, et
il trouve Philippe. Jésus lui dit :

– Suis-moi.

44 Or Philippe était de Bethsaïda, la ville d'André et
45 de Pierre. Philippe trouve Nathanaël et lui dit :

– Celui dont Moïse a écrit dans la Loi et dont les
prophètes ont écrit, nous l'avons trouvé : c'est
Jésus, le fils de Joseph, qui est de Nazareth. Natha-
46 naël lui dit :

–Peut-il venir quelque chose de bon de Naza-
reth ? Philippe lui dit :
–Viens et vois.
Jésus vit Nathanaël venir vers lui, et il dit de lui : 47
–Voici un vrai Israélite, en qui il n'y a pas de
fraude. Nathanaël lui dit : 48
–D'où me connais-tu ? Jésus lui répondit :
–Avant que Philippe t'ait appelé, quand tu étais
sous le figuier, je te voyais. Nathanaël lui répon- 49
dit :
–Rabbi°, tu es le Fils de Dieu ; tu es le roi d'Israël. Jésus lui répondit : 50
–Parce que je t'ai dit que je te voyais sous le figuier, tu crois ? Tu verras de plus grandes choses
que celles-ci. Puis il lui dit : 51
–En vérité°, en vérité, je vous dis : Désormais
vous verrez le ciel ouvert, et les anges de Dieu
monter et descendre sur le Fils° de l'homme.

Le troisième jour, il y eut une noce à Cana de **2**
Galilée°, et la mère de Jésus était là. Jésus aussi fut 2
invité à la noce, ainsi que ses disciples. Le vin ve- 3
nant à manquer, la mère de Jésus lui dit :
–Ils n'ont pas de vin. Jésus lui dit : 4
–Qu'ai-je à faire avec toi, femme ? Mon heure
n'est pas encore venue.
Sa mère dit aux serviteurs : 5
–Quoi qu'il vous dise, faites-le.
Or il y avait six bassins de pierre pour contenir de 6
l'eau, placés là pour la purification des Juifs, cha-
cun d'une capacité de deux ou trois mesures°.
Jésus leur dit : 7
–Remplissez d'eau les bassins. Ils les remplirent
jusqu'au bord. Puis il leur dit : 8
–Puisez maintenant, et portez-en au maître
d'hôtel.
Ils lui en portèrent. Lorsque le maître d'hôtel eut 9
goûté l'eau qui était devenue du vin – or il ne sa-
vait pas d'où venait celui-ci, mais les serviteurs qui

avaient puisé l'eau le savaient – le maître d'hôtel
appelle le marié et lui déclare :
10 – Tout homme sert d'abord le bon vin, ensuite le
moins bon, après qu'on a bien bu ; toi, tu as gardé
le bon vin jusqu'à maintenant.
11 Ce commencement de ses miracles[a], Jésus le fit à
Cana de Galilée ; et il manifesta sa gloire ; et ses
disciples crurent en lui.
12 Après cela, il descendit à Capernaüm, lui et sa
mère, ses frères et ses disciples ; ils n'y restèrent
que peu de jours.
13 Or la Pâque° des Juifs était proche, et Jésus
14 monta à Jérusalem. Il trouva dans le temple les
vendeurs de bœufs, de brebis et de colombes, et
15 les changeurs qui y étaient assis. Ayant alors fait
un fouet de cordes, il les chassa tous hors du temple, ainsi que les brebis et les bœufs ; il répandit la
16 monnaie des changeurs et renversa les tables. Puis
il dit à ceux qui vendaient les colombes :
– Ôtez cela d'ici ; ne faites pas de la maison° de
mon Père une maison de trafic.
17 Ses disciples se souvinrent qu'il est écrit : "Le zèle
18 de ta maison me dévore"[b]. Les Juifs lui répondirent :
– Quel miracle nous montres-tu, pour agir ainsi ?
19 Jésus leur répondit :
– Détruisez ce temple°, et en trois jours je le re-
20 lèverai. Les Juifs dirent alors :
– Il a fallu quarante-six ans pour bâtir ce tem-
ple°, et toi, en trois jours tu le relèveras !
21 Mais lui parlait du temple° de son corps. Quand
22 donc il fut ressuscité d'entre les morts, ses disciples
se souvinrent qu'il avait dit cela ; et ils crurent à
l'Écriture et à la parole que Jésus avait dite.
23 Comme il était à Jérusalem, lors de la Pâque°,
pendant la fête, beaucoup crurent en son nom,
24 contemplant les miracles qu'il faisait. Mais Jésus
lui-même ne se fiait pas à eux, parce qu'il connais-

a • *litt.* : signes (*ainsi dans tout cet évangile*). – b • Psaume 69. 9.

sait tous les hommes, et qu'il n'avait pas besoin 25
que quelqu'un rende témoignage au sujet de
l'homme° ; car lui-même connaissait ce qui était
dans l'homme.

Or il y avait, parmi les pharisiens°, un homme **3**
nommé Nicodème, un chef des Juifs. Celui-ci vint 2
à Jésus de nuit et lui dit :
– Rabbi°, nous savons que tu es un docteur°
venu de Dieu ; car personne ne peut faire ces miracles que toi tu fais, si Dieu n'est pas avec lui. Jésus 3
lui répondit :
– En vérité, en vérité°, je te dis : Si quelqu'un
n'est pas né de nouveau[a], il ne peut pas voir le royaume de Dieu. Nicodème lui dit : 4
– Comment un homme peut-il naître quand il
est vieux ? Peut-il entrer une seconde fois dans le
sein de sa mère et naître ? Jésus répondit : 5
– En vérité, en vérité, je te dis : Si quelqu'un
n'est pas né d'eau et de l'Esprit°, il ne peut pas entrer dans le royaume de Dieu. Ce qui est né de la 6
chair est chair ; et ce qui est né de l'Esprit est esprit. Ne t'étonne pas de ce que je t'ai dit : Il vous 7
faut être nés de nouveau. Le vent[b] souffle où il 8
veut, et tu en entends le son ; mais tu ne sais pas
d'où il vient, ni où il va : il en est ainsi de quiconque est né de l'Esprit.
Nicodème lui répondit : 9
– Comment cela peut-il se faire ? Jésus lui répon- 10
dit :
– Tu es le docteur° d'Israël, et tu ne connais pas
cela ? En vérité, en vérité, je te dis : Nous disons ce 11
que nous connaissons, et nous rendons témoignage de ce que nous avons vu, et vous ne recevez
pas notre témoignage. Si je vous ai parlé des cho- 12
ses terrestres et que vous ne croyiez pas, comment
croirez-vous si je vous parle des choses célestes ? Et 13
personne n'est monté au ciel, sinon celui qui est
descendu du ciel, le Fils° de l'homme qui est dans

---

a• *ou* : d'en haut. – b• *même mot que* esprit (v. 5-8).

14 le ciel. Et comme Moïse éleva le serpent dans le
désert, de même il faut que le Fils de l'homme soit
15 élevé, afin que quiconque croit en lui ne périsse
16 pas, mais qu'il ait la vie éternelle. Car Dieu a tant
aimé *le monde qu'il* a *donné* son Fils unique, afin
que quiconque croit en lui ne périsse pas, mais
17 qu'il ait la vie éternelle. Car Dieu n'a pas envoyé
son Fils *dans le monde* afin qu'il juge le monde,
18 mais afin que le monde soit sauvé par lui. Celui
qui croit en lui n'est pas jugé, mais celui qui ne
croit pas est déjà jugé, parce qu'il n'a pas cru au
19 nom du Fils unique de Dieu. Or voici le jugement :
la lumière est venue dans le monde, et les hommes
ont mieux aimé les ténèbres que la lumière, car
20 leurs œuvres étaient mauvaises; en effet, quiconque fait le mal hait la lumière et ne vient pas à
la lumière, de peur que ses œuvres ne soient ré-
21 prouvées[a] ; mais celui qui pratique la vérité vient
à la lumière, afin que ses œuvres soient manifestées comme faites en Dieu.

22 Après cela, Jésus vint dans le pays de Judée°,
avec ses disciples; il y séjournait avec eux et il bap-
23 tisait[b]. Jean aussi baptisait à Énon, près de Salim,
parce qu'il y avait là des eaux abondantes; on ve-
24 nait et on était baptisé. Car Jean n'avait pas encore
25 été jeté en prison. Il y eut donc une discussion entre quelques-uns des disciples de Jean et un Juif, au
26 sujet de la purification. Ils vinrent trouver Jean et
lui dirent :

– Rabbi°, celui qui était avec toi de l'autre côté
du Jourdain, à qui tu as toi-même rendu témoignage, voilà, il baptise[b], et tous viennent à lui.
27 Jean répondit :

– Un homme ne peut rien recevoir, à moins que
28 cela ne lui soit donné du ciel. Vous-mêmes, vous
m'êtes témoins que j'ai dit : Ce n'est pas moi qui
suis le Christ°[c], mais je suis envoyé devant lui. Ce-
29 lui qui a l'épouse est l'époux; mais l'ami de

---

a • dénoncées *comme mauvaises, révélées dans leur vraie nature.* – b • *voir* 4. 2. – c • *voir* 1. 19, 20.

l'époux, qui se tient là et l'entend, est tout réjoui à
cause de la voix de l'époux. Cette joie donc, qui est
la mienne, est accomplie. Il faut que lui croisse et 30
que moi je diminue. Celui qui vient d'en haut est 31
au-dessus de tous. Celui qui est de la terre est de la
terre et parle comme étant de la terre. Celui qui
vient du ciel est au-dessus de tous; et de ce qu'il a 32
vu et entendu il rend témoignage; et personne ne
reçoit son témoignage. Celui qui a reçu son témoi- 33
gnage a scellé° que Dieu est vrai; car celui que 34
Dieu a envoyé parle les paroles de Dieu, car Dieu
ne donne pas l'Esprit° avec mesure. Le Père aime 35
le Fils et a tout mis entre ses mains. Qui croit au 36
Fils a la vie éternelle; mais qui désobéit[a] au Fils
ne verra pas la vie, mais la colère de Dieu demeure
sur lui.

Quand le Seigneur sut que les pharisiens° **4**
avaient entendu dire : Jésus fait et baptise plus de
disciples que Jean (toutefois Jésus lui-même ne 2
baptisait pas, mais ses disciples), il quitta la Judée° 3
et retourna en Galilée°. Or il lui fallait traverser la 4
Samarie°.

Il arrive donc à une ville de Samarie nommée Si- 5
char, près de la terre que Jacob avait donnée à son
fils Joseph. Il y avait là une fontaine[b] de Jacob. 6
Jésus, fatigué du chemin, se tenait assis au bord de
la fontaine. C'était environ la sixième heure°.
Une femme de la Samarie vient pour puiser de 7
l'eau. Jésus lui dit :

– Donne-moi à boire (car ses disciples étaient al- 8
lés à la ville pour acheter des vivres). La Samari- 9
taine lui dit alors :

– Comment? Toi qui es Juif, tu me demandes à
boire, à moi qui suis une Samaritaine? (Car les
Juifs n'ont pas de relations avec les Samaritains.)
Jésus lui répondit : 10

– Si tu connaissais le don de Dieu et qui est celui

---

a • *ou* : ne croit pas, *ou* : refuse de croire. – b • *source jaillissant au fond d'un puits* (v. 11).

qui te dit : Donne-moi à boire, c'est toi qui lui au-
11 rais demandé, et il t'aurait donné de l'eau vive. La
femme lui dit :
– Seigneur, tu n'as rien pour puiser, et le puits
12 est profond ; d'où as-tu donc cette eau vive ? Es-tu
plus grand que notre père Jacob qui nous a donné
le puits ; et lui-même en a bu, ainsi que ses fils et
13 son bétail ? Jésus répondit et lui dit :
– Quiconque boit de cette eau-ci aura de nou-
14 veau soif ; celui qui boira de l'eau que je lui donnerai, moi, n'aura plus soif, à jamais ; mais l'eau que
je lui donnerai sera en lui une fontaine d'eau jail-
15 lissant en vie éternelle. La femme lui dit :
– Seigneur, donne-moi cette eau, afin que je
n'aie pas soif et que je ne vienne pas ici pour puiser. Jésus lui dit :
16 – Va, appelle ton mari et viens ici.
17 La femme lui répondit :
– Je n'ai pas de mari. Jésus lui dit :
18 – Tu as bien dit : Je n'ai pas de mari ; car tu as eu
cinq maris, et celui que tu as maintenant n'est pas
19 ton mari ; en cela tu as dit vrai. La femme lui dit :
20 – Seigneur, je vois que tu es un prophète. Nos
pères° ont adoré sur cette montagne-ci, et vous,
vous dites qu'à Jérusalem se trouve le lieu où il
21 faut adorer. Jésus lui dit :
– Crois-moi, femme : l'heure vient où ce n'est ni
sur cette montagne, ni à Jérusalem que vous ado-
22 rerez le Père. Vous, vous adorez vous ne savez
quoi. Nous savons, nous, ce que nous adorons ; car
23 le salut vient des Juifs. Mais l'heure vient, et c'est
maintenant, où les vrais adorateurs adoreront le
Père en esprit et en vérité ; et en effet le Père en
24 cherche de tels qui l'adorent. Dieu est esprit, et il
faut que ceux qui l'adorent l'adorent en esprit et
25 en vérité. La femme lui dit :
– Je sais que le Messie, qui est appelé le Christ°,
vient ; quand il sera venu, lui, il nous fera tout
26 connaître. Jésus lui dit :
– Je le suis, moi qui te parle.

Là-dessus ses disciples arrivèrent ; et ils s'éton- 27
naient de ce qu'il parlait avec une femme ; toutefois aucun ne dit : Que lui demandes-tu ? ou : De
quoi parles-tu avec elle ?

Alors la femme laissa sa cruche et revint à la 28
ville ; elle dit aux gens :

– Venez, voyez un homme qui m'a dit tout ce 29
que j'ai fait ; celui-ci n'est-il pas le Christ° ?
Ils sortirent de la ville et venaient vers lui. 30

Mais pendant ce temps, les disciples le priaient, 31
disant :

– Rabbi°, mange. Mais il leur dit : 32

– Moi, j'ai une nourriture à manger que vous,
vous ne connaissez pas. Les disciples disaient alors 33
entre eux :

– Quelqu'un lui aurait-il apporté à manger ?
Jésus leur dit : 34

– Ma nourriture est de faire la volonté de celui
qui m'a envoyé et d'accomplir son œuvre.
Ne dites-vous pas, vous : Encore quatre mois, et la 35
moisson vient ? Voici, je vous dis : Levez les yeux
et regardez les campagnes ; elles sont déjà blanches pour la moisson. Celui qui moissonne reçoit 36
un salaire et assemble du fruit pour la vie éternelle, afin que et celui qui sème et celui qui moissonne se réjouissent ensemble. Car en cela se véri- 37
fie le dicton : L'un sème et un autre moissonne.
Moi, je vous ai envoyés moissonner ce à quoi vous 38
n'avez pas travaillé ; d'autres ont travaillé, et vous,
vous êtes entrés dans leur travail.

Beaucoup de Samaritains° de cette ville-là cru- 39
rent en lui, à cause de la parole de la femme qui
avait rendu témoignage : Il m'a dit tout ce que j'ai
fait. Quand donc les Samaritains furent venus vers 40
lui, ils le priaient de rester avec eux ; et il resta là
deux jours. Beaucoup plus de gens crurent à cause 41
de sa parole ; ils disaient à la femme : 42

– Ce n'est plus à cause de ce que tu as dit que
nous croyons ; car nous-mêmes nous l'avons en-

tendu, et nous savons que celui-ci est véritablement le Sauveur du monde.
43 Après les deux jours, Jésus partit de là pour la
44 Galilée° ; car lui-même avait témoigné qu'un prophète n'est pas honoré dans son propre pays.
45 Quand il vint en Galilée, les Galiléens lui firent
bon accueil, ayant vu tout ce qu'il avait fait à Jérusalem pendant la fête ; car eux aussi étaient allés à
la fête.
46 Il vint encore à Cana de Galilée, où il avait
changé de l'eau en vin[a]. Il y avait à Capernaüm un
47 officier du roi dont le fils était malade ; ayant entendu dire que Jésus était venu de Judée° en Galilée, il se rendit auprès de lui et le pria de descendre
48 et de guérir son fils, qui allait mourir. Jésus lui dit :
– Si vous ne voyez pas des signes et des prodiges,
49 vous ne croirez pas ! L'officier lui dit :
– Seigneur, descends avant que mon enfant
50 meure. Jésus lui dit :
– Va, ton fils vit.
L'homme crut la parole que Jésus lui avait dite et
51 s'en alla. Comme déjà il descendait, ses esclaves
vinrent à sa rencontre et lui rapportèrent que son
52 fils vivait. Alors il leur demanda à quelle heure il
s'était trouvé mieux ; ils lui dirent :
– Hier, à la septième heure°, la fièvre l'a quitté.
53 Le père connut que c'était à cette heure-là que
Jésus lui avait dit : Ton fils vit. Alors il crut, lui et
54 toute sa maison°. Jésus fit encore ce deuxième miracle, quand il fut venu de Judée en Galilée.

5 Après cela, il y avait une fête des Juifs, et Jésus
2 monta à Jérusalem. Or il y a à Jérusalem, près de
la porte des brebis, un réservoir d'eau, appelé en
3 hébreu Béthesda[b], avec cinq portiques°. Une multitude d'infirmes – aveugles, boiteux, paralysés –
étaient couchés là et attendaient le mouvement
4 de l'eau. Car, à certaines époques, un ange descen-

a• *voir* 2. 1-11. – b• Béthesda *signifie* : maison de miséricorde.

dait dans le réservoir et agitait l'eau ; et le premier
qui entrait après que l'eau avait été agitée était
guéri, quel que soit le mal dont il était atteint. Or 5
il y avait là un homme, infirme depuis trente-huit
ans. Jésus, le voyant couché, et sachant qu'il était 6
dans cet état depuis longtemps déjà, lui dit :

– Veux-tu être guéri ? L'infirme lui répondit : 7

– Seigneur, je n'ai personne pour me plonger
dans le réservoir, lorsque l'eau a été agitée ; et pendant que j'y vais, moi, un autre descend avant moi.
Jésus lui dit : 8

– Lève-toi, prends ton brancard et marche.

Et aussitôt l'homme fut guéri : il prit son brancard 9
et se mit à marcher.

Or c'était sabbat° ce jour-là. Les Juifs dirent 10
alors à celui qui avait été guéri :

– C'est le sabbat ; il ne t'est pas permis de prendre ton brancard. Il leur répondit : 11

– Celui qui m'a guéri, c'est lui qui m'a dit :
Prends ton brancard et marche. Ils lui demandè- 12
rent :

– Qui est l'homme qui t'a dit : Prends ton brancard et marche ?

Mais celui qui avait été guéri ne savait pas qui 13
c'était ; car Jésus s'était retiré de là, parce qu'il y
avait foule en ce lieu. Plus tard, Jésus le trouva 14
dans le temple et lui dit :

– Voici, tu es guéri ; ne pèche plus, de peur qu'il
ne t'arrive quelque chose de pire.

L'homme s'en alla et annonça aux Juifs que c'était 15
Jésus qui l'avait guéri.

C'est pourquoi les Juifs persécutaient Jésus et 16
cherchaient à le faire mourir, parce qu'il avait fait
cela un jour de sabbat. Mais Jésus leur répondit : 17

– Mon Père travaille jusqu'à maintenant, et moi
aussi je travaille.

À cause de cela les Juifs cherchaient d'autant plus 18
à le faire mourir, parce que non seulement il vio-
lait le sabbat, mais aussi parce qu'il disait que
Dieu était son propre Père, se faisant égal à Dieu.

19 Jésus leur répondit alors, et il leur disait :
–En vérité, en vérité, je vous dis : Le Fils ne peut
rien faire de lui-même, sinon ce qu'il voit faire au
Père ; car quoi que celui-ci fasse, le Fils lui aussi le
20 fait pareillement. Car le Père aime le Fils et lui
montre tout ce qu'il fait lui-même ; et il lui montrera des œuvres plus grandes que celles-ci, afin
21 que vous soyez dans l'admiration. Car comme le
Père réveille les morts et les fait vivre, de même
22 aussi le Fils fait vivre ceux qu'il veut. Du reste, le
Père ne juge personne, mais il a donné tout le ju-
23 gement au Fils, afin que tous honorent le Fils
comme ils honorent le Père. Celui qui n'honore
pas le Fils n'honore pas le Père qui l'a envoyé.

24 En vérité, en vérité, je vous dis : Celui qui entend ma parole, et qui croit celui qui m'a envoyé,
a la vie éternelle et ne vient pas en jugement ;
25 mais il est passé de la mort à la vie. En vérité, en
vérité, je vous dis : L'heure vient, et c'est maintenant, où les morts entendront la voix du Fils de
26 Dieu, et ceux qui l'auront entendue vivront. Car
comme le Père a la vie en lui-même, ainsi il a
27 donné au Fils aussi d'avoir la vie en lui-même ; et
il lui a donné autorité d'exercer le jugement, parce
28 qu'il est Fils de l'homme. Ne vous étonnez pas de
cela ; car l'heure vient où tous ceux qui sont dans
29 les tombeaux entendront sa voix ; et ils sortiront,
ceux qui auront pratiqué le bien, pour une résurrection de vie ; et ceux qui auront fait le mal, pour
une résurrection de jugement.

30 Je ne peux, moi, rien faire de moi-même ; je juge
selon ce que j'entends, et mon jugement est juste ;
car je ne cherche pas ma volonté, mais la volonté
31 de celui qui m'a envoyé. Si c'est moi qui rends témoignage de moi-même, mon témoignage n'est
32 pas vrai. C'est un autre qui rend témoignage de
moi ; et je sais que le témoignage qu'il rend de
33 moi est vrai. Vous, vous avez envoyé des messagers auprès de Jean, et il a rendu témoignage° à la
34 vérité. Moi, ce n'est pas d'un homme que je reçois

le témoignage, mais je dis cela afin que vous, vous
soyez sauvés. Celui-là était la lampe ardente et 35
brillante ; et vous, vous avez voulu vous réjouir
pour quelque temps à sa lumière ; mais moi, j'ai 36
un témoignage plus grand que celui de Jean ; car
les œuvres que le Père m'a données pour les accomplir, ces œuvres mêmes que je fais témoignent
à mon sujet que c'est le Père qui m'a envoyé. Et le 37
Père qui m'a envoyé, lui, a rendu témoignage de
moi. Sa voix, vous ne l'avez jamais entendue ; sa
face, vous ne l'avez pas vue ; quant à sa parole, 38
vous ne l'avez pas demeurant en vous, puisque celui qu'il a envoyé, vous, vous ne le croyez pas.

Sondez les Écritures, car vous, vous estimez 39
avoir en elles la vie éternelle, et ce sont elles qui
rendent témoignage de moi – et vous ne voulez 40
pas venir à moi pour avoir la vie. Je ne reçois pas 41
de gloire des hommes ; mais je vous connais, et je 42
sais que vous n'avez pas l'amour de Dieu en vous.
Moi, je suis venu au nom de mon Père, et vous ne 43
me recevez pas ; si un autre vient en son propre
nom, celui-là vous le recevrez. Comment pouvez- 44
vous croire, vous qui recevez de la gloire l'un de
l'autre et qui ne cherchez pas la gloire qui vient
de Dieu seul ? Ne pensez pas que moi je vous accu- 45
serai devant le Père ; celui qui vous accuse, c'est
Moïse, en qui vous avez mis votre espoir. Car si 46
vous croyiez Moïse, vous me croiriez aussi ; en effet, lui a écrit à mon sujet. Mais si vous ne croyez 47
pas ses écrits, comment croirez-vous mes paroles ?

Après cela, Jésus alla de l'autre côté de la mer de **6**
Galilée°, qui est la mer de Tibériade. Une grande 2
foule le suivait, parce qu'on voyait les miracles
qu'il faisait sur les malades. Jésus monta sur la 3
montagne et s'assit là avec ses disciples. Or la 4
Pâque°, la fête des Juifs, était proche.

Jésus leva les yeux et vit qu'une grande foule ve- 5
nait à lui. Il dit à Philippe :

– Où pourrons-nous acheter des pains, afin qu'ils
mangent ?
6 Mais il disait cela pour le mettre à l'épreuve : lui-
7 même savait ce qu'il allait faire. Philippe lui répondit :
– Des pains, pour deux cents deniers°, ne leur
suffiraient pas pour que chacun en reçoive un peu.
8 L'un de ses disciples, André, le frère de Simon
Pierre, lui dit :
9 – Il y a ici un petit garçon qui a cinq pains d'orge
et deux poissons ; mais qu'est-ce que cela pour tant
10 de monde ? Jésus dit :
– Faites asseoir les gens (or il y avait beaucoup
d'herbe en cet endroit).
Ils s'assirent donc, les hommes au nombre d'envi-
11 ron cinq mille. Jésus prit les pains ; puis, après
avoir rendu grâces, il les distribua à ceux qui
étaient assis ; de même aussi les poissons, autant
12 qu'ils en voulaient. Quand ils furent rassasiés, il
dit à ses disciples :
– Ramassez les morceaux qui sont de reste, afin
que rien ne soit perdu.
13 Ils les ramassèrent et remplirent douze paniers des
morceaux qui restaient des cinq pains d'orge, lors-
14 qu'ils eurent mangé. Ayant vu le miracle que Jésus
avait fait, les gens disaient :
– Celui-ci est véritablement le Prophète qui
vient dans le monde.
15 Mais Jésus, sachant qu'ils allaient venir et l'enlever
pour le faire roi, se retira de nouveau sur la montagne, lui tout seul.
16 Quand le soir fut venu, ses disciples descendi-
17 rent à la mer. Étant montés dans une barque, ils se
rendaient de l'autre côté de la mer, à Capernaüm.
Il faisait déjà nuit, et Jésus n'était pas encore venu
18 vers eux. La mer se soulevait, parce qu'un grand
19 vent soufflait. Ils avaient ramé environ vingt-cinq
ou trente stades[a], lorsqu'ils voient Jésus marcher

---

a • *environ 5 km ; voir* Mesures°.

sur la mer et s'approcher de la barque ; et ils furent
saisis de peur. Mais il leur dit : 20
– C'est moi, n'ayez pas peur.
Ils étaient donc tout disposés à le recevoir dans la 21
barque ; et aussitôt la barque toucha terre au lieu
où ils allaient.

Le lendemain, la foule qui se tenait de l'autre 22
côté de la mer s'aperçut qu'il n'y avait pas eu là
d'autre petite barque que celle dans laquelle ses
disciples étaient montés, et que Jésus n'était pas
entré avec ses disciples dans la barque, mais que
ses disciples étaient partis seuls. Cependant d'au- 23
tres petites barques étaient venues de Tibériade,
près de l'endroit où ils avaient mangé le pain,
après que le Seigneur eut rendu grâces. Quand la 24
foule vit que Jésus n'était pas là, ni ses disciples, ils
montèrent eux-mêmes dans ces petites barques et
vinrent à Capernaüm, cherchant Jésus. L'ayant 25
trouvé de l'autre côté de la mer, ils lui dirent :
– Rabbi°, quand es-tu venu ici ?
Jésus leur répondit : 26
– En vérité, en vérité, je vous dis : Vous me cherchez, non parce que vous avez vu des miracles,
mais parce que vous avez mangé des pains et que
vous avez été rassasiés. Travaillez, non pour la 27
nourriture qui périt, mais pour la nourriture qui
demeure jusque dans la vie éternelle, celle que le
Fils° de l'homme vous donnera ; car c'est lui sur
qui le Père, Dieu, a mis son sceau. Ils lui dirent
alors :
– Que devons-nous faire pour accomplir les œu- 28
vres de Dieu ? Jésus leur répondit : 29
– L'œuvre de Dieu, c'est celle-ci : que vous
croyiez en celui qu'il a envoyé. Ils lui répliquè- 30
rent :
– Quel miracle fais-tu donc, toi, afin que nous le
voyions et que nous te croyions ? Quelle œuvre
fais-tu ? Nos pères° ont mangé la manne au désert, 31

ainsi qu'il est écrit : "Il leur a donné à manger du
32 pain venant du ciel"[a]. Jésus leur dit :
–En vérité, en vérité, je vous dis : Ce n'est pas
Moïse qui vous a donné le pain qui vient du ciel,
mais c'est mon Père qui vous donne le véritable
33 pain qui vient du ciel. Car le pain de Dieu est celui
qui descend du ciel et qui donne la vie au monde.
34 Ils lui dirent :
–Seigneur, donne-nous toujours ce pain-là.
35 Jésus leur dit :
–Moi, je suis le pain de vie. Celui qui vient à moi
n'aura jamais faim ; et celui qui croit en moi
36 n'aura jamais soif. Mais je vous l'ai dit : vous
37 m'avez vu, et pourtant vous ne croyez pas. Tout
ce[b] que le Père me donne viendra à moi ; et celui
38 qui vient à moi, je ne le mettrai pas dehors ; car je
suis descendu du ciel pour faire, non pas ma vo-
39 lonté, mais la volonté de celui qui m'a envoyé. Or
la volonté de celui qui m'a envoyé, c'est que je ne
perde rien de tout ce qu'il m'a donné, mais que je
40 le ressuscite au dernier jour. Car la volonté de mon
Père, c'est que quiconque discerne le Fils et croit
en lui ait la vie éternelle ; et moi, je le ressusciterai
au dernier jour.
41 Les Juifs murmuraient alors contre lui, parce
qu'il avait dit : Moi, je suis le pain descendu du
42 ciel ; et ils disaient : Celui-ci, n'est-il pas Jésus, le
fils de Joseph, dont nous connaissons le père et la
mère ? Comment dit-il maintenant : Je suis des-
43 cendu du ciel ? Jésus leur répondit :
44 –Ne murmurez pas entre vous. Personne ne
peut venir à moi, à moins que le Père qui m'a envoyé ne le tire ; et moi, je le ressusciterai au der-
45 nier jour. Il est écrit dans les Prophètes : "Ils seront
tous enseignés de Dieu"[c]. Quiconque a entendu le
46 Père et a appris de lui vient à moi. Non pas que
quelqu'un ait vu le Père, sinon celui qui est de
47 Dieu ; celui-là a vu le Père. En vérité, en vérité, je

---

a• Psaume 78. 24 (*voir* Exode 16. 4, 14-15). – b• *dans le sens de* : tous ceux (v. 39 ; 17. 2). – c• Ésaïe 54. 13.

vous dis : Celui qui croit en moi a la vie éternelle.
Moi, je suis le pain de vie. Vos pères ont mangé la 48
manne au désert et sont morts. C'est là le pain qui 49
descend du ciel, afin que celui qui en mange ne 50
meure pas : Moi, je suis le pain vivant qui est des- 51
cendu du ciel ; si quelqu'un mange de ce pain, il vivra éternellement ; or le pain que moi je donnerai,
c'est ma chair, que je donnerai pour la vie du
monde.

Il y eut alors une vive discussion entre les Juifs ; 52
ils disaient : Comment celui-ci peut-il nous donner
sa chair à manger ? Jésus leur déclara : 53

– En vérité, en vérité, je vous dis : Si vous ne
mangez pas la chair du Fils de l'homme et ne buvez pas son sang, vous n'avez pas la vie en vous-
mêmes. Celui qui se nourrit de ma chair et qui 54
boit mon sang a la vie éternelle, et moi, je le ressusciterai au dernier jour. Car ma chair est en vé- 55
rité un aliment, et mon sang est en vérité un breuvage. Celui qui se nourrit de ma chair et qui boit 56
mon sang demeure en moi et moi en lui. Comme 57
le Père qui est vivant m'a envoyé, et que moi, je
vis à cause du Père, de même celui qui se nourrira
de moi, celui-là aussi vivra à cause de moi[a]. Voilà 58
le pain qui est descendu du ciel – non pas comme
le pain qu'ont mangé les pères°, puis ils sont
morts : celui qui se nourrit de ce pain vivra éternellement.

C'est ce qu'il exprima dans la synagogue°, ensei- 59
gnant à Capernaüm. Après l'avoir entendu, beau- 60
coup de ses disciples dirent :

– Cette parole est dure ; qui peut l'entendre[b] ?
Jésus, sachant en lui-même que ses disciples mur- 61
muraient à ce sujet, leur dit :

– Ceci vous scandalise°-t-il ? Si donc vous voyez 62
le Fils de l'homme monter où il était auparavant... ? C'est l'Esprit qui vivifie ; la chair n'est 63
d'aucun profit. Les paroles que moi je vous ai dites

---

a• *c.-à-d.* : vivra parce que je suis et que je vis. – b• *c.-à-d.* : la comprendre et la recevoir.

64 sont esprit et sont vie. Mais il y en a parmi vous
qui ne croient pas.
Car Jésus savait, dès le commencement, quels
étaient ceux qui ne croyaient pas et qui était celui
65 qui le livrerait. Il ajouta :
– C'est pour cela que je vous ai dit que personne
ne peut venir à moi, à moins que cela ne lui soit
donné du Père.
66 Dès lors, beaucoup de ses disciples se retirèrent ;
67 et ils ne marchaient plus avec lui. Jésus dit aux
douze :
– Et vous, voulez-vous aussi vous en aller ? Si-
68 mon Pierre lui répondit :
– Seigneur, auprès de qui irions-nous ? Tu as les
69 paroles de la vie éternelle ; et nous, nous croyons
70 et nous savons que toi, tu es le Saint de Dieu. Jésus
leur répondit :
– N'est-ce pas moi qui vous ai choisis, vous, les
douze ? Et l'un d'entre vous est un diable !
71 Or il parlait de Judas Iscariote, fils de Simon ; car
c'était celui qui allait le livrer, lui, l'un des douze.

7 Après cela, Jésus parcourait la Galilée° ; il ne
voulait pas parcourir la Judée°, parce que les Juifs
2 cherchaient à le faire mourir. Or la fête des Juifs,
3 celle des tabernacles°, était proche. Ses frères lui
dirent :
– Pars d'ici et va en Judée, afin que tes disciples
4 voient, eux aussi, les œuvres que tu fais ; car personne n'agit en secret, alors qu'il cherche à être
lui-même publiquement connu. Si tu fais ces œuvres, manifeste-toi au monde.
5 Car ses frères non plus ne croyaient pas en lui.
6 Jésus leur dit :
– Mon temps n'est pas encore venu, mais votre
7 temps est toujours prêt. Le monde ne peut pas
vous haïr ; mais il me hait, parce que moi je té-
moigne à son sujet que ses œuvres sont mauvaises.
8 Vous, montez à la fête ; moi, je ne monte pas à

cette fête, car mon temps n'est pas encore ac-
compli.
Après avoir dit cela, il demeura en Galilée. 9
Mais lorsque ses frères furent montés à la fête, 10
alors lui aussi y monta, non pas publiquement,
mais comme en secret. Les Juifs donc le cher- 11
chaient à la fête et disaient :
– Où est cet homme ?
Et il y avait une grande rumeur à son sujet parmi 12
les foules. Les uns disaient :
– Il est homme de bien. D'autres disaient :
– Non, mais il séduit la foule.
Toutefois personne ne parlait ouvertement de lui, 13
par crainte des Juifs.
Comme on était déjà au milieu de la fête, Jésus 14
monta au temple, et il enseignait. Les Juifs s'en 15
étonnaient et disaient :
– Comment celui-ci connaît-il les Lettres[a] sans
avoir étudié ? Jésus leur répondit : 16
– Ma doctrine° n'est pas de moi, mais de celui
qui m'a envoyé. Si quelqu'un veut faire la volonté 17
de celui qui m'a envoyé, il connaîtra, au sujet de
cette doctrine, si elle vient de Dieu, ou si je parle
de par moi-même. Celui qui parle de par lui- 18
même cherche sa propre gloire ; mais celui qui
cherche la gloire de celui qui l'a envoyé, celui-là
est vrai, et il n'y a pas d'injustice en lui.
Moïse ne vous a-t-il pas donné la Loi ? Pourtant au- 19
cun de vous n'observe la Loi. Pourquoi cherchez-
vous à me faire mourir ? La foule répondit : 20
– Tu as un démon° ! Qui cherche à te faire mourir ? Jésus leur répondit : 21
– J'ai fait une œuvre, et vous vous étonnez tous !
Parce que Moïse vous a donné la circoncision° – 22
non qu'elle vienne de Moïse : elle date des patriarches[b] – vous circoncisez un homme un jour de sab-
bat°. Si un homme reçoit la circoncision un jour 23
de sabbat, pour que la loi de Moïse ne soit pas vio-

a• *c.-à-d.* : est-il instruit *(notamment dans les Saintes Lettres ou Écritures).* – b• *voir* Genèse 17. 10.

lée, êtes-vous irrités contre moi de ce que j'ai guéri
24 un homme tout entier un jour de sabbat[a] ? Ne jugez pas sur l'apparence, mais prononcez un jugement juste.
25 Certains des habitants de Jérusalem disaient
alors :
– N'est-ce pas celui qu'ils cherchent à faire mou-
26 rir ? Et voici, il parle librement, et ils ne lui disent
rien ! Les chefs auraient-ils vraiment reconnu que
27 celui-ci est le Christ° ? Mais nous le connaissons,
et nous savons d'où il est, tandis que le Christ,
quand il viendra, personne ne sait d'où il est.
28 Alors qu'il enseignait, Jésus s'écria dans le temple :
– Et moi, vous me connaissez, et vous savez d'où
je suis ! Je ne suis pas venu de moi-même, mais celui qui m'a envoyé est véritable, et vous, vous ne le
29 connaissez pas. Moi, je le connais, car je viens de
lui et c'est lui qui m'a envoyé.
30 Ils cherchaient donc à le prendre ; mais personne ne mit la main sur lui, parce que son heure
31 n'était pas encore venue. Beaucoup parmi la foule
crurent en lui et disaient :
– Le Christ°, quand il sera venu, fera-t-il plus de
miracles que n'en a fait celui-ci ?
32 Les pharisiens° entendirent la foule murmurer
cela à son sujet ; les principaux sacrificateurs° et
les pharisiens envoyèrent alors des gardes pour le
33 prendre. Jésus dit :
– Pour un peu de temps encore je suis avec vous,
34 puis je m'en vais à celui qui m'a envoyé. Vous me
chercherez, et vous ne me trouverez pas ; et là où
moi je suis, vous, vous ne pouvez pas venir.
35 Les Juifs dès lors dirent entre eux :
– Où celui-ci va-t-il aller pour que nous ne le
trouvions pas ? Ira-t-il dans la Dispersion° au mi-
36 lieu des Grecs°, et enseigner les Grecs ? Que signifie cette parole qu'il a dite : Vous me chercherez,
et vous ne me trouverez pas ; et là où moi je suis,
vous, vous ne pouvez pas venir ?

---

a • *voir* 5. 5-18.

En la dernière journée, la grande journée de la 37
fête, Jésus se tint là, et il cria :
– Si quelqu'un a soif, qu'il vienne à moi et qu'il
boive. Celui qui croit en moi, comme l'a dit l'Écri- 38
ture, des fleuves d'eau vive couleront de son ventre[a].
(Or il disait cela de l'Esprit[b] qu'allaient recevoir 39
ceux qui croyaient en lui ; car l'Esprit n'était pas
encore venu, parce que Jésus n'avait pas encore
été glorifié.) Des gens de la foule, qui avaient en- 40
tendu ces paroles, disaient :
– Celui-ci est véritablement le Prophète[c]. D'autres : Celui-ci est le Christ°. D'autres encore di- 41
saient : Est-ce bien de Galilée° que le Christ doit
venir ? L'Écriture n'a-t-elle pas dit que le Christ 42
vient de la descendance de David et du village de
Bethléem, où était David ?
Il y eut donc de la division dans la foule à cause de 43
lui. Et certains d'entre eux voulaient le prendre ; 44
mais personne ne mit les mains sur lui.
Les gardes revinrent vers les principaux sacrifi- 45
cateurs° et les pharisiens° ; ceux-ci leur dirent :
– Pourquoi ne l'avez-vous pas amené ? Les gar- 46
des répondirent :
– Jamais homme n'a parlé comme cet homme.
Les pharisiens leur répondirent : 47
– Vous aussi, êtes-vous séduits ? Quelqu'un 48
parmi les chefs ou parmi les pharisiens a-t-il cru en
lui ? Mais cette foule qui ne connaît pas la loi, ce 49
sont des maudits !
Nicodème, qui était l'un d'entre eux, leur dit : 50
– Notre loi juge-t-elle l'homme avant de l'avoir 51
entendu et d'avoir connu ce qu'il fait ? Ils lui ré- 52
pondirent :
– Serais-tu de Galilée, toi aussi ? Cherche bien,
et vois qu'aucun prophète ne s'est levé de Galilée.
Puis chacun s'en alla chez soi. 53

---

a• *voir* Jean 4. 14. – b• *c.-à-d.* : de l'Esprit Saint (*voir Saint Esprit°*). – c• *voir* Deutéronome 18. 15 ; Jean 1. 21 ; 6. 14.

8 Mais Jésus s'en alla au mont des Oliviers. Au
2 point du jour il vint encore au temple, et tout le
peuple venait vers lui ; il s'assit et les enseignait.
3 Les scribes° et les pharisiens° lui amènent une
4 femme surprise en adultère ; l'ayant placée devant
lui, ils lui disent :

– Maître°, cette femme a été surprise sur le fait
5 même, commettant l'adultère. Or, dans la Loi,
Moïse nous a commandé de lapider de telles femmes. Toi donc, que dis-tu ?
6 Ils disaient cela pour le mettre à l'épreuve, afin
d'avoir un motif pour l'accuser. Mais Jésus, s'étant
7 baissé, écrivait avec le doigt sur la terre. Comme ils
persistaient à l'interroger, il se releva et leur dit :

– Celui d'entre vous qui est sans péché, qu'il
jette le premier la pierre contre elle.
8 Puis s'étant encore baissé, il écrivait sur la terre.
9 Mais eux, après l'avoir entendu, sortirent un à un,
en commençant par les plus âgés jusqu'aux derniers, et il fut laissé seul avec la femme devant lui.
10 Jésus se releva et, ne voyant personne que la
femme, lui dit :

– Femme, où sont-ils, tes accusateurs ? Personne
11 ne t'a condamnée ? Elle dit :

– Personne, Seigneur. Jésus lui dit :

– Moi non plus, je ne te condamne pas ; va, dorénavant ne pèche plus.

12 Jésus leur parla encore :

– Moi, je suis la lumière du monde ; celui qui me
suit ne marchera pas dans les ténèbres, mais il
13 aura la lumière de la vie. Les pharisiens lui dirent
alors :

– C'est toi qui rends témoignage de toi-même ;
14 ton témoignage n'est pas vrai. Jésus leur répondit :

– Même si c'est moi qui rends témoignage de
moi-même, mon témoignage est vrai, car je sais
d'où je suis venu et où je vais ; mais vous, vous ne
15 savez pas d'où je viens ni où je vais. Vous, vous ju-
16 gez selon la chair° ; moi, je ne juge personne. Et
même si moi je juge, mon jugement est véritable,

car je ne suis pas seul, mais il y a moi et le Père qui
m'a envoyé. Or il est écrit dans votre Loi que le té- 17
moignage de deux hommes est vrai[a]. Moi, je rends 18
témoignage de moi-même ; et le Père qui m'a envoyé rend aussi témoignage de moi. Ils lui dirent 19
donc :

– Où est ton père ? Jésus répondit :

– Vous ne connaissez ni moi, ni mon Père ; si vous me connaissiez, vous connaîtriez aussi mon Père.

Ces paroles, il les dit dans le Trésor[b], enseignant 20
dans le temple. Et personne ne le prit, parce que
son heure n'était pas encore venue.

Jésus leur dit encore : 21

– Moi je m'en vais, et vous me chercherez ; et
vous mourrez dans votre péché° ; là où moi je
vais, vous, vous ne pouvez pas venir. Les Juifs di- 22
saient alors :

– Se tuera-t-il, pour qu'il dise : Là où moi je vais,
vous ne pouvez pas venir ? Puis il leur dit : 23

– Vous êtes d'en bas ; moi, je suis d'en haut.
Vous êtes de ce monde ; moi, je ne suis pas de ce
monde. C'est pourquoi je vous ai dit que vous 24
mourrez dans vos péchés ; car si vous ne croyez
pas que c'est moi, vous mourrez dans vos péchés.
Ils lui dirent alors : 25

– Toi, qui es-tu ? Et Jésus leur répondit :

– Absolument ce qu'aussi je vous dis !

J'ai, sur vous, beaucoup à dire et à juger. Mais ce- 26
lui qui m'a envoyé est vrai, et ce que j'ai entendu
de lui, moi, je le déclare au monde.

Ils ne connurent pas qu'il leur parlait du Père. 27
Jésus leur dit : 28

– Quand vous aurez élevé le Fils de l'homme,
alors vous connaîtrez que c'est moi et que je ne
fais rien de moi-même, mais que je parle selon ce
que le Père m'a enseigné. Celui qui m'a envoyé 29

---

a• *voir* Deutéronome 19. 15. – b• *c.-à-d. : aux abords du Trésor du Temple°*.

est avec moi ; il ne m'a pas laissé seul, parce que
moi, je fais toujours ce qui lui est agréable.
30 Comme il disait cela, beaucoup crurent en lui.
31 Jésus dit alors aux Juifs qui avaient cru en lui :
– Si vous persévérez dans ma parole, vous êtes
32 vraiment mes disciples ; vous connaîtrez la vérité,
33 et la vérité vous affranchira[a]. Ils lui répondirent :
– Nous sommes la descendance d'Abraham, et
jamais nous n'avons été esclaves de personne ;
comment peux-tu dire, toi : Vous serez rendus li-
34 bres ? Jésus leur répondit :
– En vérité, en vérité, je vous dis : Quiconque
35 pratique le péché est esclave du péché. Or l'esclave
ne demeure pas dans la maison pour toujours ; le
36 fils y demeure pour toujours. Si donc le Fils vous
37 affranchit, vous serez réellement libres. Je sais que
vous êtes la descendance d'Abraham ; mais vous
cherchez à me faire mourir, parce que ma parole
38 n'a pas d'entrée auprès de vous. Moi, je dis ce que
j'ai vu chez mon Père ; et vous, vous faites ce que
vous avez entendu de votre père.
39 Ils lui répondirent :
– Notre père, c'est Abraham. Jésus leur dit :
– Si vous étiez enfants d'Abraham, vous feriez
40 les œuvres d'Abraham. Mais en réalité vous cherchez à me faire mourir, moi, un homme qui vous
ai dit la vérité que j'ai entendue de Dieu ; Abra-
41 ham n'a pas fait cela. Vous, vous faites les œuvres
de votre père. Ils lui dirent alors :
– Nous ne sommes pas nés de la fornication° ;
42 nous avons un père, Dieu. Jésus leur dit :
– Si Dieu était votre père, vous m'aimeriez, car
moi, c'est de Dieu que je suis sorti et que je viens ;
car je ne suis pas venu de moi-même, mais c'est lui
43 qui m'a envoyé. Pourquoi ne comprenez-vous pas
mon langage ? Parce que vous ne pouvez pas écou-
44 ter ma parole. Vous, vous avez pour père le diable,
et vous voulez faire les convoitises de votre père.

---

a • vous libérera ; *affranchir quelqu'un, c'est le libérer de l'état d'esclave.*

Lui a été meurtrier dès le commencement, et il n'a
pas persévéré dans la vérité, car il n'y a pas de vérité en lui. Quand il profère le mensonge, il parle
de son propre fonds, car il est menteur et le père
du mensonge. Mais moi, c'est parce que je dis la 45
vérité que vous ne me croyez pas. Qui de vous me 46
convaincra de péché ? Si je dis la vérité, vous,
pourquoi ne me croyez-vous pas ? Celui qui est de 47
Dieu entend les paroles de Dieu ; c'est pourquoi
vous n'entendez pas, parce que vous n'êtes pas de
Dieu.

Les Juifs lui répondirent : 48

– N'avons-nous pas raison de dire que tu es un
Samaritain°, et que tu as un démon° ? Jésus répon- 49
dit :

– Je n'ai pas un démon, mais j'honore mon Père,
et vous, vous jetez du déshonneur sur moi. Quant 50
à moi, je ne cherche pas ma gloire ; il y en a un qui
la cherche et qui juge. En vérité, en vérité, je vous 51
dis : Si quelqu'un garde ma parole, il ne verra pas
la mort, à jamais. Les Juifs lui dirent alors : 52

– Maintenant nous voyons bien que tu as un démon : Abraham est mort, ainsi que les prophètes,
et toi tu dis : Si quelqu'un garde ma parole, il ne
goûtera pas la mort, à jamais. Es-tu plus grand que 53
notre père Abraham, qui est mort ? Les prophètes
aussi sont morts. Qui te fais-tu toi-même ? Jésus ré- 54
pondit :

– Si je me glorifie moi-même, ma gloire n'est
rien ; c'est mon Père qui me glorifie, lui dont vous
dites : Il est notre Dieu. Vous ne le connaissez pas ; 55
mais moi, je le connais : et si je disais que je ne le
connais pas, je serais semblable à vous, un menteur ; mais je le connais et je garde sa parole. Abraham, votre père, a tressailli de joie de ce qu'il ver- 56
rait mon jour ; et il l'a vu et s'est réjoui. Les Juifs 57
lui dirent alors :

– Tu n'as pas encore cinquante ans et tu as vu
Abraham ! Jésus leur dit : 58

– En vérité, en vérité, je vous dis : *Avant qu'Abraham fût, Je suis.*
59 Ils prirent alors des pierres pour les jeter contre
lui ; mais Jésus se cacha et sortit du temple.

9 Comme il passait, il vit un homme aveugle de
2 naissance. Ses disciples l'interrogèrent :
– Rabbi°, qui a péché : lui, ou ses parents, pour
3 qu'il soit né aveugle ? Jésus répondit :
– Ni lui n'a péché, ni ses parents ; mais c'est afin
4 qu'en lui les œuvres de Dieu soient manifestées. Il
me faut travailler aux œuvres de celui qui m'a envoyé tandis qu'il fait jour° ; la nuit vient, où per-
5 sonne ne peut travailler. Pendant que je suis dans
le monde, je suis la lumière du monde.
6 Ayant dit cela, il cracha par terre, fit de la boue
avec sa salive et appliqua la boue sur les yeux de
7 l'aveugle, puis il lui dit :
– Va, lave-toi au réservoir de Siloé (ce qui se traduit par : Envoyé).
8 Il y alla, se lava, et il revint, voyant. Les voisins, et
ceux qui l'avaient vu auparavant, alors qu'il était
mendiant, disaient :
– N'est-ce pas celui qui était assis et qui men-
9 diait ? Les uns disaient :
– C'est lui. D'autres :
– Non, mais il lui ressemble.
Lui dit :
10 – C'est moi-même. Ils lui dirent alors :
11 – Comment tes yeux ont-ils été ouverts ? Il répondit :
– Un homme, appelé Jésus, a fait de la boue, l'a
appliquée sur mes yeux et m'a dit : Va à Siloé et
12 lave-toi. J'y suis allé, je me suis lavé et j'ai vu. Ils
lui dirent :
– Où est cet homme ? Il dit :
– Je ne sais pas.
13 Ils amènent aux pharisiens° celui qui aupara-
14 vant avait été aveugle. Or c'était un jour de sab-
bat° que Jésus avait fait la boue et qu'il lui avait

ouvert les yeux. Les pharisiens, à leur tour, lui de- 15
mandèrent comment il avait recouvré la vue. Et il
leur dit :
–Il a appliqué de la boue sur mes yeux; je me
suis lavé et je vois. Certains des pharisiens dirent 16
alors :
–Cet homme n'est pas de Dieu, car il ne garde
pas le sabbat. D'autres disaient :
–Comment un homme pécheur° peut-il faire de
tels miracles ?
Et il y avait de la division entre eux. Ils disent en- 17
core à l'aveugle :
–Toi, que dis-tu de celui-ci, puisqu'il t'a ouvert
les yeux ? Il dit :
–C'est un prophète.
Mais les Juifs refusèrent de croire qu'il avait été 18
aveugle et qu'il avait recouvré la vue, jusqu'à ce
qu'ils aient appelé les parents de celui qui avait recouvré la vue. Ils les interrogèrent : 19
–Celui-ci est-il votre fils, dont vous dites qu'il est
né aveugle ? Comment se fait-il qu'il voie maintenant ? Ses parents répondirent : 20
–Nous savons que celui-ci est notre fils et qu'il
est né aveugle. Mais comment il voit maintenant, 21
nous ne le savons pas; et qui lui a ouvert les yeux,
nous ne le savons pas, nous. Il est assez âgé, interrogez-le, il parlera lui-même de ce qui le concerne.
Ses parents dirent cela parce qu'ils craignaient les 22
Juifs; car les Juifs étaient déjà convenus que si
quelqu'un le reconnaissait comme le Christ°, il serait exclu de la synagogue°. C'est pourquoi ses pa- 23
rents dirent :
–Il est assez âgé, interrogez-le.
Ils appelèrent, pour la seconde fois, l'homme 24
qui avait été aveugle et lui dirent :
–Donne gloire à Dieu; nous savons que cet
homme est un pécheur°. Il répondit : 25
–S'il est un pécheur, je ne sais pas; mais je sais
une chose, c'est que j'étais aveugle, et que maintenant je vois. Ils lui dirent de nouveau : 26

–Que t'a-t-il fait ? Comment a-t-il ouvert tes
27 yeux ? Il leur répondit :
–Je vous l'ai déjà dit, et vous n'avez pas écouté.
Pourquoi voulez-vous encore l'entendre ? Vou-
28 driez-vous aussi, vous, devenir ses disciples ? Ils
l'injurièrent et dirent :
–Toi, tu es disciple de celui-là ! Nous, nous som-
29 mes disciples de Moïse. Pour nous, nous savons
que Dieu a parlé à Moïse ; quant à celui-ci, nous
30 ne savons pas d'où il est. L'homme leur répondit :
–En ceci pourtant, il y a quelque chose
d'étrange, c'est que vous ne sachiez pas, vous,
31 d'où il est, alors qu'il m'a ouvert les yeux ! Or nous
savons que Dieu n'écoute pas les pécheurs ; mais si
quelqu'un est pieux envers Dieu et fait sa volonté,
32 celui-là, il l'écoute. Jamais on n'a entendu dire que
quelqu'un ait ouvert les yeux d'un aveugle de nais-
33 sance. Si celui-ci n'était pas de Dieu, il ne pourrait
34 rien faire. Ils lui répondirent :
–Tu es entièrement né dans le péché et tu nous
enseignes !
Et ils le chassèrent dehors.
35 Jésus apprit qu'ils l'avaient chassé dehors et,
l'ayant trouvé, il lui dit :
36 –Crois-tu au Fils de Dieu ? Il répondit :
–Qui est-il, Seigneur, afin que je croie en lui ?
Jésus lui dit :
37 –Et tu l'as vu, et celui qui parle avec toi, c'est
38 lui. Il dit :
–Je crois, Seigneur !
39 Et il lui rendit hommage. Jésus dit alors :
–Moi, je suis venu dans ce monde pour le jugement, afin que ceux qui ne voient pas voient ; et
que ceux qui voient deviennent aveugles.
40 Certains des pharisiens° qui étaient avec lui entendirent ces paroles et lui dirent :
41 –Et nous, serions-nous aveugles ? Jésus leur dit :
–Si vous étiez aveugles, vous n'auriez pas de péché ; mais maintenant vous dites : Nous voyons ! –
votre péché demeure.

En vérité, en vérité, je vous dis : Celui qui n'en- **10**
tre pas par la porte dans l'enclos des brebis, mais
qui l'escalade par un autre endroit, celui-là est un
voleur et un brigand. Mais celui qui entre par la 2
porte est le berger des brebis. À celui-ci le portier 3
ouvre ; les brebis écoutent sa voix ; puis il appelle
ses propres brebis par leur nom, et les mène dehors. Quand il a fait sortir toutes ses brebis, il mar- 4
che devant elles ; et les brebis le suivent, car elles
connaissent sa voix. Mais un étranger, elles ne le 5
suivront pas ; au contraire elles s'enfuiront loin de
lui, parce qu'elles ne connaissent pas la voix des
étrangers.
Jésus leur fit cette comparaison ; mais ils ne com- 6
prirent pas la portée de ce qu'il leur disait.
Jésus leur dit encore : 7
– En vérité, en vérité, je vous dis que moi je suis
la porte des brebis. Tous, autant qu'il en est venu 8
avant moi, sont des voleurs et des brigands ; mais
les brebis ne les ont pas écoutés. Moi, je suis la 9
porte : si quelqu'un entre par moi, il sera sauvé ; il
entrera et sortira, et il trouvera de la pâture. Le vo- 10
leur ne vient que pour voler, tuer et détruire : moi,
je suis venu afin qu'elles aient la vie, et qu'elles
l'aient en abondance. Moi, je suis le bon berger : 11
le bon berger laisse sa vie pour les brebis. Mais 12
l'homme qui reçoit un salaire et qui n'est pas le
berger, à qui les brebis n'appartiennent pas en propre, voit venir le loup, abandonne les brebis et
s'enfuit ; alors le loup s'empare des brebis, et il les
disperse. S'il s'enfuit, c'est parce qu'il reçoit un sa- 13
laire et ne se met pas en souci des brebis. Moi, je 14
suis le bon berger : je connais les miens, et je suis
connu des miens, comme le Père me connaît et 15
moi je connais le Père ; et je laisse ma vie pour les
brebis. J'ai d'autres brebis qui ne sont pas de cet 16
enclos ; il faut que je les amène, elles aussi ; elles
écouteront ma voix et il y aura un seul troupeau,
un seul berger. À cause de ceci le Père m'aime, 17
c'est que moi je laisse ma vie afin que je la re-

18 prenne. Personne ne me l'ôte, mais moi, je la laisse
de moi-même ; j'ai le pouvoir de la laisser, et j'ai le
pouvoir de la reprendre : j'ai reçu ce commandement de mon Père.
19 Il y eut encore de la division parmi les Juifs à cause
20 de ces paroles. Beaucoup d'entre eux disaient :
– Il a un démon°, et il est fou ; pourquoi l'écou-
21 tez-vous ? D'autres disaient :
– Ces paroles ne sont pas d'un démoniaque° ; un
démon peut-il ouvrir les yeux des aveugles ?
22 Or la fête de la Dédicace se célébrait à Jérusa-
23 lem, et c'était en hiver. Jésus se promenait dans le
24 temple, au portique de Salomon[a]. Les Juifs l'entourèrent et lui dirent :
– Jusqu'à quand tiens-tu notre âme° en sus-
pens ? Si toi tu es le Christ°, dis-le-nous franche-
25 ment. Jésus leur répondit :
– Je vous l'ai dit, et vous ne croyez pas. Les œuvres que je fais, moi, au nom de mon Père, ce sont
26 elles qui rendent témoignage de moi. Mais vous,
vous ne croyez pas, car vous n'êtes pas de mes bre-
27 bis, comme je vous l'ai dit. Mes brebis écoutent ma
28 voix, moi je les connais, et elles me suivent ; moi,
je leur donne la vie éternelle ; elles ne périront jamais, et personne ne les arrachera de ma main.
29 Mon Père, qui me les a données, est plus grand
que tous, et personne ne peut les arracher de la
30 main de mon Père. Moi et le Père, nous sommes
un.
31 Les Juifs prirent encore des pierres pour le lapider.
32 Jésus leur dit alors :
– Je vous ai fait voir beaucoup de bonnes œuvres de la part de mon Père : pour laquelle de ces
33 œuvres me lapidez-vous ? Les Juifs lui répondirent :
– Nous ne te lapidons pas pour une bonne œuvre, mais pour blasphème ; et parce que toi, étant
34 homme, tu te fais Dieu. Jésus leur répondit :
– N'est-il pas écrit dans votre Loi : "Moi j'ai dit :

---

a • *voir* Temple°.

Vous êtes des dieux"[a] ? S'il appelle dieux ceux à 35
qui la parole de Dieu est venue (et l'Écriture ne
peut être anéantie), dites-vous à celui que le Père 36
a sanctifié et qu'il a envoyé dans le monde : Tu
blasphèmes, parce que j'ai dit : Je suis le Fils de
Dieu ? Si je ne fais pas les œuvres de mon Père, ne 37
me croyez pas ; mais si je les fais, alors même que 38
vous ne me croiriez pas, croyez les œuvres, afin
que vous connaissiez et que vous croyiez que le
Père est en moi, et moi en lui.

Ils cherchaient encore à se saisir de lui ; mais il 39
échappa de leurs mains et s'en alla encore au-delà 40
du Jourdain, à l'endroit où Jean avait baptisé au
commencement, et il demeura là. Beaucoup vin- 41
rent à lui et disaient :

– Jean n'a fait aucun miracle ; mais tout ce que
Jean a dit de celui-ci était vrai.
Et beaucoup crurent là en lui. 42

Il y avait un homme malade, Lazare, de Betha- **11**
nie, village de Marie et de Marthe sa sœur. (Marie 2
était celle qui oignit le Seigneur d'un parfum et
qui lui essuya les pieds avec ses cheveux ; Lazare,
le malade, était son frère.) Les sœurs envoyèrent 3
dire à Jésus :

– Seigneur, voici, celui que tu aimes est malade.
Dès qu'il l'apprit, Jésus dit : 4

– Cette maladie n'est pas pour la mort, mais en
vue de la gloire de Dieu, afin que le Fils de Dieu
soit glorifié par elle.
Or Jésus aimait Marthe, et sa sœur, et Lazare. 5

Après avoir appris que Lazare était malade, il 6
demeura encore deux jours au lieu où il était. Puis 7
après cela, il dit à ses disciples :

– Retournons en Judée°. Les disciples lui disent : 8

– Rabbi°, les Juifs cherchaient tout récemment à
te lapider, et tu y vas encore ! Jésus répondit : 9

– N'y a-t-il pas douze heures° au jour ? Si quelqu'un marche de jour, il ne trébuche pas, car il

---

a• Psaume 82. 6.

10 voit la lumière de ce monde ; mais si quelqu'un
marche de nuit, il trébuche, car la lumière n'est
pas en lui.
11 *Il dit cela ; ensuite il leur déclare :*
– Lazare, notre ami, s'est endormi ; mais je vais
12 pour le réveiller. Les disciples lui dirent :
13 – Seigneur, s'il s'est endormi, il sera guéri. Or
Jésus avait parlé de sa mort ; mais eux pensaient
14 qu'il avait parlé du repos du sommeil. Jésus leur
dit alors ouvertement :
15 – Lazare est mort ; et je me réjouis, à cause de
vous, de ce que je n'étais pas là, afin que vous
croyiez. Mais allons vers lui.
16 Thomas, appelé Didyme, dit alors aux autres disciples :
– Allons-y, nous aussi, afin que nous mourions
avec lui.
17 À son arrivée, Jésus trouva que Lazare était déjà
18 depuis quatre jours dans le tombeau. Or Béthanie
était près de Jérusalem, à une distance d'environ
19 quinze stades[a]. Beaucoup parmi les Juifs étaient
venus auprès de Marthe et de Marie, pour les
20 consoler au sujet de leur frère. Quand Marthe eut
entendu dire que Jésus venait, elle alla à sa rencontre ; mais Marie restait assise dans la maison. Mar-
21 the dit à Jésus :
– Seigneur, si tu avais été ici, mon frère ne serait
22 pas mort ; mais même maintenant, je sais que tout
ce que tu demanderas à Dieu, Dieu te le donnera.
23 Jésus lui dit :
24 – Ton frère ressuscitera. Marthe lui dit :
– Je sais qu'il ressuscitera à la résurrection, au
25 dernier jour. Jésus lui déclara :
– Moi, je suis la résurrection et la vie : celui qui
26 croit en moi, même s'il meurt, vivra ; et quiconque
vit et croit en moi, ne mourra pas, à jamais. Crois-
27 tu cela ? Elle lui dit :
– Oui, Seigneur, moi je crois que tu es le Christ°,
le Fils de Dieu qui vient dans le monde.

---

a • *moins de 3 kilomètres ; voir* Mesures°.

Après avoir dit cela, elle s'en alla et appela sa sœur 28
Marie, lui disant secrètement :
– Le maître° est là, et il t'appelle.
Celle-ci, dès qu'elle l'eut entendu, se leva en hâte 29
et vint à lui. (Jésus n'était pas encore arrivé dans 30
le village ; il était au lieu où Marthe l'avait rencon-
tré.) Les Juifs qui étaient avec Marie dans la mai- 31
son, et qui la consolaient, virent que Marie s'était
levée en hâte et qu'elle était sortie ; ils la suivirent,
en disant : Elle va au tombeau pour y pleurer.
Quand Marie fut venue là où était Jésus, elle le 32
vit, se jeta à ses pieds et lui dit :
– Seigneur, si tu avais été ici, mon frère ne serait
pas mort.
Quand Jésus la vit pleurer, et les Juifs qui étaient 33
venus avec elle pleurer, il frémit en son esprit et
se troubla ; il dit : 34
– Où l'avez-vous mis ? Ils lui disent :
– Seigneur, viens et vois.
Jésus pleura. 35
Les Juifs dirent alors : 36
– Voyez comme il l'aimait !
Mais certains d'entre eux dirent : 37
– Celui-ci, qui a ouvert les yeux de l'aveugle,
n'aurait-il pas pu faire aussi que cet homme ne
meure pas ?
Jésus, frémissant encore en lui-même, arrive au 38
tombeau (c'était une grotte, et une pierre était
placée à l'entrée). Jésus dit : 39
– Enlevez la pierre.
Marthe, la sœur du mort, lui dit :
– Seigneur, il sent déjà, car il est là depuis quatre
jours. Jésus lui dit : 40
– Ne t'ai-je pas dit que, si tu crois, tu verras la
gloire de Dieu ?
Ils enlevèrent donc la pierre. Jésus leva les yeux en 41
haut et dit :
– Père, je te rends grâces de ce que tu m'as entendu. Moi je savais que tu m'entends toujours ; 42
mais je l'ai dit à cause de la foule qui est autour de

moi, afin qu'ils croient que c'est toi qui m'as envoyé.
43 Ayant dit cela, il cria d'une voix forte :
– Lazare, viens ici, dehors !
44 Le mort sortit, les pieds et les mains liés de bande-
lettes, et son visage était enveloppé d'un suaire.
Jésus leur dit :
– Déliez-le et laissez-le aller.
45 Beaucoup parmi les Juifs qui étaient venus auprès de Marie et qui avaient vu ce que Jésus avait
46 fait, crurent en lui. Mais certains d'entre eux allèrent trouver les pharisiens° et leur dirent ce que
47 Jésus avait fait. Les principaux sacrificateurs° et
les pharisiens assemblèrent un sanhédrin° et dirent :
– Que faisons-nous ? Car cet homme fait beau-
48 coup de miracles. Si nous le laissons continuer
ainsi, tous croiront en lui, les Romains viendront,
et ils détruiront et notre lieu et notre nation.
49 Mais l'un d'entre eux, appelé Caïphe, qui était souverain sacrificateur° cette année-là, leur dit :
50 – Vous ne savez rien. Vous ne réfléchissez même
pas qu'il nous est avantageux qu'un seul homme
meure pour le peuple, et que la nation tout entière ne périsse pas.
51 Or il ne dit pas cela de lui-même ; mais étant souverain sacrificateur cette année-là, il prophétisa
52 que Jésus allait mourir pour la nation, et non pas
seulement pour la nation, mais aussi pour rassem-
53 bler en un les enfants de Dieu dispersés. Depuis ce
jour-là, donc, ils résolurent de le faire mourir.
54 Aussi Jésus cessa-t-il d'aller et venir publiquement
parmi les Juifs ; il se retira dans la région qui est
près du désert, dans une ville appelée Éphraïm ; et
il y séjourna avec les disciples.
55 Or la Pâque° des Juifs était proche. Beaucoup
montèrent de la campagne à Jérusalem, avant la
56 Pâque, pour se purifier. Ils cherchaient donc Jésus
et se disaient l'un à l'autre, alors qu'ils étaient dans
le temple :

– Qu'en pensez-vous ? Ne viendra-t-il pas à la fête ?
Les principaux sacrificateurs et les pharisiens 57
avaient donné des ordres : si quelqu'un savait où il était, qu'il le déclare, pour qu'on s'empare de lui.

Or Jésus, six jours avant la Pâque°, vint à Bé- **12**
thanie où était Lazare, le mort, que Jésus avait ressuscité d'entre les morts. On lui fit donc là un sou- 2
per ; Marthe servait, et Lazare était un de ceux qui
étaient à table avec lui. Alors Marie, qui avait pris 3
une livre[a] de parfum de nard pur de grand prix, oignit les pieds de Jésus et les essuya avec ses cheveux : et la maison fut remplie de l'odeur du parfum. Mais l'un de ses disciples, Judas Iscariote, fils 4
de Simon, celui qui allait le livrer, dit :
– Pourquoi ce parfum n'a-t-il pas été vendu trois 5
cents deniers° et donné aux pauvres ?
(Or il dit cela, non par souci des pauvres, mais 6
parce qu'il était voleur : il avait la bourse et se
chargeait de ce qu'on y mettait.) Jésus dit : 7
– Permets-lui d'avoir gardé cela pour le jour de
ma mise au tombeau. Car les pauvres, vous les 8
avez toujours avec vous ; mais moi, vous ne m'avez
pas toujours.
Une grande foule de Juifs sut qu'il était là et 9
vint, non seulement à cause de Jésus, mais aussi
pour voir Lazare qu'il avait ressuscité d'entre les
morts. Les principaux sacrificateurs° résolurent 10
alors de faire mourir aussi Lazare ; car, à cause de 11
lui, beaucoup de Juifs s'en allaient et croyaient en
Jésus.
Le lendemain, une grande foule qui était venue 12
à la fête et avait entendu dire que Jésus venait à Jérusalem, prit des rameaux de palmiers, sortit à sa 13
rencontre et se mit à crier :
– Hosanna° ! béni soit celui qui vient au nom du
Seigneur°*, le roi d'Israël !

---

a • *à l'époque, 330 g env.*

14 Jésus, ayant trouvé un ânon, s'assit dessus, comme
15 il est écrit : "Ne crains pas, fille de Sion ; voici, ton
16 roi vient, assis sur le petit d'une ânesse"[a]. Ses disciples ne comprirent pas d'abord tout cela ; mais quand Jésus eut été glorifié, alors ils se souvinrent que cela était écrit à son sujet et qu'on avait fait
17 ainsi à son égard. La foule qui était avec lui rendait témoignage qu'il avait appelé Lazare hors du tom-
18 beau et l'avait ressuscité d'entre les morts. C'est pourquoi la foule vint aussi à sa rencontre, parce
19 qu'ils avaient appris qu'il avait fait ce miracle. Les pharisiens° dirent alors entre eux :

– Vous voyez que vous ne gagnez rien ; voici, le monde est allé après lui.

20 Il y avait des Grecs°, parmi ceux qui étaient
21 montés pour adorer pendant la fête. Ils vinrent trouver Philippe, qui était de Bethsaïda de Galilée° ; et ils lui demandaient :

– Seigneur, nous désirons voir Jésus.

22 Philippe vient et le dit à André ; puis vient André,
23 ainsi que Philippe, et ils en parlent à Jésus. Jésus leur répondit :

– L'heure est venue pour que le Fils° de
24 l'homme soit glorifié. En vérité, en vérité, je vous dis : À moins que le grain de blé ne tombe en terre et ne meure, il demeure seul ; mais s'il meurt, il
25 porte beaucoup de fruit. Celui qui aime sa vie la perdra ; et celui qui hait sa vie dans ce monde-ci la
26 conservera pour la vie éternelle. Si quelqu'un me sert°, qu'il me suive ; et où je suis, moi, là aussi sera mon serviteur. Si quelqu'un me sert, le Père l'honorera.

27 Maintenant mon âme est troublée ; et que dirai-je ? Père, délivre-moi de cette heure ; mais c'est pour cela, pour cette heure, que je suis venu.
28 Père, glorifie ton nom.

Il vint alors une voix du ciel :

– Et je l'ai glorifié, et je le glorifierai de nouveau.

---

a • Zacharie 9. 9.

La foule qui se tenait là, et qui avait entendu, dit 29
alors qu'il y avait eu un coup de tonnerre ; d'autres
disaient :

– Un ange lui a parlé. Jésus répondit : 30

– Ce n'est pas pour moi que cette voix s'est fait
entendre, mais pour vous. Maintenant, c'est le ju- 31
gement de ce monde ; maintenant le chef de ce
monde[a] sera jeté dehors. Et moi, si je suis élevé de 32
la terre, j'attirerai tous les hommes à moi-même.
Or il disait cela pour indiquer de quelle mort il al- 33
lait mourir. La foule lui répondit : 34

– Nous, nous avons appris de la Loi que le
Christ° demeure éternellement : comment peux-
tu dire, toi, qu'il faut que le Fils de l'homme soit
élevé ? Qui est ce Fils de l'homme ? Jésus leur dit : 35

– Pour peu de temps encore la lumière est au
milieu de vous ; marchez pendant que vous avez
la lumière, de peur que les ténèbres ne s'emparent
de vous ; et celui qui marche dans les ténèbres ne
sait pas où il va. Pendant que vous avez la lumière, 36
croyez en la lumière, afin que vous soyez fils de lumière.
Jésus dit cela ; puis il s'éloigna et disparut de leur
vue.

Et, bien qu'il ait fait tant de miracles devant eux, 37
ils ne crurent pas en lui, afin que soit accomplie la 38
parole que prononça Ésaïe le prophète : "Sei-
gneur°*, qui a cru à ce que nous avons fait entendre, et à qui le bras du Seigneur* a-t-il été révélé ?"[b]. De fait, ils ne pouvaient pas croire, puisque 39
Ésaïe dit encore : "Il a aveuglé leurs yeux, a en- 40
durci leur cœur, afin qu'ils ne voient pas des yeux,
qu'ils ne comprennent pas du cœur, qu'ils ne se
convertissent[c] et qu'alors je les guérisse"[d]. Ésaïe a 41
dit cela parce qu'il a vu sa gloire et qu'il a parlé de
lui. Toutefois parmi les chefs beaucoup crurent en 42
lui ; mais à cause des pharisiens°, ils ne se décla-

---

a• le diable, Satan (14. 30 ; 16. 11). – b• Ésaïe 53. 1. – c• *Ce verbe signifie :* faire volte-face, se retourner. – d• Ésaïe 6. 9, 10.

raient pas, de peur d'être exclus de la synagogue° ;
43 car ils ont aimé la gloire des hommes plutôt que la
gloire de Dieu.
44 Jésus s'écria :
–Celui qui croit en moi ne croit pas en moi,
45 mais en celui qui m'a envoyé ; et celui qui me voit,
46 voit celui qui m'a envoyé. Moi, la lumière, je suis
venu dans le monde afin que quiconque croit en
47 moi ne reste pas dans les ténèbres. Si quelqu'un
entend mes paroles et ne les garde pas, moi, je ne
le juge pas ; car je ne suis pas venu afin de juger le
48 monde, mais afin de sauver le monde. Celui qui
me rejette et qui ne reçoit pas mes paroles a son
juge : c'est la parole que j'ai dite qui le jugera au
49 dernier jour. Car moi, je n'ai pas parlé de par moi-
même ; mais celui qui m'a envoyé – le Père – m'a
commandé lui-même ce que je devais dire et com-
50 ment j'avais à parler ; et je sais que son commandement est la vie éternelle. Donc, ce que moi je dis,
je le dis comme le Père me l'a dit.

13 Avant la fête de Pâque°, Jésus, sachant que
son heure était venue pour passer de ce monde au
Père, ayant aimé les siens qui étaient dans le
2 monde, les aima jusqu'à la fin. Pendant qu'ils
étaient en train de souper (le diable ayant déjà
mis dans le cœur de Judas Iscariote, fils de Simon,
3 de le livrer), Jésus, sachant que le Père lui a tout
remis entre les mains, qu'il est venu de Dieu et
4 s'en va à Dieu, se lève du souper et met de côté
ses vêtements ; puis ayant pris un linge, il le serra
5 autour de sa taille. Ensuite il verse de l'eau dans le
bassin, et commence à laver les pieds des disciples
6 et à les essuyer avec le linge dont il était ceint°. Il
vient à Simon Pierre ; celui-ci lui dit :
7 –Seigneur, tu me laves les pieds, toi ? Jésus lui
répondit :
–Ce que je fais, tu ne le sais pas maintenant,
8 mais tu le comprendras par la suite. Pierre lui dit :

– Non, tu ne me laveras *jamais les pieds ! Jésus*
lui répondit :
– Si je ne te lave pas, tu n'as pas de part avec
moi. Simon Pierre lui dit : 9
– Seigneur, non pas mes pieds seulement, mais
aussi mes mains et ma tête. Jésus lui dit : 10
– Celui qui a tout le corps lavé[a] n'a besoin que
de se laver[b] les pieds : il est net[c] tout entier ; et
vous, vous êtes nets[c], mais non pas tous.
Car il savait qui le livrait ; c'est pourquoi il dit : 11
– Vous n'êtes pas tous nets[c].
Quand donc il leur eut lavé les pieds, il reprit ses 12
vêtements, se remit à table et leur dit :
– Comprenez-vous ce que je vous ai fait ? Vous 13
m'appelez maître° et seigneur, et vous dites bien,
car je le suis. Si donc moi, le seigneur et le maître°, 14
je vous ai lavé les pieds, vous aussi vous devez vous
laver les pieds les uns aux autres ; c'est un exemple 15
que je vous ai donné : comme je vous ai fait, moi,
vous aussi faites de même. En vérité, en vérité, je 16
vous dis : L'esclave n'est pas plus grand que son
seigneur°, ni l'envoyé plus grand que celui qui l'a
envoyé. Si vous savez ces choses, vous êtes bien- 17
heureux si vous les faites. Je ne parle pas de vous 18
tous ; moi, je connais ceux que j'ai choisis. Mais
c'est afin que l'Écriture soit accomplie : “Celui qui
mange le pain avec moi a levé son talon contre
moi”[d]. Je vous le dis dès maintenant, avant que 19
cela arrive, afin que, quand cela arrivera, vous
croyiez que c'est moi. En vérité, en vérité, je vous 20
dis : Celui qui reçoit quelqu'un que j'envoie me reçoit ; et celui qui me reçoit, reçoit celui qui m'a envoyé.
Ayant dit cela, Jésus fut troublé dans son esprit 21
et rendit témoignage :
– En vérité, en vérité, je vous le dis : l'un de vous
me livrera.

---

a • *litt.* : Celui qui est entièrement baigné. – b • *mot spécial employé pour le lavage d'une partie du corps seulement, pieds ou mains (v. 5, 6, 8, 14).* – c • *ou* : pur (s). – d • Psaume 41. 9.

22 Les disciples se regardaient donc les uns les autres,
23 perplexes, se demandant de qui il parlait. Or l'un
de ses disciples, que Jésus aimait, était à table,
24 tout contre le sein de Jésus. Simon Pierre lui fait
alors signe de demander qui était celui dont il par-
25 lait. Lui, s'étant penché sur la poitrine de Jésus, lui
dit :
26 – Seigneur, qui est-ce ? Jésus répond :
– C'est celui à qui je donnerai le morceau après
l'avoir trempé.
Ayant donc trempé le morceau, il le donne à Judas
27 Iscariote, fils de Simon. Quand Judas eut pris le
morceau, Satan entra en lui. Jésus lui dit :
– Ce que tu fais, fais-le vite.
28 Mais aucun de ceux qui étaient à table ne comprit
29 pourquoi il lui avait dit cela ; car quelques-uns pensaient que, puisque Judas avait la bourse, Jésus lui
avait dit : Achète ce dont nous avons besoin pour
la fête ; ou : Donne quelque chose aux pauvres.
30 Après avoir reçu le morceau, Judas sortit aussitôt ;
or il faisait nuit.
31 Lorsqu'il fut sorti, Jésus dit :
– Maintenant, le Fils de l'homme est glorifié, et
32 Dieu est glorifié en lui. Si Dieu est glorifié en lui,
Dieu aussi le glorifiera en lui-même ; et aussitôt il
33 le glorifiera. Enfants, je suis encore pour peu de
temps avec vous : vous me chercherez ; et, comme
je l'ai dit aux Juifs : Là où moi je vais, vous, vous ne
pouvez pas venir – je vous le dis aussi maintenant
34 à vous. Je vous donne un commandement° nouveau : Aimez-vous l'un l'autre ; comme je vous ai
35 aimés, vous aussi, aimez-vous l'un l'autre. À ceci
tous connaîtront que vous êtes mes disciples, si
36 vous avez de l'amour entre vous. Simon Pierre lui
dit :
– Seigneur, où vas-tu ? Jésus lui répondit :
– Là où je vais, tu ne peux pas me suivre mainte-
37 nant ; mais tu me suivras plus tard. Pierre lui dit :
– Seigneur, pourquoi ne puis-je pas te suivre

maintenant ? Je laisserai ma vie pour toi ! Jésus répond :
–Tu laisseras ta vie pour moi ! En vérité, en vé- 38
rité, je te dis : Le coq ne chantera pas, que tu ne
m'aies renié trois fois.

Que votre cœur ne soit pas troublé ; vous **14**
croyez en Dieu, croyez aussi en moi. Dans la mai- 2
son° de mon Père, il y a de nombreuses demeures ;
s'il en était autrement, je vous l'aurais dit, car je
vais vous préparer une place. Et si je m'en vais et 3
que je vous prépare une place, je reviendrai et je
vous prendrai auprès de moi, afin que là où moi je
suis, vous, vous soyez aussi. Or vous savez où moi 4
je vais, et vous en savez le chemin. Thomas lui dit : 5
–Seigneur, nous ne savons pas où tu vas ; comment pouvons-nous en savoir le chemin ? Jésus lui 6
dit :
–Moi, je suis le chemin, et la vérité, et la vie ; personne ne vient au Père si ce n'est par moi. Si vous 7
m'aviez connu, vous auriez connu aussi mon Père ;
et dès maintenant vous le connaissez et vous l'avez
vu. Philippe lui dit : 8
–Seigneur, montre-nous le Père, et cela nous
suffit. Jésus lui dit : 9
–Je suis depuis si longtemps avec vous, et tu ne
me connais pas, Philippe ! Celui qui m'a vu a vu le
Père ; comment peux-tu dire, toi : Montre-nous le
Père ? Ne crois-tu pas que je suis dans le Père et 10
que le Père est en moi ? Les paroles que moi je
vous dis, je ne les dis pas de par moi-même ; mais
le Père qui demeure en moi, c'est lui qui fait les
œuvres. Croyez-moi : je suis dans le Père et le 11
Père est en moi ; sinon, croyez-moi à cause des œuvres elles-mêmes. En vérité, en vérité, je vous le 12
dis : Celui qui croit en moi fera, lui aussi, les œuvres que moi je fais, et il en fera de plus grandes
que celles-ci ; parce que moi, je m'en vais au Père.
Et quoi que vous demandiez en mon nom, je le fe- 13
rai, afin que le Père soit glorifié dans le Fils. Si vous 14

demandez quelque chose en mon nom, moi, je le
ferai.
15 Si vous m'aimez, gardez mes commandements°.
16 Moi, je ferai la demande au Père, et il vous donnera un autre Consolateur[a], pour être avec vous
17 éternellement, l'Esprit de vérité, que le monde ne
peut pas recevoir, parce qu'il ne le voit pas et ne le
connaît pas. Mais vous, *vous le connaissez*, parce
qu'il demeure auprès de vous et qu'il sera en vous.
18 Je ne vous laisserai pas orphelins; je viens à vous.
19 Encore un peu de temps, et le monde ne me verra
plus; mais vous, vous me verrez; parce que moi je
20 vis, vous aussi vous vivrez. En ce jour-là, vous
connaîtrez que moi je suis en mon Père, et vous
21 en moi et moi en vous. Celui qui a mes commandements et qui les garde, c'est celui-là qui m'aime;
or celui qui m'aime sera aimé de mon Père; et moi
22 je l'aimerai, et je me manifesterai à lui. Jude (non
pas l'Iscariote) lui dit :
– Seigneur, comment se fait-il que tu vas te ma-
23 nifester à nous et non pas au monde ? Jésus lui répondit :
– Si quelqu'un m'aime, il gardera ma parole, et
mon Père l'aimera; nous viendrons à lui et nous
24 ferons notre demeure chez lui. Celui qui ne
m'aime pas ne garde pas mes paroles. Et la parole
que vous entendez n'est pas la mienne, mais celle
25 du Père qui m'a envoyé. Tout cela, je vous l'ai dit,
26 demeurant auprès de vous; mais le Consolateur[b],
l'Esprit Saint°, que le Père enverra en mon nom,
lui, vous enseignera toutes choses et vous rappel-
27 lera tout ce que je vous ai dit. Je vous laisse la
paix; je vous donne ma paix; je ne vous donne
pas, moi, comme le monde donne. Que votre cœur
28 ne soit pas troublé, ni craintif. Vous avez entendu
que moi je vous ai dit : Je m'en vais et je viens à
vous. Si vous m'aimiez, vous vous seriez réjouis de

---

a• *celui qui soutient la cause d'une personne, lui vient en aide et l'assiste (mot traduit par* Avocat *en* 1 Jean 2. 1). *Voir Saint Esprit°.* – b• *voir* v. 16, *et note.*

ce que je m'en vais au Père, car mon Père est plus
grand que moi. Et maintenant je vous l'ai dit avant 29
que cela arrive, afin que, quand cela arrivera, vous
croyiez. Je ne parlerai plus beaucoup avec vous, 30
car le chef du monde[a] vient ; et il n'a rien en moi ;
mais afin que le monde connaisse que j'aime le 31
Père, et comme le Père m'a commandé, ainsi je
fais. Levez-vous, partons d'ici !

Moi, je suis le vrai cep, et mon Père est le culti- **15**
vateur. Tout sarment en moi qui ne porte pas de 2
fruit, il l'ôte ; et tout sarment qui porte du fruit, il
le nettoie, afin qu'il porte plus de fruit. Vous, vous 3
êtes déjà nets, à cause de la parole que je vous ai
dite. Demeurez en moi, comme moi en vous. De 4
même que le sarment ne peut pas de lui-même
porter du fruit, à moins qu'il ne demeure dans le
cep, de même vous non plus vous ne le pouvez
pas, à moins que vous ne demeuriez en moi. Moi, 5
je suis le cep, vous, les sarments. Celui qui demeure en moi, et moi en lui, celui-là porte beaucoup de fruit ; car, séparés de moi, vous ne pouvez
rien faire. Si quelqu'un ne demeure pas en moi, il 6
est jeté dehors comme le sarment et il sèche ; puis
on les amasse, on les jette au feu et ils brûlent. Si 7
vous demeurez en moi et que mes paroles demeurent en vous, vous demanderez ce que vous voudrez, et cela sera fait pour vous. En ceci mon Père 8
est glorifié, que vous portiez beaucoup de fruit ; et
vous serez mes disciples.

Comme le Père m'a aimé, moi aussi je vous ai ai- 9
més ; demeurez dans mon amour. Si vous gardez 10
mes commandements°, vous demeurerez dans
mon amour, comme moi j'ai gardé les commandements de mon Père et je demeure dans son amour.
Je vous ai dit cela afin que ma joie soit en vous et 11
que votre joie soit complète. Voici mon comman- 12
dement : Aimez-vous les uns les autres, comme je
vous ai aimés. Personne n'a un amour plus grand 13

---

a• le diable, Satan (12. 31 ; 16. 11).

que celui-ci : que quelqu'un laisse sa vie pour ses
14 amis. Vous êtes mes amis, si vous faites tout ce
15 que moi je vous commande. Je ne vous appelle
plus esclaves, car l'esclave ne sait pas ce que fait
son maître° ; mais je vous ai appelés amis, parce
que je vous ai fait connaître tout ce que j'ai en-
16 tendu de mon Père. Ce n'est pas vous qui m'avez
choisi ; mais c'est moi qui vous ai choisis et qui
vous ai établis, pour que vous alliez et que vous
portiez du fruit et que votre fruit demeure ; pour
que tout ce que vous demanderez au Père en mon
17 nom, il vous le donne. Ce que je vous commande,
c'est de vous aimer les uns les autres.
18 Si le monde vous hait, sachez qu'il m'a haï avant
19 vous. Si vous étiez du monde, le monde aimerait
ce qui serait à lui ; mais parce que vous n'êtes pas
du monde, et qu'au contraire moi je vous ai choisis
en vous tirant hors du monde, à cause de cela, le
20 monde vous hait. Souvenez-vous de la parole que
moi je vous ai dite : L'esclave n'est pas plus grand
que son maître. S'ils m'ont persécuté, ils vous per-
sécuteront aussi ; s'ils ont gardé ma parole, ils gar-
21 deront aussi la vôtre. Mais ils vous feront tout cela
à cause de mon nom, parce qu'ils ne connaissent
22 pas celui qui m'a envoyé. Si je n'étais pas venu et
ne leur avais pas parlé, ils n'auraient pas eu de péché ; mais maintenant ils n'ont pas d'excuse pour
23 leur péché. Celui qui me hait, hait aussi mon Père.
24 Si je n'avais pas fait parmi eux les œuvres qu'aucun autre n'a faites, ils n'auraient pas eu de péché ;
en fait, ils ont à la fois vu et haï aussi bien moi que
25 mon Père. Mais c'est afin que soit accomplie la parole qui est écrite dans leur Loi : "Ils m'ont haï sans
26 cause"[a]. Quand sera venu le Consolateur[b] que je
vous enverrai d'auprès du Père, l'Esprit de vérité,
qui procède du Père, celui-là rendra témoignage
27 de moi. Et vous aussi, vous rendrez témoignage,
parce que depuis le commencement vous êtes
avec moi.

---

a• Psaume 35. 19. – b• *voir* 14. 16, *et note.*

Je vous ai dit cela afin que vous ne soyez pas **16**
scandalisés°. Ils vous excluront des synagogues° ; 2
l'heure vient même où quiconque vous tuera pen-
sera accomplir un service° envers Dieu. Ils agiront 3
ainsi parce qu'ils n'ont connu ni le Père, ni moi.
Mais je vous ai dit cela afin que, quand l'heure en 4
sera venue, vous vous souveniez que c'est moi qui
vous l'ai dit ; et je ne vous ai pas dit cela dès le
commencement parce que j'étais avec vous. Maintenant je m'en vais à celui qui m'a envoyé, et au- 5
cun de vous ne me demande : Où vas-tu ? Mais 6
parce que je vous ai dit cela, la tristesse a rempli
votre cœur. Toutefois, je vous dis la vérité : Il vous 7
est avantageux que moi je m'en aille ; car si je ne
m'en vais pas, le Consolateur[a] ne viendra pas à
vous ; mais si je pars, je vous l'enverrai. Et quand il 8
sera venu, lui, il confondra le monde au sujet du
péché, de la justice et du jugement : au sujet du 9
péché, parce qu'ils ne croient pas en moi ; de la jus- 10
tice, parce que je m'en vais à mon Père, et que
vous ne me verrez plus ; du jugement, parce que 11
le chef de ce monde[b] est jugé[c].

J'ai encore beaucoup à vous dire ; mais vous ne 12
pouvez pas le supporter maintenant. Quand celui- 13
là, l'Esprit de vérité, sera venu, il vous conduira
dans toute la vérité : car il ne parlera pas de par
lui-même ; mais il dira tout ce qu'il aura entendu,
et il vous annoncera ce qui va arriver. Celui-là me 14
glorifiera ; car il prendra de ce qui est à moi et vous
l'annoncera. Tout ce qu'a le Père est à moi ; c'est 15
pourquoi j'ai dit qu'il prend de ce qui est à moi et
qu'il vous l'annoncera.

Un peu de temps et vous ne me verrez plus, et 16
encore un peu de temps et vous me verrez, parce
que je m'en vais au Père.
Quelques-uns de ses disciples se dirent alors les uns 17
aux autres :

– Que signifie ce qu'il nous dit : Un peu de temps

---

a• *voir* 14. 16, *et note.* – b• le chef de ce monde : le diable, Satan (12. 31 ; 14. 30). – c• *au sens de* : définitivement jugé.

et vous ne me verrez pas, et encore un peu de
temps et vous me verrez, et : Parce que je m'en
18 vais au Père ? *Ils disaient* donc :
– Que signifie ce peu de temps ? Nous ne savons
pas de quoi il parle.
19 Jésus, sachant qu'ils voulaient l'interroger, leur
dit :
– Vous vous enquérez entre vous de ce que j'ai
dit : Un peu de temps et vous ne me verrez pas, et
20 encore un peu de temps et vous me verrez. En vérité, en vérité, je vous le dis : vous, vous pleurerez
et vous vous lamenterez, tandis que le monde se
réjouira ; vous, vous serez dans la tristesse, mais
21 votre tristesse sera changée en joie. La femme,
quand elle enfante, a de la tristesse, parce que son
heure est venue ; mais après qu'elle a donné le
jour à l'enfant, elle ne se souvient plus de son angoisse, à cause de la joie qu'elle a de ce qu'un hom-
22 me[a] est né dans le monde. Vous aussi, vous avez
maintenant de la tristesse ; mais je vous reverrai,
et votre cœur se réjouira, et personne ne vous ôte
votre joie.
23 En ce jour-là, vous ne me ferez pas de demandes. En vérité, en vérité, je vous le dis : tout ce que
vous demanderez au Père en mon nom, il vous le
24 donnera. Jusqu'à présent vous n'avez rien demandé en mon nom ; demandez, et vous recevrez,
25 afin que votre joie soit complète. Je vous ai dit cela
au moyen de comparaisons : l'heure vient où je ne
vous parlerai plus au moyen de comparaisons,
26 mais je vous parlerai ouvertement du Père. En ce
jour-là, vous demanderez en mon nom, et je ne
vous dis pas que moi je ferai des demandes au
27 Père pour vous ; car le Père lui-même vous aime,
parce que vous m'avez aimé et que vous avez cru
28 que moi je suis sorti d'auprès de Dieu. Je suis sorti
d'auprès du Père et je suis venu dans le monde ; et
de nouveau je laisse le monde et je m'en vais au
Père.

---

a • *c.-à-d.* : un être humain.

Ses disciples lui disent : 29
– Voici, maintenant tu parles ouvertement et tu
n'emploies plus de comparaison. Maintenant nous 30
savons que tu sais tout et que tu n'as pas besoin
qu'on te fasse des demandes ; à cause de cela, nous
croyons que tu es venu de Dieu. Jésus leur répon- 31
dit :
– Vous croyez maintenant ? Voici l'heure vient, 32
et elle est venue, où vous serez dispersés chacun
chez soi et où vous me laisserez seul. Mais je ne
suis pas seul, car le Père est avec moi. Je vous ai 33
dit cela afin qu'en moi vous ayez la paix. Vous
avez de la tribulation[a] dans le monde ; mais ayez
bon courage, moi j'ai vaincu le monde.

Après avoir dit cela, Jésus leva les yeux vers le **17**
ciel et dit :
– Père, l'heure est venue ; glorifie ton Fils, afin
que ton Fils te glorifie, comme tu lui as donné au- 2
torité sur toute chair, afin que, quant à tout ce que
tu lui as donné, il leur donne la vie éternelle. Et la 3
vie éternelle, c'est qu'ils te connaissent, toi le seul
vrai Dieu, et celui que tu as envoyé, Jésus Christ.
Moi, je t'ai glorifié sur la terre, j'ai achevé l'œuvre 4
que tu m'as donnée à faire. Et maintenant, glori- 5
fie-moi, toi, Père, auprès de toi-même, de la gloire
que j'avais auprès de toi avant que le monde fût.
J'ai manifesté ton nom aux hommes que tu m'as 6
donnés du monde ; ils étaient à toi, et tu me les as
donnés ; et ils ont gardé ta Parole. Maintenant ils 7
ont connu que tout ce que tu m'as donné vient de
toi ; car les paroles que tu m'as données, je les leur 8
ai données, et ils les ont reçues ; ils ont vraiment
connu que je suis sorti d'auprès de toi, et ils ont
cru que c'est toi qui m'as envoyé. Moi, je fais des 9
demandes pour eux ; je ne fais pas de demandes
pour le monde, mais pour ceux que tu m'as donnés, parce qu'ils sont à toi (et tout ce qui est à moi 10

---

a • *oppression, souffrance.*

est à toi ; et ce qui est à toi est à moi), et je suis glorifié en eux.
11 Je ne suis plus dans le monde, et eux sont dans le
monde ; moi je viens à toi. Père saint, garde-les en
ton nom que tu m'as donné, afin qu'ils soient un
12 comme nous[a]. Quand j'étais avec eux, je veillais
sur eux en ton nom ; j'ai gardé ceux que tu m'as
donnés, et aucun d'eux n'a été perdu, excepté le
fils de perdition, afin que l'Écriture soit accomplie.
13 Maintenant je viens à toi et je dis cela dans le
monde, afin qu'ils aient ma joie accomplie en eux-
14 mêmes. Moi, je leur ai donné ta Parole, et le
monde les a haïs, parce qu'ils ne sont pas du
15 monde, comme moi je ne suis pas du monde. Je
ne fais pas la demande que tu les ôtes du monde,
16 mais que tu les gardes du mal[b]. Ils ne sont pas du
monde, comme moi je ne suis pas du monde. Sanc-
17 tifie-les par la vérité : ta Parole est la vérité.
18 Comme tu m'as envoyé dans le monde, moi aussi
19 je les ai envoyés dans le monde. Et moi, je me sanctifie moi-même pour eux, afin qu'eux aussi soient
sanctifiés° par la vérité.
20 Ce n'est pas seulement pour eux que je fais des demandes, mais aussi pour ceux qui croient en moi
21 par leur parole ; afin que tous soient un, comme
toi, Père, tu es en moi, et moi en toi ; afin qu'eux
aussi soient un en nous, afin que le monde croie
22 que c'est toi qui m'as envoyé. Et la gloire que tu
m'as donnée, moi, je la leur ai donnée, afin qu'ils
23 soient un, comme nous, nous sommes un, moi en
eux, et toi en moi, afin qu'ils soient accomplis[c] en
un, et que le monde connaisse que c'est toi qui
m'as envoyé, et que tu les as aimés comme tu
24 m'as aimé. Père, je veux, quant à ceux que tu m'as
donnés, que là où je suis, moi, ils y soient aussi
avec moi, afin qu'ils contemplent ma gloire, que
tu m'as donnée ; car tu m'as aimé avant la fonda-
25 tion du monde. Père juste – et le monde ne t'a pas

---

a• *voir* 10. 30. – b• *ou* : du Méchant. – c• *ou* : rendus parfaits.

connu, *mais moi je t'ai connu ; et eux ont connu*
que toi tu m'as envoyé. Je leur ai fait connaître 26
ton nom et je le leur ferai connaître, afin que
l'amour dont tu m'as aimé soit en eux, et moi en
eux.

Ayant dit cela, Jésus s'en alla avec ses disciples **18**
de l'autre côté du torrent du Cédron, où se trouvait un jardin, dans lequel il entra, lui et ses disciples. Judas, qui le livrait, connaissait aussi l'en- 2
droit, car Jésus s'y était souvent réuni avec ses
disciples. Judas donc, ayant pris la compagnie de 3
soldats et des gardes, de la part des principaux sa-
crificateurs° et des pharisiens°, vient là, avec des
lanternes, des flambeaux et des armes. Alors Jésus, 4
sachant tout ce qui devait lui arriver, s'avança et
leur dit :
– Qui cherchez-vous ? Ils lui répondirent : 5
– Jésus le Nazaréen. Jésus leur dit :
– C'est moi.
Judas, qui le livrait, se tenait là avec eux. Quand 6
donc il leur dit : C'est moi, ils reculèrent et tombèrent par terre. Il leur demanda de nouveau : 7
– Qui cherchez-vous ? Ils dirent :
– Jésus le Nazaréen. Jésus répondit : 8
– Je vous ai dit que c'est moi ; si donc c'est moi
que vous cherchez, laissez aller ceux-ci, – afin que 9
s'accomplisse la parole qu'il avait dite : De ceux
que tu m'as donnés, je n'en ai perdu aucun.
Simon Pierre, qui avait une épée, la tira, frappa 10
l'esclave du souverain sacrificateur et lui coupa
l'oreille droite (le nom de l'esclave était Malchus).
Mais Jésus dit à Pierre : 11
– Remets l'épée dans le fourreau : la coupe que
le Père m'a donnée, ne la boirai-je pas ?

Alors la compagnie de soldats, le commandant 12
et les gardes des Juifs se saisirent de Jésus, le lièrent et l'amenèrent d'abord devant Anne ; car il 13
était le beau-père de Caïphe, qui était souverain
sacrificateur° cette année-là. Caïphe était celui qui 14

avait donné aux Juifs ce conseil : Il est avantageux
15 qu'un seul homme périsse pour le peuple[a]. Or Simon Pierre suivait Jésus, ainsi que l'autre disciple.
Ce disciple était *connu du* souverain sacrificateur,
et il entra avec Jésus dans la cour du palais du sou-
16 verain sacrificateur ; mais Pierre se tenait dehors à
la porte. L'autre disciple, qui était connu du souverain *sacrificateur, sortit, parla* à celle qui gardait la
17 porte et fit entrer Pierre. La servante qui gardait la
porte dit alors à Pierre :

– Et toi, n'es-tu pas des disciples de cet homme ?
Il dit :

– Je n'en suis pas.

18 Or les esclaves et les gardes, après avoir allumé un
feu de charbon, se tenaient là, car il faisait froid, et
ils se chauffaient ; Pierre aussi se tenait là avec eux
et se chauffait.

19 Le souverain sacrificateur interrogea Jésus sur
20 ses disciples et sur sa doctrine°. Jésus lui répondit :

– Moi, j'ai ouvertement parlé au monde ; j'ai
toujours enseigné dans la synagogue° et dans le
temple où tous les Juifs s'assemblent, et je n'ai
21 rien dit en secret. Pourquoi m'interroges-tu ? Interroge ceux qui m'ont entendu sur ce que je leur
ai dit ; ils le savent, eux, ce que moi j'ai dit.

22 Comme il disait ces mots, un des gardes qui se tenait là frappa Jésus au visage en disant :

– Est-ce ainsi que tu réponds au souverain sacri-
23 ficateur ? Jésus lui répondit :

– Si j'ai mal parlé, rends témoignage de ce qui
est mal ; mais si j'ai bien parlé, pourquoi me frap-
pes-tu ?

24 Or Anne l'avait envoyé lié à Caïphe, le souverain
sacrificateur.

25 Cependant, Simon Pierre restait là, et se chauffait ; ils lui dirent :

– Et toi, n'es-tu pas de ses disciples ?
Il le nia et dit :

– Je n'en suis pas.

---

a• *voir* 11. 47-51.

Un des esclaves du souverain sacrificateur°, parent 26
de celui à qui Pierre avait coupé l'oreille, dit :
– Ne t'ai-je pas vu, moi, dans le jardin avec lui ?
Pierre nia encore ; et aussitôt un coq chanta. 27
Ils mènent alors Jésus de chez Caïphe au pré- 28
toire° (c'était le matin) ; mais ils n'entrèrent pas
eux-mêmes dans le prétoire, afin de ne pas être
souillés, et de pouvoir ainsi manger la pâque°. Pi-
late° sortit donc vers eux et dit : 29
– Quelle accusation portez-vous contre cet
homme ? Ils lui répondirent : 30
– Si cet homme n'était pas un malfaiteur, nous
ne te l'aurions pas livré. Pilate leur dit : 31
– Prenez-le, vous, et jugez-le selon votre Loi. Les
Juifs lui dirent :
– Il ne nous est pas permis de mettre quelqu'un
à mort – afin que s'accomplisse la parole que Jésus 32
avait dite, indiquant de quelle mort il devait mourir.
Pilate rentra alors dans le prétoire, appela Jésus et 33
lui dit :
– Toi, tu es le roi des Juifs ? Jésus lui répondit : 34
– Dis-tu cela de toi-même, ou d'autres te l'ont-ils
dit de moi ? Pilate répondit : 35
– Suis-je juif, moi ? Ta nation et les principaux
sacrificateurs° t'ont livré à moi ; qu'as-tu fait ?
Jésus répondit : 36
– Mon royaume n'est pas de ce monde. Si mon
royaume était de ce monde, mes serviteurs auraient combattu, afin que je ne sois pas livré aux
Juifs ; mais maintenant mon royaume n'est pas
d'ici. Pilate lui dit : 37
– Tu es donc roi ? Jésus répondit :
– Tu le dis que moi je suis roi. Moi je suis né
pour ceci, et c'est pour ceci que je suis venu dans
le monde, pour rendre témoignage à la vérité. Quiconque est de la vérité écoute ma voix. Pilate lui 38
dit :
– Qu'est-ce que la vérité ?

Ayant dit cela, il sortit encore vers les Juifs ; et il
leur déclara :
39 –*Moi, je ne* trouve aucun crime[a] en lui ; mais
vous avez la coutume que je vous relâche quelqu'un à la Pâque° ; voulez-vous donc que je vous
40 relâche le roi des Juifs ? Ils s'écrièrent tous encore :
–Pas celui-ci, mais Barabbas !
Or Barabbas était un brigand.

19 Pilate prit alors Jésus et le fit fouetter. Les sol-
2 dats tressèrent une couronne d'épines, la mirent
sur sa tête et le vêtirent d'un manteau de pourpre ;
3 puis ils venaient vers lui et disaient :
–Salut, roi des Juifs !
4 Et ils le frappaient au visage. Pilate sortit encore et
leur dit :
–Voici, je vous l'amène dehors, afin que vous sachiez que je ne trouve en lui aucun crime[b].
5 Jésus sortit, portant la couronne d'épines et le
manteau de pourpre. Pilate leur dit :
–Voici l'homme !
6 Quand les principaux sacrificateurs° et les gardes
le virent, ils s'écrièrent :
–Crucifie-le, crucifie-le ! Pilate leur dit :
–Prenez-le, vous, et crucifiez-le ; car moi, je ne
7 trouve pas de crime en lui. Les Juifs lui répondirent :
–Nous avons une Loi et, selon notre Loi, il doit
mourir, car il s'est fait Fils de Dieu.
8 Quand Pilate entendit cette parole, il fut encore
9 plus effrayé. Il entra de nouveau dans le prétoire°
et dit à Jésus :
–D'où es-tu ?
Mais Jésus ne lui donna pas de réponse. Alors Pilate lui dit :
10 –Tu ne me parles pas, à moi ? Ne sais-tu pas que
j'ai le pouvoir de te relâcher et que j'ai le pouvoir
11 de te crucifier ? Jésus répondit :

---

a• *au sens de* : motif de condamnation. – b• *voir* 18. 39 *et note.*

–Tu n'aurais aucun pouvoir contre moi, s'il ne
'était donné d'en haut; c'est pourquoi celui qui
n'a livré à toi a un plus grand péché.
Dès lors, Pilate cherchait à le relâcher; mais les 12
Juifs se mirent à crier :
–Si tu relâches celui-ci, tu n'es pas ami de Cé-
sar° ; quiconque se fait roi s'oppose à César.
Après avoir entendu ces paroles, Pilate amena 13
Jésus dehors et s'assit sur l'estrade, dans le lieu ap-
pelé le Pavé et en hébreu Gabbatha. (Or c'était la 14
Préparation° de la Pâque, vers la sixième heure°.)
Puis il dit aux Juifs :
–Voici votre roi ! Mais ils crièrent : 15
–À mort, à mort ! crucifie-le ! Pilate leur dit :
–Crucifierai-je votre roi ?
Les principaux sacrificateurs répondirent :
–Nous n'avons pas d'autre roi que César.
Alors il le leur livra pour être crucifié ; ils prirent 16
donc Jésus et l'emmenèrent.

Portant lui-même la croix, il sortit et alla au lieu 17
dit le Crâne, appelé en hébreu Golgotha, où ils le 18
crucifièrent, et avec lui deux autres, un de chaque
côté, et Jésus au milieu. Pilate fit aussi un écriteau 19
qu'il plaça sur la croix, avec cette inscription :
Jésus le Nazaréen, le roi des Juifs. Cet écriteau, 20
beaucoup de Juifs le lurent, parce que le lieu où
Jésus avait été crucifié était près de la ville ; il était
rédigé en hébreu, en grec et en latin. Les princi- 21
paux sacrificateurs° des Juifs dirent alors à Pilate :
–N'écris pas : "Le roi des Juifs", mais que lui a
dit : Je suis le roi des Juifs. Pilate répondit : 22
–Ce que j'ai écrit, je l'ai écrit.
Les soldats, quand ils eurent crucifié Jésus, prirent 23
ses vêtements et en firent quatre parts, une part
pour chaque soldat. Ils prirent aussi la tunique. Or
la tunique était sans couture, tissée tout d'une
pièce depuis le haut. Ils dirent donc entre eux : 24
–Ne la déchirons pas, mais tirons au sort pour
savoir à qui elle sera – afin que soit accomplie

l'Écriture : "Ils ont partagé entre eux mes vêtements, *et sur ma robe ils ont jeté le sort*"[a].
Les soldats donc firent ces choses.
25 Or, près de la croix de Jésus, se tenaient sa mère
et la sœur de sa mère, Marie, femme de Clopas,
26 ainsi que Marie de Magdala. Jésus, voyant sa mère
et, se tenant à côté, le disciple qu'il aimait, dit à sa
mère :

– Femme, voilà ton fils.

27 Puis il dit au disciple :

– Voilà ta mère.

Et dès cette heure-là, le disciple la prit chez lui.
28 Après cela Jésus, sachant que tout était déjà accompli, dit – afin que l'Écriture soit accomplie :

– J'ai soif.

29 Il y avait là un vase plein de vinaigre° : ils remplirent de vinaigre une éponge, et, l'ayant mise sur
de l'hysope, ils la lui présentèrent à la bouche.
30 Quand donc Jésus eut pris le vinaigre, il dit :

– C'est accompli[b].

Puis, ayant baissé la tête, il remit son esprit.
31 Comme c'était la Préparation°, les Juifs, pour ne
pas laisser les corps sur la croix le jour du sabbat°
(car ce sabbat-là était un grand jour), demandèrent à Pilate qu'on leur brise les jambes et qu'on
32 les enlève. Les soldats vinrent et brisèrent les jambes du premier, puis de l'autre qui était crucifié
33 avec lui. Une fois venus à Jésus, quand ils virent
qu'il était déjà mort, ils ne lui brisèrent pas les
34 jambes ; mais l'un des soldats lui perça le côté avec
une lance ; et aussitôt il en sortit du sang et de
35 l'eau. Celui qui l'a vu rend témoignage, et son témoignage est véritable (lui sait qu'il dit vrai) afin
36 que vous aussi vous croyiez. Car tout cela arriva
afin que soit accomplie l'Écriture : "Pas un de ses
37 os ne sera cassé"[c]. Et encore une autre Écriture
dit : "Ils regarderont vers celui qu'ils ont percé"[d].

---

a• Psaume 22. 18. – b• C'est accompli : *le mot grec ainsi traduit était employé pour acquitter une facture.* – c• Exode 12. 46. – d• Zacharie 12. 10.

Or, après cela, Joseph d'Arimathée, qui était dis- 38
ciple de Jésus, mais en secret par crainte des Juifs,
demanda à Pilate l'autorisation d'enlever le corps
de Jésus ; et Pilate le permit. Il vint donc et enleva
le corps de Jésus. Nicodème[a] aussi, celui qui au 39
commencement était allé de nuit vers Jésus, vint,
apportant un mélange de myrrhe° et d'aloès, d'environ cent livres[b]. Ils prirent le corps de Jésus et 40
l'enveloppèrent de linges, avec les aromates,
comme les Juifs ont coutume d'ensevelir. Or il y 41
avait un jardin, au lieu où il avait été crucifié, et
dans le jardin, un tombeau neuf dans lequel personne n'avait jamais été déposé. Ils déposèrent 42
donc Jésus là, à cause de la Préparation° des Juifs,
parce que le tombeau était proche.

Le premier jour de la semaine, Marie de Mag- **20**
dala vint le matin au tombeau, comme il faisait encore sombre ; et elle voit la pierre enlevée de l'entrée du tombeau. Alors elle court, va trouver 2
Simon Pierre et l'autre disciple que Jésus aimait,
et leur dit :

– On a enlevé du tombeau le Seigneur, et nous
ne savons pas où on l'a mis.

Pierre sortit, ainsi que l'autre disciple, et ils allè- 3
rent au tombeau. Ils couraient les deux ensemble ; 4
mais l'autre disciple courut en avant, plus vite que
Pierre, et arriva le premier au tombeau. Il se baisse 5
et aperçoit les linges qui étaient posés là ; cependant il n'entra pas. Simon Pierre, qui le suivait, ar- 6
riva et entra dans le tombeau ; il observa les linges
posés là et le suaire qui avait été sur sa tête (celui- 7
ci n'était pas avec les linges, mais roulé à part, à
une autre place). C'est alors que l'autre disciple, 8
qui était arrivé le premier au tombeau, entra
aussi : il vit et crut. En effet, ils n'avaient pas en- 9
core compris l'Écriture, d'après laquelle Jésus devait ressusciter d'entre les morts. Puis les disciples 10
s'en retournèrent chez eux.

---

a• *voir* 3. 1-10 ; 7. 50-52. – b• *à l'époque, 33 kg env.*

11 Mais Marie se tenait près du tombeau, dehors,
et *pleurait. Tout en pleurant*, elle se baissa vers
12 l'intérieur du tombeau, et elle voit deux anges vêtus de blanc, assis, l'un à la tête et l'autre aux
13 pieds, là où le corps de Jésus avait été couché. Ils
lui disent :

– Femme, pourquoi pleures-tu ? Elle leur dit :

– Parce qu'on a enlevé mon Seigneur, et je ne sais pas où on l'a mis.

14 Ayant dit cela, elle se retourna et elle voit Jésus qui
se tenait là; mais elle ne savait pas que c'était
15 Jésus. Jésus lui dit :

– Femme, pourquoi pleures-tu ? Qui cherches-tu ?

Elle, pensant que c'était le jardinier, lui dit :

– Seigneur, si c'est toi qui l'as emporté, dis-moi
16 où tu l'as mis, et moi je l'enlèverai. Jésus lui dit :

– Marie !

Elle, se retournant, lui dit en hébreu :

17 – Rabboni° (ce qui veut dire : maître°) ! Jésus lui
dit :

– Ne me touche pas, car je ne suis pas encore monté vers mon Père. Mais va vers mes frères et dis-leur : Je monte vers mon Père et votre Père, et vers mon Dieu et votre Dieu.

18 Marie de Magdala vient annoncer aux disciples
qu'elle a vu le Seigneur et qu'il lui a dit cela.

19 Le soir de ce jour-là, le premier jour de la semaine, alors que les portes du lieu où se trouvaient
les disciples étaient fermées par crainte des Juifs,
Jésus vint et se tint au milieu d'eux. Il leur dit :

– Paix à vous !

20 Ayant dit cela, il leur montra ses mains et son côté.
Les disciples furent remplis de joie quand ils virent
21 le Seigneur. Jésus leur dit encore :

– Paix à vous ! Comme le Père m'a envoyé, moi aussi je vous envoie.

22 Ayant dit cela, il souffla en eux et leur dit :

23 – Recevez l'Esprit Saint. À quiconque vous re-

mettrez les péchés, ils sont remis ; et à quiconque
vous les retiendrez, ils sont retenus.

Or Thomas, l'un des douze appelé Didyme, 24
n'était pas avec eux quand Jésus vint. Les autres 25
disciples lui dirent :

– Nous avons vu le Seigneur. Mais il leur dit :

– À moins que je ne voie dans ses mains la
marque des clous, que je ne mette mon doigt dans
la marque des clous, et que je ne mette ma main
dans son côté, je ne le croirai pas.
Huit jours après, ses disciples étaient de nouveau 26
dans la maison, et Thomas avec eux. Jésus vient,
les portes étant fermées ; il se tint au milieu d'eux
et dit :

– Paix à vous !
Puis il dit à Thomas : 27

– Avance ton doigt ici et regarde mes mains ;
avance aussi ta main, mets-la dans mon côté ; et
ne sois pas incrédule, mais croyant. Thomas lui ré- 28
pondit :

– Mon Seigneur et mon Dieu ! Jésus lui dit : 29

– Parce que tu m'as vu, tu as cru ; bienheureux
ceux qui n'ont pas vu et qui ont cru.

Jésus fit aussi devant ses disciples beaucoup 30
d'autres miracles, qui ne sont pas écrits dans ce livre. Mais tout cela a été écrit afin que vous croyiez 31
que Jésus est le Christ°, le Fils de Dieu, et qu'en
croyant vous ayez la vie par son nom.

Après cela, Jésus se manifesta encore aux disci- **21**
ples près de la mer de Tibériade[a] ; voici comment
il se manifesta : Simon Pierre, Thomas appelé Di- 2
dyme, Nathanaël de Cana de Galilée, les fils de Zébédée et deux autres de ses disciples, étaient ensemble. Simon Pierre leur dit : 3

– Je m'en vais pêcher. Ils lui disent :

– Nous allons aussi avec toi.
Ils sortirent et montèrent dans la barque ; mais
cette nuit-là ils ne prirent rien.

---

a • *voir* Galilée°.

4 L'aube venant déjà, Jésus se tint sur le rivage ;
toutefois, les disciples ne savaient pas que c'était
5 Jésus. Jésus leur dit :

– Enfants, avez-vous quelque chose à manger ?
Ils lui répondirent :

6 – Non. Il leur dit :

– Jetez le filet du côté droit de la barque et vous
trouverez.

Ils le jetèrent et ils ne pouvaient plus le tirer, à
7 cause de la multitude des poissons. Le disciple que
Jésus aimait dit alors à Pierre :

– C'est le Seigneur !

Simon Pierre, ayant entendu que c'était le Seigneur, mit son vêtement de dessus, car il était nu,
8 et se jeta à la mer. Les autres disciples vinrent dans
la petite barque (car ils n'étaient pas loin de la
terre, mais à environ deux cents coudées[a]), traî-
9 nant le filet de poissons. Quand ils furent descendus à terre, ils voient là un feu de braises, du pois-
10 son mis dessus, et du pain. Jésus leur dit :

– Apportez quelques-uns des poissons que vous
venez de prendre.

11 Simon Pierre monta et tira à terre le filet, plein de
cent cinquante-trois gros poissons ; et bien qu'il y
12 en eût tant, le filet n'avait pas été déchiré. Jésus
leur dit :

– Venez, mangez.

Mais aucun des disciples n'osait lui demander :
13 Qui es-tu ? sachant que c'était le Seigneur. Jésus
vient, prend le pain et le leur donne ; de même le
14 poisson. Ce fut la troisième fois, déjà, que Jésus
fut manifesté aux disciples, après avoir été ressuscité d'entre les morts.

15 Quand ils eurent déjeuné, Jésus dit à Simon
Pierre :

– Simon, fils de Jonas, m'aimes-tu plus que ceux-
ci ne m'aiment ? Il lui dit :

– Oui, Seigneur, tu sais que je t'aime. Jésus lui
dit :

---

a • *moins de cent mètres ; voir* Mesures°.

–Fais paître mes agneaux. Il lui dit une 16
deuxième fois :

–Simon, fils de Jonas, m'aimes-tu ? Pierre lui dit :

–Oui, Seigneur, tu sais que je t'aime. Jésus lui dit :

–Sois berger de mes brebis. Il lui dit, la troi- 17
sième fois :

–Simon, fils de Jonas, m'aimes-tu ?

Pierre fut attristé de ce qu'il lui avait dit, la troisième fois : M'aimes-tu ? Et il lui dit :

–Seigneur, toi tu sais tout, tu sais que je t'aime. Jésus lui dit :

–Fais paître mes brebis. En vérité, en vérité, je 18
te dis : Quand tu étais jeune, tu nouais ta ceinture
et tu allais où tu voulais ; mais quand tu seras devenu vieux, tu étendras les mains, et un autre te ceindra et te conduira où tu ne veux pas.

Or il dit cela pour indiquer de quelle mort Pierre 19
glorifierait Dieu. Quand il eut dit cela, il dit à
Pierre :

–Suis-moi.

Pierre se retourne et voit suivre le disciple que 20
Jésus aimait, celui qui, durant le souper, s'était
penché sur sa poitrine et avait dit : Seigneur, quel
est celui qui te livrera ?[a] Pierre, le voyant, dit à 21
Jésus :

–Seigneur, et celui-ci, que lui arrivera-t-il ? Jésus 22
lui dit :

–Si je veux qu'il demeure jusqu'à ce que je
vienne, que t'importe ? Toi, suis-moi. 23

Cette parole se répandit donc parmi les frères que ce disciple-là ne mourrait pas. Or Jésus ne lui avait pas dit qu'il ne mourrait pas, mais : Si je veux qu'il demeure jusqu'à ce que je vienne, que t'importe ?

C'est ce disciple qui rend témoignage de tout 24
cela, et qui l'a écrit, et nous savons que son témoignage est vrai. Il y a aussi beaucoup d'autres cho- 25
ses que Jésus a faites : si elles étaient rapportées

---

a• *voir* 13. 23-28.

une à une, je ne pense pas que le monde même
pourrait contenir les livres qui seraient écrits.

Actes des Apôtres

J'ai composé le premier récit[a], Théophile, sur 1
tout ce que Jésus commença de faire et d'enseigner, jusqu'au jour où il fut élevé au ciel, après 2
avoir donné, par l'Esprit Saint°, des ordres aux
apôtres° qu'il avait choisis ; à qui aussi, après avoir 3
souffert, il se présenta lui-même, vivant, avec
beaucoup de preuves certaines : pendant quarante
jours, il se montra à eux et leur parla de ce qui
concerne le royaume de Dieu. Alors qu'il se trou- 4
vait avec eux, il leur commanda de ne pas s'éloigner de Jérusalem, mais d'attendre la promesse du
Père, promesse – dit-il – que vous avez entendue
de moi : car Jean a baptisé avec de l'eau ; mais 5
vous, vous serez baptisés de[b] l'Esprit Saint dans
peu de jours.

Étant donc assemblés, ils l'interrogèrent : 6

– Seigneur, est-ce en ce temps-ci que tu rétablis
le royaume pour Israël ? Il leur dit : 7

– Ce n'est pas à vous de connaître les temps ou
les saisons[c] que le Père a réservés à sa propre autorité ; mais vous recevrez de la puissance, le Saint 8
Esprit° venant sur vous ; et vous serez mes témoins
à Jérusalem et dans toute la Judée° et la Samarie°,
et jusqu'au bout de la terre.

Après avoir dit ces paroles, il fut élevé de la terre, 9
tandis qu'ils regardaient : une nuée le reçut et le
déroba à leurs yeux.

Comme ils fixaient leurs regards vers le ciel, tan- 10
dis qu'il s'en allait, voici, deux hommes en vêtements blancs se tenaient là, à côté d'eux :

– Hommes galiléens°, dirent-ils, pourquoi res- 11
tez-vous ici, regardant vers le ciel ? Ce Jésus, qui a

---

a• discours, ouvrage. *Ce premier récit est l'évangile selon Luc (voir Luc 1. 1-4). Le livre des Actes des Apôtres, écrit par le même auteur, y fait suite (comp. Actes 1. 1-5 et Luc 24. 48, 49).* – b• dans (la puissance de) ; *comp.* Jean 1. 33. – c• *ou* : circonstances.

été élevé d'avec vous au ciel, viendra de la même
manière que vous l'avez vu s'en aller au ciel.
12 Alors ils retournèrent à Jérusalem, du mont appelé
mont des Oliviers, qui est près de Jérusalem, le
13 chemin d'un sabbat°[a]. Quand ils furent entrés
dans la ville, ils montèrent dans la chambre haute
où demeuraient Pierre, Jean, Jacques° et André,
Philippe et Thomas, Barthélemy et Matthieu, Jac-
ques° fils d'Alphée et Simon Zélote°, ainsi que
14 Jude° frère de Jacques. Tous ceux-ci persévéraient
d'un commun accord dans la prière, avec quelques
femmes, et Marie la mère de Jésus, et avec ses frères[b].
15 En ces jours-là, Pierre se leva au milieu des disciples (il y avait environ cent vingt personnes réunies), et dit :
16 – Frères, il fallait que soit accomplie l'Écriture
que l'Esprit Saint a dite à l'avance par la bouche
de David au sujet de Judas, qui a été le guide de
17 ceux qui ont pris Jésus ; car il était compté parmi
18 nous et il avait reçu sa part de ce service. (Cet
homme, donc, avait acquis un champ avec le salaire de l'iniquité°[c] ; puis il est tombé la tête la première, s'est déchiré par le milieu et toutes ses en-
19 trailles ont été répandues. C'est un fait bien
connu de tous les habitants de Jérusalem, au point
que ce champ-là a été appelé dans leur propre lan-
20 gue : Aceldama, c'est-à-dire champ de sang.) Or il
est écrit dans le livre des Psaumes : "Que sa demeure soit déserte, et que personne n'y habite",
puis encore : "Qu'un autre prenne sa charge de
21 surveillant"[d]. Il faut donc que, parmi les hommes
qui nous ont accompagnés pendant tout le temps
où le Seigneur Jésus allait et venait au milieu de
22 nous, depuis le baptême de Jean jusqu'au jour où
il a été élevé au ciel d'avec nous, l'un d'eux soit témoin avec nous de sa résurrection.

---

a• *distance que les Juifs s'autorisaient à parcourir ce jour-là (moins d'un km).* – b• *voir* Matthieu 13. 55. – c• *voir* Matthieu 26. 14-16 ; 27. 3-10. – d• Psaume 69. 25 ; 109. 8.

Ils en mirent deux sur les rangs : Joseph, nommé 23
Barsabbas, qui était aussi appelé Juste, et Matthias. Puis ils prièrent : 24
– Toi, Seigneur, qui connais les cœurs de tous,
montre lequel des deux tu as choisi pour recevoir 25
sa place dans ce service et cet apostolat dont Judas
est déchu pour aller dans la place qui est la sienne.
Ils tirèrent au sort ; et le sort tomba sur Matthias, 26
qui fut adjoint aux onze apôtres.

Alors que le jour de la Pentecôte avait son ac- **2**
complissement, ils étaient tous ensemble dans un
même lieu. Et il vint tout à coup du ciel un son, 2
comme d'un souffle violent et impétueux, qui remplit toute la maison où ils étaient. Et il leur appa- 3
rut des langues divisées, comme des flammes de
feu ; elles se posèrent sur chacun d'eux. Alors ils fu- 4
rent tous remplis de l'Esprit Saint° et commencèrent à parler en d'autres langues, selon que l'Esprit
leur donnait de s'exprimer.

Or il y avait, séjournant à Jérusalem, des Juifs, 5
hommes pieux, appartenant à toutes les nations
qui sont sous le ciel. Au bruit qui se répandit, la 6
multitude s'assembla et fut bouleversée, parce
que chacun les entendait parler dans sa propre
langue. Ils étaient stupéfaits et, dans leur étonne- 7
ment, disaient :
– Voici, tous ces gens qui parlent ne sont-ils pas
des Galiléens° ? Et comment se fait-il que nous les 8
entendions, chacun dans sa propre langue, celle
du pays où nous sommes nés ? Parthes, Mèdes, Éla- 9
mites, nous qui habitons la Mésopotamie, la Ju-
dée° et la Cappadoce°, le Pont° et l'Asie°, la Phry- 10
gie° et la Pamphylie°, l'Égypte et la région de la
Libye voisine de Cyrène, et nous, Romains qui sé-
journons ici, aussi bien Juifs que prosélytes°, Cré- 11
tois et Arabes, – nous les entendons annoncer
dans nos langues les choses magnifiques de Dieu.
Ils étaient tous stupéfaits et, dans leur perplexité, 12
ils se disaient l'un à l'autre :

–Qu'est-ce que cela veut dire ?
13 D'autres disaient en se moquant :
–Ils sont pleins de vin doux.
14 *Alors Pierre*, debout avec les onze, éleva la voix
et leur déclara :
–Hommes juifs, et vous tous qui habitez Jérusalem, sachez ceci et prêtez l'oreille à mes paroles :
15 Non, ils ne sont pas ivres, comme vous le suppo-
16 sez, car c'est la troisième heure du jour[a]; mais
17 c'est ce qui a été déclaré par le prophète Joël : "Il
arrivera aux derniers jours, dit Dieu, que je répandrai de mon Esprit sur toute chair° : vos fils et vos
filles prophétiseront, vos jeunes hommes auront
18 des visions, et vos vieillards auront des songes ; sur
mes serviteurs et sur mes servantes, en ces jours-là,
je répandrai de mon Esprit, et ils prophétiseront.
19 Je montrerai des prodiges en haut dans le ciel, des
signes en bas sur la terre, du sang, du feu et une va-
20 peur de fumée ; le soleil sera changé en ténèbres et
la lune en sang, avant que vienne la journée du
21 Seigneur*, grande et éclatante. Et il arrivera que
quiconque invoquera le nom du Seigneur* sera
sauvé"[b].
22 Israélites, écoutez ces paroles : Jésus le Nazaréen,
homme qui a été accrédité de la part de Dieu devant vous par les miracles, les prodiges et les signes
que Dieu a faits par lui au milieu de vous, comme
23 vous-mêmes vous le savez, lui – qui a été livré selon le dessein arrêté et la préconnaissance de Dieu
– vous l'avez cloué à une croix et vous l'avez fait
24 périr par la main d'hommes iniques. Lui, Dieu l'a
ressuscité, en déliant les douleurs de la mort, puisqu'il n'était pas possible qu'il soit retenu par elle.
25 David dit en effet à son égard : "Je contemplais
toujours le Seigneur* devant moi ; car il est à ma
26 droite, afin que je ne sois pas ébranlé. C'est pourquoi mon cœur s'est réjoui, et ma langue a tressailli de joie ; et plus encore, mon corps aussi repo-
27 sera en espérance ; car tu ne laisseras pas mon âme

---

a • *le milieu de la matinée, vers 9 heures.* – b • Joël 2. 28-32.

en hadès° et tu ne permettras pas que ton Saint
voie la corruption. Tu m'as fait connaître les che- 28
mins de la vie, tu me rempliras de joie par le regard de ta face"[a].
Frères, s'il m'est permis de vous le dire en toute li- 29
berté, au sujet du patriarche David : il est mort, il a
été enseveli, et son tombeau est au milieu de nous
jusqu'à ce jour. Comme il était prophète et savait 30
que Dieu lui avait juré, avec serment, qu'il ferait
asseoir quelqu'un de sa descendance sur son trône,
il a dit de la résurrection du Christ°, en la pré- 31
voyant, qu'il n'a pas été laissé en hadès° et que sa
chair° non plus n'a pas vu la corruption. Ce Jésus, 32
Dieu l'a ressuscité : nous en sommes tous témoins.
Ainsi, après avoir été exalté par la droite de Dieu 33
et avoir reçu de la part du Père l'Esprit Saint promis, il a répandu ce que vous voyez et entendez.
Car David n'est pas monté dans les cieux ; mais 34
lui-même dit : "Le Seigneur* a dit à mon Seigneur : Assieds-toi à ma droite, jusqu'à ce que j'aie 35
mis tes ennemis pour marchepied de tes pieds"[b].
Que toute la maison d'Israël le sache donc avec 36
certitude : Dieu a fait et Seigneur et Christ° ce
Jésus que vous avez crucifié.

Quand ils entendirent ces paroles, ils eurent le 37
cœur transpercé et dirent à Pierre et aux autres
apôtres° :

– Frères, que devons-nous faire ? Pierre leur dit : 38

– Repentez-vous°, et que chacun de vous soit
baptisé au nom de Jésus Christ, pour le pardon°
de ses péchés ; et vous recevrez le don du Saint Es-
prit° : car c'est pour vous qu'est la promesse, pour 39
vos enfants et pour tous ceux qui sont loin[c], autant que le Seigneur* notre Dieu en appellera à
lui.
Par plusieurs autres paroles, il les avertissait solen- 40
nellement et les exhortait ; il disait :

– Sauvez-vous de cette génération perverse.

---

a• Psaume 16. 8-11. – b• Psaume 110. 1. – c• *voir* Éphésiens 2. 13-18.

41 Ceux qui reçurent sa parole furent baptisés ; et en
ce jour-là furent ajoutées environ trois mille âmes.
42 Ils persévéraient dans la doctrine° et la communion des apôtres, dans la fraction du pain et les
43 prières. Toute âme avait de la crainte° ; et beaucoup de prodiges et de miracles se faisaient par le
44 moyen des apôtres. Tous les croyants étaient dans
45 le même lieu et ils avaient tout en commun ; ils
vendaient leurs possessions et leurs biens et les dis-
46 tribuaient à tous, selon les besoins de chacun. Jour
après jour, ils persévéraient d'un commun accord
dans le temple ; et, rompant le pain dans leurs maisons, ils prenaient leur nourriture avec joie et sim-
47 plicité de cœur ; ils louaient Dieu et avaient la faveur de tout le peuple. Et le Seigneur ajoutait
tous les jours à l'assemblée ceux qui étaient sauvés.

3 Pierre et Jean montaient au temple à l'heure de
2 la prière, la neuvième[a], au moment où l'on portait
un homme infirme de naissance, qu'on installait
tous les jours à la porte du temple appelée la Belle,
pour demander l'aumône à ceux qui entraient
3 dans le temple. Voyant Pierre et Jean sur le point
d'entrer dans le temple, il leur demandait l'au-
4 mône. Mais Pierre fixa les yeux sur lui, ainsi que
Jean, et dit :
– Regarde-nous.
5 Il les regardait attentivement, s'attendant à rece-
6 voir d'eux quelque chose. Mais Pierre dit :
– Je ne possède ni argent ni or, mais ce que j'ai,
je te le donne : Au nom de Jésus Christ° le Nazaréen, lève-toi et marche.
7 Puis il le saisit par la main droite et le fit lever : à
l'instant, ses pieds et ses chevilles devinrent fer-
8 mes ; d'un bond il fut debout et se mit à marcher ;
il entra avec eux au temple, marchant, sautant et
9 louant Dieu. Tout le peuple le vit marcher et louer
10 Dieu ; on le reconnaissait : c'était bien lui qui était

---

a• *au milieu de l'après-midi, vers 15 heures.*

assis, pour demander l'aumône, à la Belle porte du
temple ; alors ils furent remplis de stupeur et d'un
profond étonnement à cause de ce qui lui était arrivé. Comme lui ne quittait pas Pierre et Jean, tout 11
le peuple, stupéfait, accourut vers eux au por-
tique° appelé portique de Salomon.

Voyant cela, Pierre s'adressa au peuple : 12
– Israélites, pourquoi vous étonnez-vous de
cela ? Ou pourquoi fixez-vous les yeux sur nous,
comme si c'était par notre propre puissance ou
par notre piété que nous ayons fait marcher cet
homme ? Le Dieu d'Abraham, d'Isaac et de Jacob, 13
le Dieu de nos pères°, a glorifié son Serviteur
Jésus, que vous, vous avez livré, et que vous avez
renié devant Pilate°, alors qu'il avait décidé de le
relâcher. Mais vous, vous avez renié le Saint et le 14
Juste, et vous avez demandé qu'on vous accorde la
grâce d'un meurtrier ; vous avez mis à mort le 15
Prince[a] de la vie, lui que Dieu a ressuscité d'entre
les morts : nous en sommes témoins. Par la foi en 16
son nom, à cet homme que vous voyez et connaissez, ce nom a rendu la vigueur ; et la foi, qui est
par Jésus, a donné à celui-ci cette entière disposition de tous ses membres, en présence de vous
tous.
Maintenant, frères, je sais que vous avez agi par 17
ignorance, comme aussi vos chefs ; mais Dieu a 18
ainsi accompli ce qu'il avait déclaré auparavant
par la bouche de tous les prophètes – que son
Christ devait souffrir. Repentez-vous° donc et 19
convertissez-vous[b], pour que vos péchés soient ef-
facés : qu'ainsi des temps° de rafraîchissement
puissent venir du Seigneur*, et qu'il envoie Jésus 20
Christ, celui qui vous est destiné ; lui, il faut que le 21
ciel le reçoive, jusqu'aux temps° du rétablissement
de toutes choses dont Dieu a parlé par la bouche
de ses saints prophètes de tout temps. Moïse, 22
d'abord, a dit : "Le Seigneur*, votre Dieu, vous sus-

---

a• *au sens de* : Auteur, initiateur. – b• *Ce verbe signifie* : faire volte-face, se retourner.

citera d'entre vos frères un prophète comme moi ;
23 vous l'écouterez dans tout ce qu'il vous dira ; et il
arrivera que toute âme qui n'écoutera pas ce prophète sera exterminée du milieu du peuple"[a]. En-
24 suite tous les prophètes, depuis Samuel et ceux
qui sont venus après lui, tous ceux qui ont parlé,
25 ont aussi annoncé ces jours-là. Vous, vous êtes les
fils des prophètes et de l'alliance° que Dieu a établie avec nos pères° en disant à Abraham : "En ta
descendance seront bénies toutes les familles de la
26 terre"[b]. C'est à vous d'abord que Dieu, qui a suscité son Serviteur, l'a envoyé pour vous bénir, en
détournant chacun de vous de ses méchancetés.

4 Mais comme ils parlaient au peuple, survinrent
les sacrificateurs°, le commandant du temple et
2 les sadducéens°, fort mécontents qu'ils enseignent
le peuple et annoncent par Jésus la résurrection
3 d'entre les morts. Ils mirent les mains sur eux et
les firent garder jusqu'au lendemain, car c'était
4 déjà le soir. Mais beaucoup de ceux qui avaient entendu la parole crurent ; et le nombre des hommes
s'éleva à environ cinq mille.
5 Il arriva, le lendemain, que leurs chefs, leurs an-
ciens° et leurs scribes° s'assemblèrent à Jérusalem,
6 avec Anne le souverain sacrificateur°, Caïphe,
Jean, Alexandre et tous ceux qui étaient de la li-
7 gnée des principaux sacrificateurs°. Ils les firent
comparaître et se mirent à les questionner :
– Par quelle puissance ou par quel nom avez-
8 vous fait cela ? Alors Pierre, rempli de l'Esprit
Saint°, leur répondit :
9 – Chefs du peuple et anciens d'Israël, si aujour-
d'hui nous sommes interrogés au sujet du bien qui
a été fait à un homme impotent, et qu'on veuille
10 apprendre comment il a été guéri, qu'il soit bien
certain, pour vous tous et pour tout le peuple d'Israël, que c'est par le nom de Jésus Christ° le Nazaréen, lui que vous, vous avez crucifié, et que Dieu

a• Deutéronome 18. 15-19. – b• Genèse 22. 18.

a ressuscité d'entre les morts ; c'est, dis-je, par ce
nom que cet homme est ici devant vous plein de
santé. C'est Lui la pierre, méprisée par vous les bâ- 11
tisseurs, qui est devenue la pierre maîtresse de
l'angle ; et il n'y a de salut° en aucun autre ; car il 12
n'y a pas non plus sous le ciel d'autre nom qui soit
donné parmi les hommes, par lequel il nous faut
être sauvés.

Considérant la hardiesse de Pierre et de Jean, et 13
s'étant aperçus que c'étaient des hommes sans instruction et du commun, ils s'en étonnaient, et ils
les reconnaissaient pour avoir été avec Jésus. Mais 14
voyant là debout avec eux l'homme qui avait été
guéri, ils n'avaient rien à opposer. Après leur avoir 15
ordonné de sortir du sanhédrin°, ils se concertè-
rent :

– Que devons-nous faire à ces hommes ? di- 16
saient-ils. Car il est évident pour tous les habitants
de Jérusalem qu'un miracle notoire a été fait par
eux, et nous ne pouvons pas le nier ; mais afin que 17
cela ne se répande pas davantage parmi le peuple,
défendons-leur avec menaces de parler désormais
en ce nom à qui que ce soit.

Ils les rappelèrent et leur interdirent formelle- 18
ment de parler et d'enseigner au nom de Jésus.
Mais Pierre et Jean leur répondirent : 19

– Jugez s'il est juste devant Dieu de vous écouter
plutôt que Dieu. Quant à nous, nous ne pouvons 20
pas ne pas parler de ce que nous avons vu et entendu.

Après les avoir menacés, ils les relâchèrent, ne 21
trouvant pas comment ils pourraient les punir, à
cause du peuple, parce que tous glorifiaient Dieu
pour ce qui avait été fait. Car l'homme sur qui 22
avait été opérée cette miraculeuse guérison avait
plus de quarante ans.

Une fois relâchés, ils allèrent vers les leurs et 23
rapportèrent tout ce que les principaux sacrifica-
teurs° et les anciens° leur avaient dit. Ayant en- 24

tendu cela, ils élevèrent d'un commun accord leur
voix à Dieu et dirent :
–Ô Souverain ! C'est toi qui as fait le ciel, la
25 terre, la mer et tout ce qui s'y trouve ; qui as dit,
par la bouche de David ton serviteur : "Pourquoi
se sont déchaînées les nations°, et les peuples ont-
26 ils projeté des choses vaines ? Les rois de la terre se
sont trouvés là et les chefs se sont assemblés,
27 contre le Seigneur* et contre son Christ°"[a]. Oui,
en vérité, se sont assemblés dans cette ville, contre
ton saint Serviteur Jésus que tu as oint, aussi bien
Hérode° que Ponce Pilate°, avec les nations° et les
28 tribus d'Israël, pour faire tout ce que ta main et
29 ton dessein avaient déterminé à l'avance. Et maintenant, Seigneur, regarde à leurs menaces et
donne à tes esclaves d'annoncer ta parole avec
30 toute hardiesse, en étendant ta main pour guérir,
et pour qu'il se fasse des miracles et des prodiges
par le nom de ton saint Serviteur Jésus.
31 Et comme ils priaient, le lieu où ils étaient assemblés fut ébranlé ; ils furent tous remplis du Saint
Esprit et annonçaient la parole de Dieu avec hardiesse.

32 La multitude de ceux qui avaient cru était un
cœur et une âme ; et personne ne disait d'aucun
de ses biens qu'il lui appartenait en propre ; mais
33 tout était commun entre eux. Les apôtres° rendaient avec une grande puissance le témoignage
de la résurrection du Seigneur Jésus ; et une
34 grande grâce était sur eux tous. Car il n'y avait
parmi eux aucune personne nécessiteuse : tous
ceux qui possédaient terres ou maisons les vendaient, et ils apportaient le prix de ce qu'ils
35 avaient vendu ; ils le mettaient aux pieds des apôtres et on distribuait à chacun selon ses besoins. Jo-
36 seph, qui, par les apôtres, fut surnommé Barnabas
(ce qui veut dire : fils de consolation), lévite°, origi-
37 naire de Chypre, avait un champ ; il le vendit, en
apporta la valeur et la mit aux pieds des apôtres.

---

a• Psaume 2. 1-2.

Mais un homme nommé Ananias, d'accord avec **5**
sa femme Sapphira, vendit une possession et, de 2
connivence avec elle, mit de côté une partie du
prix ; puis il apporta l'autre partie et la mit aux
pieds des apôtres. Mais Pierre dit : 3
– Ananias, pourquoi Satan a-t-il rempli ton
cœur, que tu aies menti à l'Esprit Saint° et que tu
aies mis de côté une partie du prix de la terre ? Si 4
elle était restée sans être vendue, ne la gardais-tu
pas ? Et une fois vendue, ne disposais-tu pas de l'argent ? Comment t'es-tu proposé cette action dans
ton cœur ? Ce n'est pas aux hommes que tu as
menti, mais à Dieu.
En entendant ces paroles, Ananias tomba et ex- 5
pira. Une grande crainte s'empara de tous ceux
qui l'apprirent. Les jeunes gens se levèrent, l'enve- 6
loppèrent d'un linceul, l'emportèrent dehors et
l'ensevelirent. Il arriva, environ trois heures après, 7
que sa femme, sans savoir ce qui s'était passé, entra ; Pierre lui adressa la parole : 8
– Dis-moi, avez-vous cédé la terre pour telle
somme ? Elle dit :
– Oui, pour cette somme. Pierre lui dit : 9
– Comment êtes-vous convenus entre vous de
tenter l'Esprit du Seigneur* ? Voici, les pieds de
ceux qui ont enseveli ton mari sont à la porte et ils
t'emporteront aussi.
À l'instant, elle tomba à ses pieds et expira. Les 10
jeunes gens, en entrant, la trouvèrent morte ; ils
l'emportèrent et l'ensevelirent auprès de son
mari. Une grande crainte s'empara alors de toute 11
l'assemblée° et de tous ceux qui apprirent cela.
Par les mains des apôtres, beaucoup de miracles 12
et de prodiges s'opéraient parmi le peuple (ils
étaient tous d'un commun accord au portique° de
Salomon, et aucun des autres n'osait se joindre à 13
eux, mais le peuple les louait hautement, et des 14
croyants d'autant plus nombreux étaient ajoutés
au Seigneur, une multitude aussi bien d'hommes
que de femmes), de sorte qu'on apportait les infir- 15

mes dehors dans les rues : on les mettait sur de petits lits et sur des brancards, afin que, quand Pierre
viendrait, au moins son ombre passe sur l'un
16 d'eux. La multitude venue des villes d'alentour
s'assemblait aussi à Jérusalem : on apportait les infirmes et ceux qui étaient tourmentés par des esprits impurs°, et ils étaient tous guéris.
17 Alors intervint le souverain sacrificateur°, ainsi
que ceux qui étaient avec lui, c'est-à-dire la secte[a]
18 des sadducéens° ; remplis de jalousie, ils mirent
les mains sur les apôtres° et les jetèrent dans la pri-
19 son publique. Mais un ange du Seigneur* ouvrit de
nuit les portes de la prison, les conduisit dehors et
dit :
20 – Allez, tenez-vous dans le temple et annoncez
au peuple toutes ces paroles de vie.
21 L'ayant écouté, ils entrèrent, vers le point du jour,
dans le temple, et ils enseignaient.
Le souverain sacrificateur arriva, ainsi que ceux
qui étaient avec lui ; ils assemblèrent le sanhédrin°
et tous les anciens° des fils d'Israël, puis ils envoyè-
22 rent chercher les apôtres à la prison. Quand les
gardes y arrivèrent, ils ne les trouvèrent pas dans
la prison ; ils s'en retournèrent et firent leur rapport :
23 – Nous avons trouvé la prison fermée avec toute
sûreté et les gardiens en faction aux portes ; mais,
après avoir ouvert, nous n'avons trouvé personne
à l'intérieur.
24 Quand le commandant du temple et les principaux sacrificateurs° eurent entendu ces paroles,
ils furent perplexes à leur sujet, se demandant ce
25 qu'il en adviendrait. Mais quelqu'un vint leur annoncer :
– Voici, les hommes que vous avez mis en prison
se trouvent au temple et enseignent le peuple !
26 Alors le commandant y alla, avec les gardes, et les
amena, mais sans violence ; car ils craignaient
d'être lapidés par le peuple.

---

a• ou : le parti.

Après les avoir amenés, ils les présentèrent devant 27
le sanhédrin°. Le souverain sacrificateur° les interrogea :
– Nous vous avons formellement défendu d'en- 28
seigner en ce nom-là, et voici, vous avez rempli Jérusalem de votre doctrine° ; vous voulez faire venir sur nous le sang de cet homme ! Mais Pierre et 29
les apôtres répondirent :
– Il faut obéir à Dieu plutôt qu'aux hommes. Le 30
Dieu de nos pères° a ressuscité Jésus que vous,
vous avez fait mourir, le pendant au bois. C'est lui 31
que Dieu a exalté par sa droite Prince et Sauveur,
afin de donner à Israël la repentance° et le pardon
des péchés ; et nous, nous sommes témoins de ces 32
choses, ainsi que l'Esprit Saint que Dieu a donné à
ceux qui lui obéissent.

À ces paroles, ils frémissaient de rage et proje- 33
taient de les faire mourir. Mais un pharisien° 34
nommé Gamaliel, docteur° de la Loi, honoré de
tout le peuple, se leva dans le sanhédrin° et donna
l'ordre de faire sortir les apôtres pour un moment.
Puis il dit : 35
– Israélites, prenez bien garde à ce que vous allez faire à ces gens. Car avant ces jours-ci se leva 36
Theudas, qui prétendait être quelqu'un ; environ
quatre cents hommes se joignirent à lui, mais il
fut tué, et tous ceux qui lui obéissaient furent mis
en déroute et réduits à rien. Après lui s'éleva Judas 37
le Galiléen, à l'époque du recensement : il entraîna à la révolte beaucoup de gens derrière lui ;
lui aussi a péri, et tous ceux qui lui obéissaient furent dispersés. Maintenant je vous dis : Ne vous 38
occupez plus de ces hommes et laissez-les – car si
ce dessein, ou cette œuvre, provient des hommes,
cela sera détruit, mais si cela provient de Dieu, 39
vous ne pourrez pas les détruire – de peur que
vous ne soyez même trouvés faire la guerre à
Dieu.

Ils se rangèrent à son avis. Ils firent revenir les apô- 40
tres, leur défendirent, après les avoir battus, de

parler au nom de Jésus ; puis ils les relâchèrent.
41 Eux donc quittèrent le sanhédrin en se réjouissant
d'avoir été estimés dignes de souffrir des outrages
42 pour le Nom ; et tous les jours ils ne cessaient d'enseigner et d'annoncer Jésus comme le Christ°,
dans le temple et de maison en maison.

6 En ces *jours-là, comme le nombre des disciples*
se multipliait, il y eut des murmures de la part des
Hellénistes° contre les Hébreux, parce que, dans le
service journalier, leurs veuves étaient négligées.
2 Les douze[a] convoquèrent l'ensemble des disciples
et dirent :

– Il ne convient pas que, laissant la parole de
3 Dieu, nous servions aux tables. Cherchez donc
parmi vous, frères, sept hommes qui aient un bon
témoignage, pleins de l'Esprit Saint° et de sagesse :
4 nous les établirons dans cette charge. Quant à
nous, nous persévérerons dans la prière et dans le
service de la Parole.
5 Ce discours plut à toute l'assistance ; ils choisirent
Étienne, homme plein de foi et de l'Esprit Saint,
Philippe, Prochore, Nicanor, Timon, Parménas et
6 Nicolas, prosélyte° d'Antioche, qu'ils présentèrent
aux apôtres° ; après avoir prié, ceux-ci leur imposèrent les mains.
7 La parole de Dieu croissait, le nombre des disciples se multipliait beaucoup dans Jérusalem, et
une grande foule de sacrificateurs° obéissait à la
foi.
8 Or Étienne, plein de grâce et de puissance, faisait parmi le peuple des prodiges et de grands mi-
9 racles. Certains de la synagogue° dite des Affranchis, ainsi que des Cyrénéens, des Alexandrins[b] et
des gens de Cilicie° et d'Asie° entrèrent en discus-
10 sion avec Étienne. Mais ils ne pouvaient pas résister à la sagesse et à l'Esprit par lesquels il parlait.
11 Alors ils soudoyèrent des hommes qui disaient :

---

a• *c.-à-d. les apôtres° ; voir* 1. 13, 21-26. – b• *originaires de Cyrène en Libye (Tripolitaine) et d'Alexandrie en Égypte.*

– Nous l'avons entendu proférer des paroles
blasphématoires contre Moïse et contre Dieu.
Ils soulevèrent le peuple, les anciens° et les scri- 12
bes° ; survenant soudain, ils le saisirent et l'amenèrent devant le sanhédrin°. Puis ils présentèrent de 13
faux témoins qui disaient :
– Cet homme ne cesse de proférer des paroles
contre le saint lieu et contre la Loi[a] : nous l'avons 14
entendu dire que ce Jésus le Nazaréen détruira ce
lieu-ci et changera les coutumes que Moïse nous a
transmises.
Et tous ceux qui siégeaient au sanhédrin°, les yeux 15
fixés sur lui, virent son visage comme un visage
d'ange.

Le souverain sacrificateur° dit alors : **7**
– En est-il vraiment ainsi ? Étienne répondit : 2
– Frères et pères, écoutez : Le Dieu de gloire apparut à notre père Abraham, quand il était en Mésopotamie avant d'habiter à Charran, et il lui dit : 3
Sors de ton pays et de ta parenté, et viens dans le
pays que je te montrerai. Il sortit alors du pays des 4
Chaldéens, il habita à Charran ; de là, après la mort
de son père, Dieu le fit passer dans ce pays où vous
habitez maintenant. Il ne lui donna pas d'héritage 5
dans ce pays, pas même où poser le pied, mais il lui
promit de le lui donner en possession, et à sa descendance après lui, alors qu'il n'avait pas d'enfant.
Dieu parla ainsi : "Sa descendance séjournera dans 6
une terre étrangère, et on l'asservira et on la mal-
traitera pendant quatre cents ans ; mais moi je ju- 7
gerai la nation à laquelle ils auront été asservis, dit
Dieu ; et après cela ils sortiront et me rendront
culte en ce lieu-ci"[b]. Puis il lui donna l'alliance° de 8
la circoncision° ; c'est ainsi qu'Abraham engendra
Isaac et le circoncit le huitième jour ; Isaac engendra Jacob, et Jacob, les douze patriarches. Les pa- 9
triarches, pleins de jalousie à l'égard de Joseph, le

---

a • *c.-à-d.* : le temple° de Jérusalem et la loi de Moïse. – b • Genèse 15. 13-16.

vendirent pour être mené en Égypte ; mais Dieu
10 était avec lui : il le délivra de toutes ses détresses
et lui fit trouver grâce et sagesse devant le Pharaon, roi d'Égypte, *qui l'établit* gouverneur sur
11 l'Égypte et sur toute sa maison. Survint alors une
famine dans toute l'Égypte et en Canaan, ainsi
qu'une grande détresse : nos pères° ne trouvaient
12 pas de nourriture. *Jacob apprit qu'il y avait du blé*
en Égypte : il y envoya nos pères une première
13 fois ; et la seconde fois, Joseph fut reconnu par ses
frères, et son origine fut dévoilée au Pharaon. Jo-
14 seph envoya alors chercher son père Jacob et toute
sa parenté, en tout soixante-quinze personnes. Ja-
15 cob descendit en Égypte ; il y mourut, ainsi que
16 nos pères ; on les transporta à Sichem et on les dé-
posa dans le tombeau qu'Abraham avait acheté à
prix d'argent des fils de Emmor, de Sichem.
17 Mais comme approchait le temps où devait s'accomplir la promesse que Dieu avait faite solennellement à Abraham, le peuple s'accrut et se multi-
18 plia en Égypte, jusqu'au temps où se leva sur
l'Égypte un autre roi, qui ne connaissait pas Jo-
19 seph. Ce roi, usant de ruse contre notre race, mal-
traita les pères° jusqu'à leur faire exposer leurs
nouveau-nés pour ne pas les laisser vivre.
20 Dans ce temps-là naquit Moïse, et il était divinement beau ; il fut nourri trois mois dans la maison
21 paternelle. Mais, quand il fut exposé, la fille du
Pharaon le recueillit et l'éleva pour elle, afin qu'il
22 soit son fils. Ainsi Moïse fut instruit dans toute la
sagesse des Égyptiens ; il était puissant dans ses pa-
23 roles et dans ses actions. Mais quand il fut parvenu
à l'âge de quarante ans, il eut à cœur de visiter ses
24 frères, les fils d'Israël ; comme il voyait l'un d'eux
maltraité, il prit sa défense et vengea l'opprimé,
25 en frappant l'Égyptien. Il croyait que ses frères
comprendraient que Dieu leur donnerait la délivrance par sa main, mais ils ne le comprirent pas.
26 Le jour suivant, il se montra à eux comme ils se
battaient ; et il les engagea à la paix, en disant :

–Vous êtes frères; pourquoi vous maltraiter
l'un l'autre? Mais celui qui maltraitait son pro- 27
chain le repoussa, en disant :
–Qui t'a établi chef et juge sur nous? Veux-tu 28
me tuer, toi, comme hier tu as tué l'Égyptien?
Moïse s'enfuit à cette parole et vécut en étranger 29
dans le pays de Madian, où il engendra deux fils.
Au bout de quarante ans, un ange lui apparut au 30
désert de la montagne de Sinaï, dans la flamme de
feu d'un buisson. En voyant cela, Moïse s'étonnait 31
de la vision; comme il s'approchait pour observer,
une voix du Seigneur* se fit entendre : "Moi, je 32
suis le Dieu de tes pères°, le Dieu d'Abraham,
d'Isaac et de Jacob". Moïse, tout tremblant, n'osait
pas regarder. Alors le Seigneur* lui dit : "Ôte les 33
sandales de tes pieds; car le lieu sur lequel tu te
tiens est une terre sainte. J'ai vu, j'ai vu comment 34
on opprime mon peuple qui est en Égypte, j'ai entendu leur gémissement et je suis descendu pour
les délivrer; et maintenant viens, je t'enverrai en
Égypte"[a]. Ce Moïse qu'ils avaient rejeté, en di- 35
sant : Qui t'a établi chef et juge? c'est lui que
Dieu a envoyé comme chef et comme libérateur,
par la main de l'ange qui lui était apparu dans le
buisson. C'est lui qui les fit sortir, après avoir ac- 36
compli des prodiges et des miracles dans le pays
d'Égypte, à la mer Rouge et au désert pendant
quarante ans. C'est ce Moïse qui a dit aux fils d'Is- 37
raël : "Dieu vous suscitera parmi vos frères un prophète comme moi; vous l'écouterez"[b]. C'est lui 38
qui se trouvait dans l'assemblée au désert, avec
l'ange qui lui parlait sur la montagne de Sinaï et
avec nos pères°; c'est lui qui reçut des oracles° vivants pour nous les donner. Nos pères ne voulu- 39
rent pas lui être soumis, mais ils le repoussèrent et
retournèrent de cœur en Égypte, disant à Aaron : 40
Fais-nous des dieux qui aillent devant nous, car ce
Moïse qui nous a fait sortir du pays d'Égypte, nous
ne savons pas ce qui lui est arrivé. Ils façonnèrent 41

---

a• *voir* Exode 2. 1 à 3. 10. – b• Deutéronome 18. 15, 18.

en ces jours-là un veau, et ils offrirent un sacrifice
à l'idole : ils prenaient plaisir aux œuvres de leurs
42 mains[a]. Alors Dieu se détourna d'eux et les livra
au culte de l'armée du *ciel*[b], ainsi qu'il est écrit au
livre des prophètes : "M'avez-vous offert des bêtes
égorgées et des sacrifices° pendant quarante ans,
43 dans le désert, *maison d'Israël ?* – Et vous avez
porté le tabernacle° de Moloch et l'étoile de votre
dieu Remphan, les figures que vous avez fabri-
quées pour leur rendre hommage ! et je vous
transporterai au-delà de Babylone"[c].
44 Nos pères° avaient dans le désert le tabernacle°
du témoignage, comme l'avait ordonné celui qui
avait dit à Moïse de le faire selon le modèle qu'il
45 avait vu. Nos pères, l'ayant reçu, l'introduisirent
avec Josué, lorsqu'ils entrèrent en possession du
territoire des nations que Dieu chassa devant nos
46 pères, jusqu'aux jours de David, qui trouva grâce
devant Dieu et demanda la faveur de trouver une
47 demeure pour le Dieu de Jacob. Mais ce fut Salo-
48 mon qui lui bâtit une maison. Pourtant, le Très-
Haut n'habite pas dans des demeures faites de
49 main ; selon ce que dit le prophète : "Le ciel est
mon trône et la terre est le marchepied de mes
pieds. Quelle maison me bâtirez-vous, dit le Sei-
50 gneur*, et quel sera le lieu de mon repos ? N'est-ce
pas ma main qui a fait tout cela ?"[d]
51 Gens de cou raide et incirconcis° de cœur et
d'oreilles, vous résistez toujours à l'Esprit Saint !
52 Tels furent vos pères°, tels vous êtes. Lequel des
prophètes vos pères n'ont-ils pas persécuté ? Et ils
ont tué ceux qui ont prédit la venue du Juste, lui
que maintenant vous avez livré et mis à mort,
53 vous qui avez reçu la Loi par le ministère des anges
et qui ne l'avez pas gardée…
54 À ces paroles, ils frémissaient de rage dans leurs
55 cœurs et grinçaient des dents contre Étienne. Mais

---

a• *c.-à-d. :* à ce qui n'était que l'œuvre de leurs mains ; *voir* Exode 32. 1-6. – b• *c.-à-d.* : à l'adoration des astres. – c• Amos 5. 25-27. – d• Ésaïe 66. 1-2.

lui, étant plein de l'Esprit Saint et fixant les yeux
vers le ciel, vit la gloire de *Dieu* et Jésus debout à
la droite de *Dieu* ; il dit : 56
– Voici, je vois les cieux ouverts et le *Fils* de
l'homme debout à la droite de Dieu.
Ils poussèrent alors de grands cris, se bouchèrent 57
les oreilles et, d'un commun accord, se précipitèrent sur lui ; l'ayant entraîné hors de la ville, ils se 58
mirent à le lapider. Les témoins avaient déposé
leurs vêtements aux pieds d'un jeune homme appelé Saul. Et ils lapidaient Étienne qui priait et di- 59
sait :
– Seigneur Jésus, reçois mon esprit.
S'étant mis à genoux, il cria d'une voix forte : 60
– Seigneur, ne leur impute pas ce péché.
Quand *il* eut dit cela, il s'endormit.

Et Saul approuvait ce meurtre. En ce temps-là, il **8**
y eut une grande persécution contre l'assemblée°
qui était à Jérusalem ; et tous furent dispersés
dans les régions de la Judée° et de la Samarie° –
sauf les apôtres°. Des hommes pieux emportèrent 2
Étienne pour l'ensevelir et menèrent un grand
deuil sur lui.

Or Saul ravageait l'assemblée : il pénétrait dans 3
les maisons, et, traînant hommes et femmes, il les
livrait pour être jetés en prison.

Ceux qui avaient été dispersés allèrent donc de 4
lieu en lieu, annonçant la Parole. Philippe[a] des- 5
cendit dans une ville de la Samarie° et leur prêcha
le Christ°. Les foules, unanimement, étaient atten- 6
tives à ce que disait Philippe, l'entendant et
voyant les miracles qu'il faisait ; car les esprits im- 7
purs°, criant à haute voix, sortaient de beaucoup
de gens qui en étaient possédés ; beaucoup de paralysés et de boiteux furent guéris. Et il y eut une 8
grande joie dans cette ville-là.

---

a• *non l'apôtre* (*voir* v. 1 ; Matthieu 10. 3) , *mais un des sept désignés en* Actes 6. 5. *Voir aussi* Actes 21. 8.

9 Or, avant cela, il y avait dans la ville un homme
nommé Simon, qui exerçait la magie et étonnait le
peuple de la Samarie°, prétendant être un grand
10 personnage; tous s'attachaient à lui, du plus petit
au plus grand, et disaient :

– Celui-ci *est la puissance* de Dieu, appelée la
grande.
11 Ils s'attachaient à lui parce que, depuis longtemps,
12 il les étonnait par ses tours de magie. Mais quand
ils eurent cru Philippe, qui leur annonçait les bonnes nouvelles concernant le royaume de Dieu et le
nom de Jésus Christ°, ils furent baptisés, hommes
13 et femmes. Simon aussi crut; et après avoir été
baptisé, il se tenait toujours auprès de Philippe;
considérant les prodiges et les grands miracles qui
se faisaient, il était stupéfait.

14 Les apôtres qui étaient à Jérusalem apprirent
que la Samarie avait reçu la parole de Dieu; ils
15 leur envoyèrent Pierre et Jean, qui, étant descendus, prièrent pour eux, afin qu'ils reçoivent l'Esprit
16 Saint° : car il n'était encore tombé sur aucun
d'eux; ils avaient seulement été baptisés pour le
17 nom du Seigneur Jésus. Alors Pierre et Jean leur
imposèrent les mains; et eux recevaient l'Esprit
18 Saint. Or Simon, constatant que l'Esprit Saint était
donné par l'imposition des mains des apôtres, leur
19 offrit de l'argent, en disant :

– Donnez-moi ce pouvoir à moi aussi, afin que
tous ceux à qui j'imposerai les mains reçoivent
20 l'Esprit Saint. Mais Pierre lui répondit :

– Que ton argent périsse avec toi, parce que tu
as pensé acquérir avec de l'argent le don de Dieu.
21 Tu n'as ni part ni héritage dans cette affaire, car
22 ton cœur n'est pas droit devant Dieu. Repens°-toi
donc de ta méchanceté et supplie le Seigneur, afin
que, s'il est possible, la pensée de ton cœur te soit
23 pardonnée; car je vois que tu es dans un fiel
24 d'amertume et sous l'emprise de l'iniquité. Simon
répondit :

– Vous, suppliez le Seigneur pour moi, de sorte
que rien ne m'arrive de ce que vous avez dit.
Eux donc, après avoir rendu témoignage et avoir 25
annoncé la parole du Seigneur, s'en retournaient
à Jérusalem ; et ils évangélisaient de nombreux villages de Samaritains.
Et un ange du Seigneur* parla à Philippe : 26
– Lève-toi, et va vers le midi, sur le chemin qui
descend de Jérusalem à Gaza ; il est désert.
Il se leva et s'en alla. Et voici, un Éthiopien, eu- 27
nuque, homme haut placé à la cour de Candace
reine des Éthiopiens, intendant de tous ses trésors,
et qui était venu pour adorer à Jérusalem, s'en retournait ; assis dans son char, il lisait le prophète 28
Ésaïe. L'Esprit dit à Philippe : 29
– Approche-toi de ce char et rejoins-le.
Philippe accourut et l'entendit qui lisait le pro- 30
phète Ésaïe ; il dit : 31
– Mais comprends-tu ce que tu lis ? L'eunuque
répondit :
– Comment donc le pourrais-je, si personne ne
me guide ?
Et il pria Philippe de monter s'asseoir à côté de lui.
Or le passage de l'Écriture qu'il lisait était celui-ci : 32
“Il a été mené comme une brebis à la boucherie ;
et comme un agneau, muet devant celui qui le
tond, ainsi il n'ouvre pas la bouche ; dans son hu- 33
miliation, la justice lui a été déniée[a] ; et sa génération, qui la racontera ? car sa vie est ôtée de la terre”[b]. L'eunuque prit la parole et dit à Philippe : 34
– Je te prie, de qui le prophète dit-il cela ? De lui-
même, ou de quelqu'un d'autre ?
Alors Philippe ouvrit la bouche et, commençant 35
par cette Écriture, lui annonça Jésus. Comme ils 36
continuaient leur chemin, ils arrivèrent à un point
d'eau ; l'eunuque dit :
– Voici de l'eau, qu'est-ce qui m'empêche d'être
baptisé ?

---

a• *litt.* : son jugement a été ôté *(on lui a fait un simulacre de jugement)*. – b• Ésaïe 53. 7-8.

38 Il fit arrêter le char, et ils descendirent tous deux
vers l'eau, et Philippe et l'eunuque ; alors Philippe
39 le baptisa. Quand ils furent remontés hors de
l'eau, l'Esprit du Seigneur enleva Philippe, et l'eunuque ne le vit plus. Et il continua son chemin
40 tout joyeux. Mais Philippe se retrouva à Azot ; et
en traversant le pays, il évangélisait toutes les villes, jusqu'à son arrivée à Césarée[a].

9 Or Saul, qui respirait encore menace et meurtre
contre les disciples du Seigneur, se rendit auprès
2 du souverain sacrificateur° et lui demanda pour
Damas des lettres adressées aux synagogues°, afin
que, s'il trouvait des personnes de la Voie[b], il les
3 amène, hommes et femmes, liés à Jérusalem. Il
était en chemin et approchait de Damas, quand
soudain une lumière brilla du ciel autour de lui
4 comme un éclair. Et, étant tombé à terre, il entendit une voix qui lui disait :

– Saul ! Saul ! pourquoi me persécutes-tu ?

5 – Qui es-tu, Seigneur ? demanda-t-il.

6 – Je suis Jésus que tu persécutes. Mais lève-toi,
entre dans la ville ; et on te dira ce que tu dois
faire.

7 Les hommes qui faisaient route avec lui restaient
là, muets de stupeur : ils entendaient bien le son
8 d'une voix, mais n'apercevaient personne. Saul se
releva : les yeux ouverts, il ne voyait rien ; en le
conduisant par la main, ils l'emmenèrent à Da-
9 mas ; et il resta trois jours sans voir, sans manger
ni boire.

10 Or il y avait à Damas un disciple nommé Ananias ; dans une vision, le Seigneur s'adressa à lui :

– Ananias ! Il dit :

11 – Me voici, Seigneur. Le Seigneur lui dit :

– Lève-toi, va dans la rue appelée la Droite, et

---

a• Azot (Asdod), *ville des anciens Philistins, au nord-est de Gaza* ; Césarée *est un port, plus au nord.* – b• *Ce mot paraît avoir été employé pour désigner la foi chrétienne à ses débuts. Comp.* 19. 9, 23 ; 22. 4 ; 24. 14, 22.

cherche dans la maison de Judas un nommé Saul,
de Tarse[a] ; car voici, il prie, et il a vu dans une vi- 12
sion un homme nommé Ananias, qui entrait et lui
imposait les mains pour qu'il recouvre la vue. Ananias répondit : 13

– Seigneur, j'ai entendu beaucoup de personnes
dire, à propos de cet homme, tout le mal qu'il a
fait à tes saints° dans Jérusalem ; et ici il a pouvoir, 14
de la part des principaux sacrificateurs°, de lier
tous ceux qui invoquent ton nom. Mais le Sei- 15
gneur lui dit :

– Va ; car cet homme est un instrument que je
me suis choisi, pour porter mon nom devant les
nations°, les rois et les fils d'Israël ; car je lui mon- 16
trerai tout ce qu'il doit souffrir pour mon nom.
Alors Ananias s'en alla et entra dans la maison. 17
Après lui avoir imposé les mains, il dit :

– Saul, frère, le Seigneur, Jésus qui t'est apparu
dans le chemin par où tu allais, m'a envoyé pour
que tu recouvres la vue et que tu sois rempli de
l'Esprit Saint.
Aussitôt il tomba de ses yeux comme des écailles, 18
et il recouvra la vue ; il se leva et fut baptisé ; et, 19
lorsqu'il eut mangé, il reprit des forces. Il resta
quelques jours avec les disciples qui étaient à Damas ; et aussitôt il se mit à prêcher Jésus dans les 20
synagogues°, disant que Lui est le Fils de Dieu.
Tous ceux qui l'entendaient étaient stupéfaits ; ils 21
disaient :

– N'est-ce pas celui-là qui a fait des ravages à Jérusalem parmi ceux qui invoquent ce Nom, et qui
est venu ici exprès pour les amener liés aux principaux sacrificateurs° ?
Mais Saul se fortifiait de plus en plus et confondait 22
les Juifs qui demeuraient à Damas, en démontrant
que Jésus était le Christ°.

---

a• *ville natale de Saul (l'apôtre Paul) en Cilicie° (sud-est de la Turquie actuelle), à 150 km d'Antioche ; voir* 9. 30 ; 11. 25 ; 21. 39 ; 22. 3.

23 Bien des jours s'étant écoulés, les Juifs se concer-
24 tèrent pour le tuer ; mais leur complot fut connu
de Saul. Ils surveillaient même les portes[a], jour et
25 nuit, pour le tuer ; mais les disciples le prirent de
nuit et le firent descendre le long de la muraille
dans une corbeille[b].
26 Arrivé à Jérusalem, il cherchait à se joindre aux
disciples ; mais tous le craignaient, ne pouvant pas
27 croire qu'il était disciple ; alors Barnabas[c] le prit
avec lui, le conduisit auprès des apôtres° et leur raconta comment, sur le chemin, Saul avait vu le
Seigneur qui lui avait parlé, et comment, à Damas,
28 il avait parlé ouvertement au nom de Jésus. Dès
lors il était avec eux à Jérusalem, il allait et venait
29 et parlait ouvertement au nom du Seigneur. Il parlait et entrait en discussion avec les Hellénistes° ;
30 mais eux cherchaient à le faire mourir. L'ayant su,
les frères le menèrent à Césarée et l'envoyèrent à
Tarse.
31 Les assemblées° donc, par toute la Judée°, la Ga-
lilée° et la Samarie°, étaient en paix, étant édifiées
et marchant dans la crainte du Seigneur ; et elles
croissaient par la consolation[d] du Saint Esprit°.
32 Or il arriva, comme Pierre parcourait toute la
contrée, qu'il descendit aussi vers les saints° qui
33 habitaient Lydde[e]. Il trouva là un homme nommé
Énée, qui depuis huit ans était couché sur un bran-
34 card : il était paralysé. Pierre lui dit :
– Énée ! Jésus, le Christ°, te guérit ; lève-toi et
fais toi-même ton lit.
35 Aussitôt il se leva. Tous ceux qui habitaient Lydde
et le Saron le virent ; et ils se tournèrent vers le
Seigneur.
36 Il y avait à Joppé[f] une femme disciple appelée
Tabitha – qui se traduit : Dorcas – qui abondait en
37 bonnes œuvres et en aumônes. Il arriva en ces

---

a• *les portes de l'enceinte fortifiée* (v. 25). – b• *comp.* 2 Corinthiens 11. 32-33. – c• *voir* 4. 36-37. – d• *ou* : l'encouragement. – e• *sur la route allant de Jérusalem au port de Joppé (Jaffa), au sud de la plaine du Saron* (v. 35). – f• v. 32, *et note*.

jours-là qu'elle tomba malade et mourut ; après
l'avoir lavée, on la mit dans la chambre haute.
Comme Lydde est près de Joppé[a], les disciples, qui 38
avaient appris que Pierre était dans cette ville, envoyèrent vers lui deux hommes, le priant :
– Ne tarde pas à venir jusqu'à nous.
Pierre se leva et s'en alla avec eux. Quand il fut ar- 39
rivé, ils le menèrent dans la chambre haute. Toutes les veuves vinrent auprès de lui en pleurant :
elles montraient les robes et les vêtements, tout ce
que Dorcas avait fait pendant qu'elle était avec
elles. Mais Pierre les fit tous sortir et, s'étant mis à 40
genoux, il pria ; puis, se tournant vers le corps, il
dit :
– Tabitha, lève-toi.
Elle ouvrit les yeux et, voyant Pierre, elle se redressa et s'assit ; il lui donna la main, la fit lever et, 41
ayant appelé les saints° et les veuves, il la leur présenta vivante. Cela fut connu dans tout Joppé, et 42
beaucoup crurent au Seigneur. Pierre demeura en- 43
suite assez longtemps à Joppé, chez un certain Simon, tanneur.

Or, à Césarée[b], un homme nommé Corneille, **10**
centurion° de la cohorte° appelée Italique, pieux 2
et craignant Dieu avec toute sa maison°, faisait
beaucoup d'aumônes au peuple et priait Dieu
continuellement. Il vit clairement en vision, vers 3
la neuvième heure° du jour[c], un ange de Dieu qui
entrait chez lui et l'appelait :
– Corneille ! Fixant les yeux sur l'ange, et tout ef- 4
frayé, il dit :
– Qu'est-ce, Seigneur ? L'ange lui dit :
– Tes prières et tes aumônes sont montées en
souvenir devant Dieu. Et maintenant, envoie des 5
hommes à Joppé[d] et fais venir Simon qui est aussi

---

a• *à environ 20 km.* – b• Césarée (8. 40, *et note*) *est le port qui sert de capitale romaine aux trois provinces du territoire d'Israël ; le gouverneur y réside avec sa garnison.* – c• *au milieu de l'après-midi (voir* 3. 1). – d• *Joppé est à 50 km au sud de Césarée.*

6 appelé Pierre ; il est logé chez un certain Simon,
tanneur, qui a sa maison au bord de la mer.
7 Quand l'ange qui lui parlait s'en fut allé, Corneille
appela deux de ses domestiques et un soldat pieux
parmi ceux qui se tenaient toujours auprès de lui ;
8 après leur avoir tout raconté, il les envoya à Joppé.
9 Le lendemain, comme ils étaient en chemin et
approchaient de la ville, Pierre monta sur la ter-
10 rasse pour prier, vers la sixième heure[a]. Il eut faim
et voulut manger ; pendant qu'on lui préparait un
11 repas, il lui survint une extase : il voit le ciel ouvert, et un objet qui en descendait, semblable à
une grande toile liée par les quatre coins, et qui dé-
12 valait sur la terre ; il s'y trouvait tous les quadrupèdes et les reptiles de la terre et les oiseaux du ciel.
13 Une voix s'adressa à lui :
14 – Lève-toi, Pierre, tue et mange. Mais Pierre dit :
– Non pas, Seigneur ; car jamais je n'ai rien
15 mangé de souillé ni d'impur[b]. Une voix s'adressa
encore à lui, pour la deuxième fois :
– Ce que Dieu a purifié, toi, ne le considère pas
comme souillé.
16 Cela eut lieu par trois fois, et aussitôt l'objet fut
enlevé vers le ciel.
17 Comme Pierre, perplexe, se demandait ce que
pouvait bien signifier la vision qu'il avait eue,
voici, les hommes envoyés par Corneille, qui
s'étaient enquis de la maison de Simon, se te-
18 naient à la porte ; ils appelèrent et demandèrent si
c'était bien là que logeait Simon, appelé aussi
19 Pierre. Pendant que Pierre méditait sur la vision,
l'Esprit lui dit :
20 – Voici trois hommes qui te cherchent ; lève-toi
donc, descends, et va avec eux sans hésiter, parce
21 que c'est moi qui les ai envoyés. Pierre descendit
vers les hommes et dit :
– Me voici ; je suis celui que vous cherchez ; pour
22 quel motif êtes-vous venus ? Ils répondirent :

---

a • midi. – b • *Certains animaux étaient déclarés impurs par la loi de Moïse* (Lévitique 11).

– Le centurion° Corneille, homme juste, craignant Dieu, et qui a un bon témoignage de toute
la nation juive, a été averti divinement par un
saint ange de te faire venir dans sa maison et d'entendre des paroles de ta part.
Pierre les fit donc entrer et les logea ; dès le lende- 23
main, il se leva et s'en alla avec eux ; quelques-uns
des frères de Joppé allèrent aussi avec lui. Et le 24
jour suivant, ils entrèrent à Césarée. Corneille les
attendait ; il avait réuni ses parents et ses intimes
amis.

Au moment où Pierre entrait, Corneille, qui al- 25
lait à sa rencontre, se jeta à ses pieds et lui rendit
hommage. Mais Pierre le releva, en disant : 26
– Lève-toi ; moi aussi, je suis un homme.
Tout en conversant avec lui, il entra et trouva 27
beaucoup de personnes assemblées. Il leur dit 28
alors :
– Vous le savez, c'est une chose illicite pour un
Juif de se lier avec un étranger ou d'aller chez lui ;
mais Dieu m'a montré, à moi, qu'il ne faut déclarer souillé ou impur aucun homme. C'est pour- 29
quoi, lorsque vous m'avez envoyé chercher, je suis
venu sans faire de difficulté. Je vous demande
donc pour quel motif vous m'avez fait venir. Corneille répondit : 30
– Il y a quatre jours, j'étais en jeûne jusqu'à cette
heure-ci et, à la neuvième heure[a], j'étais en prière
dans ma maison ; et voici, un homme se tint devant moi en vêtement éclatant, et dit : Corneille, 31
ta prière est exaucée et tes aumônes ont été rappe-
lées en mémoire devant Dieu. Envoie donc des 32
gens à Joppé et fais venir Simon, qui est aussi appelé Pierre ; il loge dans la maison de Simon, tanneur, au bord de la mer ; et lorsqu'il sera venu, il
te parlera. Je t'ai donc aussitôt envoyé chercher, 33
et tu as bien fait de venir. Maintenant, nous sommes tous présents devant Dieu, pour entendre
tout ce qui t'a été ordonné de Dieu.

---

a • *au milieu de l'après-midi* (*voir* 3. 1).

34 Pierre prit la parole et dit :
–En vérité, je comprends que Dieu ne fait pas
35 de considération de personnes[a], mais qu'en toute
nation celui qui le craint et qui pratique la justice
36 lui est agréable. La parole qu'il a envoyée aux fils
d'Israël, annonçant la bonne nouvelle° de la paix
37 *par Jésus Christ° (lui est Seigneur° de tous),* vous
la connaissez – parole qui a été annoncée par
toute la Judée°, en commençant par la Galilée°
38 après le baptême que Jean a prêché : Jésus qui
était de Nazareth, comment Dieu l'a oint[b] de l'Esprit Saint° et de puissance, lui qui a passé de lieu
en lieu, faisant du bien et guérissant tous ceux que
39 le diable avait asservis à sa puissance, car Dieu
était avec lui. Et nous, nous sommes témoins de
tout ce qu'il a fait, au pays des Juifs et à Jérusalem.
Et lui qu'ils ont fait mourir, le pendant au bois,
40 Dieu l'a ressuscité le troisième jour, et l'a donné
41 pour être manifesté, non à tout le peuple, mais à
des témoins qui avaient été auparavant choisis par
Dieu, c'est-à-dire à nous qui avons mangé et bu
42 avec lui après sa résurrection d'entre les morts. Et
il nous a commandé de prêcher au peuple et d'at-
tester que c'est lui qui est établi par Dieu juge des
43 vivants et des morts. Tous les prophètes lui rendent témoignage que, par son nom, quiconque
croit en lui reçoit le pardon des péchés.
44 Comme Pierre parlait encore, l'Esprit Saint°
45 tomba sur tous ceux qui entendaient la Parole. Et
les croyants de la circoncision°, tous ceux qui
étaient venus avec Pierre, furent stupéfaits de voir
que le don du Saint Esprit était répandu aussi sur
46 ceux des nations°, car ils les entendaient parler en
47 langues et magnifier Dieu. Pierre reprit alors la parole :
–Quelqu'un pourrait-il refuser l'eau et empêcher que ceux-ci soient baptisés, eux qui ont reçu
l'Esprit Saint comme nous aussi ?

---

a• *litt. :* n'est pas partial (*comp.* Romains 2. 11). – b• Christ *signifie* : Oint.

Et il commanda de les baptiser au nom du Sei- 48
gneur. Alors ils le prièrent de demeurer là quelques jours.

Les apôtres° et les frères qui étaient en Judée° **11**
apprirent que ceux des nations° avaient eux aussi
reçu la parole de Dieu. Quand Pierre fut monté à 2
Jérusalem, ceux de la circoncision° lui faisaient
des reproches :
– Tu es entré chez des hommes incirconcis°, et 3
tu as mangé avec eux !
Alors Pierre se mit à leur exposer les faits par or- 4
dre :
– J'étais en prière dans la ville de Joppé, quand 5
j'eus dans une extase une vision ; je vis descendre
un objet semblable à une grande toile, tenue par
les quatre coins, dévalant du ciel ; elle vint jusqu'à
moi. Fixant les yeux sur elle, je l'observais : je vis 6
les quadrupèdes de la terre, les bêtes sauvages, les
reptiles et les oiseaux du ciel ; j'entendis aussi une 7
voix qui me disait :
– Lève-toi, Pierre, tue et mange. Et je dis : 8
– Non pas, Seigneur ; car jamais rien de souillé
ou d'impur n'est entré dans ma bouche. Une voix 9
répondit du ciel pour la deuxième fois :
– Ce que Dieu a purifié, toi, ne le tiens pas pour
souillé.
Cela eut lieu par trois fois, et tout fut de nouveau 10
retiré dans le ciel. Et voici qu'à l'instant même 11
trois hommes se trouvèrent devant la maison où
j'étais : ils avaient été envoyés de Césarée vers
moi. L'Esprit me dit d'aller avec eux sans hésiter ; 12
les six frères que voici sont aussi venus avec moi et
nous sommes entrés dans la maison de cet
homme. Il nous raconta comment il avait vu 13
l'ange se présenter dans sa maison et lui dire : Envoie des gens à Joppé pour faire venir Simon, qui
est aussi appelé Pierre ; il te dira des paroles par 14
lesquelles tu seras sauvé, toi et toute ta maison°.
Au moment où je commençais à parler, l'Esprit 15

Saint tomba sur eux, comme il est tombé sur nou
16 aussi au commencement. Et je me souvins de l
parole du Seigneur quand il disait : Jean a baptisé
avec de l'eau, mais vous, vous serez baptisés d
17 l'Esprit Saint[a]. Si donc Dieu leur a fait le mêm
don qu'à nous qui avons cru au Seigneur Jésu
Christ, *qui étais-je, moi, pour pouvoir l'interdire à
Dieu ?*
18 En entendant cela, ils firent silence, glorifièrent
Dieu et dirent :

– Dieu a donc donné aux nations° aussi la repentance° qui mène à la vie !

19 Ceux qui avaient été dispersés, à la suite de la
persécution qui arriva à l'occasion d'Étienne[b], pas-
sèrent jusqu'en Phénicie, à Chypre et à Antioche[c],
n'annonçant la Parole à personne, si ce n'est à des
20 Juifs. Mais certains d'entre eux étaient des Chy-
priotes et des Cyrénéens qui, venus à Antioche,
parlaient aussi aux Grecs°, annonçant le Seigneur
21 Jésus. La main du Seigneur était avec eux : un
grand nombre crurent et se tournèrent vers le Sei-
22 gneur. La nouvelle en parvint aux oreilles de l'as-
semblée° qui était à Jérusalem, et ils envoyèrent
23 Barnabas[d] jusqu'à Antioche. Quand il y fut arrivé
et qu'il eut vu la grâce° de Dieu, il se réjouit ; et il
les exhortait tous à demeurer attachés au Seigneur
24 de tout leur cœur, car il était homme de bien, et
plein de l'Esprit Saint et de foi. Et une grande
25 foule fut ajoutée au Seigneur. Il s'en alla ensuite à
26 Tarse[e], pour chercher Saul ; après l'avoir trouvé, il
le mena à Antioche. Et, pendant une année entière, ils se réunirent dans l'assemblée° et ensei-
gnèrent une grande foule. Ce fut aussi à Antioche
que, pour la première fois, les disciples furent
nommés chrétiens[f].

---

a• *comp.* Marc 1. 8. – b• *voir* 7. 59-60 ; 8. 1-5, 40. – c• Antioche de Syrie, *à 300 km au nord de Damas ; une des plus grandes villes du monde romain, après Rome et Alexandrie.* – d• *voir* 4. 36-37 ; 9. 26-27. – e• *voir* 9. 11, *et note.* – f• *c.-à-d. (disciples)* de Christ. *Voir aussi* 26. 28 ; 1 Pierre 4. 16.

En ces jours-là, des prophètes descendirent de 27
érusalem à Antioche. L'un d'entre eux, nommé 28
gabus, se leva et déclara, par l'Esprit, qu'une
rande famine aurait lieu dans toute la terre habi-
ée : effectivement, elle eut lieu sous Claude[a].
lors les disciples, chacun selon ses ressources, dé- 29
idèrent d'envoyer un secours aux frères qui de-
neuraient en Judée°. C'est ce qu'ils firent, l'en- 30
oyant aux anciens▽ par les mains de Barnabas et
le Saul.

Vers ce temps-là, le roi Hérode▽ mit les mains **12**
ur quelques-uns de ceux de l'assemblée° pour les
naltraiter, et il fit mourir par l'épée Jacques°, le 2
rère de Jean. Voyant que cela était agréable aux 3
uifs, il continua, en faisant prendre aussi Pierre
or c'étaient les jours des Pains° sans levain) ;
uand il l'eut fait prendre, il le mit en prison et le 4
ivra à quatre groupes de quatre soldats chacun
our le garder : il voulait, après la Pâque°, le faire
omparaître devant le peuple. Pierre donc était 5
ardé dans la prison ; mais l'assemblée° faisait
l'instantes prières à Dieu pour lui. Alors qu'Hé- 6
ode allait le faire comparaître, Pierre, cette nuit-
à, dormait entre deux soldats, lié de deux chaînes ;
les sentinelles, devant la porte, gardaient la pri-
on. Et voici, un ange du Seigneur* survint, et une 7
umière resplendit dans le cachot ; frappant Pierre
u côté, l'ange le réveilla et lui dit :
– Lève-toi vite. Les chaînes tombèrent de ses
nains. L'ange lui dit : 8
– Ceins-toi° et chausse tes sandales. Il fit ainsi.
'ange lui dit encore :
– Jette ton manteau sur toi et suis-moi.
ortant, Pierre le suivit ; il ne savait pas que ce qui 9
e faisait par l'ange était réel, mais il croyait avoir
ine vision. Quand ils eurent passé la première 10
arde, puis la seconde, ils parvinrent à la porte de
er qui conduit à la ville, et elle s'ouvrit à eux

• *empereur romain qui régna de 41 à 54 ap. J-C. (voir* César°).

d'elle-même ; une fois sortis, ils allèrent jusqu'au
bout d'une rue ; et aussitôt l'ange le quitta.
11 Revenu à lui, Pierre dit :
– Maintenant, je sais vraiment que le Seigneur a
envoyé son ange et m'a délivré de la main d'Hé
rode et de tout ce qu'attendait le peuple juif.
12 Après s'être reconnu, il se rendit à la maison de
Marie, mère de Jean, appelé aussi Marc, où plu
13 sieurs étaient assemblés et priaient. Comme il
frappait à la porte du vestibule, une servante nom
mée Rhode s'approcha pour écouter ; reconnais
14 sant la voix de Pierre, de joie elle n'ouvrit pas
elle rentra en courant et rapporta que Pierre se te
15 nait devant le vestibule. Ils lui dirent :
– Tu es folle ! Mais elle affirmait qu'il en étai
bien ainsi. Ils disaient :
– C'est son ange.
16 Mais Pierre continuait à frapper ; quand ils euren
17 ouvert, ils le virent et furent stupéfaits. De la mai
il leur fit signe de se taire et leur raconta commen
le Seigneur l'avait fait sortir de la prison ; il ajouta
– Rapportez tout cela à Jacques▽ et aux frères.
Puis il sortit et s'en alla en un autre lieu.
18 Mais au lever du jour, il y eut un grand désarro
parmi les soldats : qu'était donc devenu Pierre ?
19 Hérode le fit rechercher ; ne le trouvant pas, il fi
subir un interrogatoire aux gardes, puis donna l'or
dre de les faire exécuter. Ensuite il descendit de la
20 Judée° à Césarée et y séjourna. Il était très irrité
contre les Tyriens et les Sidoniens ; mais ils vinren
à lui d'un commun accord et, après avoir gagné à
leur cause Blaste, le chambellan du roi, ils deman
dèrent la paix, parce que, pour la nourriture, leu
21 pays dépendait de celui du roi. Au jour fixé, Hé
rode▽, revêtu d'une robe royale et assis à la tri
22 bune, les haranguait. Le peuple s'écriait :
– Voix d'un dieu et non pas d'un homme !
23 À l'instant, un ange du Seigneur* le frappa, parce
qu'il n'avait pas donné la gloire à Dieu ; et, rongé
par les vers, il expira.

Mais la parole de Dieu croissait et se multipliait. 24
Barnabas et Saul, après avoir accompli leur ser- 25
vice, s'en retournèrent de Jérusalem, emmenant
avec eux Jean, qui était aussi appelé Marc.

Il y avait à Antioche, dans l'assemblée° locale, **13**
des prophètes et des docteurs° : Barnabas et Siméon, appelé Niger, Lucius de Cyrène, Manahem
qui avait été élevé avec Hérode° le tétrarque°, et
Saul. Comme ils accomplissaient le service du Sei- 2
gneur et jeûnaient, l'Esprit Saint° dit :

– Mettez-moi maintenant à part Barnabas et
Saul, pour l'œuvre à laquelle je les ai appelés.
Alors, après avoir jeûné et prié, ils leur imposèrent 3
les mains et les laissèrent aller.

Eux donc, ayant été envoyés par l'Esprit Saint, 4
descendirent à Séleucie[a] ; et de là ils firent voile
pour Chypre. Quand ils furent à Salamine[b], ils an- 5
nonçaient la parole de Dieu dans les synagogues°
des Juifs ; ils avaient aussi Jean pour serviteur.
Après avoir traversé toute l'île jusqu'à Paphos, ils 6
trouvèrent un certain homme, magicien, faux prophète juif, nommé Bar-Jésus, qui était dans l'en- 7
tourage du proconsul° Serge Paul[c], homme intelligent. Celui-ci fit appeler Barnabas et Saul et
demanda à entendre la parole de Dieu. Mais Ély- 8
mas, le magicien (car c'est ainsi que son nom se
traduit), leur résistait, cherchant à détourner le
proconsul de la foi. Alors Saul, qui est aussi appelé 9
Paul, rempli de l'Esprit Saint, fixa les yeux sur lui
et lui dit :

– Toi qui es plein de toute fraude et de toute mé- 10
chanceté, fils du diable, ennemi de toute justice,
ne cesseras-tu pas de pervertir les voies droites du
Seigneur ? Et maintenant voici, la main du Sei- 11
gneur est sur toi : tu seras aveugle, sans voir le soleil pour un temps.

---

a • Séleucie : *port sur la Méditerranée, près d'Antioche.* – b • Salamine : *port oriental de l'île de Chypre.* – c • *gouverneur romain de l'île.*

À l'instant, une obscurité et des ténèbres tombèrent sur lui ; et se tournant de tous côtés, il cher-
12 chait quelqu'un qui le conduise par la main. Alors
le proconsul, voyant ce qui était arrivé, crut, étant
saisi par la doctrine° du Seigneur.
13 Gagnant le large depuis Paphos, Paul et ses
compagnons se rendirent à Perge de Pamphylie°[a].
Mais Jean les quitta et retourna à Jérusalem.
14 Quant à eux, ils partirent de Perge, traversèrent le
pays et arrivèrent à Antioche de Pisidie[b] ; le jour
du sabbat°, ils entrèrent dans la synagogue° et
15 s'assirent. Après la lecture de la Loi et des Prophètes, les chefs de la synagogue leur envoyèrent
dire :
– Frères, si vous avez une parole d'exhortation
16 pour le peuple, parlez. Alors Paul se leva, fit un
signe de la main et dit :
– Israélites, et vous qui craignez Dieu[c], écoutez :
17 le Dieu de ce peuple s'est choisi nos pères° et a
élevé bien haut le peuple pendant son séjour au
pays d'Égypte ; il les en fit sortir par son bras puis-
18 sant. Et il prit soin d'eux dans le désert, environ
19 quarante ans. Après avoir détruit sept nations au
pays de Canaan, il leur donna ce pays en héritage.
20 Ensuite, pendant environ quatre cent cinquante
ans, il leur donna des juges, jusqu'à Samuel le pro-
21 phète. Puis ils demandèrent un roi, et Dieu leur
donna Saül, fils de Kis, homme de la tribu de Ben-
22 jamin, pendant quarante ans. Après l'avoir rejeté,
il leur suscita pour roi David ; c'est à son sujet qu'il
a rendu ce témoignage : J'ai trouvé David, le fils de
Jessé[d], un homme selon mon cœur, qui fera toute
ma volonté.
23 De la descendance de cet homme, Dieu, selon sa
promesse, a amené à Israël un Sauveur : Jésus. Im-
24 médiatement avant son arrivée, Jean avait déjà
prêché le baptême de repentance à tout le peuple

---

a• *au sud de l'actuelle Turquie.* – b• Antioche de Pisidie, *dans la province romaine de Galatie°.* – c• *voir* : prosélytes° (*voir* 2. 11 ; 6. 5 ; 13.43). – d• *ou* Isaï (Matthieu 1. 5-6).

l'Israël. Et comme *Jean achevait sa course*, il dit : 25
– Qui pensez-vous que je suis ? Je ne le suis pas,
moi ; mais voici, il en vient un après moi, lui dont
je ne suis pas digne de délier la sandale[a].
Frères, fils de la race d'Abraham, c'est à vous et à 26
ceux qui parmi vous craignent Dieu que la parole
de ce salut a été adressée ; car les habitants de Jéru- 27
salem et leurs chefs, n'ayant pas reconnu Jésus ni
les voix des prophètes qu'on lit chaque sabbat°,
ont accompli celles-ci en le jugeant. Et bien qu'ils 28
n'aient trouvé en lui aucun crime qui mérite la
mort, ils ont demandé à Pilate° de le faire mourir.
Après avoir accompli tout ce qui est écrit de lui, ils 29
l'ont descendu du bois et l'ont déposé dans un
tombeau. Mais Dieu l'a ressuscité d'entre les 30
morts. Et il a été vu pendant plusieurs jours par 31
ceux qui étaient montés avec lui de la Galilée° à
Jérusalem : ceux-là sont maintenant ses témoins
auprès du peuple. Et nous, nous vous annonçons 32
cette bonne nouvelle : la promesse qui a été faite
aux pères°, Dieu l'a accomplie envers nous, leurs 33
enfants, ayant suscité Jésus ; comme il est écrit
dans le psaume deux : "Tu es mon Fils, moi je t'ai
aujourd'hui engendré"[b]. Or qu'il l'ait ressuscité 34
d'entre les morts – car il ne devait pas retourner à
la corruption –, il l'a dit ainsi : "Je vous donnerai
les grâces assurées de David[c]". C'est pourquoi il 35
dit aussi dans un autre passage : "Tu ne permettras
pas que ton Saint voie la corruption"[d]. Car David, 36
après avoir, en sa propre génération, servi les desseins de Dieu, s'est endormi, a été réuni à ses pères
et a vu la corruption ; mais celui que Dieu a ressus- 37
cité n'a pas vu la corruption. Sachez-le donc, frè- 38
res : par lui[e] vous est annoncé le pardon des péchés, et de tout ce dont vous n'avez pu être 39
justifiés par la loi de Moïse, quiconque croit est

a • *litt.* : la sandale de ses pieds ; *Jean le Baptiseur fait allusion au Messie, ou Christ° : voir* Jean 1. 20, 25-28. – b • Psaume 2. 7. – c • *les promesses faites à David* : Ésaïe 55. 3 ; *voir aussi* 2 Samuel 7. 10-29. – d • Psaume 16. 10. – e • par son moyen.

40 justifié par lui[a]. Prenez donc garde qu'il ne vou
41 arrive ce qui est dit dans les Prophètes : “Voyez, ar
rogants, étonnez-vous et disparaissez ; car moi, j
fais une œuvre en vos jours, une œuvre que vou
ne croiriez pas, si quelqu'un vous la racontait”[b].
42 Comme ils sortaient, on leur demanda de parle
43 de ces sujets le sabbat° suivant. Quand la synago
gue° se fut dispersée, un grand nombre des Juif
et des prosélytes° servant Dieu suivirent Paul e
Barnabas, qui s'entretinrent avec eux et les exhor
taient à persévérer dans la grâce° de Dieu.
44 Le sabbat suivant, presque toute la ville se rassem
45 bla pour entendre la parole de Dieu ; mais, à la vu
des foules, les Juifs furent remplis de jalousie et
en blasphémant, contredisaient les paroles d
46 Paul. Alors Paul et Barnabas s'enhardirent jusqu'à
déclarer :
–C'était à vous d'abord qu'il fallait annoncer la
parole de Dieu ; mais puisque vous la rejetez e
que vous vous jugez vous-mêmes indignes de la
vie éternelle, voici, nous nous tournons vers les na
47 tions° ; car ainsi nous a commandé le Seigneur
“Je t'ai établi pour être la lumière des nations, afin
que tu sois pour salut jusqu'au bout de la terre”[c].
48 Lorsque ceux des nations entendirent cela, ils s'en
réjouirent et glorifièrent la parole du Seigneur ; e
tous ceux qui étaient destinés à la vie éternelle cru
49 rent. La parole du Seigneur se répandait à travers
50 tout le pays. Mais les Juifs excitèrent les femmes
de haut rang qui servaient Dieu et les notables d
la ville : ils suscitèrent une persécution contre Pau
et Barnabas et les chassèrent de leur territoire
51 Ceux-ci, après avoir secoué° contre eux la pous
52 sière de leurs pieds, se rendirent à Iconium. Et les
disciples étaient remplis de joie et de l'Esprit Saint

14 À Iconium, ils entrèrent ensemble dans la sy
nagogue° des Juifs et parlèrent de telle sorte
qu'une grande multitude de Juifs et de Grecs° cru

---

a• *ou* : en lui. – b• Habakuk 1. 5. – c• Ésaïe 49. 6.

rent. Mais les Juifs qui ne croyaient pas excitèrent 2
et irritèrent les esprits de ceux des nations° contre
les frères. Ils séjournèrent donc là assez long- 3
temps, parlant hardiment, appuyés sur le Seigneur, qui rendait témoignage à la parole de sa
grâce° et accordait que des miracles et des prodiges se produisent par leurs mains. Mais la multi- 4
tude de la ville se divisa : les uns étaient avec les
Juifs, les autres avec les apôtres°. Et comme ceux 5
des nations° et les Juifs, avec leurs chefs, s'étaient
soulevés pour les outrager et les lapider, ils l'appri- 6
rent et se réfugièrent dans les villes de Lycaonie°[a],
à Lystre, à Derbe et dans les environs ; et ils y évan- 7
gélisaient.

Il y avait à Lystre un homme impotent des 8
pieds, qui restait continuellement assis ; infirme
de naissance, il n'avait jamais marché. Cet homme 9
écoutait parler Paul qui fixa les yeux sur lui et,
voyant qu'il avait la foi pour être guéri[b], lui dit 10
d'une voix forte :

– Lève-toi droit sur tes pieds.

Il se leva d'un bond et se mit à marcher. Alors les 11
foules, à la vue de ce que Paul avait fait, élevèrent
la voix et dirent en lycaonien :

– Les dieux se sont faits semblables aux hommes
et sont descendus vers nous.

Ils appelaient Barnabas Zeus, et Paul Hermès, 12
parce que c'était lui le porte-parole. Le sacrifica- 13
teur du Zeus qui était à l'entrée de la ville, ayant
amené des taureaux avec des couronnes jusqu'aux
portes, voulait offrir un sacrifice avec les foules.
Mais, l'ayant appris, les apôtres Barnabas et Paul 14
déchirèrent leurs vêtements[c] et s'élancèrent dans
la foule en criant :

– Hommes, pourquoi faites-vous cela ? Nous 15
sommes, nous aussi, des humains, ayant les mêmes

---

a• *région située à l'ouest de Tarse, la ville natale de Paul.* – b• *litt.* : sauvé. – c• *geste marquant la contrariété et le chagrin, chez les Orientaux.*

penchants[a] que vous. Mais nous vous annonçons
une bonne nouvelle : loin de ces choses vaines[b],
tournez-vous vers le Dieu vivant, qui a créé le ciel,
16 la terre, la mer et tout ce qui s'y trouve. Si, dans les
générations passées, il a laissé toutes les nations°
17 marcher dans leurs propres voies, il n'a pas
manqué, pourtant, de rendre témoignage de ce
qu'il est par ses bienfaits, en vous donnant du ciel
des pluies et des saisons fertiles, rassasiant vos
cœurs de nourriture et de joie.
18 C'est à peine si, en disant cela, ils empêchèrent les
foules de leur offrir un sacrifice.
19 D'Antioche et d'Iconium survinrent alors des
Juifs ; après avoir gagné les foules et lapidé Paul,
ils le traînèrent hors de la ville, croyant qu'il était
20 mort. Mais, comme les disciples faisaient cercle autour de lui, il se leva et entra dans la ville. Le lendemain, il en repartit avec Barnabas pour se rendre à
21 Derbe. Ils évangélisèrent cette ville-là et firent
beaucoup de disciples, puis ils retournèrent à Lys-
22 tre, Iconium et Antioche : ils fortifiaient l'âme°
des disciples, les exhortaient à persévérer dans la
foi, et les avertissaient que c'est par beaucoup d'afflictions qu'il nous faut entrer dans le royaume de
23 Dieu. Après leur avoir désigné des anciens° dans
chaque assemblée°, ils prièrent avec jeûne et les
recommandèrent au Seigneur en qui ils avaient
cru.
24 Puis ils traversèrent la Pisidie° et vinrent en Pam-
25 phylie° ; après avoir annoncé la Parole à Perge, ils
26 descendirent à Attalie ; et de là ils se rendirent par
mer à Antioche[c], d'où ils avaient été recomman-
dés à la grâce de Dieu pour l'œuvre qu'ils avaient
27 accomplie. Une fois arrivés, ils réunirent l'assem-
blée° et racontèrent tout ce que Dieu avait fait
avec eux, et comment il avait ouvert aux nations°

---

a• *ayant les mêmes sentiments, mobiles, passions.* – b• *ou :* de ces choses de néant ; *cette expression désigne dans l'A. T. le culte des idoles.* – c• Antioche de Syrie : *voir* 11. 19, *et note* ; 11. 20-26 ; 13. 1-3.

la porte de la foi. Ils séjournèrent alors assez long- 28
temps avec les disciples.

Mais quelques-uns, descendus de Judée°, en- **15**
seignaient ainsi les frères : Si vous n'avez pas été
circoncis° selon l'usage de Moïse, vous ne pouvez
pas être sauvés. Comme Paul et Barnabas s'oppo- 2
saient à eux et que s'élevait une vive discussion,
on décida que Paul et Barnabas avec quelques autres d'entre eux monteraient à Jérusalem auprès
des apôtres° et des anciens▽ pour cette question.
Ayant donc été accompagnés par l'assemblée°, ils 3
traversaient la Phénicie[a] et la Samarie°, racontant
la conversion des gens des nations° ; et ils cau-
saient une grande joie à tous les frères. Une fois ar- 4
rivés à Jérusalem, ils furent reçus par l'assemblée°,
les apôtres et les anciens▽ ; ils racontèrent tout ce
que Dieu avait fait avec eux. Mais certains de la 5
secte[b] des pharisiens°, qui avaient cru, se levèrent
pour dire qu'il fallait les[c] circoncire° et leur pres-
crire de garder la loi de Moïse.

Les apôtres et les anciens▽ se réunirent pour 6
examiner cette affaire. Une grande discussion 7
ayant eu lieu, Pierre se leva et leur dit :
– Frères, vous savez vous-mêmes que, dès les
premiers jours, Dieu m'a choisi parmi vous, afin
que par ma bouche les nations° entendent la parole de l'évangile° et qu'elles croient. Et Dieu, qui 8
connaît les cœurs, leur a rendu témoignage : il
leur a donné l'Esprit Saint° comme à nous-mêmes ; il n'a fait aucune différence entre nous et 9
eux, ayant purifié leurs cœurs par la foi. Maintenant donc, pourquoi tentez-vous Dieu, en mettant 10
sur le cou des disciples un joug que ni nos pères°
ni nous n'avons pu porter ? Mais nous croyons 11
que nous sommes sauvés par la grâce° du Seigneur
Jésus, absolument comme eux.

---

a• Phénicie, *la région de Tyr et Sidon.* – b• *ou :* du parti. – c• *c.-à-d.* : les gens des nations devenus chrétiens (v. 3).

12 Alors toute la multitude se tut ; et ils écoutaient
Barnabas et Paul qui racontaient combien de miracles et de prodiges Dieu avait faits par leur
13 moyen parmi les nations°. Quand ils se turent, Jac-
ques▽ prit la parole et dit :
14 – Frères, écoutez-moi : Siméon[a] a raconté comment Dieu a commencé à visiter les nations° pour
15 en tirer un peuple pour son nom. Cela s'accorde
avec les paroles des prophètes, comme il est écrit :
16 "Après ces choses, je retournerai et je reconstruirai
la tente de David, qui est tombée, je reconstruirai
17 ses ruines et je la relèverai, de sorte que le reste°
des hommes recherche le Seigneur*, ainsi que toutes les nations sur lesquelles mon Nom est invoqué, dit le Seigneur*, qui fait ces choses"[b]
18 connues depuis longtemps. C'est pourquoi moi, je
19 suis d'avis de ne pas inquiéter ceux des nations°
20 qui se tournent vers Dieu, mais de leur écrire qu'ils
s'abstiennent des souillures des idoles, de la forni-
21 cation°, de ce qui est étouffé et du sang[c] ; car
Moïse, depuis les générations anciennes, a dans
chaque ville des prédicateurs, puisqu'on le lit dans
les synagogues° chaque sabbat°.
22 Alors il sembla bon aux apôtres et aux anciens▽,
en accord avec toute l'assemblée°, de choisir
parmi eux des hommes et de les envoyer à Antioche avec Paul et Barnabas : ce furent Judas, appelé
Barsabbas, et Silas, hommes estimés parmi les frè-
23 res. Ils leur mirent en main la lettre suivante : Les
apôtres, les anciens▽ et les frères, aux frères d'entre les nations° qui sont à Antioche, en Syrie et en
24 Cilicie°[d] : Salut ! Comme nous avons appris que
certains, qui sont sortis d'entre nous, vous ont
troublés par des discours, bouleversant vos âmes°
25 (nous ne leur avons donné aucun ordre), il nous a
semblé bon, d'un commun accord, de choisir
parmi nous des hommes et de vous les envoyer

---

a • *voir* v. 7, Simon (Pierre) ; *voir* Matthieu 16. 16-18 ; Jean 21. 15-17. – b • Amos 9. 11-12. – c • *voir* Genèse 9. 4 ; Lévitique 17. 10-14. – d • *au nord-ouest de la Syrie.*

avec nos *bien-aimés* Barnabas et Paul, hommes 26
qui ont exposé leur vie pour le nom de notre Seigneur Jésus Christ. Nous avons donc envoyé Judas 27
et Silas, qui vous communiqueront de vive voix les
mêmes choses. Car il a semblé bon au Saint Esprit 28
et à nous de ne mettre sur vous aucune autre
charge que ces prescriptions qui sont indispensa-
bles : s'abstenir de ce qui est sacrifié aux idoles, du 29
sang, de ce qui est étouffé et de la fornication°. Si
vous vous gardez de tout cela, vous ferez bien. Portez-vous bien.

Eux[a] donc, ayant pris congé, vinrent à Antio- 30
che ; après avoir réuni la multitude, ils remirent la
lettre. Lecture en fut faite, et l'on se réjouit de cet 31
encouragement. Puis Judas et Silas, qui eux aussi 32
étaient prophètes[b], exhortèrent beaucoup les frères et les fortifièrent. Quand ils eurent séjourné là 33
quelque temps, les frères les laissèrent aller en
paix, vers ceux qui les avaient envoyés. Quant à 35
Paul et Barnabas, ils séjournèrent à Antioche, enseignant et annonçant, avec beaucoup d'autres
aussi, la parole du Seigneur.

Quelques jours après, Paul dit à Barnabas : 36
– Retournons maintenant visiter les frères dans
chacune des villes où nous avons annoncé la parole du Seigneur, pour voir comment ils vont. Barnabas se proposait de prendre aussi avec eux Jean, 37
appelé Marc[c]. Mais Paul jugeait bon de ne pas 38
prendre avec eux quelqu'un qui les avait abandonnés dès la Pamphylie[d] et n'était pas allé à l'œuvre
avec eux. Il y eut donc entre eux de l'irritation, au 39
point qu'ils se séparèrent l'un de l'autre, et que
Barnabas, prenant Marc, fit voile pour Chypre.
Mais Paul, lui, choisit Silas et partit, après avoir 40
été recommandé à la grâce du Seigneur par les frères. Et il parcourait la Syrie et la Cilicie°, fortifiant 41
les assemblées°.

---

a• *les porteurs de la lettre* (v. 22, 23, 25b, 27). – b• *au sens de* : celui qui édifie, exhorte, console les croyants (*voir* 1 Corinthiens 14. 3, 31). – c• *voir* 12. 25. – d• *voir* 13. 13.

16 Il arriva à Derbe et à Lystre. Et voici, il y avait
là un disciple nommé Timothée, fils d'une Juive
2 croyante[a], mais d'un père grec ; il avait un bon témoignage des frères se trouvant à Lystre et à Ico-
3 nium. Paul voulut qu'il aille avec lui : il le prit et
le circoncit°, à cause des Juifs qui étaient dans
cette région ; car tous savaient que son père était
4 grec. Dans les villes où ils passaient, ils transmet-
taient aux frères, pour les garder, les prescriptions[b] établies par les apôtres° et les anciens° qui
5 étaient à Jérusalem. Les assemblées°, donc, étaient
affermies dans la foi et croissaient en nombre
chaque jour.
6 Ils traversèrent la Phrygie° et le pays de Gala-
tie°, ayant été empêchés par le Saint Esprit° d'an-
7 noncer la Parole en Asie° ; parvenus près de la My-
sie°, ils essayèrent de se rendre en Bithynie°, mais
8 l'Esprit de Jésus ne le leur permit pas. Ils traversè-
9 rent la Mysie°, puis descendirent à Troas°. Et Paul
eut de nuit une vision : un Macédonien se tenait
debout, lui faisant cette requête :
– Passe en Macédoine° et aide-nous !
10 À la suite de cette vision, nous[c] avons aussitôt
cherché à partir pour la Macédoine, concluant
que le Seigneur nous avait appelés à évangéliser°
11 ses habitants. Quittant donc Troas°, nous avons
fait voile en direction de Samothrace, le lende-
12 main en direction de Néapolis[d] et de là vers Philippes, qui est la première ville du district de la Macédoine et une colonie[e] ; nous avons passé quelques
jours dans cette ville.
13 Le jour du sabbat°, nous avons franchi la porte
de la ville et nous nous sommes rendus au bord du
fleuve, où l'on avait coutume de faire la prière ;
nous nous sommes assis, et nous parlions aux fem-

---

a• *voir* 2 Timothée 1. 5. – b• *voir* 15. 28-29 ; 21. 25. – c• *L'auteur du récit, l'évangéliste Luc (voir* 1. 1 *et note), se joint ici à Paul et ses compagnons ; voir aussi* 20. 5-15 ; 21. 1-18 ; 27. 1 *à* 28. 16. – d• *à l'extrême nord de la mer Égée ; les voyageurs abordent ici pour la première fois en Europe.* – e• *colonie romaine.*

mes qui étaient assemblées. Une femme nommée 14
Lydie, marchande de pourpre de la ville de Thyatire[a], qui servait Dieu, écoutait : le Seigneur lui ouvrit le cœur pour qu'elle soit attentive à ce que
Paul disait. Après qu'elle eut été baptisée ainsi 15
que sa maison° [b], elle nous fit cette demande :

– Si vous jugez que je suis fidèle au Seigneur, entrez dans ma maison et demeurez-y. Et elle nous y
contraignit.

Comme nous allions à la prière, une servante 16
qui avait un esprit de divination et qui, en prophé-
tisant, procurait à ses maîtres un grand gain, vint à
notre rencontre. Elle se mit à nous suivre, Paul et 17
nous, et elle criait :

– Ces hommes sont les esclaves du Dieu Très-
haut ; ils vous annoncent la voie du salut°.

Elle fit cela pendant plusieurs jours. Excédé, Paul 18
se retourna et dit à l'esprit[c] :

– Je te commande, au nom de Jésus Christ, de
sortir d'elle.

Et à l'heure même, l'esprit sortit. Mais ses maîtres, 19
voyant disparaître leur espoir de gain, saisirent
Paul et Silas et les traînèrent jusqu'à la place publique devant les magistrats. Après les avoir pré- 20
sentés aux préteurs[d], ils dirent :

– Ces hommes, qui sont des Juifs, jettent le
trouble dans notre ville et annoncent des coutu- 21
mes qu'il ne nous est pas permis de recevoir ni de
pratiquer, à nous qui sommes Romains[e].

La foule s'ameuta contre eux ; et les préteurs, 22
ayant fait arracher leurs vêtements, donnèrent
l'ordre de les battre de verges. Après leur avoir 23
fait donner un grand nombre de coups, ils les jetèrent en prison, en commandant au geôlier de les
tenir sous bonne garde. Celui-ci, ayant reçu un tel 24

---

a• *en Asie°.* – b• *le mot* maison *désigne l'ensemble des personnes qui vivent sous le même toit.* – c• *voir* démons°. – d• *magistrats de cette colonie romaine* (v. 12) *chargés de la justice.* – e• *Romains d'origine ou possédant la citoyenneté° romaine.*

ordre, les jeta dans la prison intérieure et fixa sûrement leurs pieds dans le bois[a].
25 Vers minuit, Paul et Silas, en priant, chantaient les
louanges de Dieu ; et les prisonniers les écoutaient.
26 Soudain il y eut un tremblement de terre si violent
que les fondements de la prison furent ébranlés ;
au même instant, toutes les portes s'ouvrirent et
27 les liens de tous furent détachés. Réveillé, le geôlier vit les portes de la prison ouvertes : il tira son
épée et allait se tuer, croyant que les prisonniers
28 s'étaient enfuis. Mais Paul cria d'une voix forte :
– Ne te fais point de mal, car nous sommes tous
ici.
29 Ayant demandé de la lumière, le geôlier s'élança
dans la prison ; tout tremblant, il se jeta aux pieds
30 de Paul et de Silas. Il les mena dehors[b] et dit :
– Seigneurs, que faut-il que je fasse pour être
31 sauvé ? Ils dirent :
– Crois au Seigneur Jésus et tu seras sauvé, toi et
ta maison.
32 Puis ils lui annoncèrent la parole du Seigneur,
ainsi qu'à tous ceux qui étaient dans sa maison.
33 Alors il les prit, en cette heure même de la nuit, il
lava leurs plaies ; et sur-le-champ il fut baptisé,
34 ainsi que tous les siens. Il les fit ensuite monter
dans sa maison et dressa la table[c] ; croyant Dieu, il
se réjouit avec toute sa maison.
35 Au lever du jour, les préteurs envoyèrent les lic-
36 teurs[d] pour dire : Relâche ces hommes. Le geôlier
rapporta ces paroles à Paul : Les préteurs envoient
dire de vous relâcher ; sortez donc maintenant, et
37 allez en paix. Mais Paul leur dit :
– Après nous avoir fait battre publiquement,
sans que nous soyons condamnés, nous qui sommes des Romains[e], ils nous ont jetés en prison ; et

a• *entraves de bois, ou ceps.* – b• *c.-à-d.* : à l'air libre, hors du cachot. – c• *c.-à-d.* : leur servit à manger. – d• les huissiers *"porteurs des faisceaux de verges"* (v. 22). – e• *voir* citoyenneté° ; 16. 21, *et note* ; 22. 26-28.

maintenant ils nous mettent dehors en secret!
Non pas! qu'ils viennent eux-mêmes nous libérer!
Les licteurs rapportèrent ces paroles aux préteurs. 38
Ceux-ci prirent peur, quand ils apprirent qu'ils
étaient Romains. Ils vinrent donc les supplier, puis 39
les menèrent dehors et leur demandèrent de quitter la ville. Une fois sortis de la prison, Paul et Silas 40
entrèrent chez Lydie[a]; après avoir vu et exhorté
les frères, ils partirent.

Ils traversèrent Amphipolis et Apollonie, et **17**
vinrent à Thessalonique[b], où se trouvait la synago-
gue° des Juifs. Selon sa coutume, Paul entra au- 2
près d'eux et, pendant trois sabbats°, il s'entretint
avec eux d'après les Écritures; il expliquait et dé- 3
montrait qu'il fallait que le Christ° souffre et qu'il
ressuscite d'entre les morts: Ce Jésus, que moi je
vous annonce, disait-il, c'est le Christ. Certains 4
d'entre eux furent persuadés et se joignirent à
Paul et à Silas, ainsi qu'une grande multitude de
Grecs qui servaient Dieu[c], en particulier des femmes de premier rang, en assez grand nombre.

Mais les Juifs, pleins de jalousie, prirent de mé- 5
chants hommes de la populace, ameutèrent la
foule et semèrent le désordre dans la ville; puis ils
assaillirent la maison de Jason: ils cherchaient
Paul et Silas pour les amener devant le peuple.
Mais comme ils ne les avaient pas trouvés, ils traî- 6
nèrent Jason et quelques frères devant les magistrats de la ville, en criant:

– Ces gens, qui ont bouleversé la terre habitée,
sont aussi venus ici; et Jason les a reçus chez lui; 7
ils contreviennent tous aux ordonnances de Cé-
sar°, disant qu'il y a un autre roi, Jésus.

La foule et les magistrats de la ville, qui enten- 8
daient ces paroles, s'inquiétèrent. Mais après avoir 9
reçu caution de Jason et des autres, on les relâcha.

---

a• *voir* v. 14-15. – b• *Le voyage missionnaire se poursuit en Macédoine°, en direction de l'ouest* (16. 9-12) *, au nord de la Grèce.* – c• *ici, non-Juifs prosélytes° de langue grecque.*

10 Aussitôt les frères envoyèrent Paul et Silas, de
nuit, à Bérée[a]. À leur arrivée, ils se rendirent à la
11 synagogue° des Juifs. Ceux-ci avaient des sentiments plus nobles que ceux de Thessalonique : ils
reçurent la Parole avec toute bonne volonté, exa-
minant chaque jour les Écritures pour voir s'il en
12 était bien ainsi. Beaucoup d'entre eux crurent,
ainsi que des femmes grecques de haut rang et
13 aussi des hommes, en assez grand nombre. Mais
quand les Juifs de Thessalonique surent que la parole de Dieu était également annoncée par Paul à
Bérée, ils vinrent là encore agiter et troubler les
14 foules. Alors les frères se hâtèrent de faire partir
Paul, en direction de la mer; mais Silas et Timo-
15 thée restèrent là. Ceux qui conduisaient Paul le
menèrent jusqu'à Athènes; après avoir reçu l'ordre pour Silas et Timothée de le rejoindre au plus
tôt, ils s'en retournèrent.

16 Tandis que Paul les attendait à Athènes, son esprit, en lui, s'irritait de voir la ville remplie d'ido-
17 les. Il s'entretenait donc dans la synagogue° avec
les Juifs et ceux qui servaient Dieu, et, tous les
jours, sur la place publique, avec ceux qui s'y ren-
18 contraient. Il se trouva même des philosophes épi-
curiens et stoïciens pour s'en prendre à lui ; les uns
disaient :

– Que peut bien vouloir dire ce discoureur ? et
d'autres :

– Il semble annoncer des divinités étrangères –
parce que Paul leur annonçait Jésus et la résurrection.

19 Ils le prirent et le menèrent à l'Aréopage[b], en disant :

– Pourrions-nous savoir quelle est cette nouvelle
20 doctrine° dont tu parles ? Car tu nous fais enten-

---

a• *Cette ville est à 80 km à l'ouest de Thessalonique, et à 40 km du bord de mer* (v. 13, 14). – b• *conseil de notables qui se réunissait sur une colline d'Athènes portant ce nom* (l'Aréopage).

dre des propos étranges ; nous voudrions bien savoir ce que cela veut dire.
Or tous les Athéniens et les étrangers séjournant à 21
Athènes ne passaient leur temps qu'à dire ou à
écouter quelque nouvelle.
Alors Paul, debout au milieu de l'Aréopage, dé- 22
clara :
– Athéniens, je vois qu'à tous égards vous êtes
attachés au culte des divinités ; car, en parcourant 23
votre ville et en considérant les monuments de votre culte, j'ai même trouvé un autel avec cette inscription : Au dieu inconnu ! Celui donc que vous
honorez sans le connaître, c'est celui que moi je
vous annonce. Le Dieu qui a créé le monde et tout 24
ce qu'il contient, lui qui est le Seigneur du ciel et
de la terre, n'habite pas dans des temples° faits de
main ; et il n'est pas servi par des mains d'hommes, 25
comme s'il avait besoin de quoi que ce soit, lui qui
donne à tous vie, respiration et absolument tout.
Et il a fait d'un seul sang tous les peuples de l'hu- 26
manité pour habiter sur toute la face de la terre,
ayant fixé des périodes déterminées, ainsi que les
bornes de leur habitation, pour qu'ils cherchent 27
Dieu, en s'efforçant si possible de le toucher
comme à tâtons et de le trouver, quoiqu'il ne soit
pas loin de chacun de nous. En effet, en lui nous 28
vivons et nous nous mouvons et nous sommes,
comme d'ailleurs ont dit certains de vos poètes :
"Car aussi nous sommes sa race". Puisque nous 29
sommes la race de Dieu, nous ne devons pas penser que la divinité soit semblable à de l'or, à de l'argent ou à de la pierre, à une œuvre façonnée par
l'art et l'imagination de l'homme. Dieu donc, 30
ayant passé par-dessus les temps de l'ignorance, ordonne maintenant aux hommes que tous, en tous
lieux, ils se repentent° ; parce qu'il a fixé un jour° 31
où il doit juger avec justice la terre habitée, par
l'Homme qu'il a destiné à cela, ce dont il a donné
une preuve certaine à tous, en le ressuscitant d'entre les morts.

32 Quand ils entendirent parler de la résurrection
des morts, les uns se moquaient et les autres disaient :
–Nous t'entendrons une autre fois sur ce sujet.
33 C'est ainsi que Paul se retira du milieu d'eux. Pour-
34 tant, certains se joignirent à lui et crurent ; parmi
eux *il y avait notamment Denys, l'Aréopagite*[a],
une femme nommée Damaris, et d'autres avec
eux.

18 Après cela, Paul partit d'Athènes et vint à Co-
2 rinthe ; il y trouva un Juif, nommé Aquilas, originaire du Pont°, tout récemment venu d'Italie,
ainsi que sa femme Priscilla (parce que Claude[b]
avait commandé à tous les Juifs de quitter Rome),
3 et il se joignit à eux. Comme il était du même métier, il demeura chez eux et y travaillait, car leur
4 métier était de faire des tentes. Chaque sabbat°, il
avait des entretiens dans la synagogue° et s'effor-
çait de persuader et Juifs et Grecs[c].
5 Quand Silas ainsi que Timothée furent descendus de Macédoine°, Paul était étreint par la parole : il rendait témoignage aux Juifs que Jésus
6 était le Christ°. Comme ils résistaient et blasphé-
maient, il secoua° ses vêtements et leur dit :
–Que votre sang soit sur votre tête ! Moi, j'en
suis net : désormais je m'en irai vers les nations°.
7 Il partit de là et entra dans la maison d'un nommé
Juste qui servait Dieu, et dont la maison touchait à
8 la synagogue°. Mais Crispus, le chef de synagogue,
crut au Seigneur avec toute sa maison° ; et beaucoup de Corinthiens qui écoutaient croyaient et
9 étaient baptisés. Une nuit, le Seigneur dit à Paul
dans une vision :
10 –Ne crains pas, mais parle, ne te tais pas, parce
que je suis avec toi ; et personne ne mettra les
mains sur toi pour te faire du mal, parce que j'ai
un grand peuple dans cette ville.

---

a• *membre de l'Aréopage* (17. 19 *et note*). – b• *Cet empereur régna de 41 à 54 ap. J.-C.* (*voir* César°). – c• *voir* 17. 4, *et note.*

Paul demeura donc là un an et demi, enseignant 11
parmi eux la parole de Dieu.

Mais pendant que Gallion était proconsul° 12
d'Achaïe°, les Juifs, d'un commun accord, s'élevèrent contre Paul et l'amenèrent devant le tribunal,
en disant : 13

– Cet individu cherche à persuader les gens de
servir Dieu d'une manière contraire à la Loi.
Comme Paul allait ouvrir la bouche, Gallion dit 14
aux Juifs :

– S'il s'agissait de quelque injustice ou de
quelque méchante fourberie, je vous écouterais,
Juifs, comme il se doit; mais si ce sont des ques- 15
tions de mots, de noms et de votre Loi, vous y mettrez ordre vous-mêmes : moi, je ne veux pas être
juge en ces matières.
Et il les chassa du tribunal. Alors ils se saisirent 16
tous de Sosthène, le chef de synagogue°, et ils le 17
battaient, devant le tribunal; mais Gallion ne se
mettait pas en peine de tout cela.

Paul demeura à Corinthe encore assez long- 18
temps, puis il prit congé des frères et s'embarqua
pour la Syrie, accompagné de Priscilla et d'Aquilas, après s'être fait raser la tête à Cenchrée[a], car il
avait fait un vœu. Il arriva à Éphèse[b] et les y laissa ; 19
lui-même entra dans la synagogue° et s'entretint
avec les Juifs.

Comme ils le priaient de demeurer plus long- 20
temps avec eux, il n'y consentit pas, mais il prit 21
congé d'eux, en disant :

– Il faut absolument que je célèbre la fête pro-
chaine à Jérusalem; je reviendrai ensuite vers
vous, si Dieu le veut.
Et il partit d'Éphèse par mer. Il aborda à Césarée, 22
monta saluer l'assemblée°, puis descendit à Antioche[c]. Après y avoir séjourné quelque temps, il s'en 23

---

a• *port à l'est de l'isthme de Corinthe.* – b• *port de la mer Égée, capitale d'une province romaine (l'Asie°).* – c• *Le deuxième voyage missionnaire de Paul en* Asie° *et en Grèce se termine au point de départ* : Antioche de Syrie (15. 35-41).

alla et traversa successivement le pays de Galatie°
et la Phrygie°, fortifiant tous les disciples.
24 Or un Juif nommé Apollos, originaire d'Alexandrie[a], était arrivé à Éphèse ; c'était un homme élo-
25 quent et puissant dans les Écritures. Il était instruit
dans la voie[b] du Seigneur ; et, fervent d'esprit, il
parlait et enseignait avec exactitude ce qui concernait Jésus ; toutefois, il ne connaissait que le bap-
26 tême de Jean[c]. Il se mit donc à parler avec hardiesse dans la synagogue°. Après l'avoir entendu,
Aquilas et Priscilla le prirent à part et lui expliquè-
27 rent plus exactement la voie[b] de Dieu. Comme
Apollos se proposait de passer en Achaïe°, les frères écrivirent aux disciples et les exhortèrent à le
recevoir ; quand il y fut arrivé, il contribua beaucoup par la grâce aux progrès de ceux qui avaient
28 cru ; car il réfutait publiquement les Juifs avec une
grande force, démontrant par les Écritures que
Jésus était le Christ°.

19 Il arriva, comme Apollos était à Corinthe, que
Paul, après avoir traversé l'arrière-pays, vint à
Éphèse, où il trouva quelques disciples ; il leur dit :
2 – Avez-vous reçu l'Esprit Saint° après avoir cru ?
Ils lui répondirent :
– Mais nous n'avons même pas entendu dire que
3 l'Esprit Saint soit venu ! Il leur dit alors :
– De quel baptême avez-vous donc été baptisés ?
Ils dirent :
4 – Du baptême de Jean. Paul reprit :
– Jean a baptisé du baptême de la repentance°,
en invitant le peuple à croire en celui qui venait
après lui, c'est-à-dire en Jésus.
5 Ayant écouté, ils furent baptisés pour le nom du
6 Seigneur Jésus ; après que Paul leur eut imposé les
mains, l'Esprit Saint vint sur eux : ils se mirent à

---

a• *port sur la Méditerranée, et capitale de l'Égypte, deuxième ville de l'Empire romain.* – b• *comp.* 9. 2, *et note.* – c• *voir* Luc 3. 2-16.

parler en langues et à prophétiser. Or ils étaient en 7
tout environ douze hommes.

Paul entra dans la synagogue° et parla avec har- 8
diesse ; pendant trois mois, il s'entretint avec eux,
les persuadant de ce qui concerne le royaume de
Dieu. Mais comme certains s'endurcissaient et re- 9
fusaient de croire, disant du mal de la Voie[a] devant la multitude, il se retira d'eux et mit à part
les disciples, prenant la parole chaque jour dans
l'école de Tyrannus. Cela continua pendant deux 10
ans, si bien que tous ceux qui habitaient en Asie°
entendirent la parole du Seigneur, tant Juifs que
Grecs°.

Dieu faisait des miracles extraordinaires par les 11
mains de Paul, au point même qu'on portait sur 12
les infirmes des mouchoirs et des tabliers qui
avaient touché son corps : les maladies les quit-
taient et les esprits malins° sortaient. Certains 13
Juifs, exorcistes[b] itinérants, essayèrent aussi d'in-
voquer le nom du Seigneur Jésus sur ceux qui
avaient des esprits malins, en disant : Je vous adjure par Jésus que Paul prêche. Sept fils de Scéva, 14
Juif, principal sacrificateur°, pratiquaient cela.
Mais l'esprit malin leur répondit : 15

–Je connais Jésus et je sais qui est Paul ; mais
vous, qui êtes-vous ? L'homme en qui était l'esprit 16
malin s'élança sur eux, en maîtrisa deux et les mal-
mena si fort qu'ils s'enfuirent de cette maison, nus
et blessés. Le fait fut connu de tous ceux qui de- 17
meuraient à Éphèse, Juifs et Grecs° : ils furent
tous saisis de crainte, et le nom du Seigneur Jésus
était magnifié. Beaucoup de ceux qui avaient cru 18
venaient confesser et déclarer ce qu'ils avaient
fait. Un bon nombre aussi de ceux qui s'étaient 19
adonnés à des pratiques occultes apportèrent leurs
livres et les brûlèrent devant tous ; on en estima la
valeur et on trouva qu'elle se montait à cinquante

---

a• *comp.* 9. 2, *et note.* – b• *Ils prétendaient chasser les* démons° *de ceux qui en étaient possédés* (*voir* Matthieu 12. 27).

20 mille pièces d'argent. C'est avec une telle puissance que la parole du Seigneur croissait et montrait sa force.
21 Après tous ces événements, Paul se proposa
dans son esprit de passer par la Macédoine° et par
l'Achaïe° et d'aller à Jérusalem. Il disait : Après y
22 être allé, il faut aussi que je voie Rome. Il envoya
en Macédoine° deux de ceux qui l'assistaient, Timothée et Éraste, mais demeura lui-même
quelque temps en Asie°.
23 C'est à cette époque-là que se produisit un grand
24 trouble au sujet de la Voie[a] : un homme nommé
Démétrius, orfèvre qui faisait des temples d'Artémis[b] en argent, procurait un grand profit aux arti-
25 sans ; il les réunit, avec ceux qui travaillaient à des
ouvrages semblables, et leur dit :
– Hommes, vous savez que notre aisance pro-
26 vient de ce travail ; vous constatez et vous entendez dire que non seulement à Éphèse, mais à travers presque toute l'Asie°, ce Paul, usant de
persuasion, a détourné une grande foule, en disant
qu'ils ne sont pas des dieux, ceux qui sont faits de
27 main. Non seulement il y a du danger pour nous
que cette activité tombe en discrédit, mais aussi
que le temple de la grande déesse Artémis soit
tenu pour rien, et qu'enfin sa majesté, qui est révé-
rée à travers l'Asie° entière et la terre habitée, soit
28 anéantie. À ces mots, ils furent remplis de colère et
se mirent à crier :
– Grande est l'Artémis des Éphésiens !
29 Alors toute la ville fut remplie de confusion ;
d'un commun accord, ils se précipitèrent dans le
théâtre, entraînant avec eux Gaïus et Aristarque,
Macédoniens, compagnons de voyage de Paul.
30 Comme Paul voulait se présenter devant le peu-
31 ple, les disciples ne le lui permirent pas ; même
certains Asiarques[c] de ses amis le firent prier de

---

a• *comp. 9. 2, et note.* – b• *divinité grecque, vénérée en Asie Mineure, appelée Diane par les Romains.* – c• *magistrats présidant l'assemblée légale.*

ne pas s'aventurer dans le théâtre. Les uns donc 32
criaient une chose, les autres une autre ; car l'assemblée était en pleine confusion, et la plupart ne
savaient pas pourquoi ils étaient réunis. On tira de 33
la foule Alexandre, que les Juifs poussaient en
avant ; et Alexandre faisait signe de la main qu'il
voulait s'expliquer devant le peuple. Mais quand 34
ils s'aperçurent qu'il était Juif, tous crièrent d'une
seule voix, durant près de deux heures :

– Grande est l'Artémis des Éphésiens !

Le secrétaire de la ville apaisa la foule et dit : 35

– Éphésiens, quel est l'homme au monde qui
ignore que la ville des Éphésiens est consacrée à la
garde du temple de la grande Artémis et à la sta-
tue tombée du ciel ? Ces faits étant incontestables, 36
il convient que vous vous teniez tranquilles et que
vous ne fassiez rien précipitamment ; car vous 37
avez amené ces hommes, qui ne sont ni des voleurs sacrilèges[a], ni des blasphémateurs de notre
déesse. Si donc Démétrius et les artisans qui sont 38
avec lui ont un grief contre quelqu'un, les tribunaux sont ouverts et il y a des magistrats ; qu'ils
portent plainte. Et si vous avez une réclamation à 39
faire sur d'autres sujets, on en décidera dans l'assemblée légale ; car nous risquons d'être accusés 40
d'émeute pour ce qui s'est passé aujourd'hui, puisqu'il n'y a pas de motif que nous puissions alléguer
pour rendre compte de cet attroupement.

Cela dit, il congédia l'assemblée. 41

Après que l'agitation eut cessé, Paul fit venir **20**
les disciples et les exhorta[b] ; puis il les embrassa et
partit pour la Macédoine°. Il traversa ces régions- 2
là, où il exhorta beaucoup les disciples, et parvint
en Grèce. Après un séjour de trois mois, comme 3
les Juifs avaient comploté contre lui, au moment
où il allait s'embarquer pour la Syrie, on fut d'avis
de s'en retourner par la Macédoine. Il était ac- 4
compagné jusqu'en Asie° par Sopater de Bérée,

---

a • des pilleurs de temple. – b • *ou* : encouragea.

fils de Pyrrhus, par les Thessaloniciens Aristarque
et Second, par Gaïus de Derbe et Timothée, ainsi
que par Tychique et Trophime, originaires d'Asie.
5 Ceux-ci avaient pris les devants et nous atten-
6 daient à Troas°. Quant à nous, nous avons em-
barqué à Philippes, après les jours des Pains° sans
levain, et nous sommes arrivés au bout de cinq
jours auprès d'eux, à Troas°, où nous avons passé
sept jours.
7 Le premier jour de la semaine, comme nous
étions assemblés pour rompre le pain, Paul, qui
devait partir le lendemain, s'entretenait avec eux
8 et continua de parler jusqu'à minuit. Or il y avait
un grand nombre de lampes dans la chambre
9 haute où nous étions assemblés. Un jeune homme
nommé Eutyche était assis sur la fenêtre ; accablé
d'un profond sommeil, comme Paul parlait très
longuement, il tomba, sous l'effet du sommeil, du
troisième étage jusqu'en bas et fut relevé mort.
10 Mais Paul, qui était descendu, se pencha sur lui, le
prit dans ses bras et dit :
– Ne soyez pas troublés, car son âme° est en lui.
11 Puis il remonta, rompit le pain, mangea ; ensuite il
12 continua à converser jusqu'à l'aube et partit. Ils
amenèrent le jeune garçon vivant : ce fut pour
eux une immense consolation.
13 Pour nous, qui avions devancé Paul sur le navire, nous avons fait voile vers Assos où nous devions le prendre à bord : il l'avait ainsi ordonné,
14 ayant l'intention d'aller lui-même à pied. Lorsqu'il
nous a rejoints à Assos, nous l'avons pris à bord et
15 nous sommes allés à Mitylène. De là, nous avons
regagné le large et sommes arrivés le lendemain à
la hauteur de Chios ; le jour suivant, nous avons
touché à Samos ; après une halte à Trogylle, nous
16 sommes parvenus le jour d'après à Milet. En effet,
Paul avait résolu de passer au large d'Éphèse, de
manière à ne pas s'attarder en Asie°, car il se hâ-
tait pour être à Jérusalem, si possible, le jour de la
Pentecôte.

De Milet, il envoya un message à Éphèse, pour 17
faire venir les anciens° de l'assemblée°. Quand ils 18
furent venus vers lui, il leur dit :
– Vous savez de quelle manière je me suis tout le
temps conduit parmi vous, depuis le premier jour
où je suis entré en Asie° : j'ai servi le Seigneur en 19
toute humilité, dans les larmes et au milieu des
épreuves qui me sont arrivées à cause des com-
plots des Juifs ; sans rien cacher de ce qui est profi- 20
table, je vous ai prêché, je vous ai enseigné, publiquement et dans les maisons, en insistant auprès 21
des Juifs comme des Grecs° sur la repentance° envers Dieu et la foi en notre Seigneur Jésus Christ°.
Et voici que maintenant, lié dans mon esprit, je 22
vais à Jérusalem, ne sachant pas ce qui doit m'y arriver, sauf que l'Esprit Saint°, de ville en ville, me 23
rend témoignage que des liens et des tribulations
m'attendent. Mais je ne fais aucun cas de ma vie, 24
ni ne la tiens pour précieuse à moi-même, pourvu
que j'achève ma course et le service que j'ai reçu
du Seigneur Jésus : rendre témoignage à l'évan-
gile° de la grâce° de Dieu.
Et voici maintenant, je sais que vous tous, parmi 25
lesquels j'ai passé en prêchant le royaume de
Dieu, vous ne verrez plus mon visage. C'est pour- 26
quoi je vous prends aujourd'hui à témoin que je
suis net du sang de tous, car je n'ai mis aucune ré- 27
serve à vous annoncer tout le dessein de Dieu. Prenez donc garde à vous-mêmes et à tout le trou- 28
peau au milieu duquel l'Esprit Saint vous a établis
surveillants° pour paître l'assemblée° de Dieu,
qu'il a acquise par le sang de son propre Fils. Moi 29
je sais qu'après mon départ il entrera parmi vous
des loups redoutables qui n'épargneront pas le
troupeau ; et du milieu de vous-mêmes se lèveront 30
des hommes qui annonceront des doctrines per-
verses pour entraîner les disciples après eux. C'est 31
pourquoi veillez, en vous souvenant que, durant
trois ans, je n'ai cessé nuit et jour d'avertir chacun
de vous avec larmes.

32 Et maintenant je vous recommande à Dieu et à
la parole de sa grâce, qui a la puissance d'édifier et
de vous donner un héritage avec tous les sancti-
33 fiés°. Je n'ai convoité ni l'argent, ni l'or, ni le vête-
34 ment de personne. Vous savez vous-mêmes que
ces mains ont été employées pour mes besoins et
35 pour les personnes qui étaient avec moi. Je vous ai
montré en toutes choses qu'en travaillant ainsi, il
nous faut secourir les faibles et nous souvenir des
paroles du Seigneur Jésus qui lui-même a dit : Il
est plus heureux de donner que de recevoir.
36 Ayant dit cela, il se mit à genoux et pria avec
37 eux tous. Ils versaient tous beaucoup de larmes et,
se jetant au cou de Paul, ils le couvraient de bai-
38 sers ; ils étaient surtout affligés à cause de la parole
qu'il avait dite, qu'ils ne verraient plus son visage.
Puis ils l'accompagnèrent jusqu'au navire.

21 Après nous être arrachés à eux, nous avons
gagné le large ; puis, voguant en droite ligne, nous
sommes arrivés à Cos, le jour suivant à Rhodes, et
2 de là à Patara. Trouvant là un navire en partance
pour la Phénicie, nous y sommes montés et avons
3 gagné le large. Arrivés en vue de Chypre et l'ayant
laissée sur notre gauche, nous avons navigué vers
la Syrie et abordé à Tyr : c'était là que le navire de-
4 vait décharger sa cargaison. Nous y avons trouvé
les disciples et nous sommes restés sept jours. Ils
disaient à Paul, par l'Esprit, de ne pas monter à Jé-
5 rusalem. Pourtant, au terme de ces jours, nous
sommes repartis et nous avons repris notre
voyage : tous nous ont accompagnés avec femmes
et enfants jusqu'en dehors de la ville ; nous nous
sommes mis à genoux sur le rivage et nous avons
6 prié. Après nous être embrassés, nous sommes
montés à bord du *navire*, tandis qu'ils s'en retour-
7 naient chez eux. Quant à nous, achevant notre tra-
versée, nous sommes arrivés de Tyr à Ptolémaïs ;
après avoir salué les frères, nous sommes restés un
jour auprès d'eux.

Repartis le lendemain, nous sommes venus à Cé- 8
sarée, et entrés dans la maison de Philippe l'évangéliste qui était l'un des sept[a], nous avons demeuré chez lui. Il avait quatre filles vierges qui 9
prophétisaient. Comme nous nous étions arrêtés 10
là plusieurs jours, un prophète nommé Agabus
descendit de la Judée° ; il vint nous trouver, prit la 11
ceinture de Paul, s'en lia les pieds et les mains et
déclara :

– Voici ce que dit l'Esprit Saint° : L'homme à qui appartient cette ceinture, les Juifs à Jérusalem le lieront ainsi et le livreront entre les mains des nations°.

Quand nous avons entendu cela, nous et ceux de 12
l'endroit, nous l'avons supplié de ne pas monter à
Jérusalem. Mais Paul répondit : 13
– Que faites-vous à pleurer et à me briser le
cœur ? Pour moi, je suis prêt, non seulement à
être lié, mais encore à mourir à Jérusalem pour le
nom du Seigneur Jésus.

Comme il ne se laissait pas persuader, nous 14
n'avons plus insisté, en disant :

– Que la volonté du Seigneur soit faite !

Après ces quelques jours, ayant fait nos prépara- 15
tifs, nous sommes montés à Jérusalem. Plusieurs 16
disciples de Césarée sont aussi venus avec nous, en
amenant Mnason, Chypriote, disciple de longue
date, chez qui nous devions loger.

À notre arrivée à Jérusalem, les frères nous reçu- 17
rent avec joie. Le lendemain, Paul se rendit avec 18
nous chez Jacques▽, et tous les anciens▽ y vinrent.
Après les avoir embrassés, il se mit à leur exposer 19
en détail tout ce que Dieu avait fait parmi les na-
tions° par son ministère. Quand ils l'eurent en- 20
tendu, ils glorifièrent Dieu ; puis ils dirent à Paul :
– Tu vois, frère, combien il y a de milliers de
Juifs qui ont cru ; et ils demeurent tous zélés pour
la Loi. Or on les a informés, à ton sujet, que tu en- 21
seignes à tous les Juifs qui sont parmi les nations°

a• *voir* 6. 5 ; 8. 5-6, 12-13, 26-40.

de renoncer à Moïse, en disant qu'ils ne doivent
pas circoncire° leurs enfants, ni vivre selon les cou-
22 tumes. Qu'en est-il donc ? Il faut que la multitude
s'assemble. De toute manière, ils vont apprendre
23 que tu es arrivé. Fais donc ce que nous te disons :
nous avons quatre hommes qui ont fait un vœu ;
24 prends-les, purifie-toi avec eux et charge-toi de
leur dépense pour qu'ils se rasent la tête ; ainsi,
tous sauront que rien n'est vrai de ce qu'ils ont entendu dire à ton sujet, mais que toi aussi, tu mar-
25 ches en observant la Loi. Seulement, à l'égard de
ceux des nations° qui ont cru, nous avons envoyé
des lettres, ayant décidé qu'ils n'ont rien de semblable à observer, sinon de s'abstenir de ce qui est
sacrifié aux idoles, du sang, de ce qui est étouffé et
de la fornication° [a].
26 Alors Paul prit les hommes avec lui et, le jour suivant, après s'être purifié, il entra avec eux au temple, en annonçant quand s'achèveraient les jours
de leur purification – la date à laquelle l'offrande
serait présentée pour chacun d'eux.
27 Comme les sept jours allaient s'achever, les Juifs
d'Asie°, qui avaient remarqué Paul dans le temple,
ameutèrent toute la foule et mirent les mains sur
28 lui, en criant :
– Israélites, à l'aide ! Le voici, l'homme qui partout enseigne tout le monde contre le peuple,
contre la Loi et contre ce lieu ; de plus, il a même
introduit des Grecs° dans le temple et a profané
ce saint lieu !
29 (Car auparavant ils avaient vu avec lui, dans la
ville, Trophime l'Éphésien, et ils croyaient que
30 Paul l'avait introduit dans le temple.) Alors toute
la ville fut en émoi et il se fit un rassemblement
du peuple ; on saisit Paul, on l'entraîna hors du
temple ; et aussitôt on ferma les portes.
31 Comme on cherchait à le tuer, la nouvelle parvint
au commandant° de la garnison que tout Jérusa-
32 lem était en pleine confusion ; aussitôt il prit des

---

a• *voir* 15. 28-29.

soldats avec leurs officiers et courut à eux. En
voyant le commandant et les soldats, ils cessèrent
de battre Paul. Alors le commandant s'approcha, 33
se saisit de lui et donna l'ordre de le lier avec deux
chaînes ; puis il demanda qui il était et ce qu'il
avait fait. Mais, dans la foule, les uns criaient une 34
chose, les autres une autre ; et faute d'obtenir une
information sûre à cause du tumulte, il donna ordre de mener Paul dans la forteresse.
Quand il fut sur les marches de l'escalier, il dut 35
être porté par les soldats à cause de la violence de
la foule ; car la multitude du peuple suivait, en 36
criant :

– Fais-le mourir !

Au moment où on allait le faire entrer dans la for- 37
teresse, Paul dit au commandant :

– M'est-il permis de te dire quelque chose ? Il répliqua :

– Tu sais le grec ? N'es-tu donc pas l'Égyptien 38
qui, ces jours passés, a soulevé et emmené au désert la troupe des quatre mille brigands ? Paul ré- 39
pondit :

– Je suis Juif, de Tarse, citoyen d'une ville de Cili-
cie° qui n'est pas sans renom ; je te prie, permets-
moi de m'adresser au peuple.

La permission accordée, Paul, debout sur les mar- 40
ches, fit signe de la main au peuple, et un grand silence s'établit. Il leur adressa la parole en langue
hébraïque :

– Frères et pères, écoutez maintenant ce que **22**
j'ai à vous dire pour ma défense.

Quand ils entendirent qu'il leur parlait en langue 2
hébraïque, ils firent silence encore plus ; il dit
alors :

– Je suis Juif, né à Tarse de Cilicie°, mais c'est ici, 3
dans cette ville, que j'ai été élevé et instruit aux
pieds de Gamaliel[a] selon l'exactitude de la Loi de
nos pères° : j'étais zélé pour Dieu, comme vous

---

a • *voir* 5. 34-39.

4 l'êtes tous aujourd'hui, et j'ai persécuté cette
Voie[a] jusqu'à la mort, liant les hommes et les fem-
5 mes et les livrant pour être jetés en prison, comme
le souverain sacrificateur° même m'en est témoin,
ainsi que tout le Conseil des anciens°. J'avais aussi
reçu d'eux des lettres pour les frères, quand j'allais
à Damas, pour amener, liés, à Jérusalem, ceux
aussi qui se trouvaient là-bas, pour qu'ils soient pu-
6 nis. Et il arriva, comme j'étais en chemin et que
j'approchais de Damas, que vers midi, tout à coup,
une grande lumière, venant du ciel, brilla comme
7 un éclair autour de moi. Je tombai à terre et j'entendis une voix qui me disait :
8 – Saul ! Saul ! pourquoi me persécutes-tu ? Et
moi je répondis :

– Qui es-tu, Seigneur ? Il me dit :

– Je suis Jésus le Nazaréen que tu persécutes.
9 Ceux qui étaient avec moi virent bien la lumière,
mais ils n'entendirent pas la voix de celui qui me
10 parlait. Et je dis :

– Que dois-je faire, Seigneur ? Le Seigneur me
dit :

– Lève-toi, va à Damas ; là on te parlera de tout
ce qu'il t'est ordonné de faire.
11 Mais comme je ne distinguais rien, à cause de
l'éclat de cette lumière, j'arrivai à Damas, conduit
12 par la main de mes compagnons. Alors un nommé
Ananias, homme pieux selon la Loi, ayant un bon
témoignage° de tous les Juifs qui demeuraient là,
13 vint se présenter à moi et me dit :

– Saul, frère, recouvre la vue.
14 À l'instant même, en levant les yeux, je le vis. Il reprit :

– Le Dieu de nos pères° t'a choisi à l'avance
pour connaître sa volonté, pour voir le Juste et en-
15 tendre une voix de sa bouche ; car tu lui seras témoin, auprès de tous les hommes, de tout ce que
16 tu as vu et entendu. Et maintenant, pourquoi tar-

---

a • *comp. 9. 2, et note.*

des-tu ? Lève-toi, sois baptisé, et lave-toi de tes péchés, en invoquant son nom.
De retour à Jérusalem, comme je priais dans le 17
temple, je fus en extase et je Le vis qui me disait : 18
– Hâte-toi, sors au plus tôt de Jérusalem, car ils
ne recevront pas ton témoignage à mon égard.
Alors je dis : 19
– Seigneur, ils savent que je mettais en prison et
que je battais dans les synagogues° ceux qui
croient en toi ; et lorsque le sang d'Étienne, ton té- 20
moin, fut répandu, moi-même aussi j'étais présent
et pleinement d'accord : je gardais les vêtements
de ceux qui le tuaient[a]. Mais il me dit : 21
– Va, car je t'enverrai au loin vers les nations°.
Les Juifs avaient écouté Paul jusqu'à cette pa- 22
role, mais alors ils se mirent à crier :
– Ôte de la terre un pareil homme, car il n'aurait
pas dû vivre !
Comme ils poussaient des cris, jetaient leurs vête- 23
ments et lançaient de la poussière en l'air, le com- 24
mandant° donna l'ordre de conduire Paul à la forteresse, en disant de le mettre à la question par le
fouet[b], afin d'apprendre pour quel motif ils
criaient ainsi contre lui. Mais quand on l'eut atta- 25
ché avec des courroies, Paul dit au centurion° qui
était près de lui :
– Vous est-il permis de fouetter un homme qui
est Romain et qui n'est pas condamné ? Quand le 26
centurion entendit cela, il alla faire son rapport au
commandant en disant :
– Que vas-tu faire ? Cet homme est Romain ! Le 27
commandant s'approcha de Paul et lui dit :
– Dis-moi, es-tu Romain ? Il répondit :
– Oui. Le commandant reprit : 28
– Moi, j'ai acquis cette citoyenneté° pour une
forte somme. Et Paul dit :
– Mais moi, je l'ai par naissance.

---

a• *voir* 7. 58 ; 8. 1. – b• *interrogatoire avec torture ; on va attacher Paul pour le flageller* (v. 25).

29 Aussitôt donc, ceux qui allaient le mettre à la question le laissèrent ; et le commandant aussi prit
peur, sachant que Paul était Romain, et parce qu'il
30 l'avait fait lier. Mais le lendemain, voulant savoir
exactement de quoi il était accusé par les Juifs, il
le fit délier et ordonna aux principaux sacrifica-
teurs° et à tout le sanhédrin° de se réunir ; puis il
fit descendre Paul et le présenta devant eux.

23 Paul, les yeux fixés sur le sanhédrin°, déclara :
– Frères, je me suis conduit en toute bonne conscience devant Dieu jusqu'à ce jour…
2 Mais le souverain sacrificateur° Ananias commanda à ceux qui étaient près de lui de le frapper
3 sur la bouche. Alors Paul lui dit :
– Dieu te frappera, paroi blanchie ! Tu es assis là
pour me juger selon la Loi et, contrairement à la
4 Loi, tu ordonnes de me frapper ? Mais ceux qui
étaient présents dirent :
– Injuries-tu le souverain sacrificateur° de Dieu ?
5 Paul reprit :
– Je ne savais pas, frères, que c'était le souverain
sacrificateur ; car il est écrit : “Tu ne diras pas de
mal du chef de ton peuple”[a].
6 Puis, sachant qu'une partie d'entre eux étaient des
saddducéens°[b] et l'autre des pharisiens°, Paul
s'écria dans le sanhédrin° :
– Frères, je suis, moi, pharisien[c], fils de pharisien ; c'est pour l'espérance et pour la résurrection
des morts que je suis mis en jugement.
7 À ces paroles, une dispute s'éleva entre les pharisiens et les sadducéens ; et toute l'assistance fut di-
8 visée ; car les sadducéens disent qu'il n'y a pas de
résurrection, ni d'ange, ni d'esprit, tandis que les
9 pharisiens reconnaissent l'un et l'autre. Il s'éleva
une grande clameur ; et certains scribes° du parti
des pharisiens se levèrent pour protester ; ils disaient :

---

a• Exode 22. 28. – b• *voir* Matthieu 22. 23-33. – c• *voir* Matthieu 23. 1-36 ; *comp.* Philippiens 3. 4-6.

– Nous ne trouvons aucun mal en cet homme ;
mais si un esprit lui a parlé, ou un ange…
Comme la dispute s'aggravait, le commandant, 10
craignant que Paul ne soit mis en pièces par eux,
ordonna à la troupe de descendre l'enlever du milieu d'eux pour le conduire à la forteresse.
La nuit suivante, le Seigneur se tint près de lui 11
et dit :
– Aie bon courage ; de même que tu as rendu témoignage à Jérusalem de ce qui me concerne, il
faut que tu rendes témoignage aussi à Rome.
Quand le jour fut venu, les Juifs se réunirent se- 12
crètement et s'engagèrent par un serment d'exécration[a] à ne rien manger ni boire jusqu'à ce qu'ils
aient tué Paul. Ils étaient plus de quarante à avoir 13
fait cette conjuration. Ils vinrent trouver les princi- 14
paux sacrificateurs° et les anciens°, et leur dirent :
– Nous nous sommes engagés par un serment
d'exécration à ne goûter de rien jusqu'à ce que
nous ayons tué Paul. Vous donc, maintenant, avec 15
le sanhédrin°, proposez au commandant de faire
descendre Paul auprès de vous, comme si vous
vouliez vous informer plus exactement de ce qui
le regarde ; et, avant qu'il approche, nous sommes
prêts à le tuer.
Mais le fils de la sœur de Paul entendit parler de ce 16
guet-apens ; il se rendit à la forteresse, y entra et le
rapporta à Paul. Paul appela alors l'un des centu- 17
rions° et lui dit :
– Conduis ce jeune homme au commandant, car
il a quelque chose à lui rapporter. Il le prit donc, le 18
conduisit au commandant et dit :
– Le prisonnier Paul m'a appelé, et m'a prié de
t'amener ce jeune homme qui a quelque chose à
te dire. Le commandant le prit par la main et, se 19
retirant à l'écart, lui demanda :
– Qu'as-tu à me rapporter ? Il dit : 20
– Les Juifs se sont entendus pour te prier de faire

---

a• *ou* : de malédiction, d'anathème, *c.-à-d. se vouant eux-mêmes à la malédiction divine si le serment n'était pas respecté.*

descendre Paul, demain, devant le sanhédrin°,
comme si tu voulais t'informer plus exactement à
21 son sujet. Toi donc, n'y consens pas, car plus de
quarante hommes d'entre eux lui dressent un
guet-apens : ils se sont engagés par un serment
d'exécration à ne rien manger ni boire jusqu'à ce
qu'ils l'aient tué ; maintenant, ils sont prêts et attendent de toi cette promesse.
22 Le commandant congédia le jeune homme, après
lui avoir recommandé de ne divulguer à personne
qu'il lui avait donné cette information.
23 Il appela deux des centurions° et leur dit :
– Préparez deux cents soldats pour aller à Césarée, avec soixante-dix cavaliers et deux cents
porte-lances, dès la troisième heure° de la nuit[a] ;
24 et procurez-vous des montures pour transporter
Paul et le conduire sain et sauf auprès du gouver-
25 neur° Félix. Puis il écrivit une lettre conçue en ces
26 termes : Claude Lysias, au très excellent gouver-
27 neur Félix, salut ! Cet homme avait été saisi par
les Juifs qui allaient le tuer, quand je suis intervenu avec la troupe et je l'ai arraché de leurs
28 mains, ayant appris qu'il était Romain. Voulant
connaître le motif pour lequel ils l'accusaient, je
29 l'ai fait descendre devant leur sanhédrin° et j'ai
trouvé qu'il était accusé sur des questions de leur
Loi, sans être sous le coup d'aucune accusation
30 qui mérite la mort ou les liens. Mais j'ai été averti
du complot que les Juifs formaient contre cet
homme ; je te l'ai donc aussitôt envoyé, et j'ai aussi
donné l'ordre à ses accusateurs d'exprimer devant
toi les griefs qu'ils ont contre lui. Porte-toi bien.
31 Les soldats, selon les ordres qui leur avaient été
donnés, prirent Paul et le menèrent de nuit à Anti-
32 patris. Le lendemain, ils laissèrent les cavaliers
continuer avec lui et retournèrent à la forteresse.
33 Les autres, une fois arrivés à Césarée, remirent la
lettre au gouverneur et lui présentèrent aussi

a • *vers neuf heures du soir.*

Paul. Il lut la lettre et demanda de quelle province 34
il était ; ayant appris qu'il était de Cilicie° :
– Je t'entendrai à fond, dit-il, quand tes accusa- 35
teurs seront arrivés.
Puis il donna ordre de le garder dans le prétoire
d'Hérode.

Cinq jours après, le souverain sacrificateur° **24**
Ananias descendit avec quelques anciens° et un
orateur nommé Tertulle ; et ils portèrent plainte
devant le gouverneur° contre Paul. On fit venir ce- 2
lui-ci, et Tertulle se mit à l'accuser ainsi :
– Puisque nous jouissons par ton moyen d'une 3
grande tranquillité et que, grâce à ta prévoyance,
des mesures judicieuses sont prises dans l'intérêt
de cette nation, très excellent Félix, nous l'accep-
tons en tout et partout avec une entière gratitude.
Mais afin de ne pas t'importuner davantage, je te 4
prie de nous écouter brièvement, selon ta clé-
mence : nous avons constaté que cet homme, une 5
peste, provoque des séditions parmi tous les Juifs
dans toute la terre habitée ; c'est un meneur de la
secte des Nazaréens[a] ; il a même tenté de profaner 6
le temple : aussi l'avons-nous saisi, et nous avons
voulu le juger selon notre Loi ; mais le comman- 7
dant Lysias est intervenu ; il l'a emmené en l'arrachant de nos mains avec une grande violence, donnant ordre à ses accusateurs de venir devant toi ; 8
et, en l'interrogeant, tu pourras toi-même connaître exactement tout ce dont nous l'accusons.
Les Juifs aussi se joignirent à lui contre Paul, affir- 9
mant qu'il en était bien ainsi.
Alors Paul, après que le gouverneur lui eut fait 10
signe de parler, répondit :
– Je sais que, depuis bien des années, tu es juge
de cette nation ; je présente donc ma défense avec
plus de courage. Car, tu peux t'en assurer, il ne 11
s'est pas passé plus de douze jours depuis que je
suis monté pour adorer à Jérusalem. Ils ne m'ont 12

---

a• *comp.* 10. 38 et 22. 8.

pas trouvé dans le temple, en discussion avec qui
que ce soit ou en train d'ameuter la foule, ni non
13 plus dans les synagogues°, ni à travers la ville ; et
ils ne peuvent pas soutenir ce dont ils m'accusent
14 présentement. Je le reconnais pourtant devant
toi : c'est selon la Voie[a] qu'ils appellent secte que
je sers° le Dieu de mes pères°, croyant tout ce qui
15 est écrit dans la Loi et dans les Prophètes ; j'ai cette
espérance en Dieu – espérance qu'ils nourrissent
eux-mêmes – qu'il y aura une résurrection tant
16 des justes que des injustes. C'est pour cela que je
m'exerce moi-même à avoir toujours une conscience sans reproche devant Dieu et devant les
hommes.
17 Après plusieurs années, j'étais venu pour faire des
18 aumônes à ma nation et des offrandes. Sur ces en-
trefaites, on m'a trouvé purifié dans le temple,
19 sans attroupement et sans désordre. En fait ce
sont certains Juifs d'Asie° qui devraient être ici devant toi et m'accuser, s'ils avaient quelque grief
20 contre moi. Ou alors que ceux qui sont ici disent
eux-mêmes quelle injustice ils ont trouvée en moi
21 quand j'ai comparu devant le sanhédrin°, sinon ce
seul cri que je fis entendre, debout au milieu
d'eux : C'est pour la résurrection des morts que je
suis aujourd'hui mis en jugement devant vous[b] !
22 Félix, qui avait une connaissance assez exacte de
ce qui concernait la Voie[c], les ajourna en disant :
– Quand le commandant Lysias sera descendu,
j'examinerai votre affaire.
23 Et il ordonna au centurion° de maintenir Paul
sous garde, mais en lui laissant quelque liberté, et
sans empêcher aucun des siens de le servir.
24 Quelques jours après, Félix vint avec sa femme
Drusille, qui était juive ; il fit venir Paul et l'entendit parler sur la foi en Christ°.

---

a• *comp.* 9. 2, *et note.* – b• *voir* 23. 6. – c• *comp.* 9. 2, *et note.*

Comme Paul discourait sur la justice, la maîtrise 25
de soi et le jugement à venir, Félix tout effrayé répondit :
– Pour le présent, retire-toi ; quand je trouverai
un moment convenable, je te ferai appeler.
Il espérait en même temps que Paul lui donnerait 26
de l'argent ; c'est pourquoi aussi il le faisait venir
assez souvent et s'entretenait avec lui.
Quand deux années se furent écoulées, Félix eut 27
pour successeur Porcius Festus[a] ; et, voulant gagner la faveur des Juifs, Félix laissa Paul prisonnier.

Festus donc, trois jours après son arrivée dans **25**
la province, monta de Césarée à Jérusalem. Les 2
principaux sacrificateurs° et les notables d'entre
les Juifs portèrent plainte devant lui contre Paul ;
et ils lui demandaient avec insistance – contre 3
Paul – la faveur de le faire venir à Jérusalem : ils
préparaient une embuscade pour le tuer en chemin. Festus répondit que Paul serait gardé à Césa- 4
rée, et que d'ailleurs lui-même allait bientôt partir.
– Que les hommes influents parmi vous, dit-il, 5
descendent donc avec moi ; et si cet homme a commis quelque mal, qu'ils l'accusent.
Puis, sans prolonger sa visite plus de huit ou dix 6
jours, il descendit à Césarée ; le lendemain, il sié-
gea au tribunal, et donna l'ordre de faire comparaître Paul. Lorsqu'il fut arrivé, les Juifs qui étaient 7
descendus de Jérusalem l'entourèrent, portant
contre lui beaucoup de graves accusations qu'ils
ne pouvaient pas prouver, tandis que Paul se dé- 8
fendait, en disant :
– Je n'ai commis aucune faute, ni contre la Loi
des Juifs, ni contre le temple, ni contre César°.
Mais Festus, voulant gagner la faveur des Juifs, ré- 9
pondit à Paul :
– Consens-tu à monter à Jérusalem pour y être
jugé sur cette affaire devant moi ? Paul dit : 10

a • *en* 60 *ap.* J.-C.

–Je suis ici devant le tribunal de César, c'est là
que je dois être jugé. Je n'ai causé aucun tort aux
11 Juifs, comme tu le sais toi-même très bien. Si donc
j'ai fait du tort et si j'ai commis une action qui mérite la mort, je ne refuse pas de mourir ; mais si
rien n'est vrai de ce dont ils m'accusent, personne
ne peut me livrer à leur merci : j'en appelle à César.
12 Alors Festus, après avoir conféré avec le Conseil,
répondit :
–Tu en as appelé à César, tu iras à César.
13 Quelques jours après, le roi Agrippa et Bérénice
14 vinrent à Césarée pour saluer Festus. Comme ils
passaient là plusieurs jours, Festus exposa ainsi au
roi l'affaire de Paul :
–Il y a ici un homme que Félix a laissé prison-
15 nier ; lorsque je suis allé à Jérusalem, les principaux sacrificateurs° et les anciens° des Juifs ont
porté plainte à son sujet, sollicitant une condam-
16 nation contre lui ; mais je leur ai répondu que ce
n'est pas la coutume des Romains de livrer quelqu'un avant que l'accusé ait ses accusateurs en
face de lui et qu'il ait l'occasion de se défendre de
17 ce dont il est accusé. Quand ils se sont présentés
ici, sans aucun délai, le lendemain, j'ai siégé au tribunal et j'ai donné l'ordre d'amener cet homme.
18 Mis en sa présence, ses accusateurs n'ont avancé
aucune charge grave quant aux méfaits que moi je
19 supposais : ils avaient avec lui des controverses
concernant leur propre culte religieux et un certain Jésus qui est mort, mais que Paul affirmait
20 être vivant. Comme j'étais dans l'embarras pour
procéder à une information sur de tels sujets, je
lui ai demandé s'il consentirait à aller à Jérusalem
21 pour y être jugé sur cette affaire. Mais Paul a fait
appel : il a demandé à être réservé au jugement
d'Auguste[a] ; alors j'ai donné ordre de le maintenir

---

a• *voir* César° ; *le titre d'Auguste* (*Sacré*) *est resté aux successeurs d'Auguste le Grand. L'empereur régnant à cette date est Néron* (54-68 ap. J.-C.).

sous garde jusqu'à ce que je l'envoie à César°.
Agrippa dit à Festus : 22
–Je voudrais bien, moi aussi, entendre cet
homme.
–Demain, dit Festus, tu l'entendras.
Le lendemain donc, Agrippa et Bérénice vinrent 23
en grand apparat et entrèrent dans la salle d'au-
dience avec les chefs militaires et les principaux
personnages de la ville ; Paul, sur l'ordre de Festus,
fut amené. Festus dit alors : 24
–Roi Agrippa et vous tous qui êtes ici présents
avec nous, voilà l'homme au sujet duquel toute la
multitude des Juifs m'a sollicité, aussi bien à Jérusalem qu'ici, en criant qu'il ne devrait plus vivre.
Mais je me suis rendu compte qu'il n'avait commis 25
aucune action qui mérite la mort et, comme cet
homme lui-même en a appelé à Auguste, j'ai résolu de le lui envoyer. Comme je n'ai rien de sûr à 26
écrire à l'empereur à son sujet, je l'ai amené devant vous, et principalement devant toi, roi
Agrippa, de sorte qu'après avoir procédé à l'interrogatoire, j'aie quelque chose à écrire ; car il me 27
semble déraisonnable d'envoyer un prisonnier
sans indiquer en même temps les charges qui pè-
sent sur lui.

Agrippa dit à Paul : **26**
–Il t'est permis de plaider ta cause. Alors Paul
étendit la main et présenta sa défense :
–Pour tout ce dont m'accusent les Juifs, je m'es- 2
time heureux, roi Agrippa, d'avoir à présenter aujourd'hui ma défense devant toi, d'autant plus 3
que tu es au fait de toutes les coutumes et controverses qui existent parmi les Juifs : c'est pourquoi
je te prie de m'écouter avec patience.
Ma manière de vivre, dès ma jeunesse, telle qu'elle 4
a été dès le commencement au milieu de ma nation à Jérusalem, tous les Juifs la connaissent : ils 5
savent depuis longtemps, s'ils veulent en rendre
témoignage, que, selon la secte la plus stricte de

6 notre religion, j'ai vécu en pharisien°. Et maintenant, je comparais en jugement à cause de l'espérance en la promesse faite par Dieu à nos pères°,
7 promesse dont nos douze tribus, en servant° Dieu
sans relâche nuit et jour, espèrent atteindre la réalisation ; c'est pour cette espérance, ô roi, que je
8 suis accusé par les Juifs. Pourquoi, parmi vous,
juge-t-on incroyable que Dieu ressuscite des
9 morts ? Pour moi donc, j'avais pensé qu'il fallait
tout mettre en œuvre contre le nom de Jésus le
10 Nazaréen. C'est d'ailleurs ce que j'ai fait à Jérusalem : j'ai enfermé dans les prisons beaucoup de
saints°, après en avoir reçu le pouvoir des principaux sacrificateurs°. Quand on les faisait mourir,
11 j'apportais mon suffrage ; souvent, dans toutes les
synagogues°, en les punissant, je les forçais à blasphémer ; et, plein de rage contre eux, je les persécutais jusque dans les villes étrangères.
12 C'est ainsi que je me rendais à Damas, avec pouvoir et mission de la part des principaux sacrifica-
13 teurs°, quand en chemin, en plein midi, je vis, ô
roi, une lumière plus éclatante que la splendeur
du soleil, qui resplendit du ciel autour de moi et
14 de ceux qui faisaient route avec moi. Comme
nous étions tous tombés à terre, j'entendis une
voix qui s'adressait à moi en langue hébraïque :
–Saul ! Saul ! pourquoi me persécutes-tu ? Il
15 t'est dur de regimber contre les aiguillons[a]. Et moi
je dis :
–Qui es-tu, Seigneur ? Le Seigneur dit :
16 –Je suis Jésus que tu persécutes. Mais lève-toi et
tiens-toi debout ; car je te suis apparu afin de te désigner comme serviteur et témoin, aussi bien des
choses que tu as vues que de celles pour la révéla-
17 tion desquelles je t'apparaîtrai encore : je te mets à
part du milieu du peuple[b] et des nations° ; et je
18 t'envoie vers eux pour ouvrir leurs yeux, pour
qu'ils se tournent des ténèbres à la lumière et du

---

a• *tiges pointues employées pour diriger les bœufs.* –
b• *c.-à-d.* : Israël.

pouvoir de Satan à Dieu ; pour qu'ils reçoivent le
pardon des péchés et une part avec ceux qui sont
sanctifiés°, par la foi en moi.
–Ainsi, ô roi Agrippa, je n'ai pas été désobéis- 19
sant à la vision céleste : c'est d'abord à tous les ha- 20
bitants de Damas et de Jérusalem, puis à tout le
pays de la Judée° et aux nations, que j'ai prêché
de se repentir° et de se tourner vers Dieu, en faisant des œuvres qui conviennent à la repentance.
C'est pour cela que les Juifs m'ont saisi dans le 21
temple et cherchaient à me tuer.
Ayant donc reçu le secours qui vient de Dieu, me 22
voici debout jusqu'à ce jour, rendant témoignage
devant petits et grands, sans rien dire d'autre que
ce que les prophètes et Moïse ont annoncé comme
devant arriver, c'est-à-dire que le Christ° serait 23
soumis aux souffrances et que, le premier, par la
résurrection des morts, il proclamerait la lumière
aussi bien au peuple qu'aux nations°.
Comme Paul parlait ainsi pour sa défense, Fes- 24
tus dit d'une voix forte :
–Tu es fou, Paul ; ton grand savoir te fait tourner à la folie. Paul répondit : 25
–Je ne suis pas fou, très excellent Festus, mais je
prononce des paroles de vérité et de bon sens ; le 26
roi a la connaissance de ces choses et je parle hardiment devant lui, car je suis persuadé que rien ne
lui échappe ; ceci, en effet, n'a pas été accompli en
secret. Roi Agrippa ! crois-tu aux prophètes ? Je 27
sais que tu y crois. Agrippa dit à Paul : 28
–Bientôt, tu vas me persuader de devenir chrétien ! Mais Paul reprit : 29
–Plaise à Dieu que, tôt ou tard, non seulement
toi, mais aussi tous ceux qui m'entendent aujour-
d'hui, vous deveniez tels que je suis, à part ces
liens.
Alors le roi se leva, ainsi que le gouverneur°, Béré- 30
nice et ceux qui siégeaient avec eux. Quand ils se 31
furent retirés, ils se consultèrent :

–Cet homme, dirent-ils, ne fait rien qui mérite
32 la mort ou des liens. Puis Agrippa dit à Festus :
–Cet homme aurait pu être relâché, s'il n'en
avait pas appelé à César.

27 Quand il fut décidé que nous embarquerions
pour l'Italie, on remit Paul et d'autres prisonniers
à un centurion° nommé Jules, de la cohorte° Au-
2 gusta. Nous sommes montés à bord d'un navire
d'Adramytte, en partance pour les régions bordant
la côte d'Asie°, et nous avons gagné le large, en
compagnie d'Aristarque, Macédonien de Thessalo-
3 nique. Le jour suivant nous avons abordé à Sidon ;
Jules, traitant Paul avec humanité, lui a permis
d'aller trouver ses amis pour jouir de leurs soins.
4 Puis nous sommes repartis et nous avons navigué
à l'abri de Chypre, parce que les vents étaient
5 contraires ; après avoir traversé la mer qui baigne
la Cilicie° et la Pamphylie°, nous avons débarqué
6 à Myra en Lycie° ; là, le centurion a trouvé un navire d'Alexandrie en partance pour l'Italie et nous
7 y a fait monter. Pendant plusieurs jours, la navigation a été très lente ; arrivés avec peine à la hauteur de Cnide, comme le vent ne nous permettait
pas d'avancer, nous avons navigué à l'abri de la
8 Crète, vers le cap Salmone ; après l'avoir côtoyée
avec peine, nous sommes parvenus en un lieu appelé Beaux-Ports, tout près de la ville de Lasée.
9 Il s'était écoulé beaucoup de temps ; la navigation était désormais périlleuse – puisque la pé-
10 riode du Jeûne était même déjà passée –, aussi
Paul les avertissait :
–Hommes, je vois que la navigation sera accompagnée d'avaries et de beaucoup de dom-
mage, non seulement pour la cargaison et pour le
11 navire, mais même pour nos vies. Le centurion,
pourtant, se fiait plus au pilote et au patron du na-
12 vire qu'aux paroles de Paul. Le port n'était pas
commode pour hiverner ; aussi la plupart furent
d'avis de s'embarquer de là pour atteindre, si pos-

sible, Phénice, port de Crète regardant vers le sud-
est et le nord-est, pour y passer l'hiver. Comme le 13
vent du midi soufflait doucement, ils crurent que
ce projet était à leur portée, levèrent l'ancre et cô-
toyèrent de près l'île de Crète.
Mais peu après, un vent d'ouragan appelé Eura- 14
quilon descendit violemment de l'île : le navire 15
était entraîné sans pouvoir tenir contre le vent;
alors nous nous sommes laissés emporter à la dérive. Et après avoir filé rapidement à l'abri d'une 16
petite île appelée Cauda, c'est à grand-peine que
nous nous sommes rendus maîtres de la chaloupe;
on la hissa à bord, puis on employa des mesures de 17
sécurité en ceinturant le navire avec des cordages;
par crainte d'échouer sur les bancs de sable de la
Syrte, les matelots descendirent les agrès supérieurs, et même ainsi nous étions emportés.
Comme nous étions violemment battus par la tem- 18
pête, le lendemain ils jetèrent une partie de la cargaison. Et le troisième jour, de leurs propres 19
mains, ils lancèrent par-dessus bord les agrès du
navire. Durant plusieurs jours, il ne parut ni soleil 20
ni étoiles, et une violente tempête continuait à
nous harceler; dès lors tout espoir d'être sauvés
nous échappait.
Comme on était resté longtemps sans manger, 21
Paul, s'étant levé au milieu d'eux, dit :
– Hommes, vous auriez dû m'écouter et ne pas
partir de Crète, pour éviter ces avaries et ce dom-
mage. Mais, pour le présent, je vous invite à avoir 22
bon courage; car on ne fera la perte de la vie d'aucun de vous, mais seulement du navire. En effet, 23
cette nuit m'est apparu un ange du Dieu à qui j'ap-
partiens et que je sers[°], et il m'a dit : Ne crains pas, 24
Paul, il faut que tu comparaisses devant César; et
voici, Dieu t'a accordé la vie de tous ceux qui navi-
guent avec toi. Courage, donc, hommes ! Car j'ai 25
confiance en Dieu : il en sera exactement comme
il m'a été dit. Mais il nous faut échouer sur 26
quelque île.

27 Quand la quatorzième nuit fut venue, comme
nous étions ballottés sur la mer Adriatique, les matelots, vers minuit, pressentirent qu'une terre était
28 proche : ils jetèrent la sonde et trouvèrent vingt
brasses[a] ; puis on passa un peu plus loin et, en jetant encore la sonde, ils trouvèrent quinze brasses.
29 Craignant que nous n'allions échouer au milieu
des écueils, ils jetèrent quatre ancres depuis la
30 poupe ; et ils souhaitaient la venue du jour. Mais
les matelots cherchaient à s'enfuir du navire, après
avoir mis la chaloupe à la mer, sous prétexte d'al-
31 ler jeter au loin les ancres de la proue. Paul dit
alors au centurion° et aux soldats :

– Si ces hommes ne restent pas dans le navire,
vous ne pouvez pas être sauvés.

32 Les soldats coupèrent donc les cordes de la cha-
33 loupe et la laissèrent tomber. En attendant la venue du jour, Paul les engageait tous à prendre de
la nourriture :

– Voilà quatorze jours, dit-il, que vous passez à
34 jeun, à attendre, sans avoir rien pris. Je vous en-
gage donc à prendre de la nourriture : il y va de votre salut ; car pas un cheveu de la tête d'aucun de
vous ne périra.

35 Cela dit, il prit du pain, rendit grâces à Dieu de-
36 vant tous, le rompit et se mit à manger. Alors
tous, ayant repris courage, prirent eux aussi de la
nourriture.

37 Nous étions en tout dans le navire deux cent
38 soixante-seize personnes. Quand on eut assez
mangé, on allégea le navire en jetant le blé à la
39 mer. Lorsqu'il fit jour, ils ne reconnaissaient pas le
pays ; mais ils apercevaient une baie avec une
plage, sur laquelle ils résolurent, s'ils le pouvaient,
40 de faire échouer le navire. Ils abandonnèrent les
ancres à la mer, en coupant les câbles et en lâchant
en même temps les attaches des gouvernails ; puis
ils mirent au vent la voile d'artimon et cinglèrent

---

a• *La brasse vaut environ 1,80 m ; la profondeur passe de 35 à 26 m.*

vers la plage. Mais, heurtant un fond baigné des 41
deux côtés par la mer, ils y échouèrent le navire ;
et la proue, enfoncée, demeurait prise, tandis que
la poupe se disloquait sous la violence des vagues.
L'intention des soldats fut alors de tuer les prison- 42
niers, de peur que l'un d'eux ne se sauve à la nage
et ne s'enfuie. Mais le centurion°, voulant sauver 43
Paul, les empêcha d'exécuter leur dessein : il ordonna à ceux qui savaient nager de se jeter à l'eau
les premiers et de gagner la terre, et aux autres, de 44
se mettre sur des planches ou sur des débris du navire. C'est ainsi que tous parvinrent à terre sains et
saufs.

Une fois sauvés, nous avons appris que l'île **28**
s'appelait Malte. Les Barbares[a] firent preuve à no- 2
tre égard d'une humanité peu commune : ils allu-
mèrent un feu et nous secoururent tous (car il
pleuvait et il faisait froid). Paul, ayant ramassé 3
une brassée de bois mort, la mit ensuite sur le
feu : une vipère en sortit, à cause de la chaleur, et
s'accrocha à sa main. Quand les Barbares virent la 4
bête suspendue à sa main, ils se dirent l'un à l'autre : Cet homme est sûrement un meurtrier,
puisque, à peine a-t-il été sauvé de la mer, la Justice n'a pas permis qu'il vive. Mais Paul secoua la 5
bête dans le feu, sans subir le moindre mal ; eux 6
s'attendaient à le voir enfler ou tomber mort subi-
tement. Après avoir longtemps attendu, quand ils
eurent constaté qu'il ne lui arrivait rien d'extraordinaire, ils changèrent d'avis et dirent que c'était
un dieu.

Aux environs de cet endroit, se trouvaient des 7
domaines du premier magistrat de l'île, nommé
Publius, qui nous reçut et nous logea durant trois
jours avec beaucoup de bonté. Il arriva que le 8
père de Publius était alité, souffrant beaucoup de

---

a • *Les Grecs, et à leur suite les Romains, appelaient ainsi les peuples en marge de leur civilisation, et ne parlant ni grec ni latin.*

la fièvre et de la dysenterie ; Paul, qui était entré
auprès de lui, pria, lui imposa les mains et le gué-
9 rit. Là-dessus, tous les autres malades qui se trouvaient dans l'île vinrent à leur tour et furent gué-
10 ris. Aussi nous montrèrent-ils de grandes marques
d'estime et, à notre départ, nous fournirent ce qui
nous était nécessaire.

11 Trois mois après, nous nous sommes embarqués
sur un navire d'Alexandrie qui avait hiverné dans
12 l'île et qui avait pour enseigne les Dioscures. Après
avoir abordé à Syracuse, nous y sommes restés
13 trois jours. De là nous avons suivi la côte et nous
sommes arrivés à Rhegium ; un jour après, le vent
du midi s'est levé, et le surlendemain nous avons
14 atteint Pouzzoles[a] ; nous y avons trouvé des frères,
qui nous ont priés de demeurer avec eux sept
jours : c'est ainsi que nous sommes allés à Rome.
15 De cette ville, les frères, qui avaient appris tout ce
qui nous était arrivé, sont venus à notre rencontre
jusqu'au Forum d'Appius et aux Trois-Tavernes[b] ;
quand il les vit, Paul rendit grâces à Dieu et prit
courage.

16 À notre arrivée à Rome, on permit à Paul de demeurer chez lui avec un soldat qui le gardait.

17 Trois jours après, Paul fit venir ceux qui étaient
les notables des Juifs ; quand ils furent assemblés, il
leur dit :

– Frères, quoique je n'aie rien fait contre le peuple ou contre les coutumes des pères°, j'ai été arrêté à Jérusalem, puis livré entre les mains des Ro-
18 mains ; après m'avoir interrogé, ceux-ci voulaient
me relâcher, parce qu'il n'y avait rien dans mon
19 cas qui mérite la mort. Mais comme les Juifs s'y op-
posaient, j'ai été contraint d'en appeler à César,
non pas que j'aie quelque accusation à porter
20 contre ma nation. Voilà donc le motif pour lequel

---

a• *Le navire a longé la côte orientale de la Sicile, touché la côte italienne à Rhegium, franchi le détroit de Messine et abordé près de Naples. De Pouzzoles, les prisonniers sont conduits à Rome par le centurion en empruntant la route (200 km).* – b• *à 80 et 50 km de Rome.*

…elés, afin de vous voir et de vous par-
… à cause de l'espérance d'Israël que je
suis … de cette chaîne.
Ils lui répondirent : 21
– Pour nous, nous n'avons pas reçu de lettre de
Judée° à ton sujet ; et aucun des frères qui sont arrivés n'a rapporté ou dit quelque mal de toi ; mais 22
nous demandons à entendre de ta bouche ce que
tu penses ; car, pour ce qui concerne cette secte, il
nous est connu que partout on la contredit.
Ils lui fixèrent donc un jour, et un certain nom- 23
bre vinrent le trouver à son domicile : il leur exposait la vérité, en rendant témoignage du royaume
de Dieu, depuis le matin jusqu'au soir, les persuadant de ce qui concerne Jésus, à partir de la loi de
Moïse et des prophètes. Et les uns étaient convain- 24
cus par ses paroles, tandis que les autres refusaient
de croire. Comme ils n'étaient pas d'accord entre 25
eux, ils se retirèrent, après que Paul leur eut dit
cette seule parole :
– L'Esprit Saint° a bien parlé à nos pères° par le
moyen du prophète Ésaïe, quand il déclarait : “Va 26
vers ce peuple et dis : En entendant vous entendrez et vous ne comprendrez pas, et en regardant
vous regarderez et vous ne verrez pas ; car le cœur 27
de ce peuple s'est épaissi : ils sont devenus durs
d'oreilles et ils ont fermé leurs yeux, de peur qu'ils
ne voient des yeux, qu'ils n'entendent des oreilles,
qu'ils ne comprennent du cœur, qu'ils ne se
convertissent[a], et que je ne les guérisse”[b]. Sachez 28
donc que ce salut de Dieu a été envoyé à ceux des
nations° ; eux, ils écouteront.
Quand il eut prononcé ces mots, les Juifs s'en allè- 29
rent, ayant entre eux une grande discussion.
Paul demeura deux années entières dans un lo- 30
gement qu'il avait loué pour lui, et il recevait tous
ceux qui venaient le voir. Il prêchait le royaume de 31
Dieu et enseignait tout ce qui concerne le Sei-

---

a• *Ce verbe signifie :* faire volte-face, se retourner. – b• Ésaïe 6. 9, 10.

gneur Jésus Christ°, avec toute hardiesse, sans
pêchement.

Épître aux Romains

Paul, esclave de Jésus Christ°, apôtre° appelé[a], 1
mis à part pour l'évangile° de Dieu (qu'il avait au- 2
paravant promis par ses prophètes dans de saintes
Écritures), concernant son Fils – né de la descen- 3
dance de David selon la chair, démontré Fils de 4
Dieu, en puissance, selon l'Esprit de sainteté, par
la résurrection des morts – Jésus Christ notre Seigneur par qui nous avons reçu grâce et apostolat[b] 5
en vue de l'obéissance de la foi pour son nom
parmi toutes les nations° (au milieu desquelles 6
vous êtes vous aussi des appelés de Jésus Christ), –
à tous les bien-aimés de Dieu qui sont à Rome, 7
saints° appelés[c] : Grâce et paix à vous, de la part
de Dieu notre Père et du Seigneur Jésus Christ !

Tout d'abord, je rends grâces à mon Dieu par 8
Jésus Christ° pour vous tous, parce que votre foi
est publiée dans le monde entier. En effet, Dieu 9
m'est témoin, lui que je sers° dans mon esprit
dans l'évangile° de son Fils, que sans cesse je fais
mention de vous, demandant toujours dans mes 10
prières que, d'une manière ou d'une autre, il me
soit un jour accordé par la volonté de Dieu d'aller
vers vous. Car je désire ardemment vous voir, afin 11
de vous faire part de quelque don de grâce spirituel, pour que vous soyez affermis, c'est-à-dire 12
pour que nous soyons ensemble encouragés au milieu de vous, vous et moi, chacun par la foi qui est
dans l'autre. Or je ne veux pas que vous ignoriez, 13
frères, que je me suis souvent proposé d'aller vers
vous (et j'en ai été empêché jusqu'à présent), afin
de recueillir quelque fruit parmi vous aussi,
comme parmi les autres nations°. Je suis débiteur 14
envers les Grecs comme envers les Barbares[d], en-

---

a• *c.-à-d.* : apôtre par l'appel *de Dieu.* – b• *mission de l'apôtre (ou* : envoyé de Dieu), *pour révéler sa pensée.* – c• *c.-à-d.* : saints par l'appel de Dieu. – d• *Les Grecs, et à leur suite les Romains, appelaient ainsi les peuples en marge de leur civilisation et ne parlant ni grec ni latin.*

vers les sages comme envers les inintelligents[a] :
15 ainsi, autant qu'il dépend de moi, je suis tout prêt
à vous annoncer l'évangile°[b], à vous aussi qui êtes
à Rome.
16 En effet, je n'ai pas honte de l'évangile, car il est
la puissance de Dieu pour sauver quiconque croit,
17 le Juif d'abord, et aussi le Grec. Car la justice de
Dieu y est révélée sur la base de la foi, pour la foi,
ainsi qu'il est écrit : "Or le juste vivra de foi"[c].
18 Car la colère de Dieu est révélée du ciel contre
toute impiété et toute iniquité° des hommes qui
possèdent la vérité° tout en vivant dans l'iniquité ;
19 parce que ce qu'on peut connaître de Dieu est ma-
20 nifeste parmi eux, car Dieu le leur a manifesté : en
effet, depuis la création du monde, ce qu'il y a
d'invisible en lui, c'est-à-dire à la fois sa puissance
éternelle et sa divinité, se discerne au moyen de
l'intelligence, d'après les choses créées, de sorte
21 qu'ils sont inexcusables ; parce que, ayant connu
Dieu, ils ne l'ont pas glorifié comme Dieu et ne lui
ont pas non plus rendu grâces, mais ils se sont égarés dans leurs raisonnements, et leur cœur privé
22 d'intelligence a été rempli de ténèbres : se préten-
23 dant sages, ils sont devenus fous, et ils ont changé
la gloire du Dieu incorruptible en la ressemblance
d'une image d'homme corruptible, d'oiseaux, de
quadrupèdes, de reptiles !
24 C'est pourquoi aussi Dieu les a livrés, dans les
convoitises de leurs cœurs, à l'impureté, qui aboutit à déshonorer entre eux leurs propres corps° –
25 eux qui ont changé la vérité de Dieu en mensonge
et ont vénéré et servi[d] la créature plutôt que celui
qui l'a créée, lui qui est béni éternellement.
26 Amen ! C'est pourquoi Dieu les a livrés à des passions déshonorantes, car leurs femmes ont changé
les relations naturelles en celles qui sont contre na-

---

a• *ou* : envers les savants comme envers les ignorants. – b• *ici, au sens le plus large : tout* le plan de Dieu *au sujet du salut.* – c• *ou* : par la foi (Habakuk 2. 4). – d• *au sens de* : honorer, rendre culte à.

ture ; et pareillement aussi les hommes, laissant les 27
relations naturelles avec la femme, se sont enflam-
més dans leur convoitise l'un envers l'autre, commettant l'infamie, hommes avec hommes, et recevant en eux-mêmes la juste rétribution de leur
égarement.
Et comme ils n'ont pas trouvé bon de garder la 28
connaissance de Dieu, Dieu les a livrés à un esprit
réprouvé[a] pour pratiquer ce qui ne convient pas.
Ils sont remplis de toute sorte d'injustice, de per- 29
versité, de cupidité, de méchanceté, pleins de jalousie, de meurtres, de querelles, de tromperie, de
mauvaises mœurs, rapporteurs, médisants, haïssa- 30
bles pour Dieu, insolents, hautains, vantards, ingé-
nieux pour le mal, désobéissants à leurs parents,
sans intelligence, sans loyauté, sans affection natu- 31
relle, sans miséricorde. Bien qu'ils aient connu la 32
juste sentence de Dieu qui déclare dignes de mort
ceux qui commettent de telles choses, non seulement ils les pratiquent, mais encore ils trouvent
leur plaisir en ceux qui les commettent.

C'est pourquoi tu es inexcusable, qui que tu sois, **2**
toi qui juges ; car en jugeant autrui, tu te condam-
nes toi-même, puisque toi qui juges tu commets
les mêmes choses. Or nous savons que le jugement 2
de Dieu est selon la vérité° contre ceux qui commettent de telles choses. Toi qui juges ceux qui 3
commettent de telles choses, tout en les pratiquant toi-même, penses-tu que tu échapperas au
jugement de Dieu ? Ou méprises-tu les richesses 4
de sa bonté, de sa patience et de sa longue attente,
ignorant que la bonté de Dieu te pousse à la repen-
tance° ? Mais selon ta dureté et selon ton cœur 5
sans repentance, tu amasses contre toi-même la
colère dans le jour de la colère et de la révélation
du juste jugement de Dieu, qui rendra à chacun se- 6
lon ses œuvres : à ceux qui, en persévérant dans 7
les bonnes œuvres, cherchent la gloire, l'honneur

---

a • *c.-à-d. : à une intelligence pervertie, dénuée de sens moral.*

8 et l'incorruptibilité – la vie éternelle ; mais à ceux
qui contestent[a] et qui désobéissent à la vérité
pour obéir à l'injustice – la colère et l'indignation ;
9 tourment et angoisse sur toute âme d'homme qui
10 fait le mal, du Juif d'abord, et du Grec ; mais gloire,
honneur et paix à tout homme qui fait le bien, au
11 Juif d'abord, et au Grec ; car il n'y a pas de considération de personnes[b] devant Dieu.
12 En effet, tous ceux qui ont péché sans loi° périront
aussi sans loi ; et tous ceux qui ont péché sous la
13 Loi° seront jugés par la Loi. (Car ce ne sont pas les
auditeurs de la Loi qui sont justes devant Dieu ;
mais seront justifiés ceux qui accomplissent la
14 Loi : quand ceux des nations°[c], sans avoir de loi,
font naturellement ce que la Loi ordonne, ils sont
15 loi à eux-mêmes, sans avoir de loi, et ils montrent,
écrite dans leurs cœurs, l'œuvre de la Loi, leur
conscience rendant en même temps témoignage°,
et leurs pensées s'accusant entre elles ou bien se
16 disculpant.) Ils seront jugés[d] au jour où Dieu jugera par Jésus Christ° les secrets des hommes, selon mon évangile°.

17 Mais toi, qui te réclames du nom de Juif, qui te
reposes entièrement sur la Loi, qui te glorifies en
18 Dieu, qui connais sa volonté et qui sais discerner
19 les choses excellentes, étant instruit par la Loi ; toi
qui es persuadé d'être conducteur d'aveugles, lumière de ceux qui sont dans les ténèbres, instruc-
20 teur de gens sans intelligence, maître[a] de petits
enfants, possédant l'expression même de la
21 connaissance et de la vérité dans la Loi ; toi donc
qui enseignes autrui, tu ne t'enseignes pas toi-
même ? Toi qui prêches qu'on ne doit pas voler, tu
22 voles ? Toi qui dis qu'on ne doit pas commettre
d'adultère, tu commets un adultère ? Toi qui as en
abomination les idoles, tu commets des vols sacri-
23 lèges[e] ? Toi qui te glorifies dans la Loi, tu déshono-

---

a• *ou* : sont rebelles. – b• partialité (*comp.* Actes 10. 34). – c• *les païens, qui n'ont pas la loi de Moïse.* – d• *le* v. 16 *fait suite au* v. 12. – e• tu pilles les temples.

res Dieu par la transgression° de la Loi ? Car le 24
nom de Dieu est blasphémé à cause de vous parmi
les nations°, comme il est écrit.
En effet, la circoncision° est profitable si tu ac- 25
complis la Loi ; mais si tu es transgresseur° de la
Loi, ta circoncision est devenue incirconcision. Si 26
donc les incirconcis gardent les exigences de la
Loi, leur incirconcision ne sera-t-elle pas comptée
pour circoncision ? Et l'incirconcision qui l'est par 27
nature, en accomplissant la Loi, ne te jugera-t-elle
pas, toi qui, avec la loi écrite[a] et la circoncision, es
transgresseur° de la Loi ? Car il n'est pas Juif, celui 28
qui l'est extérieurement, et ce n'est pas la circoncision, celle qui l'est extérieurement dans la chair ;
mais il est Juif, celui qui l'est intérieurement, et la 29
circoncision est celle du cœur, en esprit, non pas
dans la lettre. L'approbation que reçoit ce Juif ne
vient pas des hommes, mais de Dieu.

Quel est donc l'avantage du Juif, ou quel est le **3**
profit de la circoncision° ? – Grand, de toute ma- 2
nière, et d'abord en ce que les oracles° de Dieu
leur ont été confiés. Quoi donc ! Si certains n'ont 3
pas cru, leur incrédulité pourra-t-elle annuler la fidélité de Dieu ? Absolument pas ! mais que Dieu 4
soit reconnu pour vrai et tout homme menteur,
ainsi qu'il est écrit : “En sorte que tu sois justifié
quand tu parles, et que tu triomphes quand tu es
jugé”[b]. Mais si notre injustice met en évidence la 5
justice de Dieu, que dirons-nous ? Dieu serait-il injuste quand il donne cours à la colère ? – Je parle à
la manière de l'homme° – Absolument pas ! Sinon, 6
comment Dieu jugera-t-il le monde ? Si, par mon 7
mensonge, la vérité° de Dieu a surabondé[c] pour
sa gloire, pourquoi, moi, suis-je encore jugé
comme pécheur° ? Et pourquoi pas, comme on 8

---

a• *litt.* : avec la lettre ; *voir* v. 29 : dans la lettre. – b• *ou* : quand tu juges. Psaume 51. 4, *où David s'adresse à Dieu.* – c• *c.-à-d.* : si, par mon mensonge, la vérité de Dieu a été d'autant plus mise en évidence.

nous en accuse calomnieusement, et comme certains prétendent que nous le disons : Pratiquons le
mal, afin qu'arrive le bien ? – Ceux-là[a], il est juste
de les condamner.
9 Quoi donc ! sommes-nous[b] supérieurs ? Pas du
tout ! Car nous venons d'accuser aussi bien Juifs
que Grecs° d'être tous sous l'emprise du péché°,
10 comme il est écrit :
11 "Il n'y a pas de juste, non pas même un seul ; il n'y
a personne qui ait de l'intelligence, il n'y a per-
12 sonne qui recherche Dieu ; ils se sont tous détournés, ils se sont tous ensemble rendus inutiles ; il n'y
en a aucun qui pratique la bonté, il n'y en a pas
13 même un seul"[c] ; "c'est un sépulcre ouvert que
leur gosier ; ils se servent de leur langue pour
tromper"[d] ; "il y a du venin de vipère sous leurs lè-
14 vres"[e] ; "et leur bouche est pleine de malédiction
15 et de cruauté"[f] ; "leurs pieds sont rapides pour ver-
16 ser le sang ; la destruction et le malheur sont dans
17 leurs chemins, et ils n'ont pas connu le chemin de
18 la paix"[g] ; "il n'y a pas de crainte de Dieu devant
leurs yeux"[h].
19 Or nous savons que tout ce que dit la Loi[i], elle le
déclare à ceux qui sont sous la Loi, afin que toute
bouche soit fermée et que tout le monde soit cou-
20 pable devant Dieu. C'est pourquoi personne ne
sera justifié devant lui par des œuvres de loi, car
par la Loi est la connaissance du péché.
21 Mais maintenant, sans loi, la justice de Dieu est
manifestée, comme en témoignent la Loi et les
22 Prophètes : la justice de Dieu par[j] la foi en Jésus
Christ° envers tous, et sur tous ceux qui croient.
23 En effet, il n'y a pas de différence, car tous ont pé-
24 ché et sont privés de la gloire de Dieu. Tous ceux
qui croient sont justifiés gratuitement par sa
grâce°, par[j] la rédemption° qui est dans le Christ

a• *ou* : ces arguments-là. – b• *c.-à-d.* : nous, les Juifs. – c• Psaume 14. 1-3. – d• Psaume 5. 9. – e• Psaume 140. 3. – f• Psaume 10. 7. – g• Ésaïe 59. 7-8. – h• Psaume 36. 1. – i• *au sens large, ici* : la révélation de l'A. T. – j• par le moyen de.

Jésus, lui que Dieu a présenté pour propitiatoire°[a], 25
par[b] la foi en son sang, afin de montrer sa justice
(parce que les péchés précédents avaient été sup-
portés au temps de la patience de Dieu), en vue 26
de montrer sa justice dans le temps présent, de
sorte qu'il est juste et qu'il justifie celui qui est de
la foi en Jésus.
Où est donc la prétention ? – Elle a été exclue. – 27
Par quelle loi ? – Celle des œuvres ? – Non, mais
par la loi de la foi ; car nous concluons que 28
l'homme est justifié par la foi, sans œuvres de loi.
Dieu est-il seulement le Dieu des Juifs ? Ne l'est-il 29
pas aussi des nations° ? – Certes, aussi des nations ; 30
puisque c'est un seul Dieu qui justifiera les circon-
cis° sur la base de la foi et les incirconcis par le
moyen de la foi. Annulons-nous donc la Loi par la 31
foi ? Absolument pas ! au contraire, nous confir-
mons[c] la Loi.

Que dirons-nous donc que, selon la chair, Abra- **4**
ham notre père a trouvé ? Si Abraham a été justi- 2
fié sur la base des œuvres, il a de quoi se glorifier,
mais non pas devant Dieu ; en effet, que dit l'Écri- 3
ture ? "Abraham crut Dieu, et cela lui fut compté
à[d] justice"[e]. Or à celui qui fait des œuvres, le sa- 4
laire n'est pas compté comme une grâce, mais
comme un dû ; tandis qu'à celui qui, sans faire des 5
œuvres, croit en Celui qui justifie l'impie, sa foi est
comptée à[d] justice. C'est ainsi que David aussi ex- 6
prime le bonheur de l'homme à qui Dieu compte
la justice sans[f] œuvres : "Bienheureux ceux dont 7
les iniquités° ont été pardonnées° et dont les péchés ont été couverts ; bienheureux l'homme à qui 8
le Seigneur* ne compte pas le péché"[g].

---

a• *ce qui rend Dieu* propice, *favorable (voir* Exode 25. 17-21 ; Hébreux 9. 5 ; Lévitique 16. 14-15). – b• par le moyen de. – c• *ou* : nous maintenons (l'autorité de) la Loi. – d• *ou* : pour ; *litt.* : en vue de *(c.-à-d. : en vue de la justice que Dieu donne).* – e• Genèse 15. 6. – f• indépendamment des... – g• Psaume 32. 1-2.

9 Ce bonheur est-il donc seulement pour le circon
cis° ou aussi pour l'incirconcis ? Car nous disons
que la foi fut comptée à Abraham à[a] justice. Com
10 ment donc lui fut-elle comptée ? quand il était cir
concis ou incirconcis ? – Non pas circoncis, mais in-
11 circoncis. Et il reçut le signe de la circoncision
comme sceau[b] de la justice de la foi qu'il avait
dans l'incirconcision, pour qu'il soit père de tous
ceux qui croient étant incirconcis, pour que la jus-
12 tice leur soit aussi comptée, et qu'il soit père de
circoncision[c], non seulement pour ceux qui sont
de la circoncision, mais aussi pour ceux qui marchent sur les traces de la foi qu'avait notre père
Abraham, quand il était incirconcis.
13 Car ce n'est pas par la Loi que la promesse d'être
héritier du monde a été faite à Abraham ou à sa
14 descendance, mais par la justice de la foi. En effet,
si c'est sur la base de la Loi qu'on devient héritier,
la foi est rendue vaine et la promesse est annulée ;
15 car la Loi produit la colère, mais là où il n'y a pas
de loi, il n'y a pas non plus de transgression°.
16 Voilà pourquoi c'est sur la base de la foi[d], afin que
ce soit selon la grâce°, pour que la promesse soit
assurée à toute la descendance, non seulement à
celle qui est[e] de la Loi, mais aussi à celle qui est[e]
de la foi d'Abraham, lui qui est notre père à tous
17 (ainsi qu'il est écrit : "Je t'ai établi père de beaucoup de nations"[f]), devant Dieu qu'il a cru – qui
fait vivre les morts et appelle les choses qui ne
18 sont pas comme si elles étaient. Espérant contre
toute espérance, il crut, pour devenir père de
beaucoup de nations, comme il avait été dit :
19 "Ainsi sera ta descendance"[g] ; sans faiblir dans la
foi, il n'eut pas égard à son propre corps déjà
comme mort (il avait environ cent ans), ni à l'état

---

a• *ou* : pour ; *litt.* : en vue de *(c.-à-d. : en vue de la justice que Dieu donne)*. – b• confirmation, attestation. – c• *c.-à-d. : celui en qui la vraie mise à part pour Dieu a été, pour la première fois, établie.* – d• *sous-entendu* : qu'on devient héritier (v. 14). – e• *ou* : relève. – f• Genèse 17. 5. – g• Genèse 15. 5.

de mort du sein de Sara ; et il ne mit pas en doute 20
par incrédulité la promesse de Dieu, mais il fut fortifié dans la foi, donnant gloire à Dieu, étant plei- 21
nement convaincu que ce que Dieu a promis, il
est puissant aussi pour l'accomplir. C'est pourquoi 22
aussi cela lui fut compté à[a] justice. Or ce n'est pas 23
pour lui seul qu'il a été écrit que cela lui a été
compté, mais aussi pour nous, à qui il sera compté, 24
à nous qui croyons en celui qui a ressuscité d'entre
les morts Jésus notre Seigneur, qui a été livré pour 25
nos fautes et a été ressuscité pour notre justification.

Ayant donc été justifiés sur la base de la foi, **5**
nous avons la paix avec Dieu par notre Seigneur
Jésus Christ°, par qui aussi nous avons trouvé[b] ac- 2
cès, par la foi, à cette faveur dans laquelle nous
sommes[c], et nous nous glorifions dans l'espérance
de la gloire de Dieu.

Et non seulement cela, mais nous nous glori- 3
fions aussi dans les tribulations[d], sachant que la tribulation produit la patience, la patience l'expé- 4
rience, et l'expérience l'espérance ; et l'espérance 5
ne rend pas honteux, parce que l'amour de Dieu
est versé[e] dans nos cœurs par l'Esprit Saint° qui
nous a été donné. Car Christ°, alors que nous 6
étions encore sans force, au temps convenable, est
mort pour des impies. En effet, à peine pour un 7
juste quelqu'un mourra-t-il (car pour l'homme de
bien peut-être quelqu'un consentirait même à
mourir) ; mais Dieu met en évidence[f] son amour à 8
lui envers *nous* en ceci : lorsque nous étions encore pécheurs°, Christ est mort pour nous. À *plus* 9
forte raison, ayant été maintenant justifiés par[g]
son sang, serons-nous sauvés de la colère par lui !
Car si, étant ennemis, nous avons été réconciliés 10

a• *voir v. 9.* – b• avons obtenu et possédons. – c• nous sommes établis. – d• les afflictions, l'oppression. – e• a été et demeure versé. – f• *ou* : démontre. – g• dans (la puissance de).

avec Dieu par la mort de son Fils, à plus forte raison, ayant été réconciliés, serons-nous sauvés par[a]
sa vie !
11 Et non seulement cela, mais aussi nous nous glorifions en Dieu par notre Seigneur Jésus Christ°,
par qui nous avons maintenant reçu la réconciliation.
12 C'est pourquoi, comme par un seul homme le
péché[b] est entré dans le monde, et par le péché la
mort, et qu'ainsi la mort a passé à tous les hom-
13 mes, du fait que tous ont péché[c]... (en effet, jusqu'à la Loi, le péché était dans le monde ; mais le
péché n'est pas mis en compte quand il n'y a pas
14 de loi ; pourtant, la mort régna depuis Adam jusqu'à Moïse, même sur ceux qui n'avaient pas péché par une transgression° semblable à celle
d'Adam, lui qui est la figure de celui qui devait ve-
15 nir[d]. Mais n'en est-il pas[e] du don de grâce comme
de la faute ? Car si, par la faute d'un seul, beaucoup[f] sont morts, à plus forte raison la grâce° de
Dieu et le don ont-ils abondé envers beaucoup[f],
par la grâce qui est d'un seul homme, Jésus Christ !
16 Et n'en est-il pas[e] du don comme de ce qui est arrivé par un seul qui a péché ? Car le jugement, à
partir d'un seul, aboutit à la condamnation – mais
le don de grâce, à la suite de nombreuses fautes,
17 aboutit à la justification. Si, en effet, par la faute
d'un seul, la mort a régné par un seul, à plus forte
raison ceux qui reçoivent l'abondance de la grâce
et du don de la justice régneront-ils en vie par un
18 seul, Jésus Christ !) Ainsi donc, comme une seule
faute a des conséquences envers tous les hommes
en condamnation, de même aussi une seule justice

---

a • dans (la puissance de). – b • *Après avoir traité jusque-là* des *péchés commis, l'épître* (5. 12 *à* ch. 8 *inclus*) *traite maintenant* du péché, source intérieure de mal. – c • *La comparaison du début du* v. 12 *est interrompue par la parenthèse qui englobe les* v. 13 *à* 17. – d • *comp.* 1 Corinthiens 15. 21-22. – e • *ou* : il n'en est pas. – f • *c.-à-d.* : le grand nombre, une multitude *en relation avec* le seul *en question.*

a *des conséquences* envers tous les hommes en justification de vie.
En effet, comme, par la désobéissance d'un seul 19
homme, beaucoup[a] ont été constitués pécheurs°,
de même aussi, par l'obéissance d'un seul, beaucoup[a] seront constitués justes. Or la Loi est inter- 20
venue afin que la faute abonde ; mais là où le péché abondait, la grâce a surabondé, afin que, 21
comme le péché a régné par la mort, de même
aussi la grâce règne par la justice, pour la vie éternelle, par Jésus Christ notre Seigneur.

Que dirons-nous donc ? Allons-nous demeurer **6**
dans le péché° afin que la grâce° abonde ? – Absolument pas ! Nous qui sommes morts au péché, 2
comment vivrons-nous encore dans le péché ?
Ignorez-vous que nous tous qui avons été baptisés 3
pour le Christ Jésus, nous avons été baptisés pour
sa mort ? Nous avons donc été ensevelis avec lui 4
par le baptême, pour la mort, afin que, comme
Christ a été ressuscité d'entre les morts par la
gloire du Père, de même nous aussi nous marchions en nouveauté de vie. En effet, si nous avons 5
été identifiés[b] avec lui dans la ressemblance de sa
mort, nous le serons donc aussi dans la ressemblance de sa résurrection, sachant ceci, que notre 6
vieil homme° a été crucifié avec lui, afin que le
corps du péché soit annulé, pour que nous ne
soyons plus asservis au péché°. Car celui qui est 7
mort est justifié du péché[c]. Or si nous sommes 8
morts avec Christ, nous croyons que nous vivrons
aussi avec lui, sachant que Christ, ayant été ressus- 9
cité d'entre les morts, ne meurt plus ; la mort ne
domine plus sur lui. Car en ce qu'il est mort, il est 10
mort une fois pour toutes au péché ; mais en ce
qu'il vit, il vit à Dieu. De même vous aussi, consi- 11

a• *comme* v. 15 (*note*). – b• *litt.* : si nous sommes devenus une même plante. – c• *c.-à-d.* : est quitte, libéré du péché, *non* : des péchés (*voir* 5. 12, *et note*).

dérez-vous vous-mêmes comme morts au péché,
mais comme vivants à Dieu dans le Christ Jésus.
12 Que le péché ne règne donc pas dans votre
corps° mortel pour vous faire obéir à ses convoiti-
13 ses ; et ne livrez pas vos membres au péché comme
instruments d'injustice, mais livrez-vous vous-mêmes à Dieu, comme d'entre les morts étant faits vivants, et *vos membres à Dieu, comme* instruments
14 de justice. Car le péché ne dominera pas sur vous,
parce que vous n'êtes pas sous la Loi, mais sous la
grâce.
15 Quoi donc ! Allons-nous pécher, parce que nous
ne sommes pas sous la Loi, mais sous la grâce ? –
16 Absolument pas ! Ne savez-vous pas que, si vous
vous livrez vous-mêmes à quelqu'un pour lui obéir
comme des esclaves, vous êtes esclaves de celui à
qui vous obéissez, soit du péché pour la mort, soit
17 de l'obéissance pour la justice ? Mais grâces à Dieu
de ce que, alors que vous étiez esclaves du péché,
vous avez ensuite obéi de cœur à la forme de doc-
18 trine° dans laquelle vous avez été instruits. Et, affranchis du péché, vous êtes devenus esclaves de
19 la justice (je parle à la façon des hommes, à cause
de la faiblesse de votre chair). En effet, de même
que vous aviez livré vos membres comme esclaves
à l'impureté et à l'iniquité°, pour l'iniquité°, de
même livrez maintenant vos membres comme es-
20 claves à la justice pour la sainteté. Car lorsque
vous étiez esclaves du péché, vous étiez libres à
21 l'égard de la justice. Quel profit aviez-vous donc
alors de ce dont maintenant vous avez honte ? Car
22 l'aboutissement de tout cela, c'est la mort. Mais
maintenant, affranchis du péché et devenus esclaves de Dieu, vous avez votre fruit dans la sainteté
23 et pour aboutissement la vie éternelle. Car le salaire du péché, c'est la mort ; mais le don de grâce°
de Dieu, c'est la vie éternelle dans le Christ Jésus,
notre Seigneur.

Ignorez-vous, frères – car je parle à des gens qui **7**
comprennent ce qu'est la loi° – que la loi a autorité sur l'homme aussi longtemps qu'il vit ? La 2
femme mariée est liée à son mari par la loi, tant
qu'il vit ; mais si le mari meurt, elle est dégagée[a]
de la loi du mari. Donc, du vivant du mari, elle 3
sera appelée adultère si elle est à un autre ; mais si
le mari meurt, elle est libérée de la loi, de sorte
qu'elle n'est pas adultère en étant à un autre mari.
Ainsi, mes frères, vous aussi, vous avez été mis à 4
mort à la Loi par le corps du Christ, pour être à un
autre, à celui qui est ressuscité d'entre les morts,
afin que nous portions du fruit pour Dieu. En ef- 5
fet, quand nous étions dans la chair°, les passions
des péchés, mises en évidence par le moyen de la
Loi, agissaient dans nos membres afin de porter
du fruit pour la mort ; mais maintenant, nous 6
avons été dégagés[b] de la Loi, puisque nous sommes morts à ce qui nous tenait captifs, de sorte
que nous servons[c] en nouveauté d'esprit, et non
selon la lettre qui a vieilli.
Que dirons-nous donc ? La Loi est-elle péché ? – 7
Absolument pas ! Mais je n'aurais pas connu le péché, si ce n'avait été par la Loi ; car je n'aurais pas
eu conscience de la convoitise, si la Loi n'avait dit :
“Tu ne convoiteras pas”[d]. Et le péché, ayant 8
trouvé une occasion par le commandement°, a
produit en moi toute sorte de convoitises, car sans
la loi le péché est mort. Or moi, étant autrefois 9
sans loi, je vivais ; mais quand le commandement
est intervenu, le péché a repris vie, et moi, je mou-
rus ; alors le commandement, qui devait conduire 10
à la vie, lui-même s'est trouvé me conduire à la
mort. Car le péché, ayant trouvé une occasion par 11
le commandement, me séduisit et, par lui, me fit
mourir.

La Loi donc est sainte et le commandement 12
saint, juste et bon. Ce qui est bon est-il donc de- 13

---

a• *ou* : libérée. – b• *ou* : libérés. – c• comme esclaves (de Dieu) ; *comp.* 6. 6. – d• Exode 20. 17.

venu pour moi la mort ? – Absolument pas ! Mais
le péché, afin qu'il soit manifesté comme péché, a
produit la mort pour moi par ce qui est bon, afin
que le péché devienne, par le commandement, ex-
14 cessivement pécheur[a]. Car nous savons que la Loi
est spirituelle ; mais moi je suis charnel, vendu au
15 péché[b] : ce que je fais, je ne le reconnais pas, car
ce n'est pas ce que je veux que je fais, mais ce que
16 je hais, je le pratique. Or si c'est ce que je ne veux
pas que je pratique, j'approuve la Loi, reconnais-
17 sant qu'elle est bonne. Mais alors, ce n'est plus
moi qui produis cela : c'est le péché qui habite en
moi.
18 En effet, je sais qu'en moi, c'est-à-dire en ma
chair°, il n'habite point de bien ; car vouloir est
avec moi, mais accomplir le bien, je ne le trouve
19 pas. En effet, le bien que je veux, je ne le pratique
20 pas ; mais le mal que je ne veux pas, je le fais. Or si
ce que je ne veux pas, moi, je le pratique, ce n'est
plus moi qui l'accomplis, mais c'est le péché qui
21 habite en moi. Je trouve donc cette loi pour moi
qui veux pratiquer le bien, c'est que le mal est là,
22 avec moi. Car je prends plaisir à la loi de Dieu, se-
23 lon l'homme intérieur ; mais je vois dans mes
membres une autre loi qui combat contre la loi de
mon intelligence[c] et qui me rend captif de la loi du
24 péché qui existe dans mes membres. Misérable[d]
homme que je suis, qui me délivrera de ce corps
25 de mort ? – Je rends grâces à Dieu par Jésus Christ°
notre Seigneur. Ainsi donc moi-même, par l'intelligence[c], je sers la loi de Dieu ; mais par la chair°, la
loi du péché.

---

a• *c.-à-d.* : afin de montrer toute sa virulence ; *le péché est personnifié : voir* v. 8, 11, 14, 17. – b• *litt.* : vendu sous le péché (vendu comme esclave du péché ; *voir* 1 Corinthiens 3. 1, *et note*). – c• *l'intelligence de la nouvelle nature, éclairée par l'Esprit de Dieu* (*voir* 8. 1-14). – d• *ou* : malheureux.

Il n'y a donc maintenant aucune condamnation **8**
pour ceux qui sont dans le Christ Jésus[a]; car la loi 2
de l'Esprit de vie dans le Christ Jésus m'a affranchi[b] de la loi du péché° et de la mort. En effet, ce 3
qui était impossible à la Loi, du fait que la chair° la
rendait sans force, Dieu – ayant envoyé son propre
Fils en ressemblance de chair de péché, et pour le
péché – a condamné le péché dans la chair, afin 4
que la juste exigence de la Loi soit accomplie en
nous, qui ne marchons pas selon la chair, mais selon l'Esprit. Car ceux qui sont selon la chair ont 5
leurs pensées aux choses de la chair; mais ceux
qui sont selon l'Esprit, aux choses de l'Esprit; car 6
la pensée de la chair est la mort, mais la pensée de
l'Esprit, vie et paix – parce que la pensée de la 7
chair est inimitié contre Dieu, car elle ne se sou-
met pas à la loi de Dieu; en effet, elle ne le peut
même pas. Et ceux qui sont dans la chair ne peu- 8
vent pas plaire à Dieu. Or vous, vous n'êtes pas 9
dans la chair, mais dans l'Esprit[c], si du moins l'Esprit de Dieu habite en vous; mais si quelqu'un n'a
pas l'Esprit de Christ, il n'est pas de lui[d]. Mais si 10
Christ est en vous, le corps° est bien mort à cause
du péché, mais l'Esprit est vie à cause de la justice.
Et si l'Esprit de celui qui a ressuscité Jésus d'entre 11
les morts habite en vous, celui qui a ressuscité le
Christ d'entre les morts vivifiera aussi vos corps°
mortels, à cause de son Esprit qui habite en vous.

Ainsi donc, frères, nous sommes débiteurs, non 12
pas envers la chair° pour vivre selon la chair; car 13
si vous vivez selon la chair, vous mourrez[e]; mais
si, par l'Esprit, vous faites mourir les actions du
corps, vous vivrez. En effet, tous ceux qui sont 14
conduits par l'Esprit de Dieu, ceux-là sont fils de

---

a• *ce verset se rattache à* 5. 1-11; *voir aussi* 5. 16, 18. – b• *ou* : libéré (*voir* Jean 8. 32, *et note*). – c• *Le Saint Esprit lui-même et l'état spirituel du croyant sont souvent trop intimement liés dans ces* v. 1 à 11, *pour faire la différence entre* Esprit *et* esprit, *et les séparer l'un de l'autre; voir* 1. 4; 8. 15, 16, *et note.* – d• *ou* : à lui. – e• *plus exactement* : vous allez mourir (vous allez vers la mort).

15 Dieu. Car vous n'avez pas reçu un esprit de servitude pour être de nouveau dans la crainte, mais
vous avez reçu l'Esprit[a] d'adoption, par lequel
16 nous crions : Abba[b], Père ! L'Esprit lui-même rend
témoignage avec notre esprit que nous sommes
17 enfants de Dieu ; et si nous sommes enfants, nous
sommes aussi héritiers ; héritiers de Dieu, cohéritiers de Christ° – si du moins nous souffrons avec
lui, afin que nous soyons aussi glorifiés avec lui.
18 J'estime, en effet, que les souffrances du temps
présent ne sont pas dignes d'être comparées avec
19 la gloire à venir qui doit nous être révélée. Car la
création attend, d'une vive attente, la révélation
20 des fils de Dieu ; en effet, la création a été assujettie à la vanité (non de son propre gré, mais à cause
21 de celui qui l'a assujettie), dans l'espérance que la
création elle-même aussi sera délivrée de la servitude de la corruption, pour jouir de la liberté de la
22 gloire des enfants de Dieu. Car nous savons que
toute la création ensemble soupire ; elle est en tra-
23 vail[c] jusqu'à maintenant ; et non seulement elle,
mais nous-mêmes aussi qui avons les prémices° de
l'Esprit, nous soupirons intérieurement, attendant
24 l'adoption, la délivrance[d] de notre corps°. Car
c'est en espérance que nous avons été sauvés ; or
voir ce qu'on espère n'est pas une espérance : ce
25 que quelqu'un voit, l'espère-t-il ? Mais si ce que
nous ne voyons pas, nous l'espérons, nous l'attendons avec patience.
26 De même aussi l'Esprit nous est en aide dans notre
faiblesse ; car nous ne savons pas ce qu'il faut demander comme il convient ; mais l'Esprit lui-
27 même intercède par des soupirs inexprimables ; et
celui qui sonde les cœurs sait quelle est la pensée
de l'Esprit, parce qu'il intercède pour les saints°,
28 selon Dieu ; mais nous savons[e] que toutes choses

a• *ou* : un esprit ; *voir* 1. 4 ; 8. 9. – b• Père, *en araméen* ; *comp.* Galates 4. 6 ; Marc 14. 36. – c• *dans le sens de* : souffre les douleurs de l'enfantement. – d• *avec l'idée qu'un prix a été payé ; ailleurs :* rédemption°. – e• *se rattache à* : nous ne savons pas, *du* v. 26.

travaillent ensemble pour le bien de ceux qui aiment Dieu, de ceux qui sont appelés selon son dessein[a]. Car ceux qu'il a préconnus, il les a aussi pré- 29
destinés° à être conformes à l'image de son Fils,
pour qu'il soit premier-né parmi beaucoup de frères. Et ceux qu'il a prédestinés, il les a aussi appe- 30
lés ; et ceux qu'il a appelés, il les a aussi justifiés ;
et ceux qu'il a justifiés, il les a aussi glorifiés.

Que dirons-nous donc devant tout cela ? Si Dieu 31
est pour nous, qui sera contre nous ? Celui même 32
qui n'a pas épargné son propre Fils, mais qui l'a livré pour nous tous, comment ne nous fera-t-il pas
don aussi, librement, de toutes choses avec lui ?
Qui intentera une accusation contre des élus° de 33
Dieu ? – C'est Dieu qui justifie ! Qui est celui qui 34
condamne ? – C'est Christ° qui est mort, bien plus,
qui est aussi ressuscité, qui est aussi à la droite de
Dieu, qui aussi intercède pour nous ! Qui est-ce 35
qui nous séparera de l'amour du Christ ? Tribulation, détresse, persécution, famine, dénuement,
péril, épée ? Comme il est écrit : "À cause de toi, 36
nous sommes mis à mort tout le jour ; nous avons
été estimés comme des brebis de boucherie"[b]. Au 37
contraire, dans toutes ces circonstances, nous sommes plus que vainqueurs par celui qui nous a aimés. Car je suis assuré que ni mort, ni vie, ni anges, 38
ni pouvoirs, ni choses présentes, ni choses à venir,
ni puissances, ni hauteur, ni profondeur, ni au- 39
cune autre créature ne pourra nous séparer de
l'amour de Dieu, qui est dans le Christ Jésus notre
Seigneur.

Je dis la vérité° en Christ° ; je ne mens pas, ma **9**
conscience m'en rend témoignage par l'Esprit
Saint° : j'ai dans le cœur une grande tristesse et 2
une douleur continuelle, car moi-même j'ai sou- 3
haité être anathème[c], séparé du Christ, pour mes
frères, mes parents selon la chair, qui sont Israéli- 4

---

a• *ou* : propos, plan, ce qu'il s'est proposé. – b• Psaume 44. 22. – c• objet de malédiction.

tes, à qui appartiennent l'adoption, la gloire, les al-
liances°, le don de la Loi[a], le service° divin et les
5 promesses; ils ont les pères[b], et c'est d'eux que, selon la chair, est issu le Christ, qui est sur toutes
choses Dieu béni éternellement. Amen !
6 Pour autant, la parole de Dieu n'est pas sans effet[c], car tous ceux qui sont issus d'Israël ne sont
7 pas Israël; et tout en étant la descendance d'Abraham, ils ne sont pas non plus tous enfants; mais :
"En Isaac te sera appelée une descendance"[d]; au-
8 trement dit : ce ne sont pas les enfants de la chair
qui sont enfants de Dieu, mais ce sont les enfants
de la promesse qui sont comptés pour descen-
9 dance. Car c'est une parole de promesse que celle-
ci : "À pareille époque, je reviendrai, et Sara aura
10 un fils"[e]. Plus encore, il en fut ainsi pour Rebecca,
11 lorsqu'elle conçut d'un, d'Isaac, notre père : car,
avant que les enfants[f] soient nés et qu'ils aient
rien fait de bien ou de mal (afin que le dessein[g] de
Dieu selon l'élection°[h] demeure, non sur la base
12 des œuvres, mais de celui qui appelle), il lui fut
dit : "Le plus grand sera asservi au plus petit"[i];
13 ainsi qu'il est écrit : "J'ai aimé Jacob, et j'ai haï
Ésaü"[j].
14 Que dirons-nous donc ? Y aurait-il de l'injustice
15 en Dieu ? Absolument pas ! Car il dit à Moïse : "Je
ferai miséricorde à qui je fais miséricorde, et j'au-
16 rai compassion de qui j'ai compassion"[k]. Ainsi,
cela ne dépend pas de celui qui veut ou de celui
17 qui court, mais de Dieu qui fait miséricorde. Car
l'Écriture dit au Pharaon : "C'est pour cela même
que je t'ai suscité, pour montrer en toi ma puissance et pour que mon nom soit proclamé dans
18 toute la terre"[l]. Ainsi, il fait miséricorde à qui il
veut, et il endurcit qui il veut.

---

a• le privilège d'avoir reçu la Loi. – b• les patriarches. – c• *litt.* : tombée, caduque. – d• Genèse 21. 12. – e• Genèse 18. 10. – f• *les enfants d'Isaac, Ésaü et Jacob, étaient jumeaux; voir* Genèse 25. 24-26. – g• *comp.* 8. 28 *et note.* – h• son libre choix. – i• Genèse 25. 23. – j• Malachie 1. 2-3. – k• Exode 33. 19. – l• Exode 9. 16.

Alors tu me diras : Pourquoi fait-il encore des re- 19
proches ? car qui résiste à sa volonté ? Mais plutôt 20
toi, créature humaine, qui es-tu donc, pour contester contre Dieu ? La chose formée dira-t-elle à celui
qui l'a formée : Pourquoi m'as-tu faite ainsi ? Le 21
potier n'a-t-il pas pouvoir sur l'argile pour faire de
la même pâte un vase à honneur[a] et un autre à
déshonneur[b] ? Et que dire si Dieu, voulant mon- 22
trer sa colère et faire connaître sa puissance, a supporté avec une grande patience des vases de colère
tout préparés pour la destruction – et s'il a voulu 23
faire connaître les richesses de sa gloire dans des
vases de miséricorde qu'il a préparés d'avance
pour la gloire… ? nous, qu'il a aussi appelés, non 24
seulement d'entre les Juifs, mais aussi d'entre les
nations°. C'est ce qu'il dit dans Osée : "J'appellerai 25
mon peuple celui qui n'était pas mon peuple, et
bien-aimée celle qui n'était pas bien-aimée"[c] ; "et 26
il arrivera que, dans le lieu où il leur a été dit :
Vous n'êtes pas mon peuple, là, ils seront appelés
fils du Dieu vivant"[d]. De son côté, Ésaïe s'écrie au 27
sujet d'Israël : "Quand le nombre des fils d'Israël
serait comme le sable de la mer, le reste° seul sera
sauvé. Car il achève et abrège l'affaire en justice, 28
parce que le Seigneur* fera une affaire abrégée
sur la terre"[e]. Et comme Ésaïe a dit auparavant : 29
"Si l'Éternel des armées ne nous avait pas laissé
une descendance, nous serions devenus comme
Sodome et nous aurions été semblables à Gomorrhe"[f].

Que dirons-nous donc ? Que les nations°, qui ne 30
poursuivaient pas la justice, ont trouvé la justice,
la justice qui vient[g] de la foi ; mais Israël, poursui- 31
vant une loi de justice, n'est pas parvenu à cette
loi. Pourquoi ? – Parce que ce n'a pas été sur la 32
base de la foi, mais comme sur la base des œuvres :

---

a• à honneur : *traduction littérale qu'on peut comprendre ainsi : pour un usage honorable, noble.* – b• à déshonneur : *traduction littérale qu'on peut comprendre ainsi : pour un usage vil ou ordinaire.* – c• Osée 2. 23. – d• Osée 1. 10. – e• Ésaïe 10. 22, 23. – f• Ésaïe 1.9. – g• *litt.* : qui est sur la base.

ils ont heurté contre la pierre d'achoppement,
33 comme il est écrit : "Voici, je mets en Sion une
pierre d'achoppement° et un rocher de chute°",
et "celui qui croit en lui ne sera pas confus"[a].

10 Frères, le souhait de mon cœur et la supplication que j'adresse à Dieu pour eux[b], c'est qu'ils
2 soient sauvés : je leur rends témoignage qu'ils ont
du zèle pour Dieu, mais non pas selon la connais-
3 sance. Car, ignorant la justice de Dieu, et cherchant à établir leur propre justice, ils ne se sont
4 pas soumis à la justice de Dieu : en effet, Christ°
est la fin de la Loi pour justice à quiconque croit.
5 Car Moïse décrit ainsi la justice qui vient[c] de la
Loi : "L'homme qui aura pratiqué ces choses vivra
6 par elles"[d]. Mais la justice qui vient[c] de la foi parle
ainsi : Ne dis pas en ton cœur : "Qui montera au
ciel ?" – c'est-à-dire pour en faire descendre Christ ;
7 ou : "Qui descendra dans l'abîme ?" – c'est-à-dire
8 pour faire monter Christ d'entre les morts. Mais
que dit-elle ? "La parole est près de toi, dans ta
bouche et dans ton cœur"[e], c'est-à-dire la parole
9 de la foi, que nous prêchons : Si, de ta bouche, tu
reconnais[f] Jésus comme Seigneur°, et si tu crois
dans ton cœur que Dieu l'a ressuscité d'entre les
10 morts, tu seras sauvé. Car du cœur on croit pour
la justice, et de la bouche on le déclare[f] pour le sa-
11 lut°. En effet, l'Écriture dit : "Quiconque croit en
12 lui ne sera pas confus"[g]. Car il n'y a pas de différence entre Juif et Grec[h], le même Seigneur de
tous étant riche envers tous ceux qui l'invoquent ;
13 en effet, "quiconque invoquera le nom du Seigneur sera sauvé"[i].
14 Comment donc invoqueront-ils celui en qui ils
n'ont pas cru ? Et comment croiront-ils en celui

---

a• Ésaïe 8. 14 ; 28. 16. – b• *voir* 9. 3 (les Israélites). – c• *litt.* : qui est sur la base. – d• Lévitique 18. 5. – e• Deutéronome 30. 12-14 ; *voir* Proverbes 30. 4 ; *comp.* Éphésiens 4. 8-10. – f• reconnais (v. 9) *et* déclare (v. 10) *traduisent le même verbe grec.* – g• Ésaïe 28. 16. – h• Juif et non-Juif. – i• Joël 2. 32.

dont ils n'ont pas entendu parler ? Et comment en
entendront-ils parler sans quelqu'un qui prêche ?
Et comment prêcheront-ils, s'ils ne sont pas en- 15
voyés ? Ainsi qu'il est écrit : "Combien sont beaux
les pieds de ceux qui annoncent la paix, de ceux
qui annoncent de bonnes nouvelles"[a]. Mais tous 16
n'ont pas obéi à l'évangile° ; car Ésaïe dit : "Seigneur*, qui a cru à ce que nous avons fait entendre ?"[b]. Ainsi la foi vient de ce qu'on entend – et 17
ce qu'on entend par la parole de Dieu. Mais je 18
dis : N'auraient-ils pas entendu ? Bien sûr que si !
"Leur voix est allée par toute la terre, et leurs paroles jusqu'aux extrémités de la terre habitée"[c]. Mais 19
je dis : Israël n'aurait-il pas compris ? Moïse, le premier, dit : "Je vous exciterai à la jalousie par ce qui
n'est pas une nation ; je vous provoquerai à la colère par une nation sans intelligence"[d]. Ésaïe s'en- 20
hardit jusqu'à dire : "J'ai été trouvé de ceux qui ne
me cherchaient pas, et j'ai été manifesté à ceux
qui ne s'enquéraient pas de moi"[e]. Mais à l'égard 21
d'Israël il dit : "Tout le long du jour, j'ai étendu
mes mains vers un peuple désobéissant et contre-
disant"[f].

Je dis donc : Dieu aurait-il rejeté son peuple ? **11**
Absolument pas ! Car je suis moi-même Israélite,
de la descendance d'Abraham, de la tribu de Benjamin. Dieu n'a pas rejeté son peuple, qu'il a pré- 2
connu. Ne savez-vous pas ce que dit l'Écriture
dans l'histoire d'Élie, comment il fait requête à
Dieu contre Israël ? "Seigneur*, ils ont tué tes pro- 3
phètes ; ils ont renversé tes autels ; moi, je suis
resté seul, et ils cherchent ma vie"[g]. Mais que lui 4
révèle la réponse divine ? "Je me suis réservé sept
mille hommes, ceux qui n'ont pas fléchi le genou
devant Baal"[h]. De même, actuellement aussi, sub- 5

---

a• Ésaïe 52. 7. – b• Ésaïe 53. 1. – c• Psaume 19. 4. – d• Deutéronome 32. 21. – e• Ésaïe 65. 1. – f• Ésaïe 65. 2. – g• 1 Rois 19. 10. – h• 1 Rois 19. 18 (*Baal était le dieu des Phéniciens et des Cananéens*).

6 siste un reste° selon l'élection°[a] de la grâce. Or, si
c'est par la grâce°, ce n'est plus sur la base des œu-
7 vres, autrement la grâce n'est plus la grâce. Que
dire alors ? Ce qu'Israël recherche, il ne l'a pas obtenu, mais l'élection l'a obtenu ; quant aux autres,
8 ils ont été endurcis, ainsi qu'il est écrit : "Dieu leur
a donné un esprit de torpeur, des yeux pour ne pas
voir et des oreilles pour ne pas entendre, jusqu'à
9 ce jour"[b]. Et David dit : "Que leur table devienne
pour eux un filet, un piège, une occasion de chute°
10 et un juste châtiment ; que leurs yeux soient obscurcis pour ne pas voir ; et fais-leur continuellement courber le dos"[c].
11 Je dis donc : Auraient-ils bronché afin de tomber[d] ? Absolument pas ! Mais par leur chute[e], le salut parvient aux nations° pour provoquer leur ja-
12 lousie. Or, si leur chute est la richesse du monde,
et leur amoindrissement, la richesse des nations°,
13 combien plus le sera leur plénitude[f] ! Car je parle
à vous, nations : dans la mesure même où je suis,
moi, en effet, apôtre° des nations, je glorifie mon
14 ministère, si de quelque manière je peux provoquer la jalousie de mon peuple et sauver quel-
15 ques-uns d'entre eux. Car si leur mise à l'écart est
la réconciliation du monde, que sera leur récep-
tion, sinon la vie d'entre les morts !
16 Or, si les prémices° sont saintes, la pâte[g] l'est
aussi ; et si la racine est sainte, les branches le sont
17 aussi. Si certaines des branches ont été arrachées,
et si toi, qui étais un olivier sauvage, tu as été
greffé au milieu d'elles, pour participer avec elles,
18 par la racine, à la sève de l'olivier[h], ne te glorifie
pas aux dépens des branches ; si tu te glorifies, ce
n'est pas toi qui portes la racine, mais c'est la ra-
19 cine qui te porte. Tu diras donc : Les branches ont

---

a• *voir* 9. 11. – b• Ésaïe 29. 10 ; Deutéronome 29. 4. – c• Psaume 69. 22, 23. – d• tomber (*définitivement*). – e• *ou* : faute. – f• *c.-à-d.* : leur pleine restauration. – g• *ou* : la masse, *c.-à-d. tout l'ensemble.* – h• *voir* Juges 9. 8, 9 ; Jérémie 11. 16, 17. *L'olivier cultivé figure Israël ; l'olivier sauvage, les croyants des nations°.*

été arrachées, afin que moi je sois greffé. Fort 20
bien ! Elles ont été arrachées pour cause d'incrédulité, et toi, c'est par la foi que tu es debout. Ne
t'enorgueillis pas, mais crains : si, de fait, Dieu n'a 21
pas épargné les branches naturelles, peut-être ne
t'épargnera-t-il pas non plus. Considère donc la 22
bonté et la sévérité de Dieu : la sévérité à l'égard
de ceux qui sont tombés ; la bonté de Dieu à ton
égard, si tu persévères dans cette bonté ; autrement, toi aussi, tu seras coupé. Eux aussi, s'ils ne 23
persévèrent pas dans l'incrédulité, seront greffés,
car Dieu est puissant pour les greffer de nouveau.
Si toi, en effet, tu as été coupé de l'olivier qui selon 24
la nature était sauvage, et as été greffé contre nature sur l'olivier cultivé, combien plus ceux-là,
branches dont c'est la nature, seront-ils greffés sur
leur propre olivier !

Car je ne veux pas, frères, que vous ignoriez ce 25
mystère°, afin que vous ne soyez pas sages à vos
propres yeux : c'est qu'un endurcissement partiel
est arrivé à Israël jusqu'à ce que la plénitude des
nations° soit entrée ; et ainsi tout Israël sera sauvé, 26
comme il est écrit : “Il viendra de Sion, le Libérateur ; il détournera de Jacob l'impiété. Et voilà ce 27
que sera pour eux mon alliance°, lorsque j'ôterai
leurs péchés”[a]. En ce qui concerne l'évangile°, ils 28
sont ennemis à cause de vous ; mais en ce qui
concerne l'élection°[b], ils sont bien-aimés à cause
des pères[c]. Car les dons de grâce° et l'appel de 29
Dieu sont irrévocables. En effet, de même que 30
vous avez été autrefois désobéissants à Dieu, et
que maintenant vous êtes devenus des objets de
miséricorde par leur désobéissance, de même eux 31
aussi ont été maintenant désobéissants à la miséricorde dont vous êtes les objets, afin qu'à leur tour
ils deviennent des objets de miséricorde. Car Dieu 32
les[d] a tous renfermés dans la désobéissance, afin
de faire miséricorde à tous.

---

a • Ésaïe 59. 20, 21. – b • *voir* 9. 11. – c • les patriarches (*comme* 9. 5). – d • Juifs et nations°.

33 Ô profondeur des richesses et de la sagesse et de la
connaissance de Dieu ! Que ses jugements sont in-
34 sondables et ses voies indiscernables[a] ! Car qui a
connu la pensée du Seigneur*, ou qui a été son
35 conseiller ? Qui lui a donné le premier, pour qu'il
36 lui soit rendu ? Car de lui, et par lui, et pour lui,
sont toutes choses ! À lui la gloire éternellement !
Amen.

12 Je vous exhorte donc[b], frères, par les compassions de Dieu, à présenter vos corps° en sacrifice
vivant, saint, agréable à Dieu, ce qui est votre ser-
2 vice° intelligent[c]. Et ne vous conformez pas à ce
monde ; mais soyez transformés par le renouvellement de votre intelligence, pour discerner ce
qu'est la bonne, agréable et parfaite volonté de
Dieu.
3 Car, par la grâce qui m'a été donnée, je dis à chacun de ceux qui sont parmi vous de ne pas avoir
une haute pensée de lui-même, au-dessus de celle
qu'il convient d'avoir, mais de penser de manière
à avoir de saines pensées, selon la mesure de foi
4 que Dieu a départie à chacun. De même, en effet,
que dans un seul corps nous avons beaucoup de
membres et que tous les membres n'ont pas la
5 même fonction, ainsi, nous qui sommes beaucoup,
sommes un seul corps° en Christ et, chacun indivi-
6 duellement, membres les uns des autres. Mais
puisque nous avons des dons de grâce différents,
selon la grâce qui nous a été donnée – est-ce la prophétie ? prophétisons selon la proportion de la foi ;
7 le service ? soyons occupés du service ; celui qui en-
8 seigne, qu'il s'applique à l'enseignement ; celui qui
exhorte, à l'exhortation ; celui qui distribue, qu'il
le fasse avec simplicité[d] ; celui qui est à la tête[e],

---

a• *litt.* : dont on ne peut trouver les traces ; *voir* Psaume 77. 19. – b• *Les exhortations pratiques qui commencent ici* (*jusqu'à* 15. 32) *prennent pour base la doctrine exposée au ch.* 6 (*notamment* v. 13). – c• *ou* : conforme à la Parole. – d• *ou* : avec intégrité, libéralement. – e• *c.-à-d.* : montre l'exemple, aide (*comp.* 1 Timothée 5. 17).

qu'il conduise soigneusement[a] ; celui qui exerce la
miséricorde, qu'il le fasse joyeusement.
Que l'amour soit sans hypocrisie ; ayez en hor- 9
reur le mal, tenez ferme au bien ; quant à l'amour 10
fraternel, soyez pleins d'affection les uns pour les
autres ; quant à l'honneur, soyez les premiers à le
rendre les uns aux autres ; quant à l'activité[b], pas 11
paresseux ; fervents en esprit ; servez le Seigneur ;
réjouissez-vous dans l'espérance ; soyez patients 12
dans la tribulation, persévérants dans la prière ;
subvenez aux besoins des saints° ; appliquez-vous 13
à l'hospitalité.
Bénissez ceux qui vous persécutent ; bénissez et ne 14
maudissez pas. Réjouissez-vous avec ceux qui se 15
réjouissent, et pleurez avec ceux qui pleurent ;
ayez une même pensée les uns envers les autres ; 16
au lieu de penser à ce qui est élevé, associez-vous
à ce qui est humble. Ne soyez pas sages à vos propres yeux ; ne rendez à personne mal pour mal ; 17
proposez-vous ce qui est honnête devant tous les
hommes ; s'il est possible, autant que cela dépend 18
de vous, vivez en paix avec tous les hommes ; ne 19
vous vengez pas vous-mêmes, bien-aimés, mais
laissez agir la colère[c], car il est écrit : "À moi la
vengeance ; moi je rendrai, dit le Seigneur*"[d]. Au 20
contraire, "si ton ennemi a faim, donne-lui à manger ; s'il a soif, donne-lui à boire ; car en agissant
ainsi, tu entasseras des charbons de feu sur sa tête"[e]. Ne sois pas surmonté par le mal, mais sur- 21
monte le mal par le bien.

Que toute âme se soumette aux autorités qui **13**
sont au-dessus d'elle ; car il n'existe pas d'autorité,
si ce n'est par Dieu, et celles qui existent sont établies par Dieu, de sorte que celui qui résiste à l'au- 2
torité résiste à l'ordre établi par Dieu ; et ceux qui
résistent feront venir un jugement sur eux-mêmes.

---

a• *ou* : avec zèle. – b• *ou* : quant au zèle, *comme* v. 8 *et note*. – c• *c.-à-d.* : la colère de Dieu. – d• Deutéronome 32. 35. – e• Proverbes 25. 21-22.

3 Car les magistrats[a] ne sont pas à craindre pour une
bonne œuvre, mais pour une mauvaise. Veux-tu
ne pas craindre l'autorité ? Fais le bien, et tu rece-
4 vras d'elle une approbation ; en effet, le magistrat
est serviteur° de Dieu pour ton bien ; mais si tu
fais le mal, crains ; ce n'est pas en vain qu'il porte
l'épée[b], car il est serviteur de Dieu comme exécu-
5 teur de sa colère sur celui qui fait le mal. C'est
pourquoi il est nécessaire d'être soumis, non seulement par crainte de la colère, mais aussi à cause de
6 la conscience. C'est pour cela que vous payez aussi
les impôts ; car les magistrats sont ministres de
Dieu, s'appliquant constamment à cette fonction.
7 Rendez à tous ce qui leur est dû : à qui l'impôt,
l'impôt ; à qui les taxes, les taxes ; à qui la crainte,
la crainte ; à qui l'honneur, l'honneur.
8 Ne devez rien à personne, sinon de vous aimer les
uns les autres, car celui qui aime les autres a ac-
9 compli la Loi. En effet, ce qui est dit : "Tu ne commettras pas d'adultère, tu ne tueras pas, tu ne voleras pas, tu ne convoiteras pas"[c] – et quelque
autre commandement° que ce soit – est résumé
dans cette parole : "Tu aimeras ton prochain°
comme toi-même"[d]. L'amour ne fait pas de mal
10 au prochain ; l'amour donc est le tout[e] de la Loi.
11 De plus, nous connaissons le temps actuel : c'est
déjà l'heure de nous réveiller du sommeil, car
maintenant le salut° est plus près de nous que
12 lorsque nous avons cru ; la nuit est très avancée et
le jour° s'est approché ; rejetons donc les œuvres
des ténèbres, et revêtons les armes de la lumière.
13 Conduisons-nous honnêtement, comme en plein
jour, sans orgies ni abus de boisson, sans impudicités ni débauches, sans esprit de querelle ni de ja-
14 lousie. Mais revêtez le Seigneur Jésus Christ et ne

---

a• *au sens de* : responsables de l'autorité, *en général* (dirigeants, gouvernants, chefs). – b• *c.-à-d.* : qu'il a le droit et le pouvoir de punir. – c• Exode 20. 13-17. – d• Lévitique 19. 18. – e• *ou* : la plénitude, le plein accomplissement.

prenez pas soin de la chair° pour satisfaire ses
convoitises.

Quant à celui qui est faible dans la foi, recevez- **14**
le, non pas pour décider sur des points sujets à discussion. L'un croit pouvoir manger de tout ; l'au- 2
tre, qui est faible, mange des légumes[a] : que celui 3
qui mange ne méprise pas celui qui ne mange
pas ; et que celui qui ne mange pas ne juge pas celui qui mange, car Dieu l'a reçu. Qui es-tu, toi qui 4
juges le domestique d'autrui ? C'est pour son propre maître qu'il se tient debout ou qu'il tombe ; et
il sera maintenu debout, car le Seigneur est puissant pour le maintenir debout. L'un estime un 5
jour plus qu'un autre jour, et l'autre estime tous
les jours égaux : que chacun soit pleinement persuadé dans son propre esprit. Celui qui fait atten- 6
tion au jour le fait à cause du Seigneur ; et celui
qui mange, mange à cause du Seigneur, car il rend
grâces à Dieu ; celui qui s'abstient de manger[b]
s'abstient à cause du Seigneur et il rend grâces à
Dieu. En effet, aucun de nous ne vit pour lui- 7
même et aucun ne meurt pour lui-même : car si 8
nous vivons, c'est en ayant égard au Seigneur ; et
si nous mourons, c'est en ayant égard au Seigneur ;
donc, que nous vivions ou que nous mourions,
nous sommes au Seigneur. En effet, c'est pour ceci 9
que Christ° est mort et a repris vie : c'est afin
d'être seigneur à la fois sur les morts et sur les vivants.
Mais toi, pourquoi juges-tu ton frère ? Ou encore, 10
toi, pourquoi méprises-tu ton frère ? Car nous
comparaîtrons tous devant le tribunal de Dieu ; il 11
est écrit, en effet : "Je suis vivant, dit le Seigneur* :
tout genou se ploiera devant moi et toute langue
me reconnaîtra comme étant Dieu"[c]. Ainsi, cha- 12
cun de nous rendra compte pour lui-même à Dieu.

---

a • *allusion aux scrupules des chrétiens d'origine juive, qui s'abstenaient de certains aliments impurs* (Lévitique 11). – b • *voir* v. 2, *et note.* – c • Ésaïe 45. 23.

13 Ne nous jugeons donc plus l'un l'autre ; mais jugez
plutôt ceci, de ne pas mettre une pierre d'achop-
pement° ou une occasion de chute° devant votre
14 frère. Je sais et je suis persuadé dans le Seigneur
Jésus que rien n'est souillé en soi ; mais si quelqu'un croit qu'une chose est souillée, elle est souil-
15 lée pour lui. Car si, à cause d'un aliment, ton frère
est peiné, tu ne marches plus selon l'amour. Par
ton aliment, ne cause pas la perte de celui pour le-
16 quel Christ est mort. Que ce qui est bien en vous
17 ne soit donc pas blâmé. Car le royaume de Dieu,
ce n'est pas manger et boire, mais justice, paix et
18 joie dans l'Esprit Saint° : celui qui en cela sert le
Christ est agréable à Dieu et approuvé des hommes.
19 Ainsi donc, poursuivons ce qui tend à la paix et
20 ce qui tend à l'édification mutuelle. À cause d'un
aliment, ne détruis pas l'œuvre de Dieu. Toutes
choses, il est vrai, sont pures ; mais c'est un mal
21 pour l'homme de manger en faisant trébucher. Il
est bon de ne pas manger de viande, de ne pas
boire de vin et de ne rien faire en quoi ton frère
22 trébuche, ou se scandalise°, ou est faible. Cette foi
que tu as, garde-la en toi-même devant Dieu ; bienheureux celui qui ne se juge pas lui-même dans ce
23 qu'il approuve[a] ; mais si quelqu'un mange en
ayant des doutes, il est condamné, parce que cela
ne procède pas de la foi. Or tout ce qui ne procède
pas de la foi est péché.

15 Mais nous devons, nous, les forts, porter les infirmités des faibles et non pas nous plaire à nous-
2 mêmes. Que chacun de nous cherche à plaire à
son prochain°, en vue du bien, pour l'édification.
3 En effet, le Christ° n'a pas cherché à plaire à lui-
même, mais comme il est écrit : "Les outrages de
4 ceux qui t'outragent sont tombés sur moi"[b]. Car
tout ce qui a été écrit auparavant l'a été pour no-

a• *ou* : examine, discerne (*voir* 12. 2, *et note*). – b• Psaume 69. 9.

tre instruction, afin que, par la patience et par la
consolation[a] des Écritures, nous ayons espérance.
Or que le Dieu de patience et de consolation vous 5
donne d'avoir entre vous un même sentiment selon le Christ Jésus, afin que, d'un commun accord, 6
d'une même bouche, vous glorifiiez le Dieu et
Père de notre Seigneur Jésus Christ. C'est pour- 7
quoi recevez-vous les uns les autres, comme aussi
le Christ vous a reçus, à la gloire de Dieu.

Je dis en effet que Jésus Christ a été serviteur de 8
la Circoncision° pour manifester la vérité° de
Dieu, afin de confirmer les promesses faites aux
pères[b], et afin que les nations° glorifient Dieu 9
pour sa miséricorde, ainsi qu'il est écrit : "C'est
pourquoi je te célébrerai parmi les nations, et je
psalmodierai à ton nom"[c]. Et encore, il dit : "Na- 10
tions, réjouissez-vous avec son peuple"[d]. Et en- 11
core : "Louez le Seigneur*, vous toutes les nations,
et que tous les peuples le célèbrent"[e]. Et encore 12
Ésaïe dit : "Elle paraîtra, la racine de Jessé[f], et il y
aura quelqu'un qui se lèvera pour gouverner les
nations ; c'est en lui que les nations espéreront"[g].
Que le Dieu d'espérance vous remplisse de toute 13
joie et paix en croyant, pour que vous abondiez en
espérance par la puissance de l'Esprit Saint°.

Personnellement je suis persuadé, mes frères, à 14
votre égard, que vous êtes vous-mêmes pleins de
bonté, remplis de toute connaissance et capables
de vous exhorter l'un l'autre. Mais, en quelque me- 15
sure, je vous ai écrit avec plus de hardiesse, frères,
comme si je réveillais vos souvenirs, à cause de la
grâce qui m'a été donnée par Dieu, pour que je 16
sois ministre du Christ Jésus envers les nations°,
exerçant le sacerdoce° dans l'évangile° de Dieu,
afin que l'offrande des nations soit agréable, étant
sanctifiée par l'Esprit Saint. J'ai donc de quoi me 17

---

a• *ou* : par l'encouragement (*ou* : le réconfort). – b• les patriarches *et, plus généralement,* les ancêtres (9. 5 ; 11. 28). – c• Psaume 18. 49. – d• Deutéronome 32. 43. – e• Psaume 117. 1. – f• Jessé, *ou* Isaï, *père de David* (Matthieu 1. 6). – g• Ésaïe 11. 10.

glorifier dans le Christ Jésus en ce qui concerne
18 l'œuvre de Dieu. Car je n'oserai rien mentionner
que Christ n'ait accompli par mon moyen pour
l'obéissance des nations[a], par parole et par œuvre,
19 par la puissance de miracles et de prodiges, par la
puissance de l'Esprit de Dieu ; de sorte que, depuis
Jérusalem et en rayonnant *jusqu'en Illyrie*[b], *j'ai*
20 pleinement annoncé l'évangile° du Christ. Ainsi,
je me suis attaché à évangéliser, non pas là où
Christ avait été prêché (afin de ne pas édifier sur
21 le fondement posé par autrui) mais, comme il est
écrit : "Ceux à qui il n'a pas été annoncé verront,
et ceux qui n'ont pas entendu comprendront"[c].
22 C'est pourquoi, à diverses reprises, j'ai été empê-
23 ché d'aller vers vous ; mais maintenant que je n'ai
plus sujet de m'arrêter dans ces régions, et comme
j'ai depuis plusieurs années un grand désir d'aller
24 vers vous, au cas où je me rendrais en Espagne...
j'espère, en effet, que je vous verrai à mon passage
et que vous me préparerez la route de ce côté-là,
quand j'aurai d'abord quelque peu profité de votre
25 présence. Mais maintenant, je vais à Jérusalem
26 pour le service des saints° ; car la Macédoine° et
l'Achaïe° ont trouvé bon de subvenir, par une
contribution, aux besoins des pauvres parmi les
27 saints° qui sont à Jérusalem. Oui, elles l'ont trouvé
bon et elles le leur doivent bien ; car si les nations°
ont participé à leurs biens spirituels, elles ont aussi
l'obligation de les servir dans le domaine matériel.
28 Donc, après que j'aurai achevé cette œuvre et leur
aurai remis ce fruit[d], je partirai pour l'Espagne en
29 passant par chez vous. Et je sais que, en allant auprès de vous, j'irai dans la plénitude de la bénédic-
30 tion de Christ°. Mais je vous exhorte, frères, par
notre Seigneur Jésus Christ et par l'amour de l'Esprit, à combattre avec moi dans vos prières à Dieu

---

a• comp. 1. 5. – b• *province romaine, au nord-ouest de la Macédoine, en bordure de l'Adriatique.* – c• Ésaïe 52. 15. – d• *litt.* : scellé ce fruit *(c.-à-d. : cette libéralité)* ; *voir* 2 Corinthiens 8. 1-6.

en ma faveur, afin que je sois délivré des incrédu- 31
les de Judée° et que mon service envers Jérusalem
soit agréable aux saints°, de sorte que j'aille vers 32
vous avec joie, par la volonté de Dieu, et que je
prenne avec vous quelque repos. Que le Dieu de 33
paix soit avec vous tous ! Amen.

Je vous recommande Phœbé, notre sœur, ser- **16**
vante de l'assemblée° qui est à Cenchrée[a], afin 2
que vous la receviez dans le Seigneur, comme il
convient à des saints°, et que vous l'assistiez dans
toute affaire pour laquelle elle aurait besoin de
vous : en effet, elle a été en aide à beaucoup, et à
moi-même. Saluez Prisca et Aquilas, mes compa- 3
gnons d'œuvre dans le Christ Jésus (qui, pour sau- 4
ver ma vie, ont risqué leur propre tête ; et je ne
suis pas seul à leur témoigner ma gratitude, mais
aussi toutes les assemblées° des nations°), ainsi 5
que l'assemblée° qui se réunit dans leur maison.
Saluez Épaïnète, mon bien-aimé, qui est les prémi-
ces° de l'Asie° pour Christ. Saluez Marie, qui a 6
beaucoup travaillé pour vous. Saluez Andronique 7
et Junias, mes parents et mes compagnons de captivité, qui sont distingués parmi les apôtres°, qui
même ont été avant moi en Christ. Saluez Am- 8
plias, mon bien-aimé dans le Seigneur. Saluez Ur- 9
bain, notre compagnon d'œuvre en Christ, et Sta-
chys, mon bien-aimé. Saluez Appellès, approuvé 10
en Christ. Saluez ceux de chez Aristobule. Saluez 11
Hérodion, mon parent. Saluez ceux de chez Nar-
cisse qui sont dans le Seigneur. Saluez Tryphène 12
et Tryphose, elles qui travaillent dans le Seigneur.
Saluez Persis, la bien-aimée, qui a beaucoup travaillé dans le Seigneur. Saluez Rufus, l'élu dans le 13
Seigneur, et sa mère, qui est aussi la mienne. Saluez Asyncrite, Phlégon, Hermas, Patrobas, Her- 14
mès, et les frères qui sont avec eux. Saluez Philolo- 15
gue et Julie, Nérée et sa sœur, ainsi qu'Olympas, et
tous les saints° qui sont avec eux. Saluez-vous les 16

---

a • *port oriental de l'isthme de Corinthe.*

uns les autres par un saint baiser. Toutes les assem-
blées° du Christ° vous saluent.
17 Or je vous exhorte, frères, à avoir l'œil sur ceux
qui causent les divisions[a] et les occasions de
chute° par ce qui est contraire à la doctrine° que
18 vous avez apprise[b]; et éloignez-vous d'eux. Car de
telles gens ne servent pas notre Seigneur Christ,
mais leur propre ventre ; et par de douces paroles
et un beau langage, ils séduisent les cœurs des sim-
19 ples[c]. Votre obéissance, en effet, est venue à la
connaissance de tous. Je me réjouis donc à votre
sujet ; mais je désire que vous soyez sages quant
20 au bien et sans compromis[d] avec le mal. Le Dieu
de paix brisera bientôt Satan sous vos pieds. Que
la grâce de notre Seigneur Jésus soit avec vous !
21 Timothée, mon compagnon d'œuvre, ainsi que
Lucius, Jason et Sosipater, mes parents, vous saluent.
22 Moi, Tertius, qui ai écrit la lettre, je vous salue
23 dans le Seigneur. Gaïus, mon hôte et celui de
toute l'assemblée°, vous salue. Éraste, l'administrateur de la ville, et le frère Quartus vous saluent.
24 Que la grâce de notre Seigneur Jésus Christ soit
avec vous tous. Amen.
25 Or, à celui qui est puissant pour vous affermir
selon mon évangile° et la prédication de Jésus
Christ, selon la révélation du mystère° à l'égard
duquel le silence a été gardé dès les temps éternels
26 (mais il a été manifesté maintenant et, par des
Écrits prophétiques, il a été donné à connaître à
toutes les nations°, selon le commandement du
Dieu éternel, en vue de l'obéissance de la foi[e])…
27 au Dieu qui seul est sage, par Jésus Christ, à lui la
gloire éternellement ! Amen.

---

a• *ou* : dissensions, discordes. – b• *ou* : l'enseignement que vous avez reçu. – c• *ceux qui sont* sans malice (*et influençables*). – d• purs, *ou* : sans mélange ; *voir* Matthieu 10. 16 ; Philippiens 2. 15. – e• *comp.* 1. 5.

Première épître aux Corinthiens

Paul, apôtre° appelé[a] de Jésus Christ° par la vo- **1**
lonté de Dieu, et le frère Sosthène[b], à l'assemblée° 2
de Dieu qui est à Corinthe, aux sanctifiés dans le
Christ Jésus, saints° par appel[c], avec tous ceux qui
en tout lieu invoquent le nom de notre Seigneur
Jésus Christ, et leur Seigneur et le nôtre : Grâce et 3
paix à vous, de la part de Dieu notre Père et du
Seigneur Jésus Christ !

Je rends toujours grâces à mon Dieu pour vous, 4
à cause de la grâce° de Dieu qui vous a été donnée
dans le Christ° Jésus, de ce qu'à tous égards vous 5
avez été enrichis en lui en toute parole et toute
connaissance, selon que le témoignage° du Christ 6
a été confirmé au milieu de vous, si bien que vous 7
ne manquez d'aucun don de grâce pendant que
vous attendez la révélation de notre Seigneur
Jésus Christ. C'est lui qui vous affermira jusqu'à la 8
fin pour être irréprochables dans la journée de notre Seigneur Jésus Christ. Dieu est fidèle, lui par 9
qui vous avez été appelés à la communion de son
Fils Jésus Christ, notre Seigneur.

Mais je vous exhorte, frères, par le nom de notre 10
Seigneur Jésus Christ, à parler tous le même langage : qu'il n'y ait pas de divisions parmi vous;
soyez parfaitement unis dans un même sentiment
et dans un même avis. Car, mes frères, il m'a été 11
signalé à votre sujet par les proches de Chloé qu'il
y a des dissensions[d] parmi vous. Or voici ce que je 12
dis, c'est que chacun de vous parle ainsi : Moi, je
suis de Paul[e]; moi, d'Apollos[f]; moi, de Céphas[g];
et moi, de Christ. Le Christ est-il divisé ? Paul a-t-il 13

---

a• *comp.* Romains 1. 1, *et note.* – b• *voir* Actes 18. 17. – c• saints par l'appel *de Dieu.* – d• querelles, rivalités. – e• *c.-à-d.* : disciple, *ou* partisan de Paul. – f• Apollos : *voir* Actes 18. 24-28 ; 19. 1. – g• Céphas : *nom araméen de l'apôtre* Pierre (Jean 1. 42).

été crucifié pour vous ? ou avez-vous été baptisés
14 pour le nom de Paul ? Je rends grâces à Dieu de ce
que je n'ai baptisé aucun de vous, sinon Crispus et
15 Gaïus, afin que personne ne dise que j'ai baptisé
16 pour mon nom. J'ai bien aussi baptisé la maison°
de Stéphanas[a] ; du reste je ne sais pas si j'ai baptisé
17 quelqu'un d'autre. Car Christ ne m'a pas envoyé
baptiser, mais évangéliser°, non pas avec sagesse
de parole[b], afin que la croix du Christ ne soit pas
rendue vaine.

18 En effet, la parole[c] de la croix est folie pour ceux
qui périssent, mais pour nous qui obtenons le sa-
19 lut, elle est la puissance de Dieu[d]. Car il est écrit :
"Je détruirai la sagesse des sages et j'annulerai l'in-
20 telligence des intelligents"[e]. Où est le sage ? où est
le scribe° ? où est le raisonneur de ce siècle°[f] ?
Dieu n'a-t-il pas fait de la sagesse du monde une fo-
21 lie ? Puisque, en effet, dans la sagesse de Dieu, le
monde, par le moyen de la sagesse, n'a pas connu
Dieu, il a plu à Dieu, par la folie de la prédication,
22 de sauver ceux qui croient. Puisque les Juifs demandent des miracles, et que les Grecs recher-
23 chent la sagesse, nous, nous prêchons Christ crucifié, pour les Juifs occasion de chute°, pour les
24 nations° folie, mais pour ceux qui sont appelés,
aussi bien Juifs que Grecs°, Christ la puissance de
25 Dieu et la sagesse de Dieu. Car la folie de Dieu est
plus sage que les hommes, et la faiblesse de Dieu
est plus forte que les hommes.

26 En effet, considérez votre appel[g], frères : parmi
vous, il n'y a pas beaucoup de sages selon
l'homme, pas beaucoup de puissants, pas beau-
27 coup de nobles. Mais Dieu a choisi les choses folles
du monde pour couvrir de honte les hommes sages ; et Dieu a choisi les choses faibles du monde
28 pour couvrir de honte les choses fortes ; et Dieu a

---

a• *c.-à-d.* : l'ensemble des personnes qui habitent sa maison ; *voir* 16. 15. – b• *c.-à-d.* : avec l'habileté d'un orateur. – c• *ou* : le langage. – d• *comp.* Romains 1. 16. – e• Ésaïe 29. 14. – f• *comp.* Ésaïe 33. 18. – g• *c.-à-d.* : considérez qui vous êtes, vous qui avez été appelés par Dieu.

choisi les choses viles du monde, celles qui sont
méprisées et celles qui ne sont pas, pour annuler
celles qui sont – afin que personne ne se glorifie 29
devant Dieu. Or vous êtes de lui[a] dans le Christ 30
Jésus, qui nous a été fait sagesse de la part de
Dieu, et justice, et sainteté, et rédemption°, afin 31
que, comme il est écrit, "celui qui se glorifie, se glorifie dans le Seigneur*"[b].

Et moi, quand je suis allé auprès de vous, frères, **2**
ce n'est pas avec supériorité de parole ou de sagesse que je suis allé vous annoncer le témoi-
gnage° de Dieu ; car je n'ai pas jugé bon de savoir 2
quoi que ce soit parmi vous, sinon Jésus Christ, et
Jésus Christ crucifié. Moi-même j'ai été devant 3
vous dans la faiblesse, dans la crainte et dans un
grand tremblement. Ma parole et ma prédication 4
n'ont pas été en paroles persuasives de sagesse,
mais en démonstration de l'Esprit et de puissance,
afin que votre foi ne repose pas sur la sagesse des 5
hommes, mais sur la puissance de Dieu[c].

Mais nous parlons sagesse parmi les parfaits[d], 6
sagesse toutefois non pas de ce monde, ni des
chefs de ce monde, qui disparaissent ; nous parlons 7
la sagesse de Dieu en mystère°, la sagesse cachée
que Dieu avait préétablie avant les siècles pour notre gloire. Cette sagesse, aucun des chefs de ce 8
monde ne l'a connue (car s'ils l'avaient connue, ils
n'auraient pas crucifié le Seigneur de gloire) ; mais 9
comme il est écrit : "Ce que l'œil n'a pas vu, que
l'oreille n'a pas entendu, et qui n'est pas monté au
cœur de l'homme, ce que Dieu a préparé pour
ceux qui l'aiment"[e], Dieu nous l'a révélé par son 10
Esprit ; car l'Esprit sonde tout, même les choses
profondes de Dieu. Qui donc, parmi les hommes, 11
connaît les choses de l'homme, si ce n'est l'esprit

---

a• *c.-à-d., ici* : vous avez en lui votre origine. – b• Ésaïe 45. 25 ; Jérémie 9. 24. – c• *comp.* 1. 18-24. – d• *c.-à-d. : un langage de sagesse accessible aux croyants en état de maturité spirituelle* (parfaits *ou* hommes faits, adultes, *en contraste avec les* petits enfants : 3. 1). – e• Ésaïe 64. 4.

de l'homme qui est en lui ? Ainsi, personne ne
connaît les choses de Dieu non plus si ce n'est l'Esprit de Dieu.
12 Mais nous, nous avons reçu, non l'esprit du
monde, mais l'Esprit qui est de Dieu, afin que
nous connaissions ce qui nous a été librement
13 donné par Dieu ; et nous en parlons, non selon des
paroles enseignées par la sagesse humaine, mais
selon des paroles enseignées de l'Esprit, communi-
quant des choses spirituelles par des moyens spiri-
14 tuels[a]. Or l'homme naturel[b] ne reçoit pas les choses qui sont de l'Esprit de Dieu, car pour lui elles
sont folie ; et il ne peut pas les connaître, parce
15 qu'elles se discernent spirituellement. Mais celui
qui est spirituel discerne tout ; et lui-même n'est
16 discerné[c] par personne. Car "qui a connu la pensée du Seigneur* pour pouvoir l'instruire"[d] ? Mais
nous, nous avons la pensée de Christ°.

3 Pour moi, frères, je n'ai pas pu vous parler
comme à des hommes spirituels, mais comme à
des hommes charnels, comme à de petits enfants[e]
2 en Christ. Je vous ai donné du lait à boire, non pas
de la nourriture solide, car vous ne pouviez pas encore la supporter, et même maintenant encore
vous ne le pouvez pas, car vous êtes encore char-
3 nels. Du fait qu'il y a parmi vous jalousies et querelles, n'êtes-vous pas charnels et ne marchez-vous
4 pas à la manière des hommes ? En effet, quand
l'un dit : Moi, je suis de Paul[f] ; et un autre : moi,
d'Apollos, n'êtes-vous pas des hommes ?
5 Qu'est-ce donc qu'Apollos ? Qu'est-ce que Paul ?
Des serviteurs, par le moyen desquels vous avez
cru, selon le don que le Seigneur a accordé à cha-
6 cun d'eux. Moi, j'ai planté, Apollos a arrosé ; mais

---

a• *ou* : à des hommes spirituels (3. 1). – b• *litt.* : l'homme animal, *c.-à-d. : l'homme animé seulement par son âme créée, sans l'enseignement et la puissance du Saint Esprit (voir* Jude 19). – c• *c.-à-d.* : apprécié, compris. – d• Ésaïe 40. 13, 14 ; *comp.* Job 38. 2, 3 ; 39. 35. – e• *Le terme implique la notion de faiblesse et de manque de discernement.* – f• *voir* 1. 12, *et note.*

c'est Dieu qui a donné l'accroissement. Ainsi, ni 7
celui qui plante ne compte, ni celui qui arrose,
mais celui qui donne l'accroissement : Dieu. Or ce- 8
lui qui plante et celui qui arrose ne font qu'un ;
mais chacun recevra sa propre récompense selon
son propre travail. Car nous sommes collabora- 9
teurs[a] de Dieu ; vous êtes le champ[b] de Dieu, l'édifice de Dieu.

Selon la grâce de Dieu qui m'a été donnée, 10
comme un sage architecte, j'ai posé le fondement,
et un autre édifie dessus ; mais que chacun considère comment il édifie dessus. Car personne ne 11
peut poser d'autre fondement que celui qui est
posé, qui est Jésus Christ. Si quelqu'un édifie sur 12
ce fondement de l'or, de l'argent, des pierres précieuses, du bois, du foin, du chaume, l'ouvrage de 13
chacun sera mis en évidence, car le jour[c] le fera
connaître, parce qu'il est révélé en feu ; et ce
qu'est l'ouvrage de chacun, le feu l'éprouvera. Si 14
l'ouvrage que quelqu'un aura édifié dessus demeure, il recevra une récompense ; si l'ouvrage de 15
quelqu'un vient à être consumé, il en éprouvera
une perte, mais lui-même sera sauvé, toutefois
comme à travers le feu.
Ne savez-vous pas que vous êtes le temple° de 16
Dieu et que l'Esprit de Dieu habite en vous ? Si 17
quelqu'un corrompt le temple° de Dieu, Dieu le
détruira, car le temple° de Dieu est saint, et tels
vous êtes.

Que personne ne se trompe lui-même : si quel- 18
qu'un parmi vous a l'air d'être[d] sage dans ce siè-
cle°, qu'il devienne fou, afin de devenir sage ; car 19
la sagesse de ce monde est folie devant Dieu ; il est
écrit, en effet : "Celui qui prend[e] les sages dans
leurs ruses"[f], et encore : "Le Seigneur* connaît les 20
raisonnements des sages : ils sont vains"[g]. Ainsi, 21

---

a• *ou* : nous travaillons ensemble à l'œuvre de Dieu. – b• *ou* : le verger, la plantation (*comp.* Jean 15. 1-2). – c• *le moment où tout sera mis en lumière et jugé par lui.* – d• *ou* : pense être. – e• *au sens de* : prendre au piège. – f• Job 5. 13. – g• Psaume 94. 11.

que personne ne se glorifie dans les hommes, ca
22 tout est à vous, soit Paul, soit Apollos, soit Céphas
soit monde, soit vie, soit mort, soit choses présen
23 tes, soit choses à venir : tout est à vous, et vous
Christ, et Christ à Dieu.

4 Ainsi, que tout homme nous regarde comme de
serviteurs de Christ et des administrateurs de
2 mystères° de Dieu. Ici, du reste, ce qu'on demande
à des administrateurs, c'est que chacun soit trouvé
3 fidèle. Mais il m'importe fort peu d'être jugé pa
vous, ou d'avoir à répondre devant les hommes
4 et je ne me juge pas non plus moi-même. Car je
n'ai rien sur la conscience ; mais, pour autant, je
ne suis pas justifié : celui qui me juge, c'est le Sei
5 gneur. Ainsi ne jugez[a] rien avant le temps, jusqu'à
ce que le Seigneur vienne, lui qui mettra en lu
mière ce qui est caché dans les ténèbres, et mani
festera les intentions des cœurs ; et alors, pour cha
cun, l'approbation viendra de Dieu.
6 Frères, si j'en suis venu à parler de moi-même e
d'Apollos, c'est à cause de vous, afin qu'en nous
vous appreniez à ne pas élever vos pensées au-des
sus de ce qui est écrit, et que vous ne vous enfliez
7 pas en prenant parti pour l'un contre l'autre. Car
qui met de la différence entre toi et un autre ? Et
qu'as-tu, que tu n'aies reçu ? Et si tu l'as reçu, pour
quoi te glorifies-tu, comme si tu ne l'avais pas
8 reçu ? Déjà vous êtes rassasiés ! Déjà vous êtes ri
ches ! Vous avez régné sans nous ! Ah ! je voudrais
bien que vous régniez, afin que nous aussi nous ré
gnions avec vous !
9 Je pense, en effet, que Dieu nous a présentés les
derniers sur la scène, nous les apôtres°, comme
des gens voués à la mort ; car nous sommes deve
nus un spectacle pour le monde, pour les anges et
10 pour les hommes. Nous, nous sommes fous à cause
de Christ, mais vous, vous êtes sages en Christ

---

a• *Tandis qu'aux* v. 3 *et* 4, juger *signifie* : examiner, interroger
ici, le sens est : prononcer un jugement.

Nous sommes faibles, mais vous forts ! Vous êtes
en honneur, mais nous dans le mépris. Jusqu'à 11
cette heure, nous souffrons et la faim et la soif,
nous sommes dans le dénuement, nous sommes
maltraités et errants, nous prenons de la peine, 12
travaillant de nos propres mains ; injuriés, nous bénissons ; persécutés, nous le supportons ; calom-
niés, nous supplions : nous sommes devenus 13
comme les balayures du monde et le rebut de tous
jusqu'à maintenant. Ce n'est pas pour vous faire 14
honte que j'écris cela, mais je vous avertis comme
mes enfants bien-aimés. Car même si vous aviez 15
dix mille maîtres dans le Christ, vous n'avez cependant pas beaucoup de pères, car c'est moi qui vous
ai engendrés dans le Christ° Jésus par l'évangile°[a].
Je vous supplie donc d'être mes imitateurs. 16

C'est pourquoi je vous ai envoyé Timothée, qui 17
est mon enfant bien-aimé[b] et qui est fidèle dans le
Seigneur ; il vous rappellera ma conduite en
Christ, selon que j'enseigne partout dans chaque
assemblée°. Or certains se sont enflés d'orgueil, 18
comme si je ne devais pas aller vers vous ; mais 19
j'irai bientôt vers vous, si le Seigneur le veut, et je
connaîtrai, non pas la parole de ceux qui se sont
enflés d'orgueil, mais la puissance. Car le royaume 20
de Dieu n'est pas en parole, mais en puissance.
Que voulez-vous ? Que j'aille vers vous avec le bâ- 21
ton, ou avec amour et un esprit de douceur ?

On entend dire partout qu'il y a de la fornica- **5**
tion° parmi vous, et une fornication telle qu'elle
n'existe pas même parmi les nations°, au point
que quelqu'un aurait la femme de son père. Et 2
vous êtes enflés d'orgueil, et vous n'avez pas plutôt
mené deuil, afin que celui qui a commis cette action soit ôté[c] du milieu de vous !
Pour moi, étant absent de corps, mais présent en 3
esprit, j'ai déjà jugé, comme si j'étais présent

a• *voir* Actes 18. 1, 4-11. – b• *voir* 16. 10 *et* Actes 16. 1-3 ; 1 Timothée 1. 1-3, *etc.* – c• *ou* : exclu.

4 (vous et mon esprit étant assemblés, avec la puissance de notre Seigneur Jésus Christ), de livrer, au
nom de notre Seigneur Jésus Christ, celui qui a
5 ainsi commis cette action, oui, de livrer un tel
homme à Satan pour la destruction du corps, afin
que l'esprit soit sauvé dans la journée du Seigneur
6 Jésus. Votre prétention n'est pas bonne ; ne savez-
vous pas qu'un peu de levain fait lever la pâte tout
7 entière[a] ? Ôtez[b] le vieux levain, afin que vous
soyez une nouvelle pâte, comme vous êtes sans levain. Car aussi notre pâque°, Christ, a été sacri-
8 fiée : c'est pourquoi célébrons la fête, non avec du
vieux levain, ni avec un levain de mal et de méchanceté, mais avec des pains° sans levain de sincérité et de vérité.
9 Je vous ai écrit dans la lettre de ne pas avoir de
10 relations avec des fornicateurs°[c] ; non pas absolument avec les fornicateurs de ce monde, ou les cupides[d] et les ravisseurs[e], ou les idolâtres, puis-
11 qu'alors il vous faudrait sortir du monde ; mais en
fait, je vous ai écrit que, si quelqu'un appelé frère
est fornicateur°, ou avare, ou idolâtre, ou insul-
teur, ou ivrogne, ou ravisseur[e], vous n'ayez pas de
relations avec lui, que vous ne mangiez même pas
12 avec un tel homme. En effet est-ce à moi de juger[f]
ceux du dehors ? Vous, ne jugez-vous pas ceux du
13 dedans ? Mais ceux du dehors, Dieu les juge[f].
Ôtez[g] le méchant° du milieu de vous-mêmes.

6 Celui qui, parmi vous, a un différend avec un autre, ose-t-il entrer en procès devant les injustes et
2 non devant les saints° ? Ne savez-vous pas que les
saints jugeront le monde ? Et si le monde est jugé
par vous, êtes-vous indignes de juger les plus peti-

---

a• *comp.* Galates 5. 9. – b• *avec le sens de* : purifier (la pâte) en ôtant (*comp.* 2 Timothée 2. 21). – c• débauchés ; *voir* v. 1 : fornication°. – d• *désireux d'en avoir toujours plus, ou* : avares (v. 11). – e• *Le ravisseur dérobe avec violence, jusqu'au rapt et au crime.* – f• *pour le sens, voir* 4. 5, *et note (juger, ici, c'est prononcer un jugement).* – g• *avec le sens de* : *exclure* (*voir* v. 2).

tes affaires ? Ne savez-vous pas que nous jugerons 3
les anges ? et nous ne jugerions pas les affaires de
cette vie !

Si donc vous avez des litiges pour les affaires de 4
cette vie, établissez pour juges ceux qui sont le
moins estimés dans l'assemblée° ! Je parle pour 5
vous faire honte : ainsi il n'y a pas d'homme sage
parmi vous, pas même un seul, qui soit capable de
décider entre ses frères ? Mais un frère entre en 6
procès avec un frère, et cela devant les incrédules !
C'est, de toute manière, déjà une faute de votre 7
part d'avoir des procès entre vous. Pourquoi ne
supportez-vous pas plutôt des injustices ? Pourquoi ne vous laissez-vous pas plutôt causer du
tort ? Mais c'est vous qui faites des injustices et 8
qui causez du tort, et cela à des frères ! Ne savez- 9
vous pas que les injustes n'hériteront pas du royaume de Dieu ? Ne vous y trompez pas : ni fornica-
teurs°, ni idolâtres, ni adultères, ni efféminés, ni
les hommes qui couchent avec des hommes, ni vo- 10
leurs, ni cupides[a], ni ivrognes, ni insulteurs, ni ravisseurs[a] n'hériteront du royaume de Dieu. Et 11
quelques-uns de vous, vous étiez tels ; mais vous
avez été lavés, mais vous avez été sanctifiés°, mais
vous avez été justifiés au nom[b] du Seigneur Jésus,
et par[c] l'Esprit de notre Dieu.

Toutes choses me sont permises, mais toutes 12
choses ne sont pas avantageuses ; toutes choses
me sont permises, mais je ne me laisserai, moi, as-
servir par aucune. Les aliments sont pour le ven- 13
tre, et le ventre pour les aliments. Or Dieu réduira
à néant ceux-ci comme celui-là.
Or le corps° n'est pas pour la fornication°, mais il
est pour le Seigneur, et le Seigneur pour le corps.
Or Dieu a ressuscité le Seigneur ; il nous ressusci- 14
tera aussi par sa puissance. Ne savez-vous pas que 15
vos corps° sont des membres de Christ ? Prendrai-
je donc les membres du Christ pour en faire les

---

a• *voir* 5. 10, *et note.* – b• *litt.* : dans le nom (*dans la puissance du nom*). – c• *litt.* : dans (*la puissance de*).

membres d'une prostituée ? Certainement pas !
16 Ne savez-vous pas que celui qui est uni à une prostituée est un seul corps avec elle ? "Car les deux,
17 est-il dit, seront une seule chair"[a] ; mais celui qui
est uni au Seigneur est un seul esprit avec lui.
18 Fuyez la fornication° : quelque péché que
l'homme° commette, il est hors du corps, mais le
19 fornicateur pèche contre son propre corps. Ou
bien ne savez-vous pas que votre corps° est le tem-
ple° du Saint Esprit° qui est en vous et que vous
avez de Dieu ? et que vous n'êtes pas à vous-mê-
20 mes ? Car vous avez été achetés à prix[b] ! Glorifiez
donc Dieu dans votre corps.

7 Au sujet de ce que vous m'avez écrit, il est bon
2 pour l'homme de ne pas toucher de femme. Mais,
à cause de la fornication°, que chaque homme ait
sa propre femme, et chaque femme son mari à
3 elle. Que le mari rende à la femme ce qui lui est
4 dû, de même aussi la femme au mari. La femme
ne dispose pas de son propre corps, mais le mari ;
de même aussi le mari ne dispose pas de son pro-
5 pre corps, mais la femme. Ne vous privez pas l'un
l'autre, à moins que ce ne soit d'un consente-
ment mutuel, pour un temps, afin de vous appliquer à la prière, puis de vous trouver de nouveau
ensemble, afin que Satan ne vous tente pas à cause
de votre incapacité à vous maîtriser.
6 Or je dis ceci par indulgence, ce n'est pas un ordre ;
7 mais je voudrais que tous les hommes soient
comme moi – toutefois, chacun a son propre don
de grâce de la part de Dieu, l'un d'une manière, et
l'autre d'une autre.
8 Je dis à ceux qui ne sont pas mariés et aux veuves
9 qu'il leur est bon de demeurer comme moi. Mais

a• Genèse 2. 24. – b• *On peut aussi lire* : Et vous n'êtes pas à vous-mêmes ; car vous avez été achetés à prix ! ; *c.-à-d. : un prix a été payé pour vous acquérir (les souffrances et la mort de Christ).*

s'ils ne savent pas se maîtriser, qu'ils se marient,
car il vaut mieux se marier que de brûler.
Quant à ceux qui sont mariés, je leur enjoins, non 10
pas moi mais le Seigneur : que la femme ne soit
pas séparée du mari (et si elle est séparée, qu'elle 11
demeure sans être mariée, ou qu'elle se réconcilie
avec son mari) ; et que le mari n'abandonne pas sa
femme.
Mais aux autres, je dis, moi et non pas le Seigneur : 12
si un frère a une femme incrédule et qu'elle
veuille habiter avec lui, qu'il ne l'abandonne pas ;
si une femme a un mari incrédule et qu'il veuille 13
habiter avec elle, qu'elle n'abandonne pas son
mari. Car le mari incrédule est sanctifié° par la 14
femme, et la femme incrédule est sanctifiée° par
le frère, son mari ; sinon vos enfants seraient impurs ; alors qu'en fait ils sont saints. Si c'est l'incré- 15
dule qui s'en va, qu'il s'en aille ; le frère ou la sœur
n'est pas assujetti en pareil cas. Or Dieu nous a appelés à vivre dans la paix. Car que sais-tu, femme, 16
si tu ne sauveras pas ton mari ? ou que sais-tu,
mari, si tu ne sauveras pas ta femme ? Toutefois, 17
que chacun agisse comme le Seigneur le lui a départi, chacun comme Dieu l'a appelé ; et c'est ainsi
que j'en ordonne dans toutes les assemblées°.

Quelqu'un a-t-il été appelé étant circoncis°, qu'il 18
demeure circoncis[a]. Quelqu'un a-t-il été appelé
étant incirconcis, qu'il ne soit pas circoncis. La cir- 19
concision n'est rien, et l'incirconcision n'est rien ;
ce qui compte, c'est l'observation des commande-
ments° de Dieu. Que chacun demeure dans la 20
condition où il se trouvait quand il a été appelé.
As-tu été appelé étant esclave, ne t'en mets pas en 21
peine ; toutefois, si tu peux devenir libre, profites-
en plutôt : car l'esclave qui est appelé dans le Sei- 22
gneur est l'affranchi du Seigneur ; de même aussi

---

a• *c.-à-d.* : ne dissimule pas sa circoncision.

l'homme libre qui a été appelé est l'esclave de
23 Christ. Vous avez été achetés[a] à prix ; ne devenez
24 pas esclaves des hommes. Frères, que chacun demeure devant Dieu dans l'état où il a été appelé.
25 Au sujet des personnes qui sont vierges[b], je n'ai
pas d'ordre du Seigneur ; mais je donne mon opinion comme ayant reçu miséricorde du Seigneur
26 pour être fidèle. J'estime donc que c'est une bonne
chose, à cause de la nécessité présente – qu'il est
27 bon pour l'homme[c] de rester comme il est. Es-tu
lié à une femme, ne cherche pas à en être séparé.
N'es-tu pas lié à une femme, ne cherche pas de
28 femme. Cependant, même si tu te maries, tu n'as
pas péché ; et si la femme vierge se marie, elle n'a
pas péché. Mais ceux qui font ainsi auront de l'affliction pour ce qui regarde la chair[d] ; moi, je vous
épargne.
29 Or j'affirme ceci, frères : le temps est court. Du
reste, c'est pour que ceux qui ont une femme
30 soient comme s'ils n'en avaient pas ; ceux qui pleurent, comme s'ils ne pleuraient pas ; ceux qui se réjouissent, comme s'ils ne se réjouissaient pas ; ceux
31 qui achètent, comme s'ils ne possédaient pas ; ceux
qui usent du monde, comme s'ils n'en usaient pas
à leur gré. Car la figure de ce monde passe.
32 Je voudrais que vous soyez sans inquiétude. Celui
qui n'est pas marié a le cœur occupé des choses
33 du Seigneur, comment plaire au Seigneur ; mais
celui qui s'est marié a le cœur occupé des choses
34 du monde, comment plaire à sa femme. Il y a une
différence entre la femme mariée et la vierge :
celle qui n'est pas mariée a le cœur occupé des
choses du Seigneur, pour être sainte de corps et
d'esprit ; tandis que celle qui s'est mariée a le cœur

---

a• *voir* 6. 20 ; *verbe formé en grec sur* "agora", *marché public où l'on se procurait, entre autres, des esclaves. Certains les achetaient pour les affranchir. C'est le sens symbolique* (v. 22). *L'affranchi servait alors son nouveau maître par reconnaissance.* – b• hommes *ou* femmes. – c• *ici* : l'être humain. – d• *c.-à-d.* : la nature humaine.

occupé des choses du monde, comment plaire à
son mari.
Je dis cela dans votre intérêt, non pour vous tendre 35
un piège, mais en vue de ce qui est bienséant, et
pour vous attacher au service du Seigneur sans dis-
traction.
Si quelqu'un estime qu'il agit d'une manière in- 36
convenante à l'égard de sa virginité, que soit passée la fleur de son âge, et qu'il doive en être ainsi,
qu'il fasse ce qu'il veut : il ne pèche pas – qu'ils se
marient. Mais celui qui tient ferme dans son cœur, 37
et qui n'est pas sous l'emprise de la nécessité, qui
est maître de sa propre volonté et a décidé dans
son cœur de garder sa virginité, fait bien. Ainsi, ce- 38
lui qui se marie fait bien ; et celui qui ne se marie
pas fait mieux.
La femme est liée pendant tout le temps que 39
son mari est en vie ; mais si le mari meurt, elle est
libre de se marier à qui elle veut, seulement dans
le Seigneur ; toutefois elle est, à mon avis, plus 40
heureuse si elle reste comme elle est : or j'estime
que moi aussi j'ai l'Esprit de Dieu.

En ce qui concerne ce qui a été sacrifié aux ido- **8**
les[a], nous savons (car nous avons tous de la
connaissance ; la connaissance enfle, mais l'amour
édifie ; si quelqu'un pense savoir quelque chose, il 2
ne connaît rien encore comme il faut connaître ;
mais si quelqu'un aime Dieu, celui-là est connu de 3
lui) – en ce qui concerne donc la question de man- 4
ger ce qui a été sacrifié aux idoles, nous savons
qu'une idole n'est rien dans le monde, et qu'il n'y
a point d'autre Dieu qu'un seul. Et en effet, s'il y 5
en a qu'on appelle dieux, soit dans le ciel, soit sur
la terre – comme il y a beaucoup de dieux et beaucoup de seigneurs[b] –, toutefois pour nous, il y a un 6

---

a • *Les animaux sacrifiés aux idoles étaient vendus comme aliments dans les annexes des temples païens* (v. 10) *ou dans les boucheries (voir* 10. 25-28). – b • *allusion aux dieux, demi-dieux ou héros de la mythologie, et même aux rois divinisés de leur vivant.*

seul Dieu, le Père, de qui tout[a] provient, et pour
qui nous sommes, et un seul Seigneur, Jésus
Christ°, par qui tout[a] existe, et par qui nous sommes.

7 Mais la connaissance n'est pas en tous : certains,
qui ont jusqu'à maintenant conscience de l'idole,
mangent de ces viandes comme viandes sacrifiées
aux idoles, et leur conscience, qui est faible, en est
8 souillée. Or ce n'est pas un aliment qui nous rapprochera de Dieu ; si nous ne mangeons pas, nous
n'avons pas moins, et si nous mangeons, nous
n'avons rien de plus.

9 Mais prenez garde que cette liberté que vous
avez ne devienne une pierre d'achoppement°
10 pour les faibles. Car si quelqu'un te voit, toi qui as
de la connaissance, assis à table dans un temple
d'idoles[b], la conscience de celui qui est faible ne
sera-t-elle pas encouragée pour qu'il mange ce qui
11 a été sacrifié à l'idole ? Et celui qui est faible, le
frère pour lequel Christ est mort[c], se perdra par ta
12 connaissance. Or en péchant ainsi contre les frères
et en blessant leur conscience qui est faible, vous
13 péchez contre Christ. C'est pourquoi, si un aliment
est une occasion de chute° pour mon frère, plus jamais je ne mangerai de viandes, afin de ne pas être
une occasion de chute pour mon frère.

9 Ne suis-je pas libre ? Ne suis-je pas apôtre° ?
N'ai-je pas vu Jésus notre Seigneur ? N'êtes-vous
2 pas, vous, mon ouvrage dans le Seigneur ? Si je ne
suis pas apôtre pour d'autres, je le suis pour vous,
du moins ; car vous êtes le sceau de mon aposto-
3 lat[d] dans le Seigneur. Voici ma défense auprès de

---

a• absolument tout, *choses et êtres ; comp.* Colossiens 1. 16, 17. – b• *voir* v. 1, *et note.* – c• *comp., pour l'expression,* Romains 14. 15. – d• *c.-à-d. que l'existence même des convertis de Corinthe authentifie la mission de l'apôtre comme venant du Seigneur (voir* Actes 18. 1-18 *et* 2 Corinthiens 13. 3-5).

ceux qui me demandent des comptes : N'avons-
nous pas le droit de manger et de boire[a] ? 4
N'avons-nous pas le droit d'emmener avec nous 5
une sœur[b] comme femme, ainsi que le font les autres apôtres, les frères du Seigneur[c], et Céphas[d] ?
N'y a-t-il que moi et Barnabas[e] qui n'ayons pas le 6
droit de ne pas travailler ? Qui jamais va à la 7
guerre à ses propres frais ? Qui plante une vigne
sans en manger le fruit ? Ou qui fait paître un troupeau sans se nourrir du lait du troupeau ? Est-ce 8
que je parle à la manière des hommes ? ou la Loi
même ne dit-elle pas cela ? Car dans la loi de Moïse 9
il est écrit : "Tu ne museleras pas le bœuf qui
foule le grain"[f]. Dieu s'occupe-t-il des bœufs ? Ne 10
parle-t-il pas entièrement pour nous ? C'est bien
pour nous que cela a été écrit : celui qui laboure
doit labourer avec espérance, et celui qui foule le
grain doit le fouler dans l'espérance d'y avoir part.
Si nous avons semé pour vous des biens spirituels, 11
est-il excessif que nous moissonnions de vos biens
matériels ? Si d'autres ont part à ce droit sur vous, 12
ne l'avons-nous pas davantage ? Mais nous n'avons
pas usé de ce droit ; au contraire, nous supportons
tout, afin de ne mettre aucun obstacle à l'évan-
gile° du Christ. Ne savez-vous pas que ceux qui 13
s'occupent du service du temple mangent de ce
qui vient du temple ; que ceux qui servent à l'autel
ont leur part de l'autel ? De même aussi le Sei- 14
gneur a ordonné à ceux qui annoncent l'évangile
de vivre de l'évangile.

Mais moi je n'ai usé d'aucun de ces droits, et je 15
n'ai pas écrit cela afin de les réclamer pour moi.
Plutôt mourir que de voir quelqu'un anéantir les
motifs que j'aurais de me glorifier ! Si j'évangélise, 16
en effet, ce n'est pas pour moi un motif de gloire :

---

a• *c.-à-d. : le droit d'être entretenus par les assemblées sans avoir à travailler* (v. 6), *à cause de leur mission* (1 Timothée 5. 17-18). – b• *c.-à-d. : une femme croyante, chrétienne.* – c• *voir* Actes 1. 14 ; Galates 1. 19. – d• *l'apôtre* Pierre, *qui était marié* (Matthieu 8. 14). – e• *voir* Actes 13. 2. – f• Deutéronome 25. 4.

car c'est une nécessité qui m'est imposée ; oui,
17 malheur à moi si je n'évangélise pas. En effet, si je
fais cela volontairement, j'en ai un salaire ; mais si
c'est malgré moi, c'est une administration qui
18 m'est confiée. Quel est donc mon salaire ? C'est
que, en évangélisant, je rends l'évangile exempt
de frais, pour ne pas profiter personnellement de
mon droit dans l'évangile.
19 Car, étant libre à l'égard de tous, je me suis fait
l'esclave de tous, afin de gagner le plus possible de
20 gens : pour les Juifs, je suis devenu comme Juif,
afin de gagner les Juifs ; pour ceux qui étaient sous
la Loi comme si j'étais sous la Loi (sans être moi-
même sous la Loi), afin de gagner ceux qui étaient
21 sous la Loi ; pour ceux qui étaient sans loi, comme
si j'étais sans loi (non que je sois sans loi quant à
Dieu, mais je suis légitimement soumis à Christ[a]),
22 afin de gagner ceux qui étaient sans loi. Je suis devenu pour les faibles comme faible, afin de gagner
les faibles ; je suis devenu tout cela pour tous, afin
23 que de toute manière j'en sauve quelques-uns. Et
je fais tout à cause de l'évangile°, afin d'y avoir
pleinement part.
24 Ne savez-vous pas que ceux qui courent dans le
stade courent tous, mais qu'un seul reçoit le prix ?
25 Courez de manière à le remporter. Tout athlète
s'impose un régime strict ; eux, pour recevoir une
couronne corruptible ; mais nous, pour en recevoir
26 une incorruptible. C'est donc ainsi que je cours,
non pas à l'aveuglette ; c'est ainsi que je combats,
27 non comme frappant l'air ; mais je mortifie mon
corps° et je l'asservis, de peur qu'après avoir prêché à d'autres, je ne sois moi-même réprouvé[b].

10 Car je ne veux pas que vous l'ignoriez, frères :
nos pères° ont tous été sous la nuée, tous ils ont
2 passé à travers la mer, tous ils ont été baptisés

---

a• *litt.* : je suis soumis à la loi du Christ *(au sens de l'obéissance heureuse à une autorité reconnue comme légitime)*. – b• *ou aussi* : disqualifié.

pour Moïse dans la nuée et dans la mer, tous ils 3
ont mangé la même nourriture spirituelle, et tous 4
ils ont bu le même breuvage spirituel, car ils bu-
vaient d'un Rocher spirituel qui les accompagnait :
et le Rocher était le Christ°. Mais Dieu n'a pas pris 5
plaisir en la plupart d'entre eux, car ils tombèrent
dans le désert. Or ces choses sont arrivées comme 6
types[a] de ce qui nous concerne, afin que nous ne
convoitions pas des choses mauvaises, comme
eux-mêmes ont convoité. Ne soyez pas non plus 7
idolâtres comme certains d'entre eux, ainsi qu'il
est écrit : "Le peuple s'assit pour manger et pour
boire, et ils se levèrent pour se divertir"[b]. Ne com- 8
mettons pas non plus la fornication°, comme certains d'entre eux ont commis la fornication et
sont tombés – vingt-trois mille[c] en un seul jour !
Ne tentons pas non plus le Christ, comme ont fait 9
certains d'entre eux qui ont péri par les serpents[d].
Ne murmurez pas non plus, comme certains d'en- 10
tre eux ont murmuré et ont péri par le destructeur.

Or toutes ces choses leur arrivèrent comme ty- 11
pes[a], et elles ont été écrites pour nous servir
d'avertissement, à nous que les fins des siècles°
ont atteints. Ainsi, que celui qui croit[e] être debout 12
prenne garde de ne pas tomber. Aucune tentation 13
ne vous est survenue qui n'ait été à la mesure de
l'homme ; et Dieu est fidèle, qui ne permettra pas
que vous soyez tentés au-delà de ce que vous pouvez supporter, mais avec la tentation il fera aussi
l'issue, afin que vous puissiez la supporter.

C'est pourquoi, mes bien-aimés, fuyez l'idolâ- 14
trie. Je parle comme à des personnes intelligentes : 15
jugez vous-mêmes de ce que je dis. La coupe[f] de 16
bénédiction que nous bénissons°[g], n'est-elle pas la

---

a• *ou* figures, symboles (*de même* v. 11). – b• Exode 32. 6. – c• *voir* Nombres 25. 1-9. – d• *voir* Deutéronome 6. 16 ; Nombres 21. 5, 6. – e• *ou* : paraît. – f• la coupe, le pain : *voir* 11. 23-26. – g• *c.-à-d.* : la coupe de bénédiction *dont nous rappelons devant Dieu la valeur.*

communion du[a] sang du Christ° ? Le pain[b] que
nous rompons, n'est-il pas la communion du[a]
17 corps du Christ ? Car nous, qui sommes un grand
nombre, sommes un seul pain, un seul corps° : en
effet, nous participons tous à un seul et même
18 pain. Considérez l'Israël selon la chair° : ceux qui
mangent les sacrifices° n'ont-ils pas communion
19 avec l'autel ? Que dis-je donc ? – que ce qui est sacrifié à une idole est quelque chose ? ou qu'une
20 idole est quelque chose ? – Non, mais ce que les
nations° sacrifient, elles le sacrifient à des dé-
mons° et non pas à Dieu ; or je ne veux pas que
21 vous ayez communion avec les démons. Vous ne
pouvez pas boire la coupe du Seigneur et la coupe
des démons ; vous ne pouvez pas participer à la
table du Seigneur et à la table des démons. Provo-
22 quons-nous le Seigneur à la jalousie ? Sommes-
nous plus forts que lui ?

23 Toutes choses sont permises, mais toutes ne
sont pas avantageuses[c] ; toutes choses sont permi-
24 ses, mais toutes n'édifient pas. Que personne ne
cherche son propre intérêt, mais celui d'autrui.
25 Mangez de tout ce qui se vend au marché, sans
vous informer de rien à cause de la conscience :
26 "car la terre est au Seigneur*, et tout ce qu'elle
27 contient"[d]. Or si quelqu'un parmi les incrédules
vous invite et que vous vouliez y aller, mangez de
tout ce qui est mis devant vous, sans vous informer
28 de rien à cause de la conscience. Mais si quelqu'un
vous dit : Ceci a été offert en sacrifice – n'en mangez pas, à cause de celui qui vous a avertis, et à
29 cause de la conscience. Quand je dis : la conscience, il s'agit, non de la vôtre, mais de celle de
l'autre ; car pourquoi ma liberté est-elle jugée par
30 la conscience d'autrui ? Si moi je participe à quoi
que ce soit avec action de grâces, pourquoi suis-je
blâmé à propos d'une chose pour laquelle moi je
31 rends grâces ? Donc, que vous mangiez, que vous

a • la communion du, *ou :* la communion au. – b • la coupe, le pain : *voir* 11. 23-26. – c • *comp.* 6. 12. – d • Psaume 24. 1.

buviez, ou quoi que vous fassiez, faites tout pour
la gloire de Dieu. Ne devenez une cause d'achop- 32
pement ni pour les Juifs, ni pour les Grecs°, ni
pour l'assemblée° de Dieu ; comme moi aussi je 33
m'efforce de plaire à tous en toutes choses, ne
cherchant pas mon intérêt personnel, mais celui
du grand nombre, afin qu'ils soient sauvés.

Soyez mes imitateurs, comme moi aussi je le **11**
suis de Christ°.

Je vous loue de ce qu'en toutes choses vous vous 2
souvenez de moi et de ce que vous gardez les instructions comme je vous les ai données[a]. Je veux 3
pourtant que vous le sachiez : le chef[b] de tout
homme[c], c'est le Christ° ; le chef de la femme,
c'est l'homme ; le chef du Christ, c'est Dieu. Tout 4
homme qui prie ou qui prophétise[d] en ayant
quelque chose sur la tête déshonore sa tête ; toute 5
femme qui prie ou qui prophétise la tête découverte déshonore sa tête : c'est la même chose
qu'une femme qui serait rasée. Si donc la femme 6
n'est pas couverte, qu'on lui coupe aussi la chevelure. Mais s'il est honteux pour une femme d'avoir
la chevelure coupée ou rasée, qu'elle soit couverte.
Car l'homme, étant l'image et la gloire de Dieu, ne 7
doit pas se couvrir la tête ; tandis que la femme est
la gloire de l'homme. En effet, l'homme ne pro- 8
cède pas de la femme, mais la femme de l'homme ;
et de fait, l'homme n'a pas été créé à cause de la 9
femme, mais la femme à cause de l'homme[e]. C'est 10
pourquoi la femme, à cause des anges, doit avoir
sur la tête une marque de cette autorité[f]. Toutefois ni la femme n'est sans l'homme, ni l'homme 11
sans la femme, dans le Seigneur ; car comme la 12

---

a• *plus litt.* : transmises ; *voir* v. 23, *et note*. – b• chef, *litt.* : tête, *dans tout le* v. 3 ; *le même mot désigne la* tête *aux* v. *suivants*. – c• l'homme *en contraste avec* la femme, *jusqu'au* v. 14 inclus. – d• *au sens de* : parler des vérités divines ; *voir* 14. 1, 3, 4 (note). – e• *voir* Genèse 2. 18, 20-24. – f• *litt.* : doit avoir une autorité sur la tête, *c.-à-d. : une marque de l'autorité à laquelle elle est soumise (voir v. 3).*

femme procède de l'homme, ainsi l'homme aussi
vient au monde par la femme ; mais tout procède
13 de Dieu. Jugez-en par vous-mêmes : est-il convenable qu'une femme prie Dieu sans être couverte ?
14 La nature même ne vous enseigne-t-elle pas que, si
un homme a une longue chevelure, c'est un dés-
15 honneur pour lui ? tandis que si une femme a une
longue chevelure, c'est une gloire pour elle, parce
que la chevelure lui est donnée en guise de voile[a].
16 Si quelqu'un paraît vouloir contester, nous
n'avons pas, nous, une telle coutume, ni les assem-
blées° de Dieu.
17 Or en vous prescrivant ceci, je ne vous loue pas :
vous vous réunissez, non pour votre profit, mais à
18 votre détriment. D'abord j'entends dire que,
quand vous vous réunissez en assemblée°, il y a
des divisions parmi vous, et je le crois en partie ;
19 car il faut aussi qu'il y ait des sectes[b] parmi vous,
afin que ceux qui sont approuvés apparaissent clairement parmi vous.
20 Quand donc vous vous réunissez en un même lieu,
21 ce n'est pas manger la cène[c] dominicale[d] : car, au
moment de manger, chacun commence par pren-
dre son propre repas, et l'un a faim, tandis que
22 l'autre s'enivre. N'avez-vous donc pas des maisons
pour manger et pour boire ? Ou méprisez-vous
l'assemblée° de Dieu, et faites-vous honte à ceux
qui n'ont rien ? Que vous dire ? Vous louerai-je ?
En cela, je ne vous loue pas.
23 Car moi, j'ai reçu du Seigneur ce qu'aussi je
vous ai enseigné[e] : c'est que le Seigneur Jésus, la
24 nuit où il fut livré, prit un pain, et après avoir
rendu grâces, il le rompit et dit : "Ceci est mon
corps, qui est pour vous ; faites ceci en mémoire
25 de moi." De même il prit la coupe aussi, après le
souper, en disant : "Cette coupe est la nouvelle al-

---

a• voile : *ici, ce qui enveloppe, ce qui revêt.* – b• sectes : *ici, des personnes qui suivent des interprétations ou des pensées particulières.* – c• cène : *même mot que* repas (v. 21), souper (v. 25). – d• dominicale : *du Seigneur.* – e• *plus litt.* : transmis, *comme* v. 2 (*note*) ; *voir* Actes 22. 14, 15 ; 26. 16.

liance° en mon sang : faites ceci, toutes les fois que
vous la boirez, en mémoire de moi." Car toutes les 26
fois que vous mangez ce pain et que vous buvez la
coupe, vous annoncez la mort du Seigneur jusqu'à
ce qu'il vienne.
Ainsi quiconque mange le pain ou boit la coupe du 27
Seigneur indignement sera coupable à l'égard du
corps et du sang du Seigneur. Mais que chacun 28
s'éprouve soi-même, et qu'ainsi il mange du pain
et boive de la coupe ; car celui qui mange et qui 29
boit mange et boit un jugement contre lui-même,
ne distinguant pas le corps[a]. C'est pour cela que 30
beaucoup sont faibles et malades parmi vous, et
qu'un assez grand nombre dorment[b]. Si nous 31
nous jugions[c] nous-mêmes, nous ne serions pas jugés[d]. Mais quand nous sommes jugés, c'est le Sei- 32
gneur qui nous discipline, afin que nous ne soyons
pas condamnés avec le monde. Ainsi, mes frères, 33
quand vous vous réunissez pour manger, atten-
dez-vous les uns les autres ; si quelqu'un a faim, 34
qu'il mange chez lui, afin que vous ne vous réunis-
siez pas pour être jugés. Quant aux autres points,
je les réglerai lorsque je viendrai.

Au sujet des manifestations spirituelles, frères, **12**
je ne veux pas que vous soyez dans l'ignorance.
Vous savez que, lorsque vous étiez gens des na- 2
tions°, vous étiez entraînés vers les idoles muettes,
en vous laissant mener. C'est pourquoi je vous fais 3
savoir que personne, parlant par l'Esprit° de Dieu,
ne dit :

– Anathème[e] à Jésus ; et que personne ne peut
dire :

– "Seigneur° Jésus", si ce n'est par l'Esprit Saint.

Or il y a diversité de dons de grâce, mais le 4
même Esprit ; il y a diversité de services, et le 5

---

a• *c.-à-d. : ce que représente le pain* (v. 27). – b• *c.-à-d.* : sont morts. – c• examinions, sondions. – d• juger : *ici, et jusqu'au* v. 34, *c'est prononcer un jugement, une sentence.* – e• *litt.* : malédiction.

6 même Seigneur ; il y a diversité d'opérations, mais
7 le même Dieu qui opère tout en tous. Or à chacun
est donnée la manifestation de l'Esprit en vue de
8 ce qui est utile : à l'un est donnée, par le moyen
de l'Esprit, la parole de sagesse ; à un autre la pa-
9 role de connaissance, selon le même Esprit ; à un
autre encore la foi[a], par[b] le même Esprit ; à un autre des dons de grâce de guérisons, par[b] le même
10 Esprit ; à un autre des opérations de miracles ; à
un autre la prophétie ; à un autre des discerne-
ments d'esprits ; à un autre encore diverses sortes
de langues ; et à un autre l'interprétation des lan-
11 gues[c]. Mais le seul et même Esprit opère tout cela,
distribuant à chacun en particulier comme il lui
plaît.

12 En effet, de même que le corps est un, et qu'il a un
grand nombre de membres[d], mais que tous les
membres du corps, malgré leur nombre, sont un
13 seul corps, ainsi est aussi le Christ[e]. Car aussi nous
avons tous été baptisés d'un seul[f] Esprit pour être
un seul corps°, soit Juifs, soit Grecs°, soit esclaves,
soit hommes libres ; et nous avons tous été abreu-
vés d'un seul[f] Esprit.

14 Et en effet, le corps n'est pas formé d'un seul
15 membre[g], mais d'un grand nombre. Si le pied disait : Parce que je ne suis pas main, je ne fais pas
partie du corps – est-ce que, à cause de cela, il ne
16 fait pas partie du corps ? Et si l'oreille disait : Parce
que je ne suis pas œil, je ne fais pas partie du corps
– est-ce que, à cause de cela, elle ne fait pas partie
17 du corps ? Si le corps tout entier était œil, où serait
18 l'ouïe ? Si tout était ouïe, où serait l'odorat ? Mais,
de fait, Dieu a placé les membres[g] – chacun d'eux

---

a• *c.-à-d. : un don particulier témoignant de la confiance dans les circonstances difficiles.* – b• *litt.* : dans *(la puissance)* du même Esprit. – c• *au sens de* : traduire les langues étrangères ; *voir* v. 30. – d• *au sens élargi* : membres *ou* organes, *ou* éléments, parties de l'ensemble (*voir* v. 15 et suivants). – e• *ici, au sens du Corps de Christ (voir* v. 27, *comp.* Éphésiens 1. 22, 23 ; 5. 23, 29-32). – f• *litt.* : dans un seul (v. 9, *et note*). – g• *voir* v. 12, *et note.*

– dans le corps, comme il l'a voulu. Or, si tous 19
étaient un seul membre, où serait le corps ? En réa- 20
lité, les membres sont nombreux, mais le corps est
un. L'œil ne peut pas dire à la main : Je n'ai pas be- 21
soin de toi ; ou bien encore la tête, aux pieds : Je
n'ai pas besoin de vous. Bien plus, les membres du 22
corps qui paraissent être les plus faibles sont né-
cessaires ; les membres du corps que nous esti- 23
mons les moins honorables, nous les environnons
d'un honneur plus grand ; et nos membres qui ne
sont pas décents sont les plus décemment parés,
tandis que nos membres décents n'en ont pas be- 24
soin. Mais Dieu a composé le corps en donnant un
plus grand honneur à ce qui en manquait, afin 25
qu'il n'y ait point de division dans le corps, mais
que les membres aient un égal soin les uns des autres.

Et si un membre souffre, tous les membres souf- 26
frent avec lui ; si un membre est glorifié, tous les
membres se réjouissent avec lui. Or vous êtes le 27
corps° de Christ[a], et ses membres chacun en particulier. Et Dieu les a placés dans l'assemblée° : en 28
premier lieu des apôtres°, en deuxième lieu des
prophètes, en troisième lieu des docteurs°, ensuite
des miracles, ensuite des dons de grâce de guérisons, des aptitudes à aider ou à guider, diverses
sortes de langues. Tous sont-ils apôtres ? Tous 29
sont-ils prophètes ? Tous sont-ils docteurs° ? Tous 30
font-ils des miracles ? Tous ont-ils des dons de
grâce de guérisons ? Tous parlent-ils en langues ?
Tous interprètent-ils[b] ? Or désirez avec ardeur les 31
dons de grâce plus grands : et je vous montre encore un chemin bien plus excellent.

Si je parle dans les langues des hommes et des **13**
anges, mais que je n'aie pas l'amour, je suis
comme un cuivre qui résonne ou comme une cym-
bale retentissante. Et si j'ai le don de prophétie, si 2
je connais tous les mystères° et possède toute la

---

a• *voir* v. 12, *et note.* – b• *voir* v. 10, *et note.*

connaissance, si j'ai toute la foi de manière à transporter des montagnes[a], mais que je n'aie pas
3 l'amour, je ne suis rien. Et même si je distribuais
en aliments tous mes biens, et si je livrais mon
corps pour être brûlé, mais que je n'aie pas
l'amour, cela ne m'est d'aucun profit.
4 L'amour se montre patient ; il est plein de
bonté ; l'amour n'est pas envieux ; l'amour ne se
5 vante pas ; il ne s'enfle pas d'orgueil ; il n'agit pas
avec inconvenance ; il ne cherche pas son propre
6 intérêt ; il ne s'irrite pas ; il n'impute pas le mal ; il
ne se réjouit pas de l'injustice, mais se réjouit avec
7 la vérité ; il supporte tout, croit tout, espère tout,
8 endure tout. L'amour ne périt jamais. Or y a-t-il
des prophéties ? elles auront leur fin. Y a-t-il des
langues ? elles cesseront. Y a-t-il de la connais-
9 sance ? elle aura sa fin. Car nous connaissons en
10 partie, et nous prophétisons en partie ; mais quand
ce qui est parfait sera venu, ce qui est partiel aura
11 sa fin. Quand j'étais enfant[b], je parlais comme un
enfant, je pensais comme un enfant, je raisonnais
comme un enfant ; quand je suis devenu homme,
12 j'en ai fini avec ce qui caractérisait l'enfant. Car
nous voyons à présent au travers d'un verre[c], obs-
curément, mais alors face à face. À présent je
connais en partie, mais alors je connaîtrai à fond
13 comme aussi j'ai été connu. Or maintenant ces
trois choses demeurent : la foi, l'espérance,
l'amour ; mais la plus grande, c'est l'amour.

14 Poursuivez l'amour, et désirez ardemment les
dons spirituels, et surtout celui de prophétiser[d].
2 En effet, celui qui parle en langue ne parle pas
aux hommes, mais à Dieu, car personne ne le com-
3 prend : en esprit il prononce des mystères ; tandis
que celui qui prophétise parle aux hommes pour

a• *voir* Matthieu 17. 20 ; Marc 11. 23. – b• petit enfant *sans connaissance.* – c• *verre semi-transparent ; d'autres traduisent :* comme dans un miroir *(miroir ancien, en métal poli, donnant une image confuse).* – d• *au sens général de* : présenter les vérités divines, parler de la part de Dieu (v. 3) ; *comp.* 11. 4, 5.

l'édification et l'exhortation et la consolation. Celui qui parle en langue s'édifie lui-même, mais ce- 4
lui qui prophétise édifie l'assemblée°.

Je désire que vous parliez tous en langues, mais 5
bien davantage que vous prophétisiez ; celui qui
prophétise est plus grand que celui qui parle en
langues, sauf si ce dernier traduit, afin que l'assemblée reçoive de l'édification. Et maintenant, frères, 6
si je viens à vous et que je parle en langues, en
quoi vous serai-je utile ? – sauf si je vous parle par
révélation, par connaissance, par prophétie, ou
par doctrine°.

C'est comme les objets inanimés qui produisent 7
un son, flûte ou harpe : s'ils ne produisent pas des
sons distincts, comment reconnaîtra-t-on ce qui
est joué sur la flûte ou sur la harpe ? Et si la trom- 8
pette rend un son confus, qui se préparera pour le
combat ? Vous de même : si, au moyen du langage, 9
vous ne prononcez pas un discours intelligible,
comment comprendra-t-on ce qui est dit ? Vous
parlerez en l'air ! Il y a dans le monde je ne sais 10
combien de genres de langages, et aucun n'est dé-
pourvu de signification. Si donc je ne connais pas 11
le sens du langage, je serai un étranger pour celui
qui parle, et celui qui parle sera un étranger pour
moi. De même vous aussi, puisque vous désirez 12
avec ardeur des dons de l'Esprit, cherchez à en
être abondamment doués pour l'édification de
l'assemblée°. C'est pourquoi, que celui qui parle 13
en langue prie pour être en mesure de traduire.
Car si je prie en langue, mon esprit est en prière, 14
mais mon intelligence est sans fruit.
Alors, que faire ? Je prierai avec l'esprit, mais je 15
prierai aussi avec l'intelligence ; je chanterai avec
l'esprit, mais je chanterai aussi avec l'intelligence.
Autrement, si tu as béni avec l'esprit, comment ce- 16
lui qui est dans la position d'un homme simple[a]
dira-t-il : Amen ! à ton action de grâces, puisqu'il
ne sait pas ce que tu dis ? Car toi, tu rends bien grâ- 17

---

a• *ou* : peu instruit.

18 ces ; mais l'autre n'est pas édifié. Je rends grâces à
Dieu de ce que je parle en langues plus que vous
19 tous ; mais, dans l'assemblée, j'aime mieux prononcer cinq paroles avec mon intelligence, afin
d'instruire aussi les autres, que dix mille paroles
en langue.
20 Frères, ne soyez pas des enfants dans votre façon de juger[a] ; pour la méchanceté, soyez de petits
enfants ; mais, dans votre façon de juger, soyez des
21 hommes faits[b]. Il est écrit dans la Loi : "C'est en
d'autres langues et par des lèvres étrangères que
je parlerai à ce peuple ; et même ainsi, ils ne
22 m'écouteront pas, dit le Seigneur*"[c]. Ainsi, les langues sont pour signe, non à ceux qui croient, mais
aux incrédules ; tandis que la prophétie est un
signe, non aux incrédules, mais à ceux qui croient.
23 Si donc l'assemblée° tout entière se réunit en un
même lieu et que tous parlent en langues, s'il entre des hommes simples ou des incrédules, ne di-
24 ront-ils pas que vous êtes fous ? Mais si tous pro-
phétisent[d] et qu'il entre un incrédule ou un
homme simple, il est convaincu par tous, il est ju-
25 gé[e] par tous : les secrets de son cœur sont mis à
nu ; alors il tombera sur sa face et rendra hommage à Dieu, en proclamant que Dieu est véritablement parmi vous.
26 Que faire, alors, frères ? Quand vous vous réunissez, chacun de vous a un psaume, a un enseignement, a une révélation, a une parole en langue, a
une interprétation[f] : que tout se fasse pour l'édifi-
27 cation. Et si quelqu'un parle en langue, que ce
soient deux, ou tout au plus trois, qui parlent, cha-
28 cun à son tour, et que quelqu'un traduise ; mais s'il
n'y a pas d'interprète, qu'il se taise dans l'assem-
29 blée°, et qu'il parle à lui-même et à Dieu ; que les
prophètes[d] parlent, deux ou trois, et que les autres

---

a• *ou :* d'apprécier. – b• *litt. :* accomplis, arrivés à maturité. – c• Ésaïe 28. 11, 12. – d• *voir* v. 1, *et note.* – e• *avec le sens de* : examiner. – f• *voir* 12. 10, 30, *et notes* ; 14. 27, 28.

jugent[a]; et si une révélation a été faite à un autre 30
qui est assis, que le premier se taise. Car vous pou- 31
vez tous prophétiser un à un, afin que tous apprennent et que tous soient exhortés. Et les esprits des 32
prophètes sont soumis aux prophètes. Car Dieu 33
n'est pas un Dieu de désordre, mais de paix,
comme dans toutes les assemblées° des saints°.
Que les femmes se taisent dans les assemblées, car 34
il ne leur est pas permis de parler; mais qu'elles
soient soumises, comme aussi le dit la Loi. Et si 35
elles veulent apprendre quelque chose, qu'elles in-
terrogent leur propre mari à la maison, car il est
honteux pour une femme de parler dans l'assemblée.

La parole de Dieu est-elle sortie de chez vous ou 36
est-ce à vous seuls qu'elle est parvenue ? Si quel- 37
qu'un pense être prophète ou spirituel[b], qu'il reconnaisse que ce que je vous écris est le comman-
dement° du Seigneur. Et si quelqu'un est ignorant, 38
qu'il soit ignorant.
Ainsi, frères, désirez ardemment prophétiser, et 39
n'empêchez pas de parler en langues. Mais que 40
tout se fasse avec bienséance et avec ordre.

Je vous fais connaître, frères, l'évangile° que je **15**
vous ai annoncé, que vous avez aussi reçu, dans lequel aussi vous êtes établis, par lequel aussi vous 2
êtes sauvés, si vous tenez ferme la parole que je
vous ai annoncée, à moins que vous n'ayez cru en
vain. Car je vous ai communiqué en tout premier 3
lieu ce que j'ai aussi reçu : Christ° est mort pour
nos péchés, selon les Écritures; il a été enseveli, et 4
il a été ressuscité le troisième jour, selon les Écritures; il a été vu de Céphas[c], puis des douze. Ensuite 5
il a été vu de plus de cinq cents frères à la fois, 6
dont la plupart sont demeurés en vie jusqu'à pré-

---

a• *litt.* : discernent, *c.-à-d. : exercent leur don de discernement des esprits* (12. 10). – b• *c.-à-d.* : guidé par le Saint Esprit. – c• Simon Pierre (1. 12, *note*).

sent, mais quelques-uns aussi se sont endormis[a].
7 Ensuite il a été vu de Jacques°, puis de tous les
8 apôtres° ; et, après tous, comme d'un avorton, il a
9 été vu aussi de moi. Car je suis le moindre des apôtres, moi qui ne suis pas digne d'être appelé apôtre, parce que j'ai persécuté l'assemblée° de Dieu.
10 Mais par la grâce° de Dieu, je suis ce que je suis ; et sa grâce envers moi n'a pas été vaine[b] ; au contraire, j'ai travaillé beaucoup plus qu'eux tous, non pas moi toutefois, mais la grâce de Dieu qui
11 est avec moi. Ainsi donc, que ce soit moi ou eux, voilà ce que nous prêchons, et voilà ce que vous avez cru.

12 Or si Christ est prêché comme celui qui a été ressuscité d'entre les morts, comment certains parmi vous peuvent-ils dire qu'il n'y a pas de résurrection
13 de morts ? Mais s'il n'y a pas de résurrection de
14 morts, Christ non plus n'a pas été ressuscité ; et si Christ n'a pas été ressuscité, alors notre prédica-
15 tion est vaine[c], et votre foi aussi est vaine[c] ; et même nous apparaissons comme de faux témoins de Dieu, car nous avons rendu témoignage à l'égard de Dieu qu'il a ressuscité Christ ; et il ne l'a pas ressuscité, si réellement les morts ne ressusci-
16 tent pas. En effet, si les morts ne ressuscitent pas,
17 Christ non plus n'a pas été ressuscité ; et si Christ n'a pas été ressuscité, votre foi est vaine, vous êtes
18 encore dans vos péchés : alors aussi ceux qui se
19 sont endormis[a] en Christ ont péri. Si c'est pour cette vie seulement que nous avons espérance en Christ, nous sommes plus misérables que tous les hommes.

20 (Mais, maintenant[d], Christ a été ressuscité d'entre les morts, prémices° de ceux qui sont endor-
21 mis. En effet, puisque la mort est par l'homme°, c'est par l'homme aussi qu'est la résurrection des
22 morts ; car comme dans l'Adam tous meurent, de

---

a• *c.-à-d.* : sont morts ; *voir* Jean 11. 11-15. – b• sans résultats. – c• *litt.* : vide, inconsistante. – d• *ou* : en réalité.

même aussi dans le Christ tous seront rendus vivants[a] ; mais chacun dans son propre rang : les pré- 23
mices°, Christ ; puis ceux qui sont du Christ, à sa
venue° ; ensuite la fin, quand il aura remis le roy- 24
aume à Dieu le Père, quand il aura aboli tout pouvoir, toute autorité, et toute puissance. Car il faut 25
qu'il règne jusqu'à ce qu'il ait mis tous les ennemis
sous ses pieds : le dernier ennemi qui sera aboli, 26
c'est la mort. Car "il a tout assujetti sous ses 27
pieds"[b]. Or, quand il dit que tout est assujetti, il
est évident que c'est à l'exclusion de Celui qui lui
a tout assujetti. Mais quand tout lui aura été assu- 28
jetti, alors le Fils aussi lui-même sera assujetti à Celui qui lui a tout assujetti, afin que Dieu soit tout
en tous.)

Autrement, que feront ceux qui sont baptisés 29
pour les morts, si les morts ne ressuscitent absolument pas ? Pourquoi même sont-ils baptisés pour
eux[c] ? Et nous-mêmes, pourquoi bravons-nous le 30
danger à toute heure ? Chaque jour je suis exposé 31
à la mort : c'est bien parce que vous êtes pour moi
un sujet de gloire dans le Christ Jésus notre Seigneur. Si, à vue humaine, j'ai combattu contre les 32
bêtes[d] à Éphèse, quel profit en ai-je ? Si les morts
ne ressuscitent pas : "Mangeons et buvons, car demain nous mourrons"[e]. Ne vous y trompez pas : 33
les mauvaises compagnies corrompent les bonnes
mœurs. Ressaisissez-vous pour vivre dans la jus- 34
tice, et ne péchez pas ; car certains sont dans
l'ignorance de Dieu, je vous le dis à votre honte.

Mais, dira-t-on : Comment ressuscitent les 35
morts, et avec quel corps reviennent-ils ? Insensé ! 36
ce que tu sèmes n'est pas vivifié s'il ne meurt pas.
Ce que tu sèmes, ce n'est pas le corps à venir, mais 37
le simple grain, de blé peut-être, ou d'une des autres semences ; mais Dieu lui donne un corps 38

---

a• *comp.* Romains 5. 12-21. – b• Psaume 8. 6 ; *c.-à-d.* : l'ensemble de l'univers *visible et invisible, êtres et choses. Comp.* 8. 6, *et note.* – c• à leur place, *c.-à-d. : pour les remplacer.* – d• *L'expression peut avoir le sens concret aussi bien que le sens figuré.* – e• Ésaïe 22. 13.

comme il a voulu, et à chacune des semences son
39 propre corps. Toute chair n'est pas la même chair ;
mais autre est celle des hommes, autre la chair des
bêtes, autre celle des oiseaux, autre celle des pois-
40 sons. Et il y a des corps célestes et des corps terrestres ; mais différente est la gloire[a] des célestes, dif-
41 férente celle des terrestres ; autre la gloire du
soleil, autre la gloire de la lune, et autre la gloire
des étoiles, car une étoile diffère d'une autre étoile
en gloire.

42 Il en est de même aussi de la résurrection des
morts : le corps° est semé en corruption, il ressus-
43 cite en incorruptibilité ; il est semé en déshonneur,
il ressuscite en gloire ; il est semé en faiblesse, il
44 ressuscite en puissance ; il est semé corps animal[b],
il ressuscite corps spirituel. S'il y a un corps ani-
45 mal, il y en a aussi un spirituel ; c'est ainsi qu'il est
écrit : "Le premier homme, Adam, devint une
âme° vivante"[c], le dernier Adam[d], un esprit vivi-
46 fiant. Or ce qui est spirituel n'est pas le premier,
mais ce qui est animal[e] ; ensuite ce qui est spiri-
47 tuel. Le premier homme est tiré de la terre – pous-
48 sière[f] –, le second homme est venu du ciel. Tel est
celui qui est poussière, tels aussi sont ceux qui sont
poussière ; et tel est le céleste, tels aussi sont les cé-
49 lestes. Comme nous avons porté l'image de celui
qui est poussière, nous porterons aussi l'image du
50 céleste. Or j'affirme ceci, frères : la chair et le sang[g]
ne peuvent pas hériter du royaume de Dieu, et la
corruption non plus n'hérite pas de l'incorruptibilité.

51 Voici, je vous dis un mystère° : Nous ne nous en-
dormirons pas tous[h], mais nous serons tous chan-
52 gés : en un instant, en un clin d'œil, à la dernière

---

a• *ou* (v. 40, 41) : l'éclat. – b• *c.-à-d.* : animé de la vie naturelle. – c• Genèse 2. 7 ; *comp.* Ecclésiaste 12. 7. – d• *c.-à-d.* : Christ (v. 47 : le second homme). – e• *comme* v. 44 (*note*). – f• *voir* Genèse 2. 7 ; 3. 19. – g• la chair et le sang, *c.-à-d.* : l'homme, la nature humaine (*voir* Matthieu 16. 15-17). – h• *c.-à-d.* : nous ne mourrons pas tous ; *voir* Jean 11. 11-15.

trompette[a] (car la trompette sonnera), les morts
seront ressuscités incorruptibles, et nous, nous serons changés. Car il faut que ce corruptible revête 53
l'incorruptibilité, et que ce mortel revête l'immor-
talité. Quand ce corruptible aura revêtu l'incor- 54
ruptibilité, et que ce mortel aura revêtu l'immor-
talité, alors s'accomplira la parole qui est écrite :
"La mort a été engloutie en victoire"[b]. "Où est, ô 55
mort, ton aiguillon ? où est, ô mort, ta victoire ?"[c]
Or l'aiguillon de la mort, c'est le péché° ; et la puis- 56
sance du péché, c'est la Loi. Mais grâces à Dieu, 57
qui nous donne la victoire par notre Seigneur
Jésus Christ !
Ainsi, mes frères bien-aimés, soyez fermes, iné- 58
branlables, abondant toujours dans l'œuvre du
Seigneur, sachant que votre travail n'est pas vain
dans le Seigneur.

Au sujet de la collecte qui se fait en faveur des **16**
saints°, faites, vous aussi, comme je l'ai prescrit
aux assemblées° de Galatie° : que, chaque premier 2
jour de la semaine[d], chacun de vous mette de côté,
chez lui, sur ce qu'il aura gagné, afin qu'on n'at-
tende pas mon arrivée pour faire des collectes. Et 3
quand je serai là, j'enverrai avec des lettres ceux
que vous aurez approuvés, pour porter vos dons à
Jérusalem. S'il convient que j'y aille moi-même, ils 4
iront avec moi.

Je me rendrai auprès de vous quand j'aurai tra- 5
versé la Macédoine°, car je traverse la Macédoine ;
et peut-être séjournerai-je auprès de vous, ou 6
même y passerai-je l'hiver, afin que vous me fassiez accompagner où que j'aille : je ne veux pas 7
vous voir maintenant en passant, car j'espère que
je demeurerai avec vous quelque temps, si le Seigneur le permet. Mais je demeurerai à Éphèse jus- 8
qu'à la Pentecôte ; en effet, une porte grande et ef- 9

---

a• *comp.* 1 Thessaloniciens 4. 16. – b• Ésaïe 25. 8. – c• Osée 13. 14. – d• *notre* dimanche. *La semaine juive s'achevait le jour du* sabbat°, *le samedi.*

ficace m'est ouverte, et il y a beaucoup d'adversaires.
10 Si Timothée vient[a], ayez soin qu'il soit sans crainte
au milieu de vous, car il s'emploie à l'œuvre du
11 Seigneur comme moi-même. Que personne donc
ne le méprise ; mais faites-le accompagner en paix,
afin qu'il vienne auprès de moi : je l'attends avec
12 les frères. Quant au frère Apollos[b], je l'ai prié instamment d'aller auprès de vous avec les frères,
mais ce n'a pas été du tout sa volonté d'y aller
maintenant ; il ira quand il trouvera l'occasion favorable.
13 Veillez, tenez ferme dans la foi ; comportez-vous
14 en hommes, fortifiez-vous. Que tout parmi vous se
fasse dans l'amour.
15 Or je vous exhorte, frères – vous connaissez la
maison° de Stéphanas, vous savez qu'elle est les
prémices° de l'Achaïe°, et qu'ils se sont voués au
16 service des saints° –, je vous exhorte à vous sou-
mettre, vous aussi, à de tels hommes, et à qui-
17 conque coopère à l'œuvre et y travaille. Je me réjouis de la venue de Stéphanas, de Fortunat et
d'Achaïque, parce qu'ils ont suppléé à ce qui a
18 manqué de votre part ; en effet, ils ont réconforté
mon esprit et le vôtre : reconnaissez donc de tels
hommes.
19 Les assemblées° de l'Asie° vous saluent. Aquilas
et Priscilla[c], avec l'assemblée qui se réunit dans
leur maison, vous saluent affectueusement dans le
20 Seigneur. Tous les frères vous saluent. Saluez-vous
21 les uns les autres par un saint baiser. Cette salutation est de ma main à moi, Paul.
22 Si quelqu'un n'aime pas le Seigneur Jésus
23 Christ, qu'il soit anathème[d]. Maranatha[e] ! Que la
grâce du Seigneur Jésus Christ soit avec vous !

---

a• *voir* 4. 17, *et note*. – b• *voir* 1. 12, *et note* ; 3. 4-6, 22 ; 4. 6. – c• *voir* Actes 18. 1-3, 18, 26 ; Romains 16. 3-5. – d• qu'il soit objet de malédiction. – e• *en araméen* : Seigneur, viens ! *ou* : le Seigneur vient.

Mon amour est avec vous tous dans le Christ Jésus. 24
Amen.

Seconde épître aux Corinthiens

1 Paul, apôtre° de Jésus Christ° par la volonté de
Dieu, et le frère Timothée, à l'assemblée° de Dieu
qui est à Corinthe, ainsi qu'à tous les saints° qui
2 sont dans l'Achaïe° tout entière : Grâce et paix à
vous, de la part de Dieu notre Père et du Seigneur
Jésus Christ !
3 Béni soit le Dieu et Père de notre Seigneur Jésus
Christ, le Père des miséricordes et le Dieu de toute
4 consolation[a], qui nous console à l'égard de toute
notre affliction, afin que nous soyons capables de
consoler[a] ceux qui sont dans quelque affliction
que ce soit, par la consolation dont nous sommes
5 nous-mêmes consolés par Dieu. Car, comme les
souffrances du Christ° abondent à notre égard,
ainsi, par le Christ, notre consolation aussi abonde.
6 Sommes-nous affligés ? – c'est pour votre consolation et votre salut, qui se réalise en ce que vous
supportez les mêmes souffrances que nous endu-
rons nous aussi (et notre espérance à votre égard
est ferme) ; sommes-nous consolés ? – c'est pour
7 votre consolation et votre salut : nous savons que,
comme vous avez part aux souffrances, de même
aussi vous avez part à la consolation.
8 Car nous ne voulons pas, frères, vous laisser
ignorer, à propos de l'affliction qui nous est arrivée
en Asie°, que nous avons été excessivement chargés, au-delà de nos forces, au point que nous avons
9 même désespéré de vivre. Mais nous avions en
nous-mêmes la sentence de mort, afin de ne pas
mettre notre confiance en nous-mêmes, mais en
10 Dieu qui ressuscite les morts. C'est lui qui nous a
délivrés d'une si grande mort et qui nous délivre ;
en lui nous avons mis notre espérance qu'il nous

---

a • v. 3-7 : consolation, *ou* encouragement, réconfort ; consoler, *ou* encourager, réconforter.

délivrera aussi encore, vous aussi coopérant par 11
vos supplications pour nous, afin que, pour cette
grâce, qui nous est accordée par le moyen de beaucoup de personnes, des actions de grâces soient
rendues pour nous par beaucoup.
Ce qui fait notre gloire, en effet – comme en té- 12
moigne notre conscience – c'est que nous nous
sommes conduits dans le monde, et plus encore
envers vous, avec une droiture et une sincérité de
Dieu[a], non pas avec une sagesse charnelle, mais
par la grâce° de Dieu. Car nous ne vous écrivons 13
rien d'autre que ce que vous réalisez, que vous reconnaissez, et que vous reconnaîtrez, je l'espère,
entièrement, comme aussi vous avez reconnu en 14
partie que nous sommes votre sujet de gloire, de
même que vous serez le nôtre dans le jour du Seigneur Jésus.
C'est avec cette confiance que je voulais aller 15
d'abord auprès de vous, pour que vous ayez une
seconde grâce; je voulais passer ensuite de chez 16
vous en Macédoine°, et de Macédoine retourner
auprès de vous; puis vous m'auriez accompagné
vers la Judée°. En formant ce projet, aurais-je 17
donc fait preuve de légèreté ? Ou bien les projets
que je forme sont-ils selon l'homme, de sorte qu'il
y ait en moi le oui oui et le non non ? Mais Dieu 18
est fidèle : la parole que nous vous avons adressée
n'est pas oui et non. Car le Fils de Dieu, Jésus 19
Christ°, qui a été prêché au milieu de vous par notre moyen, c'est-à-dire par moi, par Silvain[b] et par
Timothée, n'a pas été oui et non, mais il y a toujours oui en lui; en effet pour toutes les promesses 20
de Dieu, en lui est le oui et en lui l'amen[c], à la
gloire de Dieu par nous. Or celui qui nous lie fer- 21
mement avec vous à Christ et qui nous a oints,
c'est Dieu, qui aussi nous a marqués de son sceau, 22

---

a• *c.-à-d.* : qui ont leur source en Dieu. – b• *ou* : Silas (Actes 15. 40; 18. 5). – c• *c.-à-d.* : la confirmation et l'accomplissement; *comp.* Apocalypse 3. 14. *Certains lisent :* c'est en lui qu'est le oui ; c'est pourquoi aussi par lui est l'amen.

et nous a donné les arrhes° de l'Esprit dans nos
cœurs.
23 Pour moi, j'en prends Dieu à témoin sur mon
âme : c'est pour vous épargner que je ne suis pas
24 encore venu à Corinthe ; non que nous exercions
une autorité sur votre foi, mais nous coopérons à
votre joie, car c'est par la foi que vous êtes debout.

2 En ce qui me concerne, j'ai donc résolu de ne
pas retourner auprès de vous avec de la tristesse.
2 Car si moi je vous attriste, qui peut me réjouir, si-
3 non celui qui est attristé par moi ? Et j'ai écrit cela
même afin que, à mon arrivée, je n'éprouve pas de
tristesse de la part de ceux dont je devrais me réjouir, étant persuadé à l'égard de vous tous que
4 ma joie est la vôtre à tous. En effet, je vous ai
écrit[a] dans une grande affliction et avec serrement
de cœur, avec beaucoup de larmes, non pas pour
que vous soyez attristés, mais pour que vous
connaissiez l'amour que j'ai si abondamment pour
vous.
5 Si quelqu'un a causé de la tristesse, ce n'est pas
moi qu'il a attristé, mais, en quelque mesure –
6 sans exagérer – c'est vous tous. Il suffit, pour un
tel homme, de cette sanction qui lui a été infligée
7 par le grand nombre : vous devez au contraire plutôt pardonner et consoler, de peur qu'un tel
homme ne soit accablé par une tristesse excessive.
8 C'est pourquoi je vous exhorte à confirmer votre
9 amour pour lui. En effet, si je vous ai écrit, c'est
aussi afin de connaître, à l'épreuve, si vous êtes
10 obéissants en tous points. Or à celui à qui vous pardonnez quelque chose, moi aussi je pardonne ; car
moi aussi, ce que j'ai pardonné, si j'ai pardonné
quelque chose, je l'ai fait à cause de vous sous le
11 regard de Christ°, pour que Satan n'ait pas de
prise sur nous, car nous n'ignorons pas ses intentions.

---

a • *probablement une allusion à la première lettre.*

Une fois arrivé à Troas° pour l'évangile° du 12
Christ, et une porte m'y étant ouverte dans le Seigneur, je n'ai pas eu de repos dans mon esprit, 13
parce que je n'ai pas trouvé Tite, mon frère ; j'ai
donc pris congé d'eux[a], et je suis parti pour la Ma-
cédoine°[b]. Or grâces à Dieu qui nous mène tou- 14
jours en triomphe dans le Christ et manifeste par
nous l'odeur de sa connaissance en tout lieu. Car 15
nous sommes la bonne odeur de Christ pour Dieu,
à l'égard de ceux qui sont sauvés et à l'égard de
ceux qui périssent : aux uns une odeur de mort 16
pour la mort, et aux autres une odeur de vie pour
la vie[c]. Et qui peut suffire à cela ? Car nous ne som- 17
mes pas comme plusieurs, qui frelatent la parole
de Dieu ; mais avec sincérité, comme de la part de
Dieu, devant Dieu, nous parlons en Christ.

Recommençons-nous à nous recommander **3**
nous-mêmes ? Ou avons-nous besoin, comme quelques-uns, de lettres de recommandation pour vous
ou de lettres de recommandation de votre part ?
Notre lettre, c'est vous : elle est écrite dans nos 2
cœurs, connue et lue par tous les hommes ; car 3
vous êtes manifestés comme la lettre de Christ°,
rédigée par notre ministère, écrite non avec de
l'encre, mais par l'Esprit du Dieu vivant, non sur
des tables de pierre, mais sur les tables de chair du
cœur. Telle est la confiance que nous avons par le 4
Christ envers Dieu. Non pas que nous soyons capa- 5
bles par nous-mêmes de penser quelque chose
comme venant de nous-mêmes, mais notre capacité vient de Dieu, qui nous a aussi rendus capa- 6

---

a• *c.-à-d. : des chrétiens de cette région.* – b• *Paul avait envoyé Tite à Corinthe et attendait de lui des nouvelles de cette assemblée* (voir 7. 6, 13 ; 8. 6, 16, 17 ; 12. 17, 18) ; *d'Éphèse, Paul est allé à sa rencontre vers le nord, à Troas, puis en Macédoine, où il l'a trouvé.* – c• *Depuis le* v. 14, *l'image employée par Paul est empruntée au cérémonial du* triomphe *pour un général vainqueur, à Rome : le long du cortège, on répandait en son honneur des parfums, tandis que certains des captifs qui défilaient étaient destinés à la mort.*

bles d'être des ministres de la nouvelle *alliance*°,
non de la lettre, mais de l'esprit, car la lettre tue,
mais l'Esprit vivifie.
7 (Or si le ministère[a] de la mort, gravé en lettres
sur des pierres, a été introduit avec gloire, au point
que les fils d'Israël ne pouvaient pas fixer les yeux
sur le visage de Moïse, à cause de la gloire de son
8 visage – gloire qui devait prendre fin –, à plus forte
raison le ministère de l'Esprit ne subsistera-t-il pas
9 en gloire ? Car si le ministère de la condamnation[b]
a été gloire, à plus forte raison le ministère[a] de la
10 justice[c] abonde-t-il en gloire ! En fait, de ce point
de vue, ce qui alors a été marqué par la gloire n'a
pas été glorifié en comparaison de cette gloire qui
11 lui est infiniment supérieure. Car si ce qui devait
prendre fin a été introduit avec gloire, à plus forte
raison ce qui demeure subsistera-t-il en gloire !
12 Ayant donc une telle espérance, nous usons d'une
13 grande hardiesse ; et nous ne faisons pas comme
Moïse qui mettait un voile sur son visage, pour
que les fils d'Israël n'arrêtent pas leurs yeux sur
14 l'achèvement de ce qui devait prendre fin. Mais
leurs pensées ont été endurcies, car jusqu'à aujour-
d'hui, dans la lecture de l'Ancien Testament, ce
même voile demeure sans être levé, parce que
15 c'est en Christ° qu'il prend fin. Mais jusqu'à aujourd'hui, lorsque Moïse est lu, le voile demeure
16 sur leur cœur ; quand il[d] se tournera vers le Seigneur, le voile sera ôté[e].)
17 Or le Seigneur est l'esprit ; mais là où est l'Esprit
18 du Seigneur, il y a la liberté. Or nous tous, contemplant à face découverte[f] la gloire du Seigneur,
nous sommes transformés en la même image, de
gloire en gloire, comme par le Seigneur en Esprit.

---

a• v. 3-9 : ministère, ministre *est traduit ailleurs par* : service, serviteur. – b• *le ministère de la Loi, qui conduit à la condamnation* (Romains 3. 19, 20). – c• *le ministère de l'évangile, qui conduit à la justification* (Romains 3. 24). – d• *c.-à-d.* : leur cœur (v. 15). – e• *fin de la parenthèse ouverte au* v. 7. – f• *ou* : avec un visage dévoilé.

C'est pourquoi, ayant ce ministère[a] comme **4**
étant des objets de miséricorde, nous ne nous lassons pas, mais nous avons entièrement renoncé 2
aux choses honteuses qui se font en secret : nous
ne marchons pas avec ruse et nous ne falsifions
pas la parole de Dieu ; au contraire, par la manifestation de la vérité, nous nous recommandons
nous-mêmes à toute conscience d'homme devant
Dieu. Et si même notre évangile° est voilé, il est 3
voilé en ceux qui périssent, les incrédules en qui le 4
dieu de ce siècle°[b] a aveuglé les pensées, pour que
la lumière de l'évangile de la gloire du Christ°, qui
est l'image de Dieu, ne resplendisse pas pour eux.
Car nous ne nous prêchons pas nous-mêmes, mais 5
nous prêchons le Christ Jésus comme Seigneur, et
nous-mêmes comme vos esclaves à cause de Jésus.
Car le Dieu qui a dit que du sein des ténèbres brille 6
la lumière, c'est lui qui a brillé dans nos cœurs
pour faire resplendir la connaissance de la gloire
de Dieu dans la face de Christ.

Mais nous avons ce trésor dans des vases de 7
terre, afin que l'excellence de la puissance soit de
Dieu et non pas de nous ; nous qui sommes dans 8
les tribulations[c] de toute manière, mais non pas
dans la détresse ; dans la perplexité, mais non pas
sans ressource ; persécutés, mais non pas abandon- 9
nés ; terrassés, mais ne périssant pas ; portant tou- 10
jours, partout, dans le corps, la mort de Jésus, afin
que la vie de Jésus, aussi, soit manifestée dans notre corps°. Car nous qui sommes vivants, nous 11
sommes toujours livrés à la mort à cause de Jésus,
afin que la vie de Jésus, aussi, soit manifestée dans
notre chair mortelle. Ainsi, la mort opère en nous, 12
mais la vie en vous. Or, ayant le même esprit de 13
foi, selon ce qui est écrit : "J'ai cru, c'est pourquoi
j'ai parlé"[d], nous aussi nous croyons, c'est pourquoi aussi nous parlons, sachant que celui qui a 14

---

a• *ou* : service ; *comp.* 3. 7-9. – b• *c.-à-d.* : Satan. – c• *ou* : afflictions (*comp.* 1. 4, 6 ; Romains 5. 3 ; 8. 35). – d• Psaume 116. 10.

ressuscité le Seigneur Jésus nous ressuscitera aussi
15 avec Jésus, et nous présentera avec vous. Car tout
est pour vous, afin que la grâce°, abondant par le
moyen du grand nombre, multiplie les actions de
grâces à la gloire de Dieu.
16 C'est pourquoi nous ne nous lassons pas ; mais,
même si notre homme[a] extérieur dépérit, toutefois notre homme intérieur est renouvelé de jour
17 en jour. Car notre légère tribulation d'un moment
produit pour nous, en mesure surabondante, un
18 poids éternel de gloire, nos regards n'étant pas fixés sur ce qui se voit, mais sur ce qui ne se voit
pas : car les choses qui se voient sont temporaires,
mais celles qui ne se voient pas sont éternelles.

5 En effet, nous savons que si notre maison° terrestre – simple tente – est détruite, nous avons un
édifice de la part de Dieu, une maison qui n'est pas
2 faite de main, éternelle, dans les cieux. Car aussi,
dans cette tente, nous gémissons, désirant avec ar-
3 deur revêtir notre domicile qui est du ciel, si toutefois, même en étant vêtus, nous ne sommes pas
4 trouvés nus. Oui, nous qui sommes dans cette
tente, nous gémissons, étant chargés ; non pas que
nous désirions être dépouillés, mais nous désirons
être revêtus, afin que ce qui est mortel soit absorbé
5 par la vie. Or celui qui nous a formés pour cela
même, c'est Dieu, qui nous a donné les arrhes° de
l'Esprit.
6 Nous avons donc toujours confiance, et nous savons qu'étant présents dans le corps°, nous som-
7 mes absents du Seigneur, car nous marchons par
8 la foi, non par la vue ; nous avons, dis-je, de la
confiance, et nous aimons mieux être absents du
9 corps et être présents avec le Seigneur. C'est pourquoi, que nous soyons présents ou que nous
soyons absents, nous nous appliquons avec ardeur
10 à lui être agréables ; car il faut que nous soyons
tous manifestés devant le tribunal du Christ°, afin

---

a• *ici* : l'être humain (*comme* 1 Pierre 3. 4).

que chacun reçoive selon les actions accomplies
dans le corps, soit bien soit mal.
Connaissant donc combien le Seigneur doit être 11
craint, nous persuadons les hommes, mais nous
sommes à découvert pour Dieu ; j'espère que nous
sommes aussi à découvert devant vos consciences.
Nous ne nous recommandons pas de nouveau à 12
vous, mais nous vous donnons occasion de vous
glorifier à notre sujet, afin que vous ayez de quoi
répondre à ceux qui tirent gloire de l'apparence
extérieure et non de ce qui est dans le cœur. Car si 13
nous avons été hors de nous-mêmes[a], c'est pour
Dieu ; si nous sommes dans notre bon sens, c'est
pour vous. En effet, l'amour du Christ° nous 14
étreint, en ce que nous avons discerné ceci, que si
un est mort pour tous, tous donc sont morts, et 15
qu'il est mort pour tous afin que ceux qui vivent
ne vivent plus pour eux-mêmes, mais pour celui
qui pour eux est mort et a été ressuscité.
Ainsi nous, désormais, nous ne connaissons per- 16
sonne selon la chair° ; et même si nous avons
connu Christ selon la chair, toutefois maintenant
nous ne le connaissons plus ainsi ; de sorte que, si 17
quelqu'un est en Christ, c'est une nouvelle création : les choses vieilles sont passées ; voici, toutes
choses sont faites nouvelles ; et toutes viennent du 18
Dieu qui nous a réconciliés avec lui-même par
Christ°, et qui nous a donné le service de la réconciliation : c'est-à-dire que Dieu était en Christ, ré- 19
conciliant le monde avec lui-même, ne leur impu-
tant pas leurs fautes et mettant en nous la parole
de la réconciliation. Nous sommes donc ambassa- 20
deurs pour Christ – Dieu, pour ainsi dire, exhortant par notre moyen –, nous supplions pour
Christ : Soyez réconciliés avec Dieu ! Celui qui n'a 21
pas connu le péché, il l'a fait péché pour nous, afin
que nous devenions[b] justice de Dieu en lui.

---

a• *ou* : hors de sens. – b• *C'est un fait accompli.*

6 Travaillant à cette même œuvre, nous aussi,
nous vous exhortons à ne pas avoir reçu en vain la
2 grâce° de Dieu ; car il dit : "Au temps favorable je
t'ai exaucé, et en un jour de salut je t'ai secouru"[a].
Voici, c'est maintenant le temps favorable ; voici,
c'est maintenant le jour du salut.
3 Nous ne donnons aucun sujet de scandale à per-
4 sonne, afin que le service ne soit pas blâmé ; au
contraire, en toutes choses, nous nous recommandons comme serviteurs° de Dieu par une grande
patience dans les tribulations, dans les nécessités,
5 dans les détresses, sous les coups, dans les prisons,
dans les désordres, dans les labeurs, dans les veil-
6 les, dans les jeûnes ; par la pureté, par la connaissance, par la patience, par la bonté, par l'Esprit
7 Saint°, par un amour sans hypocrisie, par la parole
de la vérité, par la puissance de Dieu, en usant des
armes de justice de la main droite et de la main
8 gauche ; dans la gloire et le déshonneur, dans la
mauvaise et la bonne renommée ; tenus pour im-
9 posteurs, et pourtant véridiques ; pour inconnus,
quoique bien connus ; considérés comme mou-
rants, et voici nous vivons ; comme châtiés, et non
10 pas mis à mort ; comme attristés, mais toujours
joyeux ; comme pauvres, mais enrichissant un
grand nombre ; comme n'ayant rien, et possédant
tout.
11 Nous vous parlons très librement, Corinthiens !
12 notre cœur s'est grand ouvert. Vous n'êtes pas à
l'étroit en nous, mais c'est dans vos affections que
13 vous l'êtes. Et, en juste retour – je parle comme à
mes enfants – ouvrez largement votre cœur, vous
aussi.
14 Ne vous mettez pas sous un joug mal assorti avec
les incrédules ; car quelle relation y a-t-il entre la
justice et l'iniquité° ? ou quelle communion entre
15 la lumière et les ténèbres ? et quel accord de

---

a • Ésaïe 49. 8.

Christ° avec Béliar[a] ? ou quelle part a le croyant
avec l'incrédule ? et quelle compatibilité y a-t-il en- 16
tre le temple° de Dieu et les idoles ? Car nous sommes le temple° du Dieu vivant, comme Dieu l'a
dit : "J'habiterai au milieu d'eux et j'y marcherai,
et je serai leur Dieu, et eux seront mon peuple"[b].
"C'est pourquoi sortez du milieu d'eux et soyez sé- 17
parés, dit le Seigneur*, et ne touchez pas à ce qui
est impur, et moi, je vous recevrai"[c] ; "et je serai 18
pour vous un père, et vous, vous serez pour moi
des fils et des filles, dit le Seigneur*, le Tout-puissant".

Ayant donc ces promesses, bien-aimés, puri- **7**
fions-nous nous-mêmes de toute souillure de chair
et d'esprit, achevant[d] la sainteté dans la crainte de
Dieu. Acceptez-nous[e] : nous n'avons fait tort à per- 2
sonne, nous n'avons ruiné personne, nous ne nous
sommes enrichis aux dépens de personne. Je ne le 3
dis pas pour vous condamner, car j'ai déjà déclaré
que vous êtes dans nos cœurs jusqu'à mourir ensemble et vivre ensemble. Grande est ma franchise 4
à votre égard, grand est le sujet de gloire que j'ai
de vous ; je suis rempli de consolation ; ma joie su-
rabonde au milieu de toute notre affliction.

De fait, à notre arrivée en Macédoine°[f], notre 5
chair° n'a eu aucun repos ; nous avons été affligés
de toute manière : au dehors, des combats ; au dedans, des craintes. Mais celui qui console ceux qui 6
sont abaissés, Dieu, nous a consolés par la venue
de Tite[g], et non seulement par sa venue, mais 7
aussi par la consolation dont il a été rempli à votre
sujet : il nous a raconté votre grand désir, vos larmes, votre ardente affection envers moi, de sorte

---

a• *ou* : Bélial ; *hébreu* : iniquité (v. 14), méchanceté, le Mal (Deutéronome 15. 9 ; Psaume 18. 4 ; Nahum 1. 11, etc). – b• Lévitique 26. 11, 12. – c• *Plusieurs passages prophétiques sont condensés ici : voir* Ésaïe 43. 6 ; 52. 11 ; Jérémie 31. 9 ; 51. 45. – d• *ou* : réalisant jusqu'au bout. – e• *litt.* : Faites-nous place (*dans vos cœurs*) ; *voir* 6. 11-13 *et* 7. 3. – f• *voir* 2. 12-13 ; Actes 20. 1. – g• *voir* 8. 16, 23.

8 que je me suis d'autant plus réjoui. En effet, même
si je vous ai attristés par ma lettre, je ne le regrette
pas – si même je l'ai regretté – car je vois que cette
lettre vous a attristés, ne serait-ce que pour un
9 temps. Maintenant je me réjouis, non de ce que
vous avez été attristés, mais de ce que vous avez
été attristés à repentance° ; car vous avez été attristés selon Dieu : ainsi, vous n'avez subi aucun
10 tort de notre part. En effet, la tristesse qui est selon Dieu produit une repentance salutaire[a] dont
on n'a pas de regret, mais la tristesse du monde
11 produit la mort. Car voyez ce qu'a produit en vous
le fait même d'avoir été attristés selon Dieu : quel
empressement, que dis-je ? quelles excuses, quelle
indignation, quelle crainte, quel ardent désir, quel
zèle, quelle punition ! À tous égards, vous avez
12 montré que vous êtes purs dans cette affaire. Si
donc je vous ai écrit, ce n'a pas été à cause de celui
qui a fait le tort ni à cause de celui qui a subi le
tort, mais pour que l'empressement que vous avez
à notre égard soit rendu visible pour vous devant
13 Dieu. C'est pourquoi nous avons été consolés.
Et au-delà de notre propre consolation, nous nous
sommes encore plus abondamment réjouis de la
joie de Tite, parce que son esprit a été apaisé grâce
14 à vous tous. Car si, devant lui, je me suis glorifié en
quelque mesure à votre sujet, je n'ai pas eu à en
rougir ; mais comme nous vous avons tout dit selon la vérité, de même aussi ce qui a motivé notre
15 sujet de gloire devant Tite s'est trouvé vrai ; et son
affection pour vous augmente encore, quand il se
souvient de votre obéissance à tous, et de la façon
dont vous l'avez reçu, avec crainte et tremble-
16 ment. Je me réjouis de ce qu'en toutes choses j'ai
de la confiance à votre égard.

8 Nous vous faisons connaître, frères, la grâce°
que Dieu a donnée parmi les assemblées° de la
2 Macédoine° : dans les grandes détresses qui les

a• *ou* : qui conduit au salut.

ont éprouvées, l'abondance de leur joie et leur
profonde pauvreté ont fait abonder la richesse de
leur générosité. Car dans la mesure de leurs 3
moyens (j'en rends témoignage), et au-delà de
leurs moyens, spontanément, ils nous ont de- 4
mandé avec beaucoup d'insistance la grâce et la
communion de ce service envers les saints° ; au-
delà de notre espérance, ils se sont donnés eux-mê- 5
mes, d'abord au Seigneur, puis à nous, par la volonté de Dieu. Nous avons donc exhorté Tite pour 6
que, comme il l'avait commencé, ainsi il mène à
bonne fin votre libéralité. Mais de même que vous 7
abondez en tout : en foi, en parole, en connaissance, avec tout empressement, et dans votre
amour envers nous, il vous faut, vous aussi, abonder dans cette grâce. Je ne dis pas cela comme un 8
ordre, mais à cause de l'empressement d'autres
personnes ; je mets ainsi à l'épreuve la sincérité de
votre amour. Car vous connaissez la grâce de notre 9
Seigneur Jésus Christ° : pour vous, lui qui était riche a vécu dans la pauvreté, afin que par sa pauvreté vous soyez enrichis.
Sur ce sujet, c'est un avis que je vous donne, car 10
cela vous est profitable, à vous qui avez déjà commencé dès l'année passée, non seulement de faire,
mais aussi de vouloir. Maintenant, achevez aussi 11
de faire : comme vous avez été prompts à vouloir,
soyez-le aussi à achever en prenant sur ce que vous
avez ; en effet, si la promptitude à donner existe, 12
elle est agréable suivant ce qu'on a, non suivant ce
qu'on n'a pas. Car ce n'est pas pour que d'autres 13
soient à leur aise et que vous, vous soyez dans la
gêne, mais pour une question d'égalité : que, dans
le temps présent, votre abondance supplée à leurs
besoins, pour que leur abondance supplée aussi à 14
vos besoins, de sorte qu'il y ait égalité, ainsi qu'il 15
est écrit : "Celui qui recueillait beaucoup n'avait
pas trop, et celui qui recueillait peu avait assez"[a].

---

a• Exode 16. 18.

16 Or grâces soient rendues à Dieu qui a mis le
17 même zèle pour vous dans le cœur de Tite ; car il
a bien reçu l'exhortation, mais c'est avec plus de
zèle encore qu'il est allé spontanément auprès de
18 vous. Et nous avons envoyé avec lui le frère dont
l'éloge au sujet de l'évangile°[a] est répandu dans
19 toutes les assemblées° ; bien plus, il a même été
désigné par les assemblées pour être notre compagnon de voyage, avec cette libéralité dont nous assurons le service à la gloire du Seigneur lui-même,
20 et pour montrer notre empressement. Ainsi nous
évitons le blâme de quiconque, à propos de cette
large contribution dont nous assurons le service ;
21 car nous veillons à ce qui est honnête, non seulement devant le Seigneur, mais aussi devant les
22 hommes. Nous avons envoyé avec eux notre frère,
dont souvent, en bien des affaires, nous avons
éprouvé le zèle et qui maintenant est encore beaucoup plus zélé à cause de la grande confiance qu'il
23 a en vous. Quant à Tite, c'est mon associé et mon
compagnon d'œuvre auprès de vous ; quant à nos
frères, ce sont les envoyés des assemblées°, la
24 gloire de Christ°. Donnez-leur donc, devant les assemblées, la preuve de votre amour et des motifs
que nous avons eus de tirer gloire de vous.

9 Concernant le service envers les saints°, il est su-
2 perflu que je vous écrive ; car je connais votre
promptitude ; j'en tire gloire à votre égard auprès
des Macédoniens, en leur disant que l'Achaïe[b] est
prête depuis l'année passée ; et ce zèle de votre
3 part a stimulé la généralité des frères. J'ai quand
même envoyé les frères, pour que les motifs de
gloire que nous avons à votre sujet ne soient pas
réduits à néant sur ce point, pour que, comme je
4 l'ai dit, vous soyez prêts ; autrement, si des Macédoniens venaient avec moi et ne vous trouvaient

---

a• *c.-à-d. : à cause de son activité d'évangéliste ; litt. :* dans l'évangile. – b• *c.-à-d. : les chrétiens de la Macédoine et ceux de l'Achaïe* (*voir* 1. 1).

pas prêts, cette assurance tournerait à notre confusion – pour ne pas dire à la vôtre. J'ai donc estimé 5
nécessaire de prier les frères d'aller au préalable
vers vous, et de concrétiser cette libéralité que
vous avez promise, afin qu'elle soit ainsi prête
comme une libéralité, et non comme une chose
extorquée.
Encore ceci : celui qui sème chichement moisson- 6
nera aussi chichement, et celui qui sème largement moissonnera aussi largement. Que chacun 7
fasse comme il l'a résolu dans son cœur, non pas à
regret, ou par contrainte, car Dieu aime celui qui
donne joyeusement. Mais Dieu est puissant pour 8
faire abonder toute grâce envers vous, afin
qu'ayant toujours, à tout point de vue, tout ce qui
suffit, vous abondiez pour toute bonne œuvre,
comme il est écrit : "Il a répandu, il a donné aux 9
pauvres, sa justice demeure éternellement"[a]. Or 10
celui qui fournit de la semence au semeur et du
pain pour se nourrir, fournira et multipliera votre
semence[b] et augmentera les fruits de votre justice : vous serez de toute manière enrichis pour 11
toute sorte de générosité, celle qui produit de notre part des actions de grâces à Dieu.
Car la réalisation de ce service, non seulement 12
comble les besoins des saints°, mais encore multiplie les actions de grâces envers Dieu ; ainsi, par 13
l'expérience qu'ils font de ce service, ils glorifient
Dieu pour la soumission dont vous faites profession à l'égard de l'évangile° du Christ°, et pour la
libéralité de vos dons envers eux et envers tous.
De plus, par les supplications qu'ils font pour 14
vous, ils manifestent une ardente affection envers
vous, à cause de la surabondante grâce° de Dieu
qui repose sur vous. Grâces à Dieu pour son don 15
inexprimable !

---

a• Psaume 112. 9. – b• *voir* v. 6.

10 Moi-même, Paul, je vous exhorte par la douceur et la bonté du Christ – moi qui, au milieu de
vous, suis d'une apparence réservée, mais qui, ab-
2 sent, use de hardiesse envers vous –, je vous en
supplie : que je n'aie pas, lorsque je serai présent,
à user de hardiesse, avec cette assurance dont j'entends faire preuve, avec détermination, contre certains qui estiment que nous marchons selon la
3 chair° [a]. Car même en marchant dans la chair [b],
4 nous ne combattons pas selon la chair ; les armes
de notre guerre, en effet, ne sont pas charnelles,
mais puissantes par Dieu pour la destruction des
5 forteresses, renversant les raisonnements et toute
hauteur qui s'élève contre la connaissance de
Dieu, amenant toute pensée captive à l'obéissance
6 du Christ°, étant prêts à punir toute désobéissance, après que votre obéissance aura été rendue
complète.

7 Vous regardez à l'apparence ! Si quelqu'un a la
conviction d'appartenir à Christ, qu'il fasse encore
en lui-même cette réflexion : comme il appartient
8 à Christ, nous lui appartenons nous aussi. Car
même si je tire un peu plus de gloire de l'autorité
que le Seigneur nous a donnée – pour votre édification et non pour votre ruine [c] – je n'ai pas à en
9 rougir. Je ne veux pas avoir l'air de vous effrayer
10 par mes lettres ; car ses lettres, affirme-t-on, ont du
poids et de la force, mais sa présence personnelle
11 est faible et sa parole méprisable. Celui qui parle
ainsi doit estimer que, tels nous sommes en parole
par nos lettres, étant absents, tels aussi nous som-
12 mes en actes, étant présents. Nous ne prétendons
pas, en effet, nous mettre au rang de certains qui
se recommandent eux-mêmes, ni nous comparer à
eux ; mais eux, qui se prennent eux-mêmes pour
mesure et se comparent à eux-mêmes, manquent
13 d'intelligence. Pour nous, nous n'allons pas nous

---

a• *c.-à-d. ici* : selon nos penchants naturels. – b• *c.-à-d.* : vivant dans la condition d'homme. – c• pour vous édifier, non pour vous abattre ; *comp.* 13. 10.

glorifier dans ce qui dépasse la mesure, mais selon
la mesure du champ d'action que le Dieu de mesure nous a départi en nous faisant parvenir jusqu'à vous. Car nous ne dépassons pas nos limites, 14
comme si nous n'étions pas parvenus jusqu'à
vous : de fait, nous sommes même arrivés jusqu'à
vous pour vous annoncer l'évangile° du Christ°.
Nous ne nous glorifions pas dans ce qui dépasse la 15
mesure, dans les travaux des autres ; mais nous
avons l'espoir, vu les progrès de votre foi, d'être
agrandis au milieu de vous, dans notre champ,
pour porter l'évangile au-delà de chez vous, non 16
pour nous glorifier de ce qui est déjà préparé dans
le champ des autres. Mais que celui qui se glorifie 17
se glorifie dans le Seigneur ; car ce n'est pas celui 18
qui se recommande lui-même qui est approuvé,
mais celui que le Seigneur recommande.

Je voudrais que vous supportiez un peu ma fo- **11**
lie ! Mais oui, supportez-moi ! Car je suis jaloux à 2
votre égard d'une jalousie de Dieu : oui, je vous ai
fiancés à un seul mari, pour vous présenter au
Christ° comme une vierge chaste. Mais je crains 3
qu'en quelque manière, comme le serpent séduisit
Ève par sa ruse[a], ainsi vos pensées ne soient corrompues et détournées de la simplicité à l'égard
de Christ. Car si quelqu'un vient prêcher un autre 4
Jésus que nous n'avons pas prêché, ou si vous recevez un esprit différent que vous n'avez pas reçu,
ou un évangile différent que vous n'avez pas accepté, vous pourriez bien le supporter. Or j'estime 5
que je n'ai été inférieur en rien aux plus excellents
apôtres°. Si je suis un homme ordinaire pour le 6
langage, je ne le suis pas pour la connaissance :
nous vous l'avons manifesté de toute manière et à
tous égards. Ai-je commis une faute en m'abais- 7
sant moi-même pour que vous soyez élevés, parce
que je vous ai annoncé gratuitement l'évangile°
de Dieu ? J'ai dépouillé d'autres assemblées° en re- 8

---

a• *voir* Genèse 3. 1-7, 13.

cevant un salaire pour vous servir. Et quand j'étais
auprès de vous – dans le besoin – je n'ai été à
9 charge à personne, car les frères venus de Macé-
doine° ont pourvu à mes besoins ; je me suis gardé
de vous être à charge en quoi que ce soit[a], et je
10 m'en garderai. Comme la vérité de Christ° est en
moi, cette gloire ne me sera pas interdite dans les
11 régions de l'Achaïe°. Pourquoi ? Est-ce parce que
12 je ne vous aime pas ? Dieu le sait. Mais ce que je
fais, je le ferai encore, pour ôter l'occasion à ceux
qui cherchent une occasion, et pour qu'ils soient
trouvés semblables à nous dans les motifs qu'ils
13 ont de se glorifier. Car de tels hommes sont de
faux apôtres, des ouvriers trompeurs, qui se dégui-
14 sent en apôtres de Christ ; et ce n'est pas étonnant,
car Satan lui-même se déguise en ange de lu-
15 mière : ce n'est donc pas étrange que ses serviteurs
aussi se déguisent en serviteurs de justice, eux
dont la fin sera selon leurs œuvres.
16 Je le répète : que personne ne me tienne pour
insensé ; ou bien, s'il en est autrement, acceptez-
moi, même comme un insensé, pour que moi aussi
17 je me glorifie un peu. Ce que je dis, je ne le dis pas
selon le Seigneur, mais comme un insensé, avec
cette assurance d'avoir de quoi me glorifier.
18 Puisque beaucoup se glorifient selon la chair°,
19 moi aussi je vais me glorifier. Car c'est volontiers
que vous supportez les insensés, vous qui êtes sa-
20 ges ! Oui, vous supportez qu'on vous asservisse,
qu'on vous dévore, qu'on vous pille, qu'on vous
traite de haut, qu'on vous frappe au visage.
21 J'ai honte à le dire, comme si nous avions montré
de la faiblesse ; mais tout ce dont quelqu'un peut
se prévaloir (je parle en insensé), je peux m'en pré-
22 valoir aussi. Ils sont Hébreux ? – moi aussi. Ils sont
Israélites ? – moi aussi. Ils sont la descendance
23 d'Abraham ? – moi aussi. Ils sont serviteurs de
Christ° ? (je parle comme un homme hors de
sens) – moi plus encore : dans les travaux bien da-

---

a • *voir* Actes 18. 1-3.

vantage, sous les coups excessivement, dans les
prisons bien plus souvent, *en danger de mort* souvent (cinq fois j'ai reçu des Juifs quarante coups 24
moins un, trois fois j'ai été battu de verges, une 25
fois j'ai été lapidé, trois fois j'ai fait naufrage, j'ai
passé un jour et une nuit dans les profondeurs de
la mer), en voyages souvent, dans les dangers sur 26
les fleuves, dans les dangers de la part des brigands,
dans les dangers de la part de mes compatriotes,
dans les dangers de la part des nations°, dans les
dangers à la ville, dans les dangers au désert, dans
les dangers en mer, dans les dangers parmi de faux
frères, en peine et en labeur, en veilles souvent, 27
dans la faim et la soif, dans les jeûnes souvent,
dans le froid et le dénuement. En plus de ces cir- 28
constances exceptionnelles, il y a ce qui me tient
assiégé tous les jours, la sollicitude pour toutes les
assemblées°.
Qui est faible, que je ne sois faible aussi ? Qui est 29
scandalisé°, que moi aussi je ne brûle ? S'il faut se 30
glorifier, je me glorifierai dans ce qui est ma faiblesse. Le Dieu et Père du Seigneur Jésus (lui qui 31
est béni éternellement) sait que je ne mens pas. À 32
Damas, le gouverneur du roi Arétas faisait garder
la ville des Damascéniens, pour se saisir de moi ;
mais on me fit descendre dans une corbeille par 33
une fenêtre, le long de la muraille, et j'échappai à
ses mains[a].

Il est vrai qu'il est sans profit pour moi de me **12**
glorifier ; car j'en viendrai à des visions et à des révélations du Seigneur. Je connais un homme en 2
Christ° qui, il y a quatorze ans (si ce fut dans le
corps°, je ne sais ; si ce fut hors du corps, je ne
sais ; Dieu le sait), je connais un tel homme qui a
été enlevé jusqu'au troisième ciel. Et je sais que 3
cet homme-là (si ce fut dans le corps, si ce fut hors
du corps, je ne sais, Dieu le sait), je sais qu'il a été 4
enlevé dans le paradis, et a entendu des paroles

a • *voir* Actes 9. 23-25.

ineffables qu'il n'est pas permis à l'homme d'expri-
5 mer. Je me glorifierai d'un tel homme, mais je ne
me glorifierai pas à mon sujet, si ce n'est dans mes
6 faiblesses. Car même si je voulais me glorifier, je
ne serais pas insensé, puisque je dirais la vérité ;
mais je m'en abstiens, de peur que quelqu'un ne
m'estime au-dessus de ce qu'il me voit être ou de
7 ce qu'il a pu m'entendre dire. Et afin que je ne
m'enorgueillisse pas à cause de l'extraordinaire
des révélations, il m'a été donné une écharde pour
la chair, un ange de Satan pour me frapper au vi-
8 sage, afin que je ne m'enorgueillisse pas. À ce sujet, j'ai supplié trois fois le Seigneur qu'elle me
9 soit retirée ; et il m'a dit : Ma grâce te suffit, car
ma puissance s'accomplit dans la faiblesse. Je me
glorifierai donc très volontiers plutôt dans mes faiblesses, afin que la puissance du Christ° demeure
10 sur moi. C'est pourquoi je prends plaisir dans les
faiblesses, dans les outrages, dans les nécessités,
dans les persécutions, dans les détresses pour
Christ : car lorsque je suis faible, alors je suis fort.
11 Je suis devenu insensé : vous m'y avez contraint ;
c'est par vous que j'aurais dû être recommandé ;
car je n'ai été nullement inférieur aux plus excellents apôtres, quoique je ne sois rien. Certaine-
12 ment les signes d'un apôtre° ont été opérés au milieu de vous en toute patience, par des signes, des
13 prodiges, et des miracles. Car en quoi avez-vous
été inférieurs aux autres assemblées°, sinon dans
le fait que moi-même je ne vous ai pas été à
14 charge ? Pardonnez-moi ce tort ! Me voici prêt
pour la troisième fois à aller auprès de vous ; et je
ne vous serai pas à charge, car je ne cherche pas
vos biens, mais vous-mêmes : ce ne sont pas les enfants qui doivent amasser pour leurs parents, mais
15 les parents pour leurs enfants. Et moi, très volontiers, je dépenserai et je me dépenserai moi-même
entièrement pour vos âmes°, même si, vous aimant beaucoup plus, je devais être moins aimé.
16 Eh bien, soit ! je ne vous ai pas été à charge, moi,

mais, fourbe que je suis, je vous ai pris par ruse.
Me suis-je enrichi à vos dépens par l'un de ceux 17
que je vous ai envoyés ? J'ai fait appel à Tite et j'ai 18
envoyé le frère[a] avec lui. Est-ce que Tite s'est enrichi à vos dépens ? N'avons-nous pas marché dans
le même esprit ? N'avons-nous pas marché sur les
mêmes traces ?

Vous avez longtemps pensé que nous nous justi- 19
fions auprès de vous. Devant Dieu, nous parlons
en Christ°, et absolument tout ce que nous disons,
bien-aimés, est pour votre édification. Car je crains 20
que, à mon arrivée, je ne vous trouve pas tels que
je voudrais, et que moi, je sois trouvé par vous tel
que vous ne voudriez pas : qu'il y ait des querelles,
des jalousies, des colères, des intrigues, des médisances, des insinuations, des enflures d'orgueil, des
désordres, et qu'à mon retour parmi vous mon 21
Dieu ne m'humilie à votre sujet. Je crains d'être affligé à propos de plusieurs de ceux qui ont péché
auparavant, et ne se sont pas repentis° de l'impureté, de la fornication° et des impudicités qu'ils
ont commises[b].

Voici la troisième fois que je viens à vous : par **13**
la bouche de deux ou de trois témoins toute affaire sera établie. J'ai déjà dit et je dis à l'avance, 2
comme si j'étais présent pour la seconde fois, et
maintenant étant absent, à ceux qui ont péché auparavant et à tous les autres, que si je viens encore
une fois, je n'épargnerai pas. Puisque vous cher- 3
chez une preuve que Christ° parle en moi (lui qui
n'est pas faible envers vous, mais puissant au milieu de vous ; car même s'il a été crucifié en fai- 4
blesse, néanmoins il vit par la puissance de Dieu ;
et nous aussi, nous sommes faibles en lui, mais
nous vivrons avec lui, par la puissance de Dieu envers vous), examinez-vous vous-mêmes, et voyez si 5
vous êtes dans la foi ; éprouvez-vous vous-mêmes.
Ne reconnaissez-vous pas à l'égard de vous-mêmes

---

a• *voir* 8. 16-18. – b• *ou* : de la débauche qu'ils ont commise.

que Jésus Christ est en vous ? – à moins que vous
6 ne soyez des réprouvés ; j'espère que vous reconnaîtrez que nous, nous ne sommes pas des réprouvés.
7 Mais nous prions Dieu que vous ne fassiez aucun
mal, non pour que nous, nous soyons vus comme
approuvés, mais pour que vous, vous fassiez ce qui
est bon et que nous, nous soyons comme des ré-
8 prouvés ; car nous n'avons pas de pouvoir contre
9 la vérité, mais pour la vérité. Nous nous réjouissons lorsque nous, nous sommes faibles, et que
vous, vous êtes forts : ce que nous demandons
10 aussi, c'est votre perfectionnement. Voilà pourquoi j'écris cela étant absent, afin de ne pas devoir
user de sévérité quand je serai présent, selon l'autorité que le Seigneur m'a donnée pour édifier, et
non pas pour détruire.
11 Au reste, frères, réjouissez-vous, perfectionnez-
vous, soyez encouragés, ayez un même sentiment,
vivez en paix : et le Dieu d'amour et de paix sera
12 avec vous. Saluez-vous les uns les autres par un
13 saint baiser. Tous les saints° vous saluent.
Que la grâce du Seigneur Jésus Christ, l'amour de
Dieu, et la communion du Saint° Esprit soient
avec vous tous !

Épître aux Galates

Paul, apôtre° – non de la part des hommes, ni 1
par l'homme, mais par Jésus Christ° et Dieu le
Père qui l'a ressuscité d'entre les morts –, et tous 2
les frères qui sont avec moi, aux assemblées° de
Galatie°[a] : Grâce et paix à vous, de la part de Dieu 3
le Père et de notre Seigneur Jésus Christ, qui s'est 4
donné lui-même pour nos péchés, afin de nous retirer du présent siècle° mauvais, selon la volonté
de notre Dieu et Père, à qui soit la gloire aux siè- 5
cles des siècles ! Amen.

Je m'étonne que vous passiez si rapidement, de 6
Celui qui vous a appelés par la grâce° de Christ, à
un évangile° différent, qui n'en est pas un autre ; il 7
y a seulement des gens qui vous troublent, et qui
veulent pervertir l'évangile du Christ. Mais si 8
nous-mêmes, ou si un ange venu du ciel vous évangélisait contrairement à[b] ce que nous vous avons
évangélisé, qu'il soit anathème[c] ! Comme nous 9
l'avons déjà dit, maintenant je le dis encore : si
quelqu'un vous évangélise contrairement à[b] ce
que vous avez reçu, qu'il soit anathème[c] ! Car 10
maintenant, est-ce que je m'applique à satisfaire
des hommes, ou Dieu ? Ou est-ce à des hommes
que je cherche à plaire ? Si je plaisais encore à des
hommes, je ne serais pas esclave de Christ.

Or je vous fais savoir, frères, que l'évangile qui a 11
été annoncé par moi n'est pas selon l'homme. Car 12
moi, ce n'est pas non plus de l'homme que je l'ai
reçu ni appris, mais par révélation de Jésus Christ.
Vous avez entendu parler de ce qu'a été autrefois 13
ma conduite dans le judaïsme : je persécutais outre mesure l'assemblée° de Dieu et la dévastais, et 14
je faisais des progrès dans le judaïsme plus que

---

a• *région au centre de l'Asie Mineure (Turquie actuelle), devenue province romaine. Voir* Actes 16. 6 ; 18. 23 ; 1 Corinthiens 16. 1 ; 1 Pierre 1. 1. – b• *ou* : au-delà de, en s'écartant de. – c• objet de malédiction.

beaucoup de ceux de mon âge dans ma nation,
étant extrêmement zélé pour les traditions de mes
pères°.
15 Mais quand il plut à Dieu, qui m'a mis à part dès le
ventre de ma mère et qui m'a appelé par sa grâce,
16 de révéler son Fils en moi[a], afin que je l'annonce
parmi les nations°, aussitôt je ne consultai pas la
17 chair et le sang[b], je ne montai pas non plus à Jérusalem auprès de ceux qui étaient apôtres avant
moi, mais je m'en allai en Arabie, puis je retournai
de nouveau à Damas[c].
18 Ensuite, trois ans après, je montai à Jérusalem
pour faire la connaissance de Céphas[d], et je de-
19 meurai chez lui quinze jours ; je ne vis aucun autre
des apôtres, sinon Jacques° le frère du Seigneur.
20 Or dans ce que je vous écris, voici, devant Dieu, je
21 ne mens pas. Puis je me rendis dans les régions de
22 la Syrie et de la Cilicie°. Or j'étais inconnu de visage aux assemblées° de la Judée° qui sont en
23 Christ ; elles entendaient seulement dire : Celui
qui nous persécutait autrefois annonce mainte-
24 nant la foi qu'il détruisait jadis ; et elles glorifiaient
Dieu à cause de moi.

2 Ensuite, au bout de quatorze ans, je montai de
nouveau à Jérusalem avec Barnabas ; j'avais aussi
2 pris Tite avec moi. Or j'y montai à la suite d'une révélation, et je leur exposai l'évangile° que je prêche parmi les nations°, mais en privé, à ceux qui
étaient considérés, de peur qu'en quelque manière, je ne coure ou n'aie couru en vain (cepen-
3 dant, même Tite qui était avec moi, bien que
4 Grec°, ne fut pas contraint à être circoncis°) ; tout
cela à cause des faux frères, furtivement intro-
duits, qui s'étaient insinués pour épier la liberté

---

a• *c.-à-d.* : dans mon être intérieur, par conviction intime (Actes 9. 4, 5, 20 ; 22. 14-18). – b• la chair et le sang, *c.-à-d. : l'homme, la nature humaine* (Matthieu 16. 17 ; 1 Corinthiens 15. 50). – c• *voir* Actes 9. 1-30 ; 22. 4-16 ; 26. 12-20. – d• *l'apôtre* Pierre (Jean 1. 42) ; Céphas *est, en araméen, l'équivalent de* Pierre (Matthieu 16. 16-18).

que nous avons dans le Christ Jésus, afin de nous
réduire à la servitude. Mais pas même un moment 5
nous ne leur avons cédé par soumission, afin que
la vérité de l'évangile demeure avec vous.
Quant à ceux qui étaient considérés comme étant 6
quelque chose[a] – quels qu'ils aient pu être, cela ne
m'importe en rien : Dieu n'a pas égard à l'apparence de l'homme –, à moi, certes, ceux qui étaient
considérés n'ont rien communiqué de plus. Bien 7
au contraire, quand ils ont vu qu'il m'avait été
confié d'annoncer l'évangile aux incirconcis°,
comme à Pierre d'annoncer l'évangile aux circon-
cis° (car celui qui a opéré en Pierre pour l'aposto- 8
lat[b] de la Circoncision° a opéré en moi aussi envers les nations), quand ils ont reconnu la grâce 9
qui m'a été donnée, Jacques°, Céphas et Jean –
qui étaient considérés comme des colonnes –
m'ont donné, à moi et à Barnabas, la main d'asso-
ciation, pour que nous allions vers les nations°, et
eux vers la Circoncision° ; seulement, que nous 10
nous souvenions des pauvres, ce qu'aussi je me
suis appliqué à faire.

Mais quand Céphas[c] vint à Antioche[d], je lui ré- 11
sistai en face, parce qu'il était condamné[e]. Car, 12
avant que quelques-uns soient venus de chez Jacques, il mangeait avec ceux des nations ; mais
après leur arrivée, il se déroba et se mit à l'écart,
craignant ceux de la Circoncision° ; et les autres 13
Juifs aussi usèrent de la même dissimulation avec
lui, si bien que Barnabas aussi fut entraîné avec
eux par leur dissimulation. Mais quand je vis qu'ils 14
ne marchaient pas droit, selon la vérité de l'évangile[f], je dis à Céphas devant tous : Si toi, qui es Juif,
tu vis comme les nations et non pas comme les
Juifs, comment peux-tu contraindre ceux des nations à judaïser[g] ? Nous qui, par nature, sommes 15

---

a• *c.-à-d.* : comme ayant quelque importance (*comp.* v. 9). – b• le ministère d'apôtre. – c• *ou* : Pierre ; *voir* 1. 18, *et note*. – d• Antioche, *en* Syrie. – e• *ou* : blâmable. – f• *dans le sens de* : la pleine valeur de la révélation chrétienne (3. 21-28). – g• *c.-à-d.* : adopter les pratiques des Juifs.

Juifs, et non pas des pécheurs° d'entre les nations,
16 – sachant néanmoins que l'homme° n'est pas justifié sur la base des œuvres de loi, ni autrement que
par la foi en Jésus Christ – nous aussi, nous avons
cru au Christ Jésus, afin que nous soyons justifiés
sur la base de la foi en Christ et non pas sur celle
des œuvres de loi : parce que, sur la base des œu-
17 vres de loi, personne ne sera justifié. Or si, en cherchant à être justifiés en Christ, nous-mêmes aussi
nous avons été trouvés pécheurs°, Christ serait
18 alors au service du péché ? Absolument pas ! En effet, si cela même que j'ai renversé, je le réédifie, je
me constitue moi-même transgresseur°.
19 Car moi, par la Loi, je suis mort à la Loi, afin que je
20 vive pour Dieu. Je suis[a] crucifié avec Christ ; et je
ne vis plus, moi, mais Christ vit en moi ; et ce que
je vis maintenant dans la chair, je le vis dans la foi,
la foi au Fils de Dieu, qui m'a aimé et qui s'est livré
21 lui-même pour moi. Je n'annule pas la grâce° de
Dieu ; car si la justice est par la Loi, Christ est donc
mort pour rien.

3 Ô Galates insensés, qui vous a ensorcelés ? C'est
pourtant devant vos yeux que Jésus Christ a été dé-
2 peint, crucifié ! Je voudrais seulement apprendre
ceci de vous : est-ce sur la base des œuvres de loi
que vous avez reçu l'Esprit, ou sur celle de la foi
3 qui écoute[b] ? Êtes-vous si insensés ? Ayant commencé par l'Esprit, achèveriez-vous maintenant
4 par la chair° ? Avez-vous tant souffert en vain, si
5 toutefois c'est en vain ? Celui donc qui vous fournit l'Esprit et qui opère des miracles au milieu de
vous, le fait-il sur la base des œuvres de loi, ou sur
celle de la foi qui écoute[b] ?
6 C'est ainsi qu'Abraham a cru Dieu, et cela lui a été
7 compté à justice[c]. Sachez donc que ceux qui sont
sur la base de la foi, ceux-là sont fils d'Abraham.

---

a• j'ai été et je demeure. – b• *litt.* : celle de l'écoute de la foi (*comp.* Romains 10. 16, 17). – c• Genèse 15. 6 ; *voir* Romains 4. 9, *et note.*

Or l'Écriture avait prévu que Dieu justifierait les 8
nations° sur la base de la foi : d'avance elle avait
annoncé la bonne nouvelle à Abraham : "En toi seront bénies toutes les nations"[a] ; de sorte que ceux 9
qui sont sur la base de la foi sont bénis avec le
croyant Abraham.

Car tous ceux qui sont sur la base des œuvres de 10
loi sont sous malédiction ; il est écrit, en effet :
"Maudit est quiconque ne persévère pas dans tout
ce qui est écrit dans le livre de la Loi pour le faire"[b]. Que par la Loi personne ne soit justifié de- 11
vant Dieu, cela est évident, parce que : "Le juste vivra de foi"[c]. Or la Loi n'est pas sur la base de la foi ; 12
mais : "Celui qui aura pratiqué ces choses vivra par
elles"[d]. Christ° nous a rachetés de la malédiction 13
de la Loi, étant devenu malédiction pour nous[e] –
car il est écrit : "Maudit est quiconque est pendu
au bois"[f] – afin que la bénédiction d'Abraham par- 14
vienne aux nations° dans le Christ Jésus, afin que
nous recevions, par la foi, l'Esprit promis.

Frères, je parle à la manière des hommes° : 15
quand une alliance[g], même celle d'un homme, est
confirmée, personne ne l'annule ou n'y ajoute. Or 16
c'est à Abraham que les promesses ont été faites,
et à sa descendance. Il ne dit pas : et aux descen-
dances, comme s'il parlait de plusieurs, mais
comme parlant d'un seul : "et à ta descendance"[h],
qui est Christ°. Or je dis ceci : la Loi, intervenue 17
quatre cent trente ans après, n'annule pas une al-
liance° antérieurement confirmée par Dieu, de
manière à rendre la promesse sans effet.

Car si l'héritage est sur la base d'une loi, il n'est 18
plus sur la base d'une promesse ; or c'est par promesse que Dieu a accordé cette grâce à Abraham.

Pourquoi donc la Loi ? Elle a été ajoutée à cause 19
des transgressions°, jusqu'à ce que vienne la des-

---

a• Genèse 12. 3. – b• Deutéronome 27. 26. – c• Habakuk 2.4. – d• Lévitique 18. 5. – e• à notre place. – f• Deutéronome 21. 23. – g• *ou* : un testament ; *le mot grec a les deux sens* (Hébreux 9. 15-18). *Ici, allusion à l'alliance divine ; voir* v. 17. – h• Genèse 22. 18.

cendance à laquelle la promesse avait été faite, Loi
ordonnée par le moyen des anges, par la main
20 d'un médiateur[a]. Or un médiateur n'est pas médiateur d'un seul, mais Dieu est un seul[b].
21 La Loi est-elle donc opposée aux promesses de
Dieu ? Absolument pas ! Car s'il avait été donné
une loi ayant le pouvoir de faire vivre, la justice se-
22 rait en réalité sur la base d'une loi. Mais l'Écriture
a tout enfermé sous le péché, afin que la promesse,
sur la base de la foi en Jésus Christ°, soit donnée à
ceux qui croient.
23 Or avant que vienne la foi, nous étions gardés sous
la Loi, enfermés pour la foi qui devait être révélée ;
24 de sorte que la Loi a été notre conducteur[c] jusqu'à
Christ, afin que nous soyons justifiés sur la base de
25 la foi ; mais, la foi étant venue, nous ne sommes
26 plus sous un conducteur[c], car vous êtes tous fils de
Dieu par la foi dans le Christ Jésus.
27 En effet, vous tous qui avez été baptisés pour
28 Christ, vous avez revêtu Christ : il n'y a plus ni
Juif, ni Grec° ; il n'y a plus ni esclave, ni homme libre ; il n'y a plus ni homme, ni femme : car vous
29 tous, vous êtes un dans le Christ Jésus. Si vous êtes
de Christ, vous êtes donc la descendance d'Abraham, héritiers selon la promesse.

4 Or je dis que, tant que l'héritier est en bas âge, il
ne diffère en rien d'un esclave, quoiqu'il soit maî-
2 tre° de tout ; mais il est sous l'autorité de tuteurs
et d'administrateurs jusqu'au temps fixé par le
3 père. De même nous aussi, lorsque nous étions en
bas âge, nous étions asservis aux principes du
4 monde ; mais, quand l'accomplissement du temps
est venu, Dieu a envoyé son Fils, né de femme, né
5 sous la Loi, afin qu'il rachète ceux qui étaient sous
6 la Loi, afin que nous recevions l'adoption[d]. Et,

a• *Moïse.* – b• *c.-à-d. : Dieu est seul, ici, à promettre* (Genèse 15. 5). – c• *Le mot désigne, selon l'usage grec, le serviteur qui emmenait les enfants à l'école et à qui on les confiait.* – d• *c.-à-d. : que nous recevions la position de fils comme don.*

parce que vous êtes fils, *Dieu a envoyé l'Esprit de*
son Fils dans nos cœurs, criant : "Abba[a], Père"; de 7
sorte que tu n'es plus esclave, mais fils; et si tu es
fils, tu es aussi héritier par Dieu.
Mais autrefois, ne connaissant pas Dieu, vous étiez 8
asservis à ceux qui, par leur nature, ne sont pas des
dieux. Mais maintenant, ayant connu Dieu, ou 9
plutôt ayant été connus de Dieu, comment pouvez-vous retourner aux faibles et misérables principes auxquels vous voulez encore être de nouveau
asservis? Vous observez des jours, des mois, des 10
saisons, des années! Je crains à votre sujet d'avoir 11
peut-être travaillé pour vous en vain.

Soyez comme moi, car moi-même je suis 12
comme vous, frères; je vous en prie. Vous ne
m'avez fait aucun tort; vous le savez, c'est dans la 13
faiblesse corporelle que je vous ai annoncé l'évan-
gile° la première fois; et ce qui était éprouvant 14
pour vous dans mon corps, vous ne l'avez pas méprisé ni rejeté avec dégoût; mais vous m'avez reçu
comme un ange de Dieu, comme le Christ Jésus.
Quel était donc votre bonheur? Car je vous rends 15
ce témoignage : si cela avait été possible, vous
vous seriez arraché les yeux pour me les donner.
Suis-je donc devenu votre ennemi en vous disant 16
la vérité? Le zèle qu'ils ont pour vous n'est pas ce- 17
lui qu'il faut : ils[b] veulent vous détacher de moi,
afin que vous leur montriez du zèle. Mais il est 18
bon d'être toujours zélé pour le bien, pas seulement quand je suis présent avec vous.

Mes enfants, vous pour qui j'endure de nouveau 19
les douleurs de l'enfantement, jusqu'à ce que
Christ° ait été formé en vous, oui, je voudrais être 20
maintenant auprès de vous et user d'un autre langage, car je suis perplexe à votre sujet!

---

a• Abba *est le mot araméen que traduit*: Père; *avec une nuance de tendresse* (*comp.* Marc 14. 36; Romains 8. 15, 16). *C'est l'Esprit qui crie.* – b• *les gens qui troublaient les Galates* (*voir* 1. 7; 5. 10, 12).

21 Dites-moi, vous qui voulez être sous la Loi,
22 n'écoutez-vous pas la Loi ? Il est écrit, en effet,
qu'Abraham a eu deux fils, un de la servante et un
23 de la femme libre. Mais celui qui est né de la servante est né selon la chair°, et celui de la femme
24 libre, par la promesse. Ces faits doivent être pris
dans un sens allégorique, car ce sont deux allian-
ces°. Celle du *mont Sinaï, enfantant pour la servi-*
25 *tude*, c'est Agar. En effet, "Agar" est le mont Sinaï,
en Arabie, et correspond à la Jérusalem de maintenant, car elle est dans la servitude avec ses enfants.
26 Mais la Jérusalem d'en haut est la femme libre qui
27 est notre mère. Car il est écrit : "Réjouis-toi, stérile
qui n'enfantes pas ; éclate en cris de joie, toi qui
n'as pas été en travail pour enfanter ; car les enfants de la délaissée sont plus nombreux que ceux
de la femme qui a son mari"[a].
28 Or vous, frères, comme Isaac, vous êtes enfants de
29 promesse. Mais, comme alors celui qui était né selon la chair persécutait celui qui était né selon l'Es-
30 prit, il en est de même aussi maintenant. Mais que
dit l'Écriture ? "Chasse la servante et son fils, car le
fils de la servante n'héritera pas avec le fils de la
31 femme libre"[b]. Ainsi, frères, nous ne sommes pas
enfants de la servante, mais de la femme libre.

5 Christ° nous a placés dans la liberté en nous af-
franchissant[c] ; demeurez donc fermes, et ne soyez
pas retenus de nouveau sous un joug de servitude.
2 C'est moi, Paul, qui vous le dis : si vous êtes circon-
3 cis°, Christ ne vous sera d'aucun profit ; et j'affirme de nouveau à tout homme circoncis qu'il est
4 tenu d'accomplir toute la Loi. Vous vous êtes séparés de tout le bénéfice qu'il y a dans le Christ, vous
tous qui vous justifiez par la Loi ; vous êtes déchus
5 de la grâce. Car nous, par l'Esprit, sur la base de la

a• Ésaïe 54. 1. – b• Genèse 21. 10. – c• *litt.* : nous a libérés pour la liberté.

foi, nous attendons l'espérance de la justice[a]. Car, 6
dans le Christ Jésus, ni circoncision° ni incirconcision n'ont de valeur, mais la foi opérant par
l'amour. Vous couriez bien ; qui vous a arrêtés 7
pour que vous n'obéissiez pas à la vérité ? Une 8
telle incitation[b] ne vient pas de celui qui vous appelle. Un peu de levain fait lever la pâte tout entiè- 9
re[c].

J'ai confiance à votre égard, dans le Seigneur, que 10
vous n'aurez pas d'autre sentiment ; mais celui qui
vous trouble, quel qu'il soit, en subira la peine.

Quant à moi, frères, si je prêche encore la cir- 11
concision°, pourquoi suis-je encore persécuté ? –
alors le scandale° de la croix est anéanti. Ils de- 12
vraient même se retrancher complètement, ceux
qui vous bouleversent !

Car vous, frères, vous avez été appelés à la li- 13
berté ; seulement n'usez pas de la liberté comme
d'une occasion pour la chair°, mais, par amour,
servez-vous l'un l'autre ; car toute la Loi est ac- 14
complie dans une seule parole, celle-ci : “Tu aimeras ton prochain° comme toi-même”[d]. Mais si 15
vous vous mordez et vous dévorez l'un l'autre, prenez garde que vous ne soyez détruits l'un par l'autre.

Or je dis : Marchez par l'Esprit, et vous n'accom- 16
plirez pas la convoitise de la chair°. Car la chair 17
convoite contre l'Esprit, et l'Esprit contre la chair ;
et ces deux sont opposés l'un à l'autre, afin que
vous ne fassiez pas ce que vous voudriez. Mais si 18
vous êtes conduits par l'Esprit, vous n'êtes pas
sous la Loi.

Or les œuvres de la chair sont évidentes ; ce sont : 19
la fornication°, l'impureté, l'impudicité, l'idolâ-

---

a• *comp.* Romains 4. 25 ; 5. 1, 2, 5 ; 8. 29, 30. *Justifiés par la foi, les rachetés attendent et anticipent, par le Saint Esprit, la perfection dans la gloire.* – b• *litt.* : La persuasion, *c.-à-d. : l'invitation à* obéir *à un faux évangile* (*voir* 1. 6, 7). – c• *comp.* 1 Corinthiens 5. 6 *(et* Matthieu 16. 11, 12, *pour le levain).* – d• Lévitique 19. 18 ; *comp.* Matthieu 22. 36-39 ; Romains 13. 9.

20 trie, la magie[a], les haines, les querelles, les jalou
sies, les colères, les rivalités, les divisions, les sec-
21 tes, les envies, les meurtres, les ivrogneries, les orgies, et tout ce qui y ressemble ; à ce sujet, je vous
déclare d'avance, comme je l'ai déjà dit, que ceux
qui se livrent à de telles pratiques n'hériteront pas
22 du royaume de Dieu. Mais le fruit de l'Esprit est
l'amour, la joie, la paix, la patience, la bienveil-
23 lance, la bonté, la fidélité, la douceur, la maîtrise
de soi : contre de telles choses, il n'y a pas de loi.
24 Or ceux qui sont du Christ° ont crucifié la chair°
25 avec les passions et les convoitises. Si nous vivons
26 par l'Esprit, marchons aussi par l'Esprit. Ne cher-
chons pas une vaine gloire, en nous provoquant
les uns les autres, en nous jalousant.

6 Frères, même si un homme s'est laissé surprendre par quelque faute, vous qui êtes spirituels[b], re-
levez un tel homme dans un esprit de douceur, –
prenant garde à toi-même de peur que toi aussi tu
ne sois tenté.
2 Portez les charges les uns des autres, et ainsi ac-
3 complissez la loi du Christ° ; car si, n'étant rien,
quelqu'un pense être quelque chose[c], il se séduit
4 lui-même ; mais que chacun éprouve sa propre
œuvre, et alors il aura de quoi se glorifier par rapport à lui-même seulement, et non par rapport à
5 autrui : car chacun portera son propre fardeau.
6 Que celui qui est enseigné dans la Parole fasse
participer à tous les biens temporels celui qui enseigne.
7 Ne vous y trompez pas : on ne se moque pas de
Dieu ; car ce qu'un homme sème, cela aussi il le
8 moissonnera. Celui qui sème pour sa propre chair°
moissonnera de la chair la corruption ; mais celui
qui sème pour l'Esprit moissonnera de l'Esprit la
9 vie éternelle. Ne nous lassons pas de faire le bien,

---

a• *ou* : les empoisonnements (*emploi de drogues nocives*). – b• *c.-à-d.* : guidés par le Saint Esprit (*voir* 1 Corinthiens 2. 14-16). – c• *c.-à-d.* : avoir quelque importance (*comp.* 2. 6).

car, en temps voulu, nous moissonnerons, si nous
ne défaillons pas. Ainsi donc, tandis que nous en 10
avons l'occasion, faisons du bien à tous, mais surtout à ceux de la maison de la foi.
Voyez quelle longue lettre je vous ai écrite de 11
ma main. Tous ceux qui veulent avoir une belle 12
apparence dans la chair°, ce sont eux qui vous
contraignent à être circoncis° ; c'est seulement
pour ne pas être persécutés à cause de la croix de
Christ. Car ceux qui sont circoncis, eux-mêmes ne 13
gardent pas la Loi ; mais ils veulent que vous soyez
circoncis afin de se glorifier dans votre chair. Pour 14
moi, qu'il ne m'arrive pas de me glorifier, sinon en
la croix de notre Seigneur Jésus Christ, par laquelle le monde m'est crucifié[a], et moi au monde.
Car ni la circoncision°, ni l'incirconcision n'ont 15
d'importance ; ce qui compte, c'est une nouvelle
création. Pour tous ceux qui marcheront selon 16
cette règle, paix et miséricorde sur eux et sur l'Israël de Dieu ! Désormais, que personne ne vienne 17
me troubler, car moi je porte en mon corps les
marques[b] du Seigneur Jésus. Que la grâce de notre 18
Seigneur Jésus Christ soit avec votre esprit, frères !
Amen.

---

a• m'est et me demeure crucifié. – b• *ici, au sens figuré* : cicatrices *de Paul* (*voir* 2 Corinthiens 6. 4, 5 ; 11. 23-28).

Épître aux Éphésiens

1 Paul, apôtre° du Christ° Jésus par la volonté de
Dieu, aux saints° et fidèles dans le Christ Jésus qui
2 sont à Éphèse[a] : Grâce et paix à vous, de la part de
Dieu notre Père et du Seigneur Jésus Christ !
3 Béni soit le Dieu et Père de notre Seigneur Jésus
Christ, qui nous a bénis de toute bénédiction spiri-
4 tuelle dans les lieux célestes en Christ, selon qu'il
nous a élus en lui avant la fondation du monde,
pour que nous soyons saints et irréprochables de-
5 vant lui en amour, nous ayant prédestinés° pour
nous adopter[b] pour lui par Jésus Christ, selon le
6 bon plaisir de sa volonté, à la louange de la gloire
de sa grâce dans laquelle il nous a rendus agréa-
7 bles[c] dans le Bien-aimé. En lui[d] nous avons la ré-
demption° par son sang, le pardon des fautes selon
8 les richesses de sa grâce, grâce qu'il a fait abonder
9 envers nous en toute sagesse et intelligence, nous
ayant fait connaître le mystère° de sa volonté selon son bon plaisir – ce qu'il s'est proposé en lui-
10 même pour l'administration de la plénitude des
temps : tout réunir en un dans le Christ, ce qui est
11 dans les cieux et ce qui est sur la terre, en lui. En
lui[e], nous avons aussi été faits héritiers, ayant été
prédestinés selon le propos[f] de celui qui opère tou-
12 tes choses selon le dessein de sa volonté, afin que
nous soyons à la louange de sa gloire, nous[g] qui
13 avons espéré à l'avance dans le Christ, et en qui
vous aussi[h], ayant entendu la parole de la vérité,
l'évangile° de votre salut – en qui aussi ayant cru,

---

a• *port de la mer Égée, capitale d'une province romaine (l'Asie°) ; voir* Actes 18. 19 ; 19. 1-12, 17-20 ; 20. 17-38. – b• *voir* Galates 4. 4-6. – c• *ou aussi :* sa grâce dont il nous a comblés. – d• *litt. :* dans le Bien-aimé, en qui *(les v. 3 à 14 constituent une seule phrase dans le texte original).* – e• *litt. :* tout réunir..., en lui, en qui. – f• *ou :* plan, *ce qu'il s'est proposé.* – g• nous *désigne ici les chrétiens d'origine juive, comme en 2. 3 et note.* – h• vous aussi : *les chrétiens d'origine païenne.*

vous avez été scellés°[a] du Saint Esprit° de la promesse qui est les arrhes° de notre héritage, pour la 14
rédemption° de la possession acquise[b], à la
louange de sa gloire.

C'est pourquoi moi aussi, ayant entendu parler 15
de la foi au Seigneur Jésus qui est en vous, et de
l'amour que vous avez pour tous les saints°, je ne 16
cesse de rendre grâces pour vous, faisant mention
de vous dans mes prières, afin que le Dieu de notre 17
Seigneur Jésus Christ°, le Père de gloire, vous
donne l'esprit de sagesse et de révélation dans sa
connaissance, les yeux de votre cœur étant éclai- 18
rés, pour que vous sachiez quelle est l'espérance
de son appel, quelles sont les richesses de la gloire
de son héritage dans les saints°, et quelle est l'ex- 19
cellente grandeur de sa puissance envers nous qui
croyons, selon l'opération de la puissance de sa
force, celle qu'il a déployée dans le Christ en le res- 20
suscitant d'entre les morts ; et il l'a fait asseoir à sa
droite dans les lieux célestes, au-dessus de tout 21
pouvoir, et autorité, et puissance, et domination,
et de tout nom qui se nomme, non seulement
dans ce siècle°, mais aussi dans celui qui est à venir ; et il a assujetti toutes choses sous ses pieds, et 22
l'a donné pour être chef[c] sur toutes choses à l'as-
semblée°, qui est son corps°, la plénitude de[d] celui 23
qui remplit tout en tous.

Et vous, vous étiez morts dans vos fautes et dans **2**
vos péchés (vous y avez marché autrefois, selon la 2
façon de vivre de ce monde, selon le chef de l'autorité de l'air, de l'esprit qui opère maintenant dans

---

a• marqués du sceau *(signe de propriété et d'authentification).* – b• *c.-à-d. : jusqu'à l'entrée en possession de ce qui a été acquis par Christ.* – c• *au sens de* : tête *de l'assemblée comparée à son corps* (v. 23) ; *comp.* 4. 12, 15, 16 ; 1 Corinthiens 12. 12-14, 27 ; Colossiens 1. 18. – d• ce qui complète.

3 les fils de la désobéissance; et parmi eux nous[a]
aussi, nous avons tous vécu autrefois dans les
convoitises de notre chair°, accomplissant les vo-
lontés de la chair et des pensées : nous étions par
nature des enfants de colère, comme aussi les au-
4 tres). Mais Dieu, qui est riche en miséricorde, à
cause de son grand amour dont il nous a aimés,
5 alors même que nous étions morts dans nos fautes,
nous a vivifiés ensemble avec le Christ° (c'est par
6 la grâce° que vous êtes sauvés), et nous a ressuscités ensemble, et nous a fait asseoir ensemble dans
7 les lieux célestes dans le Christ Jésus, afin de montrer dans les siècles° à venir les immenses richesses
de sa grâce, dans sa bonté envers nous dans le
8 Christ Jésus. Car c'est par la grâce que vous êtes
sauvés[b], par le moyen de la foi, et cela ne vient
9 pas de vous, c'est le don de Dieu; non pas sur la
base des œuvres, afin que personne ne se glorifie;
10 car nous sommes son ouvrage, ayant été créés
dans le Christ Jésus pour les bonnes œuvres que
Dieu a préparées à l'avance, afin que nous marchions en elles[c].

11 C'est pourquoi, souvenez-vous qu'autrefois,
vous les nations° dans la chair°, qui étiez appelés
Incirconcision par ce qu'on appelle la Circonci-
sion° (circoncision faite de main dans la chair),
12 vous étiez en ce temps-là sans Christ, privés de
tout droit de cité en Israël et étrangers aux allian-
ces° de la promesse, n'ayant pas d'espérance, et
13 étant sans Dieu dans le monde. Mais maintenant,
dans le Christ Jésus, vous qui étiez autrefois loin,
14 vous avez été approchés par le sang du Christ. Car
c'est lui qui est notre paix : des deux[d] il en a fait un
15 et a détruit le mur qui les séparait; il a aboli dans
sa chair l'inimitié, la loi des commandements° qui

---

a• *Au* v. 1, vous *désigne les chrétiens d'origine païenne; ici,* nous *désigne les chrétiens d'origine juive; ensuite, jusqu'à la fin du chapitre, à nouveau* nous *les englobe tous, comme en* 1. 1-10. – b• vous êtes sauvés et le demeurez. – c• *c.-à-d.* : afin que (dans le chemin que Dieu a préparé) nous les accomplissions. – d• *c.-à-d.* : Israël et les nations.

consiste en ordonnances, afin de créer les deux[a] en
lui-même pour être un seul homme *nouveau*, en
faisant la paix, et de les réconcilier avec Dieu *tous* 16
les deux en un seul corps par la croix, ayant tué
par elle l'inimitié. Et il est venu, et a annoncé la 17
bonne nouvelle° de la paix à vous qui étiez loin et
la bonne nouvelle de la paix à ceux qui étaient
près; car par lui nous avons, les uns et les autres, 18
accès auprès du Père par un seul Esprit.
Ainsi donc, vous n'êtes plus étrangers ni gens de 19
passage[b], mais vous êtes concitoyens des saints° et
gens de la maison° de Dieu, ayant été édifiés sur le 20
fondement des apôtres° et prophètes, Jésus
Christ° lui-même étant la pierre maîtresse de l'angle. En lui tout l'édifice, bien ajusté ensemble, 21
grandit pour être un temple° saint dans le Seigneur; en lui, vous aussi, vous êtes édifiés en- 22
semble, pour être une habitation de Dieu par l'Esprit.

C'est pour cela que moi, Paul, le prisonnier du **3**
Christ Jésus pour vous, les nations°...[c] (si du 2
moins vous avez entendu parler de l'administration de la grâce de Dieu qui m'a été donnée envers
vous : comment, par révélation, la connaissance 3
du mystère° m'a été donnée, ainsi que je l'ai déjà
écrit brièvement[d]. D'après cela vous pouvez, en li- 4
sant, comprendre quelle est mon intelligence dans
le mystère du Christ. Ce mystère, en d'autres géné- 5
rations, n'a pas été donné à connaître aux fils des
hommes comme il a été maintenant révélé à ses
saints apôtres° et prophètes par l'Esprit : c'est-
à-dire que les nations° seraient cohéritières, fe- 6
raient partie du même corps et participeraient
aussi à la promesse dans le Christ Jésus, par le
moyen de l'évangile°, dont je suis devenu servi- 7

---

a• *c.-à-d.* : Israël et les nations. – b• *ou* : hôtes temporaires, *en contraste avec ceux qui jouissent des droits de citoyens.* – c• *La phrase est interrompue jusqu'au début du chapitre 4.* – d• *voir* 2. 11-22.

teur°, selon le don de la grâce de Dieu qui m'a été
donné par l'opération de sa puissance.
8 À moi qui suis moins que le moindre de tous les
saints°, cette grâce a été donnée d'annoncer parmi
les nations° les richesses insondables[a] du Christ°,
9 et de mettre en lumière devant tous l'administration du mystère tenu caché de tout temps en Dieu
10 qui a tout créé ; afin que la sagesse si variée de
Dieu soit maintenant donnée à connaître aux pouvoirs et aux autorités qui sont dans les lieux céles-
11 tes, par le moyen de l'assemblée°, selon le dessein
éternel qu'il a réalisé dans le Christ Jésus notre Sei-
12 gneur, en qui nous avons hardiesse pour nous ap-
13 procher avec confiance, par la foi en lui. C'est
pourquoi je vous prie de ne pas perdre courage à
cause de mes afflictions pour vous : c'est votre
gloire.
14 C'est pour cela que je fléchis les genoux devant
15 le Père de notre Seigneur Jésus Christ, duquel est
nommée toute famille[b] dans les cieux et sur la
16 terre, afin que, selon les richesses de sa gloire, il
vous donne d'être fortifiés en puissance par son Es-
17 prit quant à l'homme intérieur, pour que le Christ
18 habite, par la foi, dans vos cœurs, étant enracinés
et fondés dans l'amour, afin que vous soyez capables de comprendre avec tous les saints° quelle est
la largeur et la longueur et la profondeur et la hau-
19 teur – et de connaître l'amour du Christ° qui surpasse toute connaissance –, afin que vous soyez
remplis jusqu'à toute la plénitude de Dieu.
20 Or, à celui qui peut faire infiniment plus que
tout ce que nous demandons ou pensons, selon la
21 puissance qui opère en nous, à lui gloire dans l'as-
semblée° dans le Christ Jésus, pour toutes les générations du siècle° des siècles ! Amen.)

---

a • *ou* : indiscernables (*comp.* Romains 11. 33, et note). –
b • famille, *en grec, dérive de* Père.

Je vous exhorte donc, moi, le prisonnier dans le **4**
Seigneur[a], à marcher d'une manière digne de l'appel dont vous avez été appelés, avec toute humi- 2
lité et douceur, avec patience, vous supportant
l'un l'autre dans l'amour ; vous appliquant à gar- 3
der l'unité de l'Esprit par le lien de la paix. Il y a 4
un seul corps° et un seul Esprit, comme aussi vous
avez été appelés pour une seule espérance de votre appel ; il y a un seul Seigneur°, une seule foi, 5
un seul baptême ; il y a un seul Dieu et Père de 6
tous, qui est au-dessus de tout, et partout, et en
nous tous.
Mais à chacun de nous la grâce a été donnée selon 7
la mesure du don de Christ. C'est pourquoi il dit : 8
"Étant monté en haut, il a emmené captive la captivité, et a fait des dons aux hommes"[b]. Or, qu'il 9
soit monté, qu'est-ce, sinon qu'il est aussi descendu dans les parties inférieures de la terre ? Celui qui est descendu est le même que celui qui est 10
aussi monté au-dessus de tous les cieux, afin qu'il
remplisse toutes choses. Et c'est lui qui a donné 11
les uns comme apôtres°, les autres comme prophètes, les autres comme évangélistes, les autres
comme pasteurs et docteurs°, en vue du perfec- 12
tionnement des saints°, pour l'œuvre du service,
pour l'édification du corps de Christ°, jusqu'à ce 13
que nous parvenions tous à l'unité de la foi et de
la connaissance du Fils de Dieu, à l'état d'homme
fait, à la mesure de la stature de la plénitude du
Christ : afin que nous ne soyons plus de petits en- 14
fants, ballottés et emportés çà et là à tout vent de
doctrine par la tromperie des hommes, par leur
habileté à user de voies détournées pour égarer,
mais que, gardant la vérité dans l'amour, nous 15
croissions en tout jusqu'à lui qui est le chef[c], le
Christ, de qui tout le corps, bien ajusté et lié en- 16
semble par chaque jointure qui le soutient[d], produit, selon l'opération de chaque partie dans sa

a• *voir* 3. 1. – b• Psaume 68. 18. – c• la tête ; *voir* 1. 22, *et note* ; 5. 23. – d• *aussi* : qui le nourrit ; *voir* Colossiens 2. 19.

mesure, la croissance de ce corps pour être lui-
même édifié en amour.
17 Voici donc ce que je dis et atteste dans le Seigneur, c'est que vous ne marchiez plus comme
marche le reste des nations°, dans la vanité de
18 leurs pensées : ils ont l'intelligence obscurcie, ils
sont étrangers à la vie de Dieu, à cause de *l'igno-*
rance qui est en eux, à cause de l'endurcissement
19 de leur cœur ; ayant rejeté tout sens moral, ils se
sont livrés à la débauche, pour pratiquer avide-
ment toute impureté.
20 Mais ce n'est pas ainsi que vous avez appris le
21 Christ, si du moins vous l'avez entendu et avez été
instruits en lui selon que la vérité est en Jésus :
22 c'est-à-dire – en ce qui concerne votre précédente
manière de vivre – d'avoir rejeté[a] le vieil homme°
qui se corrompt selon les convoitises trompeuses,
23 d'être renouvelés dans l'esprit de votre intelli-
24 gence, et d'avoir revêtu le nouvel homme[b], créé
selon Dieu, en justice et sainteté de la vérité.
25 C'est pourquoi, ayant renoncé au mensonge,
parlez la vérité chacun à son prochain° ; car nous
26 sommes membres les uns des autres. Mettez-vous
en colère et ne péchez pas : que le soleil ne se cou-
27 che pas sur votre irritation ; et ne donnez pas occa-
28 sion au diable. Que celui qui volait ne vole plus,
mais plutôt qu'il travaille en faisant de ses propres
mains ce qui est bon, pour avoir de quoi donner à
29 celui qui est dans le besoin. Qu'aucune parole in-
convenante ne sorte de votre bouche, mais celle
qui est bonne, propre à l'édification selon le besoin, afin qu'elle communique la grâce° à ceux qui
30 l'entendent. Et n'attristez pas le Saint Esprit° de
Dieu, par lequel vous avez été scellés°[c] pour le
31 jour° de la rédemption°. Que toute amertume,
tout emportement, toute colère, tout éclat de
voix, toute injure soient ôtés du milieu de vous, de

a• *ou* : quitté *(comme un vêtement)*. – b• *l'homme nouveau (formé à la nouvelle naissance) en contraste avec le vieil homme°*. – c• *comp.* 1. 13 ; 2 Corinthiens 1. 22.

même que toute méchanceté ; mais, les uns à 32
l'égard des autres, soyez bons, compatissants, vous
pardonnant les uns aux autres, comme Dieu aussi,
en Christ, vous a pardonné°.

Soyez donc imitateurs de Dieu comme de bien- **5**
aimés enfants, et marchez dans l'amour, comme 2
aussi le Christ nous a aimés et s'est livré lui-même
pour nous, comme offrande et sacrifice à Dieu en
parfum de bonne odeur.

Mais que ni la fornication°, ni aucune forme 3
d'impureté ou de cupidité[a] ne soient même nom-
mées parmi vous, comme il convient à des saints°,
ni aucune chose honteuse ; pas de parole folle ou 4
de plaisanterie[b] – ce qui est inconvenant – mais
plutôt des actions de grâces. Car, sachez-le bien, 5
aucun fornicateur°, ou impur, ou cupide (qui est
un idolâtre), n'a d'héritage dans le royaume du
Christ° et de Dieu. Que personne ne vous séduise 6
par de vaines paroles ; car à cause de cela, la colère
de Dieu vient sur les fils de la désobéissance.
N'ayez donc aucune part avec eux ; en effet, vous 7
étiez autrefois ténèbres, mais maintenant vous 8
êtes lumière dans le Seigneur : marchez comme
des enfants de lumière (car le fruit de la lumière 9
consiste en toute bonté, justice, et vérité), éprouvant ce qui est agréable au Seigneur. N'ayez rien 10
de commun avec les œuvres infructueuses des té- 11
nèbres, mais plutôt réprouvez-les[c] aussi ; car ce 12
qu'ils font en secret, il est honteux même de le dire[d]. Mais tout ce qui est réprouvé par la lumière 13
est manifesté ; car ce qui manifeste tout, c'est la lumière. C'est pourquoi il dit : "Réveille-toi, toi qui 14
dors, relève-toi d'entre les morts, et le Christ luira
sur toi"[e].

---

a• désir insatiable *de posséder quoi que ce soit.* – b• plaisanterie grossière, bouffonnerie. – c• *au sens de* : démasquer et condamner le mal, même caché (*comp.* v. 13). – d• *comp.* v. 3. – e• Ésaïe 60. 1.

15 Veillez donc à marcher soigneusement, non pas
comme dépourvus de sagesse, mais comme étant
16 sages, saisissant l'occasion, parce que les jours sont
17 mauvais. C'est pourquoi ne vous montrez pas sans
intelligence, mais comprenez quelle est la volonté
18 du Seigneur. Ne vous enivrez pas de vin : c'est une
voie de débauche ; mais soyez remplis de l'Esprit,
19 entretenez-vous par des psaumes, des hymnes et
des cantiques spirituels, chantant et apportant la
20 louange, de votre cœur, au Seigneur ; rendez toujours grâces pour tout à Dieu le Père, au nom de
21 notre Seigneur Jésus Christ ; soyez soumis les uns
aux autres dans la crainte de Christ.
22 Femmes, soyez soumises à votre propre mari
23 comme au Seigneur, parce que le mari est le chef[a]
de la femme, comme aussi le Christ° est le chef[a]
24 de l'assemblée°, lui, le sauveur du corps°. Mais
comme l'assemblée est soumise au Christ°, de
même aussi que les femmes le soient à leur mari
en tout.
25 Maris, aimez votre femme, comme aussi le Christ
a aimé l'assemblée et s'est livré lui-même pour
26 elle, afin qu'il la sanctifie, en la purifiant par le la-
27 vage d'eau par la Parole, afin qu'il se présente l'as-
semblée° à lui-même, glorieuse, n'ayant ni tache,
ni ride, ni rien de semblable, mais afin qu'elle soit
28 sainte et irréprochable. De même aussi les maris
doivent aimer leur propre femme comme leur propre corps ; celui qui aime sa propre femme s'aime
29 lui-même. Car personne n'a jamais haï sa propre
chair, mais il la nourrit et la chérit[b], comme aussi
30 le Christ l'assemblée° : car nous sommes membres
31 de son corps° – de sa chair et de ses os. "C'est pour
cela que l'homme laissera son père et sa mère et
sera uni à sa femme ; et les deux seront une seule
32 chair"[c]. Ce mystère° est grand ; mais moi je parle
33 relativement à Christ et à l'assemblée. Toutefois,

---

a• la tête ; *comp.* 1. 22, *et note* ; 1 Corinthiens 11. 3, 11. – b• *ou* : en prend soin. – c• Genèse 2. 24 ; *comp.* 1 Corinthiens 6. 16, 17.

que chacun de vous aussi, en particulier, aime sa
propre femme comme lui-même ; quant à la
femme, qu'elle craigne° son mari.

Enfants, obéissez à vos parents, dans le Sei- **6**
gneur, car cela est juste. "Honore ton père et ta 2
mère" (c'est le premier commandement° avec promesse), "afin que tu prospères et que tu vives long- 3
temps sur la terre"[a]. Et vous, pères, n'irritez pas 4
vos enfants, mais élevez-les dans la discipline et
sous les avertissements du Seigneur.

Esclaves, obéissez à vos maîtres selon la chair° 5
avec crainte et tremblement, en simplicité de
cœur, comme à Christ°. Ne servez pas sous leurs 6
yeux seulement, comme pour plaire aux hommes,
mais, comme esclaves de Christ, faites de cœur la
volonté de Dieu ; servez de bon gré, comme ser- 7
vant le Seigneur et non pas des hommes, sachant 8
que chacun, soit esclave, soit homme libre,
quelque bien qu'il fasse, le recevra[b] du Seigneur.
Et vous, maîtres, faites de même à leur égard : re- 9
noncez aux menaces, sachant que leur maître qui
est aussi le vôtre est dans les cieux, et qu'il n'y a
pas de partialité en lui.

Au reste, mes frères, fortifiez-vous dans le Sei- 10
gneur et dans la puissance de sa force ; revêtez-
vous de l'armure complète de Dieu, pour pouvoir 11
tenir ferme contre les artifices du diable : car notre 12
lutte n'est pas contre le sang et la chair[c], mais
contre les pouvoirs, contre les autorités, contre les
dominateurs de ces ténèbres, contre les puissances
spirituelles de méchanceté qui sont[d] dans les lieux
célestes. C'est pourquoi prenez l'armure complète 13
de Dieu afin qu'au mauvais jour° vous puissiez résister et, après avoir tout surmonté, tenir ferme.
Tenez donc ferme : mettez autour de vos reins la 14
ceinture de la vérité, revêtez la cuirasse de la jus-

---

a • Exode 20. 12 ; Deutéronome 5. 16. – b • *c.-à-d.* : en recevra la récompense. – c • *c.-à-d.* : contre l'homme, contre des hommes. – d • *ou* : les esprits du mal qui sont.

15 tice, et chaussez vos pieds de la préparation de
16 l'évangile° de paix[a]. Par-dessus tout cela, prenez
le bouclier de la foi grâce auquel vous pourrez
éteindre toutes les flèches enflammées du Mé-
17 chant°. Prenez aussi le casque du salut et l'épée
18 de l'Esprit, qui est la parole de Dieu ; priez par toutes sortes de prières et de supplications, en tout
temps, par l'Esprit, et veillez à cela avec toute persévérance ; faites des supplications en faveur de
19 tous les saints° et pour moi, afin que, quand j'ouvrirai la bouche, la parole me soit donnée pour
faire connaître avec hardiesse le mystère° de
20 l'évangile°, pour lequel je suis un ambassadeur lié
de chaînes, afin que j'aie la hardiesse d'en parler
comme je le dois.

21 Mais afin que vous sachiez, vous aussi, ce qui me
concerne, ce que je fais, Tychique, le bien-aimé
frère et fidèle serviteur dans le Seigneur, vous met-
22 tra au courant de tout : je l'ai envoyé vers vous
tout exprès, afin que vous connaissiez l'état de nos
affaires, et qu'il console vos cœurs.

23 Paix aux frères, et amour, avec la foi, de la part
24 de Dieu le Père et du Seigneur Jésus Christ ! Que la
grâce soit avec tous ceux qui aiment notre Seigneur Jésus Christ en pureté !

---

a• *comp.* Romains 10. 15.

Épître aux Philippiens

Paul et Timothée, esclaves du Christ° Jésus, à 1
tous les saints° dans le Christ Jésus qui sont à Philippes[a], avec les surveillants° et les serviteurs° :
Grâce et paix à vous, de la part de Dieu notre Père 2
et du Seigneur Jésus Christ !
Je rends grâces à mon Dieu pour tout le souve- 3
nir que j'ai de vous dans chacune de mes supplica- 4
tions, faisant toujours des supplications pour vous
tous avec joie à cause de la part que vous prenez à 5
l'évangile° depuis le premier jour jusqu'à maintenant, étant persuadé que celui qui a commencé 6
en vous une bonne œuvre l'amènera à son terme
jusqu'au jour° de Jésus Christ. Il est bien juste 7
pour moi d'avoir de telles pensées à l'égard de
vous tous, parce que vous me portez dans votre
cœur et que, dans ma captivité comme dans la défense et la confirmation de l'évangile°, vous avez
tous partagé cette grâce avec moi. Car Dieu m'est 8
témoin que je vous aime tous ardemment, dans les
affections du Christ Jésus.
Et ce que je demande dans mes prières, c'est que 9
votre amour abonde encore de plus en plus en
connaissance et toute intelligence, pour que vous 10
discerniez les choses excellentes, afin que vous
soyez purs et sans reproche pour le jour de Christ,
remplis du fruit de la justice, qui est par Jésus 11
Christ, à la gloire et à la louange de Dieu.
Or, frères, je veux que vous le sachiez : les cir- 12
constances que je traverse sont plutôt arrivées
pour l'avancement de l'évangile. Il est ainsi de- 13
venu évident, dans tout le prétoire[b] et partout ailleurs, que je suis prisonnier pour Christ° ; et la plu- 14
part des frères, encouragés dans le Seigneur par

---

a• *ville de la province romaine de Macédoine°, près du port de Néapolis* (Actes 16. 10-12) *et à l'est de Thessalonique* (1 Thessaloniciens 2. 2). – b• *ici, probablement le palais et la garde de l'empereur ; voir* 4. 22, *et note.*

mes liens, ont beaucoup plus de hardiesse pour an
15 noncer la Parole sans crainte. Certains, il est vrai
prêchent le Christ par jalousie et dans un esprit d
rivalité, mais d'autres aussi le font de bonne vo
16 lonté ; ceux-ci par amour (ils savent que je suis éta
17 *bli pour la défense* de l'évangile°) ; ceux-là, c'es
par esprit de parti qu'ils annoncent le Christ, non
pas en pureté, pensant rendre ma captivité encore
plus pénible.

18 Mais quoi ? De toute manière, soit comme pré
texte, soit en vérité, Christ° est annoncé, et je
m'en réjouis. J'aurai encore sujet de me réjouir
19 car je sais que cela tournera pour moi à salut grâce
à vos supplications et aux secours de l'Esprit de
20 Jésus Christ, selon ma vive attente et mon espé
rance, que je ne serai confus en rien, mais qu'avec
toute hardiesse, maintenant encore comme tou
jours, Christ sera glorifié dans mon corps°, soit par
21 la vie, soit par la mort. Car pour moi, vivre, c'est
22 Christ, et mourir, un gain ; mais si j'ai à vivre dans
le corps, il en vaut bien la peine ; et ce que je dois
23 choisir, je n'en sais rien. Je suis pressé des deux cô
tés : j'ai le désir de partir[a] et d'être avec Christ, car
24 c'est, de beaucoup, meilleur ; mais il est plus néces
saire à cause de vous que je demeure dans le corps
25 Et ayant cette confiance, je sais que je resterai et
que je demeurerai auprès de vous tous pour votre
26 progrès et la joie de votre foi, afin qu'en moi vous
ayez davantage sujet de vous glorifier dans le
Christ Jésus, par mon retour au milieu de vous.

27 Seulement, conduisez-vous d'une manière digne
de l'évangile° du Christ°, afin que, soit que je
vienne vous voir ou que je sois absent, j'apprenne
à votre sujet que vous tenez ferme dans un seul es
prit, combattant ensemble d'une seule âme, par[b]
28 la foi de l'évangile, sans être en rien effrayés par
les adversaires : c'est là pour eux une démonstra
tion de perdition, mais, pour vous, de salut[c], et

---

a• *c.-à-d.* : quitter la vie terrestre (*litt.* : lever l'ancre). – b• *ou* pour. – c• *litt.* : mais de votre salut.

cela de la part de Dieu. Car la grâce vous a été 29
faite, à l'égard de Christ, non seulement de croire
en lui, mais aussi de souffrir pour lui, en soutenant 30
le même combat que vous m'avez vu mener et que
– comme vous l'entendez dire – je mène encore
maintenant.

S'il y a donc quelque consolation en Christ, s'il y **2**
a quelque réconfort d'amour, s'il y a quelque communion de l'Esprit, s'il y a quelque tendresse et
quelques compassions, rendez ma joie accomplie 2
en ayant la même pensée : ayez le même amour,
soyez d'un même sentiment, pensez à une seule et
même chose. Que rien ne se fasse par esprit de 3
parti ou par vaine gloire ; mais que, dans l'humilité, l'un estime l'autre supérieur à lui-même, chacun ne regardant pas à ce qui est à lui, mais cha- 4
cun aussi à ce qui est aux autres.

Ayez donc en vous cette pensée qui a été aussi 5
dans le Christ° Jésus, lui qui, étant en forme de 6
Dieu, n'a pas regardé comme un objet à ravir
d'être égal à Dieu[a], mais s'est anéanti[b] lui-même, 7
prenant la forme d'esclave, étant fait[c] à la ressemblance des hommes ; et, trouvé quant à son as- 8
pect[d] comme un homme, il s'est abaissé lui-
même, étant devenu obéissant jusqu'à la mort, et
à la mort de la croix. C'est pourquoi aussi Dieu l'a 9
élevé très haut et lui a donné le nom qui est au-
dessus de tout nom, afin qu'au nom de Jésus se 10
plie tout genou des êtres célestes, terrestres et in-
fernaux[e], et que toute langue reconnaisse que 11
Jésus Christ est Seigneur, à la gloire de Dieu le
Père.

Ainsi donc, mes bien-aimés, de même que vous 12
avez toujours obéi, non comme en ma présence

---

a• *Le v. 6 présente le contraste avec Adam (voir* Genèse 3). – b• *litt.* : vidé, dépouillé ; *contraste avec le* v. 6. – c• *litt.* : étant devenu. – d• *Le terme traduit par* aspect *ne se limite pas à une apparence, mais désigne la condition d'homme dans laquelle il est entré et a vécu.* – e• *au sens : des lieux inférieurs ; litt.* : sous la terre.

seulement, mais bien plus maintenant en mon ab-
sence, travaillez[a] à votre propre salut avec crainte
13 et tremblement ; car c'est Dieu qui opère en vous
14 et le vouloir et le faire, selon son bon plaisir. Faites
15 tout sans murmures ni raisonnements, afin que
vous soyez sans reproche et purs[b], des enfants de
Dieu irrépréhensibles, au milieu d'une génération
dévoyée et pervertie, parmi laquelle vous brillez
16 comme des luminaires dans le monde, présentant[c]
la parole de vie, pour ma gloire au jour[d] de
Christ° ; ce sera la preuve que je n'ai pas couru en
17 vain ni travaillé en vain. Mais même si je sers d'aspersion sur le sacrifice[e] et le service de votre foi,
18 j'en suis joyeux et je me réjouis avec vous tous. De
même, vous aussi, soyez-en joyeux et réjouissez-
vous avec moi.
19 J'espère dans le Seigneur Jésus vous envoyer
bientôt Timothée, afin que moi aussi j'aie bon courage quand j'aurai connu ce qui vous concerne.
20 Car je n'ai personne qui soit animé d'un même
sentiment avec moi pour avoir une sincère solli-
21 tude pour ce qui vous concerne ; en effet, tous
cherchent leurs propres intérêts, non pas ceux de
22 Jésus Christ°. Mais vous savez que Timothée a été
connu à l'épreuve, pour avoir servi avec moi la
cause de l'évangile° comme un enfant sert son
23 père. J'espère donc l'envoyer dès que j'aurai vu la
tournure que prendront mes affaires.
24 J'ai d'ailleurs confiance dans le Seigneur que
25 moi aussi j'irai bientôt vous voir. Mais j'ai estimé
nécessaire de vous renvoyer Épaphrodite, mon
frère, mon compagnon d'œuvre et mon compagnon d'armes, lui qui est venu de votre part pour

a• *dans le sens de* : amener à bonne fin en travaillant. – b• *litt.* : sans mélange, *c.-à-d.* : sans compromission avec le mal ; *comp.* Romains 16. 18, *et note* ; Matthieu 10. 16. – c• *litt.* : tenant au-dessus *(comme un luminaire pour éclairer).* – d• *comp.* 1. 6 ; 1 Corinthiens 3. 13. – e• *c.-à-d.* : si Paul doit verser son sang, telle une libation, *sur l'offrande de leur consécration à Dieu ; voir* Exode 29. 39, 40 ; Nombres 28. 7 ; *comp.* 2 Timothée 4. 6.

subvenir à mes besoins. Car il pensait à vous tous 26
avec une vive affection, et il était très abattu parce
que vous aviez entendu dire qu'il était malade ; de 27
fait, il a été malade, tout près de la mort ; mais
Dieu a eu pitié de lui, et non seulement de lui
mais aussi de moi, afin que je n'aie pas tristesse
sur tristesse. Je l'ai donc envoyé avec d'autant plus 28
d'empressement, pour qu'en le revoyant vous ayez
de la joie, et que moi j'aie moins de tristesse. Recevez-le donc dans le Seigneur avec une pleine joie, 29
et honorez de tels hommes, car c'est pour l'œuvre 30
qu'il a été tout près de la mort : il a risqué sa vie
pour compléter ce qui manquait à votre service
envers moi.

Au reste, mes frères, réjouissez-vous dans le Sei- **3**
gneur : vous écrire les mêmes choses n'est pas pénible pour moi, et c'est votre sûreté. Prenez garde 2
aux chiens[a], prenez garde aux mauvais ouvriers,
prenez garde à la fausse circoncision[b] ; car c'est 3
nous qui sommes la circoncision°, nous qui rendons culte par l'Esprit de Dieu, qui nous glorifions
dans le Christ° Jésus et qui n'avons pas confiance
en la chair[c], bien que moi, j'aie de quoi mettre ma 4
confiance même dans la chair. Si quelqu'un d'autre s'imagine pouvoir se confier en la chair, moi
davantage : circoncis° au huitième jour, de la race 5
d'Israël, de la tribu de Benjamin, Hébreu fils d'Hébreux ; quant à la Loi, pharisien° ; quant au zèle, 6
persécutant l'assemblée° ; quant à la justice qui
est par la Loi, étant sans reproche.

Mais les choses qui pour moi étaient un gain, je 7
les ai considérées, à cause du Christ°, comme une
perte. Plus encore, je considère toutes choses 8

---

a• *au sens figuré, terme désignant des impurs* (v. 18, 19 ; Matthieu 7. 6 ; Psaume 22. 16, 20) *ou des profanes, des tenants de fausses doctrines* (v. 2 ; 2 Pierre 2. 22) ; *voir* Apocalypse 22. 15. – b• fausse circoncision *traduit un mot (apparenté à celui qui est traduit par* circoncision*) signifiant* coupure, *ou* incision, *employé ici par dérision.* – c• la chair : *ici, l'homme tel qu'il est par naissance* (Jean 3. 6 ; Galates 2. 15).

comme une perte à cause de l'excellence de la
connaissance du Christ Jésus mon Seigneur, à
cause de qui j'ai fait la perte de toutes et je les estime comme des ordures, afin que je gagne[a]
9 Christ, et que je sois trouvé en lui n'ayant pas ma
justice qui vient de la Loi[b], mais celle qui est par
la foi en Christ, la justice qui vient de Dieu[c]
10 *moyennant la foi*[d] – pour le connaître, lui, et la
puissance de sa résurrection, et la communion de
ses souffrances, étant rendu conforme à sa mort,
11 si en quelque manière je peux parvenir à la résurrection d'entre les morts.
12 Non que j'aie déjà reçu le prix ou que je sois
déjà parvenu à la perfection ; mais je poursuis,
cherchant à le saisir, vu aussi que j'ai été saisi par
13 le Christ. Frères, pour moi, je ne pense pas moi-
même l'avoir saisi ; mais je fais une chose : ou-
bliant ce qui est derrière et tendant avec effort
14 vers ce qui est devant, je cours droit au but pour le
prix de l'appel céleste de Dieu dans le Christ°
Jésus.
15 Nous tous donc, les hommes faits[e], ayons cette
pensée ; et si en quelque chose vous avez une autre pensée, cela aussi Dieu vous le révélera ; cepen-
16 dant, au point où nous sommes parvenus, marchons dans le même sentier.
17 Soyez tous ensemble mes imitateurs, frères, et
considérez ceux qui marchent selon le modèle que
18 vous avez en nous. Car beaucoup marchent (je
vous le disais souvent et maintenant je le dis
même en pleurant) comme des ennemis de la
19 croix du Christ : leur fin est la perdition, leur dieu,
c'est le ventre, et leur gloire est dans leur honte,
eux qui ont leurs pensées aux choses terrestres.
20 Car notre cité[f] à nous se trouve dans les cieux,

---

a• "gagner" *reprend* "gain" *du* v. 7. – b• *litt.* : la justice qui est de la Loi, *c.-à-d. ici la justice qui est sur la base de la Loi (comme* Romains 10. 5). – c• *litt.* : la justice qui est de Dieu. – d• *ou* : (fondée) sur la foi. – e• *ou* : les parfaits (*voir* 1 Corinthiens 2. 6 *et note* ; Hébreux 5. 14). – f• *Le mot a le double sens de* cité *et de* citoyenneté, *c.-à-d.* : droits et devoirs liés au titre de citoyen.

d'où aussi nous attendons le Seigneur Jésus
Christ° comme Sauveur, qui transformera notre 21
corps° d'abaissement en la conformité du corps de
sa gloire, en déployant le pouvoir qu'il a de sou-
mettre absolument tout à son autorité.

Ainsi donc, mes frères bien-aimés que je désire **4**
tant revoir, vous ma joie et ma couronne, restez
ainsi fermes dans le Seigneur, bien-aimés.
Je supplie Évodie et je supplie Syntyche d'avoir la 2
même pensée dans le Seigneur. Oui, je te prie, toi 3
aussi, vrai compagnon de travail, aide-les, elles qui
ont combattu avec moi dans l'évangile°, avec Clément aussi et mes autres compagnons d'œuvre,
dont les noms sont dans le livre de vie[a].
Réjouissez-vous toujours dans le Seigneur; je 4
vous le dirai encore : réjouissez-vous. Que votre 5
douceur[b] soit connue de tous les hommes. Le Seigneur est proche ; ne vous inquiétez de rien, mais, 6
en toutes choses, exposez vos requêtes à Dieu par
la prière et la supplication avec des actions de grâces; et la paix de Dieu, qui surpasse toute intelli- 7
gence, gardera vos cœurs et vos pensées dans le
Christ° Jésus.
Au reste, frères, tout ce qui est vrai, tout ce qui 8
est honorable, tout ce qui est juste, tout ce qui est
pur, tout ce qui est aimable, tout ce qui est de
bonne réputation – s'il y a quelque vertu et
quelque louange –, que cela occupe vos pensées :
ce que vous avez appris, reçu, entendu, vu en moi, 9
faites-le, et le Dieu de paix sera avec vous.
J'ai éprouvé une grande joie dans le Seigneur de 10
ce que maintenant, enfin, vous avez fait revivre
votre intérêt pour moi ; vous y aviez bien pensé,
mais l'occasion vous manquait ; je ne parle pas en 11
raison de privations, car j'ai appris à être content
dans les situations où je me trouve. Je sais être 12

---

a• *voir* Luc 10. 20 ; Apocalypse 3. 5 ; 13. 8 ; 17. 8 ; 21. 27. –
b• *ou* : modération ; *le caractère d'une personne qui n'insiste pas sur ses droits (voir* Tite 3. 2 ; Jacques 3. 17).

dans le dénuement, je sais aussi être dans l'abondance ; en toute circonstance et à tous égards je
suis enseigné aussi bien à être rassasié qu'à avoir
faim, aussi bien à être dans l'abondance qu'à être
13 dans les privations. Je peux tout en celui qui me
14 fortifie. Néanmoins, vous avez bien fait de prendre
part à mon affliction.

15 Vous le savez vous aussi, Philippiens ; au commencement de l'évangile°, quand j'ai quitté la Ma-
cédoine°, aucune assemblée° ne m'a rien communiqué, pour ce qui est de donner et de recevoir,
16 excepté vous seuls ; car, déjà à Thessalonique, une
fois, et même deux fois, vous m'avez fait un envoi
17 pour mes besoins ; ce n'est pas que je recherche un
don : je recherche du fruit qui abonde pour votre
18 compte. Or j'ai amplement de tout et je suis dans
l'abondance ; je suis comblé, après avoir reçu
d'Épaphrodite ce qui m'a été envoyé de votre part
– un parfum de bonne odeur, un sacrifice agréé,
19 qui plaît à Dieu ; mais mon Dieu comblera tous
vos besoins selon ses richesses en gloire dans le
20 Christ Jésus. Or à notre Dieu et Père soit la gloire
aux siècles des siècles ! Amen.

21 Saluez chaque saint° dans le Christ Jésus. Les
22 frères qui sont avec moi vous saluent. Tous les
saints vous saluent, et particulièrement ceux qui
sont de la maison de César[a].

23 Que la grâce du Seigneur Jésus Christ soit avec
votre esprit ! Amen.

---

a• *c.-à-d. : des croyants qui, à Rome, étaient au service de l'empereur.*

Épître aux Colossiens

Paul, apôtre° du Christ° Jésus par la volonté de 1
Dieu, et le frère Timothée, aux saints° et fidèles 2
frères en Christ qui sont à Colosses[a] : Grâce et
paix à vous, de la part de Dieu notre Père !
Nous rendons grâces à Dieu, le Père de notre 3
Seigneur Jésus Christ, priant toujours pour vous,
après avoir entendu parler de votre foi dans le 4
Christ Jésus et de l'amour que vous avez pour tous
les saints°, à cause de l'espérance qui vous est ré- 5
servée dans les cieux et dont vous avez déjà entendu parler dans la parole de la vérité de l'évan-
gile°. Cet évangile, qui est parvenu jusqu'à vous[b] 6
comme aussi dans le monde entier, porte du fruit
et s'accroît, comme aussi parmi vous, depuis le
jour où vous avez entendu et connu la grâce° de
Dieu en vérité, comme vous l'avez appris d'Épa- 7
phras, notre bien-aimé compagnon d'esclavage[c],
qui est un fidèle serviteur° du Christ pour vous ; il 8
nous a aussi fait connaître votre amour dans l'Esprit.
C'est pourquoi, nous aussi, depuis le jour où 9
nous en avons entendu parler, nous ne cessons
pas de prier et de demander pour vous que vous
soyez remplis de la connaissance de sa volonté, en
toute sagesse et intelligence spirituelle, pour mar- 10
cher d'une manière digne du Seigneur afin de lui
plaire à tous égards, portant du fruit en toute
bonne œuvre, et croissant par la connaissance de
Dieu ; étant pleinement fortifiés, selon la puis- 11
sance de sa gloire, pour toute patience et toute
persévérance, avec joie, rendant grâces au Père 12
qui nous a rendus capables d'avoir part au lot[d] des

---

a• Colosses, *ville de Phrygie°, en Asie Mineure* (*Turquie actuelle*), *à peu de distance de Laodicée et de Hiérapolis* (2. 1 ; 4. 13-16). – b• *voir* Actes 19. 9-12. – c• *litt.* : co-esclave ; *Épaphras est originaire de Colosses* (4. 12) *et sert également les assemblées voisines, Laodicée et Hiérapolis* (4.13). – d• la part d'héritage.

13 saints° dans la lumière, qui nous a délivrés du pouvoir des ténèbres et nous a transportés dans le roy-
14 aume du Fils de son amour, en qui nous avons la
15 rédemption°, le pardon des péchés. Lui est[a]
l'image du Dieu invisible, le Premier-né[b] de toute
16 création; car c'est par lui que tout a été créé : ce
qui est dans les cieux et ce qui est sur la terre, le
visible et l'invisible, soit trônes, ou seigneuries, ou
pouvoirs, ou autorités; tout a été créé par lui et
17 pour lui, et lui est avant tout, et tout subsiste par
18 lui[c]. Et il est le chef[d] du corps°, de l'assemblée°,
lui qui est le commencement, le Premier-né d'entre les morts, afin qu'en tout il tienne, lui, la pre-
19 mière place; car, en lui, toute la plénitude s'est
20 plu à habiter, et, par lui, à tout réconcilier avec
elle-même, ayant fait la paix par le sang de sa
croix, – par lui, soit ce qui est sur la terre, soit ce
qui est dans les cieux.
21 Et vous qui étiez autrefois étrangers et ennemis
22 quant à vos pensées, dans les mauvaises œuvres, il
vous a toutefois maintenant réconciliés dans le
corps de sa chair[e], par la mort, pour vous présenter saints, irréprochables et irrépréhensibles de-
23 vant lui – si du moins vous demeurez dans la foi,
fondés et fermes, sans vous laisser détourner de
l'espérance de l'évangile° que vous avez entendu,
évangile qui a été prêché dans toute la création
sous le ciel, et dont moi, Paul, je suis devenu serviteur.

24 Maintenant, je me réjouis dans les souffrances
pour vous, et j'accomplis dans ma chair ce qui
reste encore à souffrir des afflictions du Christ°
25 pour son corps° qui est l'assemblée°, dont moi je
suis devenu serviteur° selon l'administration de
Dieu qui m'a été donnée envers vous, pour com-
26 pléter la parole de Dieu, c'est-à-dire le mystère°

---

a• *litt.* :..., qui est *(les v. 9 à 20 constituent une seule phrase dans le texte original)*. – b• *titre de prééminence.* – c• *comp.* Hébreux 1. 2, 3. – d• la tête (v. 24); *comp.* Éphésiens 1. 22, 23; 5. 22-30. – e• *c.-à-d.* : dans son corps d'homme.

tenu caché dès les siècles° et dès les générations,
mais qui a été maintenant manifesté à ses saints°.
Dieu a voulu leur faire connaître quelle est la ri- 27
chesse de la gloire de ce mystère parmi les na-
tions° : Christ en vous[a], l'espérance de la gloire.
C'est lui que nous annonçons, exhortant tout 28
homme et enseignant tout homme en toute sagesse, afin de présenter tout homme parfait en
Christ ; à cela aussi je travaille, en combattant se- 29
lon sa force qui opère en moi avec puissance.

Car je veux que vous sachiez quel grand combat **2**
je soutiens pour vous, pour ceux qui sont à Laodicée[b] et pour tous ceux qui ne m'ont jamais vu en
personne, afin que leurs cœurs soient réconfortés 2
– pour que, unis ensemble dans l'amour, ils parviennent à toutes les richesses de la pleine certitude d'intelligence, à la connaissance du mystère°
de Dieu dans lequel sont cachés[c] tous les trésors 3
de la sagesse et de la connaissance.
Je dis cela pour que personne ne vous abuse par 4
des discours séduisants ; car même si je suis absent 5
de corps, toutefois je suis avec vous en esprit, et je
me réjouis de voir votre bon ordre, et la fermeté
de votre foi en Christ°. Ainsi, comme vous avez 6
reçu le Christ Jésus, le Seigneur, marchez en lui, 7
enracinés et édifiés en lui[d], et affermis dans la foi,
comme vous avez été enseignés, abondant en elle
avec des actions de grâces.

Prenez garde que personne ne fasse de vous sa 8
proie par la philosophie et par de vaines tromperies, selon l'enseignement[e] des hommes, selon les
principes du monde, et non selon Christ ; car en 9
lui habite toute la plénitude de la déité corporelle-
ment ; et vous êtes accomplis[f] en lui, qui est le 10
chef[g] de tout pouvoir et de toute autorité. C'est 11
en lui aussi que vous avez été circoncis° d'une cir-

---

a• *ou* : parmi vous. – b• *voir* 1. 2 *et note*; 4. 13, 15, 16. – c• *voir* 1. 26-28. – d• *litt.* : bâtis, édifiés sur lui. – e• *ou* : la tradition. – f• *litt.* : remplis, comblés. – g• *litt.* : la tête.

concision qui n'a pas été faite de main[a], *dans le dé-
pouillement* du corps de la chair, par la circonci-
12 sion du Christ[b], ayant été ensevelis avec lui dans
le baptême, dans lequel[c] aussi vous avez été ressuscités ensemble par la foi en l'action puissante[d]
13 de Dieu qui l'a ressuscité d'entre les morts. Et
vous, lorsque vous étiez morts dans vos fautes et
dans l'incirconcision° de votre chair, il vous a vivifiés ensemble avec lui[e]; il nous a pardonné[f] toutes
14 nos fautes, il a effacé l'obligation[g] écrite contre
nous, qui consistait en ordonnances et nous était
contraire, et il l'a ôtée[h] en la clouant à la croix :
15 ayant dépouillé les pouvoirs et les autorités, il les
a donnés en spectacle, triomphant[i] d'eux en la
croix.
16 Que personne donc ne vous juge en ce qui
concerne ce qu'on mange et ce qu'on boit, ou à
propos d'un jour de fête, de nouvelle lune ou de
17 sabbats° : tout cela n'est qu'une ombre des choses
18 à venir; mais le corps[j] est du Christ. Que personne
ne vous frustre du prix du combat, faisant sa volonté propre dans l'humilité et dans le culte des
anges, s'ingérant dans les choses qu'il n'a pas vues,
enflé d'un vain orgueil par les pensées de sa chair°,
19 et ne tenant pas ferme le chef, de qui[k] tout le
corps, alimenté et bien uni ensemble par des jointures et des ligaments, s'accroît de l'accroissement
de Dieu.
20 Si[l] vous êtes morts avec Christ° aux principes du
monde, pourquoi, comme si vous étiez encore en

---

a• *Cette expression montre que tout le passage doit être compris dans un sens spirituel.* – b• *comp.* Romains 6. 6. – c• *ou* : en qui. – d• *litt.* : l'opération ; *comp.* Éphésiens 1. 19. – e• *comp.* Éphésiens 2. 1-6. – f• *plutôt* : il nous a fait grâce pour. – g• *acte écrit engageant celui qui l'a signé de sa main.* – h• *litt.* : il l'a définitivement ôtée. – i• *allusion au cortège triomphal d'un général romain, où figuraient publiquement les chefs vaincus, dévêtus. Comp.* 2 Corinthiens 2. 14-16, *et note.* – j• corps *est en contraste avec* ombre. – k• *ou* : par qui ; *il s'agit du corps dont Christ est la tête.* – l• *avec aussi la nuance de : Puisque.*

vie dans le monde, vous soumettez-vous à des ordonnances : Ne prends pas, ne goûte pas, ne tou- 21
che pas ! (Ces choses-là sont toutes destinées à pé- 22
rir par l'usage.) Il ne s'agit que de commandements et d'enseignements humains. Ces ordon- 23
nances (qui ont bien une apparence de sagesse en
dévotion volontaire et en humilité, du fait qu'elles
n'épargnent pas le corps° en ne lui rendant pas un
certain honneur) sont pour la satisfaction de la
chair° !

Si[a] donc vous avez été ressuscités avec le **3**
Christ°, cherchez ce qui est en haut, où le Christ
est assis à la droite de Dieu ; pensez à ce qui est en 2
haut, non pas à ce qui est sur la terre ; car vous êtes 3
morts, et votre vie est cachée avec le Christ en
Dieu. Quand le Christ, qui est notre vie, sera mani- 4
festé, alors vous aussi vous serez manifestés avec
lui en gloire.

Mortifiez donc vos membres qui sont sur la 5
terre : fornication°, impureté, affections déré-
glées, mauvais désirs, et la cupidité[b] (qui est de
l'idolâtrie) ; à cause de cela, la colère de Dieu vient 6
sur les fils de la désobéissance ; vous aussi vous 7
avez autrefois marché parmi eux, quand vous viviez dans ces péchés.

Mais maintenant renoncez, vous aussi, à tout ce 8
qui est colère, emportement, méchanceté, injures,
paroles honteuses venant de votre bouche ; ne 9
mentez pas l'un à l'autre, ayant dépouillé le vieil
homme° avec ses actions et revêtu le nouvel 10
homme qui est renouvelé en vue de la connaissance, selon l'image de celui qui l'a créé : là il n'y a 11
pas Grec° et Juif, circoncision° et incirconcision,
Barbare, Scythe[c], esclave, homme libre[d] ; mais
Christ° est tout et en tous.

---

a• *avec aussi la nuance de : Puisque.* – b• *voir* Éphésiens 5. 3, *et note.* – c• *Pour les Grecs et, à leur suite, les Romains, était* barbare *tout étranger à leur langue et à leur culture* (Romains 1. 14, *et note*). *Les Scythes (au nord de la mer Noire) passaient pour très arriérés.* – d• *comp.* Galates 3. 28.

12 Revêtez-vous donc, comme des élus° de Dieu,
saints et bien-aimés, d'affection miséricordieuse,
de bonté, d'humilité, de douceur, de patience,
13 vous supportant l'un l'autre et vous pardonnant
les uns aux autres, si l'un a un sujet de plainte
contre un autre ; comme le Christ vous a par-
14 donné, vous aussi faites de même. Par-dessus tout
cela, revêtez-vous de l'amour, qui est le lien de la
15 perfection. Que la paix du Christ°, à laquelle vous
avez été appelés en un seul corps°, préside dans
vos cœurs ; et soyez reconnaissants.

16 Que la parole du Christ habite en vous richement, vous enseignant et vous exhortant l'un l'autre en toute sagesse, par des psaumes, des hymnes,
des cantiques spirituels, chantant de vos cœurs à
17 Dieu dans un esprit de grâce. Et quoi que vous fassiez, en parole ou en œuvre, faites tout au nom du
Seigneur Jésus, rendant grâces par lui à Dieu le
Père.

18 Femmes, soyez soumises à votre mari, comme il
19 convient dans le Seigneur. Maris, aimez votre
femme et ne vous aigrissez pas contre elle. En-
20 fants, obéissez à vos parents en toutes choses, car
21 cela est agréable dans le Seigneur. Pères, n'irritez
pas vos enfants, afin qu'ils ne soient pas découra-
22 gés. Esclaves, obéissez en toutes choses à vos maîtres selon la chair°, ne servant pas sous leurs yeux
seulement, comme voulant plaire aux hommes,
mais en simplicité de cœur[a], craignant le Sei-
23 gneur. Quoi que vous fassiez, faites-le de cœur,
comme pour le Seigneur et non pour les hommes,
24 sachant que du Seigneur vous recevrez la récompense de l'héritage : c'est le Seigneur Christ° que
25 vous servez. Car celui qui agit injustement recevra
selon son injustice ; et il n'y a pas de considération
de personnes.

---

a• *ou* : sincérité de cœur *(sans arrière-pensées)*.

Maîtres, accordez à vos esclaves ce qui est juste **4**
et équitable, sachant que vous aussi vous avez un
maître dans les cieux.

Persévérez dans la prière, veillant en elle avec 2
des actions de grâces ; priez en même temps aussi 3
pour nous, afin que Dieu nous ouvre une porte
pour la Parole, en vue d'annoncer le mystère° du
Christ (mystère pour lequel je suis lié), afin que je 4
le fasse connaître comme il faut que j'en parle.

Marchez dans la sagesse envers ceux du dehors, 5
saisissant l'occasion. Que votre parole soit toujours 6
dans un esprit de grâce, assaisonnée de sel[a], afin
que vous sachiez comment vous devez répondre à
chacun.

Tout ce qui me concerne, Tychique, le bien- 7
aimé frère, fidèle serviteur et compagnon d'esclavage[b] dans le Seigneur, vous le fera savoir : je l'ai 8
envoyé vers vous tout exprès, afin qu'il connaisse
l'état de vos affaires, et qu'il réconforte vos cœurs,
avec Onésime, le fidèle et bien-aimé frère, qui est 9
des vôtres[c]. Ils vous informeront de tout ce qui se
passe ici.

Aristarque, mon compagnon de captivité, vous 10
salue, ainsi que Marc, le neveu de Barnabas[d] (à
son sujet vous avez reçu des ordres : s'il vient vers
vous, recevez-le), et Jésus appelé Juste, – qui sont 11
de la Circoncision°. Ce sont les seuls compagnons
d'œuvre pour le royaume de Dieu qui m'ont été
en consolation.

Épaphras[e], qui est des vôtres, esclave du Christ° 12
Jésus, vous salue ; il combat toujours pour vous
par ses prières, afin que vous demeuriez parfaits
et bien assurés dans toute la volonté de Dieu ; car 13
je lui rends témoignage qu'il est dans un grand travail de cœur pour vous, pour ceux qui sont à Lao-

---

a• *comp.* Marc 9. 51. – b• compagnon d'esclavage, *litt.* : co-esclave ; *voir* Actes 20. 4 ; Éphésiens 6. 21 ; 2 Timothée 4. 12 ; Tite 3. 12. – c• *voir* l'épître à Philémon (v. 10-19). – d• *ou son cousin*, Jean surnommé Marc (Actes 12. 12, 25 ; 15. 37-39 ; 2 Timothée 4. 11 ; 1 Pierre 5. 13). – e• *voir* 1. 7, 8 (*note*) ; Philémon 23.

14 dicée, et pour ceux qui sont à Hiérapolis. Luc, le
médecin bien-aimé, vous salue, ainsi que Démas.
15 Saluez les frères qui sont à Laodicée, Nymphas, et
16 l'assemblée° qui se réunit dans sa maison. Quand
la lettre aura été lue parmi vous, faites qu'elle soit
lue aussi dans l'assemblée° des Laodicéens; vous
17 aussi lisez celle qui viendra de Laodicée. Et dites à
Archippe : Prends garde au service que tu as reçu
dans le Seigneur, afin que tu l'accomplisses.
18 Cette salutation est de ma main à moi, Paul.
Souvenez-vous de mes liens. Que la grâce soit avec
vous !

Première épître aux Thessaloniciens

Paul, Silvain[a] et Timothée[b], à l'assemblée° des 1
Thessaloniciens[c], en Dieu le Père et dans le Seigneur Jésus Christ° : Grâce et paix à vous !
Nous rendons toujours grâces à Dieu pour vous 2
tous, faisant mention de vous dans nos prières,
nous souvenant sans cesse de votre œuvre de foi, 3
de votre travail d'amour, et de votre patience d'espérance[d] en notre Seigneur Jésus Christ, devant
notre Dieu et Père, sachant, frères aimés de Dieu, 4
votre élection°. Car notre évangile° n'est pas venu 5
à vous en parole seulement, mais aussi en puissance, dans l'Esprit Saint°, et avec une pleine assurance : vous savez comment nous avons été parmi
vous par amour pour vous. Et vous êtes devenus 6
nos imitateurs et ceux du Seigneur, ayant reçu la
Parole, accompagnée de grandes tribulations,
avec la joie de l'Esprit Saint ; si bien que vous êtes 7
devenus des modèles pour tous ceux qui croient
dans la Macédoine° et dans l'Achaïe°. De chez 8
vous, en effet, la parole du Seigneur a retenti non
seulement dans la Macédoine et dans l'Achaïe,
mais partout votre foi envers Dieu s'est répandue,
au point que nous n'avons pas besoin d'en parler.
Eux-mêmes, en effet, racontent à notre sujet quel 9
accueil nous avons reçu de vous, et comment vous
vous êtes tournés vers Dieu, vous détournant des
idoles pour servir le Dieu vivant et vrai, et pour at- 10
tendre des cieux son Fils qu'il a ressuscité d'entre

---

a• Silvain *ou* Silas, *frère de l'assemblée à Jérusalem ; voir* Actes 15. 22, 27, 32. *Compagnon d'œuvre de Paul en Syrie, en Cilicie* (15. 40, 41), *puis en Macédoine* (16. 8-12), *à Philippes où ils furent emprisonnés* (16. 24-25), *ensuite à Thessalonique* (17. 1-5). – b• *voir* Actes 16. 1-3 ; 17. 14, 15 ; 18. 5 ; 1 Corinthiens 4. 17 ; 1 Timothée 1. 2. – c• *Thessalonique, port de Macédoine, au nord de la mer Égée* (Actes 17. 1). – d• *comp.* 1 Corinthiens 13. 13.

les morts, Jésus, qui nous délivre de la colère qui
vient.

2 Car vous-mêmes vous savez, frères, que notre
2 venue chez vous n'a pas été inutile. Mais, alors
que nous venions de souffrir et d'être maltraités à
Philippes[a], comme vous le savez, nous avons eu
toute hardiesse en notre Dieu pour vous annoncer
l'évangile° de Dieu au milieu de grands combats[b].
3 Notre exhortation, en effet, n'a eu pour motif ni
séduction, ni impureté, et elle n'a pas employé la
4 ruse ; mais, comme nous avons été approuvés[c] de
Dieu pour que l'évangile° nous soit confié, c'est
ainsi que nous parlons, non pas de manière à
plaire aux hommes, mais à Dieu qui éprouve nos
5 cœurs. Car jamais nous n'avons eu de parole de
flatterie (vous le savez bien), ni d'arrière-pensée
6 de cupidité[d], Dieu en est témoin ; nous n'avons
pas non plus cherché la gloire qui vient des hommes, ni de votre part, ni de la part des autres, alors
que nous aurions pu vous être à charge comme
apôtres° de Christ°.
7 Mais nous avons été pleins de douceur au milieu
de vous. Comme une nourrice chérit ses propres
8 enfants, ainsi, dans notre tendre affection pour
vous, nous étions tout disposés, non seulement à
vous communiquer l'évangile° de Dieu, mais aussi
à donner notre propre vie, parce que vous nous
9 étiez devenus très chers. Car vous vous souvenez,
frères, de notre peine et de notre labeur : c'est en
travaillant nuit et jour pour n'être à charge à aucun de vous que nous vous avons prêché l'évangile
10 de Dieu. Vous êtes vous-mêmes témoins – Dieu
l'est aussi – que notre conduite envers vous qui
11 croyez a été sainte, juste, irréprochable ; et, vous
le savez, traitant chacun de vous comme un père
12 ses propres enfants, nous vous avons exhortés,

---

a• *voir* Actes 16. 11, 12, 16-25, 35-39. – b• *voir* Actes 17. 1-15. – c• *c.-à-d. : qualifiés par la mise à l'épreuve* (*voir la fin du v.*). – d• *voir* Éphésiens 5. 3, *et note.*

consolés et suppliés instamment de marcher d'une
manière digne de Dieu qui vous appelle à son propre royaume et à sa propre gloire.
Voilà pourquoi, de notre côté, nous rendons sans 13
cesse grâces à Dieu de ce que, ayant reçu de nous
la parole de la prédication qui est de Dieu, vous
avez accepté, non la parole des hommes, mais
(ainsi qu'elle l'est véritablement) la parole de
Dieu, parole qui opère en vous qui croyez. Car 14
vous, frères, vous êtes devenus les imitateurs des
assemblées° de Dieu qui sont en Judée° dans le
Christ Jésus : vous avez enduré de la part de vos
propres compatriotes les mêmes souffrances qu'elles ont subies de la part des Juifs, eux qui ont mis à 15
mort le Seigneur Jésus et les prophètes, et qui
nous ont chassés par la persécution. Ils ne plaisent
pas à Dieu, et ils s'opposent à tous les hommes : ils 16
nous empêchent de parler aux nations° pour
qu'elles soient sauvées, et ainsi comblent toujours
la mesure de leurs péchés. Mais la colère est venue
sur eux au dernier terme[a].

Pour nous, frères, après avoir été séparés de 17
vous pour un temps, de visage mais non de cœur,
nous avons d'autant plus ardemment désiré voir
votre visage. C'est pourquoi nous avons voulu al- 18
ler vers vous, du moins moi Paul, une fois et deux
fois, mais Satan nous en a empêchés. Quelle est en 19
effet notre espérance, ou notre joie, ou la couronne dont nous nous glorifierons, si ce n'est vous,
devant notre Seigneur Jésus, à sa venue° ? Oui, 20
c'est vous qui êtes notre gloire et notre joie !

C'est pourquoi, n'y tenant plus, nous avons **3**
trouvé bon d'être laissés seuls à Athènes[b], et nous 2
avons envoyé Timothée, notre frère et compagnon d'œuvre au service de Dieu dans l'évangile°
du Christ°, pour vous affermir et vous encourager
dans votre foi, afin que personne ne soit ébranlé 3

---

a• *ou* : à l'extrême ; *litt.* : jusqu'à la fin. – b• *voir* Actes 17. 13-16 ; 18. 1, 5.

dans ces tribulations ; car vous savez vous-mêmes
4 que nous sommes destinés à cela. D'ailleurs,
quand nous étions auprès de vous, nous vous
avons dit d'avance que nous aurions à subir des tribulations, comme cela est arrivé – vous le savez.
5 C'est pourquoi moi aussi, n'y tenant plus, j'ai envoyé prendre des nouvelles de votre foi, *de peur*
que le tentateur ne vous ait tentés, et que notre
travail ne soit rendu vain.

6 Mais Timothée vient d'arriver de chez vous auprès de nous, et nous apporte les bonnes nouvelles
de votre foi et de votre amour ; il nous a dit que
vous gardez toujours un bon souvenir de nous,
que vous désirez ardemment nous voir, comme
7 nous le désirons nous-mêmes ; aussi nous avons
été réconfortés à votre sujet par votre foi, frères,
8 au milieu de notre peine et de notre affliction ; car
maintenant nous revivons, si vous tenez ferme
9 dans le Seigneur. Quelles actions de grâces pouvons-nous donc rendre à Dieu à votre sujet, pour
toute la joie dont nous nous réjouissons à cause de
10 vous devant notre Dieu, priant nuit et jour très instamment pour que nous puissions voir votre visage et suppléer à ce qui manque à votre foi !

11 Que notre Dieu et Père lui-même, et notre Seigneur Jésus, nous ouvre le chemin vers vous.
12 Quant à vous, que le Seigneur vous fasse croître et
abonder en amour les uns envers les autres et en-
13 vers tous (comme nous aussi envers vous) pour affermir vos cœurs sans reproche en sainteté devant
notre Dieu et Père, à la venue° de notre Seigneur
Jésus avec tous ses saints°.

4 Au reste, frères, nous vous en prions et nous
vous y exhortons par le Seigneur Jésus : comme
vous avez appris de nous de quelle manière il vous
faut marcher pour plaire à Dieu – et c'est bien
ainsi que vous marchez –, faites de plus en plus de
2 progrès. Vous savez, en effet, quelles instructions
nous vous avons données de la part du Seigneur

Jésus. Car la volonté de Dieu, c'est votre sainteté : 3
abstenez-vous de la fornication° ; que chacun de 4
vous sache posséder son propre corps en sainteté
et en honneur, non sous l'emprise de la convoitise, 5
comme font les nations° qui ne connaissent pas
Dieu ; que personne ne trompe son frère ni ne lui 6
fasse tort dans cette affaire, parce que le Seigneur
est le vengeur de toutes ces choses-là, comme d'ailleurs nous vous l'avons dit précédemment et affirmé. Car Dieu ne nous a pas appelés à l'impu- 7
reté, mais dans la sainteté. C'est pourquoi celui 8
qui méprise ne méprise pas l'homme°, mais Dieu,
qui vous a donné son Esprit Saint°.

Au sujet de l'amour fraternel, vous n'avez pas 9
besoin que je vous écrive, car vous-mêmes vous
êtes enseignés de Dieu à vous aimer l'un l'autre ;
et c'est bien ce que vous faites à l'égard de tous les 10
frères qui sont dans la Macédoine entière. Mais
nous vous exhortons, frères, à faire de plus en plus
de progrès, à vous appliquer à vivre paisiblement, 11
à faire vos propres affaires et à travailler de vos
propres mains, ainsi que nous vous l'avons ordonné, afin de marcher honorablement envers 12
ceux de dehors et de n'avoir besoin de personne.

Or nous ne voulons pas, frères, que vous soyez 13
dans l'ignorance à l'égard de ceux qui dorment[a],
afin que vous ne soyez pas affligés comme les autres qui n'ont pas d'espérance. Car, si nous croyons 14
que Jésus est mort et qu'il est ressuscité, de même
aussi, avec lui, Dieu amènera ceux qui se sont endormis par Jésus.

Voici, en effet, ce que nous vous disons, par la pa- 15
role du Seigneur : nous, les vivants, qui restons jusqu'à la venue° du Seigneur, nous ne devancerons
en aucune façon ceux qui se sont endormis. Car le 16
Seigneur lui-même, avec un cri de commandement[b], avec une voix d'archange et avec la trom-

---

a• *c.-à-d.* : qui sont morts ; *voir* 1 Corinthiens 15. 6, 17, 18, 51 ; *de même* v. 14-17 *ci-dessous.* – b• *ou* : de rassemblement.

pette[a] de *Dieu*, descendra du ciel ; et les morts en
17 Christ ressusciteront en premier lieu ; puis nous,
les vivants qui restons, nous serons enlevés ensemble avec eux dans les nuées à la rencontre du
Seigneur, en l'air : et ainsi nous serons toujours
18 avec le Seigneur. Consolez-vous[b] donc l'un l'autre
par ces paroles.

5 Mais, au sujet des temps et des saisons, frères,
2 vous n'avez pas besoin qu'on vous écrive ; car vous
savez vous-mêmes parfaitement que le jour° du
Seigneur vient comme un voleur dans la nuit.
3 Quand ils diront :
– "Paix et sûreté", alors une subite destruction
viendra sur eux, comme les douleurs sur celle qui
est enceinte, et ils n'échapperont pas.
4 Mais vous, frères, vous n'êtes pas dans les ténèbres, pour que le jour vous surprenne comme un
5 voleur ; car vous êtes tous fils de la lumière et fils
du jour ; nous ne sommes pas de la nuit ni des té-
6 nèbres. Ainsi donc, ne dormons pas comme les au-
7 tres, mais veillons et soyons sobres ; car ceux qui
dorment dorment la nuit, et ceux qui s'enivrent
8 s'enivrent la nuit ; mais nous qui sommes du jour,
soyons sobres, ayant revêtu la cuirasse de la foi et
de l'amour et, pour casque, l'espérance du salut[c].
9 Car Dieu ne nous a pas destinés à la colère, mais à
la possession du salut par notre Seigneur Jésus
10 Christ, qui est mort pour nous, afin que, soit que
nous veillions, soit que nous dormions[d], nous vi-
11 vions ensemble avec lui. C'est pourquoi exhortez-
vous les uns les autres et édifiez-vous l'un l'autre,
comme aussi vous le faites.
12 Or nous vous prions, frères, de reconnaître ceux
qui, parmi vous, travaillent, sont à la tête[e] dans le
13 Seigneur et vous avertissent : estimez-les très haut

---

a• *comp.* 1 Corinthiens 15. 52. – b• *ou* : Encouragez-vous. – c• *comp.* Éphésiens 6. 13-17. – d• *c.-à-d. : soit que nous soyons en vie, soit que nous soyons morts (quand le Seigneur viendra).* – e• *c.-à-d.* : montrent l'exemple (*comp.* 1 Timothée 5. 17).

en amour à cause de leur œuvre. Soyez en paix entre vous.

Nous vous y exhortons, frères : avertissez les dé- 14
réglés[a], consolez[b] ceux qui sont découragés, venez
en aide aux faibles, soyez patients envers tous. Prenez garde que personne ne rende le mal pour le 15
mal ; mais poursuivez toujours ce qui est bon, entre vous, et à l'égard de tous.

Réjouissez-vous toujours ; priez sans cesse ; en 16
toutes choses rendez grâces, car telle est la volonté 17
de Dieu dans le Christ Jésus à votre égard. N'étei- 18
gnez pas l'Esprit : ne méprisez pas les prophéties, 19
mettez tout à l'épreuve, retenez ce qui est bon. 20
Abstenez-vous de toute forme de mal. 21

Que le Dieu de paix lui-même vous sanctifie en- 22 23
tièrement ; et que votre esprit, votre âme° et votre
corps tout entiers soient conservés sans reproche à
la venue° de notre Seigneur Jésus Christ°. Celui 24
qui vous appelle est fidèle, et il le fera.

Frères, priez pour nous. Saluez tous les frères 25
par un saint baiser. Je vous adjure par le Seigneur 26
que la lettre soit lue à tous les saints frères. 27

Que la grâce de notre Seigneur Jésus Christ soit 28
avec vous !

---

a• *ou* : les indisciplinés (*comme* 2 Thessaloniciens 3. 6, 7, 11). – b• *ou* : réconfortez.

Seconde épître aux Thessaloniciens

1 Paul, Silvain, et Timothée, à l'assemblée° des
Thessaloniciens[a], en Dieu notre Père et dans le
2 Seigneur Jésus Christ° : Grâce et paix à vous, de la
part de Dieu notre Père et du Seigneur Jésus
Christ !
3 Nous devons toujours rendre grâces à Dieu à votre sujet, frères – comme il est juste – parce que
votre foi augmente beaucoup et que l'amour de
4 chacun de vous tous, l'un pour l'autre, s'accroît ; si
bien que nous-mêmes nous nous glorifions de vous
dans les assemblées° de Dieu, à cause de votre patience et de votre foi dans toutes les persécutions
5 et les tribulations que vous supportez. Elles sont la
preuve de la juste appréciation de Dieu, afin que
vous soyez estimés dignes du royaume de Dieu
6 pour lequel aussi vous souffrez ; si du moins il est
juste pour Dieu de rendre la tribulation à ceux qui
7 vous font subir la tribulation, et de vous donner, à
vous qui la subissez, du repos avec nous à la révélation du Seigneur Jésus venant du ciel[b] avec les an-
8 ges de sa puissance, en flammes de feu, exerçant la
vengeance sur ceux qui ne connaissent pas Dieu,
et sur ceux qui n'obéissent pas à l'évangile° de no-
9 tre Seigneur Jésus Christ. Ils subiront le châtiment
d'une perdition[c] éternelle loin de la face du Sei-
10 gneur et loin de la gloire de sa force, quand il viendra pour être, dans ce jour°-là, glorifié dans ses
saints° et admiré dans tous ceux qui auront cru,
car notre témoignage auprès de vous a été cru.
11 C'est pour cela aussi que nous prions toujours
pour vous que notre Dieu vous juge dignes de l'appel, et qu'il accomplisse tout le bon plaisir de sa

---

a• *voir* 1 Thessaloniciens 1. 1 *et notes.* – b• *c.-à-d.* : quand le Seigneur Jésus venant du ciel sera manifesté (apparaîtra). – c• *mot traduit ailleurs par* ruine *ou* destruction.

bonté et l'œuvre de la foi en puissance, afin que le 12
nom de notre Seigneur Jésus soit glorifié en vous,
et vous en lui, selon la grâce de notre Dieu et du
Seigneur Jésus Christ.

Or nous vous prions, frères, par la venue° de no- **2**
tre Seigneur Jésus Christ et par notre rassemblement auprès de lui, de ne pas vous laisser rapide- 2
ment bouleverser dans vos pensées ou troubler, ni
par un esprit, ni par une parole, ni par une lettre
présentée comme venant de nous, comme si le
jour du Seigneur était là. Que personne ne vous sé- 3
duise en aucune manière, car ce jour-là ne viendra
pas avant que l'apostasie[a] soit arrivée et que
l'homme de péché ait été révélé, le fils de perdition, qui s'oppose et s'élève contre tout ce qui est 4
appelé Dieu ou qui est un objet de vénération, au
point qu'il s'assiéra dans le temple° de Dieu, se
présentant lui-même comme étant Dieu.

Ne vous souvenez-vous pas que je vous le disais, 5
quand j'étais encore auprès de vous ? Et mainte- 6
nant vous savez ce qui retient pour qu'il soit révélé
en son propre temps. Car le mystère d'iniquité° 7
opère déjà ; seulement, celui qui retient maintenant le fera jusqu'à ce qu'il ne soit plus là. Alors 8
sera révélé l'Inique, que le Seigneur Jésus consu-
mera par le souffle de sa bouche et qu'il anéantira
par l'apparition de sa venue° – l'Inique dont la ve- 9
nue est selon l'opération de Satan, avec toute
sorte de puissance, des signes et des prodiges de
mensonge, et avec toute sorte de tromperies d'in- 10
justice pour ceux qui périssent, parce qu'ils n'ont
pas accepté l'amour de la vérité pour être sauvés.
C'est pourquoi, Dieu leur envoie une énergie d'er- 11
reur pour qu'ils croient au mensonge, afin que 12
soient jugés tous ceux qui n'ont pas cru la vérité,
mais qui ont pris plaisir à l'injustice.

---

a • *le reniement de toute la révélation divine, et la révolte contre Dieu.*

13 Mais nous, nous devons toujours rendre grâces à
Dieu à votre sujet, frères aimés du Seigneur, de ce
que Dieu vous a choisis dès le commencement
pour le salut, dans la sainteté de l'Esprit et la foi
14 de la vérité : c'est à cela qu'il vous a appelés par
notre évangile°, pour que vous obteniez la gloire
de notre Seigneur Jésus Christ°.
15 Ainsi donc, frères, demeurez fermes, et retenez les
instructions que vous avez reçues de notre part,
soit oralement, soit par lettre.
16 Que notre Seigneur Jésus Christ lui-même et notre
Dieu et Père, qui nous a aimés et nous a donné
une consolation éternelle et une bonne espérance
17 par grâce, veuille consoler vos cœurs et vous affermir en toute bonne œuvre et en toute bonne parole.

3 Au reste, frères, priez pour nous, afin que la parole du Seigneur coure, et qu'elle soit glorifiée
2 comme elle l'est chez vous, et que nous soyons délivrés des hommes insensés et méchants, car la foi
3 n'est pas la part de tous. Mais le Seigneur est fidèle : il vous affermira et vous gardera du Mé-
4 chant°[a]. Et nous avons confiance dans le Seigneur,
à votre égard, que vous faites et continuerez à
5 faire ce que nous commandons. Que le Seigneur
incline vos cœurs à l'amour de Dieu et à la patience du Christ° !
6 Mais nous vous enjoignons, frères, au nom de
notre Seigneur Jésus Christ, de vous tenir à l'écart
de tout frère qui marche dans le désordre au lieu
7 de suivre l'enseignement qu'il a reçu de nous. Car
vous savez vous-mêmes comment il faut que vous
nous imitiez : nous n'avons pas vécu dans le désor-
8 dre au milieu de vous ; nous n'avons mangé du
pain chez personne gratuitement, mais, dans la
peine et le labeur, nous avons travaillé nuit et jour
9 pour n'être à charge à aucun de vous ; non que
nous n'en ayons pas le droit, mais afin de nous

a• *ou* : du mal.

donner nous-mêmes à vous pour modèle, pour
que vous nous imitiez.
En effet, quand nous étions auprès de vous, 10
voici ce que nous vous avons commandé : si quelqu'un ne veut pas travailler, qu'il ne mange pas
non plus ! Nous apprenons en effet que certains 11
parmi vous marchent dans le désordre : ils ne travaillent pas du tout, mais se mêlent de tout. Nous 12
enjoignons à ceux qui agissent ainsi, et nous les
prions dans le Seigneur Jésus Christ, de manger
leur propre pain en travaillant paisiblement. Mais 13
vous, frères, ne vous lassez pas en faisant le bien[a].
Et si quelqu'un n'obéit pas à notre parole, qui 14
vous est adressée dans cette lettre, notez-le[b] et
n'ayez pas de relations avec lui, afin qu'il en ait
honte ; ne le tenez pas pour un ennemi, mais aver- 15
tissez-le comme un frère.
Que le Seigneur de paix lui-même vous donne 16
toujours la paix en toute manière. Que le Seigneur
soit avec vous tous !
Cette salutation est de ma main à moi, Paul. 17
C'est le signe dans chaque lettre : j'écris ainsi. Que 18
la grâce de notre Seigneur Jésus Christ soit avec
vous tous !

---

a• *ou* : ne négligez pas de faire le bien ; *comp.* Galates 6. 9. –
b• *avec une notion de blâme.*

Première épître à Timothée

1 Paul, apôtre° de Jésus Christ°, selon le commandement de Dieu notre Sauveur et du Christ Jésus
2 notre espérance, à Timothée[a], mon véritable enfant dans la foi : Grâce, miséricorde, paix, de la
part de Dieu le Père et du Christ Jésus notre Seigneur !
3 Je t'ai donc prié, en partant pour la Macédoine°,
de rester à Éphèse afin d'enjoindre à certaines personnes de ne pas enseigner des doctrines étrangè-
4 res, et de ne pas s'attacher à des fables et à des généalogies interminables, qui produisent des
discussions plutôt que la réalisation du plan de
5 Dieu, qui est par la foi. Or le but de cette injonction, c'est l'amour qui procède d'un cœur pur,
6 d'une bonne conscience et d'une foi sincère ; pour
s'en être écartés, certains se sont égarés en vains
7 bavardages, voulant être docteurs° de la Loi, ne
comprenant ni ce qu'ils disent, ni ce sur quoi ils in-
8 sistent. Mais nous savons que la Loi est bonne, si
9 l'on en fait un usage légitime, en comprenant
bien que la Loi n'est pas pour le juste, mais pour
les gens sans loi et les rebelles, pour les impies et
les pécheurs°, pour les gens sans piété et les profanes, pour ceux qui battent père ou mère, pour les
10 meurtriers, pour les fornicateurs°, pour les hommes qui couchent avec des hommes, pour les voleurs d'hommes, les menteurs, les parjures, et
toute autre chose qui s'oppose à la saine doctrine°,
11 celle qui est en accord avec l'évangile° de la gloire
du Dieu bienheureux, qui m'a été confié.
12 Je suis reconnaissant envers celui qui m'a fortifié, le Christ° Jésus, notre Seigneur, de ce qu'il m'a
13 estimé fidèle, m'ayant établi dans le service, moi
qui auparavant étais un blasphémateur[b], un persé-

---

a • *voir* 1 Thessaloniciens 1. 1, *et note.* – b • *voir* Actes 26. 11.

cuteur et un violent. Mais miséricorde m'a été
faite, parce que j'ai agi par ignorance, dans l'incrédulité ; et la grâce° de notre Seigneur a surabondé 14
avec la foi et l'amour qui est dans le Christ Jésus.
Cette parole est certaine et digne d'être pleine- 15
ment reçue : le Christ Jésus est venu dans le
monde pour sauver les pécheurs°, dont moi je suis
le premier. Mais à cause de ceci, miséricorde m'a 16
été faite, afin qu'en moi, le premier, Jésus Christ
montre toute sa patience, comme exemple de
ceux qui viendront à croire en lui pour la vie éternelle.
Or, qu'au Roi des siècles, l'incorruptible, invisible, 17
seul Dieu, soient honneur et gloire aux siècles des
siècles ! Amen.

Cette injonction[a] que je te confie, mon enfant 18
Timothée, en accord avec les prophéties qui ont
été précédemment faites à ton sujet, c'est que, en-
couragé par elles, tu combattes le bon combat, en 19
gardant la foi et une bonne conscience. Certains,
qui l'ont rejetée[b], ont fait naufrage quant à la foi,
entre autres Hyménée et Alexandre, que j'ai livrés 20
à Satan, afin qu'ils apprennent à ne pas blasphémer.

J'exhorte donc, avant tout, à faire des supplica- **2**
tions, des prières, des intercessions, des actions de
grâces pour tous les hommes, pour les rois et tous 2
ceux qui sont haut placés, afin que nous puissions
mener une vie paisible et tranquille, en toute piété
et honnêteté. Cela est bon et agréable devant no- 3
tre Dieu sauveur, qui veut que tous les hommes 4
soient sauvés et viennent à la connaissance de la
vérité. Car Dieu est un, et le médiateur entre Dieu 5
et les hommes° est un, l'homme Christ Jésus, qui 6
s'est donné lui-même en rançon pour tous : témoignage rendu au temps propre, et pour lequel j'ai 7
été établi, moi, prédicateur et apôtre (je dis la vé-

---

a• *voir* v. 3-5. – b• *c.-à-d.* : qui ont rejeté la bonne conscience.

rité, je ne mens pas), docteur° des nations° dans la
foi et dans la vérité.
8 Je veux donc que les hommes[a] *prient en tout
lieu, élevant* des mains saintes, sans colère et sans
9 raisonnement ; de même aussi que les femmes se
parent d'une tenue convenable, avec pudeur et
modestie, non pas de tresses et d'or, ou de perles,
10 ou de vêtements somptueux, *mais de bonnes œuvres*, ce qui convient à des femmes qui font profes-
11 sion de servir Dieu. Que la femme apprenne dans
12 le silence[b], en toute soumission ; et je ne permets
pas à la femme d'enseigner ni d'user d'autorité sur
l'homme ; mais elle doit demeurer dans le silence[b].
13 Car Adam a été formé le premier, puis Ève ; et
14 Adam n'a pas été trompé ; mais la femme, après
avoir été trompée, est tombée dans la transgres-
15 sion°. Toutefois, elle sera préservée dans l'enfantement[c], si elles persévèrent dans la foi, l'amour et la
sainteté, avec modestie.

3 Cette parole est certaine : si quelqu'un aspire à
la charge de surveillant°, il désire une œuvre
2 bonne. Il faut donc que le surveillant soit irrépréhensible, mari d'une seule femme, sobre, sage[d],
3 honorable, hospitalier, capable d'enseigner, ni
adonné au vin, ni brutal, mais modéré, non querel-
4 leur, sans avarice, conduisant bien sa propre mai-
son°, tenant ses enfants soumis avec toute dignité.
5 (Si quelqu'un ne sait pas conduire sa propre maison, comment prendra-t-il soin de l'assemblée° de
6 Dieu ?) Qu'il ne soit pas converti[e] depuis peu, de
peur que, enflé d'orgueil, il ne tombe dans la faute
7 du diable. Il faut aussi qu'il ait un bon témoignage
de ceux de dehors, afin qu'il ne tombe pas dans
l'opprobre et dans le piège du diable.

---

a• *ici, en contraste avec* femmes *des* v. 9-12, *autre mot qu'aux* v. 1, 4-5. – b• *ou* : le calme, la tranquillité. – c• *litt.* : sauvée à travers la maternité ; *pour les* v. 11 à 15, *voir* Genèse 3. 11-16. – d• *ou* : pondéré, de bon sens. – e• *Ce verbe signifie* : faire volte-face, se retourner.

De même, il faut que les serviteurs° *soient di-* 8
gnes, sans double langage, non adonnés *à beau-*
coup de vin, ni avides d'un gain honteux, gardant 9
le mystère° de la foi dans une conscience pure.
Qu'eux aussi soient d'abord mis à l'épreuve ; en- 10
suite, qu'ils servent, étant trouvés sans reproche.
De même, que les femmes soient dignes, non mé- 11
disantes, sobres, fidèles à tous égards.
Que les serviteurs soient maris d'une seule femme, 12
conduisant bien leurs enfants et leur propre maison ; car ceux qui ont bien servi acquièrent une 13
bonne maturité pour eux-mêmes et une grande
hardiesse dans la foi qui est dans le Christ Jésus.

Tout cela je te l'écris avec l'espoir de me rendre 14
bientôt auprès de toi ; mais – au cas où je tarderais 15
– c'est pour que tu saches comment il faut se
conduire dans la maison° de Dieu, qui est l'assem-
blée° du Dieu vivant, la colonne et le soutien de la
vérité.

Incontestablement, le mystère de la piété est 16
grand : Dieu a été manifesté en chair, a été justifié
en Esprit, a été vu des anges, a été prêché parmi
les nations°, a été cru dans le monde, a été élevé
dans la gloire.

Or l'Esprit dit expressément qu'aux derniers **4**
temps quelques-uns se détourneront de la foi : ils
s'attacheront à des esprits séducteurs et à des enseignements de démons°, menteurs hypocrites, 2
eux dont la conscience est cautérisée ; ils défen- 3
dront de se marier, prescriront de s'abstenir des
aliments que Dieu a créés pour être pris avec action de grâces par les fidèles et par ceux qui
connaissent la vérité. En effet, toute créature de 4
Dieu est bonne, et il n'y en a aucune qui soit à re-
jeter, si on la prend avec action de grâces, étant 5
sanctifiée par la parole de Dieu et par la prière.

En exposant cela aux frères, tu seras un bon ser- 6
viteur du Christ Jésus, nourri dans les paroles de la

foi et de la bonne doctrine° que tu as pleinement
7 comprise[a]. Mais quant aux fables profanes, contes
de vieilles femmes, rejette-les, et exerce-toi toi-
8 même à la piété : car l'exercice physique est utile
à peu de chose, mais la piété est utile à toutes choses, ayant la promesse de la vie présente et de la
9 vie à venir. *Cette parole est certaine et digne*
10 *d'être pleinement reçue* ; car si nous travaillons et
sommes dans l'opprobre, c'est parce que nous espérons dans le Dieu vivant qui est le conservateur[b]
de tous les hommes, surtout des fidèles[c].
11 Ordonne tout cela et enseigne-le. Que personne
12 ne méprise ta jeunesse ; mais sois le modèle des fidèles, en parole, en conduite, en amour, en foi, en
13 pureté. Jusqu'à ce que je vienne, attache-toi à la
14 lecture, à l'exhortation, à l'enseignement. Ne né-
glige pas le don de grâce qui est en toi, qui t'a été
donné par prophétie, avec l'imposition des mains
15 par l'ensemble des anciens▽. Occupe-toi de ces
choses ; sois-y tout entier, afin que tes progrès
16 soient évidents pour tous. Fais attention à toi-
même et à l'enseignement ; persévère dans tout
cela, car en faisant ainsi tu sauveras et toi-même
et ceux qui t'écoutent.

5 Ne reprends pas rudement l'homme âgé, mais
exhorte-le comme un père, les jeunes gens comme
2 des frères, les femmes âgées comme des mères, les
jeunes comme des sœurs, en toute pureté.
3 Honore les veuves qui sont vraiment veuves ; si
4 une veuve a des enfants ou des descendants, qu'ils
apprennent d'abord à montrer leur piété envers
leur propre famille et à rendre à ceux dont ils descendent les soins qu'ils en ont reçus, car cela est
5 agréable devant Dieu. Or celle qui est vraiment
veuve, et qui est laissée seule, a mis son espérance
en Dieu et persévère dans les supplications et les

---

a• *ou* : que tu as suivie avec exactitude (*voir* 2 Timothée 3. 10). – b• *litt.* : sauveur (*comp.* Actes 14. 17). – c• *c.-à-d.* : de tous ceux qui se confient en lui ; *voir* 2. 4-6.

prières nuit et jour. Mais celle qui vit dans le plai- 6
sir est morte tout en vivant. Cela aussi, ordonne-le 7
afin qu'elles soient irrépréhensibles. Mais si quel- 8
qu'un n'a pas soin des siens et spécialement de
ceux de sa famille, il a renié la foi et il est pire
qu'un incrédule. Que la veuve soit inscrite, n'ayant 9
pas moins de soixante ans, ayant été femme d'un
seul mari, étant connue pour ses bonnes œuvres : 10
si elle a élevé des enfants, si elle a exercé l'hospitalité, si elle a lavé les pieds des saints°, si elle a secouru des affligés, si elle s'est appliquée à toute
bonne œuvre.

Mais écarte les veuves qui sont jeunes ; car, 11
lorsque leurs désirs les opposent au Christ°, elles
veulent se marier, étant en faute parce qu'elles 12
ont rejeté leur première foi ; en même temps, elles 13
apprennent à être aussi oisives, allant de maison
en maison ; et non seulement oisives, mais aussi
bavardes : elles se mêlent de tout, disent des choses qui ne conviennent pas. Je veux donc que les 14
jeunes veuves se marient, aient des enfants, gou-
vernent leur maison, ne donnent aucune occasion
à l'Adversaire à cause des mauvais propos ; car 15
déjà certaines se sont détournées pour suivre Satan. Si un fidèle ou une fidèle a des veuves, qu'il 16
les assiste et que l'assemblée° n'en soit pas char-
gée, afin de venir en aide à celles qui sont vraiment
veuves.

Que les anciens° qui montrent bien l'exemple 17
soient estimés dignes d'un double honneur, spécialement ceux qui travaillent pour présenter la Parole et enseigner, car l'Écriture dit : "Tu ne musel- 18
leras pas le bœuf qui foule le grain"[a], et :
"L'ouvrier est digne de son salaire"[b]. N'accepte 19
pas d'accusation contre un ancien, sauf s'il y a
deux ou trois témoins. Ceux qui pèchent, 20
convaincs-les devant tous, afin que les autres aussi
aient de la crainte. Je t'adjure devant Dieu, et le 21
Christ° Jésus et les anges élus, d'observer ces ins-

a• Deutéronome 25. 4. – b• *voir* Luc 10. 7.

tructions, sans préjugé, sans rien faire avec partialité.
22 N'impose les mains précipitamment à personne
et ne t'associe pas aux péchés d'autrui ; garde-toi
pur toi-même.
23 Ne bois plus de l'eau seulement, mais prends un
peu de vin, à cause de ton estomac et de tes *fré-
quentes indispositions.*
24 Les péchés de certains sont dès maintenant manifestes et conduisent droit au jugement ; mais pour
25 d'autres, ils se dévoilent plus tard. De même aussi
les œuvres bonnes sont dès maintenant manifestes, et celles qui sont d'une autre nature ne peuvent rester cachées.

6 Que tous ceux qui sont sous le joug de l'esclavage estiment leurs propres maîtres dignes de tout
honneur, afin que le nom de Dieu et la doctrine°
2 ne soient pas blasphémés. Que ceux qui ont des
maîtres croyants ne leur manquent pas de respect
parce qu'ils sont frères, mais qu'ils les servent d'autant mieux que ceux qui profitent de leur bon et
prompt service sont des croyants et des bien-aimés.
3 Enseigne cela et exhorte. Si quelqu'un enseigne
autrement et ne se range pas à de saines paroles,
c'est-à-dire à celles de notre Seigneur Jésus Christ°
4 et à la doctrine° qui est selon la piété, il est enflé
d'orgueil, il ne sait rien, mais il a la maladie des
questions et des disputes de mots, d'où naissent
envie, querelles, paroles injurieuses, mauvais
5 soupçons, violentes disputes d'hommes corrompus
dans leur intelligence et privés de la vérité, qui estiment que la piété est une source de gain.
6 Or la piété, avec le contentement, est un grand
7 gain. Car nous n'avons rien apporté dans le
monde, et il est évident que nous n'en pouvons
8 rien emporter. Alors, ayant nourriture et vête-
9 ment, nous serons satisfaits. Mais ceux qui veulent
devenir riches tombent en tentation et dans un

piège, et dans beaucoup de désirs insensés et per-
nicieux qui plongent les hommes dans la ruine et
la perdition. Car c'est une racine de toutes sortes 10
de maux que l'amour de l'argent : pour s'y être livrés, certains se sont égarés de la foi et se sont
eux-mêmes transpercés de beaucoup de douleurs.

Mais toi, homme de Dieu, fuis ces choses-là, et 11
poursuis la justice, la piété, la foi, l'amour, la patience, la douceur d'esprit ; combats le bon combat 12
de la foi ; saisis la vie éternelle, pour laquelle tu as
été appelé et tu as fait la belle confession devant
beaucoup de témoins. Je t'ordonne devant Dieu 13
qui appelle tout à l'existence, et devant le Christ°
Jésus qui a témoigné par une belle confession devant Ponce Pilate°, de garder ce commandement, 14
sans tache, irrépréhensible, jusqu'à l'apparition de
notre Seigneur Jésus Christ, apparition que mani- 15
festera au temps propre le bienheureux et seul
Souverain, le roi de ceux qui règnent et le seigneur
de ceux qui dominent, lui qui seul possède l'im- 16
mortalité, qui habite la lumière inaccessible, lui
qu'aucun homme n'a vu, ni ne peut voir – à lui
honneur et force éternelle ! Amen.

Ordonne à ceux qui sont riches dans le présent 17
siècle° de ne pas être hautains et de ne pas mettre
leur confiance dans l'incertitude des richesses,
mais en Dieu, lui qui nous donne tout, richement,
pour en jouir ; qu'ils fassent du bien ; qu'ils soient 18
riches en bonnes œuvres ; qu'ils soient prompts à
donner, généreux, s'amassant comme trésor un 19
bon fondement pour l'avenir, afin de saisir ce qui
est vraiment la vie.

Ô Timothée, garde ce qui t'a été confié ; fuis les 20
discours vains et profanes, et les objections de[a] la
connaissance, faussement ainsi nommée. Certains, 21
qui en font profession, se sont écartés de la foi.
Que la grâce soit avec toi !

---

a• *ou* : les raisonnements opposés par.

Seconde épître à Timothée

1 Paul, apôtre° de Jésus Christ° par la volonté de
Dieu, selon la promesse de la vie *qui est dans le*
2 Christ Jésus, à Timothée, mon enfant bien-aimé :
Grâce, miséricorde, paix, de la part de Dieu le
Père et du Christ Jésus notre Seigneur !
3 Je suis reconnaissant envers Dieu, que je sers° à
la suite de mes ancêtres avec une conscience pure,
de ce que je me souviens constamment de toi dans
4 mes supplications, nuit et jour. Je désire ardemment te voir – me souvenant de tes larmes – afin
5 d'être rempli de joie ; je me rappelle la foi sincère
qui est en toi, et qui a d'abord habité dans ta
grand-mère Loïs et dans ta mère Eunice et, j'en
suis persuadé, en toi aussi.
6 C'est pourquoi je te rappelle de ranimer le don
de grâce de Dieu, qui est en toi par l'imposition de
7 mes mains[a]. Car Dieu ne nous a pas donné un esprit de crainte, mais de puissance, et d'amour, et
8 de sobre bon sens[b]. N'aie donc pas honte du té-
moignage° de notre Seigneur, ni de moi son prisonnier, mais prends part aux souffrances de
9 l'évangile°, selon la puissance de Dieu, qui nous a
sauvés et nous a appelés d'un saint appel, non selon nos œuvres, mais selon son propre dessein[c] et
sa propre grâce°. Cette grâce nous a été donnée
dans le Christ Jésus avant les temps des siècles°,
10 mais elle a été manifestée maintenant par l'apparition de notre Sauveur Jésus Christ, qui a annulé la
mort et a fait luire la vie et l'incorruptibilité par
11 l'évangile°, pour lequel moi j'ai été établi prédica-
12 teur, apôtre et docteur° des nations°. C'est pour
cela que j'endure ces souffrances ; mais je n'ai pas
honte, car je sais qui j'ai cru, et je suis persuadé

---

a• *comp.* 1 Timothée 4. 14. – b• *ou* : de pondération. – c• *ou* : propos, plan, ce qu'il s'est proposé.

qu'il a la puissance de garder ce que je lui ai
confié[a], jusqu'à ce jour-là.
Possède un modèle des saines paroles que tu as 13
entendues de moi, dans la foi et l'amour qui est
dans le Christ° Jésus. Garde le bon dépôt[b] par l'Es- 14
prit Saint° qui habite en nous.
Tu le sais : tous ceux qui sont en Asie° se sont 15
détournés de moi, entre autres Phygelle et Hermo-
gène. Que le Seigneur fasse miséricorde à la mai- 16
son° d'Onésiphore, car il m'a souvent réconforté
et n'a pas eu honte de mes chaînes; mais, quand il 17
a été à Rome, il m'a cherché très soigneusement et
il m'a trouvé. Que le Seigneur lui fasse trouver mi- 18
séricorde de la part du Seigneur dans ce jour-là; et
tu sais mieux que personne combien de services il
a rendus à Éphèse.

Toi donc, mon enfant, fortifie-toi dans la grâce° **2**
qui est dans le Christ Jésus. Ce que tu as entendu 2
de moi en présence de nombreux témoins, confie-
le à des hommes fidèles qui soient capables à leur
tour d'en instruire d'autres.
Prends ta part des souffrances comme un bon 3
soldat de Jésus Christ°. Personne, servant comme 4
soldat, ne s'embarrasse dans les affaires de la vie,
afin de plaire à celui qui l'a enrôlé. De même, 5
l'athlète n'est pas couronné s'il n'a pas lutté selon
les règles. Il faut que le cultivateur prenne d'abord 6
de la peine, avant d'obtenir une récolte.
Considère ce que je dis; car le Seigneur te donnera 7
de l'intelligence en toutes choses.
Souviens-toi de Jésus Christ, ressuscité d'entre 8
les morts, de la descendance de David, selon mon
évangile°, pour lequel j'endure des souffrances 9
jusqu'à être lié de chaînes comme un malfaiteur;
toutefois la parole de Dieu n'est pas liée. C'est 10
pourquoi j'endure tout pour les élus°, afin qu'eux
aussi obtiennent le salut qui est dans le Christ°

---

a• *litt.* : mon dépôt; *on peut aussi comprendre* : ce qu'il m'a confié (*voir* v. 14). – b• *c.-à-d.* : ce qui t'a été confié.

11 Jésus, avec la gloire éternelle. Cette parole est certaine ; car si nous sommes morts avec lui, nous vi-
12 vrons *aussi avec lui* ; *si* nous souffrons, nous régne-
rons aussi avec lui ; si nous le renions, lui aussi
13 nous reniera ; si nous sommes infidèles, lui demeure fidèle, car il ne peut pas se renier lui-même.
14 Remets tout cela en mémoire, avertissant solennellement devant le Seigneur qu'on n'ait pas de
disputes de mots, ce qui est sans aucun profit,
15 mais pour la ruine des auditeurs. Étudie-toi à te
présenter à Dieu : approuvé, ouvrier qui n'a pas à
avoir honte, exposant justement la parole de la vé-
16 rité. Mais évite les discours vains et profanes, car
ceux qui s'y livrent iront plus loin dans l'impiété,
17 et leur parole rongera comme une gangrène. De
18 ce nombre sont Hyménée et Philète. Ils se sont
écartés de la vérité : ils disent que la résurrection a
déjà eu lieu, et renversent la foi de certains.
19 Toutefois le solide fondement de Dieu demeure,
ayant ce sceau : Le Seigneur connaît ceux qui sont
à lui, et : Qu'il se retire[a] de l'iniquité[b], quiconque
20 prononce le nom du Seigneur. Or, dans une
grande maison, il n'y a pas seulement des vases[c]
d'or et d'argent, mais aussi des vases de bois et de
terre ; et certains à honneur[d], d'autres à déshon-
21 neur[e]. Si donc quelqu'un se purifie de[f] ceux-ci, il
sera un vase à honneur, sanctifié°, utile au maître[g], préparé pour toute bonne œuvre.
22 Mais fuis les convoitises de la jeunesse, et poursuis la justice, la foi, l'amour, la paix, avec ceux qui
23 invoquent le Seigneur d'un cœur pur. Les questions folles et stupides, évite-les – sachant qu'elles
24 font naître des contestations. Et il ne faut pas que
l'esclave du Seigneur conteste, mais qu'il soit doux

---

a• *ou* : s'écarte. – b• de l'injustice (*de ce qui n'est pas juste devant Dieu et devant les hommes*). – c• *mot désignant tout objet d'usage ou d'ornement.* – d• à honneur : *traduction littérale qu'on peut comprendre ainsi : pour un usage honorable, noble.* – e• à déshonneur : *traduction littérale qu'on peut comprendre ainsi : pour un usage vil ou ordinaire.* – f• en se séparant de. – g• *ou* : propre au service du maître.

envers tous, capable d'enseigner, ayant du support[a], redressant avec douceur les opposants, dans 25
l'espoir que Dieu, peut-être[b], leur donnera la re-
pentance° pour reconnaître la vérité, et qu'ils re- 26
trouveront leur bon sens – échappant au piège du
diable par qui ils ont été pris – afin de faire sa volonté[c].

Or sache que dans les derniers jours° il survien- **3**
dra des temps difficiles : les hommes seront égoïs- 2
tes, avares, vantards, hautains, blasphémateurs,
désobéissants à leurs parents, ingrats, sans piété, 3
sans affection naturelle, implacables, calomnia-
teurs, sans frein, cruels, n'aimant pas le bien, traî-
tres, téméraires, enflés d'orgueil, amis des voluptés 4
plutôt qu'amis de Dieu, ayant l'apparence de la 5
piété, mais ayant renié sa puissance. Détourne-toi
de telles gens. Car il y en a parmi eux qui s'intro- 6
duisent dans les maisons et qui mènent captives
des femmelettes chargées de péchés, entraînées
par des convoitises diverses, apprenant toujours 7
sans pouvoir jamais parvenir à la connaissance de
la vérité. Or de la même manière que Jannès et 8
Jambrès s'opposèrent à Moïse, de même ces gens-
là s'opposent à la vérité : ce sont des hommes à
l'intelligence corrompue, réprouvés quant à la foi.
Mais ils n'iront pas plus loin, car leur folie sera ma- 9
nifeste pour tous, comme le fut la folie de ceux-là.

Mais toi, tu as pleinement compris ma doctri- 10
ne°[d], ma conduite, mon but constant, ma foi,
mon support, mon amour, ma patience, mes per- 11
sécutions, mes souffrances, telles qu'elles me sont
arrivées à Antioche, à Iconium, à Lystre[e], quelles
persécutions j'ai endurées – et le Seigneur m'a délivré de toutes. Et tous ceux qui veulent vivre pieu- 12
sement dans le Christ° Jésus seront persécutés.

---

a• *ou* : supportant le mal *qui lui est fait*, la méchanceté, *avec patience*. – b• *ou* : un jour. – c• *c.-à-d.* : la volonté de Dieu. – d• *comp.* 1 Timothée 4. 6. – e• Actes 13. 14, 50-52 ; 14. 1-6, 19-22.

13 Quant aux hommes méchants et aux imposteurs,
ils iront de mal en pis, séduisant et étant séduits.
14 Mais toi, demeure dans les choses que tu as apprises et dont tu as été pleinement convaincu : tu
15 sais de qui tu les as apprises et que, dès l'enfance,
tu connais les Saintes Lettres, qui peuvent te rendre sage à salut par la foi qui est dans le Christ
16 Jésus. Toute Écriture est inspirée de Dieu, et utile
pour enseigner, pour convaincre, pour corriger,
17 pour instruire dans la justice, afin que l'homme de
Dieu soit accompli et parfaitement préparé pour
toute bonne œuvre.

4 Je t'adjure devant Dieu et le Christ Jésus – qui va
juger vivants et morts –, et par son apparition et
2 par son règne : prêche la parole, insiste, que l'occasion soit favorable ou non, convaincs, reprends, ex-
3 horte, avec toute patience et doctrine ; car il y aura
un temps où ils ne supporteront pas le sain enseignement ; mais, ayant des oreilles qui leur déman-
gent, ils s'amasseront des docteurs° selon leurs
4 propres convoitises, et ils détourneront leurs oreilles de la vérité et se tourneront vers les fables.
5 Mais toi, sois sobre en tout, endure les souffrances, fais l'œuvre d'un évangéliste, accomplis plei-
6 nement ton service ; car, pour moi, je sers déjà de
libation[a], et le temps de mon départ est arrivé ;
7 j'ai combattu le bon combat, j'ai achevé la course,
8 j'ai gardé la foi : désormais, m'est réservée la couronne de justice que le Seigneur, le juste juge, me
donnera dans ce jour-là, et non seulement à moi,
mais aussi à tous ceux qui aiment son apparition.
9 Empresse-toi de venir bientôt auprès de moi, car
10 Démas m'a abandonné, ayant aimé le présent siè-
cle° ; et il est allé à Thessalonique, Crescens en Ga-
11 latie°, Tite en Dalmatie[b] ; Luc seul est avec moi.
Prends Marc et amène-le avec toi, car il m'est utile
12 pour le service. J'ai envoyé Tychique[c] à Éphèse.

---

a• *voir* Philippiens 2. 17, *et note.* – b• *sur la côte orientale de la mer Adriatique.* – c• *voir* Actes 20. 4 ; Éphésiens 6. 21.

Quand tu viendras, apporte le manteau que j'ai 13
laissé à Troas° chez Carpus, et les livres, spécialement les parchemins.
Alexandre, l'ouvrier en cuivre, a montré envers 14
moi beaucoup de méchanceté ; le Seigneur lui rendra selon ses œuvres. Garde-toi aussi de lui, car il 15
s'est violemment opposé à nos paroles.
Dans ma première défense[a], personne n'a été à 16
mes côtés ; tous m'ont abandonné ; que cela ne
leur soit pas imputé. Mais le Seigneur s'est tenu 17
près de moi et m'a fortifié, afin que par moi la prédication soit pleinement accomplie[b] et que toutes
les nations° l'entendent ; et j'ai été délivré de la
gueule du lion. Le Seigneur me délivrera de toute 18
œuvre mauvaise et me conservera pour son royaume céleste. À lui la gloire, aux siècles° des siècles !
Amen.
Salue Prisca et Aquilas[c], ainsi que la maison 19
d'Onésiphore. Éraste[d] est demeuré à Corinthe, et 20
j'ai laissé Trophime[e] malade à Milet. Empresse-toi 21
de venir avant l'hiver. Eubulus, Pudens, Linus et
Claudia, ainsi que tous les frères, te saluent.
Que le Seigneur Jésus Christ soit avec ton esprit. 22
Que la grâce soit avec vous !

---

a• *devant le tribunal de l'empereur, à Rome.* – b• *ou* : que le message soit pleinement présenté. – c• *voir* Actes 18. 1-3, 18, 26 ; Romains 16. 3-5 ; 1 Corinthiens 16. 19. – d• *voir* Actes 19. 22. – e• *voir* Actes 20. 4 ; 21. 29.

Épître à Tite

1 Paul, esclave de Dieu, et *apôtre*° de *Jésus
Christ*° selon la foi des élus° de Dieu et la connais-
2 sance de la vérité qui est selon la piété, dans l'espérance de la vie éternelle que Dieu, qui ne peut
mentir, a promise avant les temps des siècles° –
3 mais il a manifesté, au temps propre, sa parole,
dans la prédication qui m'a été confiée, à moi, se-
4 lon le commandement de notre Dieu sauveur –, à
Tite, mon véritable enfant selon notre commune
foi : Grâce et paix de la part de Dieu le Père et du
Christ Jésus notre Sauveur !
5 C'est pour cela que je t'ai laissé en Crète, pour
que tu mettes en bon ordre ce qui reste à régler,
et que, dans chaque ville, tu établisses des an-
6 ciens° comme je te l'ai ordonné : si quelqu'un est
irréprochable, mari d'une seule femme, ayant des
enfants croyants, qui ne soient pas accusés de dé-
7 bauche, ou insubordonnés. Car il faut que le sur-
veillant° soit irréprochable comme administrateur
de Dieu, ni arrogant, ni coléreux, ni adonné au vin,
8 ni brutal, ni avide d'un gain honteux, mais hospitalier, aimant le bien, sage, juste, pieux, maître de
9 soi, tenant ferme la fidèle parole selon la doc-
trine°, afin d'être capable aussi bien d'exhorter
par un sain enseignement que de réfuter ceux qui
contredisent.
10 Car il y a beaucoup d'insubordonnés vains discou-
reurs et séducteurs, surtout ceux de la Circonci-
11 sion° ; il faut leur fermer la bouche : ils bouleversent des familles entières, enseignant ce qui ne
12 convient pas, pour un gain honteux. Quelqu'un
d'entre eux, leur propre prophète, a dit : Les Cré-
tois sont toujours menteurs, de méchantes bêtes,
13 des ventres paresseux. Ce témoignage est vrai ;
c'est pourquoi reprends-les sévèrement, afin qu'ils
14 soient sains dans la foi, au lieu de s'attacher à des

fables judaïques et à des commandements d'hommes qui se détournent de la vérité.
Tout est pur pour ceux qui sont purs ; mais, pour 15
ceux qui sont souillés et incrédules, rien n'est pur ;
au contraire, chez eux, intelligence et conscience
sont souillées. Ils font profession de connaître 16
Dieu, mais par leurs œuvres ils le renient : ils sont
abominables, désobéissants et, pour toute bonne
œuvre, disqualifiés.

Mais toi, annonce ce qui convient au sain ensei- **2**
gnement : que les vieillards soient sobres, dignes, 2
sages, sains dans la foi, dans l'amour, dans la patience.
De même, que les femmes âgées soient, dans 3
toute leur manière d'être, comme il convient à de
saintes femmes : ni médisantes, ni asservies à
beaucoup de vin, enseignant ce qui est bon, afin 4
qu'elles instruisent les jeunes femmes à aimer leur
mari, à aimer leurs enfants, à être sages, pures, oc- 5
cupées des soins de la maison, bonnes, soumises à
leur propre mari, pour que la parole de Dieu ne
soit pas blasphémée.
Exhorte de même les jeunes hommes à agir sa- 6
gement, te montrant toi-même à tous égards un 7
modèle de bonnes œuvres ; faisant preuve, dans
l'enseignement, de pureté de doctrine°, de gravité,
de parole saine qu'on ne peut condamner, afin que 8
celui qui s'oppose soit confus, n'ayant rien de mal
à dire de nous.
Exhorte les esclaves à être soumis à leurs pro- 9
pres maîtres, à leur donner toute satisfaction :
qu'ils ne les contredisent pas, qu'ils ne détournent 10
rien, mais montrent toute bonne fidélité, afin
qu'ils ornent, à tous égards, l'enseignement qui
est de notre Dieu sauveur.
Car la grâce° de Dieu qui apporte le salut est ap- 11
parue à tous les hommes, nous instruisant pour 12
que, reniant l'impiété et les convoitises mondai-
nes, nous vivions dans le présent siècle° sobre-

13 ment, justement et pieusement, attendant la bienheureuse espérance et l'apparition de la gloire de
14 notre grand Dieu et Sauveur Jésus Christ°, qui
s'est donné lui-même pour nous, afin de nous ra-
cheter de toute iniquité° et de purifier pour lui-
même un peuple qui lui appartienne en propre,
15 zélé pour les bonnes œuvres. Annonce tout cela,
exhorte et reprends, avec toute autorité. Que personne ne te méprise.

3 Rappelle-leur d'être soumis aux pouvoirs et aux
autorités, d'être obéissants, prêts à toute œuvre
2 bonne, de n'injurier personne, de ne pas être que-
relleurs, mais modérés, montrant toute douceur
3 envers tous les hommes. Car nous étions, nous
aussi, autrefois, insensés, désobéissants, égarés, asservis à diverses convoitises et voluptés, vivant
dans la méchanceté et la jalousie, détestables,
nous haïssant l'un l'autre.
4 Mais, quand la bonté de notre Dieu sauveur et
5 son amour envers les hommes sont apparus, il
nous sauva, non sur la base d'œuvres accomplies
en justice que nous, nous aurions faites, mais selon
sa propre miséricorde, par le lavage[a] de la régénération[b] et le renouvellement de l'Esprit Saint°,
6 qu'il a répandu richement sur nous par Jésus
7 Christ°, notre Sauveur, afin que, ayant été justifiés
par sa grâce°, nous devenions héritiers selon l'es-
8 pérance de la vie éternelle. Cette parole est certaine, et je veux que tu insistes là-dessus, afin que
ceux qui ont cru Dieu s'appliquent à être les premiers dans les bonnes œuvres : c'est ce qui est bon
9 et utile aux hommes. Mais évite les folles recher-
ches, les généalogies, les querelles et les disputes
10 sur la Loi, car elles sont inutiles et vaines. Écarte
l'homme de parti[c] après un premier et un second

---

a• *voir* Hébreux 10. 22. – b• *ou* : un changement de position, un nouvel état de choses, *non le retour à un état précédent* (2 Corinthiens 5. 17). – c• *litt.* : sectaire ; *voir* sectes (1 Corinthiens 11. 19).

avertissement, sachant qu'un tel homme est per- 11
verti et pèche : il se condamne lui-même.
Quand j'enverrai Artémas auprès de toi, ou Ty- 12
chique, empresse-toi de venir auprès de moi à Nicopolis, car j'ai résolu d'y passer l'hiver. Pourvois 13
avec soin au voyage de Zénas, le docteur de la Loi,
et d'Apollos, afin que rien ne leur manque ; et que 14
les nôtres aussi apprennent à être les premiers
dans les bonnes œuvres pour les choses nécessai-
res, afin de ne pas être sans fruit.
Tous ceux qui sont avec moi te saluent. Salue 15
ceux qui nous aiment dans la foi. Que la grâce soit
avec vous tous !

Épître à Philémon

1 Paul, prisonnier de Jésus Christ°, et le frère Timothée[a], à Philémon, notre bien-aimé compa-
2 gnon d'œuvre, à la sœur Apphie, à Archippe[b] notre compagnon d'armes, et à l'assemblée° qui se
3 réunit dans ta maison : Grâce et paix à vous, de la
part de Dieu notre Père et du Seigneur Jésus
Christ !
4 Je rends grâces à mon Dieu et fais toujours men-
5 tion de toi dans mes prières, car j'entends parler
de l'amour et de la foi que tu as envers le Seigneur
6 Jésus et pour tous les saints°, de sorte que ta communion dans la foi agisse en reconnaissant tout le
7 bien qui est en nous à l'égard du Christ Jésus. Nous
avons en effet une grande joie et un grand encouragement dans ton amour, parce que le cœur des
saints° est réconforté par toi, frère.
8 Aussi, bien que j'aie une grande liberté en
9 Christ° de te commander ce qui convient, à cause
de l'amour, je te prie plutôt, tel que je suis, Paul,
un vieillard – et maintenant aussi prisonnier de
10 Jésus Christ –, je te prie pour mon enfant que j'ai
11 engendré, étant dans les chaînes, Onésime[c]. Il t'a
été autrefois inutile, mais maintenant il est utile, à
12 toi comme à moi ; et je te l'ai renvoyé, lui qui est
13 comme une partie de moi-même. J'aurais bien
aimé le retenir près de moi, pour qu'il me serve à
ta place alors que je suis enchaîné à cause de
14 l'évangile° ; mais je n'ai rien voulu faire sans ton
avis, pour que le bien que tu fais ne soit pas l'effet
15 de la contrainte, mais de ton bon vouloir. Car c'est
peut-être pour cela qu'il a été quelque temps séparé de toi : afin que tu le possèdes pour toujours,
16 non plus comme un esclave, mais au-dessus d'un

---

a• *voir* Actes 16. 1-3 ; Romains 16. 21 ; 1 Corinthiens 4. 17 ; 1 Timothée 1. 2 ; 6. 20. – b• *voir* Colossiens 4. 17. – c• onèsimos *signifie en grec* : utile ; *d'où le* v. 11. *Onésime est un esclave fugitif, converti par la prédication de Paul, alors en prison. Voir* Colossiens 4. 9.

esclave, comme un frère bien-aimé, spécialement
pour moi et combien plus pour toi, et en tant
qu'homme, et dans le Seigneur.
Donc, si tu me considères comme associé à toi, 17
reçois-le comme moi-même. Mais s'il t'a causé du 18
tort ou s'il te doit quelque chose, mets-le à mon
compte. Moi, Paul, je l'écris de ma propre main : 19
c'est moi qui paierai (pour ne pas te dire que tu te
dois toi-même aussi à moi). Oui, frère, que je tire 20
ce profit de toi dans le Seigneur : rafraîchis mes affections en Christ. C'est pleinement assuré de ton 21
obéissance que je t'écris : je sais que tu feras
même plus que je ne dis.
Mais, en même temps, prépare-moi aussi un loge- 22
ment, car j'espère que, en réponse à vos prières, je
vous serai donné.
Épaphras, mon compagnon de captivité dans le 23
Christ Jésus, Marc, Aristarque, Démas, Luc, mes 24
compagnons d'œuvre, te saluent. Que la grâce du 25
Seigneur Jésus Christ soit avec votre esprit !

Épître aux Hébreux

1 Après avoir autrefois, à bien des reprises et de
bien des manières, parlé aux pères° par les pro-
2 phètes, à la fin de ces jours-là, Dieu nous a parlé
dans le Fils, qu'il a établi héritier de tout, par qui
3 aussi il a fait les mondes. Lui[a], le resplendissement
de sa gloire et l'empreinte de ce qu'il est, il soutient tout par la parole de sa puissance. Ayant fait
par lui-même la purification des péchés, il s'est assis à la droite de la Majesté dans les hauts lieux,
4 étant devenu d'autant plus excellent que les anges
qu'il a hérité d'un nom plus excellent qu'eux.
5 Car auquel des anges Dieu a-t-il jamais dit : "Tu es
mon Fils, moi je t'ai aujourd'hui engendré"[b]? Et
encore : "Moi, je lui serai pour père, et lui me sera
6 pour fils"[c]? Et encore, quand il introduit le Premier-né[d] dans le monde habité, il dit : "Et que
tous les anges de Dieu se prosternent devant lui"[e].
7 Pour les anges, il déclare : "Il fait ses anges des es-
8 prits, et ses serviteurs une flamme de feu"[f]. Mais
pour le Fils : "Ton trône, ô Dieu, est aux siècles°
des siècles; c'est un sceptre de droiture que le
9 sceptre de ton règne; tu as aimé la justice et haï
l'iniquité° ; c'est pourquoi Dieu, ton Dieu, t'a oint[g]
d'une huile de joie au-dessus de tes compa-
10 gnons"[h]. Et : "Toi, dans les commencements, Seigneur*, tu as fondé la terre, et les cieux sont les
11 œuvres de tes mains : eux, ils périront, mais toi, tu
12 demeures; ils vieilliront tous comme un habit, tu
les plieras comme un vêtement, et ils seront changés; mais toi, tu es le Même[i], et tes années ne ces-
13 seront pas"[j]. Et auquel des anges a-t-il jamais dit :

---

a• *c.-à-d.* : le Fils *(les v. 1 à 4 constituent une seule phrase dans le texte original).* – b• Psaume 2. 7. – c• 1 Chroniques 17. 13. – d• *comp.* Colossiens 1. 15, 18 ; Apocalypse 1. 5 ; Romains 8. 29. – e• Psaume 97. 7. – f• Psaume 104. 4. – g• Christ° *signifie* : oint, consacré. – h• Psaume 45. 6, 7. – i• *titre divin ; comp.* 13. 8 ; Deutéronome 32. 39 ; Ésaïe 37. 16. – j• Psaume 102. 25-27.

“Assieds-toi à ma droite, jusqu'à ce que j'aie mis
tes ennemis pour marchepied de tes pieds”[a] ? Ne 14
sont-ils pas tous des esprits administrateurs, envoyés pour servir en faveur de ceux qui vont hériter du salut° ?

C'est pourquoi nous devons porter une plus **2**
grande attention à ce que nous avons entendu, de
peur que nous n'allions à la dérive. Car si la parole 2
annoncée par le moyen des anges[b] a été ferme, et
si toute transgression° et désobéissance a reçu une
juste rétribution, comment échapperons-nous, si 3
nous négligeons[c] un si grand salut°, qui a commencé d'être annoncé par le Seigneur et nous a
été confirmé par ceux qui l'avaient entendu, Dieu 4
y ajoutant son témoignage par des signes et des
prodiges, par divers miracles et par des distribu-
tions de l'Esprit Saint[d], selon sa propre volonté ?

En effet, ce n'est pas aux anges qu'il a assujetti 5
le monde habité à venir dont nous parlons ; mais 6
quelqu'un a rendu ce témoignage quelque part :
“Qu'est-ce que l'homme°, que tu te souviennes de
lui, ou le fils de l'homme que tu le visites ? Tu l'as 7
fait un peu moindre que les anges ; tu l'as couronné de gloire et d'honneur, et tu l'as établi sur
les œuvres de tes mains ; tu as tout assujetti sous 8
ses pieds”[e] ; car en lui assujettissant tout, il n'a
rien laissé qui ne lui soit assujetti. Or, maintenant,
nous ne voyons pas encore que tout lui soit assujetti ; mais nous voyons Jésus°, qui a été fait un 9
peu moindre que les anges à cause de la souffrance
de la mort, couronné de gloire et d'honneur, en
sorte que, par la grâce° de Dieu, il goûtât la mort
pour tout.

---

a• Psaume 110. 1. – b• *c.-à-d.* : la loi de Moïse (*voir* Exode 20. 1-17 ; Actes 7. 53 ; Galates 3. 19). – c• *ou* : méprisons, tenons pour rien. – d• *voir* 1 Corinthiens 12. 11. – e• Psaume 8. 4-6.

10 Car il convenait pour Dieu, de qui tout procède et
par qui tout subsiste, que, amenant de nombreux
fils à la gloire, il rende accompli[a] le chef[b] de leur
11 salut par des souffrances. En effet, et celui qui
sanctifie et ceux qui sont sanctifiés° sont tous
d'un[c] ; c'est pourquoi il n'a pas honte de les appe-
12 ler frères quand il dit : "J'annoncerai ton nom à
mes frères ; au milieu de l'assemblée je chanterai
13 tes louanges"[d]. Et encore : "Moi, je me confierai
en lui"[e]. Et encore : "Me voici, moi, et les enfants
que Dieu m'a donnés"[f].
14 Ainsi, puisque les enfants ont eu part au sang et à
la chair[g], lui aussi, de la même manière, y a participé, afin que, par la mort, il rende impuissant celui qui avait le pouvoir de la mort, c'est-à-dire le
15 diable, et qu'il délivre tous ceux qui, par la crainte
de la mort, étaient, pendant toute leur vie, tenus
16 en esclavage. Car, assurément, il ne prend pas les
anges, mais il prend la descendance d'Abraham.
17 C'est pourquoi il dut, à tous égards, être rendu
semblable à ses frères, afin qu'il soit un miséricordieux et fidèle souverain sacrificateur° dans tout
ce qui concerne Dieu, en vue de faire propitiation°
18 pour les péchés du peuple. Car, du fait qu'il a souffert lui-même, étant tenté[h], il est à même de secourir ceux qui sont tentés.

3 Par conséquent, frères saints, participants à l'appel céleste, considérez l'apôtre et souverain sacrifi-
2 cateur° de notre confession[i], Jésus, qui est fidèle à
celui qui l'a établi, comme Moïse l'a été dans toute
3 sa maison°. Car celui-là a été jugé digne d'une
gloire d'autant plus grande que celle de Moïse,

---

a• *Dans cette épître, rendre accompli, ou rendre parfait, c'est faire tout ce qui est nécessaire pour rendre propre à remplir une fonction.* – b• *ou* : l'auteur, l'initiateur. – c• *c.-à-d. : Christ associe à lui-même ceux qui sont ainsi sanctifiés (comp.* Jean 20. 17 *et* 1 Jean 4. 17). – d• Psaume 22. 22. – e• Ésaïe 8. 17. – f• Ésaïe 8. 18. – g• *c.-à-d. : ont eu (et ont) en lot commun la condition humaine.* – h• *comp.* 4. 15. – i• *ici, l'ensemble de la vérité chrétienne.*

que celui qui a bâti la maison a plus d'honneur
que la maison. En effet, toute maison est bâtie par 4
quelqu'un; mais celui qui a tout bâti, c'est Dieu. Et 5
Moïse a bien été fidèle dans toute sa maison,
comme serviteur, pour témoigner de ce qui devait
être dit; mais Christ°, comme Fils, sur sa maison; 6
et nous sommes sa maison, si du moins nous retenons ferme jusqu'au bout l'assurance et la gloire
de l'espérance.

C'est pourquoi, comme dit l'Esprit Saint° : "Au- 7
jourd'hui, si vous entendez sa voix, n'endurcissez 8
pas vos cœurs comme lors de l'irritation, au jour
de la tentation dans le désert, où vos pères° m'ont 9
tenté en me mettant à l'épreuve, et ont vu mes
œuvres durant quarante ans. C'est pourquoi j'ai 10
été indigné contre cette génération, et j'ai dit : Ils
s'égarent toujours dans leur cœur et ils n'ont pas
connu mes voies. Ainsi je jurai dans ma colère : Ils 11
n'entreront pas dans mon repos !"[a] Prenez garde, 12
frères, qu'il n'y ait en l'un de vous un méchant
cœur d'incrédulité qui lui fasse abandonner le
Dieu vivant; mais exhortez-vous l'un l'autre 13
chaque jour, aussi longtemps qu'il est dit : "Aujourd'hui", afin qu'aucun d'entre vous ne s'endur-
cisse par la séduction du péché°. Car nous sommes 14
devenus les compagnons du Christ°, si du moins
nous retenons ferme jusqu'à la fin la conviction
que nous avions au commencement, aussi long- 15
temps qu'il est dit : "Aujourd'hui, si vous entendez
sa voix, n'endurcissez pas vos cœurs, comme lors
de l'irritation".

Quels sont donc ceux qui, après l'avoir entendu, 16
l'irritèrent ? Mais n'est-ce pas tous ceux qui sont
sortis d'Égypte sous la conduite de Moïse ? Et 17
contre qui fut-il indigné durant quarante ans ?
N'est-ce pas contre ceux qui ont péché et dont les
corps sont tombés dans le désert ? À qui jura-t-il 18

---

a • *litt.* : S'ils entrent dans mon repos ! *hébraïsme signifiant qu'ils n'y entreront pas.* Psaume 95. 7-11 ; *voir* Nombres 14. 23, 30-35.

qu'ils n'entreraient pas dans son repos, sinon à
19 ceux qui ont désobéi ? Et nous voyons qu'ils ne purent y entrer à cause de l'incrédulité.

4 Craignons donc, alors qu'il reste une promesse
d'entrer dans son repos, que l'un de vous paraisse
2 ne pas l'atteindre ; car nous aussi, comme eux,
nous avons entendu la bonne nouvelle ; mais la parole entendue ne leur servit de rien, n'étant pas
mêlée avec de la foi chez ceux qui l'entendirent.
3 Car nous, les croyants, nous entrons dans le repos,
celui dont il a dit : "Ainsi je jurai dans ma colère :
Ils n'entreront pas dans mon repos !" Et pourtant
les œuvres avaient été faites dès la fondation du
4 monde ; car voici ce qu'il dit quelque part concernant le septième jour : "Et Dieu se reposa de tou-
5 tes ses œuvres au septième jour"[a] ; et encore dans
ce passage : "Ils n'entreront pas dans mon repos !"
6 Ainsi, puisqu'il reste que certains y entrent, et que
ceux qui auparavant avaient entendu la bonne
nouvelle n'y sont pas entrés à cause de leur déso-
7 béissance, encore une fois il fixe un jour, en disant,
par David, bien longtemps après : "Aujourd'hui",
comme il a été dit auparavant : "Aujourd'hui, si
vous entendez sa voix, n'endurcissez pas vos
8 cœurs." En effet, si Josué leur avait donné le repos,
Dieu ne parlerait pas ensuite d'un autre jour.
9 Il reste donc un repos sabbatique pour le peuple
10 de Dieu. Car celui qui est entré dans son repos, lui
aussi s'est reposé de ses œuvres, comme Dieu s'est
11 reposé des siennes. Appliquons-nous donc à entrer
dans ce repos-là, afin que personne ne tombe en
12 imitant une semblable désobéissance. Car la parole de Dieu est vivante et opérante, plus péné-
trante qu'aucune épée à deux tranchants : elle atteint jusqu'à la division de l'âme° et de l'esprit,
des jointures et des moelles ; et elle discerne les
13 pensées et les intentions du cœur. Il n'existe aucune créature qui soit cachée devant lui, mais tout

---

a • Genèse 2. 2.

est nu et découvert aux yeux de celui à qui nous
avons affaire.
Ayant donc un grand souverain sacrificateur° 14
qui a traversé les cieux, Jésus, le Fils de Dieu, tenons ferme notre confession[a]; car nous n'avons 15
pas un souverain sacrificateur incapable de com-
patir à nos faiblesses, mais nous en avons un qui a
été tenté en toutes choses de façon semblable à
nous, à part le péché. Approchons-nous donc avec 16
confiance du trône de la grâce°, afin de recevoir
miséricorde et de trouver grâce, pour avoir du secours au moment opportun.

En effet, tout souverain sacrificateur° pris d'en- **5**
tre les hommes est établi pour les hommes dans
tout ce qui concerne Dieu, afin d'offrir des dons et
des sacrifices° pour les péchés : il est capable 2
d'avoir de l'indulgence pour les ignorants et les
égarés, puisqu'il est lui-même enveloppé de faiblesse ; et, à cause de cette faiblesse, il doit présen- 3
ter des offrandes pour les péchés – pour lui-même
aussi bien que pour le peuple. Or personne ne s'ar- 4
roge cet honneur ; il ne le reçoit que s'il est appelé
par Dieu, comme le fut Aaron.
De même, le Christ° aussi ne s'est pas glorifié lui- 5
même pour être fait souverain sacrificateur°, mais
c'est Dieu qui l'a glorifié en lui disant : "Tu es mon
Fils ; moi je t'ai aujourd'hui engendré"[b]; comme il 6
déclare également dans un autre passage : "Tu es
sacrificateur pour l'éternité selon l'ordre de Melchisédec"[c]. Le Christ, durant les jours de sa chair, 7
ayant offert, avec de grands cris et avec larmes,
des prières et des supplications à celui qui pouvait
le sauver de la mort[d], et ayant été exaucé à cause
de sa piété, bien qu'il fût Fils, a appris l'obéissance 8
par tout ce qu'il a souffert. Et, parfaitement ac- 9
compli, il est devenu, pour tous ceux qui lui obéissent, l'auteur du salut° éternel, étant salué par 10

---

a• *voir* 3. 1, *et note.* – b• Psaume 2. 7. – c• Psaume 110. 4 ; *passage cité aussi en* 7. 17. – d• *litt.* : hors de la mort.

Dieu souverain sacrificateur° selon l'ordre de Melchisédec.
11 À son sujet, nous avons beaucoup à dire, et des
choses difficiles à expliquer, puisque vous êtes de-
12 venus paresseux pour écouter. Vous qui, en effet,
devriez être des docteurs°, vu le temps, vous avez
de nouveau besoin qu'on vous enseigne quels sont
les premiers rudiments des oracles° de Dieu, et
vous êtes devenus tels que vous avez besoin de
13 lait, non de nourriture solide ; car quiconque en
est encore au lait est inexpérimenté dans la parole
14 de la justice : c'est un petit enfant ; mais la nourriture solide est pour les hommes faits[a] qui, par la
pratique, ont les sens[b] exercés à discerner le bien
et le mal.

6 C'est pourquoi, laissant les premiers éléments
de l'enseignement du Christ°, tendons vers l'état
d'hommes faits[c], sans poser de nouveau le fondement : repentance° des œuvres mortes[d] et foi en
2 Dieu, doctrine des ablutions et de l'imposition des
mains, résurrection des morts et jugement éternel.
3 C'est ce que nous ferons, si Dieu le permet.
4 Car il est impossible que ceux qui ont été une fois
éclairés, qui ont goûté du don céleste et sont deve-
5 nus participants de l'Esprit Saint°, qui ont goûté la
bonne parole de Dieu et les miracles du siècle° à
6 venir, puis sont tombés[e], soient encore renouvelés
à la repentance, crucifiant pour eux-mêmes le Fils
7 de Dieu et l'exposant à l'opprobre ! En effet, la
terre qui boit la pluie tombée fréquemment sur
elle, et qui produit des plantes utiles à ceux pour
qui elle est labourée, reçoit de Dieu de la bénédic-
8 tion ; mais si elle porte des épines et des chardons,
elle est jugée sans valeur, près d'être maudite : sa
fin est d'être brûlée.

---

a• arrivés à maturité. – b• *ou* : les facultés (le sens moral). – c• *ou* : vers la perfection. – d• *comp.* 9. 14. – e• *litt.* : tombés loin *(de la foi chrétienne)* ; *voir* 2. 1-4.

Toutefois nous sommes persuadés, en ce qui 9
vous concerne, bien-aimés, de choses meilleures et
qui tiennent au salut°, bien que nous parlions
ainsi. Car Dieu n'est pas injuste pour oublier votre 10
œuvre et l'amour que vous avez montré pour son
nom, ayant servi les saints° et les servant encore.
Mais nous désirons que chacun de vous montre le 11
même empressement pour la pleine certitude de
l'espérance jusqu'au bout, afin que vous ne deve- 12
niez pas paresseux, mais imitateurs de ceux qui,
par la foi et par la patience, héritent ce qui avait
été promis. Car lorsque Dieu fit la promesse à 13
Abraham, puisqu'il n'avait personne de plus grand
par qui jurer, il jura par lui-même, disant : "Certes, 14
en bénissant je te bénirai, et en multipliant je te
multiplierai"[a]. Ainsi Abraham, ayant fait preuve 15
de patience, obtint ce qui avait été promis. Les 16
hommes, en effet, jurent par quelqu'un de plus
grand qu'eux, et le serment est pour eux un terme
à toute contestation, pour garantir ce qui est
convenu. Dieu, voulant en cela montrer encore 17
davantage aux héritiers de la promesse le caractère irrévocable de son dessein, est intervenu par
un serment, afin que par deux actes irrévocables, 18
dans lesquels il était impossible que Dieu mente,
nous ayons un puissant encouragement, nous qui
nous sommes enfuis pour saisir l'espérance propo-
sée que nous avons comme une ancre de l'âme°, 19
sûre et ferme, qui pénètre jusqu'à l'intérieur du
voile°[b] où Jésus est entré comme précurseur pour 20
nous, étant devenu souverain sacrificateur° pour
l'éternité selon l'ordre de Melchisédec[c].

---

a• Genèse 22. 17. – b• *Dans le tabernacle (ou tente) du désert, ce* voile *séparait le* lieu saint *du* lieu très saint (Saint des Saints), *où le souverain sacrificateur seul pénétrait, une fois par an* (Exode 26. 31-34 ; Lévitique 16. 12, 15 ; Hébreux 9. 3-8, 11, 12, 24-26). *Ici, allusion à l'entrée de Christ ressuscité et glorifié dans le sanctuaire céleste.* – c• *Le sujet annoncé en* 5. 10, 11 *est traité à partir d'ici, après la parenthèse des* ch. 5. 11-14 et 6.

7 Car ce Melchisédec, roi de Salem, sacrificateur°
du Dieu Très-haut, qui alla à la rencontre d'Abraham lorsqu'il revenait de la défaite des rois, et qui
2 le bénit, à qui aussi Abraham donna pour part la
dîme° de tout[a] – ce Melchisédec est d'abord,
d'après la traduction de son nom, roi de justice,
puis aussi roi de Salem, c'est-à-dire roi de paix ;
3 sans père ni mère, sans généalogie, n'ayant ni commencement de jours ni fin de vie, mais assimilé au
Fils de Dieu, il demeure sacrificateur à perpétuité.
4 Or considérez combien grand était celui à qui
même Abraham donna une dîme du butin, lui le
5 patriarche. Et ceux d'entre les fils de Lévi qui reçoivent le sacerdoce° ont bien un commandement,
selon la Loi, de prélever la dîme° sur le peuple,
c'est-à-dire sur leurs frères, issus pourtant, eux
6 aussi, des reins d'Abraham ; mais celui qui ne tire
pas généalogiquement son origine d'eux a prélevé
la dîme sur Abraham et a béni celui qui avait les
7 promesses. Or, incontestablement, le moindre est
8 béni par le plus excellent. Et d'un côté, ce sont des
hommes mortels qui reçoivent des dîmes ; de l'autre, c'est quelqu'un dont témoignage est rendu
9 qu'il vit. Et Lévi même, qui reçoit des dîmes, a été,
pour ainsi dire, soumis à la dîme en la personne
10 d'Abraham, car il était encore dans les reins de
son père[b] quand Melchisédec alla à la rencontre
d'Abraham.
11 Si donc la perfection était réalisée par le moyen
du sacerdoce° lévitique[c] (car c'est en relation avec
celui-ci que le peuple a reçu sa Loi), quel besoin y
avait-il encore qu'un autre sacrificateur se lève selon l'ordre de Melchisédec, et qui ne soit pas dé-
12 signé selon l'ordre d'Aaron ? En effet, le sacerdoce
étant changé, il y a aussi par nécessité un change-
13 ment de loi. De fait, celui dont il est question ap-

---

a• *voir* Genèse 14. 13-20. – b• *c.-à-d. : encore à naître de son ancêtre Abraham.* – c• *Aaron, frère de Moïse, étant descendant de Lévi, fils de Jacob* (Exode 6. 16, 18, 20 ; 28. 1, 2 ; 29. 44).

partient à une autre tribu, dont personne n'a été
attaché au service de l'autel; car il est évident que 14
notre Seigneur a surgi de Juda[a] : or, pour cette
tribu, Moïse n'a rien dit concernant des sacrificateurs. Et cela est encore bien plus évident si, à la 15
ressemblance de Melchisédec, se lève un autre sacrificateur qui n'a pas été établi selon la loi d'un 16
commandement qui concerne la chair, mais selon
la puissance d'une vie impérissable. Car ce témoi- 17
gnage lui est rendu : “Tu es sacrificateur pour
l'éternité, selon l'ordre de Melchisédec”[b].

Ainsi, le commandement antérieur a été abrogé, 18
à cause de sa faiblesse et de son inutilité (car la Loi 19
n'a rien amené à la perfection), et une meilleure
espérance a été introduite, par laquelle nous ap-
prochons de Dieu. Puisque cela n'a pas eu lieu 20
sans serment (car ceux-là[c] sont devenus sacrificateurs sans serment; mais lui[d] l'est devenu avec ser- 21
ment, par celui qui a dit à son sujet : “Le Seigneur*
a juré et ne se repentira pas : Tu es sacrificateur
pour l'éternité, selon l'ordre de Melchisédec”),
c'est d'une alliance° d'autant meilleure que Jésus 22
a été fait le garant. De plus, ces sacrificateurs-là 23
ont été nombreux, parce que la mort les empê-
chait de demeurer; mais celui-ci, parce qu'il de- 24
meure éternellement, a le sacerdoce° qui ne se
transmet pas. De là vient aussi qu'il peut sauver 25
entièrement[e] ceux qui s'approchent de Dieu par
lui : il est toujours vivant afin d'intercéder pour
eux.

Car un tel souverain sacrificateur° nous conve- 26
nait, saint, exempt de tout mal, sans souillure, séparé des pécheurs°, et élevé plus haut que les
cieux : lui n'a pas besoin chaque jour, comme les 27
souverains sacrificateurs, d'offrir des sacrifices°,
d'abord pour ses propres péchés, ensuite pour
ceux du peuple; car cela, il l'a fait une fois pour

---

a• *voir* Matthieu 1. 1-3, 6, 16; Luc 3. 32-34; 1 Chroniques 5. 2; 6. 3, 10. – b• Psaume 110. 4. – c• Aaron et ses fils. – d• Jésus Christ. – e• *litt.* : jusqu'à l'achèvement.

28 toutes, s'étant offert lui-même. La Loi, en effet,
établit pour souverains sacrificateurs des hommes
qui sont dans la faiblesse, mais la parole du serment, qui est après la Loi, établit un Fils qui est accompli pour l'éternité.

8 Or le point capital de ce qui vient d'être dit, c'est
que nous avons un tel souverain sacrificateur° qui
s'est assis à la droite du trône de la Majesté[a] dans
2 les cieux, ministre des lieux saints et du vrai taber-
nacle° que le Seigneur* a dressé, non pas l'hom-
me°.
3 Car tout souverain sacrificateur est établi pour
offrir des dons et des sacrifices ; c'est pourquoi il
était nécessaire que celui-ci aussi eût quelque
4 chose à offrir. Si donc il était sur la terre, il ne serait pas même sacrificateur, puisqu'il y a ceux qui
5 offrent les dons selon la Loi, eux qui servent° la figure et l'ombre des réalités célestes : comme
Moïse, quand il allait construire le tabernacle, en
a été averti divinement : "Prends garde", est-il dit
en effet, "à tout faire selon le modèle qui t'a été
montré sur la montagne"[b].
6 Mais maintenant Christ a obtenu un ministère
d'autant plus excellent qu'il est médiateur d'une
meilleure alliance°, qui est fondée sur de meilleu-
7 res promesses ; en effet, si cette première alliance
avait été irréprochable, il n'y aurait pas eu lieu
8 d'en chercher une seconde ; car, en blâmant, il
leur dit : "Voici, des jours viennent, dit le Seigneur*, où je conclurai, pour la maison d'Israël et
pour la maison de Juda, une nouvelle alliance° –
9 non comme l'alliance que j'ai faite avec leurs pères, le jour où je les pris par la main pour les faire
sortir du pays d'Égypte ; car ils n'ont pas persévéré
dans mon alliance, et moi je les ai délaissés, dit le
10 Seigneur*. Et voici l'alliance que j'établirai pour la
maison d'Israël après ces jours-là, dit le Seigneur* :
En mettant mes lois dans leur pensée, je les grave-

a• *comp.* 1. 3. – b• Exode 25. 40.

rai aussi sur leurs cœurs, et je leur serai pour Dieu,
et ils me seront pour peuple, et ils n'enseigneront 11
pas chacun son concitoyen et chacun son frère, en
disant : Connais le Seigneur* ; car ils me connaîtront tous, du plus petit au plus grand parmi eux ;
car je serai clément à l'égard de leurs injustices, et 12
je ne me souviendrai plus jamais de leurs péchés ni
de leurs iniquités°"[a]. En disant : "une nouvelle al- 13
liance°", il a rendu ancienne la première ; or ce
qui devient ancien et qui vieillit est près de disparaître.

La première alliance°, donc, avait des ordonnan- **9**
ces pour le culte et le sanctuaire, un sanctuaire terrestre. Car un tabernacle° fut construit : le pre- 2
mier tabernacle[b], qui est appelé Saint, dans lequel
se trouvaient le chandelier, la table, et la présentation des pains ; et, après le second voile°, un taber- 3
nacle[c] qui est appelé Saint des Saints, contenant 4
l'encensoir d'or et l'arche de l'alliance entièrement
recouverte d'or (dans laquelle se trouvaient la cruche d'or qui renfermait la manne, le bâton d'Aaron qui avait bourgeonné, les tables de l'alliance)
et, au-dessus de l'arche, des chérubins de gloire 5
couvrant de leur ombre le propitiatoire° – sur
quoi il n'y a pas lieu de parler maintenant en détail.

Tout cela étant ainsi disposé, les sacrificateurs° 6
entrent constamment dans le premier tabernacle,
accomplissant le service ; mais dans le second, seul 7
le souverain sacrificateur entre, une fois par an,
non sans présenter du sang qu'il offre pour lui-
même et pour les fautes du peuple, l'Esprit Saint° 8
indiquant ceci : le chemin des lieux saints[d] n'a pas
encore été manifesté, tant que subsiste le premier
tabernacle, qui est une figure pour le temps pré- 9

---

a• Jérémie 31. 31-34. – b• *c.-à-d. : la première partie, le lieu saint.* – c• *la seconde partie du tabernacle, ou lieu très saint.* – d• le lieu saint et le lieu très saint : *les deux sont un, le voile étant déchiré depuis la mort de Christ* (Matthieu 27. 50, 51).

sent, dans lequel sont offerts des dons et des sacri-
fices° qui ne peuvent pas rendre parfait, quant à la
10 conscience, celui qui rend le culte, culte qui
consiste seulement en aliments, en breuvages, en
diverses ablutions, ordonnances charnelles, impo-
sées jusqu'au temps du rétablissement.
11 Mais Christ° étant venu, souverain sacrificateur°
des biens à venir[a] – par le tabernacle plus grand et
plus parfait qui n'est pas fait de main (c'est-à-dire
12 qui n'est pas de cette création), non pas avec le
sang de boucs et de veaux, mais avec son propre
sang –, est entré une fois pour toutes dans les lieux
saints, ayant obtenu une rédemption° éternelle.
13 Car si le sang de boucs et de taureaux – et la cendre d'une génisse avec laquelle on fait aspersion
sur ceux qui sont souillés – sanctifie pour la pureté
14 de la chair, combien plus le sang du Christ qui, par
l'Esprit éternel, s'est offert lui-même à Dieu sans
tache, purifiera-t-il votre conscience des œuvres
mortes, pour que vous rendiez culte au Dieu vivant !
15 Et c'est pour cela qu'il est médiateur d'une nouvelle alliance[b], en sorte que, la mort étant intervenue pour la rançon des transgressions° commises
sous la première alliance, ceux qui sont appelés re-
16 çoivent l'héritage éternel qui a été promis. (Car là
où il y a testament, il est nécessaire que la mort du
17 testateur intervienne ; en effet, un testament devient valide lorsque la mort est intervenue, puis-
18 qu'il n'a pas de force tant que le testateur vit.) De
là vient que la première alliance aussi n'a pas été
19 inaugurée sans du sang. Car, lorsque Moïse eut
proclamé, pour tout le peuple, chaque commandement selon la Loi, il prit le sang des veaux et des
boucs avec de l'eau, de la laine écarlate et de l'hysope, et il en fit aspersion sur le livre lui-même et
20 sur tout le peuple, en disant : "Ceci est le sang de

---

a• *des bénédictions promises, que Christ devait amener.* – b• alliance *et* testament *sont un même mot en grec ; litt.* : une disposition.

l'alliance° que Dieu vous a ordonnée"[a]. De la 21
même manière, il fit aussi aspersion du sang sur le
tabernacle et sur tous les ustensiles du service.
Presque tout est purifié par du sang, selon la Loi ; 22
et sans effusion de sang il n'y a pas de rémission°.
Il était donc nécessaire que les images de ce qui 23
est dans les cieux soient purifiées par de telles choses, mais que les réalités célestes elles-mêmes le
soient par des sacrifices° meilleurs que ceux-là.
Car ce n'est pas dans des lieux saints faits de main, 24
copies des vrais, que le Christ est entré, mais dans
le ciel même, afin de paraître maintenant pour
nous devant la face de Dieu. Ce n'est pas, non 25
plus, afin de s'offrir lui-même plusieurs fois, ainsi
que le souverain sacrificateur entre dans les lieux
saints chaque année avec un sang autre que le
sien (puisque dans ce cas il aurait fallu qu'il souffre 26
plusieurs fois depuis la fondation du monde). Mais
maintenant, à l'achèvement des siècles°, il a été
manifesté une fois pour l'abolition du péché° par
son sacrifice. Et comme il est réservé aux hommes 27
de mourir une fois – et après cela le jugement –, de 28
même le Christ aussi, ayant été offert une fois
pour porter les péchés d'un grand nombre, apparaîtra une seconde fois, sans avoir à faire avec le
péché, à ceux qui l'attendent, pour le salut.

Car la Loi, ayant l'ombre des biens à venir, non **10**
l'image même des réalités, ne peut jamais, par les
mêmes sacrifices° que l'on offre continuellement
chaque année, rendre parfaits ceux qui s'approchent. Autrement, est-ce qu'on n'aurait pas cessé 2
de les offrir, puisque ceux qui rendent le culte,
étant une fois purifiés, n'auraient plus eu aucune
conscience de péchés ? Il y a, au contraire, dans 3
ces sacrifices, chaque année, un acte qui remet en
mémoire les péchés. Car il est impossible que le 4
sang de taureaux et de boucs ôte les péchés. C'est 5
pourquoi, en entrant dans le monde, il dit : "Tu

a• Exode 24. 8.

n'as pas voulu de sacrifice ni d'offrande, mais tu
6 m'as formé un corps. Tu n'as pas pris plaisir aux
7 holocaustes° ni aux sacrifices pour le péché ; alors
j'ai dit : Voici, je viens – il est écrit de moi dans le
rouleau du livre – pour faire, ô Dieu, ta volonté"[a].
8 Ayant dit plus haut : "Tu n'as pas voulu de sacrifices, ni d'offrandes, ni d'holocaustes, ni de sacrifices
pour le péché, et tu n'y as pas pris plaisir" – offran-
9 des présentées selon la Loi –, alors il dit : "Voici, je
viens pour faire ta volonté". Il annule le premier
10 ordre de choses afin d'établir le second. C'est par
cette volonté que nous avons été sanctifiés°, par
l'offrande du corps de Jésus Christ faite une fois
pour toutes.

11 Or, tout sacrificateur° se tient debout chaque
jour, faisant le service et offrant souvent les mêmes sacrifices qui ne peuvent jamais ôter les pé-
12 chés ; mais celui-ci, ayant offert un seul sacrifice
pour les péchés, s'est assis à perpétuité à la droite
13 de Dieu, attendant désormais "jusqu'à ce que ses
ennemis soient mis pour marchepied de ses
14 pieds"[b]. Car, par une seule offrande, il a rendu par-
15 faits à perpétuité ceux qui sont sanctifiés. Et l'Esprit Saint° aussi nous en rend témoignage ; car,
16 après avoir dit : "Voici l'alliance° que j'établirai
pour eux après ces jours-là, dit le Seigneur* : En
mettant mes lois dans leurs cœurs, je les graverai
17 aussi dans leur pensée", il dit : "Et je ne me souviendrai plus jamais de leurs péchés ni de leurs ini-
18 quités°"[c]. Or, là où il y a pardon de ces choses, il
n'y a plus d'offrande pour le péché.

19 Ayant donc, frères, une pleine liberté pour en-
20 trer dans les lieux saints par le sang de Jésus, par
le chemin nouveau et vivant qu'il a ouvert pour
21 nous à travers le voile°, c'est-à-dire sa chair, ayant
aussi un grand sacrificateur° établi sur la maison
22 de Dieu, approchons-nous avec un cœur vrai, en
pleine assurance de foi, ayant les cœurs par asper-

---

a• Psaume 40. 6-8. – b• Psaume 110. 1. – c• Jérémie 31. 33, 34.

sion purifiés d'une mauvaise conscience et le corps
lavé d'eau pure. Retenons la confession de notre 23
espérance sans chanceler, car celui qui a promis
est fidèle ; et veillons les uns sur les autres pour 24
nous stimuler à l'amour et aux bonnes œuvres,
n'abandonnant pas le rassemblement de nous-mê- 25
mes comme quelques-uns ont l'habitude de faire,
mais nous exhortant[a] l'un l'autre, et cela d'autant
plus que vous voyez le jour° approcher.

Car si nous péchons volontairement après avoir 26
reçu la connaissance de la vérité, il ne reste plus de
sacrifice pour les péchés, mais une certaine attente 27
terrible de jugement, et l'ardeur d'un feu qui va
dévorer les adversaires. Si quelqu'un a méprisé la 28
loi de Moïse, il est mis à mort sans pitié sur la dé-
position de deux ou de trois témoins. Ne pensez- 29
vous pas qu'il sera jugé digne d'une punition bien
plus sévère, celui qui a foulé aux pieds le Fils de
Dieu, et qui a estimé profane[b] le sang de l'alliance
par lequel il avait été sanctifié, et qui a outragé
l'Esprit de grâce[c] ! Car nous connaissons celui qui 30
a dit : "À moi la vengeance ; moi je rendrai, dit le
Seigneur*" ; et encore : "Le Seigneur* jugera son
peuple"[d]. C'est une chose terrible de tomber entre 31
les mains du Dieu vivant !

Mais souvenez-vous des jours précédents, du- 32
rant lesquels, après avoir été éclairés, vous avez
enduré un grand combat de souffrances, soit étant 33
offerts en spectacle avec des opprobres et des persécutions, soit vous associant à ceux qui ont été
ainsi traités. En effet, vous avez montré de la com- 34
passion pour les prisonniers et vous avez accepté
avec joie d'être dépouillés de vos biens, sachant
que vous avez pour vous-mêmes des biens meilleurs et permanents. Ne rejetez donc pas loin vo- 35
tre confiance, qui a une grande récompense. Car 36
vous avez besoin de patience, afin que, ayant fait
la volonté de Dieu, vous receviez ce qui est pro-

---

a• *ou* : nous encourageant. – b• *c.-à-d.* : n'ayant aucun caractère sacré. – c• *comp.* 6. 4-8. – d• Deutéronome 32. 35, 36.

37 mis. Car encore très peu de temps, “et celui qui
38 vient viendra, et il ne tardera pas. Or le juste vivra
de foi” ; et : “Si quelqu’un se retire, mon âme ne
39 prend pas plaisir en lui”[a]. Quant à nous, nous ne
sommes pas de ceux qui se retirent pour la perdition, mais de ceux qui croient pour la conservation
de l’âme°.

11 Or la foi est l’assurance de ce qu’on espère, et
2 la conviction de réalités qu’on ne voit pas : c’est
par elle que les anciens[b] ont reçu un témoignage.
3 Par la foi, nous comprenons que les mondes ont
été formés par la parole de Dieu, de sorte que ce
qui se voit n’a pas été fait à partir de choses qui paraissent.
4 Par la foi, Abel offrit à Dieu un meilleur sacrifice°
que Caïn ; par ce sacrifice, il a reçu le témoignage
d’être juste, Dieu lui-même rendant témoignage à
ses dons ; et par celui-ci, étant mort, il parle encore.
5 Par la foi, Énoch fut enlevé pour qu’il ne voie
pas la mort ; et on ne le trouva pas, parce que
Dieu l’avait enlevé ; car, avant d’être enlevé, il a
6 reçu le témoignage d’avoir plu à Dieu. Or, sans la
foi, il est impossible de lui plaire ; car il faut que celui qui s’approche de Dieu croie que Dieu est, et
7 qu’il récompense ceux qui le recherchent. Par la
foi, Noé, divinement averti de ce qui ne se voyait
pas encore, craignit et construisit une arche pour
la sauvegarde de sa famille[c] : par cette arche il
condamna le monde et devint héritier de la justice
qui est selon la foi.
8 Par la foi, Abraham, étant appelé, obéit pour
s’en aller au lieu qu’il devait recevoir en héritage ;
9 et il s’en alla, sans savoir où il allait. Par la foi, il
vint séjourner dans la terre de la promesse comme
dans une terre étrangère, habitant sous des tentes
avec Isaac et Jacob, les cohéritiers de la même pro-

a• Habakuk 2. 3, 4. – b• *les croyants d’autrefois.* – c• *litt.* : pour le salut° de sa maison.

messe ; car il attendait la cité qui a les fondements, 10
dont Dieu est l'architecte et le constructeur. Par la 11
foi, Sara elle aussi reçut la force de fonder une postérité, bien qu'elle en ait passé l'âge, parce qu'elle
estima fidèle celui qui avait promis ; c'est ainsi que 12
d'un seul homme, déjà comme mort, sont nés des
gens nombreux comme les étoiles du ciel et
comme le sable du rivage de la mer, qui ne peut
pas se compter.

Tous ceux-là sont morts dans la foi, sans avoir 13
reçu ce qui était promis, mais ils l'ont vu de loin et
salué ; ils ont reconnu qu'ils étaient étrangers et de
passage sur la terre. Car ceux qui parlent ainsi 14
montrent clairement qu'ils recherchent une pa-
trie ; en effet, s'ils s'étaient souvenus de celle d'où 15
ils étaient sortis, ils auraient eu le temps d'y retourner ; mais, en fait, ils en désirent une meil- 16
leure, c'est-à-dire une céleste ; c'est pourquoi Dieu
n'a pas honte d'eux, d'être appelé leur Dieu, car il
leur a préparé une cité.

Par la foi, Abraham, mis à l'épreuve, a offert 17
Isaac ; et celui qui avait reçu les promesses offrit
son fils unique, à l'égard de qui il avait été dit : 18
“En Isaac te sera appelée une descendance”[a] : il 19
avait estimé que Dieu pouvait le ressusciter même
d'entre les morts, d'où aussi, de manière figurée, il
le reçut[b]. Par la foi, Isaac bénit Jacob et Ésaü à 20
l'égard de l'avenir. Par la foi, Jacob mourant bénit 21
chacun des fils de Joseph et adora, appuyé sur le
bout de son bâton. Par la foi, Joseph, en terminant 22
sa vie, fit mention de la sortie des fils d'Israël et
donna un ordre au sujet de ses os.

Par la foi, Moïse, après sa naissance, fut caché 23
trois mois par ses parents, parce qu'ils virent que
l'enfant était beau, et ils ne craignirent pas l'or-
donnance du roi. Par la foi, Moïse, devenu grand, 24
refusa d'être appelé fils de la fille du Pharaon,
choisissant d'être dans l'affliction avec le peuple 25

---

a• Genèse 21. 12. – b• *c.-à-d. qu'Abraham retrouva son fils comme s'il avait été mis à mort, puis ressuscité.*

de Dieu, plutôt que de jouir pour un temps des dé-
26 lices du péché : il estima l'opprobre du Christ° un
plus grand trésor que les richesses de l'Égypte ; car
27 il regardait à la récompense. Par la foi, il quitta
l'Égypte, sans craindre la colère du roi ; car il tint
28 ferme, comme voyant celui qui est invisible. Par la
foi, il a fait la pâque° et l'aspersion du sang, afin
que le destructeur des premiers-nés ne les touche
29 pas. Par la foi, ils traversèrent la mer Rouge
comme une terre sèche, alors que les Égyptiens,
qui tentèrent de le faire, furent engloutis.
30 Par la foi, les murs de Jéricho tombèrent, après
31 qu'on en eut fait le tour sept jours durant. Par la
foi, Rahab, la prostituée, ne périt pas avec ceux
qui n'avaient pas cru, parce qu'elle avait reçu les
espions en paix.

32 Et que dire encore ? Le temps me manquera si je
parle en détail de Gédéon, de Barac, de Samson et
de Jephté, de David et Samuel, et des prophètes,
33 qui par la foi soumirent des royaumes, accompli-
rent la justice, obtinrent ce qui était promis, fer-
34 mèrent la gueule des lions, éteignirent la force du
feu, échappèrent au tranchant de l'épée, de faibles
qu'ils étaient furent rendus forts, devinrent vail-
lants au combat, repoussèrent des armées étrangè-
35 res. Des femmes retrouvèrent leurs morts par la
résurrection ; d'autres furent torturés, n'acceptant
pas la délivrance, afin d'obtenir une meilleure ré-
36 surrection ; d'autres encore furent éprouvés par
des moqueries et par des coups, et même par des
37 liens et par la prison ; ils furent lapidés, sciés, tentés ; ils moururent par l'épée ; ils allèrent çà et là,
vêtus de peaux de moutons, de peaux de chèvres,
38 dans le besoin, affligés, maltraités (eux dont le
monde n'était pas digne), errant dans les déserts
et les montagnes, les cavernes et les grottes de la
39 terre. Tous ceux-là, ayant reçu un témoignage par
le moyen de la foi, n'ont pas reçu ce qui avait été
40 promis, car Dieu avait en vue quelque chose de

meilleur pour nous, afin qu'ils ne parviennent pas
à la perfection sans nous.

C'est pourquoi, nous aussi, ayant une si grande **12**
nuée de témoins qui nous entoure, rejetant tout
fardeau et le péché qui nous enveloppe si facile-
ment, courons avec patience la course[a] qui est devant nous, les yeux fixés sur Jésus, le chef de la foi 2
et celui qui l'accomplit pleinement, lui qui, à cause
de la joie qui était devant lui, a enduré la croix,
ayant méprisé la honte, et est assis à la droite du
trône de Dieu. Car considérez celui qui a enduré 3
une telle contradiction de la part des pécheurs°
contre lui-même, afin que vous ne soyez pas lassés,
étant découragés dans vos âmes°.

Vous n'avez pas encore résisté jusqu'au sang en 4
combattant contre le péché, et vous avez oublié 5
l'exhortation qui s'adresse à vous comme à des
fils : "Mon fils, ne méprise pas la discipline[b] du Seigneur*, et ne te décourage pas quand tu es repris
par lui ; car celui que le Seigneur° aime, il le disci- 6
pline, et il fouette tout fils qu'il agrée"[c]. Vous en- 7
durez des peines comme discipline : Dieu agit envers vous comme envers des fils, car quel est le fils
que le père ne discipline pas ? Si vous êtes exempts 8
de la discipline à laquelle tous participent, alors
vous êtes des bâtards, et non pas des fils. De plus, 9
nous avons eu nos pères terrestres pour nous discipliner, et nous les avons respectés ; à plus forte raison, ne serons-nous pas soumis au Père des esprits
et nous vivrons ? Car ceux-là disciplinaient pen- 10
dant peu de jours, comme ils le trouvaient bon ;
mais celui-ci le fait pour notre profit, afin que
nous participions à sa sainteté. Or aucune disci- 11
pline, pour le présent, ne semble être un sujet de
joie, mais plutôt de tristesse ; cependant, plus tard,

---

a• *course d'athlètes dans le stade* (2 Timothée 2. 5). – b• discipline (discipliner) *a pour premier sens l'éducation, la formation des enfants.* – c• Proverbes 3. 11, 12.

elle rend le fruit paisible de la justice à ceux qui
sont exercés par elle.
12 C'est pourquoi, redressez les mains lassées et les
13 genoux défaillants, et faites des sentiers droits à
vos pieds, afin que ce qui est boiteux ne se démette
14 pas, mais plutôt guérisse. Poursuivez la paix avec
tous, et la sainteté, sans laquelle personne ne verra
15 le Seigneur ; veillant, de peur que quelqu'un ne
manque de la grâce° de Dieu ; de peur que
quelque racine d'amertume, poussant des rejetons, ne vous trouble, et que par elle un grand
16 nombre ne soient souillés ; de peur qu'il n'y ait
quelque fornicateur°, ou profane comme Ésaü,
qui pour un seul plat vendit son droit de premier-
17 né. Vous savez en effet que, même si plus tard il
voulut hériter de la bénédiction, il fut rejeté, bien
qu'il l'ait recherchée avec larmes ; car il ne trouva
pas lieu à la repentance.

18 Vous n'êtes pas venus, en effet, à une montagne
qu'on pourrait toucher : feu ardent, obscurité, té-
19 nèbres, tempête, son de la trompette, bruit de
voix, bruit tel que ceux qui l'avaient entendu demandèrent instamment que la parole ne leur soit
20 plus adressée – car ils ne pouvaient pas supporter
ce qui était enjoint : "Si même une bête touche la
21 montagne, elle sera lapidée"[a] ; et si terrible était ce
qui apparaissait que Moïse dit : Je suis épouvanté
22 et tout tremblant. Mais vous êtes venus à la montagne de Sion ; et à la cité du Dieu vivant, la Jérusalem céleste[b] ; et à des myriades d'anges, le rassem-
23 blement universel ; et à l'assemblée[c] des premiers-
nés inscrits dans les cieux ; et à Dieu, juge de tous ;
et aux esprits des justes parvenus à la perfection ;
24 et à Jésus, médiateur d'une nouvelle alliance ; et
au sang d'aspersion qui parle mieux qu'Abel.
25 Prenez garde de ne pas refuser celui qui parle : car
s'ils n'ont pas échappé, ceux qui avaient refusé celui qui parlait en oracles° sur la terre, combien

a• Exode 19. 13. – b• *comp.* Galates 4. 25, 26. – c• *voir* Matthieu 16. 18, *et note.*

moins échapperons-nous, si nous nous détournons
de celui qui parle ainsi des cieux, lui dont la voix 26
ébranla alors la terre ! Mais maintenant il a fait
cette promesse : “Encore une fois je secouerai non
seulement la terre, mais aussi le ciel”[a]. Ces mots : 27
“Encore une fois” indiquent le changement des
choses ainsi ébranlées, en tant que choses créées,
afin que demeurent celles qui sont immuables.
C'est pourquoi, recevant un royaume inébran- 28
lable, retenons la grâce et, par elle, servons° Dieu
d'une manière qui lui soit agréable, avec révérence
et avec crainte. Car aussi notre Dieu est un feu 29
consumant.

Que l'amour fraternel demeure. N'oubliez pas **13**
l'hospitalité ; car en la pratiquant, certains, à leur 2
insu, ont logé des anges. Souvenez-vous des pri- 3
sonniers, comme si vous étiez en prison avec eux,
de ceux qui sont maltraités, comme étant vous-mêmes aussi dans le corps. Que le mariage soit tenu 4
en honneur à tous égards, et le lit conjugal sans
souillure ; car les fornicateurs° et les adultères,
Dieu les jugera. Que votre conduite soit sans ava- 5
rice, étant satisfaits de ce que vous avez présentement, car lui-même a dit : “Je ne te laisserai pas et
je ne t'abandonnerai pas”[b] ; de sorte que, pleins de 6
confiance, nous disions : “Le Seigneur* est mon
aide ; je ne craindrai pas : que me fera l'homme ?”[c].
Souvenez-vous de vos conducteurs qui vous ont 7
annoncé la parole de Dieu, et, considérant l'issue
de leur conduite[d], imitez leur foi. Jésus Christ est 8
le Même[e], hier, et aujourd'hui, et éternellement.
Ne soyez pas égarés par des doctrines diverses et 9
étrangères, car il est bon que le cœur soit affermi
par la grâce°, non par les aliments, qui ont été
sans profit pour ceux qui y ont marché[f].

---

a• Aggée 2. 6. – b• Josué 1. 5. – c• Psaume 118. 6. – d• conduite : *c.-à-d.* manière de vivre ; *voir* 2 Pierre 3. 11. – e• *voir* 1. 12, *et note.* – f• *c.-à-d.* : qui ont pratiqué cela.

10 Nous avons un autel dont ceux qui font le ser-
vice° du tabernacle° n'ont pas le droit de manger;
11 car les corps des animaux dont le sang est porté,
pour le péché, *dans les lieux saints*, par le souve-
12 rain sacrificateur°, sont brûlés hors du camp. C'est
pourquoi aussi Jésus, afin de sanctifier le peuple
par son propre sang, a souffert hors de la porte.
13 Ainsi donc, sortons vers *lui* hors du camp, portant
14 son opprobre; car nous n'avons pas ici de cité permanente[a], mais nous recherchons celle qui est à
venir.
15 Offrons donc, par lui, sans cesse à Dieu un sacri-
fice° de louanges, c'est-à-dire le fruit des lèvres qui
16 confessent[b] son nom. Mais n'oubliez pas la bien-
faisance, et de faire part de vos biens, car Dieu
prend plaisir à de tels sacrifices.
17 Obéissez à vos conducteurs, et soyez soumis, car
ils veillent pour vos âmes°, comme ayant à rendre
compte; afin qu'ils le fassent avec joie, et non en
gémissant, car cela ne vous serait pas profitable.
18 Priez pour nous, car nous croyons que nous
avons une bonne conscience, ayant le désir de
19 bien nous conduire à tous égards. Mais je vous
prie d'autant plus instamment de faire cela, afin
que je vous sois rendu plus tôt.
20 Que le Dieu de paix – qui a ramené d'entre les
morts le grand Pasteur des brebis, dans la puissance du sang de l'alliance éternelle, notre Sei-
21 gneur Jésus – vous rende accomplis[c] en toute
bonne œuvre pour faire sa volonté, produisant en
vous ce qui est agréable devant lui, par Jésus
Christ. À lui soit la gloire aux siècles des siècles!
Amen.
22 Or je vous exhorte, frères, à supporter la parole
d'exhortation, car ce n'est qu'en peu de mots que
je vous ai écrit.
23 Sachez que notre frère Timothée a été remis en
liberté: s'il vient bientôt, je vous verrai avec lui.

---

a• *comp.* 11. 9, 10, 13-16; 2 Corinthiens 5. 1, 2. – b• recon-naissent publiquement. – c• *dans le sens de*: vous forme.

Saluez tous vos conducteurs et tous les saints°. 24
Ceux d'Italie vous saluent. Que la grâce soit avec 25
vous tous ! Amen.

Épître de Jacques

1 Jacques[▽], esclave de Dieu et du Seigneur Jésus
Christ°, aux douze tribus qui sont dans la Disper-
sion°, salut !
2 Mes frères, quand vous serez en butte à diverses
épreuves[a], estimez-le comme une parfaite joie, sa-
3 chant que la mise à l'épreuve de votre foi produit
4 la patience. Mais que la patience ait son œuvre
parfaite, afin que vous soyez parfaits et accomplis,
5 ne manquant de rien. Et si l'un de vous manque de
sagesse, qu'il demande à Dieu qui donne à tous libéralement sans faire de reproches, et elle lui sera
6 donnée ; mais qu'il demande avec foi, sans douter
en rien ; car celui qui doute est semblable au flot
7 de la mer, que le vent agite et soulève ; qu'un tel
homme ne pense pas recevoir quoi que ce soit du
8 Seigneur : il est double dans ses pensées, incons-
tant dans toutes ses actions.
9 Que le frère de basse condition se glorifie dans
10 son élévation, et le riche dans son abaissement,
11 car il passera comme la fleur de l'herbe : le soleil
se lève avec sa brûlante chaleur et sèche l'herbe,
sa fleur tombe et sa belle apparence périt. De
même aussi le riche se flétrira dans ce qu'il entre-
prend.
12 Bienheureux l'homme qui endure l'épreuve[a] ;
car, lorsque, mis à l'épreuve, il aura été manifesté
fidèle, il recevra la couronne de vie, que Dieu a
promise à ceux qui l'aiment.
13 Que personne, quand il est tenté, ne dise : Je suis
tenté par Dieu – car Dieu ne peut pas être tenté
14 par le mal, et lui ne tente personne. Mais chacun
est tenté, étant attiré et amorcé par sa propre
15 convoitise ; ensuite la convoitise, ayant conçu, enfante le péché ; et le péché, une fois commis, produit la mort.

---

a• *ou* : tentation (s) ; *comp.* 1 Pierre 1. 6 (*terme différent de* : mise à l'épreuve).

Ne vous égarez pas, mes frères bien-aimés : tout 16
ce qui nous est donné de bon et tout don parfait 17
descendent d'en haut, du Père des lumières, en
qui il n'y a pas de variation ni d'ombre de changement. De sa propre volonté, il nous a engendrés 18
par la parole de la vérité, pour que nous soyons
une sorte de prémices° de ses créatures.

Ainsi, mes frères bien-aimés, que chacun soit 19
prompt à écouter, lent à parler, lent à la colère;
car la colère de l'homme n'accomplit pas la justice 20
de Dieu. C'est pourquoi, rejetant toute saleté et 21
tout débordement de méchanceté, recevez avec
douceur la Parole implantée, qui a la puissance de
sauver vos âmes°. Seulement, mettez la Parole en 22
pratique, et ne vous contentez pas de l'écouter,
vous abusant vous-mêmes. Car si quelqu'un 23
écoute la Parole et ne la met pas en pratique, il est
semblable à un homme qui observe son visage naturel dans un miroir : il s'est observé lui-même, 24
s'en est allé, et aussitôt il a oublié comment il était.
Mais celui qui aura regardé de près dans la loi par- 25
faite, celle de la liberté, et qui aura persévéré,
n'étant pas auditeur oublieux, mais faiseur d'œuvre, celui-là sera bienheureux dans ce qu'il fait. Si 26
quelqu'un pense être religieux et qu'il ne tienne
pas sa langue en bride, mais séduise son cœur, son
service religieux est vain. Le service religieux pur 27
et sans tache devant Dieu le Père, le voici : visiter
les orphelins et les veuves dans leur affliction, se
conserver pur du monde.

Mes frères, ne mêlez pas des considérations de **2**
rsonnes avec la foi en notre Seigneur Jésus
rist°, Seigneur de gloire : s'il entre dans votre 2
nion[a] un homme portant une bague d'or, en
ements éclatants, et qu'il entre aussi un pauvre
vêtements sales, si vous regardez vers celui qui 3
e les vêtements éclatants et que vous disiez :
assieds-toi ici à ton aise – pour dire ensuite au

---

u : synagogue ; *le mot grec signifie* : lieu de réunion.

pauvre : Toi, tiens-toi là debout ; ou : Assieds-toi ici
4 au bas de mon marchepied –, n'avez-vous pas fait
une discrimination en vous-mêmes, et n'êtes-vous
pas devenus des juges ayant de mauvais raisonne-
5 ments ? Écoutez, mes frères bien-aimés : Dieu n'a-
t-il pas choisi les pauvres quant au monde, riches
en foi et héritiers du royaume qu'il a promis à
6 ceux qui l'aiment ? Mais vous, vous avez méprisé
le pauvre. N'est-ce pas les riches qui vous oppri-
ment et qui vous traînent devant les tribunaux ?
7 N'est-ce pas eux qui blasphèment le beau nom qui
a été invoqué sur vous ?

8 Si en effet vous accomplissez la loi royale, selon
l'Écriture : "Tu aimeras ton prochain° comme toi-
9 même"[a], vous faites bien ; mais si vous faites des
distinctions entre les personnes, vous commettez
un péché, et vous êtes convaincus par la Loi d'être
10 transgresseurs°. Car quiconque gardera toute la
Loi et trébuchera sur un seul point est coupable
11 sur tous. En effet, celui qui a dit : "Tu ne commettras pas d'adultère", a dit aussi : "Tu ne tueras
pas"[b]. Or si tu ne commets pas d'adultère, mais
que tu commettes un meurtre, tu es devenu trans-
12 gresseur de la Loi. Parlez et agissez comme devant
13 être jugés d'après la loi de la liberté ; car le jugement est sans miséricorde pour celui qui n'a pas
usé de miséricorde. La miséricorde s'élève au-dessus du jugement.

14 Quel profit y a-t-il, mes frères, si quelqu'un dit
qu'il a la foi, et qu'il n'ait pas d'œuvres ? La *foi*
15 peut-elle le sauver ? Et si un frère ou une sœur
manquent de vêtements et de la nourriture quo-
16 dienne, et que l'un de vous leur dise :

– Allez en paix, chauffez-vous et rassasiez-vous
sans leur donner ce qui est nécessaire pour
17 *corps*° –, à quoi bon ? De même aussi la foi, si el
18 n'a pas d'œuvres, est morte en elle-même. Ma
quelqu'un dira : Tu as la foi, et moi j'ai des œuvre

---

a• Lévitique 19. 18, 34 ; Luc 10. 27 ; Romains 13. 9. – b•
xode 20. 13-14.

Montre-moi ta foi sans œuvres, et moi, par mes
œuvres, je te montrerai ma foi. Tu crois que Dieu 19
est un ; tu fais bien : les démons° aussi croient, et
ils frissonnent.
Mais veux-tu savoir, homme stupide, que la foi 20
sans les œuvres est morte ? Abraham, notre père, 21
n'a-t-il pas été justifié par des œuvres, ayant offert
son fils Isaac sur l'autel ? Tu vois que la foi agissait 22
avec ses œuvres[a] ; et par les œuvres la foi fut rendue parfaite. Ainsi a été accomplie l'Écriture qui 23
dit : “Abraham crut Dieu, et cela lui fut compté à
justice”[b] ; et il a été appelé ami de Dieu. Vous 24
voyez qu'un homme° est justifié par les œuvres et
non par la foi seulement. Pareillement Rahab 25
aussi, la prostituée, n'a-t-elle pas été justifiée par
les œuvres, ayant reçu les messagers et les ayant
renvoyés par un autre chemin ? Car comme le 26
corps sans esprit[c] est mort, de même aussi la foi
sans œuvres est morte.

Ne soyez pas beaucoup de docteurs°, mes frères, **3**
sachant que nous en recevrons un jugement plus
sévère ; car nous faillissons tous à bien des égards[d]. 2
Si quelqu'un ne faillit pas en paroles, c'est un
homme parfait, capable de tenir aussi tout le corps
en bride. Si nous mettons le mors dans la bouche 3
des chevaux pour qu'ils nous obéissent, nous diri-
geons aussi leur corps tout entier. Voyez encore 4
les navires : si grands qu'ils soient, et poussés par
des vents violents, ils sont dirigés par un très petit
gouvernail, au gré du pilote.

De même aussi la langue est un petit membre et 5
elle se vante de grandes choses. Voyez comme un
petit feu peut allumer une grande forêt ! Et la lan- 6
gue est un feu. La langue, un monde d'iniquité, est
installée parmi nos membres ; c'est elle qui souille
le corps tout entier et enflamme le cours de la na-

---

a• *Il s'agit des œuvres d'Abraham.* – b• Genèse 15. 6. – c• *ou* : souffle. – d• *ou* : nous faillissons souvent (faillir, *ou* : trébucher ; *comme* 2. 10 *et* 2 Pierre 1. 10).

7 ture, et elle est enflammée par la géhenne°. Car
toute espèce de bêtes sauvages et d'oiseaux, de
reptiles et d'animaux marins se dompte et a été
8 domptée par l'espèce humaine ; mais la langue,
aucun homme ne peut la dompter : c'est un mal
9 désordonné, plein d'un venin mortel. Par elle
nous bénissons le Seigneur et Père, et par elle
nous maudissons les hommes faits à la ressem-
10 blance de Dieu ; de la même bouche sortent la bénédiction et la malédiction. Mes frères, il ne de-
11 vrait pas en être ainsi. Une fontaine fait-elle jaillir
12 par la même ouverture le doux et l'amer ? Mes frères, un figuier peut-il produire des olives, ou une
vigne des figues ? De l'eau salée ne peut pas non
plus donner de l'eau douce.

13 Qui est sage et intelligent parmi vous ? Que par
une bonne conduite il montre ses œuvres avec la
14 douceur de la sagesse[a]. Mais si vous avez une jalousie amère et un esprit de querelle dans vos
cœurs, ne vous glorifiez pas et ne mentez pas
15 contre la vérité. Ce n'est pas celle-là, la sagesse qui
descend d'en haut ; au contraire, c'est une sagesse
16 terrestre, animale, diabolique. Car là où il y a jalousie et esprit de querelle, il y a également du dé-
17 sordre et toute espèce de mauvaises actions. Mais
la sagesse d'en haut est premièrement pure, ensuite paisible, modérée, conciliante, pleine de miséricorde et de bons fruits, sans partialité, sans hy-
18 pocrisie. Or le fruit de la justice, dans la paix, est
semé pour ceux qui procurent la paix[b].

4 D'où viennent les guerres, et d'où viennent les
contestations parmi vous ? N'est-ce pas de cela :
de vos voluptés qui combattent dans vos mem-
2 bres ? Vous convoitez, et vous n'avez pas ; vous
tuez, vous avez d'ardents désirs, et vous ne pouvez
pas obtenir ; vous contestez et vous faites la
guerre. Vous n'avez pas, parce que vous ne deman-
3 dez pas ; vous demandez, et ne recevez pas, parce

a• *comp.* 1. 5. – b• *comp.* Matthieu 5. 9.

que vous demandez mal, afin de dépenser pour
vos voluptés. Adultères, ne savez-vous pas que 4
l'amitié du monde est inimitié contre Dieu ? Ainsi,
quiconque voudra être ami du monde se constitue
ennemi de Dieu. Ou bien pensez-vous que l'Écri- 5
ture parle en vain ? L'Esprit qui demeure en nous
a-t-il des désirs qui mènent à l'envie ? Mais il 6
donne une grâce plus grande ! C'est pourquoi il
dit : "Dieu résiste aux orgueilleux, mais il donne la
grâce aux humbles"[a]. Soumettez-vous donc à 7
Dieu. Résistez au diable, et il fuira loin de vous.
Approchez-vous de Dieu, et il s'approchera de 8
vous. Nettoyez vos mains, pécheurs°, et purifiez
vos cœurs, vous qui êtes doubles de cœur. Sentez 9
vos misères, menez deuil et pleurez. Que votre
rire se change en deuil, et votre joie en tristesse.
Humiliez-vous devant le Seigneur*, et il vous élè- 10
vera.

Ne parlez pas l'un contre l'autre, frères. Celui 11
qui parle contre son frère ou qui juge son frère,
parle contre la Loi et juge la Loi. Or si tu juges la
Loi, tu n'es pas quelqu'un qui pratique la Loi,
mais un juge. Un seul est législateur et juge, celui 12
qui peut sauver et détruire ; mais qui es-tu, toi qui
juges ton prochain° ?

À vous maintenant, qui dites : Aujourd'hui ou 13
demain nous irons dans telle ou telle ville et nous
y passerons une année, nous ferons des affaires et
nous gagnerons de l'argent, vous qui ne savez pas 14
ce qui arrivera le jour de demain (car qu'est-ce
que votre vie ? – elle n'est qu'une vapeur qui paraît pour un peu de temps et puis disparaît) ; au 15
lieu de dire : Si le Seigneur le veut, et si nous vivons, nous ferons aussi ceci ou cela. Mais en réalité 16
vous vous glorifiez dans vos vantardises. Toute glo-
riole pareille est mauvaise. Ainsi, qui sait faire le 17
bien et ne le fait pas, pour lui c'est un péché.

---

a• Proverbes 3. 34.

5 À vous maintenant, riches ! Pleurez, poussez des
cris, à cause des malheurs qui vont venir sur vous.
2 Vos richesses sont pourries et vos vêtements sont
3 rongés par les vers ; votre or et votre argent sont
rouillés, et leur rouille sera en témoignage contre
vous, elle dévorera votre chair comme le feu :
vous avez amassé un trésor dans les derniers jours.
4 Voici, le salaire des ouvriers qui ont récolté dans
vos champs et dont vous les avez frustrés crie, et
les cris des moissonneurs sont parvenus aux oreil-
5 les du Seigneur* Sabaoth[a]. Vous avez vécu dans
les délices sur la terre, et vous vous êtes livrés aux
voluptés ; vous avez rassasié vos cœurs comme en
6 un jour de sacrifice ; vous avez condamné, vous
avez mis à mort le juste : il ne vous résiste pas.
7 Prenez donc patience, frères, jusqu'à la venue° du
Seigneur. Voici, le cultivateur attend le fruit précieux de la terre : il prend patience à son égard,
jusqu'à ce qu'il reçoive les pluies de la première et
8 de la dernière saison. Vous aussi, prenez patience ;
affermissez vos cœurs, car la venue du Seigneur
9 est proche. Ne murmurez pas les uns contre les autres, frères, afin que vous ne soyez pas jugés : voici,
le juge se tient devant la porte.
10 Mes frères, prenez pour exemple de souffrance et
de patience les prophètes qui ont parlé au nom du
11 Seigneur*. Voici, nous disons bienheureux ceux
qui endurent l'épreuve avec patience. Vous avez
entendu parler de la patience de Job, et vous avez
vu la fin accordée par le Seigneur*[b] – que le Seigneur est plein de compassion et miséricordieux.
12 Mais avant tout, mes frères, ne jurez pas, ni par
le ciel, ni par la terre, ni par aucun autre serment :
que votre oui soit oui, et votre non, non[c], afin que
vous ne tombiez pas sous le jugement.

---

a• *ou* : de l'Éternel des armées (*dans l'A. T., par exemple* : 2 Samuel 5. 10 ; Psaume 80. 4 ; Jérémie 15. 16 ; *et N. T.* : Romains 9. 29). – b• la fin accordée par le Seigneur, *ou* : le but du Seigneur. – c• *comp.* Matthieu 5. 34-37.

Quelqu'un parmi vous est-il affligé[a], qu'il prie. 13
Quelqu'un est-il joyeux, qu'il chante des cantiques.
Quelqu'un parmi vous est-il malade, qu'il appelle 14
les anciens° de l'assemblée°, et qu'ils prient pour
lui en l'oignant d'huile au nom du Seigneur ; la 15
prière de la foi sauvera le malade, le Seigneur le
relèvera ; et s'il a commis des péchés, il lui sera par-
donné°. Confessez donc vos fautes l'un à l'autre, et 16
priez l'un pour l'autre, de sorte que vous soyez
guéris. La fervente supplication du juste peut
beaucoup. Élie était un homme ayant les mêmes 17
penchants[b] que nous : il pria avec instance pour
qu'il ne pleuve pas, et il ne tomba pas de pluie sur
la terre pendant trois ans et six mois ; il pria de 18
nouveau, et le ciel donna de la pluie, et la terre
produisit son fruit.

Mes frères, si quelqu'un parmi vous s'égare de la 19
vérité et que quelqu'un le ramène, qu'il sache que 20
celui qui aura ramené un pécheur de son égarement[c] sauvera une âme° de la mort et couvrira
une multitude de péchés.

---

a• *ou* : dans la souffrance, maltraité. – b• *voir* Actes 14. 15. – c• *litt.* : de l'égarement de son chemin.

Première épître de Pierre

1 Pierre[a], apôtre° de Jésus Christ°, à ceux qui vivent en étrangers dans la Dispersion° – du Pont,
de la Galatie, de la Cappadoce, de l'Asie et de la Bi-
2 thynie°[b] –, élus° selon la préconnaissance de Dieu
le Père, en sainteté de l'Esprit, pour l'obéissance et
l'aspersion du sang de Jésus Christ[c] : Que la grâce
et la paix vous soient multipliées !
3 Béni soit le Dieu et Père de notre Seigneur Jésus
Christ, qui, selon sa grande miséricorde, nous a régénérés pour une espérance vivante par la résur-
4 rection de Jésus Christ d'entre les morts, pour un
héritage incorruptible, sans souillure, inaltérable,
5 conservé dans les cieux pour vous, qui êtes gardés
par la puissance de Dieu, par la foi, pour un salut
qui est prêt à être révélé au dernier temps.
6 En cela vous vous réjouissez, tout en étant affligés
maintenant pour un peu de temps par diverses
7 épreuves[d], si cela est nécessaire, afin que la mise à
l'épreuve de votre foi – bien plus précieuse que
celle de l'or qui périt et qui pourtant est éprouvé
par le feu – se trouve être un sujet de louange, de
gloire et d'honneur, dans la révélation de Jésus
8 Christ°, lui que, sans l'avoir vu, vous aimez ; et
croyant en lui, bien que maintenant vous ne le
voyiez pas, vous vous réjouissez d'une joie inef-
9 fable et glorieuse, recevant ce qui est le but de votre foi, le salut de l'âme.
10 De ce salut, les prophètes qui ont prophétisé
concernant la grâce° qui vous était destinée se
11 sont informés et enquis avec soin ; ils recherchaient quel temps ou quelle sorte de temps l'Esprit de Christ qui était en eux indiquait, quand il
rendait par avance témoignage des souffrances

---

a• Pierre, *ou* Simon, *ou* Céphas ; *voir* Jean 1. 41-43. – b• *Ces régions sont toutes situées en Asie Mineure (Turquie actuelle), y compris la province romaine appelée* Asie°, *à l'ouest.* – c• de Jésus Christ *se lie à* obéissance *comme à* aspersion du sang. – d• *ou* : tentations. *Comp.* Jacques 1. 2.

qui devaient être la part de Christ et des gloires qui
suivraient. Et il leur fut révélé que ce n'était pas 12
pour eux-mêmes, mais pour vous, qu'ils adminis-
traient ces choses, qui vous ont maintenant été an-
noncées par le moyen de ceux qui vous ont évan-
gélisés° par l'Esprit Saint° envoyé du ciel, choses
sur lesquelles les anges désirent se pencher.

C'est pourquoi, ayant ceint° les reins de votre 13
intelligence, étant sobres, espérez parfaitement
dans la grâce qui vous sera apportée à la révélation
de Jésus Christ. Comme des enfants d'obéissance, 14
ne vous conformez pas à vos convoitises d'autrefois quand vous étiez dans l'ignorance ; mais, 15
comme celui qui vous a appelés est saint, vous
aussi soyez saints dans toute votre conduite, parce 16
qu'il est écrit : "Soyez saints, car moi je suis
saint"[a]. Et si vous invoquez comme Père celui qui, 17
sans partialité, juge selon l'œuvre de chacun,
conduisez-vous avec crainte pendant le temps de
votre séjour sur la terre, sachant que vous avez été 18
rachetés de votre vaine conduite qui vous avait été
enseignée par vos pères° – non par des choses cor-
ruptibles, de l'argent ou de l'or, mais par le sang 19
précieux de Christ°, comme d'un agneau sans dé-
faut et sans tache, préconnu avant la fondation du 20
monde, mais manifesté à la fin des temps pour
vous qui, par lui, croyez en Dieu qui l'a ressuscité 21
d'entre les morts et lui a donné la gloire, en sorte
que votre foi et votre espérance soient en Dieu.

Ayant purifié vos âmes par l'obéissance à la vé- 22
rité, pour avoir une affection fraternelle sans hypocrisie, aimez-vous l'un l'autre ardemment, d'un
cœur pur, vous qui êtes régénérés, non par une se- 23
mence corruptible, mais par une semence incorruptible, par la vivante et permanente parole de
Dieu ; parce que "toute chair est comme l'herbe, 24
et toute sa gloire comme la fleur de l'herbe :
l'herbe sèche et sa fleur tombe, mais la parole du 25

---

a• Lévitique 19. 2.

Seigneur° demeure éternellement"[a]. Or c'est cette parole qui vous a été annoncée.

2 Rejetant donc toute méchanceté, toute fraude,
les hypocrisies, les envies et les médisances de
2 toute sorte, désirez ardemment, comme des en-
3 fants nouveau-nés, le pur lait de la Parole, afin
que vous croissiez par lui à salut, si toutefois vous
4 avez goûté que le Seigneur est bon. Vous approchant de lui, pierre vivante, rejetée par les hommes mais choisie et précieuse auprès de Dieu,
5 vous-mêmes aussi, comme des pierres vivantes,
êtes édifiés en une maison° spirituelle – un saint
sacerdoce° – pour offrir des sacrifices° spirituels,
6 agréables à Dieu par Jésus Christ. Parce qu'on
trouve dans l'Écriture : "Voici, je pose en Sion une
maîtresse pierre d'angle, choisie, précieuse ; et ce-
7 lui qui croit en elle ne sera pas confus"[b]. C'est
donc pour vous qui croyez qu'elle a ce prix ; mais
pour ceux qui ne croient pas, "la pierre que ceux
qui bâtissaient ont rejetée, celle-là est devenue la
8 pierre maîtresse de l'angle"[c], "une pierre d'achop-
pement° et un rocher de chute"[d] ; ils heurtent
contre la Parole en désobéissant ; c'est à cela aussi
qu'ils ont été destinés[e].

9 Mais vous, vous êtes une race élue°, un sacer-
doce° royal, une nation sainte, un peuple acquis,
pour que vous annonciez les vertus de celui qui
vous a appelés des ténèbres à sa merveilleuse lu-
10 mière ; vous qui autrefois n'étiez pas un peuple,
mais qui maintenant êtes le peuple de Dieu ; vous
qui n'aviez pas obtenu miséricorde, mais qui maintenant avez obtenu miséricorde.

11 Bien-aimés, je vous exhorte, comme étrangers et
gens de passage[f], à vous abstenir des convoitises
12 charnelles, qui font la guerre à l'âme ; ayez une

---

a• Ésaïe 40. 6-8 ; *comp.* Jacques 1. 10, 11. – b• Ésaïe 28. 16. – c• *litt.* : la tête de l'angle (Psaume 118. 22). – d• Ésaïe 8. 14 ; *ou* : un rocher de trébuchement, de scandale°, *c.-à-d. : où l'on risque de trébucher.* – e• *c.-à-d.* : destinés, *par leur désobéissance, à trébucher.* – f• résidents provisoires *sur la terre.*

conduite honnête parmi les gens des nations°, afin
que, sur les points où ils vous calomnient comme
gens qui font le mal, ils glorifient Dieu le jour où il
les visitera, à cause de vos bonnes œuvres qu'ils
observent.

Soyez donc soumis à toute autorité instituée 13
parmi les hommes, à cause du Seigneur : soit au
roi comme étant au-dessus de tous, soit aux gou- 14
verneurs° comme envoyés de sa part pour punir
ceux qui font le mal et pour louer ceux qui font le
bien[a] ; car la volonté de Dieu, c'est qu'en faisant le 15
bien vous fermiez la bouche à l'ignorance des
hommes dépourvus de sens : comme libres, et 16
n'usant pas de la liberté pour voile de la méchanceté, mais comme esclaves° de Dieu. Honorez 17
tous les hommes ; aimez tous les frères ; craignez
Dieu ; honorez le roi.

Vous, domestiques, soyez soumis en toute 18
crainte à vos maîtres, non seulement à ceux qui
sont bons et doux, mais aussi à ceux qui sont de caractère difficile ; car c'est une chose digne de 19
louange de supporter des afflictions par conscience
envers Dieu, en souffrant injustement. En effet, 20
quelle gloire y a-t-il, si, maltraités pour avoir mal
agi, vous l'endurez ? Mais si vous souffrez en faisant le bien et l'endurez, c'est digne de louange devant Dieu, car c'est à cela que vous avez été appe- 21
lés ; car aussi Christ a souffert pour vous, vous
laissant un modèle, afin que vous suiviez ses traces, "lui qui n'a pas commis de péché, et dans la 22
bouche duquel il n'a pas été trouvé de fraude"[b] ;
qui, lorsqu'on l'outrageait, ne rendait pas l'ou- 23
trage, quand il souffrait, ne menaçait pas, mais se
remettait à celui qui juge justement ; qui lui- 24
même a porté nos péchés en son corps sur le bois,
afin qu'étant morts aux péchés nous vivions pour
la justice ; "par la meurtrissure de qui vous avez
été guéris"[c]. Car vous étiez errants comme des bre- 25

---

a• *comp.* Romains 13. 1-7. — b• Ésaïe 53. 9. — c• Ésaïe 53. 5.

bis, mais maintenant vous êtes retournés au berger et au surveillant de vos âmes.

3 De même, vous, femmes, soyez soumises à votre
propre mari afin que, si même il y en a qui n'obéissent pas à la Parole, ils soient gagnés, sans parole,
2 par la conduite de leur femme, ayant observé la
3 pureté de votre conduite dans la crainte, vous
dont la parure ne doit pas être extérieure : cheveux richement tressés, ornements d'or, vête-
4 ments recherchés, mais l'être caché du cœur, dans
la parure incorruptible d'un esprit doux et paisible
5 qui est d'un grand prix devant Dieu ; car c'est ainsi
que jadis se paraient les saintes femmes qui espéraient en Dieu : elles étaient soumises à leur mari,
6 comme Sara obéissait à Abraham, l'appelant seigneur ; et vous êtes devenues ses enfants en faisant
le bien, sans vous laisser troubler par aucune
frayeur.
7 De même, vous, maris, vivez avec elles selon la
connaissance, ayant égard à leur nature plus délicate, féminine, leur portant honneur, comme
étant aussi ensemble héritiers de la grâce de la vie,
pour que vos prières ne soient pas interrompues.
8 Enfin, soyez tous d'un même sentiment, pleins
de sympathie, fraternels, compatissants, humbles ;
9 ne rendez pas mal pour mal, ni outrage pour outrage, mais au contraire bénissez, parce que vous
avez été appelés à ceci, c'est que vous héritiez de
10 la bénédiction. Car "celui qui veut aimer la vie et
voir d'heureux jours, qu'il garde sa langue du mal,
11 et ses lèvres de proférer la tromperie ; qu'il se détourne du mal et fasse le bien ; qu'il recherche la
12 paix et qu'il la poursuive ; car les yeux du Seigneur* sont sur les justes, et ses oreilles sont attentives à leurs supplications ; mais la face du Sei-
13 gneur* est contre ceux qui font le mal"[a]. Et qui
est-ce qui vous fera du mal, si vous êtes devenus
14 imitateurs de celui qui est bon ? Mais si même

---

a• Psaume 34. 12-16.

vous souffrez pour la justice, vous êtes bienheureux; “ne craignez pas leur crainte, et ne soyez
pas troublés, mais sanctifiez le Seigneur – le Christ 15
– dans vos cœurs”[a]. Soyez toujours prêts à répondre à quiconque vous demande raison de l'espérance qui est en vous, mais avec douceur et
crainte, gardant une bonne conscience, afin que, 16
sur les points où ils médisent de vous comme de
gens qui font le mal, ceux qui calomnient votre
bonne conduite en Christ soient confus. Car il 17
vaut mieux, si telle était la volonté de Dieu, souffrir en faisant le bien, qu'en faisant le mal.

Car aussi Christ a souffert une fois pour les pé- 18
chés, le juste pour les injustes, afin de nous amener à Dieu, ayant été mis à mort en chair°, mais vivifié par l'Esprit; c'est aussi par l'Esprit qu'il alla 19
prêcher aux esprits qui sont en prison, qui ont été 20
autrefois désobéissants, quand la patience de Dieu
attendait dans les jours de Noé, tandis que se cons-
truisait l'arche, dans laquelle un petit nombre, soit
huit personnes, furent sauvées à travers l'eau; et 21
c'est la figure correspondante qui vous sauve aussi
maintenant : le baptême – non l'enlèvement de la
saleté de la chair°, mais la demande à Dieu d'une
bonne conscience – par la résurrection de Jésus
Christ, qui est à la droite de Dieu (étant allé au 22
ciel), anges, autorités et puissances lui étant soumis[b].

Christ donc ayant souffert pour nous dans la **4**
chair°, vous aussi, armez-vous de cette même pensée, que celui qui a souffert dans la chair en a fini
avec le péché – afin que vous ne viviez plus le reste 2
de la vie terrestre pour des convoitises d'hommes,
mais pour la volonté de Dieu[c]. Car il nous suffit 3
d'avoir accompli, dans le temps passé, la volonté
des gens des nations°, alors que nous marchions
dans la débauche, les convoitises, l'ivrognerie, les

a• Ésaïe 8. 12, 13. – b• *voir* Matthieu 28. 18 ; Éphésiens 1. 20, 21. – c• *comp.* Romains 6. 5-13.

4 orgies, les beuveries et les idolâtries criminelles ; à
ce sujet, ils trouvent étrange que vous ne couriez
pas avec eux dans le même débordement de cor-
5 ruption, et vous disent des injures ; ils rendront
compte à celui qui est prêt à juger vivants et
6 morts[a]. Car c'est pour cela que la bonne nouvelle[b]
a été annoncée aussi à ceux qui sont morts, afin
qu'ils soient jugés, selon les hommes, quant à la
chair, et qu'ils vivent, selon Dieu, quant à l'esprit.
7 Mais la fin de toutes choses s'est approchée ;
8 soyez donc sobres et veillez pour prier ; et avant
tout, ayez entre vous un amour fervent, car
9 l'amour couvre une multitude de péchés ; soyez
hospitaliers les uns envers les autres, sans murmu-
10 rer. Suivant que chacun de vous a reçu quelque
don de grâce, employez-le les uns pour les autres,
en bons dispensateurs de la grâce° variée de Dieu.
11 Si quelqu'un parle, qu'il le fasse comme oracle° de
Dieu ; si quelqu'un sert, qu'il serve comme par la
force que Dieu fournit, afin qu'en toutes choses
Dieu soit glorifié par Jésus Christ°, à qui sont la
gloire et la puissance, aux siècles° des siècles !
Amen.
12 Bien-aimés, ne trouvez pas étrange le feu ardent
qui est au milieu de vous pour vous éprouver,
comme s'il vous arrivait quelque chose d'extraor-
13 dinaire ; au contraire, réjouissez-vous dans la mesure où vous avez part aux souffrances de Christ°,
afin qu'aussi, à la révélation de sa gloire, vous vous
14 réjouissiez avec allégresse. Si on vous insulte pour
le nom de Christ, vous êtes bienheureux, car l'Esprit de gloire, l'Esprit de Dieu, repose sur vous.
15 Mais qu'aucun de vous n'ait à souffrir comme
meurtrier ou voleur, ou comme faisant le mal, ou
16 s'ingérant dans les affaires d'autrui ; si c'est
comme chrétien, qu'il n'en ait pas honte, mais
qu'il glorifie Dieu en ce nom.

---

a• *voir* Actes 17. 30, 31 ; 2 Timothée 4. 1. – b• *voir* évangile° ; *comp.* 1. 12.

Car le temps est venu de commencer le jugement 17
par la maison° de Dieu ; mais si c'est par nous qu'il
commence, quelle sera la fin de ceux qui n'obéissent pas[a] à l'évangile° de Dieu ? Et si le juste est 18
sauvé difficilement, où paraîtront l'impie et le pé-
cheur° ?

Ainsi, que ceux qui souffrent selon la volonté de 19
Dieu remettent leur âme, en faisant le bien, à un
fidèle créateur.

J'exhorte les anciens° qui sont parmi vous, moi **5**
qui suis ancien avec eux et témoin des souffrances
de Christ°, qui aussi ai part à la gloire qui va être
révélée : faites paître le troupeau de Dieu qui est 2
avec vous, en veillant sur lui non par contrainte,
mais de plein gré, ni pour un gain honteux mais
de tout cœur, ni comme dominant sur des hérita- 3
ges mais en étant les modèles du troupeau ; et 4
quand le souverain Pasteur sera manifesté, vous
recevrez la couronne inflétrissable de gloire.

De même, vous, jeunes gens, soyez soumis aux 5
anciens ; et tous, les uns à l'égard des autres, soyez
revêtus d'humilité ; car Dieu résiste aux orgueilleux, mais il donne la grâce aux humbles. Humiliez-vous donc sous la puissante main de Dieu, 6
afin qu'il vous élève quand le temps sera venu ; rejetez sur lui tout votre souci, car il prend soin de 7
vous.

Soyez sobres, veillez : votre adversaire, le diable, 8
comme un lion rugissant, rôde autour de vous,
cherchant qui dévorer. Résistez-lui, étant fermes 9
dans la foi, sachant que les mêmes souffrances
s'accomplissent dans vos frères qui sont dans le
monde. Mais le Dieu de toute grâce°, qui vous a 10
appelés à sa gloire éternelle dans le Christ° Jésus,
lorsque vous aurez souffert un peu de temps, lui-
même vous rendra accomplis[b], vous affermira,
vous fortifiera, et vous établira sur un fondement

---

a• *ou* : ne croient pas. – b• *dans le sens de* : vous formera lui-même ; *comp.* 2 Timothée 3. 17.

11 inébranlable. À lui la gloire et la puissance, aux siè-
cles° des siècles ! Amen.
12 C'est par Silvain[a] qui est un frère fidèle – je l'estime ainsi – que je vous ai écrit brièvement pour
vous encourager et vous assurer que cette grâce
dans laquelle vous êtes est la vraie grâce de Dieu.
13 Celle qui est élue° avec vous à Babylone vous sa-
14 lue, ainsi que Marc, mon fils. Saluez-vous les uns
les autres par un baiser d'amour[b]. Paix à vous tous
qui êtes en Christ !

---

a • *ou* : Silas *(compagnon de l'apôtre Paul* : Actes 15. 40, *etc.), cosignataire des deux épîtres aux Thessaloniciens.* – b • *comp.* 1 Corinthiens 16. 20.

Seconde épître de Pierre

Siméon Pierre[a], esclave et apôtre° de Jésus 1
Christ°, à ceux qui ont reçu en partage une foi de
pareil prix avec nous, par la justice de notre Dieu
et Sauveur Jésus Christ : Que la grâce et la paix 2
vous soient multipliées par la connaissance de
Dieu et de Jésus notre Seigneur !

Sa divine puissance nous a donné tout ce qui 3
concerne la vie et la piété, par la connaissance de
celui qui nous a appelés par la gloire et par la
vertu. Par celles-ci, il nous a fait don des très gran- 4
des et précieuses promesses, afin que par elles
vous deveniez participants de la nature divine,
ayant échappé à la corruption qui est dans le
monde par la convoitise.
Et pour cette raison même, y apportant tout em- 5
pressement, joignez à votre foi, la vertu ; à la
vertu, la connaissance ; à la connaissance, la maî- 6
trise de soi ; à la maîtrise de soi, la patience ; à la
patience, la piété ; à la piété, l'affection frater- 7
nelle ; et à l'affection fraternelle, l'amour : si ces 8
choses sont en vous et y abondent, elles ont pour
effet de ne pas vous laisser inactifs ni stériles pour
ce qui concerne la connaissance de notre Seigneur
Jésus Christ° ; car celui en qui elles ne se trouvent 9
pas est aveugle, il a la vue courte : il a oublié la purification de ses péchés d'autrefois. C'est pourquoi, 10
frères, appliquez-vous d'autant plus à affermir votre appel et votre élection°, car en faisant cela
vous ne faillirez jamais ; ainsi l'entrée dans le roy- 11
aume éternel de notre Seigneur et Sauveur Jésus
Christ vous sera richement donnée.

C'est pourquoi je veillerai à vous faire toujours 12
souvenir de tout cela, bien que vous le sachiez et
que vous soyez solidement établis dans la vérité
présente. Mais j'estime qu'il est juste, tant que je 13

---

a• *ou* : Simon Pierre (*voir* Actes 15. 14 *et note* ; Matthieu 16. 17, 18).

suis dans cette tente[a], de vous réveiller en le rap-
14 pelant à votre mémoire, car je sais que le moment
de déposer ma tente approche rapidement,
comme notre Seigneur Jésus Christ° me l'a mon-
15 tré ; mais je m'appliquerai à ce qu'après mon départ vous puissiez encore en tout temps vous souvenir de tout cela.
16 En effet, ce n'est pas en suivant des fables ingé-
nieusement imaginées que nous vous avons fait
connaître la puissance et la venue° de notre Seigneur Jésus Christ, mais parce que nous avons été
17 témoins oculaires de sa majesté. Car il reçut de
Dieu le Père honneur et gloire, lorsqu'une telle
voix lui fut adressée par la gloire magnifique : "Celui-ci est mon Fils bien-aimé, en qui j'ai trouvé
18 mon plaisir". Cette voix venue du ciel, nous-mêmes nous l'avons entendue quand nous étions
avec lui sur la sainte montagne.
19 Nous avons ainsi la parole prophétique rendue
plus ferme, et vous faites bien d'y être attentifs
(comme à une lampe qui brille dans un lieu obs-
cur), jusqu'à ce que le jour commence à luire et
que l'Étoile du matin[b] se soit levée dans vos
20 cœurs ; sachant tout d'abord qu'aucune prophétie
21 de l'Écriture ne s'interprète elle-même[c]. Car la
prophétie n'est jamais venue par la volonté de
l'homme, mais de saints hommes de Dieu ont
parlé, étant poussés par l'Esprit Saint°.

2 Or il y a eu également de faux prophètes parmi
le peuple, comme il y aura aussi parmi vous de
faux docteurs° qui introduiront furtivement des
sectes de perdition, allant jusqu'à renier le Maître
qui les a achetés, faisant venir sur eux-mêmes une
2 prompte destruction ; et beaucoup suivront leurs
excès : à cause d'eux la voie de la vérité sera blas-

---

a• *dans ce corps périssable* (v. 14) ; *comp.* 2 Corinthiens 5. 1-4. – b• *comp.* Apocalypse 2. 28 ; 22. 16. – c• *c.-à-d. que chaque prophétie de l'Écriture s'interprète à la lumière de toute l'Écriture.*

phémée ; et, par cupidité, ils vous exploiteront 3
avec des paroles trompeuses ; mais leur jugement,
depuis longtemps, ne reste pas inactif, et leur destruction ne sommeille pas.
Car, si Dieu n'a pas épargné les anges qui avaient 4
péché, mais, les précipitant dans l'abîme, les a livrés pour être gardés dans des chaînes d'obscurité
en vue du jugement ; – s'il n'a pas non plus 5
épargné l'ancien monde, mais a préservé Noé[a], lui
huitième, prédicateur de justice, quand il fit venir
le déluge sur un monde d'impies ; – et si, réduisant 6
en cendres les villes de Sodome et de Gomorrhe, il
les a condamnées à une totale destruction, les éta-
blissant pour être un exemple à ceux qui vivraient
dans l'impiété ; et s'il a délivré le juste Lot, accablé 7
par la conduite débauchée de ces hommes pervers
(car ce juste qui habitait parmi eux, les voyant et 8
les entendant, tourmentait jour après jour son
âme° juste à cause de leurs actions iniques), – le 9
Seigneur* sait donc délivrer de la tentation les
hommes pieux, et réserver les injustes pour le
jour° du jugement, afin qu'ils soient punis, mais 10
spécialement ceux qui suivent la chair dans la
convoitise de l'impureté et qui méprisent l'autorité. Audacieux, arrogants, ils ne tremblent pas en
injuriant les dignités, tandis que les anges, plus 11
grands en force et en puissance, ne portent pas
contre elles de jugement injurieux devant le Seigneur*. Mais ceux-là, comme des bêtes sans raison, 12
purement animales, nées pour être capturées et
détruites, parlant injurieusement de ce qu'ils ignorent, ils périront eux aussi dans leur propre destruction, recevant ainsi le salaire de l'iniquité, eux 13
qui estiment plaisir les voluptés d'un jour ; taches,
objets de honte, ils s'abandonnent aux délices de
leurs propres tromperies tout en faisant des festins
avec vous ; leurs yeux sont pleins d'adultère et ils 14
ne cessent jamais de pécher ; ils amorcent les

---

a • *c-à-d.* : Noé, l'une des huit personnes préservées à travers le déluge ; *voir* 1 Pierre 3. 20, *et note* ; Luc 17. 26, 27.

âmes mal affermies, ils ont le cœur exercé à la cupidité, ce sont des enfants de malédiction ! Lais-
15 sant le droit chemin, ils se sont égarés, et ont suivi
le chemin de Balaam, fils de Bosor, qui aima le sa-
16 laire d'iniquité ; mais il fut repris pour sa propre
désobéissance : une bête de somme muette, s'ex-
primant avec une voix d'homme, réprima la folie
du prophète.
17 Ces gens sont des fontaines sans eau et des nuages
poussés par la tempête, à qui l'obscurité des ténè-
18 bres est réservée pour toujours. En effet, proférant
des discours prétentieux et vains, ils amorcent par
les convoitises de la chair, par leurs impudicités,
ceux qui avaient depuis peu échappé à ceux qui vi-
19 vent dans l'erreur : ils leur promettent la liberté,
eux qui sont esclaves de la corruption ! car on est
20 esclave de ce par quoi on est vaincu. En effet, si,
après avoir échappé aux souillures du monde par
la connaissance du Seigneur et Sauveur Jésus
Christ°, ils se laissent de nouveau enlacer et vaincre par elles, leur dernière condition est pire que
21 la première ; il aurait mieux valu pour eux n'avoir
pas connu la voie de la justice, que de se détourner, après l'avoir connue, du saint commande-
22 ment° qui leur avait été donné. Mais il leur est arrivé ce que dit le proverbe véridique : Le chien est
retourné à ce qu'il avait vomi lui-même, la truie lavée va se vautrer au bourbier.

3 Je vous écris déjà, bien-aimés, cette seconde lettre ; et, dans l'une comme dans l'autre, je réveille
votre pure intelligence en vous remettant tout
2 cela en mémoire, afin que vous vous souveniez
des paroles qui ont été dites à l'avance par les
saints prophètes, et du commandement du Sei-
3 gneur et Sauveur par vos apôtres° ; sachant tout
d'abord ceci : aux derniers jours° viendront des
moqueurs qui se livreront, au gré de leurs désirs, à
4 la moquerie, et diront : “Où est la promesse de sa
venue° ? Car, depuis que les pères se sont endor-

mis, tout demeure dans le même état depuis le
commencement de la création”. Ils ignorent en ef- 5
fet volontairement ceci : par la parole de Dieu
existaient jadis des cieux, ainsi qu’une terre tirée
des eaux, et subsistant au milieu des eaux, par les- 6
quelles le monde d’alors fut détruit, étant sub-
mergé par de l’eau. Mais les cieux et la terre de 7
maintenant sont réservés par sa parole pour le
feu, gardés pour le jour° du jugement et de la destruction des hommes impies. Et n’oubliez pas ceci, 8
bien-aimés : c’est qu’un jour est devant le Seigneur* comme mille ans, et mille ans comme un
jour. Le Seigneur* ne tarde pas en ce qui concerne 9
la promesse, comme certains estiment qu’il y a du
retard ; mais il est patient envers vous, ne voulant
pas qu’aucun périsse, mais que tous viennent à la
repentance°. Or le jour° du Seigneur* viendra 10
comme un voleur ; et, dans ce jour-là, les cieux passeront avec un bruit strident, les éléments embrasés seront dissous, et la terre et les œuvres qui
sont en elle seront brûlées entièrement.
Toutes ces choses devant donc se dissoudre, quel- 11
les gens devriez-vous être en sainte conduite et en
piété, attendant et hâtant la venue du jour° de 12
Dieu, à cause duquel les cieux en feu seront dissous et les éléments embrasés se fondront ! Mais, 13
selon sa promesse, nous attendons de nouveaux
cieux et une nouvelle terre[a], où la justice habite.
C’est pourquoi, bien-aimés, en attendant ces cho- 14
ses, appliquez-vous à être trouvés sans tache et irréprochables devant lui, en paix. Et estimez que la 15
patience de notre Seigneur est salut, comme notre
bien-aimé frère Paul aussi vous a écrit selon la sagesse qui lui a été donnée, ainsi qu’il le fait aussi 16
dans toutes ses lettres, où il parle de ces sujets
dont certains sont difficiles à comprendre, que les
ignorants et les mal affermis tordent[b], comme

---

a• *comp.* Apocalypse 21. 1. – b• *c.-à-d.* : dont ils tordent le sens ; *comp.* 2 Corinthiens 2. 17 ; 4. 2-4.

aussi les autres Écritures, pour leur propre destruction.
17 Vous donc, bien-aimés, sachant cela à l'avance,
prenez garde, de peur qu'entraînés par l'erreur
des pervers, vous ne veniez à déchoir de votre pro-
18 pre fermeté ; mais croissez dans la grâce° et dans la
connaissance de notre Seigneur et Sauveur Jésus
Christ. À lui la gloire, et maintenant et jusqu'au
jour° d'éternité ! Amen.

Première épître de Jean

Ce qui était dès le commencement, ce que nous 1
avons entendu, ce que nous avons vu de nos yeux,
ce que nous avons contemplé et que nos mains ont
touché, concernant la Parole[a] de la vie (et la vie a 2
été manifestée ; et nous avons vu et nous témoi-
gnons, et nous vous annonçons la vie éternelle qui
était auprès du Père et qui nous a été manifestée) ;
ce que nous avons vu et entendu, nous vous l'an- 3
nonçons, afin que vous aussi vous ayez communion avec nous : or notre communion est avec le
Père et avec son Fils Jésus Christ. Et cela, nous 4
vous l'écrivons afin que votre joie soit complète.

Voici le message que nous avons entendu de lui 5
et que nous vous annonçons : Dieu est lumière et
il n'y a en lui aucunes ténèbres.

Si nous disons que nous avons communion avec 6
lui et que nous marchions dans les ténèbres, nous
mentons et nous ne pratiquons pas la vérité ; mais 7
si nous marchons dans la lumière, comme lui-
même est dans la lumière, nous avons communion
les uns avec les autres, et le sang de Jésus Christ
son Fils nous purifie de tout péché°.

Si nous disons que nous n'avons pas de péché°, 8
nous nous séduisons nous-mêmes, et la vérité n'est
pas en nous.

Si nous confessons nos péchés°, il est fidèle et 9
juste pour nous pardonner° nos péchés et nous purifier de toute iniquité.

Si nous disons que nous n'avons pas péché, nous 10
le faisons menteur et sa Parole n'est pas en nous.

---

a• *ou* : le Verbe (Jean 1. 1-4, 14).

2 Mes enfants, je vous écris cela afin que vous ne
péchiez pas ; et si quelqu'un a péché, nous avons
un avocat[a] auprès du Père, Jésus Christ°, le Juste ;
2 et lui est la propitiation° pour nos péchés, et non
pas seulement pour les nôtres mais aussi pour le
monde entier.
3 Par ceci nous savons que nous le connaissons : si
4 nous gardons ses commandements°. Celui qui dit :
"Je le connais", et qui ne garde pas ses commandements, est menteur, et la vérité n'est pas en lui.
5 Mais quiconque garde sa Parole, en lui l'amour de
Dieu est vraiment accompli[b] : par cela nous sa-
6 vons que nous sommes en lui. Celui qui dit demeurer en lui doit lui-même aussi marcher comme lui
a marché.
7 Bien-aimés, je ne vous écris pas un commandement nouveau, mais un commandement ancien
que vous avez eu dès le commencement. Le commandement ancien, c'est la Parole que vous avez
8 entendue. Encore une fois, je vous écris un commandement nouveau, ce qui est vrai en lui et en
vous, parce que les ténèbres s'en vont et que la
9 vraie lumière luit déjà. Celui qui dit être dans la lumière et qui hait son frère est dans les ténèbres
10 jusqu'à maintenant. Celui qui aime son frère demeure dans la lumière, et il n'y a pas en lui d'occa-
11 sion de chute°. Mais celui qui hait son frère est
dans les ténèbres ; il marche dans les ténèbres, et il
ne sait pas où il va, parce que les ténèbres ont
aveuglé ses yeux.
12 Je vous écris, enfants, parce que les péchés vous
sont pardonnés par son nom.
13 Je vous écris, pères, parce que vous connaissez celui qui est dès le commencement.
Je vous écris, jeunes gens, parce que vous avez
vaincu le Méchant°.

---

a• *celui qui assiste, défend, soutient (mot traduit par* Consolateur, *pour désigner le Saint Esprit, en* Jean 14. 16, 26 ; 15. 26 ; 16. 7) ; *comp.* Romains 8. 26, 27, 34. – b• consommé, achevé, amené à une parfaite réalisation.

Je vous écris, petits enfants, parce que vous
connaissez le Père.
Je vous ai écrit, pères, parce que vous connaissez 14
celui qui est dès le commencement.
Je vous ai écrit, jeunes gens, parce que vous êtes
forts, et que la parole de Dieu demeure en vous, et
que vous avez vaincu le Méchant. N'aimez pas le 15
monde, ni ce qui est dans le monde : si quelqu'un
aime le monde, l'amour du Père n'est pas en lui ;
parce que tout ce qui est dans le monde – la 16
convoitise de la chair, la convoitise des yeux, l'orgueil de la vie – n'est pas du Père, mais est du
monde ; et le monde s'en va, lui et sa convoitise, 17
mais celui qui fait la volonté de Dieu demeure
éternellement.

Petits enfants, c'est la dernière heure ; et comme 18
vous avez entendu dire que l'Antichrist° vient,
maintenant aussi il y a plusieurs antichrists ; à cela
nous connaissons que c'est la dernière heure : ils 19
sont sortis du milieu de nous, mais ils n'étaient
pas des nôtres ; car s'ils avaient été des nôtres, ils
seraient demeurés avec nous ; mais c'est afin qu'ils
soient tous manifestés comme n'étant pas des nôtres.

Et vous, vous avez l'onction de la part du Saint[a] et 20
vous connaissez tout. Je ne vous ai pas écrit parce 21
que vous ne connaissez pas la vérité, mais parce
que vous la connaissez et qu'aucun mensonge ne
vient de la vérité. Qui est le menteur, sinon celui 22
qui nie que Jésus est le Christ° ? Celui-là est l'Antichrist, qui nie le Père et le Fils. Quiconque nie le 23
Fils n'a pas non plus le Père ; celui qui reconnaît[b]
le Fils a aussi le Père.

Pour vous, que ce que vous avez entendu dès le 24
commencement demeure en vous : si ce que vous
avez entendu dès le commencement demeure en
vous, vous aussi vous demeurerez dans le Fils et

---

a• *voir* v. 27 *et* 2 Corinthiens 1. 21, 22. *L'huile de l'onction figure* le Saint Esprit°. – b• *voir* 4. 15.

25 dans le Père. Et telle est la promesse que lui-même
nous a donnée : la vie éternelle.
26 Je vous ai écrit cela au sujet de ceux qui vous éga-
27 rent ; et, pour vous, l'onction que vous avez reçue
de lui[a] demeure en vous, et vous n'avez pas besoin
que quelqu'un vous enseigne ; mais comme la
même onction vous enseigne à l'égard de tout, et
qu'elle est vraie et n'est pas mensonge – selon
qu'elle vous a enseignés, vous demeurerez en lui.
28 Et maintenant, enfants, demeurez en lui afin
que, quand il sera manifesté, nous ayons de l'assurance et que nous ne soyons pas couverts de honte
par lui, à sa venue°.
29 Si vous savez qu'il est juste, sachez que quiconque pratique la justice est né de lui.

3 Voyez de quel amour le Père nous a fait don,
que nous soyons appelés enfants de Dieu ; c'est
pourquoi le monde ne nous connaît pas, parce
2 qu'il ne l'a pas connu. Bien-aimés, nous sommes
maintenant enfants de Dieu, et ce que nous serons
n'a pas encore été manifesté ; nous savons que,
quand il sera manifesté, nous lui serons sembla-
3 bles, car nous le verrons comme il est. Et quiconque a cette espérance en lui se purifie, comme
lui est pur.
4 Quiconque pratique le péché pratique aussi
5 l'iniquité°, et le péché est l'iniquité°. Mais vous savez que lui a été manifesté afin qu'il ôte nos pé-
6 chés ; et il n'y a pas de péché en lui. Quiconque demeure en lui ne pèche pas ; quiconque pèche ne l'a
pas vu, et ne l'a pas connu.
7 Enfants, que personne ne vous égare : celui qui
pratique la justice est juste, comme lui est juste.
8 Celui qui pratique le péché est du diable, car dès
le commencement le diable pèche. C'est pour ceci
que le Fils de Dieu a été manifesté : pour qu'il dé-
9 truise les œuvres du diable. Quiconque est né de
Dieu ne pratique pas le péché, car la semence de

---

a • *voir* v. 20, *et note.*

Dieu demeure en lui, et il ne peut pas pécher, parce qu'il est né de Dieu.

Par ceci sont rendus manifestes les enfants de 10
Dieu et les enfants du diable : quiconque ne pratique pas la justice n'est pas de Dieu, et aussi celui
qui n'aime pas son frère. Car voici le message que 11
vous avez entendu dès le commencement : que
nous nous aimions l'un l'autre ; non pas comme 12
Caïn qui était du Méchant et tua son frère. Et
pour quelle raison le tua-t-il ? Parce que ses œuvres étaient mauvaises et que celles de son frère
étaient justes.

Ne vous étonnez pas, frères, si le monde vous 13
hait. Nous, nous savons que nous sommes passés 14
de la mort à la vie, parce que nous aimons les frères ; celui qui n'aime pas son frère demeure dans la
mort. Quiconque hait son frère est un meurtrier, 15
et vous savez qu'aucun meurtrier n'a la vie éternelle demeurant en lui.

Par ceci nous avons connu l'amour : c'est que lui 16
a laissé sa vie pour nous ; et nous, nous devons laisser notre vie pour les frères. Mais celui qui a les 17
biens de ce monde, qui voit son frère dans le besoin et lui ferme son cœur, comment l'amour de
Dieu demeure-t-il en lui ?

Enfants, n'aimons pas en paroles ni avec la lan- 18
gue, mais en action et en vérité. Par ceci nous sau- 19
rons que nous sommes de la vérité et nous assure-
rons nos cœurs devant lui : c'est que, si notre cœur 20
nous condamne, Dieu est plus grand que notre
cœur et il sait tout. Bien-aimés, si notre cœur ne 21
nous condamne pas, nous avons de l'assurance devant Dieu ; et quoi que nous demandions, nous le 22
recevons de lui, parce que nous gardons ses com-
mandements° et que nous pratiquons ce qui est
agréable devant lui. Et voici son commandement : 23
que nous croyions au nom de son Fils Jésus Christ°
et que nous nous aimions l'un l'autre, comme il
nous en a donné le commandement ; celui qui 24
garde ses commandements demeure en Dieu, et

Dieu en lui ; et par ceci nous savons qu'il demeure
en nous : c'est par l'Esprit qu'il nous a donné.

4 Bien-aimés, ne croyez pas tout esprit, mais
éprouvez les esprits pour voir s'ils sont de Dieu,
car beaucoup de faux prophètes sont sortis dans le
2 monde. Par ceci vous connaissez l'Esprit de Dieu :
tout esprit qui reconnaît[a] Jésus Christ° venu en
3 chair est de Dieu, et tout esprit qui ne reconnaît
pas Jésus Christ venu en chair n'est pas de Dieu ;
c'est là l'esprit de l'Antichrist°, dont vous avez entendu dire qu'il vient, mais maintenant il est déjà
4 dans le monde. Vous, enfants, vous êtes de Dieu,
et vous les[b] avez vaincus, parce que celui qui est
en vous est plus grand que celui qui est dans le
5 monde. Eux, ils sont du monde ; c'est pourquoi ils
parlent selon les principes du monde[c], et le monde
6 les écoute. Nous, nous sommes de Dieu ; celui qui
connaît Dieu nous écoute ; celui qui n'est pas de
Dieu ne nous écoute pas : à cela nous connaissons
l'esprit de vérité et l'esprit d'erreur.
7 Bien-aimés, aimons-nous l'un l'autre, car
l'amour est de Dieu, et quiconque aime est né de
8 Dieu et connaît Dieu. Celui qui n'aime pas n'a pas
9 connu Dieu, car Dieu est amour. En ceci a été manifesté l'amour de Dieu pour nous : c'est que Dieu
a envoyé son Fils unique dans le monde, afin que
10 nous vivions par lui ; en ceci est l'amour : non en
ce que nous, nous ayons aimé Dieu, mais en ce
que lui nous aima et qu'il envoya son Fils pour
être la propitiation° pour nos péchés.
11 Bien-aimés, si Dieu nous aima ainsi, nous aussi
12 nous devons nous aimer l'un l'autre. Personne n'a
jamais vu Dieu ; si nous nous aimons l'un l'autre,
Dieu demeure en nous, et son amour est accompli
13 en nous. Par ceci nous savons que nous demeurons
en lui et lui en nous : c'est qu'il nous a donné de
14 son Esprit ; et nous, nous avons vu et nous témoi-

---

a• *voir* v. 15. – b• *c.-à-d. : les faux prophètes, et ceux qui ont l'esprit de l'Antichrist* (v. 1-3). – c• *litt.* : selon le monde.

gnons que le Père a envoyé le Fils pour être le Sauveur du monde.
Quiconque reconnaîtra que Jésus est le Fils de 15
Dieu, Dieu demeure en lui et lui en Dieu. Et nous, 16
nous avons connu et cru l'amour que Dieu a pour
nous. Dieu est amour, et celui qui demeure dans
l'amour demeure en Dieu et Dieu en lui. En ceci 17
est accompli l'amour avec nous, afin que nous
ayons toute assurance au jour° du jugement : c'est
que, comme il est, lui, nous sommes, nous aussi,
dans ce monde. Il n'y a pas de crainte dans 18
l'amour, mais l'amour parfait chasse la crainte, car
la crainte comporte du tourment[a] ; et celui qui
craint n'est pas accompli dans l'amour. Nous, 19
nous aimons parce que lui nous a aimés le premier.
Si quelqu'un dit : J'aime Dieu, et qu'il haïsse son 20
frère, il est menteur ; car celui qui n'aime pas son
frère qu'il voit, comment peut-il aimer Dieu qu'il
ne voit pas ? Et nous avons ce commandement de 21
sa part : que celui qui aime Dieu aime aussi son
frère.

Quiconque croit que Jésus est le Christ° est né **5**
de Dieu ; et quiconque aime celui qui a engendré
aime aussi celui qui est engendré de lui. Par ceci 2
nous savons que nous aimons les enfants de Dieu,
c'est quand nous aimons Dieu et que nous gardons
ses commandements° ; car l'amour de Dieu, c'est 3
que nous gardions ses commandements – et ses
commandements ne sont pas pénibles, parce que 4
tout ce qui est né de Dieu est victorieux du
monde ; et la victoire qui a vaincu le monde, c'est
notre foi. Qui est celui qui est victorieux du 5
monde, sinon celui qui croit que Jésus est le Fils
de Dieu ?
C'est lui qui est venu par l'eau et par le sang, 6
Jésus le Christ°, non seulement dans la puissance
de l'eau, mais dans la puissance de l'eau et du

a• *ou* : la crainte est liée au châtiment.

sang ; et c'est l'Esprit qui rend témoignage°, car
7 l'Esprit est la vérité ; car il y en a trois qui rendent
8 témoignage : l'Esprit, l'eau, et le sang, et les trois
9 sont d'accord pour un même témoignage. Si nous
recevons le témoignage des hommes, le témoignage de Dieu est plus grand ; car voici le témoignage de Dieu qu'il a rendu au sujet de son Fils.
10 Celui qui croit au Fils de Dieu a le témoignage au-
dedans de lui-même ; celui qui ne croit pas Dieu a
fait Dieu menteur, car il n'a pas cru au témoignage
11 que Dieu a rendu au sujet de son Fils. Voici le témoignage : Dieu nous a donné la vie éternelle, et
12 cette vie est dans son Fils. Celui qui a le Fils a la
vie, celui qui n'a pas le Fils de Dieu n'a pas la vie.

13 Tout cela, je vous l'ai écrit afin que vous sachiez
que vous avez la vie éternelle, vous qui croyez au
nom du Fils de Dieu.

14 Et voici la confiance que nous avons en lui : si
nous demandons quelque chose selon sa volonté,
15 il nous écoute ; et si nous savons qu'il nous écoute,
quoi que ce soit que nous demandions, nous savons que nous avons les choses que nous lui avons
demandées.

16 Si quelqu'un voit son frère pécher d'un péché
qui ne soit pas à la mort, il demandera pour lui ; et
Dieu lui donnera la vie – c'est-à-dire à ceux qui ne
pèchent pas à la mort. Il y a un péché à la mort[a] :
pour ce péché-là, je ne dis pas qu'il demande.
17 Toute iniquité° est péché, et il y a tel péché qui
n'est pas à la mort.
18 Nous savons que quiconque est né de Dieu ne pèche pas, mais celui qui est né de Dieu se conserve
lui-même, et le Méchant ne le touche pas.
19 Nous savons que nous sommes de Dieu, et que le
monde entier gît dans le méchant°[b].
20 Or nous savons que le Fils de Dieu est venu, et il
nous a donné une intelligence afin que nous
connaissions le Véritable ; et nous sommes dans le

---

a• à la mort, *ou* : pour la mort (v. 16, 17 ; *voir* Actes 5. 5). –
b• *ou* : est plongé dans le mal.

Véritable, c'est-à-dire dans son Fils Jésus Christ : lui
est le Dieu véritable et la vie éternelle.
Enfants, gardez-vous des idoles. 21

Deuxième épître de Jean

1 L'ancien° à la dame élue° et à ses enfants, que
j'aime dans la vérité – et non pas moi seul, mais
2 aussi tous ceux qui connaissent la vérité – à cause
de la vérité qui demeure en nous et qui sera avec
3 nous pour toujours. La grâce, la miséricorde, la
paix seront avec vous de la part de Dieu le Père et
de la part du Seigneur Jésus Christ°, le Fils du
Père, dans la vérité et dans l'amour.
4 Je me suis beaucoup réjoui d'avoir trouvé de tes
enfants qui marchent dans la vérité, comme nous
en avons reçu le commandement° de la part du
5 Père. Et maintenant, ô dame, je te demande – non
pas comme si je t'écrivais un nouveau commandement, mais celui que nous avons eu dès le commencement – que nous nous aimions les uns les
6 autres ; et l'amour, c'est que nous marchions selon
ses commandements. Voilà le commandement,
comme vous l'avez entendu dès le commence-
7 ment, afin que vous y marchiez ; car beaucoup de
séducteurs sont sortis dans le monde, ceux qui ne
reconnaissent[a] pas Jésus Christ° venant en chair.
C'est là le Séducteur et l'Antichrist°.
8 Prenez garde à vous-mêmes, afin que nous ne
perdions pas le fruit de notre travail, mais que
9 nous recevions un plein salaire. Quiconque mène
plus avant et ne demeure pas dans la doctrine° du
Christ n'a pas Dieu. Celui qui demeure dans la doc-
10 trine, celui-là a le Père et le Fils. Si quelqu'un vient
vers vous et n'apporte pas cette doctrine, ne le re-
11 cevez pas dans votre maison et ne le saluez pas, car
celui qui le salue participe à ses œuvres mauvaises.
12 Ayant beaucoup de choses à vous écrire, je n'ai
pas voulu le faire avec du papier et de l'encre,
mais j'espère aller vers vous et vous parler de vive
13 voix, afin que notre joie soit complète. Les enfants
de ta sœur élue te saluent.

---

a• *voir* 1 Jean 4. 15.

Troisième épître de Jean

L'ancien° à Gaïus, le bien-aimé, que j'aime dans 1
la vérité.
Bien-aimé, je souhaite qu'à tous égards tu pros- 2
pères et que tu sois en bonne santé, comme ton
âme prospère ; car je me suis beaucoup réjoui 3
quand des frères sont venus et ont rendu témoignage à ta vérité, c'est-à-dire comment tu marches
dans la vérité. Je n'ai pas de plus grande joie que 4
d'entendre dire que mes enfants marchent dans la
vérité. Bien-aimé, tu agis fidèlement dans tout ce 5
que tu fais pour les frères, même ceux qui sont
étrangers : ils ont rendu témoignage à ton amour 6
devant l'assemblée° ; et tu feras bien de les accompagner d'une manière digne de Dieu, car ils 7
sont sortis pour le Nom, ne recevant rien de ceux
des nations°. Nous donc, nous devons accueillir de 8
tels hommes, afin de coopérer avec la vérité.
J'ai écrit quelque chose à l'assemblée° ; mais 9
Diotrèphe, qui aime être le premier parmi eux, ne
nous reçoit pas ; c'est pourquoi, si je viens, je me 10
souviendrai des œuvres qu'il fait en débitant de
méchantes paroles contre nous ; et, non content
de cela, lui-même ne reçoit pas les frères ; ceux qui
veulent les recevoir, il les en empêche et les chasse
de l'assemblée°.
Bien-aimé, n'imite pas le mal, mais le bien. Celui 11
qui fait le bien est de Dieu ; celui qui fait le mal n'a
pas vu Dieu. Démétrius a un bon témoignage de 12
tous, et de la vérité elle-même ; nous aussi, nous
lui rendons témoignage, et tu sais que notre témoignage est vrai.
J'avais beaucoup de choses à t'écrire, mais je ne 13
veux pas t'écrire avec l'encre et la plume : j'espère 14
te voir bientôt et nous parlerons de vive voix. Paix 15
à toi. Les amis te saluent. Salue les amis, chacun
par son nom.

Épître de Jude

1 Jude°, esclave de Jésus Christ° et frère de Jac-
ques▽, aux appelés, bien-aimés en Dieu le Père et
2 conservés en[a] Jésus Christ : Que la miséricorde, la
paix et l'amour vous soient multipliés !
3 Bien-aimés, alors que je m'empressais de vous
écrire au sujet de notre commun salut, je me suis
trouvé dans la nécessité de vous écrire pour vous
exhorter à combattre pour la foi qui a été une
4 fois[b] enseignée aux saints°. Car certains hommes
se sont insinués, inscrits jadis à l'avance pour ce jugement, des impies, qui changent la grâce° de notre Dieu en débauche, et qui renient notre seul
Maître et Seigneur, Jésus Christ.
5 Or je désire vous rappeler, à vous qui une fois sa-
viez tout, que le Seigneur, après avoir délivré le
peuple du pays d'Égypte, a ensuite détruit ceux
6 qui n'ont pas cru ; et qu'il a gardé dans des liens
éternels, sous l'obscurité, pour le jugement du
grand jour, les anges qui n'ont pas gardé leur origine, mais qui ont abandonné leur propre de-
7 meure. Ainsi Sodome, Gomorrhe et les villes
d'alentour, qui s'étaient abandonnées à la fornica-
tion° de la même manière qu'eux et étaient allées
après une autre chair, sont là comme exemple, su-
bissant la peine d'un feu éternel.
8 De la même manière cependant, ces rêveurs,
eux aussi, souillent la chair, méprisent l'autorité,
9 et injurient les dignités. Mais quand l'archange Michel, en discutant avec le diable, contestait au sujet du corps de Moïse, il n'osa pas proférer de jugement injurieux contre lui ; mais il dit : Que le
10 Seigneur* te censure ! Mais ceux-là injurient tout
ce qu'ils ne connaissent pas, et se détruisent eux-
mêmes dans tout ce qu'ils ne comprennent que
d'une manière naturelle, comme les bêtes sans rai-

---

a• entièrement gardés par et pour. – b• *c.-à-d.* : une fois pour toutes ; *voir* v. 5.

son. Malheur à eux, car ils ont marché dans le che- 11
min de Caïn, ils se sont abandonnés à l'égarement
de Balaam pour une récompense, et ont péri dans
la révolte de Coré. Ceux-là sont des taches dans vos 12
agapes[a] ; ils font des festins avec vous sans crainte
et s'y repaissent : nuées sans eau, emportées par
les vents ; arbres de fin d'automne, sans fruit, deux
fois morts, déracinés ; vagues impétueuses de la 13
mer, jetant l'écume de leurs infamies ; étoiles er-
rantes, à qui l'obscurité des ténèbres est réservée
pour toujours.

C'est aussi pour eux qu'Énoch, le septième de- 14
puis Adam, a prophétisé, disant : Voici, le Seigneur
est venu au milieu de ses saintes myriades[b], pour 15
exécuter le jugement contre tous, et pour convaincre tous les impies d'entre eux de toutes leurs œuvres d'impiété qu'ils ont commises de façon impie,
ainsi que de toutes les paroles dures que les pécheurs impies ont proférées contre lui. Ce sont, 16
eux, des hommes qui murmurent, se plaignent de
leur sort, marchent selon leurs propres convoitises
(tandis que leur bouche prononce d'orgueilleux
discours), et qui flattent les gens par intérêt.

Mais vous, bien-aimés, souvenez-vous des paro- 17
les qui ont été prononcées auparavant par les apôtres de notre Seigneur Jésus Christ° ; ils vous disaient : À la fin du temps, il y aura des moqueurs 18
marchant selon leurs propres convoitises d'impiété. Ceux-là sont ceux qui se mettent à part ; ce 19
sont des hommes naturels[c], n'ayant pas l'Esprit.

Mais vous, bien-aimés, vous édifiant vous-mê- 20
mes sur votre très sainte foi, priant par le Saint°
Esprit, conservez-vous dans l'amour de Dieu, at- 21
tendant la miséricorde de notre Seigneur Jésus
Christ pour la vie éternelle. Ceux qui contestent, 22
reprenez-les ; les autres, sauvez-les avec crainte, 23

---

a• repas fraternels (*du mot qui signifie* : amour). – b• *ou* : multitudes. – c• *litt.* : l'homme animal, *c.-à-d. : l'homme animé seulement par son âme créée, sans l'enseignement et la puissance du Saint Esprit (comp.* 1 Corinthiens 2. 9-14).

les arrachant hors du feu, haïssant même le vêtement souillé par la chair.
24 Or, à celui qui a le pouvoir de vous garder sans
que vous bronchiez et de vous placer irréprocha-
25 bles devant sa gloire, dans l'allégresse – au seul
Dieu, notre Sauveur, par notre Seigneur Jésus
Christ, gloire, majesté, force et pouvoir, dès avant
tout siècle°, et maintenant, et pour tous les siè-
cles° ! Amen.

Apocalypse

Révélation[a] de Jésus Christ°, que Dieu lui a don- **1**
née pour montrer à ses esclaves ce qui doit arriver
bientôt ; et il l'a fait connaître en l'envoyant, par le
moyen de son ange, à son esclave Jean, qui a rendu 2
témoignage de la parole de Dieu et du témoignage
de Jésus Christ, de tout ce qu'il a vu.
Bienheureux celui qui lit et ceux qui écoutent 3
les paroles de la prophétie et qui gardent les choses qui y sont écrites, car le temps est proche !
Jean, aux sept assemblées° qui sont en Asie° : 4
Grâce et paix à vous, de la part de celui qui est et
qui était et qui vient, et de la part des sept Esprits
qui sont devant son trône, et de la part de Jésus 5
Christ, le témoin fidèle, le premier-né des morts,
et le prince des rois de la terre ! À celui qui nous
aime, et qui nous a lavés de nos péchés dans son
sang – et il a fait de nous un royaume, des sacrifica- 6
teurs° pour son Dieu et Père –, à lui la gloire et la
force aux siècles des siècles ! Amen.
Voici, il vient avec les nuées, et tout œil le verra, 7
et ceux mêmes qui l'ont percé ; et toutes les tribus
de la terre se lamenteront à cause de lui. Oui,
amen !
Moi, je suis l'alpha et l'oméga[b], dit le Seigneur* 8
Dieu, Celui qui est et qui était et qui vient, le Tout-
puissant.
Moi, Jean, qui suis votre frère et qui ai part avec 9
vous à la tribulation[c] et au royaume et à la patience en Jésus, j'étais dans l'île appelée Patmos, à
cause de la parole de Dieu et du témoignage de
Jésus Christ. Je fus en esprit, dans la journée domi- 10
nicale[d], et j'entendis derrière moi une grande voix,
comme d'une trompette, disant : Ce que tu vois, 11

---

a• *Le mot grec* apocalypsis *signifie* révélation (*litt.* : dévoilement) *et sert de titre au livre entier.* – b• *première et dernière lettres de l'alphabet grec ; voir* 21. 6 ; 22. 13. – c• souffrance, oppression ; *voir* 2. 9 ; Romains 5. 3, *et note.* – d• *ou* : journée du Seigneur ; *voir* 1 Corinthiens 11. 20, *et note.*

écris-le dans un livre et envoie-le aux sept assem-
blées° : à Éphèse, à Smyrne, à Pergame, à Thyatire, à Sardes, à Philadelphie, et à Laodicée[a].
12 Je me retournai pour regarder quelle voix me
parlait ; m'étant retourné, je vis sept lampes d'or,
13 et au milieu des sept lampes quelqu'un de semblable au Fils de l'homme, vêtu d'une robe qui allait jusqu'aux pieds, et ceint° à la poitrine d'une
14 ceinture d'or. Sa tête et ses cheveux étaient blancs
comme de la laine blanche, comme de la neige, ses
15 yeux comme une flamme de feu, ses pieds semblables à de l'airain brillant, comme embrasés dans
une fournaise, sa voix comme une voix de grandes
16 eaux ; et il avait dans sa main droite sept étoiles ;
de sa bouche sortait une épée aiguë à deux tranchants. Et son visage était comme le soleil quand
il brille dans sa force.
17 Lorsque je le vis, je tombai à ses pieds comme
mort. Il mit alors sa main droite sur moi et dit : Ne
18 crains pas ; moi, je suis le premier et le dernier, et
le vivant ; et j'ai été mort, et voici je suis vivant aux
siècles des siècles ; et je tiens les clefs de la mort et
19 de l'hadès°. Écris donc les choses que tu as vues, et
les choses qui sont, et les choses qui doivent arri-
20 ver après celles-ci. Quant au mystère° des sept
étoiles que tu as vues dans ma main droite, et des
sept lampes d'or : les sept étoiles sont les anges[b]
des sept assemblées°, et les sept lampes sont sept
assemblées.

2 À l'ange[c] de l'assemblée° qui est à Éphèse,
écris : Voici ce que dit celui qui tient les sept étoiles dans sa main droite, qui marche au milieu des
sept lampes d'or :
2 Je connais tes œuvres, ton travail, ta patience, et je
sais que tu ne peux pas supporter les méchants ; tu

---

a• *les sept villes principales de la province romaine d'Asie°, en commençant par la capitale (ouest de l'actuelle Turquie).* – b• *voir* 2. 1 *et note.* – c• ange *ou* : messager, *ou aussi : celui qui représente ; de même* v. 8, 12, 18 ; 3. 1, 7, 14.

as mis à l'épreuve ceux qui se disent apôtres° et ne
le sont pas, et tu les as trouvés menteurs ; tu as de 3
la patience, tu as supporté des afflictions pour mon
nom, et tu ne t'es pas lassé ; mais j'ai contre toi que 4
tu as abandonné ton premier amour. Souviens-toi 5
donc d'où tu es tombé : repens-toi, et fais les premières œuvres ; sinon, je viens à toi et j'ôterai ta
lampe de son lieu, à moins que tu ne te repentes.
Mais tu as pour toi que tu hais les œuvres des Ni- 6
colaïtes, œuvres que je hais moi aussi.

Que celui qui a des oreilles écoute ce que l'Esprit 7
dit aux assemblées. À celui qui vaincra, je donnerai
de manger de l'arbre de vie qui est dans le paradis
de Dieu.

À l'ange de l'assemblée° qui est à Smyrne, écris : 8
Voici ce que dit le premier et le dernier, qui a été
mort et qui a repris vie :
Je connais ta tribulation[a], ta pauvreté (pourtant tu 9
es riche), et l'outrage de ceux qui se disent Juifs ; et
ils ne le sont pas, mais ils sont la synagogue de Satan. Ne crains en aucune manière ce que tu vas 10
souffrir. Voici, le diable va jeter quelques-uns d'entre vous en prison, afin que vous soyez éprouvés :
et vous aurez une tribulation de dix jours. Sois fidèle jusqu'à la mort[b] et je te donnerai la couronne
de vie.

Que celui qui a des oreilles écoute ce que l'Esprit 11
dit aux assemblées. Celui qui vaincra n'aura pas à
souffrir de la seconde mort[c].

À l'ange de l'assemblée° qui est à Pergame, 12
écris : Voici ce que dit celui qui a l'épée aiguë à
deux tranchants :
Je sais où tu habites, là où est le trône de Satan ; et 13
tu tiens ferme mon nom, et tu n'as pas renié ma
foi, même dans les jours où Antipas était mon fidèle témoin, lui qui a été mis à mort parmi vous,
là où Satan habite. Mais j'ai quelques choses 14
contre toi : c'est que tu as là des gens qui s'atta-

---

a• ta souffrance (Romains 5. 3, *et note.*) – b• *c.-à-d.* : jusqu'à donner ta vie, *s'il le faut.* – c• *voir* 20. 6, 14 ; 21. 8.

chent à la doctrine de Balaam, qui enseignait à Ba-
lac à jeter une pierre d'achoppement° devant les
fils d'Israël, pour qu'ils mangent ce qui est sacrifié
aux idoles et pour qu'ils commettent la fornica-
15 tion°. Ainsi tu en as, toi aussi, qui s'attachent de
16 même à la doctrine des Nicolaïtes. Repens-toi
donc ; sinon je viens à toi rapidement, et je com-
battrai contre eux avec l'épée de ma bouche.

17 Que celui qui a des oreilles écoute ce que l'Esprit
dit aux assemblées. À celui qui vaincra, je donnerai
de la manne cachée, et je lui donnerai un caillou
blanc[a] avec, sur le caillou, un nouveau nom écrit
que personne ne connaît, sinon celui qui le reçoit.

18 À l'ange de l'assemblée° qui est à Thyatire,
écris : Voici ce que dit le Fils de Dieu, qui a les
yeux comme une flamme de feu, et dont les pieds
sont semblables à de l'airain brillant :
19 Je connais tes œuvres, ton amour, ta foi, ton service, ta patience, et tes dernières œuvres qui dé-
20 passent les premières. Mais j'ai contre toi que tu
laisses faire la femme Jézabel qui se dit prophétesse : elle enseigne et égare mes esclaves en les
entraînant à commettre la fornication° et à man-
21 ger ce qui est sacrifié aux idoles. Je lui ai donné du
temps pour se repentir° ; mais elle ne veut pas se
22 repentir de sa fornication°. Voici, je la jette sur un
lit, et ceux qui commettent l'adultère avec elle,
dans une grande tribulation, à moins qu'ils ne se
23 repentent° de ses œuvres ; et je frapperai de mort
ses enfants ; ainsi toutes les assemblées° reconnaî-
tront que c'est moi qui sonde les reins et les
cœurs ; et je vous donnerai à chacun selon vos œuvres.
24 Mais à vous, aux autres qui sont à Thyatire, à tous
ceux qui n'ont pas cette doctrine, qui n'ont pas
connu, comme ils disent, les profondeurs de Satan,
je dis : Je ne vous impose pas d'autre charge ; seule-
25 ment, ce que vous avez, tenez-le ferme jusqu'à ce
26 que je vienne. Celui qui vaincra et celui qui gar-

---

a• *suffrage d'approbation, selon la coutume des Grecs.*

dera mes œuvres jusqu'à la fin, je lui donnerai autorité sur les nations° ; il les fera paître avec une 27
verge de fer, comme sont brisés les vases de pote-
rie, comme moi aussi j'en ai reçu pouvoir de mon
Père ; et je lui donnerai l'étoile du matin[a]. 28
Que celui qui a des oreilles écoute ce que l'Esprit 29
dit aux assemblées°.

À l'ange de l'assemblée° qui est à Sardes, écris : **3**
Voici ce que dit celui qui a les sept Esprits de Dieu
et les sept étoiles :
Je connais tes œuvres, je sais que tu as le nom de
vivre, – et tu es mort. Sois vigilant et affermis ce 2
qui reste, qui est près de mourir, car je n'ai pas
trouvé tes œuvres parfaites devant mon Dieu.
Souviens-toi donc comment tu as reçu et entendu ; 3
garde-le, et repens-toi. Mais si tu ne veilles pas, je
viendrai sur toi comme un voleur, et tu ne sauras
pas à quelle heure je viendrai sur toi. Toutefois tu 4
en as quelques-uns à Sardes qui n'ont pas souillé
leurs vêtements ; et ils marcheront avec moi en vêtements blancs, car ils en sont dignes.
Celui qui vaincra, celui-là sera vêtu de vêtements 5
blancs ; je n'effacerai pas son nom du livre de vie,
et je reconnaîtrai son nom[b] devant mon Père et
devant ses anges.
Que celui qui a des oreilles écoute ce que l'Esprit 6
dit aux assemblées.
À l'ange de l'assemblée° qui est à Philadelphie, 7
écris : Voici ce que dit le Saint, le Véritable, celui
qui a la clef de David, celui qui ouvre et personne
ne fermera, qui ferme et personne n'ouvrira :
Je connais tes œuvres. Voici, j'ai mis devant toi 8
une porte ouverte que personne ne peut fermer,
car tu as peu de force, et tu as gardé ma Parole et
tu n'as pas renié mon nom. Voici, je livre quel- 9
ques-uns de la synagogue de Satan qui se disent

---

a• *comp.* 2 Pierre 1. 19 ; Apocalypse 22. 16. – b• *litt.* : je confesserai son nom, *c.-à-d.* : je le reconnaîtrai comme étant à moi ; *comp.* Matthieu 10. 32.

Juifs ; et ils ne le sont pas, mais ils mentent ! Voici,
je les ferai venir se prosterner devant tes pieds, et
10 ils sauront que moi je t'ai aimé. Parce que tu as
gardé la parole de ma patience, moi aussi je te garderai de[a] l'heure de l'épreuve qui va venir sur la
terre habitée tout entière, pour éprouver ceux qui
11 habitent sur la terre. Je viens bientôt ; tiens ferme
ce que tu as, afin que personne ne prenne ta couronne.
12 Celui qui vaincra, je ferai de lui une colonne dans
le temple° de mon Dieu, et il n'en sortira plus jamais, et j'écrirai sur lui le nom de mon Dieu, et le
nom de la cité de mon Dieu, la nouvelle Jérusalem
qui descend du ciel d'auprès de mon Dieu, et mon
nouveau nom.
13 Que celui qui a des oreilles écoute ce que l'Esprit
dit aux assemblées.
14 À l'ange de l'assemblée° qui est à Laodicée,
écris : Voici ce que dit l'Amen[b], le Témoin fidèle
et véritable, le Commencement[c] de la création de
Dieu :
15 Je connais tes œuvres, je sais que tu n'es ni froid
ni bouillant. Je voudrais que tu sois ou froid ou
16 bouillant ! Ainsi, parce que tu es tiède et que tu
n'es ni froid ni bouillant, je vais te vomir de ma
17 bouche. Parce que tu dis : Je suis riche, je me suis
enrichi, je n'ai besoin de rien ; et que tu ne sais pas
que toi tu es le malheureux et misérable, pauvre,
18 aveugle et nu, – je te conseille d'acheter de moi de
l'or passé au feu afin que tu deviennes riche, et des
vêtements blancs afin que tu sois vêtu et que la
honte de ta nudité ne paraisse pas, et un collyre
19 pour oindre tes yeux afin que tu voies. Moi, je reprends et je châtie tous ceux que j'aime ; aie donc
20 du zèle et repens-toi. Voici, je me tiens à la porte
et je frappe : si quelqu'un entend ma voix et qu'il

---

a• *litt.* : hors de. – b• *voir* 2 Corinthiens 1. 19, 20, *et note*. – c• *véritable titre de Christ, ici en tant que créateur.*

ouvre la porte, j'entrerai chez lui et je souperai
avec lui, et lui avec moi[a].
Celui qui vaincra, je lui donnerai de s'asseoir avec 21
moi sur mon trône, comme moi aussi j'ai vaincu et
je me suis assis avec mon Père sur son trône.
Que celui qui a des oreilles écoute ce que l'Esprit 22
dit aux assemblées°.

Après cela, je vis : voici, une porte était ouverte **4**
dans le ciel, et la première voix que j'avais entendue, comme d'une trompette, parlant avec moi,
disait : Monte ici, et je te montrerai les choses qui
doivent arriver après celles-ci.
Sur-le-champ je fus en Esprit : voici, un trône 2
était placé dans le ciel et, sur le trône, quelqu'un
était assis ; celui qui était assis avait l'aspect d'une 3
pierre de jaspe et de sardius, et autour du trône,
un arc-en-ciel avait l'aspect d'une émeraude ; autour du trône, vingt-quatre trônes, et sur les trô- 4
nes, vingt-quatre Anciens° assis, vêtus de vêtements blancs, avec des couronnes d'or sur leurs
têtes. Du trône sortent des éclairs, des voix et des 5
tonnerres ; sept lampes de feu brûlent devant le
trône : ce sont les sept Esprits de Dieu ; et devant 6
le trône, il y a comme une mer de verre, semblable
à du cristal ; au milieu du trône et autour du trône,
quatre Vivants[b] pleins d'yeux devant et derrière.
Le premier Vivant est semblable à un lion ; le se- 7
cond Vivant est semblable à un veau ; le troisième
Vivant a un visage comme celui d'un homme ; et le
quatrième Vivant est semblable à un aigle en plein
vol. Les quatre Vivants, ayant chacun six ailes, 8
sont, tout autour et au-dedans, pleins d'yeux ; et
ils ne cessent de dire, jour et nuit : Saint, saint,
saint, Seigneur*, Dieu, Tout-puissant, Celui qui
était et qui est et qui vient.
Quand les Vivants rendront gloire et honneur et 9
action de grâces à Celui qui est assis sur le trône, à

a• *comp.* Jean 14. 23. – b• Êtres vivants, *ou* Animaux (*voir* chap. 5, 6, 7, 14, 15 *et* 19) ; *comp.* Ézéchiel 1. 4-12.

10 Celui qui vit aux siècles des siècles, les vingt-quatre
Anciens▽ se prosterneront devant Celui qui est assis sur le trône, et rendront hommage à Celui qui
vit aux siècles des siècles; et ils jetteront leurs cou-
11 ronnes devant le trône, en disant : Tu es digne, notre Seigneur et notre Dieu, de recevoir la gloire et
l'honneur et la puissance; car c'est toi qui as créé
toutes choses, et c'est à cause de ta volonté qu'elles étaient et qu'elles furent créées.

5 Alors je vis, dans la main droite de Celui qui
était assis sur le trône, un livre[a] écrit à l'intérieur
2 et à l'extérieur, scellé° de sept sceaux. Et je vis un
ange puissant qui proclamait d'une voix forte : Qui
est digne d'ouvrir le livre et d'en rompre les
3 sceaux? Mais personne, ni dans le ciel, ni sur la
terre, ni au-dessous de la terre, ne pouvait ouvrir
4 le livre ni le regarder. Et moi, je pleurais beaucoup, parce que personne n'était trouvé digne
5 d'ouvrir le livre ni de le regarder. Mais l'un des An-
ciens▽ me dit : Ne pleure pas; voici, le lion qui est
de la tribu de Juda, la racine de David, a vaincu
pour ouvrir le livre et ses sept sceaux.
6 Et je vis, au milieu du trône et des quatre Vivants, et au milieu des Anciens▽, un agneau qui se
tenait là, comme immolé, ayant sept cornes et sept
yeux, qui sont les sept Esprits de Dieu, envoyés sur
7 toute la terre. Il vint et prit le livre de la main
8 droite de Celui qui était assis sur le trône. Lorsqu'il
eut pris le livre, les quatre Vivants et les vingt-quatre Anciens▽ se prosternèrent devant l'Agneau,
ayant chacun une harpe et des coupes d'or pleines
9 de parfums, qui sont les prières des saints°. Et ils
chantent un cantique nouveau, disant : Tu es
digne de prendre le livre et d'en ouvrir les sceaux;
car tu as été immolé, et tu as acheté pour Dieu par
ton sang, de toute tribu, et langue, et peuple, et
10 nation; et tu les as faits rois et sacrificateurs° pour
notre Dieu, et ils régneront sur la terre.

---

a• *Le livre se présente sous la forme d'un rouleau; voir* 6. 14.

Alors je vis ; et j'entendis une voix de beaucoup 11
d'anges autour du trône et des Vivants et des An-
ciens▽ ; leur nombre était des myriades de myriades et des milliers de milliers, disant d'une voix 12
forte : Digne est l'Agneau qui a été immolé de recevoir la puissance, et richesse, et sagesse, et force,
et honneur, et gloire, et bénédiction.

Et toutes les créatures qui sont dans le ciel, sur 13
la terre, au-dessous de la terre, sur la mer, et tout
ce qui s'y trouve, je les entendis déclarer : À Celui
qui est assis sur le trône et à l'Agneau, la bénédiction, et l'honneur, et la gloire, et la force, aux siècles des siècles ! Les quatre Vivants disaient : 14
Amen ! Et les Anciens▽ se prosternèrent et rendirent hommage.

Et je vis, lorsque l'Agneau ouvrit l'un des sept **6**
sceaux, et j'entendis l'un des quatre Vivants dire
comme une voix de tonnerre : Viens ![a] Et je vis : 2
voici un cheval blanc ; celui qui le montait avait
un arc ; une couronne lui fut donnée, et il sortit en
vainqueur et pour vaincre.

Lorsqu'il ouvrit le deuxième sceau, j'entendis le 3
deuxième Vivant dire : Viens ! Alors sortit un autre 4
cheval, roux. À celui qui le montait, il fut donné
d'ôter la paix de la terre, et de faire que les hommes s'entre-tuent ; et une grande épée lui fut donnée.

Lorsqu'il ouvrit le troisième sceau, j'entendis le 5
troisième Vivant dire : Viens ! Et je vis : voici un
cheval noir ; celui qui le montait tenait une ba-
lance à la main. Et j'entendis comme une voix, au 6
milieu des quatre Vivants, qui disait : Une mesure°
de froment pour un denier°, trois mesures d'orge
pour un denier ; mais ne nuis pas à l'huile ni au
vin.

Lorsqu'il ouvrit le quatrième sceau, j'entendis la 7
voix du quatrième Vivant dire : Viens ! Et je vis : 8
voici un cheval livide ; le nom de celui qui le mon-

---

a • *appel adressé à chaque cavalier* (v. 3, 5-7).

tait est : la Mort ; Hadès° venait à sa suite ; et pouvoir lui fut donné sur le quart de la terre, pour tuer
avec l'épée, par la famine, par la peste, et par les
bêtes sauvages de la terre.
9 Lorsqu'il ouvrit le cinquième sceau, je vis sous
l'autel les âmes° de ceux qui avaient été égorgés
pour la parole de Dieu et pour le témoignage
10 qu'ils avaient rendu. Elles criaient d'une voix
forte : Jusqu'à quand, ô Souverain, saint et véritable, ne juges-tu pas et ne venges-tu pas notre
11 sang sur ceux qui habitent sur la terre ? Alors il
leur fut donné à chacun une longue robe blanche ;
et il leur fut dit de se reposer encore un peu de
temps, jusqu'à ce que soient au complet aussi bien
leurs compagnons de service que leurs frères qui
devaient être mis à mort comme eux.
12 Et je vis, lorsqu'il ouvrit le sixième sceau, qu'il se
fit un grand tremblement de terre ; le soleil devint
noir comme un sac de poil, et la lune devint tout
13 entière comme du sang ; les étoiles du ciel tombèrent sur la terre, comme un figuier jette loin ses figues tardives quand il est agité par un grand vent.
14 Le ciel se retira comme un livre qui s'enroule,
toute montagne et toute île furent transportées
15 de leur place. Et les rois de la terre, les grands, les
chefs militaires, les riches, les forts, tout esclave et
tout homme libre se cachèrent dans les cavernes et
16 dans les rochers des montagnes. Et ils disent aux
montagnes et aux rochers : Tombez sur nous et te-
nez-nous cachés de la face de Celui qui est assis sur
17 le trône et de la colère de l'Agneau ; car le grand
jour de sa colère est venu, et qui peut subsister ?

7 Après cela, je vis quatre anges debout aux quatre coins de la terre ; ils retenaient les quatre vents
de la terre, afin qu'aucun vent ne souffle sur la
2 terre, ni sur la mer, ni sur aucun arbre. Et je vis un
autre ange qui montait de l'orient, ayant le sceau
du Dieu vivant ; il cria d'une voix forte aux quatre
anges auxquels il avait été donné de nuire à la

terre et à la mer : Ne nuisez pas à la terre, ni à la 3
mer, ni aux arbres, jusqu'à ce que nous ayons
scellé° au front les esclaves de notre Dieu. J'entendis le nombre de ceux qui étaient scellés : cent 4
quarante-quatre mille scellés de toute tribu des fils
d'Israël ; de la tribu de Juda, douze mille scellés ; de 5
la tribu de Ruben, douze mille ; de la tribu de Gad,
douze mille ; de la tribu d'Aser, douze mille ; de la 6
tribu de Nephthali, douze mille ; de la tribu de Manassé, douze mille ; de la tribu de Siméon, douze 7
mille ; de la tribu de Lévi, douze mille ; de la tribu
d'Issacar, douze mille ; de la tribu de Zabulon, 8
douze mille ; de la tribu de Joseph, douze mille ;
de la tribu de Benjamin, douze mille scellés.

Après cela, je vis : voici, une grande foule que 9
personne ne pouvait dénombrer, de toute nation
et toutes tribus, peuples et langues ; ils se tenaient
devant le trône et devant l'Agneau, vêtus de longues robes blanches, avec des palmes dans la
main. Ils crient d'une voix forte : Le salut est à no- 10
tre Dieu qui est assis sur le trône, et à l'Agneau.
Tous les anges se tenaient autour du trône, des An- 11
ciens° et des quatre Vivants ; ils tombèrent sur
leurs faces devant le trône et rendirent hommage
à Dieu, en disant : Amen ! La bénédiction, et la 12
gloire, et la sagesse, et l'action de grâces, et l'honneur, et la puissance, et la force, à notre Dieu, aux
siècles des siècles ! Amen.

L'un des Anciens° prit alors la parole et me dit : 13
Ceux-là, vêtus de longues robes blanches, qui sont-
ils et d'où sont-ils venus ? Je lui dis : Mon seigneur, 14
tu le sais. Il me dit : Ce sont ceux qui viennent de
la grande tribulation ; ils ont lavé leurs robes et les
ont blanchies dans le sang de l'Agneau. C'est pour- 15
quoi ils sont devant le trône de Dieu et le servent°
jour et nuit dans son temple° ; et Celui qui est assis
sur le trône dressera sa tente sur eux. Ils n'auront 16
plus faim, ils n'auront plus soif, et le soleil ne les
frappera pas ni aucune chaleur, parce que 17
l'Agneau qui est au milieu du trône les fera paître

et les conduira aux fontaines des eaux de la vie ; et
Dieu essuiera toute larme de leurs yeux.

8 Lorsqu'il ouvrit le septième sceau, il se fit un si-
2 lence au ciel d'environ une demi-heure. Et je vis
les sept anges qui se tiennent devant Dieu ; sept
trompettes leur furent données.
3 Un autre ange vint et se tint debout devant l'autel ;
il avait un encensoir d'or, et beaucoup de parfums
lui furent donnés pour donner efficace aux prières
de tous les saints°, sur l'autel d'or qui est devant le
4 trône. Alors la fumée des parfums monta avec les
prières des saints, de la main de l'ange, devant
5 Dieu. Puis l'ange prit l'encensoir, le remplit du
feu de l'autel, et jeta le feu sur la terre ; il y eut
alors des voix, des tonnerres, des éclairs et un
tremblement de terre.
6 Puis les sept anges qui avaient les sept trompettes se préparèrent pour sonner de la trompette.
7 Le premier sonna de la trompette : il y eut alors de
la grêle et du feu, mêlés de sang, qui furent jetés
sur la terre ; le tiers de la terre fut brûlé ; le tiers
des arbres fut brûlé, et toute herbe verte fut brûlée.
8 Le deuxième ange sonna de la trompette : une
sorte de grande montagne toute en feu fut jetée
9 dans la mer ; le tiers de la mer devint du sang, le
tiers des créatures qui étaient dans la mer et qui
avaient vie mourut, et le tiers des navires fut détruit.
10 Le troisième ange sonna de la trompette : il tomba
du ciel une grande étoile, brûlant comme une tor-
che ; elle tomba sur le tiers des fleuves et sur les
11 sources des eaux. Le nom de l'étoile est Absinthe ;
le tiers des eaux devint absinthe, et beaucoup
d'hommes moururent des eaux, parce qu'elles
avaient été rendues amères.
12 Le quatrième ange sonna de la trompette : le tiers
du soleil fut frappé, ainsi que le tiers de la lune et
le tiers des étoiles, afin que le tiers de ces astres

soit obscurci, que le jour perde le tiers de sa clarté,
et la nuit de même.
Et je vis : j'entendis un aigle qui volait en plein 13
ciel, disant d'une voix forte : Malheur, malheur,
malheur à ceux qui habitent sur la terre, à cause
des autres sons de trompette des trois anges qui
vont sonner de la trompette !

Le cinquième ange sonna de la trompette : je vis **9**
une étoile tombée du ciel sur la terre, et la clef du
puits de l'abîme lui fut donnée ; alors elle ouvrit le 2
puits de l'abîme, et du puits monta une fumée
comme la fumée d'une grande fournaise ; le soleil
et l'air furent obscurcis par la fumée du puits. De 3
la fumée, sortirent sur la terre des sauterelles ; il
leur fut donné un pouvoir semblable au pouvoir
qu'ont les scorpions de la terre. Et il leur fut dit de 4
ne nuire ni à l'herbe de la terre, ni à aucune ver-
dure, ni à aucun arbre, mais seulement aux hommes qui n'ont pas le sceau de Dieu sur leur front[a].
Il fut donné à ces sauterelles, non pas de les tuer, 5
mais qu'ils soient tourmentés pendant cinq mois ;
leur tourment est comme le tourment du scorpion, quand il frappe l'homme°. En ces jours-là, 6
les hommes chercheront la mort et ne la trouveront pas ; ils désireront mourir, et la mort fuit loin
d'eux.
L'aspect des sauterelles était comme celui de che- 7
vaux préparés pour le combat ; sur leurs têtes, il y
avait comme des couronnes semblables à de l'or ;
et leurs faces étaient comme des faces d'homme ;
elles avaient des cheveux comme des cheveux de 8
femme, et leurs dents étaient comme des dents de
lion ; elles avaient des cuirasses comme des cuiras- 9
ses de fer, et le bruit de leurs ailes était comme le
bruit de chars à plusieurs chevaux courant au combat ; elles ont des queues comme des scorpions, 10
avec des aiguillons, et leur pouvoir est dans leurs
queues, pour nuire aux hommes pendant cinq

---

a• *voir* 7. 3.

11 mois. Elles ont sur elles un roi, l'ange de l'abîme,
dont le nom est en hébreu : Abaddon[a], et en grec
il se nomme : Apollyon[b].
12 Le premier malheur est passé ; voici, deux malheurs arrivent encore après cela.
13 Le sixième ange sonna de la trompette : j'entendis
une voix sortant des quatre cornes de l'autel d'or
14 qui était devant Dieu ; elle disait au sixième ange
qui avait la trompette : Délie les quatre anges qui
15 sont liés sur le grand fleuve Euphrate. Alors les
quatre anges qui étaient préparés pour l'heure, le
jour, le mois et l'année furent déliés, afin de tuer
16 le tiers des hommes. Le nombre des armées de la
cavalerie était de deux myriades de myriades[c] :
j'en entendis le nombre.
17 C'est ainsi que dans la vision m'apparurent les chevaux et ceux qui les montaient : ils avaient des cuirasses de feu, d'hyacinthe et de soufre ; les têtes
des chevaux étaient comme des têtes de lions ; de
leurs bouches sortent du feu, de la fumée, et du
18 soufre. Par ces trois fléaux le tiers des hommes fut
tué : par le feu, la fumée et le soufre qui sortent de
19 leur bouche ; le pouvoir des chevaux est en effet
dans leur bouche et dans leurs queues ; car leurs
queues sont semblables à des serpents ayant des
têtes, et par elles ils nuisent.
20 Le reste des hommes qui n'avaient pas été tués par
ces plaies ne se repentirent° pas des œuvres de
leurs mains et ne cessèrent pas de rendre hommage aux démons° et aux idoles d'or, d'argent, de
bronze, de pierre et de bois, qui ne peuvent ni
21 voir, ni entendre, ni marcher ; et ils ne se repenti-
rent pas de leurs meurtres, ni de leur magie, ni de
leur fornication°, ni de leurs vols.

10 Puis je vis un autre ange puissant qui descendait du ciel, revêtu d'une nuée, avec l'arc-en-ciel sur la tête, le visage comme le soleil, et les pieds

a• Destruction. – b• Destructeur. – c• *environ deux cents millions (une myriade = 10 000).*

comme des colonnes de feu ; il avait dans la main 2
un petit livre ouvert. Il posa le pied droit sur la
mer et le gauche sur la terre ; puis il cria d'une 3
voix forte, comme un lion rugit. Quand il eut crié,
les sept tonnerres firent entendre leurs propres
voix. Quand les sept tonnerres eurent parlé, j'allais 4
écrire ; mais j'entendis une voix venant du ciel qui
disait : Scelle° les paroles que les sept tonnerres
ont prononcées, et ne les écris pas.
Alors l'ange que j'avais vu debout sur la mer et sur 5
la terre leva la main droite vers le ciel, et jura par 6
Celui qui vit aux siècles des siècles (qui a créé le
ciel et ce qui s'y trouve, la terre et ce qui s'y
trouve, la mer et ce qui s'y trouve) qu'il n'y aurait
plus de délai, mais qu'aux jours° de la voix du sep- 7
tième ange, quand il serait sur le point de sonner
de la trompette, le mystère° de Dieu aussi se ter-
minerait, comme il en avait annoncé la bonne
nouvelle à ses esclaves les prophètes.
La voix que j'avais entendue venant du ciel 8
s'adressa de nouveau à moi, et dit : Va prendre le
petit livre qui est ouvert, dans la main de l'ange
qui se tient sur la mer et sur la terre. Je m'en allai 9
vers l'ange, lui disant de me donner le petit livre. Il
me dit : Prends-le et dévore-le ; il remplira ton ventre d'amertume, mais dans ta bouche il sera doux
comme du miel. Je pris le petit livre de la main de 10
l'ange et je le dévorai ; il était dans ma bouche
doux comme du miel ; mais quand je l'eus mangé,
mon ventre fut rempli d'amertume. Alors il me fut 11
dit : Il faut que tu prophétises de nouveau sur des
peuples, des nations°, des langues et beaucoup de
rois.

Puis il me fut donné un roseau semblable à **11**
une canne à mesurer, et il me fut dit : Lève-toi et
mesure le temple° de Dieu, l'autel, et ceux qui y
adorent ; mais le parvis, qui est à l'extérieur du 2
temple°, laisse-le de côté et ne le mesure pas, car

il a été donné aux nations°, et elles fouleront aux
pieds la cité sainte pendant quarante-deux mois[a].
3 Et je donnerai puissance à mes deux témoins, et ils
prophétiseront mille deux cent soixante jours, vê-
4 tus de sacs : ce sont les deux oliviers et les deux
lampes qui se tiennent devant le Seigneur de la
5 terre. Si quelqu'un veut leur nuire, du feu sort de
leur bouche et dévore leurs ennemis : et si quelqu'un voulait leur nuire, c'est ainsi qu'il doit être
6 mis à mort. Ils ont le pouvoir de fermer le ciel,
afin qu'il ne tombe point de pluie durant les jours
de leur prophétie ; et ils ont pouvoir sur les eaux
pour les changer en sang, et pour frapper la terre
de toutes sortes de plaies, toutes les fois qu'ils le
7 voudront. Puis, quand ils auront achevé leur témoignage, la Bête qui monte de l'abîme[b] leur fera
8 la guerre, les vaincra et les mettra à mort ; leur
corps sera étendu sur la place de la grande ville
qui est appelée au sens spirituel Sodome et
Égypte, là où leur Seigneur a été crucifié.
9 Ceux des peuples, des tribus, des langues et des na-
tions° voient leurs corps durant trois jours et
demi, mais ils ne permettent pas que leurs corps
10 soient mis dans un tombeau. Ceux qui habitent
sur la terre se félicitent à leur sujet et font des ré-
jouissances ; ils s'enverront des présents les uns
aux autres, parce que ces deux prophètes tour-
11 mentaient ceux qui habitent sur la terre. Mais
après les trois jours et demi, l'esprit de vie venant
de Dieu entra en eux, et ils se tinrent sur leurs
pieds ; alors une grande frayeur tomba sur ceux
12 qui les contemplaient. Et j'entendis une grande
voix venant du ciel qui leur disait : Montez ici.
Alors ils montèrent au ciel dans la nuée, et leurs
13 ennemis les contemplèrent. À cette heure-là, il y
eut un grand tremblement de terre ; la dixième
partie de la ville tomba, et sept mille personnes pé-
rirent dans le tremblement de terre ; ceux qui res-

---

a • 42 *mois de* 30 *jours* = 1 260 *jours* (v. 3) *ou* 3 *ans et demi.* –
b • *voir* 13. 7 ; 17. 8.

taient furent épouvantés et donnèrent gloire au
Dieu du ciel.
Le deuxième malheur est passé ; voici, le troi- 14
sième malheur vient rapidement.
Le septième ange sonna de la trompette ; il y eut 15
dans le ciel de grandes voix qui disaient : Le royaume du monde de notre Seigneur* et de son Christ°
est venu, et il régnera aux siècles des siècles. Alors 16
les vingt-quatre Anciens° qui sont assis devant
Dieu sur leurs trônes se prosternèrent et rendirent
hommage à Dieu en disant : Nous te rendons grâ- 17
ces, Seigneur*, Dieu, Tout-puissant, Celui qui est
et qui était, de ce que tu as pris ta grande puissance et de ce que tu es entré dans ton règne. Les 18
nations° se sont mises en colère ; mais ta colère est
venue, ainsi que le temps pour les morts d'être jugés, et pour donner la récompense à tes esclaves
les prophètes, aux saints° et à ceux qui craignent
ton nom, petits et grands, et pour détruire ceux
qui corrompent la terre.
Alors le temple° de Dieu dans le ciel fut ouvert, 19
l'arche de son alliance apparut dans son temple°,
et il y eut des éclairs, des voix, des tonnerres, un
tremblement de terre et une forte grêle.

Et un grand signe apparut dans le ciel : une **12**
femme revêtue du soleil, avec la lune sous ses
pieds, et sur sa tête une couronne de douze étoiles.
Étant enceinte, elle crie, en travail et dans de gran- 2
des douleurs pour enfanter.
Il apparut alors un autre signe dans le ciel : 3
voici, un grand dragon roux qui avait sept têtes et
dix cornes, et sur les têtes sept diadèmes ; sa queue 4
entraîne le tiers des étoiles du ciel, et elle les jeta
sur la terre. Le Dragon se tenait devant la femme
qui allait enfanter, afin de dévorer son enfant, lorsqu'elle aurait enfanté. Elle enfanta un fils mâle qui 5
doit faire paître toutes les nations° avec une verge
de fer ; puis son enfant fut enlevé vers Dieu et vers
son trône. Et la femme s'enfuit dans le désert, où 6

elle a un lieu préparé par Dieu, afin d'y être nourrie mille deux cent soixante jours[a].
7 Et il y eut un combat dans le ciel : Michel et ses
8 anges combattaient contre le Dragon. Le Dragon
combattit, ainsi que ses anges ; mais il ne fut pas le
plus fort, et il ne fut pas trouvé de place pour eux
9 dans le ciel. Et il fut précipité, le grand dragon, le
serpent ancien, celui qui est appelé diable et Satan, celui qui séduit la terre habitée tout entière –
il fut précipité sur la terre, et ses anges furent pré-
10 cipités avec lui. J'entendis alors une grande voix
dans le ciel, disant : Maintenant est venu le salut,
et la puissance, et le royaume de notre Dieu, et le
pouvoir de son Christ, car l'accusateur[b] de nos frères, qui les accusait devant notre Dieu jour et nuit,
11 a été précipité. Eux l'ont vaincu à cause du sang de
l'Agneau et à cause de la parole de leur témoignage ; et ils n'ont pas aimé leur vie, même jusqu'à
12 la mort. C'est pourquoi réjouissez-vous, cieux et
vous qui y habitez. Malheur à la terre et à la mer !
car le diable est descendu vers vous, dans une
grande fureur, sachant qu'il a peu de temps.
13 Quand le Dragon vit qu'il avait été précipité sur
la terre, il persécuta la femme qui avait enfanté le
14 fils mâle. Mais les deux ailes du grand aigle furent
données à la femme, afin qu'elle s'envole dans le
désert, vers son refuge, où elle est nourrie un
temps, des temps et la moitié d'un temps[c], loin de
15 la face du serpent. Alors le serpent lança de sa bouche de l'eau, comme un fleuve, après la femme,
16 pour la faire emporter par le fleuve ; mais la terre
vint en aide à la femme ; et la terre ouvrit sa bouche et engloutit le fleuve que le Dragon avait lancé
17 de sa bouche. Et le Dragon fut irrité contre la
femme ; il alla faire la guerre contre le reste° de la
descendance de la femme, ceux qui gardent les

---

a• *voir* 11. 2, *et note.* – b• diable *signifie en grec* : celui qui calomnie, accuse ; *comp.* Zacharie 3. 1. – c• *allusion aux trois ans et demi de* 11. 2 (*note*) *et* 12. 6 ; *comp.* Daniel 7. 25 ; 12. 7.

commandements de Dieu et qui ont le témoignage de Jésus.
Alors je me tins sur le sable de la mer. 18

Et je vis monter de la mer une bête[a] qui avait **13**
dix cornes et sept têtes ; sur ses cornes dix diadèmes, et sur ses têtes des noms de blasphèmes. La 2
Bête que je vis était semblable à un léopard, ses
pattes comme celles d'un ours, et sa gueule
comme une gueule de lion ; le Dragon lui donna
sa puissance et son trône, et un grand pouvoir. Je 3
vis l'une de ses têtes comme frappée à mort, mais
sa plaie mortelle avait été guérie ; et la terre tout
entière était pleine d'admiration pour la Bête. Ils 4
rendirent hommage au Dragon, parce qu'il avait
donné le pouvoir à la Bête ; et ils rendirent hommage à la Bête en disant : Qui est semblable à la
Bête, et qui peut combattre contre elle ? Il lui fut 5
donné une bouche qui proférait des paroles violentes et des blasphèmes ; et il lui fut donné le pouvoir d'agir pendant quarante-deux mois. Elle ou- 6
vrit sa bouche en blasphèmes contre Dieu, pour
blasphémer son nom, son habitation, et ceux qui
habitent dans le ciel. Il lui fut donné de faire la 7
guerre aux saints° et de les vaincre. Il lui fut aussi
donné pouvoir sur toute tribu, peuple, langue et
nation : Tous ceux qui habitent sur la terre, dont 8
le nom n'a pas été écrit, dès la fondation du
monde, dans le livre de vie de l'Agneau immolé[b],
lui rendront hommage.
Si quelqu'un a des oreilles, qu'il écoute ! Si quel- 9
qu'un mène en captivité, il ira en captivité ; si quel- 10
qu'un tue avec l'épée, il faut qu'il soit tué par
l'épée. C'est ici la patience et la foi des saints°.

Je vis aussi une autre bête montant de la terre ; 11
elle avait deux cornes comme un agneau ; mais
elle parlait comme un dragon. Elle exerce tout le 12
pouvoir de la première Bête devant elle, et fait
que la terre et ceux qui habitent sur elle rendent

a • *mot employé pour une bête sauvage.* – b • *voir* 5. 6 ; 21. 27.

hommage à la première Bête dont la plaie mor-
13 telle avait été guérie. Elle accomplit de grands miracles, au point même de faire descendre le feu du
14 ciel sur la terre, devant les hommes. Et elle séduit
ceux qui habitent sur la terre, à cause des miracles
qu'il lui a été donné d'accomplir devant la Bête, disant à ceux qui habitent sur la terre de faire une
image à la Bête qui a la plaie de l'épée et qui a re-
15 pris vie. Et il lui a été permis de donner la respiration à l'image de la Bête, afin que l'image de la
Bête parle même, et qu'elle fasse que tous ceux
qui ne rendraient pas hommage à l'image de la
16 Bête soient mis à mort. Elle fait aussi qu'à tous, petits et grands, riches et pauvres, hommes libres et
esclaves, on donne une marque sur la main droite
17 ou sur le front, et que personne ne puisse acheter
ou vendre, sinon celui qui a la marque, le nom de
18 la Bête, ou le nombre de son nom. Ici est la sagesse : que celui qui a de l'intelligence compte le
nombre de la Bête, car c'est un nombre d'homme ;
et son nombre est six cent soixante-six.

14 Et je vis : voici l'Agneau se tenait sur la montagne de Sion, et avec lui cent quarante-quatre
mille, qui avaient son nom et le nom de son Père
2 écrits sur leur front. J'entendis une voix venant du
ciel, comme une voix de grandes eaux et comme
une voix d'un fort tonnerre ; la voix que j'entendis
ressemblait au son des joueurs de harpe, jouant de
3 leurs harpes ; et ils chantent un cantique nouveau
devant le trône, devant les quatre Vivants et les
Anciens▽. Mais personne ne pouvait apprendre le
cantique, sinon les cent quarante-quatre mille qui
4 ont été achetés de la terre. Ceux-là ne se sont pas
souillés avec les femmes, car ils sont vierges ; ceux-
là suivent l'Agneau où qu'il aille ; ceux-là ont été
achetés d'entre les hommes, des prémices° pour
5 Dieu et pour l'Agneau. Il n'a pas été trouvé de
mensonge dans leur bouche : ils sont irréprochables.

Puis je vis un ange volant en plein ciel, ayant 6
l'évangile° éternel pour l'annoncer à ceux qui
sont établis sur la terre, et à toute nation, tribu,
langue et peuple. Il disait d'une voix forte : Crai- 7
gnez Dieu et donnez-lui gloire, car l'heure de son
jugement est venue ; rendez hommage à celui qui
a fait le ciel et la terre, la mer et les sources d'eaux.

Un autre, un deuxième ange, suivit, disant : Elle 8
est tombée, elle est tombée, Babylone la grande
qui, du vin de la fureur de sa fornication°, a fait
boire à toutes les nations°.

Puis un autre, un troisième ange, les suivit, di- 9
sant d'une voix forte : Si quelqu'un rend hommage à la Bête et à son image, et reçoit une
marque sur le front ou sur la main, lui aussi boira 10
du vin de la fureur de Dieu, versé sans mélange
dans la coupe de sa colère ; il sera tourmenté dans
le feu et le soufre devant les saints anges et devant
l'Agneau. La fumée de leur tourment monte aux 11
siècles des siècles ; et ils n'ont de repos ni jour ni
nuit, ceux qui rendent hommage à la Bête et à son
image, et quiconque reçoit la marque de son nom.
C'est ici la patience des saints°, ceux qui gardent 12
les commandements de Dieu et la foi en Jésus.

J'entendis alors une voix venant du ciel qui di- 13
sait : Écris : Bienheureux les morts qui meurent
dans le Seigneur, dorénavant. Oui, dit l'Esprit,
qu'ils se reposent de leurs travaux, car leurs œuvres les suivent.

Puis je vis : voici une nuée blanche, et sur la 14
nuée quelqu'un était assis, semblable au Fils de
l'homme ; il avait sur la tête une couronne d'or et
dans la main une faucille tranchante. Un autre 15
ange sortit du temple° et cria d'une voix forte à celui qui était assis sur la nuée : Lance ta faucille et
moissonne ; car l'heure de moissonner est venue,
parce que la moisson de la terre est desséchée.
Alors celui qui était assis sur la nuée jeta sa faucille 16
sur la terre, et la terre fut moissonnée.

17 Un autre ange sortit du temple° qui est dans le
18 ciel ; il tenait lui aussi une faucille tranchante. Un
autre ange, qui avait pouvoir sur le feu, sortit de
l'autel et, d'une voix forte, cria à celui qui avait la
faucille tranchante : Lance ta faucille tranchante
et vendange les grappes de la vigne de la terre, car
19 ses raisins ont mûri. Alors l'ange jeta sa faucille sur
la terre, vendangea la vigne de la terre, et jeta les
grappes dans la grande cuve du courroux de Dieu.
20 La cuve fut foulée hors de la ville ; et de la cuve
sortit du sang jusqu'aux mors des chevaux, sur un
espace de mille six cents stades.

15 Et je vis dans le ciel un autre signe, grand et
merveilleux : sept anges, qui avaient sept plaies,
les dernières ; car en elles le courroux de Dieu est
accompli.
2 Je vis comme une mer de verre, mêlée de feu, et
ceux qui avaient remporté la victoire sur la Bête,
sur son image et sur le nombre de son nom : ils se
tenaient debout sur la mer de verre, avec des har-
3 pes de Dieu. Et ils chantent le cantique de Moïse,
esclave de Dieu, et le cantique de l'Agneau ; ils disent : Grandes et merveilleuses sont tes œuvres,
Seigneur*, Dieu, Tout-puissant ! Justes et vérita-
4 bles sont tes voies, ô Roi des nations ! Qui ne te
craindrait, Seigneur*, et qui ne glorifiera pas ton
nom ? car seul tu es saint ; toutes les nations° viendront se prosterner devant toi, parce que tes justes
actes ont été manifestés.
5 Après cela je vis : le temple° du tabernacle du
6 témoignage dans le ciel fut ouvert. Les sept anges
qui avaient les sept plaies sortirent du temple°, vêtus de lin pur et éclatant, et ceints°, à la poitrine,
7 de ceintures d'or. L'un des quatre Vivants donna
aux sept anges sept coupes d'or, pleines du cour-
8 roux de Dieu qui vit aux siècles° des siècles. Le
temple° fut rempli de la fumée qui venait de la
gloire de Dieu et de sa puissance ; et personne ne

pouvait entrer dans le temple°, jusqu'à ce que les sept plaies des sept anges soient accomplies.

Puis j'entendis une grande voix venant du **16**
temple°, qui disait aux sept anges : Allez, et versez
sur la terre les sept coupes du courroux de Dieu.
Le premier alla verser sa coupe sur la terre ; alors 2
un ulcère mauvais et malin° vint sur les hommes
qui avaient la marque de la Bête et sur ceux qui
rendaient hommage à son image.
Le deuxième versa sa coupe sur la mer : elle devint 3
du sang, comme d'un corps mort ; et tout ce qui
avait vie dans la mer mourut.
Le troisième versa sa coupe sur les fleuves et sur les 4
sources des eaux : ils devinrent du sang. J'entendis 5
alors l'ange des eaux qui disait : Tu es juste, toi qui
es et qui étais, toi le Saint, parce que tu as jugé
ainsi ; car ils ont versé le sang des saints° et des 6
prophètes, et tu leur as donné du sang à boire ; ils
le méritent. Puis j'entendis l'autel qui disait : Oui, 7
Seigneur*, Dieu, Tout-puissant, véritables et justes
sont tes jugements !
Le quatrième versa sa coupe sur le soleil ; et il lui 8
fut donné de brûler les hommes par le feu : les 9
hommes furent brûlés par une chaleur intense.
Alors ils blasphémèrent le nom de Dieu qui détient le pouvoir sur ces plaies, mais ils ne se repen-
tirent° pas pour lui donner gloire.
Le cinquième versa sa coupe sur le trône de la Bê- 10
te[a] ; et son royaume devint entièrement ténébreux ; de douleur, ils se mordaient la langue, et 11
ils blasphémèrent le Dieu du ciel, à cause de leurs
douleurs et de leurs ulcères, mais ils ne se repenti-
rent pas de leurs œuvres.
Le sixième versa sa coupe sur le grand fleuve Eu- 12
phrate ; et son eau tarit, afin que soit préparée la
voie des rois qui viennent de l'orient.

---

a • *la première Bête* (13. 1-8) ; *ci-dessous,* v. 13.

13 Alors je vis sortir de la bouche du Dragon, de la
bouche de la Bête et de la bouche du faux prophète[a], trois esprits impurs°, comme des grenouilles.
14 Car ce sont des esprits de démons° faisant des miracles, qui vont vers les rois de la terre habitée tout
entière, pour les rassembler en vue du combat du
15 grand jour de Dieu le Tout-puissant. (Voici, je
viens comme un voleur. Bienheureux celui qui
veille et qui garde ses vêtements, afin qu'il ne mar-
16 che pas nu et qu'on ne voie pas sa honte.) Ils les
rassemblèrent au lieu appelé en hébreu : Arma-
guédon[b].
17 Le septième versa sa coupe dans l'air ; et il sortit
du temple° du ciel, venant du trône, une grande
18 voix qui disait : C'est fait ! Il y eut des éclairs, des
voix, des tonnerres et un grand tremblement de
terre, un tremblement de terre tel qu'il n'y en a jamais eu d'aussi grand depuis que l'homme est sur
19 la terre. La grande ville fut divisée en trois parties ;
les villes des nations° tombèrent ; et la grande Babylone vint en mémoire devant Dieu, pour qu'il
lui donne la coupe du vin de la fureur de sa colère.
20 Toute île s'enfuit, il ne se trouva plus de monta-
21 gnes. D'énormes grêlons, du poids d'un talent[c],
descendent du ciel sur les hommes ; alors les hommes blasphémèrent Dieu à cause de la plaie de la
grêle ; car cette plaie est extrêmement grande.

17 Puis l'un des sept anges qui avaient les sept
coupes vint me parler : Viens ici ; je te montrerai
la sentence de la grande prostituée qui est assise
2 sur de grandes eaux[d], avec laquelle les rois de la
terre ont commis la fornication° ; et ceux qui habi-

---

a• *"l'autre bête"* (13. 11) ; *voir* 2 Thessaloniciens 2. 3, 4, 8-10 ; Apocalypse 19. 20 ; 20. 10. – b• *ou* : Harmaguédon : montagne de Meguiddo, *nom d'une ville du pays d'Israël, au bord de la plaine de Jizréel, non loin du Carmel. Lieu de batailles* (Juges 5. 19 ; 2 Chroniques 35. 20-23). – c• *poids qu'on peut évaluer approximativement entre 35 et 50 kg.* – d• *ou* : des eaux nombreuses ; *voir* v. 15 ; *comp.* Jérémie 51. 13.

tent sur la terre ont été enivrés du vin de sa fornication.
Alors il m'emporta en esprit dans un désert : et je 3
vis une femme assise sur une Bête écarlate, pleine
de noms de blasphèmes, qui avait sept têtes et dix
cornes[a]. La femme était vêtue de pourpre et 4
d'écarlate, parée d'or, de pierres précieuses et de
perles; elle tenait dans la main une coupe d'or
pleine d'abominations, et les impuretés de sa fornication. Sur son front il y avait un nom écrit : 5
Mystère, Babylone la grande, la mère des prostituées et des abominations de la terre. Et je vis la 6
femme enivrée du sang des saints° et du sang des
témoins de Jésus; en la voyant, je fus saisi d'un
grand étonnement. L'ange me dit : Pourquoi es-tu 7
étonné ? Je te dirai, moi, le mystère° de la femme
et de la Bête qui la porte, qui a les sept têtes et les
dix cornes. La Bête que tu as vue était, et n'est pas 8
et va monter de l'abîme, puis aller à la perdition;
ceux qui habitent sur la terre, dont les noms ne
sont pas écrits dès la fondation du monde dans le
livre de vie, s'étonneront, en voyant la Bête, de ce
qu'elle était, et n'est pas, et sera présente.

C'est ici l'intelligence qui possède la sagesse : les 9
sept têtes sont sept montagnes, là où la femme est
assise; ce sont aussi sept rois : cinq sont tombés, 10
l'un est, l'autre n'est pas encore venu et, quand il
sera venu, il faut qu'il demeure pour peu de
temps. La Bête qui était et qui n'est pas, est elle 11
aussi un huitième; elle fait partie des sept, et elle
s'en va à la perdition.

Les dix cornes que tu as vues sont dix rois qui 12
n'ont pas encore reçu de royaume, mais reçoivent
pouvoir comme rois, une heure, avec la Bête.
Ceux-là ont une seule et même pensée, et ils don- 13
nent leur puissance et leur pouvoir à la Bête.
Ceux-là combattront contre l'Agneau; l'Agneau 14
les vaincra – car il est Seigneur des seigneurs et

---

a• *voir* 13. 1-4.

Roi des rois[a] – et avec lui ceux qui sont appelés, élus° et fidèles.

15 Puis il me dit : Les eaux que tu as vues, là où la
prostituée est assise, sont des peuples, des foules,
16 des nations° et des langues. Quant aux dix cornes
que tu as vues et quant à la Bête, celles-ci haïront
la prostituée, la rendront déserte et nue, mange-
17 ront sa chair et la brûleront au feu ; car Dieu a mis
dans leur cœur d'exécuter sa pensée, d'exécuter
une seule et même pensée, et de donner leur royaume à la Bête, jusqu'à ce que les paroles de Dieu
soient accomplies.
18 Et la femme que tu as vue est la grande ville qui
détient la royauté sur les rois de la terre.

18 Après cela, je vis un autre ange descendre du
ciel : il avait un grand pouvoir, et la terre fut illu-
2 minée de sa gloire. Alors il cria d'une voix puissante : Elle est tombée, elle est tombée, Babylone
la grande ! Elle est devenue la demeure de dé-
mons°, le repaire de tout esprit impur°, le repaire
3 de tout oiseau impur et exécrable ; car toutes les
nations° ont bu du vin de la fureur de sa fornica-
tion° ; les rois de la terre ont commis la fornication
avec elle, et les marchands de la terre se sont enrichis par la puissance de son luxe.
4 Puis j'entendis une autre voix venant du ciel, qui
disait : Sortez du milieu d'elle, mon peuple, afin
que vous ne participiez pas à ses péchés et que
5 vous ne receviez rien de ses plaies : car ses péchés
se sont amoncelés jusqu'au ciel, et Dieu s'est sou-
6 venu de ses iniquités°. Donnez-lui comme elle
vous a donné, et rendez-lui au double, selon ses
œuvres ; dans la coupe où elle a préparé à boire,
7 versez-lui le double. Autant elle s'est vantée et a
vécu dans le luxe, autant donnez-lui tourment et
deuil. Parce qu'elle dit dans son cœur : Je suis assise en reine, je ne suis pas veuve, et je ne verrai
8 jamais de deuil, – à cause de cela, en un seul jour

---

a• *comp.* 19. 16.

viendront ses plaies, mort, deuil et famine, et elle
sera brûlée au feu ; car il est puissant, le Seigneur*
Dieu qui l'a jugée !
Les rois de la terre qui ont commis la fornication 9
et qui ont vécu avec elle dans le luxe pleureront et
se lamenteront sur elle, quand ils verront la fumée
de son embrasement ; se tenant à distance, par 10
crainte de son tourment, ils diront : Hélas ! hélas !
la grande ville, Babylone, la ville forte ! En une
seule heure ton jugement est venu !
Et les marchands de la terre pleurent et mènent 11
deuil sur elle, parce que personne n'achète plus
leur marchandise : marchandise d'or, d'argent, de 12
pierres précieuses et de perles, de fin lin, de pourpre, de soie et d'écarlate, tout bois de senteur,
tout objet en ivoire, tout objet en bois très précieux, en bronze, en fer, en marbre ; ainsi que can- 13
nelle, amome[a], parfums, huile aromatique, encens, vin, huile, fine farine, froment, bétail, brebis,
chevaux, chariots, et des corps, et des âmes°
d'hommes. Les fruits que désirait ton âme se sont 14
éloignés de toi ; tout ce qui est opulence et splendeur a péri pour toi ; et on ne le trouvera plus jamais.
Les marchands qui se sont enrichis de ce com- 15
merce avec elle se tiendront à distance, par crainte
de son tourment ; ils pleureront, mèneront deuil et
diront : Hélas ! hélas ! la grande ville qui était vê- 16
tue de fin lin, de pourpre et d'écarlate, parée d'or,
de pierres précieuses et de perles ! En une seule 17
heure, toute cette richesse a été changée en désolation !
Et tout pilote, tout navigateur, ainsi que les marins
et ceux qui travaillent en mer se tenaient à distance ; voyant la fumée de son embrasement, ils 18
s'écrièrent : Quelle ville est semblable à la grande
ville ? Alors ils se jetèrent de la poussière sur la 19
tête et, pleurant et menant deuil, ils s'écriaient :
Hélas ! hélas ! la grande ville, dont l'opulence enri-

---

a• *plante aromatique.*

chissait tous ceux qui avaient des navires sur la
mer ! En une seule heure, elle a été dévastée !
20 Ô ciel, réjouis-toi sur elle, ainsi que vous les
saints°, les apôtres° et les prophètes ! Car Dieu a
jugé votre cause en tirant vengeance d'elle.
21 Alors un ange puissant leva une pierre, comme
une grande meule, et la jeta dans la mer, en disant : Ainsi sera jetée avec violence Babylone la
22 grande ville, et on ne la trouvera plus. Le chant
des joueurs de harpe, des musiciens, des joueurs
de flûte et de trompette, on ne l'entendra plus au
milieu de toi ; aucun artisan, d'aucun métier ne se
trouvera plus au milieu de toi ; et le bruit de la
23 meule, on ne l'entendra plus au milieu de toi. La
lumière de la lampe ne brillera plus au milieu de
toi ; la voix de l'époux et de l'épouse, on ne l'entendra plus au milieu de toi ; car tes marchands
étaient les grands de la terre ; car, par ta magie,
24 toutes les nations° ont été égarées. Et en elle a été
trouvé le sang des prophètes et des saints°, et de
tous ceux qui ont été immolés sur la terre.

19 Après cela, j'entendis comme la grande voix
d'une immense foule dans le ciel, qui disait : Alléluia ![a] Le salut et la gloire et la puissance sont à no-
2 tre Dieu ! Car ses jugements sont véritables et justes ; car il a jugé la grande prostituée qui
corrompait la terre par sa fornication°, et il a
vengé le sang de ses esclaves, le réclamant de sa
3 main. Ils dirent une deuxième fois : Alléluia[a] ! Et
4 sa fumée monte aux siècles° des siècles. Les vingt-quatre Anciens[b] et les quatre Vivants[b] se prosternèrent et rendirent hommage à Dieu qui était assis
5 sur le trône, en disant : Amen ! Alléluia[a] ! Alors
sortit du trône une voix qui disait : Louez notre
Dieu, vous tous ses esclaves et vous qui le craignez,
petits et grands.
6 Et j'entendis comme la voix d'une foule immense, comme une voix de grandes eaux, et

a • *autrement dit* : Louez l'Éternel ! – b • *voir* 4. 4, 6, *et notes.*

comme une voix de forts tonnerres, disant : Alléluia[a] ! Car le Seigneur*, notre Dieu, le Tout-puissant, est entré dans son règne. Réjouissons-nous, 7
tressaillons de joie et donnons-lui gloire ; car les
noces de l'Agneau[b] sont venues ; sa femme s'est
préparée ; et il lui a été donné d'être vêtue de fin 8
lin, éclatant et pur, car le fin lin, ce sont les justes
actes des saints°.
Et il me dit : Écris : Bienheureux ceux qui sont invi- 9
tés au banquet des noces de l'Agneau. Il me dit encore : Ce sont les véritables paroles de Dieu. Je 10
tombai alors à ses pieds pour lui rendre hommage.
Mais il me dit : Garde-toi de le faire ; je suis ton
compagnon d'esclavage et celui de tes frères qui
ont le témoignage de Jésus ; rends hommage à
Dieu, car l'esprit de prophétie est le témoignage
de Jésus.

Alors je vis le ciel ouvert : et voici un cheval 11
blanc, et celui qui le montait, appelé Fidèle et Véritable ; il juge et combat en justice. Ses yeux sont 12
une flamme de feu ; sur sa tête il y a de nombreux
diadèmes ; il porte un nom écrit que personne ne
connaît sinon lui seul ; il est vêtu d'un vêtement 13
teint dans le sang ; et son nom est : "La Parole de
Dieu". Les armées° qui sont dans le ciel le sui- 14
vaient sur des chevaux blancs ; elles étaient vêtues
de fin lin, blanc et pur ; une épée aiguë à deux 15
tranchants sort de sa bouche, pour qu'il en frappe
les nations° ; lui les fera paître avec une verge de
fer, et lui foule la cuve du vin de la fureur de la colère de Dieu le Tout-puissant ; il a sur son vête- 16
ment et sur sa cuisse un nom écrit : "Roi des rois,
et Seigneur des seigneurs"[c].

Je vis alors un ange qui se tenait dans le soleil ; il 17
cria d'une voix forte à tous les oiseaux qui volent
en plein ciel : Venez, assemblez-vous au grand souper de Dieu, afin que vous mangiez la chair des 18
rois, la chair des chefs d'armée, la chair des puis-

---

a• *autrement dit* : Louez l'Éternel ! – b• *voir* 5. 6. – c• *voir* 17. 14.

sants, la chair des chevaux et de ceux qui les mon-
tent, et la chair de tous, hommes libres et esclaves,
petits et grands.
19 Et je vis la Bête, et les rois de la terre, et leurs armées assemblées pour livrer combat à celui qui
20 montait le cheval, et à son armée. La Bête fut cap-
turée et, avec elle, le faux prophète, qui avait fait
devant elle les miracles par lesquels il avait séduit
ceux qui avaient reçu la marque de la Bête, et ceux
qui rendaient hommage à son image. Ils furent
tous deux jetés vivants dans l'étang de feu em-
21 brasé par le soufre[a]; le reste fut tué par l'épée de
celui qui montait le cheval, l'épée qui sortait de sa
bouche, et tous les oiseaux furent rassasiés de leur
chair.

20 Alors je vis un ange qui descendait du ciel ; il
avait la clef de l'abîme et une grande chaîne dans
2 la main. Il se saisit du Dragon, le serpent ancien
qui est le diable et Satan, et le lia pour mille ans ;
3 il le précipita dans l'abîme qu'il ferma et scella°
sur lui, afin qu'il ne séduise[b] plus les nations°, jusqu'à ce que les mille ans soient accomplis ; après
cela, il faut qu'il soit délié pour peu de temps.
4 Et je vis des trônes – ils s'y assirent, et le jugement leur fut donné ; – je vis aussi les âmes de
ceux qui avaient été décapités pour le témoignage
de Jésus et pour la parole de Dieu, et ceux qui
n'avaient pas rendu hommage à la Bête ni à son
image, qui n'avaient pas reçu la marque sur leur
front et sur leur main : ils vécurent et régnèrent
5 avec le Christ mille ans ; le reste des morts ne vécut
pas jusqu'à ce que les mille ans soient accomplis.
6 C'est la première résurrection. Bienheureux et
saint celui qui a part à la première résurrection :
sur eux, la seconde mort[c] n'a pas de pouvoir ; mais
ils seront sacrificateurs de Dieu et du Christ°, et ils
régneront avec lui mille ans.

---

a• *voir* 20. 10. – b• *ou* : égare. – c• *voir* v. 14 ; 21. 8 ; *comp.* 2. 11.

Quand les mille ans seront accomplis, Satan sera 7
délié de sa prison ; et il sortira pour égarer les na- 8
tions° qui sont aux quatre coins de la terre, Gog et
Magog, pour les assembler en vue du combat, eux
dont le nombre est comme le sable de la mer. Et ils 9
montèrent sur la largeur de la terre, ils environnè-
rent le camp des saints° et la cité bien-aimée ; mais
du feu descendit du ciel, de la part de Dieu, et les
dévora. Le diable qui les avait égarés fut précipité 10
dans l'étang de feu et de soufre, où sont la Bête et
le faux prophète[a] ; et ils seront tourmentés, jour et
nuit, aux siècles° des siècles.

Et je vis un grand trône blanc, et celui qui y sié- 11
geait : la terre et le ciel s'enfuirent loin de sa face ;
et il ne se trouva pas de place pour eux.

Et je vis les morts, les grands et les petits, qui se 12
tenaient devant le trône ; et des livres furent ouverts ; et un autre livre fut ouvert, qui est celui de
la vie[b]. Et les morts furent jugés d'après ce qui
était écrit dans les livres, selon leurs œuvres. La 13
mer rendit les morts qui étaient en elle ; la mort et
l'hadès° rendirent les morts qui étaient en eux, et
les morts furent jugés, chacun selon ses œuvres.
Puis la mort et l'hadès furent jetés dans l'étang de 14
feu : c'est la seconde mort, l'étang de feu. Si quel- 15
qu'un n'était pas trouvé écrit dans le livre de vie[b],
il était jeté dans l'étang de feu.

Alors je vis un nouveau ciel et une nouvelle **21**
terre[c] ; car le premier ciel et la première terre s'en
étaient allés, et la mer n'est plus.

Et je vis la cité sainte, nouvelle Jérusalem, des- 2
cendant du ciel d'auprès de Dieu, préparée
comme une épouse ornée pour son mari. Et j'en- 3
tendis une voix forte qui venait du ciel : Voici, l'habitation de Dieu est avec les hommes, et il habi-
tera avec eux ; ils seront son peuple, et Dieu lui-
même sera avec eux, leur Dieu. Il essuiera toute 4

a• *voir* 19. 20. – b• *voir* Luc 10. 20 ; Philippiens 4. 3 ; Apocalypse 21. 27. – c• *comp.* 2 Pierre 3. 13.

larme de leurs yeux, et la mort ne sera plus : il n'y
aura plus ni deuil, ni cri, ni peine, car les premières
5 choses sont passées. Celui qui était assis sur le
trône dit : Voici, je fais toutes choses nouvelles. Et
il me dit : Écris, car ces paroles sont certaines et vé-
6 ritables. Puis il me dit : C'est fait. Moi, je suis l'alpha et l'oméga, le commencement et la fin. À celui
qui a soif, je donnerai, moi, gratuitement, de la
7 fontaine de l'eau de la vie. Celui qui vaincra héritera de ces choses, et je lui serai Dieu, et lui me
8 sera fils. Mais quant aux lâches, aux incrédules,
aux dépravés, aux meurtriers, aux fornicateurs°,
aux magiciens, aux idolâtres et à tous les menteurs, leur part sera dans l'étang brûlant de feu et
de soufre, qui est la seconde mort.

9 Alors l'un des sept anges qui avaient eu les sept
coupes pleines des sept dernières plaies vint, et il
s'adressa à moi : Viens ici, je te montrerai l'épouse,
10 la femme de l'Agneau. Il m'emporta en esprit sur
une grande et haute montagne, et il me montra la
cité sainte, Jérusalem, descendant du ciel d'auprès
11 de Dieu, ayant la gloire de Dieu. Son luminaire
était semblable à une pierre très précieuse,
12 comme une pierre de jaspe cristallin. Elle avait
une grande et haute muraille ; elle avait douze
portes, et aux portes douze anges, avec des noms
écrits sur elles, qui sont ceux des douze tribus des
13 fils d'Israël : à l'orient, trois portes ; au nord, trois
portes ; au midi, trois portes ; et à l'occident, trois
14 portes. La muraille de la cité avait douze fondements, et sur eux les douze noms des douze apôtres de l'Agneau.

15 Celui qui me parlait avait comme mesure un roseau d'or, pour mesurer la cité, ses portes et sa mu-
16 raille. La cité est bâtie en carré : sa longueur est
aussi grande que sa largeur. Il mesura la cité avec
le roseau, douze mille stades : sa longueur, sa lar-
17 geur et sa hauteur étaient égales. Puis il mesura sa
muraille, cent quarante-quatre coudées, mesure
d'homme, c'est-à-dire d'ange.

Sa muraille était bâtie de jaspe ; la cité était d'or 18
pur, semblable à du verre pur. Les fondements de 19
la muraille de la cité étaient ornés de toute pierre
précieuse : le premier fondement était de jaspe, le
deuxième de saphir, le troisième de calcédoine, le
quatrième d'émeraude, le cinquième de sardoine, 20
le sixième de sardius, le septième de chrysolithe,
le huitième de béryl, le neuvième de topaze, le dixième de chrysoprase, le onzième d'hyacinthe, le
douzième d'améthyste. Les douze portes étaient 21
douze perles ; chacune des portes était d'une seule
perle ; la place de la cité était d'or pur, comme du
verre transparent. Mais de temple°, je n'en vis pas 22
en elle ; car le Seigneur*, Dieu, le Tout-puissant, et
l'Agneau, en sont le temple°. Et la cité n'a pas be- 23
soin du soleil ni de la lune, pour l'éclairer ; car la
gloire de Dieu l'a illuminée, et l'Agneau est sa
lampe. Les nations marcheront à sa lumière ; et les 24
rois de la terre lui apportent leur gloire. Ses portes 25
ne seront pas fermées de jour : car il n'y aura pas
de nuit, là. On lui apportera la gloire et l'honneur 26
des nations°. Et il n'y entrera aucune chose souil- 27
lée, ni celui qui commet abomination et mensonge, mais seulement ceux qui sont écrits dans le
livre de vie de l'Agneau.

Et il me montra un fleuve d'eau vive, éclatant **22**
comme du cristal, sortant du trône de Dieu et de
l'Agneau. Au milieu de sa place et du fleuve, de 2
part et d'autre, était l'arbre de vie, portant douze
fruits, rendant son fruit chaque mois ; et les feuilles de l'arbre sont pour la guérison des nations°. Il 3
n'y aura plus de malédiction ; le trône de Dieu et
de l'Agneau sera en elle ; ses esclaves le serviront° ;
et ils verront sa face, et son nom sera sur leurs 4
fronts. Il n'y aura plus de nuit ; on n'aura pas be- 5
soin d'une lampe ni de la lumière du soleil, car le
Seigneur* Dieu fera briller sa lumière sur eux ; et
ils régneront aux siècles° des siècles.

6 Et il me dit : Ces paroles sont certaines et véritables ; le Seigneur* Dieu des esprits des prophètes a envoyé son ange, pour montrer à ses esclaves ce
7 qui doit arriver bientôt[a]. Voici, je viens bientôt. Bienheureux celui qui garde les paroles de la prophétie de ce livre[b].
8 C'est moi, Jean, qui ai entendu et vu cela ; quand j'eus entendu et vu, je me prosternai, pour rendre hommage, aux pieds de l'ange qui me montrait
9 cela. Mais il me dit : Garde-toi de le faire ; je suis ton compagnon d'esclavage, celui de tes frères les prophètes et de ceux qui gardent les paroles de ce livre ; rends hommage à Dieu.
10 Puis il me dit : Ne scelle° pas les paroles de la
11 prophétie de ce livre, car le temps est proche. Que celui qui est injuste commette encore l'injustice, et que celui qui est souillé se souille encore, et que celui qui est juste pratique encore la justice, et que
12 celui qui est saint soit sanctifié encore. Voici, je viens bientôt, et ma récompense est avec moi, pour rendre à chacun selon ce qu'est son œuvre.
13 Moi, je suis l'alpha et l'oméga, le premier et le dernier, le commencement et la fin.
14 Bienheureux ceux qui lavent leur robe, afin qu'ils aient droit à l'arbre de vie et qu'ils entrent
15 par les portes dans la cité. Dehors les chiens, les magiciens, les fornicateurs°, les meurtriers, les idolâtres, et quiconque aime et pratique le mensonge !
16 Moi, Jésus, j'ai envoyé mon ange pour vous rendre témoignage de ces choses dans les assemblées°. Moi, je suis la racine et la postérité de Da-
17 vid, l'Étoile brillante du matin[c]. Et l'Esprit et l'Épouse disent : Viens. Que celui qui entend dise : Viens. Que celui qui a soif vienne ; que celui qui veut prenne gratuitement de l'eau de la vie.
18 Moi, je rends témoignage à quiconque entend les paroles de la prophétie de ce livre : si quel-

---

a• rapidement ; *de même* v. 7, 12, 20. – b• *voir* 1. 3. – c• *voir* 2. 28 ; 2 Pierre 1. 19.

qu'un ajoute à ces choses, Dieu lui ajoutera les
plaies écrites dans ce livre ; et si quelqu'un ôte 19
quelque chose des paroles du livre de cette prophétie, Dieu ôtera sa part de l'arbre de vie et de la
cité sainte, qui sont décrits dans ce livre.

Celui qui rend témoignage de ces choses dit : 20
Oui, je viens bientôt.

– Amen ; viens, Seigneur Jésus !

Que la grâce du Seigneur Jésus Christ soit avec 21
tous les saints°.

Annexes

1. **Comment lire la Bible ?**
2. **Ce qu'est la Bible**
3. **Comment est composée la Bible**
4. **Les traductions de la Bible**
5. **Quelques options de traduction**

1. Comment lire la Bible ?

Dans les siècles passés, la Bible a répondu aux besoins spirituels d'hommes et de femmes de tout pays et de toute condition sociale. Aujourd'hui elle s'adresse à chacun de nous, créatures aimées de Dieu. Lisons-la personnellement sans a priori. Nous ferons le constat qu'elle a un message de vie, actif sur nos pensées, nos désirs les plus profonds et notre conscience.

La Bible est la révélation de Dieu, aussi devons-nous la lire avec intérêt et la plus grande attention. Une attitude humble nous fera découvrir l'à-propos de son message dans notre vie, et donc son actualité.

Il semble préférable de lire d'abord le Nouveau Testament (seconde partie de la Bible), car il s'adresse plus directement à tous les hommes aujourd'hui, alors que l'Ancien Testament concernait initialement le peuple d'Israël.

2. Ce qu'est la Bible

La Bible est le livre le plus répandu dans le monde. Elle éclaire l'histoire des premiers âges de l'humanité. C'est le document auquel se réfèrent les religions de centaines de millions d'hommes, mais elle n'est pas le livre d'une religion. Elle est beaucoup plus que cela. Elle est la PAROLE DE DIEU, la Révélation de Dieu. Elle s'adresse à l'homme avec toute l'autorité de son origine divine. Elle seule peut l'éclairer sur sa condition présente et sur son avenir éternel. Elle est la VÉRITÉ.

Pourquoi peut-on affirmer que la Bible est la Parole de Dieu ? Elle donne elle-même la réponse à tous ceux qui l'écoutent :

- Les hommes qui ont écrit la Bible affirment clairement qu'ils parlent de la part de Dieu. Des dizaines de fois nous lisons : “Ainsi dit l'Éternel”, et autres expressions semblables. L'apôtre Pierre précise que “de saints hommes de Dieu ont parlé, étant poussés par l'Esprit Saint”. Ainsi, à travers les différents écrivains, c'est bien Dieu qui parle.
- La Bible est d'une étonnante unité. Les quelque quarante écrivains de la Bible, qui ont pourtant vécu en des circonstances très diverses sur une période de plus de quinze siècles, se sont complétés mutuellement

Pourquoi une telle unité ? Parce que c'est Dieu qui en est le véritable auteur.

Les prophéties de la Bible sont une preuve de son inspiration divine. Par exemple, Jérémie et Ézéchiel ont annoncé avec détails la ruine de Tyr, à l'époque où cette cité était florissante. Par-dessus tout, les prophètes ont annoncé, des siècles à l'avance, la venue de Jésus Christ.

Le plus décisif des caractères divins de la Bible est qu'elle est convaincante. En la lisant, chacun peut constater que ses pensées secrètes sont dévoilées et qu'il se trouve soudain en présence de Dieu. La Bible a la puissance, non seulement d'informer les hommes, mais de transformer leur vie. Elle a apporté la paix et la conviction de la vie éternelle à des multitudes qui y puisent leurs certitudes et leur raison de vivre.

L'apôtre Paul écrit aux croyants de Thessalonique : “Ayant reçu de nous la parole de la prédication qui est de Dieu, vous avez accepté, non la parole des hommes, mais (ainsi qu'elle l'est véritablement) la parole de Dieu, parole qui opère en vous qui croyez” (1 Thessaloniciens 2. 13).

3. Comment est composée la Bible

La Bible se divise en deux grandes parties.

A. L'ANCIEN TESTAMENT.

Il a été écrit avant la venue de Jésus Christ sur la terre.

Il comprend 39 subdivisions ou “livres”.

Le premier, la Genèse, présente les origines de l'humanité jusqu'à la formation du peuple d'Israël.

Les quatre livres suivants contiennent la “Loi” donnée par Dieu à Israël, et racontent la libération de ce peuple, qui était esclave en Égypte, et son voyage à travers le désert jusqu'au pays de Canaan.

Les douze livres historiques, de “Josué” à “Esther”, couvrent environ dix siècles de la vie du peuple d'Israël. Cette période est marquée par l'amour et la patience de Dieu envers ce peuple, mais aussi par les châtiments qu'il a dû lui infliger.

- Les cinq livres poétiques ou didactiques comprennent entre autres, le livre des Psaumes.
- Les dix-sept écrits prophétiques complètent la révélation de Dieu en rapport avec Israël.

Toute cette longue histoire d'un peuple privilégié échantillon de l'humanité tout entière, démontre que l'homme est incapable d'accomplir la volonté de Dieu. Mais en même temps, cette première partie de la Bible annonce la venue du Fils de Dieu, le Christ, le Messie promis qui va enfin rendre possibles des relations heureuses et durables avec Dieu.

B. LE NOUVEAU TESTAMENT.

Il commence avec la venue de Jésus dans ce monde et nous révèle les riches bénédictions qu'il nous a apportées, lui, le Fils de Dieu.

Cette partie comprend 27 subdivisions ou "livres".

- Les quatre Évangiles décrivent, chacun sous un éclairage particulier, le passage sur la terre de cette Personne divine qui s'est abaissée jusqu'à vivre une vie d'homme, et à mourir pour sauver ceux qui croient en lui. Ils rapportent sa naissance, sa vie, son service, son enseignement, ses miracles, sa mort, sa résurrection et son élévation au ciel.
- Matthieu nous le présente plus spécialement comme le Messie promis à Israël, Marc comme le Serviteur, Luc comme l'Homme parfait, Jean comme le Fils de Dieu. Mais tous ces caractères et bien d'autres sont présents dans les quatre Évangiles et les autres livres du Nouveau Testament.
- Les Actes des Apôtres montrent comment le message de l'Évangile a été proclamé dans la puissance du Saint-Esprit, et a été reçu avec foi par des multitudes. Passées de la perdition à la vie éternelle, toutes ces personnes constituent l'Église (ou l'Assemblée, traduction littérale du mot grec francisé en "Église").
- Les 21 épîtres (ou lettres) développent l'enseignement du Christ. Elles précisent les plans d'amour de Dieu, et montrent qu'ils se réalisent par Jésus Christ. Le croyant peut ainsi avoir la certitude qu'il est sauvé, qu'il est un enfant aimé de Dieu, et que son Sauveur l'introduira dans la gloire pour y être éternellement avec lui. Les épîtres fournissent aussi aux croyants des enseigne-

ments et des encouragements utiles pour vivre en disciples et témoins de Jésus Christ.

L'Apocalypse est un livre prophétique qui décrit, sous forme généralement symbolique, l'histoire de l'Église avant qu'elle soit enlevée au ciel, puis les jugements qui vont venir sur le monde, et le retour du Seigneur Jésus Christ pour établir son règne de paix sur la terre pendant mille ans, avant le jugement final. La terre et le ciel actuels feront alors place à un nouveau ciel et une nouvelle terre où tout sera parfait, pour la gloire de Dieu et le bonheur sans fin de ceux qui ont reçu la vie éternelle par Jésus Christ.

4. Les traductions de la Bible

Les textes originaux de la Bible ont été écrits en hébreu pour l'Ancien Testament (excepté quelques portions en araméen), et en grec pour le Nouveau Testament. Le Christ a laissé à ses disciples le commandement de prêcher l'Évangile à toutes les nations. Au fur et à mesure que la foi chrétienne s'est répandue dans le monde entier, les croyants se sont appliqués à traduire la Bible dans les principales langues afin que le message du salut puisse être compris par tous. Ainsi la Bible complète a été traduite dans de très nombreuses langues, le Nouveau Testament dans un plus grand nombre encore. Elle est de loin le livre le plus traduit, puisqu'on peut la lire, en partie, en plus de 2500 langues et dialectes.

L'effort de traduction est encore très intense aujourd'hui, non seulement pour de nouvelles langues, mais aussi pour tenir compte de l'évolution rapide des langues parlées.

En français, les premières traductions à partir des textes hébreu et grec datent du 16e siècle. Aux 19e et 20e siècles, la découvertes de nombreux manuscrits a permis des révisions et de nouvelles traductions. Le lecteur de langue française dispose actuellement de plusieurs versions de qualité. Leurs différences portent surtout sur la forme littéraire.

Cette version, effectuée avec la pleine conviction de l'inspiration divine des textes originaux, a pour but de présenter au lecteur un texte qui en soit aussi proche que possible, dans la langue française actuelle.

5. Quelques options de traduction

Les textes originaux ont été écrits en lettres “onciales (majuscules) sans espace entre les mots et pratiquemen sans ponctuation. Mais un très grand nombre de particu les de liaison (plus de 13 000) définit l’articulation de phrases. À partir des 9e et 10e siècles environ, la plupar des copies manuscrites, puis les éditions imprimées, on été faites en écriture cursive (minuscules), avec quelque signes de ponctuation.

Majuscules et ponctuation ont donc été employées pa les traducteurs en fonction du contexte et des choix typo graphiques pour faciliter la lecture et la compréhensio du texte.

Il est utile de préciser quelques-uns des choix effectué pour cette version.

- Puisque l’écriture moderne exige une ponctuation pré cise, beaucoup de particules de liaison, rendues par le signes habituels de ponctuation, n’ont pas été traduite par des mots qui auraient fait double emploi avec ce signes.
- L’emploi des majuscules a nécessité un choix. Obliga toire en français pour la première lettre des noms pro pres, une majuscule est employée pour un certai nombre de noms communs dans les principaux cas sui vants :
  – Titres désignant directement une personne divin (Père, Fils, Saint Esprit, Seigneur, Sauveur)
  – Termes qui, dans un contexte particulier, désignen une personne (la Bête, le Dragon)
  – Termes dont le sens particulier doit être distingué d l’emploi courant, ou correspond à un mot spécifiqu dans l’original.
  Exemples : la Loi : la loi de Dieu communiquée pa Moïse ; la Parole : la parole de Dieu.
  On n’a pas mis de majuscule aux pronoms désignan une personne divine sauf lorsque cela est apparu né cessaire pour éviter une ambiguïté.
- Pour faciliter la lecture, le texte a été aéré par le décou page en paragraphes, marqués par un retour à la lign *suivi d’un retrait* de première ligne. Les paragraphe sont eux-mêmes parfois divisés en plusieurs parties pa un retour à la ligne non suivi d’un retrait.

Index alphabétique

- **Thème**
- **Parabole**
- **Miracle**
- **Récit**
- **Note (1er sens)**
- **Note (2e sens)**
- **Note (3e sens)**

Présentation de l'index alphabétique

Cet index permet au lecteur de trouver :

1 – Dans les textes du N. T., les paraboles, les miracles ou les récits les plus connus.

- *Miracle*

  Pêche miraculeuse
  - Luc 5. 1-11 (p. 144) – conversion de Pierre
  - Jean 21. 1-14 (p. 267) – après la résurrection
- *Récit*

  Marie / de Magdala
  - Luc 8. 2 (p. 154) – délivrée de 7 démons
  - Jean 20. 1-18 (p. 265) – rencontre Jésus ressuscité
- *Parabole*

  Maison / roc / sable
  - Matthieu 7. 24-27 (p. 22)
  - Luc 6. 47-49 (p. 150)

2 – Une suite de références au texte du N. T. sur des thèmes bibliques ou de la vie courante.

- *Thème*

  Doute, Voir *Certitudes (p. 617)*
  - Marc 9. 17-27 (p. 106) – si tu peux, c'est : crois
  - Marc 10. 27 (p. 111) – tout est possible pour Dieu
  - Jean 20. 24-29 (p. 267) – ne sois pas incrédule

3 – L'explication de termes particuliers rencontrés au cours de la lecture du N. T. signalés à la suite du mot par les symboles :

- *Premier sens° – Deuxième sens –Troisième sens* :

  Maître °

  Maître ou seigneur des esclaves et des serviteurs (Matthieu 24. 50 ; 25. 19). Traduit par Seigneur lorsqu'il s'agit de Jésus (Matthieu 7. 21, 22 ; 8. 2, etc.).

  Maître

  Maître ou docteur : celui qui est instruit et qui enseigne (Matthieu 8. 19 ; 9. 11, etc.).

  Maître

  Celui qui est au-dessus des autres (Luc 5. 5 ; 8. 24, etc.). Un autre terme désigne spécialement le maître de maison (Matthieu 20. 1 ; Luc 12. 39). Pas de renvoi à l'Index pour ce mot.

4 – Une rubrique plus détaillée sous le titre : Jésus Christ. *Voir Jésus Christ* (p. 633)

Index alphabétique

Achaïe ○
Sous la domination de l'Empire romain, la Grèce est divisée en deux provinces : au sud, l'Achaïe, ayant pour capitale Corinthe, où siège le *Proconsul*° ; au nord, la *Macédoine*°, dont Amphipolis était la capitale (Actes 18. 27 ; 19. 21).

Adultère ⊶, Voir *Sexualité (p. 662)*

Aide / conseil ⊶, Voir *Danger (p. 621)* – Voir *Courage (p. 620)* – Voir *Encourager (p. 624)* – Voir *Solitude (p. 663)*

- Marc 9. 23, 24 (p. 107) – face à mon incrédulité
- 2 Timothée 3. 16, 17 (p. 496) – dans la Bible
- Jean 6. 68, 69 (p. 228) – près du Seigneur
- Jean 16. 13 (p. 255) – par le Saint Esprit
- 2 Timothée 1. 7 (p. 492) – idem
- Colossiens 1. 9, 10 (p. 465) – par la prière
- Jacques 1. 5, 6 (p. 528) – Dieu donne la sagesse
- Hébreux 4. 14-16 (p. 509) – secours du Seigneur

Aimez vos ennemis 💬

- Matthieu 5. 43-48 (p. 18)
- Luc 6. 27-36 (p. 149)

Alliance ○
Les alliances de Dieu avec l'homme dans la Bible ne constituent pas une entente entre deux ou plusieurs parties. Elles sont toujours à l'initiative de Dieu. Elles ont pour but la bénédiction de ceux à qui elles s'adressent (individu ou peuple). Elles sont conclues avec ou sans conditions. À l'égard de Noé et d'Abraham, l'alliance était sans conditions ; les signes en étaient respectivement l'arc-en-ciel et la *circoncision*°. L'ancienne alliance (2 Corinthiens 3. 14, où "Testament" peut aussi se traduire par "alliance") a été conclue avec Israël sous condition d'obéissance. Israël était béni à condition d'observer la loi donnée par Dieu à Moïse.
La nouvelle alliance sera conclue par Dieu encore en faveur du peuple d'Israël, pour sa bénédiction future sans condition, parce qu'elle est fondée sur la valeur du sang de Christ, le sang de la nouvelle alliance (Hé-

breux 9. 15-22). C'est sur ce même fondement que reposent l'espérance et les bénédictions de l'Église (1 Corinthiens 11. 25).

Âme / esprit / corps ○

La Bible enseigne que l'homme (la personne) se compose de l'âme, de l'esprit et du corps (1 Thessaloniciens 5. 23). L'âme et l'esprit sont distincts, quoique très liés (Hébreux 4. 12).

–L'âme est le souffle de Dieu dans l'homme comme respiration de vie (Genèse 2. 7) ; elle est immortelle. Ce mot désigne aussi l'être moral et spirituel tout entier, distinct du corps (Matthieu 10. 28), voire la personne tout entière (Actes 2. 43 ; Romains 2. 9). Elle est également le siège de nos émotions, de nos désirs, de nos sentiments. En ce sens, cœur et âme sont très proches.

–L'esprit est la part de notre être qui nous permet d'entrer en relation avec Dieu et d'avoir communion avec lui.

–Le corps est l'édifice, la "tente" (2 Corinthiens 5. 1) qui abrite notre personne. Il est aussi "le temple du Saint Esprit" pour celui qui a cru. C'est pourquoi nous devons l'honorer en prenant soin de lui avec sobriété, et veiller à ne pas l'utiliser pour des pratiques impures. *Voir Fornication* (p. 627).

Par la nouvelle naissance, le croyant est "né de Dieu" (Jean 1. 13), "né de l'Esprit" (Jean 3. 8) ; il reçoit le "salut" de son âme (1 Pierre 1. 9) et il attend le salut de son corps à la venue du Seigneur, par la résurrection ou la transformation en corps de gloire pour le ciel (Romains 8. 23 ; 1 Corinthiens 15. 49, 51, 52 ; Philippiens 3. 20, 21).

– Sens particulier : la vie de tout être vivant (Genèse 1. 30).

Amertume / rancune ⚷, Voir *Pardon (p. 648)* – Voir *Amour du prochain (p. 611)*

- Éphésiens 4. 31 (p. 452)
- Hébreux 12. 15 (p. 524)

Ami ⚷

- 2 Timothée 4. 16, 17 (p. 497) – l'ami fidèle
- Jean 15. 14, 15 (p. 254) – le meilleur ami

Ami à minuit ❦

- Luc 11. 5-8 (p. 166)

Amitié ⚷

- Jean 15. 13-15 (p. 253) – l'ami suprême
- Romains 12. 9, 10 (p. 373) – l'amour fraternel

Anciens

Anciens des Juifs : représentants du peuple, associés aux décisions des chefs religieux (Exode 3. 16 ; Matthieu 16. 21 ; Marc 8. 31 ; Luc 9. 22). À Jérusalem, le Corps ou Conseil des Anciens (Matthieu 26. 3, 4 ; Luc 22. 66).

Anciens
Anciens ou “pères” : les ancêtres des Israélites (“la tradition des anciens” : Matthieu 15. 2 ; Marc 7. 3, 5).

Anciens
Dans l’*Assemblée*° chrétienne : frères ayant une charge de surveillant (Actes 14. 23 ; 15. 2-6, 22, 23 ; 1 Timothée 3. 1-7 ; 5. 17 ; Tite 1. 5-9, etc.).
– Sens particulier dans l’Apocalypse : les 24 Anciens vus dans le ciel (Apocalypse 4. 4 à 19. 4) : les élus glorifiés.

Anne la prophétesse
- Luc 2. 36-38 (p. 137)

Antichrist
(c.-à.-d. : l’adversaire de Christ, ou celui qui tente d’usurper sa place) ; il est aussi appelé “l’homme de péché”, “le fils de perdition”, “l’inique” (2 Thessaloniciens 2. 3-12). L’apôtre Jean parle de ses précurseurs (1 Jean 2. 18, 19), les antichrists. Il est figuré en Apocalypse 13. 11-18 comme la seconde Bête, semblable à un agneau.

Apôtres
– 1. Les douze disciples choisis par Jésus (Matthieu 10. 2-4). *Voir Disciples / les 12 choisis* (p. 622)
– 2. Ceux qui, tels Paul ou Barnabas, ont été envoyés comme premiers messagers de l’Évangile (Actes 14. 14).

Apparition, Voir *Venue du Seigneur (p. 668)*

Arbre / son fruit
- Matthieu 7. 15-20 (p. 22)
- Matthieu 12. 33-37 (p. 35)
- Luc 6. 43-45 (p. 150)
- Jean 15. 1-8 (p. 253)

Argent, Voir *Richesses (p. 656)*
- Marc 12. 41-44 (p. 118)
- Luc 12. 13-21 (p. 171)
- 1 Timothée 6. 6-10 (p. 490)
- Hébreux 13. 16 (p. 526)

Armée
Armée romaine : l’unité la plus importante était la *Légion* (5000 à 6000 hommes, sans compter les renforts d’auxiliaires) ; elle était divisée en 10 *cohortes* de 500 à 600 hommes. Le *centurion* (centenier) commandait une centaine de soldats. Les commandants (chiliarques), officiers supérieurs, étaient à la tête d’une ou plusieurs cohortes, ou étaient chefs des garnisons locales.

– Sens particulier : Légion : nombre élevé. *Voir Légion* (p. 641)

Armée ○

– “multitude de l’armée céleste” : les anges (Luc 2. 13).

– “les armées qui sont dans le ciel” : les croyants qui accompagnent le Seigneur Jésus quand il sort du ciel pour juger ses ennemis (Apocalypse 19. 14).

Arrhes ○

Versement partiel de la somme que quelqu’un s’est engagé à payer. Le terme est employé au sens figuré en 2 Corinthiens 1. 22, 2 Corinthiens 5. 5, Éphésiens 1. 14 à propos du Saint Esprit : il est les arrhes de notre héritage.

Asie ○

Dans le N. T., le nom “Asie” désigne ordinairement la province romaine, partie ouest de l’Asie Mineure (Turquie actuelle) en bordure de la mer Égée, et composée du nord au sud de la Mysie et de Troas, de la Lydie et de la Carie ; il faut y ajouter, plus à l’est, la Phrygie. Au temps des Actes des Apôtres, les Romains étendaient leur domination ou leur influence, dans le reste de l’Asie Mineure, sur les contrées du nord, en bordure de la mer Noire ou Pont-Euxin : Bithynie et Pont ; plus à l’est, Cappadoce ; au centre, Galatie, Lycaonie et Pisidie ; au sud, sur la Méditerranée, depuis la côte syrienne : Cilicie, Pamphylie et Lycie.

Assemblée ○, Voir *Corps de Christ (p. 619)*

Le même terme “assemblée” (ou “église”, en grec : “ecclesia”) est employé pour désigner :

– 1. L’Assemblée dont Jésus Christ a révélé la formation, en disant : “Je bâtirai mon assemblée”. Lui seul bâtit cet édifice unique fondé sur le rocher qu’il est lui-même : “le Christ, le Fils du Dieu vivant” (Matthieu 16. 16-18). Elle est comparée à “une maison spirituelle” composée de “pierres vivantes” (1 Pierre 2. 3-5) et elle comprend tous les vrais chrétiens (nés de nouveau, sauvés par la foi en Jésus Christ, Actes 2. 47), depuis la venue du Saint Esprit (Actes 1. 4, 5 ; 2. 1-4) jusqu’à leur résurrection et leur enlèvement au ciel (1 Thessaloniciens 4. 13-17).

– 2. L’Assemblée de Dieu, du Dieu vivant, composée de tous les vrais chrétiens qui vivent à un moment donné sur la terre (Romains 12. 5 ; 1 Corinthiens 1. 2 ; 1 Timothée 3. 5, 15).

– 3. L’assemblée locale composée de tous les vrais chrétiens d’une localité (Actes 13. 1), ou les assemblées locales considérées ensemble dans une région (Actes 8. 1 ; 9. 31) ou en général (Romains 16. 16 ; 1 Corinthiens 7. 17 ; 11. 16). Chacune d'elles est une partie (et fait partie) de l'Assemblée de Dieu au sens des points 1 et 2, sans en être détachée, et la représente localement (Matthieu 18. 17 ; 1 Corinthiens 1. 2 ; 2 Corinthiens 1. 1).

– 4. Le rassemblement effectif en un lieu et à un moment donné des chrétiens d'une localité (même s'ils ne sont pas tous présents) : "quand vous vous réunissez en assemblée" (1 Corinthiens 11. 18, 22 ; 14. 4, 19, 28, 34 ; 3 Jean 6).

Attendre le maître
- Luc 12. 35-48 (p. 172) – veiller
- Philippiens 3. 20, 21 (p. 462)
- 1 Thessaloniciens 1. 10 (p. 473)

Au-delà (L')
- Matthieu 8. 12 (p. 24)
- Luc 16. 19-31 (p. 183)
- Luc 23. 42, 43 (p. 204)
- Apocalypse 20. 12-15 (p. 595)

Aumône
- Matthieu 6. 1-4 (p. 18) – dans le secret
- Marc 12. 41-44 (p. 118) – la veuve
- Luc 21. 1-4 (p. 195) – idem

Aveugle-né / pharisiens
- Jean 9. 1-41 (p. 236)

Baptême d'eau / Jean Baptiste, Voir *Jean-Baptiste / prédication / baptême (p. 632)*

Baptême d'eau / de Jésus, Voir *J. C. / Qui est-il ? / son baptême (p. 634)*

Baptême d'eau / disciples de Jésus
- Jean 3. 22, 23 (p. 216)
- Jean 4. 1, 2 (p. 217)

Baptême d'eau / chrétien
- Matthieu 28. 19 (p. 83) – pour le nom du Père, du Fils et du Saint Esprit
- Marc 16. 16 (p. 130) – de celui qui a cru
- Actes 8. 36-38 (p. 291) – l'Éthiopien
- Actes 16. 33 (p. 314) – le geôlier de la prison
- Romains 6. 3-5 (p. 359) – signe du fait que le croyant est mort avec Christ, "afin que, comme Christ a été ressuscité d'entre les morts… de même nous aussi nous marchions en nouveauté de vie" (lire aussi Colossiens 2. 12 (p. 468) et 1 Pierre 3. 21 (p. 541)).
- Éphésiens 4. 5 (p. 451) – un seul baptême

Baptême de l'Esprit o⌐, Voir *Saint Esprit (p. 658)*
- Actes 1. 5 (p. 271)
- Actes 2. 1-21 (p. 273) – Pentecôte ; formation de l'Église
- Actes 11. 16 (p. 300)
- 1 Corinthiens 12. 13 (p. 402) – unit les croyants en un seul corps

Bath o, Voir *Mesures (p. 644)*

Béatitudes ○
- Matthieu 5. 1-12 (p. 15)
- Luc 6. 20-23 (p. 148)

Béelzébul o

Nom donné par les Juifs au chef des démons, c.-à-d. à Satan (Matthieu 12. 22-28 ; Marc 3. 22 ; Luc 11. 15).

Bénir o

Dire du bien (le sens apparaît dans le mot bénédiction), d'où

– bénir Dieu : le louer (Luc 2. 28).

– Dieu bénit quelqu'un, il bénit un peuple : il lui fait du bien (Genèse 24. 35).

– Un homme en bénit d'autres : il demande que Dieu leur fasse du bien (Nombres 6. 23-27 ; Luc 6. 28).

Exemples :

– "Le Fils du Béni" (Marc 14. 62) : Dieu est celui que nous louons.

– "Béni soit le royaume… de notre père David" (Marc 11. 10) : que Dieu fasse de ce royaume une source de bénédiction pour tous !

– "Tu es bénie parmi les femmes" (Luc 1. 28) : Dieu s'est occupé de toi d'une manière particulière.

– "La coupe de bénédiction que nous bénissons" (1 Corinthiens 10. 16) : celle dont nous rappelons devant Dieu la valeur.

– "Il posa ses mains sur eux et les bénit" (Marc 10. 16) : Jésus appelle la bénédiction divine sur ces petits enfants.

– "Il prit les cinq pains… et il les bénit et les rompit" (Luc 9. 16) : il appelle la bénédiction divine sur ces pains afin qu'ils fassent du bien à ceux qui les mangeront.

Bergers de Bethléem ○
- Luc 2. 8-20 (p. 136)

Bible / Parole de Dieu o⌐
- 1 Thessaloniciens 2. 13 (p. 475)
- 2 Timothée 3. 16, 17 (p. 496)
- 1 Pierre 1. 23-25 (p. 537)

Bithynie ○, Voir *Asie (p. 613)*
Boisseau ○
Mesure de capacité (environ 9 litres) ; récipient usuel, de cette capacité, servant à mesurer les céréales.
– Sens particulier : Mettre sous le boisseau : cacher, dissimuler (Matthieu 5. 15 ; Marc 4. 21 ; Luc 11. 33).
Bon berger
• Jean 10. 1-18 (p. 239)
Bon Samaritain
• Luc 10. 30-37 (p. 165)
Bonne nouvelle ○, Voir *Évangile / évangéliser (p. 626)*
• Luc 4. 18 (p. 142) – aux pauvres
• Actes 10. 36 (p. 298) – de la paix par Jésus Christ
Brebis / chèvres
• Matthieu 25. 31-46 (p. 70)
Brebis perdue
• Matthieu 18. 12, 13 (p. 51)
• Luc 15. 4-7 (p. 179)
Calculer la dépense
Bâtir une tour ; faire la guerre
• Luc 14. 28-33 (p. 179)
Cana
• Jean 2. 1-11 (p. 213) – noces
• Jean 4. 46-54 (p. 220) – second miracle
Cananéen ○, Voir *Zélote (p. 670)*
Cananéenne
• Matthieu 15. 21-28 (p. 44)
• Marc 7. 24-30 (p. 102)
Cappadoce ○, Voir *Asie (p. 613)*
Ceindre (se) ○
Pour l'Oriental aux vêtements flottants, c'est en relever les pans et les serrer autour de la taille, autrement dit se mettre en tenue de marche (Actes 12. 8 ; Jean 21. 18), de service (Luc 12. 37 ; Jean 13. 2-5), ou de combat (Éphésiens 6. 14). Le terme s'emploie aussi au figuré (1 Pierre 1. 13).
Cène
• Matthieu 26. 26-29 (p. 73) – instituée par Jésus
• Marc 14. 22-25 (p. 122) – idem
• Luc 22. 19, 20 (p. 198) – idem
• Actes 2. 42 (p. 276) – au début de l'Église
• Actes 20. 7-12 (p. 324) – le dimanche
• 1 Corinthiens 10. 14-22 (p. 397) – enseignement de l'apôtre Paul
• 1 Corinthiens 11. 20-34 (p. 400) – idem

Centurion ○, Voir *Armée (p. 612)*

Cep / sarments ♡

- Jean 15. 1-17 (p. 253)

Certitudes ⊶, Voir *Doute (p. 624)*

- Hébreux 10. 17 (p. 518) – pardon des péchés
- 2 Timothée 1. 12 (p. 492) – le salut
- Jean 5. 24 (p. 222) – la vie éternelle
- 1 Jean 5. 13 (p. 558) – idem
- 2 Corinthiens 5. 1-8 (p. 420) – pour l'au-delà
- Romains 8. 31-34 (p. 365) – pour l'avenir
- 1 Jean 3. 21-24 (p. 555) – réponse aux prières
- Philippiens 1. 6 (p. 457) – Dieu achèvera son œuvre

César ○

Titre des empereurs romains depuis Octave Auguste (fils adoptif du dictateur Jules César), qui régna sous ce nom, de 27 avant à 14 après J.-C. Son successeur Tibère mourut en 37 de notre ère (Luc 3. 1).

Chair ○, Voir *Vieil homme (p. 669)*

Outre son sens propre, ce mot représente :

– “la nature” ou “la condition humaine”, sans nuance défavorable (voir Romains 1. 3 ; 9. 5 ; Jean 1. 14). “Les enfants de la chair” (Romains 9. 8) : la descendance, au sens physique.

– “la nature pécheresse” de l'homme déchu, dominée par les convoitises “charnelles”, la méchanceté, l'égoïsme, l'orgueil, et ennemie de Dieu (Romains 8. 3, “chair de péché”). Elle reste présente chez le croyant, provoquant ses défaillances ou ses péchés.

Christ ○, Voir *Jésus Christ (p. 633)*

Chute ○, Voir *Scandale / scandaliser (p. 660)* – Voir *Pierre d'achoppement (p. 651)*

– Chute : Au sens moral, tomber dans le péché en désobéissant à la volonté de Dieu – exemple : Adam et Ève.

– Occasion de chute : Provoque la chute de quelqu'un, l'entraîne à mal faire.

- Matthieu 18. 6, 7 (p. 50) – pour les enfants
- Marc 9. 42 (p. 108) – idem
- Romains 14. 13-15 (p. 376) – pierre d'achoppement pour un frère
- 1 Corinthiens 8. 9-13 (p. 394) – idem
- 1 Jean 2. 9-11 (p. 552) – comment l'éviter

Ciel ⊶

- Hébreux 1. 10 (p. 504) – les œuvres des mains de Dieu
- Matthieu 24. 35 (p. 68) – le ciel et la terre passeront
- 2 Pierre 3. 5-10 (p. 549) – idem

- Jean 14. 1-3 (p. 251) – la maison du Père
- Colossiens 3. 1-3 (p. 469) – où le Christ est assis
- 1 Pierre 1. 3, 4 (p. 536) – héritage des croyants
- Éphésiens 1. 3 (p. 446) – lieu de bénédiction
- 2 Corinthiens 12. 2-4 (p. 431) – le paradis
- Éphésiens 6. 12 (p. 455) – puissance spirituelle de méchanceté
- Apocalypse 21. 1 (p. 595) – un nouveau ciel et une nouvelle terre

Cilicie ○, Voir *Asie (p. 613)*

Circoncire / circoncision ○

Signe d'alliance donné par Dieu à Abraham et à sa descendance, ainsi qu'à ceux qui vivaient avec lui (excision du prépuce de tous les mâles : Genèse 17 ; Jean 7. 22, 23). Les nouveau-nés étaient circoncis le huitième jour (Luc 1. 59 ; 2. 21 ; Philippiens 3. 5).

– Sens symbolique :

– 1. Dans l'A. T. la circoncision est intimement liée à la soumission et à l'obéissance (voir Actes 7. 51).

– 2. Dans le N. T., en contraste avec la circoncision de la chair, la "circoncision" du croyant est celle du cœur, en esprit (Romains 2. 29 ; Philippiens 3. 3 ; Colossiens 2. 11), signe spirituel intérieur de notre mort et de notre appartenance à Christ (voir aussi Actes 15. 1 ; 1 Corinthiens 7. 18-20).

– Sens particulier : Les termes "Circoncision" et "Incirconcision" (Éphésiens 2. 11 ; Colossiens 4. 11 ; Tite 1. 10) peuvent désigner aussi l'ensemble des circoncis et des non-circoncis (ou incirconcis), autrement dit, les Juifs en contraste avec les non-Juifs, ou *nations*° (Romains 1. 16).

Citoyenneté ○

Droit de cité. La qualité de citoyen romain, reçue par la naissance ou acquise, conférait le droit d'être, à travers tout l'Empire, protégé par les autorités et, si nécessaire, jugé selon les lois romaines sans être molesté. Voir Actes 16. 21, 37, 38 ; 22. 24-29 ; 23. 27.

Cœur / intérieur de l'homme ⊶

- Marc 7. 20-23 (p. 101)
- Jean 2. 25 (p. 215)

Cohorte ○, Voir *Armée (p. 612)*

Colère / contrôle de soi ⊶

- Galates 5. 19-21 (p. 443) – œuvre de la chair
- Éphésiens 4. 26-32 (p. 452) – pas d'irritation
- Tite 3. 1, 2 (p. 500) – éviter les querelles par la douceur

- Jacques 1. 19-21 (p. 529) – effets de la Parole
- 2 Pierre 1. 5-9 (p. 545) – les vertus chrétiennes

Colère / de Dieu
- Jean 3. 36 (p. 217) – sur ceux qui refusent sa grâce
- Romains 1. 18, 19 (p. 350) – sur toute vie de péché
- Colossiens 3. 5-7 (p. 469) – idem
- Apocalypse 19. 14-16 (p. 593) – sa réalisation

Colère / violence
- Matthieu 5. 21-26 (p. 16) – tu ne tueras pas
- Luc 15. 28 (p. 181) – refus de la grâce
- Colossiens 3. 8 (p. 469) – renoncer à la colère

Commandant, Voir *Armée (p. 612)*
- Actes 23. 17 (p. 333)

Commandement de la Loi / le plus grand
- Matthieu 22. 34-40 (p. 62) – docteur de la Loi
- Marc 12. 28-34 (p. 117) – idem
- Luc 10. 25-28 (p. 165) – idem
- Luc 18. 18-22 (p. 187) – le riche, chef du peuple

Commandement nouveau
- Jean 13. 34, 35 (p. 250) – Aimez-vous l'un l'autre
- 1 Jean 2. 5-10 (p. 552) – idem

Commandement (s), Voir *Loi (p. 641)*

Les commandements sont l'expression de la volonté de Dieu. Les croyants sont invités à obéir à ses commandements, à garder sa Parole qui les présente. C'est une obéissance librement consentie parce que le croyant connaît l'amour de Dieu (Jean 14. 15, 21, 23, 24; 15. 10, 12; 1 Jean 2. 3; 3. 22-24).

– Sens particulier : La Loi donnée à Israël (Matthieu 5. 17-19; 7. 12, etc.).

Consécration de notre vie
- Matthieu 16. 24-26 (p. 47) – prendre sa croix
- Romains 12. 1, 2 (p. 372) – offrir notre corps en sacrifice vivant
- 1 Corinthiens 6. 19, 20 (p. 390) – glorifier Dieu dans notre corps
- 2 Corinthiens 5. 14, 15 (p. 421) – ne plus vivre pour soi
- Philippiens 1. 21 (p. 458) – vivre, c'est Christ

Conseil, Voir *Aide / conseil (p. 609)*

Consolateur, Voir *Saint Esprit (p. 658)*

Consoler / consolation, Voir *Encourager (p. 624)*

Cor, Voir *Mesures (p. 644)*

Corps de Christ, Voir *Assemblée (p. 613)*

Tous les chrétiens (nés de nouveau) sont "scellés du Saint Esprit" (Éphésiens 1. 13). Ils ont tous été ensemble "baptisés d'un seul Esprit pour être un seul corps" (1 Corinthiens 12. 13), le corps de Christ, dont lui est le chef, la tête. Ce Corps est identifié à l'Assemblée (ou Église) : Éphésiens 1. 23 ; Colossiens 1. 24.

Corps humain ○, Voir *Âme / esprit / corps (p. 610)* – Voir *Sexualité (p. 662)*

Corruption morale ⊶
- Romains 1. 18-32 (p. 350)
- 1 Corinthiens 6. 9, 10 (p. 389)
- 1 Corinthiens 6. 13-20 (p. 389)

Coupe / Cène ◯, Voir *Cène (p. 616)*

Courage ⊶, Voir *Aide / conseil (p. 609)* – Voir *Déprimé / découragé (p. 621)* – Voir *Encourager (p. 624)*
- Actes 4. 13-31 (p. 279) – hardiesse
- Actes 23. 11 (p. 333) – aie bon courage
- Éphésiens 3. 13-21 (p. 450) – ne pas perdre courage
- Éphésiens 6. 10-20 (p. 455) – fortifié dans le Seigneur
- Hébreux 13. 5, 6 (p. 525) – je ne te laisserai pas
- Romains 8. 31-39 (p. 365) – Dieu est pour nous

Craindre qui ? ◯
- Luc 12. 4-7 (p. 170)

Craindre / crainte ○

Le mot a souvent son sens courant (Marc 10. 32 ; Actes 9. 26 ; 2 Timothée 1. 7 ; 1 Jean 4. 18).

Mais quand il est question de crainte de Dieu, de crainte du Seigneur (Actes 9. 31 ; Romains 3. 18), il ne s'agit pas de peur. C'est la conscience de la grandeur et de la sainteté de Dieu, nous amenant à être très attentifs à tout ce que nous faisons ou pensons devant Celui en présence de qui nous vivons.

– Sens particulier : pour une femme, craindre son mari (Éphésiens 5. 33), c'est reconnaître par son attitude la place de responsabilité qu'il a dans le foyer (voir 1 Pierre 3. 1-6).

Crainte de Dieu ⊶, Voir *Craindre / crainte (p. 620)*
- Actes 2. 43 (p. 276) – au début de l'Église
- Actes 9. 31 (p. 294) – idem
- 2 Corinthiens 7. 1 (p. 423) – pour mieux le connaître
- Hébreux 12. 28 (p. 525) – pour le servir
- 1 Pierre 1. 17, 18 (p. 537) – dans notre conduite

Créancier / débiteurs ◯
- Luc 7. 41-43 (p. 153)

Critiques ⊶
- Matthieu 7. 1-5 (p. 21)
- 1 Corinthiens 6. 1-11 (p. 388)

- 1 Pierre 2. 12 (p. 538)

Croix, Voir *J. C. / sa croix / crucifié (p. 637)*
- Matthieu 16. 24, 25 (p. 47) – prendre sa croix
- Marc 8. 34, 35 (p. 105) – idem
- Luc 9. 23, 24 (p. 160) – idem

Crucifixion, Voir *J. C. / sa croix / crucifié (p. 637)*

Danger, Voir *Aide / conseil (p. 609)*
- Matthieu 8. 23-27 (p. 24) – dans la tempête
- Marc 4. 37-41 (p. 93) – idem
- Actes 23. 11 (p. 333) – le Seigneur près de moi
- Hébreux 13. 6 (p. 525) – le Seigneur est mon aide

Décapole °

Ligue de dix cités (dont Gadara, Marc 5. 1, 20 ; Matthieu 4. 25), constituant un district situé au sud-est de la *Galilée*° et à l'est de la *Samarie*°.

Délits
- Éphésiens 4. 28 (p. 452)
- 1 Pierre 4. 15, 16 (p. 542)

Démons / démoniaques °, Voir *Impurs (esprits) / démons (p. 631)*

Démons / maison balayée
- Matthieu 12. 43-45 (p. 36)
- Luc 11. 24-26 (p. 167)

Denier °, Voir *Monnaie / poids (p. 644)*

Monnaie romaine, pièce d'argent d'environ 4 grammes, salaire d'une journée d'ouvrier en Israël (Matthieu 20. 2 ; Jean 6. 7).

Dénuement
- Philippiens 4. 12, 13 (p. 463)

Déprimé / découragé, Voir *Courage (p. 620)* – Voir *Souci / inquiétude (p. 663)* – Voir *Souffrance (p. 663)*
- Luc 12. 32 (p. 172) – ne crains pas
- Romains 8. 28-39 (p. 364) – Dieu est pour nous
- 2 Corinthiens 1. 3, 4 (p. 414) – Dieu console
- 1 Pierre 5. 7 (p. 543) – lui remettre nos soucis
- Matthieu 11. 28-30 (p. 32) – trouver le repos
- Hébreux 12. 1-3 (p. 523) – l'exemple de Jésus
- 1 Thessaloniciens 5. 14 (p. 479) – consoler les découragés

Deuil
- Luc 7. 12, 13 (p. 151) – Jésus ému de compassion
- Jean 11. 35 (p. 243) – Jésus pleura
- 1 Corinthiens 15. 51-57 (p. 410) – la mort vaincue
- 2 Corinthiens 5. 1-4 (p. 420) – être avec Jésus
- Philippiens 1. 21 (p. 458) – mourir : un gain

• Jean 1. 35-45 (p. 212) – Simon (Pierre) et Philippe

Disciples / mission des 12 ○
• Matthieu 9. 37, 38 (p. 28)
• Matthieu 10. 1 (p. 28)
• Matthieu 10. 5-16 (p. 28)
• Matthieu 28. 16-20 (p. 82)
• Marc 6. 7-13 (p. 97)
• Luc 9. 1-6 (p. 158)

Disciples / mission des 70 ○
• Luc 10. 1-20 (p. 163)

Disciples / Maître ○
• Matthieu 10. 24, 25 (p. 29)
• Luc 6. 40 (p. 149)

Disciples / Jésus lave leurs pieds ○
• Jean 13. 1-17 (p. 248)

Disciples / abandon de certains ○
• Jean 6. 60-66 (p. 227)

Disciple / être ○
• Matthieu 10. 24, 25 (p. 29)
• Luc 14. 25-27 (p. 178)
• Jean 8. 31 (p. 234)
• Jean 13. 35 (p. 250)
• Jean 15. 8 (p. 253)

Dispersion / diaspora ○
– Juifs dispersés hors d'Israël (Jean 7. 35 ; 1 Pierre 1. 1) ;
– ensemble des lieux où ils sont dispersés (Jacques 1. 1)

Division / paix ○
• Matthieu 10. 34-36 (p. 30)
• Luc 12. 49-53 (p. 173)

Divorce ○, Voir *Sexualité (p. 662)*
• Matthieu 5. 31 (p. 17)
• Matthieu 19. 3-9 (p. 52)
• Marc 10. 2-12 (p. 109)
• Luc 16. 18 (p. 183)

Dix vierges ○
• Matthieu 25. 1-13 (p. 69) – attendant l'époux

Docteur ○, Voir *Maître (p. 642)*
– celui qui enseigne.
– docteur de la Loi : *Scribe*° spécialisé dans l'enseignement de la Loi de Moïse, et des Écritures en général.

Doctrine ○
Enseignements de Dieu et du Seigneur Jésus au sujet de la foi et de la vie chrétienne.
• Jean 7. 16, 17 (p. 229) – de Dieu
• Jean 7. 16 (p. 229) – du Christ
• Actes 13. 12 (p. 304) – du Seigneur

- 2 Jean 9 (p. 560) – du Christ
- 2 Timothée 3. 10, 11 (p. 495) – du Christ transmise par l'apôtre Paul
- 1 Timothée 6. 3 (p. 490) – qui est selon la piété

Doute, Voir *Certitudes (p. 617)*
- Marc 9. 17-27 (p. 106) – si tu peux, c'est : crois
- Marc 10. 27 (p. 111) – tout est possible pour Dieu
- Jean 20. 24-29 (p. 267) – ne sois pas incrédule

Drachme perdue
- Luc 15. 8-10 (p. 180)

Drachme, Voir *Monnaie / poids (p. 644)*

Pièce grecque de même valeur que le *denier*° romain, salaire d'une journée d'ouvrier agricole (Matthieu 20. 2 ; Luc 15. 8) ; voir aussi Matthieu 17. 24 (didrachme).

Drap neuf
- Matthieu 9. 16 (p. 26)
- Marc 2. 21 (p. 88)
- Luc 5. 36 (p. 146)

Eau changée en vin, Voir *Cana (p. 616)*

Échec, Voir *Aide / conseil (p. 609)*

Économe injuste
- Luc 16. 1-13 (p. 181)

Élection

Le mot signifie "choix". Dieu "a donné son Fils unique afin que *quiconque* croit en lui ne périsse pas mais qu'il ait la vie éternelle" (Jean 3. 16). Et ceux qui ont cru ont été élus en Christ avant la fondation du monde (Éphésiens 1. 4).

La source de leur élection est la grâce souveraine de Dieu, non la volonté de l'homme (Romains 9. 11 ; 11. 5).

L'élection ne peut être une excuse pour l'incrédulité ; on la "découvre" une fois que l'on a cru ; elle est pour le croyant un motif d'humilité et d'adoration.

Élu, Voir *Élection (p. 624)*

Emmaüs
- Luc 24. 13-35 (p. 206)

Encourager, Voir *Courage (p. 620)* – Voir *Aide / conseil (p. 609)*
- Matthieu 6. 25-34 (p. 20)
- Matthieu 11. 28-30 (p. 32)
- Actes 23. 11 (p. 333)
- 2 Corinthiens 1. 3-5 (p. 414)
- Philippiens 4. 4-7 (p. 463)
- 1 Pierre 1. 3-9 (p. 536)

Esprits impurs chassés
- Matthieu 9. 32-34 (p. 27) – par Jésus
- Marc 1. 21-27 (p. 85) – idem
- Luc 9. 37-43 (p. 161) – idem
- Actes 8. 6, 7 (p. 289) – par les apôtres
- Actes 16. 16-18 (p. 313) – idem

Eunuque

Homme inapte aux relations sexuelles, soit par naissance, soit par intervention chirurgicale.

– Sens particulier : personne ayant renoncé volontairement aux relations sexuelles pour se consacrer à Dieu (Matthieu 19. 12).

Eutyche
- Actes 20. 9-12 (p. 324) – ranimé après sa chute

Évangile / évangéliser

Mot grec signifiant : la bonne nouvelle, c.-à-d., dans le N. T., l'heureux message du salut éternel offert par la grâce de Dieu (Actes 10. 36 ; 20. 24 ; Romains 1. 1, 9 ; 15. 16, 19 ; Éphésiens 2. 17 ; 1 Pierre 1. 12).

Famille, Voir *Mariage (p. 643)*

Fatigue
- Matthieu 11. 28-30 (p. 32)
- 1 Corinthiens 15. 58 (p. 411)
- 2 Corinthiens 4. 16-18 (p. 420)
- Hébreux 12. 1-3 (p. 523)

Faux prophètes
- Matthieu 7. 15 (p. 22)
- 1 Jean 4. 1 (p. 556)

Femme adultère
- Jean 8. 3-11 (p. 232)

Femme répudiée, Voir *Divorce (p. 623)*
- Matthieu 5. 31, 32 (p. 17)
- Luc 16. 18 (p. 183)

Fête / dédicace
- Jean 10. 22-30 (p. 240)

Figuier
- Matthieu 24. 32-35 (p. 68) – commence à pousser
- Marc 13. 28-31 (p. 120) – idem
- Luc 21. 29-33 (p. 197) – idem
- Luc 13. 6-9 (p. 174) – figuier stérile
- Matthieu 21. 18-22 (p. 58) – figuier maudit
- Marc 11. 12-22 (p. 113) – idem

Filet
- Matthieu 13. 47-50 (p. 39)

Fils de Dieu ○, Voir *J. C. / Qui est-il ? / Fils de Dieu (p. 634)* – Voir *Jésus Christ (p. 633)*

Fils de l'homme ○, Voir *J. C. / Qui est-il ? / Fils de l'homme (p. 634)* – Voir *Jésus Christ (p. 633)*

Fils prodigue
- Luc 15. 11-32 (p. 180)

Foi
- Romains 3. 21-26 (p. 354)
- Romains 10. 17 (p. 369)
- Éphésiens 2. 8 (p. 448)
- Hébreux 10. 35-38 (p. 519)
- Hébreux 11. 1-12 (p. 520)

Foi des disciples
- Jean 16. 29-33 (p. 257)

Foi / puissance
- Matthieu 21. 20-22 (p. 58)
- Marc 11. 20-24 (p. 114)
- Luc 17. 5, 6 (p. 184)

Foi / qui fortifie
- 2 Timothée 2. 1 (p. 493)
- Hébreux 11. 32-34 (p. 522)

Fornication / fornicateur ○, Voir *Sexualité (p. 662)*
Relations sexuelles hors mariage.

Franchise / loyauté
- Romains 12. 9 (p. 373)
- Éphésiens 4. 25 (p. 452)
- Colossiens 3. 9, 10 (p. 469)

Frayeur / crainte
- Matthieu 10. 26-31 (p. 30)
- Jean 16. 33 (p. 257)
- Romains 8. 35-39 (p. 365)
- Hébreux 13. 6 (p. 525)

Gadaréniens (ou Gergéséniens)
- Matthieu 8. 28-34 (p. 25)
- Marc 5. 1-20 (p. 93)
- Luc 8. 26-39 (p. 156)

Galatie ○, Voir *Asie (p. 613)*

Galilée / Galiléen ○
La plus septentrionale des trois provinces de Palestine, au nord de la *Samarie*°, à l'ouest du Jourdain et de la mer de Tibériade (ou mer de Galilée ou encore lac de Génésareth ; Jean 6. 1 ; 21. 1 ; Luc 5. 1) ; elle était séparée de la Méditerranée par la Syro-Phénicie (Matthieu 4. 12-15).

Galiléens massacrés
- Luc 13. 1-5 (p. 174)

Géhenne ○, Voir *Enfer (p. 625)*

Du nom d'une vallée près de Jérusalem, surnommée Topheth (fournaise) et profanée par le roi Josias (2 Rois 23. 10), où l'on brûlait des immondices. D'où le sens figuré : lieu des tourments éternels (Matthieu 10. 28 ; 18. 8, 9 ; Marc 9. 43-48 ; Luc 12. 5) ; "fils de la géhenne" (Matthieu 23. 15) : voué au jugement.

Gethsémané ○, Voir *J. C. / sa croix / à Gethsémané (p. 637)*

Gouverneur ○

Gouverneur ou procurateur, fonctionnaire relevant directement de l'empereur romain pour l'administration d'une province. Depuis l'an 6 de notre ère, la *Judée*°, la *Samarie*° et l'*Idumée*°, réunies sous le nom de province de *Judée*°, étaient placées sous l'autorité d'un procurateur, qui avait des pouvoirs civils et militaires, le droit de vie et de mort. Le *Prétoire* (Matthieu 27. 1, 2, 27 ; Jean 18. 28, 33 ; 19. 9) était à la fois sa résidence et le siège de son tribunal.

Grâce ○, Voir *Pardonner (p. 648)*

La grâce est une faveur accordée à quelqu'un qui est sous une condamnation. Dans son caractère divin, elle est la manifestation de l'amour de Dieu envers des hommes "par nature enfants de colère" (Éphésiens 2. 3). C'est à ceux qui se reconnaissent tels qu'il offre le salut gratuitement : "C'est par la grâce que vous êtes sauvés, par le moyen de la foi" (Éphésiens 2. 8). "Tous ceux qui croient sont justifiés gratuitement par sa grâce, par la rédemption qui est dans le Christ Jésus… par la foi en son sang" (Romains 3. 24, 25). La grâce a été révélée par la venue de notre Sauveur Jésus Christ : "La grâce et la vérité sont venues par Jésus Christ" (Jean 1. 17). Cette grâce accompagne le chrétien toute sa vie : "Ma grâce te suffit" (2 Corinthiens 12. 9).

Grain de moutarde

- Matthieu 13. 31, 32 (p. 38)
- Marc 4. 30-32 (p. 93)
- Luc 13. 18, 19 (p. 175)

Grecs ○, Voir *Nations / Grecs (p. 646)*

Guérison / aveugles

- Matthieu 9. 27-31 (p. 27) – deux aveugles
- Matthieu 12. 22 (p. 34) – démoniaque aveugle et muet
- Marc 8. 22-26 (p. 104) – à Bethsaïda
- Matthieu 20. 30-34 (p. 57) – deux aveugles à Jéricho
- Marc 10. 46-52 (p. 112) – Bartimée à Jéricho

• Luc 4. 40, 41 (p. 143) – idem

Guérison / par les apôtres

• Actes 3. 1-11 (p. 276) – un homme boiteux
• Actes 5. 15, 16 (p. 281) – des infirmes
• Actes 14. 8-10 (p. 307) – impotent des pieds
• Actes 16. 16-18 (p. 313) – esprit de divination
• Actes 28. 8, 9 (p. 345) – père de Publius

Hadès

Mot grec désignant de façon très vague (comme le shéol ou schéol de l'A. T.) le lieu invisible où vont les âmes des hommes après la mort (Matthieu 11. 23 ; Luc 16. 23) ; distinct de la *géhenne*°, lieu des tourments éternels.

Haine

• Matthieu 5. 43-48 (p. 18)
• Jean 15. 18-25 (p. 254)
• 1 Jean 4. 20, 21 (p. 557)

Hellénistes

À la différence des Juifs vivant en Israël et parlant l'araméen, les Hellénistes étaient des Juifs de diverses origines, parlant le grec et lisant sans doute dans cette langue une traduction de l'A. T. (Actes 6. 1 ; 9. 29).

Héritage / partage

• Luc 12. 13-15 (p. 171)

Hérode

Hérode le Grand, Iduméen° d'origine, roi de Judée sous le contrôle des Romains depuis l'an 37 av. J. C. *Voir Temple* (p. 666). Il mourut peu après le massacre des enfants de Bethléem (Matthieu 2. 16, 19).

Hérode

Hérode Antipas, un des fils d'Hérode le Grand, à qui les Romains avaient attribué, avec le titre de *Tétrarque*°, le gouvernement de la *Galilée*°, de l'an 4 av. J.-C. à 39 ap. J.-C. ; il épousa Hérodias, divorcée de son frère Philippe, et fit décapiter Jean le Baptiseur (Matthieu 14. 1-12 ; Marc 6. 14-29 ; Luc 9. 7-9). C'est à lui que Pilate a envoyé Jésus (Luc 13. 31 ; 23. 6-12).

Hérode

– Hérode Agrippa 1, petit-fils d'Hérode le Grand, neveu du précédent : roi de *Judée*° (Actes 12. 1, 2). Il mit les mains sur des chrétiens et fit mourir Jacques, le fils de Zébédée. Il fit aussi prendre Pierre et le fit mettre en prison ; mais le Seigneur délivra Pierre de la main d'Hérode. Cet Hérode expira, rongé par les vers (Actes 12. 23).

– Hérode Agrippa 2, fils d'Agrippa 1 (Actes 25. 13). L'apôtre Paul comparut devant lui.

Hérodiens ○
Probablement des Juifs occupant de hautes fonctions grâce à la protection d'Hérode et de ses successeurs; opportunistes, favorables à l'occupant romain (Matthieu 22. 16; Marc 3. 6; 12. 13).

Heure ○, Voir *Temps (p. 666)*

Holocauste ○, Voir *Sacrifice (p. 658)*
Dans l'A. T., sacrifice offert à Dieu, brûlé entièrement. Il symbolise l'offrande de Jésus Christ à Dieu sur la croix.
Aimer Dieu et son prochain vaut mieux qu'offrir de tels sacrifices d'une façon rituelle (Marc 12. 33; Hébreux 10. 6-8).

Homme / humain ○
Être humain, homme ou femme. La première mention du terme est en Matthieu 4. 4.

Homme partant en voyage
• Marc 13. 34-37 (p. 121) – Veillez

Hosanna ○
En hébreu : Sauve, je te prie. D'où : Gloire ! (exclamation de joie et de bienvenue); voir Psaume 118. 25, 26; Matthieu 21. 9, 15; Marc 11. 10; Jean 12. 13.

Humilité
• Luc 14. 7-14 (p. 177)
• Romains 12. 3-8 (p. 372)
• 1 Pierre 5. 5, 6 (p. 543)

Hypocrisie
• Luc 12. 1-3 (p. 170)
• Romains 12. 9 (p. 373)
• 1 Pierre 2. 1 (p. 538)

Idumée / Iduméen ○
Contrée au sud-ouest de la mer Morte, occupée par les descendants d'Ésaü (ou Édom), frères ennemis des Israélites (Genèse 27. 41; 36. 8; Psaume 137. 7; Marc 3. 8). Antipater, procurateur de Judée, et son fils le roi *Hérode*° étaient iduméens.

Impôt
Statère (pièce de monnaie) dans la bouche du poisson
• Matthieu 17. 24-27 (p. 49)

Impurs (esprits) / démons ○
Anges qui, au lieu de garder leur origine, comme “les saints anges” (Luc 9. 26), ont péché et ont suivi le diable dans sa rébellion contre Dieu. Sachant qu'ils sont voués au châtiment éternel (Matthieu 25. 41;

8. 29), ils incitent les hommes au mal sous toutes ses formes, pour entraver les desseins divins : méchanceté, perversion, mensonge, orgueil, convoitises, idolâtrie, athéisme.

– Sens particulier : dans certains cas, ils peuvent s'emparer de l'esprit et du corps de ceux qu'on appelle alors *démoniaques* (voir Matthieu 12. 22 ; Marc 6. 13 ; 16. 17 ; Luc 9. 1 ; 10. 17, etc.).

Incirconcis / incirconcision ○, Voir *Circoncire / circoncision (p. 618)*

Iniquité ○, Voir *Péché (s) (p. 649)*

Ce terme est employé pour traduire plusieurs mots grecs différents dont le sens exprime :

– 1. soit une action ou une manière d'agir sans loi, sans frein, que ce soit volontairement ou par ignorance (Matthieu 7. 23 ; 24. 12 ; Romains 6. 19). Pour ce sens seulement on trouve un appel à l'Index.

– 2. soit l'injustice, c'est-à-dire l'opposé de ce qui est juste, particulièrement pour ceux qui connaissent ce qui est juste devant Dieu (Luc 13. 27 ; 2 Timothée 2. 19 ; 1 Jean 1. 9). Pas d'appel à l'Index.

Inquiétude ⊶, Voir *Souci / inquiétude (p. 663)*

Ivraie ✿, Voir *Royaume des cieux / paraboles (p. 656)*

Jacques ○

Un des douze apôtres de Jésus, fils de Zébédée et frère de l'apôtre Jean (Matthieu 4. 21 ; 10. 2 ; 17. 1 ; Marc 5. 37 ; Actes 1. 13) ; mis à mort par *Hérode* ▿ Agrippa 1 (Actes 12. 1, 2).

Jacques ◻

Un autre des douze apôtres de Jésus, fils d'Alphée, surnommé Jacques le Mineur ou le Petit (Matthieu 10. 3 ; Marc 3. 18 ; Actes 1. 13).

Jacques ▿

"Frère du Seigneur" (Matthieu 13. 55 ; Galates 1. 19), il douta d'abord de la mission de Jésus, comme les autres membres de la famille (Jean 7. 3-10), puis devenu croyant comme eux (Actes 1. 14 ; 1 Corinthiens 15. 7), fut un des principaux de l'assemblée à Jérusalem (Galates 2. 9, 12 ; Actes 12. 17). Il est probable qu'il soit l'auteur de l'épître qui porte son nom.

Jean-Baptiste / sa naissance ○

- Luc 1. 57-66 (p. 134)

Jean-Baptiste / prédication / baptême ○

- Matthieu 3. 1-12 (p. 12)
- Marc 1. 2-8 (p. 84)
- Luc 3. 1-20 (p. 138)

Jésus Christ

Jésus signifie : “L’Éternel (est) Sauveur”. Christ, en grec, signifie : “Oint”, c.-à-d. consacré, établi ; même sens qu’en hébreu : (le) Messie (Jean 1. 41) ; titre prophétique devenu un véritable nom de Jésus (Matthieu 1. 16 ; Jean 1. 17). Jésus Christ est né de la vierge Marie (Luc 1. 31) ; il est le Fils de Dieu (Luc 1. 35 ; 3. 22), et se désigne lui-même aussi par le titre de Fils de l’homme (Luc 19. 10 ; Jean 1. 51).

Les écrivains du Nouveau Testament emploient tantôt : Jésus (le plus souvent dans les évangiles), Christ, ou le Christ ; tantôt : Jésus Christ, le Christ Jésus, le Seigneur, ou plusieurs de ces titres associés, par exemple : notre Seigneur Jésus Christ. Paul déclare qu’il est “sur toutes choses Dieu béni éternellement” (Romains 9. 5 ; comparer 1. 25).

Jésus Christ (J. C.) / dans le N. T.

Les nombreuses entrées qui suivent au sujet de Jésus Christ (J. C.) ont été réparties sous cinq rubriques générales pour plus de clarté.

– 1. Qui est-il ?
– 2. Son ministère.
– 3. Sa croix (de Gethsémané au tombeau).
– 4. Sa résurrection.
– 5. Son retour.

À l'intérieur de chacune de ces rubriques, on retrouvera le classement alphabétique.

- Marc 15. 1-5 (p. 126)
- Luc 23. 1-5 (p. 202)
- Jean 18. 29-40 (p. 261)

J. C. / sa croix / son procès
- Matthieu 26. 57 (p. 76)
- Matthieu 26. 59-68 (p. 76)
- Marc 14. 53 (p. 124)
- Marc 14. 55-65 (p. 125)
- Luc 22. 63-71 (p. 201)
- Jean 18. 24 (p. 260)

J. C. / sa croix / sa mort
- Matthieu 27. 50-53 (p. 80)
- Marc 15. 37, 38 (p. 128)
- Luc 23. 44-46 (p. 205)
- Jean 19. 28-37 (p. 264)

J. C. / sa croix / son tombeau
- Matthieu 27. 57-61 (p. 81)
- Marc 15. 42-47 (p. 129)
- Luc 23. 50-56 (p. 205)
- Jean 19. 38-42 (p. 265)

J. C. / ressuscité
- Matthieu 28. 1-6 (p. 81)
- Marc 16. 1-11 (p. 129)
- Luc 24. 1-12 (p. 206)
- Jean 20. 1-18 (p. 265)
- 1 Corinthiens 15. 3-8 (p. 407)
- 1 Corinthiens 15. 20-23 (p. 408)

J. C. / ressuscité / ses apparitions
- Jean 20. 11-18 (p. 266) – à Marie de Magdala
- Luc 24. 13-35 (p. 206) – aux disciples d'Emmaüs
- Marc 16. 14 (p. 130) – aux disciples
- Luc 24. 36-49 (p. 208) – idem
- Jean 20. 19-23 (p. 266) – idem
- Jean 20. 24-29 (p. 267) – à Thomas
- Jean 21. 1-14 (p. 267) – en Galilée au bord de la mer
- Matthieu 28. 16-20 (p. 82) – en Galilée sur la montagne

J. C. / ressuscité / son ascension
- Marc 16. 19, 20 (p. 130)
- Luc 24. 50-53 (p. 209)
- Actes 1. 9-11 (p. 271)

J. C. / ressuscité / son retour
- Jean 14. 1-3 (p. 251) – venir chercher son Eglise
- 1 Thessaloniciens 4. 16, 17 (p. 477) – idem
- Apocalypse 3. 11 (p. 570) – idem
- Apocalypse 22. 20 (p. 599) – idem

- Actes 1. 6-11 (p. 271) – régner sur la terre

Jeûne ⌕
- Matthieu 6. 16-18 (p. 19)
- Matthieu 17. 21 (p. 49)
- Marc 2. 18-20 (p. 88)
- Marc 9. 29 (p. 107)
- Luc 5. 33 (p. 146)

Jeune homme riche ⌕
- Matthieu 19. 16-26 (p. 53)
- Marc 10. 17-27 (p. 110)
- Luc 18. 18-27 (p. 187)

Joseph averti par l'ange ⌕
- Matthieu 1. 18-25 (p. 9)

Joseph en Égypte ⌕
- Matthieu 2. 13-15 (p. 11)

Joseph s'établit à Nazareth ⌕
- Matthieu 2. 19-23 (p. 12)
- Luc 2. 39, 40 (p. 138)

Jour ○

– Une période biblique particulière : le jour de la rédemption (Éphésiens 4. 30); du salut (2 Corinthiens 6. 2); du jugement (Matthieu 10. 15; Actes 17. 31; 2 Pierre 3. 7); de Jésus Christ (Philippiens 1. 6, 10; 2. 16); du Seigneur (1 Thessaloniciens 5. 2; 2 Pierre 3. 10); de Dieu (2 Pierre 3. 12); d'éternité (2 Pierre 3. 18), etc.

– Les derniers jours : les temps de la fin (2 Timothée 3. 1; 2 Pierre 3. 3).

Judas / trahison ⌕
- Matthieu 26. 14-16 (p. 72) – avec les sacrificateurs
- Marc 14. 10, 11 (p. 122) – idem
- Luc 22. 3-6 (p. 197) – idem
- Matthieu 26. 21-25 (p. 73) – avec Jésus
- Marc 14. 18-21 (p. 122) – idem
- Luc 22. 21-23 (p. 198) – idem
- Matthieu 26. 47-50 (p. 75) – à Gethsémané
- Marc 14. 43-45 (p. 124) – idem
- Luc 22. 47, 48 (p. 200) – idem

Judas / suicide ⌕
- Matthieu 27. 3-10 (p. 77)
- Actes 1. 16-20 (p. 272)

Jude ○

– 1. Un des frères de Jésus (Matthieu 13. 55; Marc 6. 3).

– 2. Un des douze apôtres (Luc 6. 16; Jean 14. 22; Actes 1. 13), appelé aussi Thaddée ou Lebbée (Matthieu 10. 3; Marc 3. 18).

L'auteur de l'épître qui porte ce nom : "Jude, frère de Jacques" (Jude 1) est probablement le premier, frère de "Jacques° le frère du Seigneur" (Galates 1. 19), mais le second est aussi appelé "frère" de Jacques dans les deux passages cités.

Judée ○

Territoire à l'ouest de la mer Morte et du Jourdain, correspondant à peu près à l'ancien royaume de Juda, qui avait Jérusalem pour capitale. Les Romains avaient établi *Hérode*° le Grand comme roi de Judée, puis son fils Archélaüs comme prince. En l'an 6 de notre ère, la Judée fut placée sous les ordres d'un *Gouverneur*° (ou procurateur) siégeant dans le port de Césarée. Il séjournait habituellement à Jérusalem pendant les grandes fêtes juives. Ponce *Pilate*° fut procurateur de 26 à 36 ap. J.-C.

Juge inique

Le juge inique et la veuve
- Luc 18. 1-8 (p. 186)

Jugement

- Romains 14. 10, 11 (p. 375) – tribunal de Dieu
- 2 Corinthiens 5. 9, 10 (p. 420) – tribunal de Christ
- Apocalypse 20. 11-15 (p. 595) – des morts (incroyants)
- Matthieu 25. 31-46 (p. 70) – des vivants
- Romains 8. 31-39 (p. 365) – Dieu est pour les croyants

Jugements téméraires

La mesure dont vous mesurerez
- Matthieu 7. 1, 2 (p. 21)
- Luc 6. 37, 38 (p. 149)

Juifs / incrédules

- Jean 12. 37-43 (p. 247)

Lampe , Voir *Boisseau (p. 616)*

- Matthieu 5. 15 (p. 16) – sous le boisseau
- Marc 4. 21 (p. 92) – idem
- Luc 11. 33 (p. 168) – idem
- Luc 8. 16 (p. 155) – sous un lit
- Matthieu 6. 22 (p. 20) – du corps
- Matthieu 25. 1-12 (p. 69) – des dix vierges
- *Luc 12. 35 (p. 172) – allumée*
- *2 Pierre 1. 19 (p. 546) – la prophétie*
- Apocalypse 1. 12-20 (p. 566) – les Églises

Lazare

- Jean 11. 1, 2 (p. 241) – frère de Marthe et de Marie
- Jean 11. 38-44 (p. 243) – idem

• Luc 16. 19-31 (p. 183) – le pauvre

Légion ○, Voir *Armée (p. 612)*

Légion ◌

Nom des esprits immondes qui avaient pris possession d'un homme, guéri par Jésus (Marc 5. 9, 15 ; Luc 8. 30) ; le nom Légion vient du fait qu'il y avait beaucoup de démons en lui.

Levain

• Matthieu 13. 33 (p. 38)
• Luc 13. 20, 21 (p. 175)

Levain des pharisiens

• Matthieu 16. 5-12 (p. 45)
• Marc 8. 14-21 (p. 103)

Lévites ○

Hommes de la tribu de Lévi, fils de Jacob, préposés au service de Dieu et de son sanctuaire, auxiliaires des *sacrificateurs*°, qui étaient de la même tribu, mais descendaient d'Aaron, frère de Moïse (Nombres 3. 5-10).

Loi ○, Voir *Commandement (s) (p. 619)*

Il y a plusieurs significations du mot, dont les principales sont :

– 1. La loi dans son sens ordinaire en français (exemple : Romains 7. 1) ; le mot est alors écrit sans majuscule.

– 2. La loi donnée par Dieu à Israël, comprenant en particulier les dix commandements. C'est le sens le plus courant (exemple : Luc 2. 22).

– 3. Selon l'usage du terme parmi les Juifs, les cinq livres de Moïse (exemple : Luc 24. 44).

– 4. Quelquefois, l'A. T. dans son ensemble (exemple : Jean 10. 34).

– 5. Un principe constant, sur lequel l'homme n'a pas de prise (exemple : Romains 7. 23 ; 8. 2).

Lumière / ténèbres

• Matthieu 6. 22, 23 (p. 20)
• Luc 11. 34-36 (p. 168)
• Jean 1. 1-9 (p. 210)
• Éphésiens 5. 7-14 (p. 453)

Lycaonie ○, Voir *Asie (p. 613)*

Lycie ○, Voir *Asie (p. 613)*

Macédoine ○, Voir *Achaïe (p. 609)*

Région du nord de la Grèce, ayant Amphipolis pour capitale. L'apôtre Paul y évangélisa en particulier les villes de Philippes (Actes 16. 12-40) et de Thessalonique (Actes 17. 1-9).

Mages à Bethléem ◌
- Matthieu 2. 1-12 (p. 10)

Maison / roc / sable ◌
- Matthieu 7. 24-27 (p. 22)
- Luc 6. 47-49 (p. 150)

Maison ○
– Maison d'habitation (Matthieu 9. 6 ; Marc 5. 38 ; Luc 8. 41).
– Image de l'Église (ou Assemblée) (1 Pierre 2. 5, 6 ; Hébreux 3. 6). *Voir Assemblée* (p. 613).
– Le foyer chrétien, la famille, ou l'ensemble des personnes qui vivent sous un même toit (Actes 10. 2 ; 16. 15 ; 1 Timothée 5. 14).
– "La maison du Père" : le ciel où les croyants passeront l'éternité (Jean 14. 1-3 ; Luc 14. 23).
– "La maison de Dieu" : demeure de Dieu sur la terre. C'est donc le tabernacle ou le temple de Jérusalem (2 Chroniques 3. 3 ; Psaume 42. 4 ; Matthieu 12. 4 ; Jean 2. 16), ou aussi l'Église (ou Assemblée) (1 Timothée 3. 15).
– Le corps humain (2 Corinthiens 5. 1).

Maître ○
Maître ou seigneur des esclaves et des serviteurs (Matthieu 24. 50 ; 25. 19). Traduit par Seigneur lorsqu'il s'agit de Jésus (Matthieu 7. 21, 22 ; 8. 2, etc.).

Maître ◻
Maître ou docteur : celui qui est instruit et qui enseigne (Matthieu 8. 19 ; 9. 11, etc.).

Maître ◌
Celui qui est au-dessus des autres (Luc 5. 5 ; 8. 24, etc.). Un autre terme désigne spécialement le maître de maison (Matthieu 20. 1 ; Luc 12. 39). Pas de renvoi à l'Index pour ce mot.

Maladie / souffrance ◌
- Jean 11. 3 (p. 241) – Lazare
- 2 Corinthiens 4. 16-18 (p. 420) – but et consolation
- 2 Timothée 4. 20 (p. 497) – Trophime laissé malade
- Jacques 5. 10 (p. 534) – patience et confiance
- 1 Pierre 1. 6, 7 (p. 536) – pour un peu de temps
- Apocalypse 21. 4 (p. 595) – bientôt plus de *souffrance*

Malheurs / villes ◌
- Matthieu 10. 14, 15 (p. 29)
- Matthieu 11. 20-24 (p. 32)
- Luc 10. 13-15 (p. 164)

Malin ○, Voir *Impurs (esprits) / démons (p. 631)*
Mauvais, méchant. L'ulcère malin qui vient sur les hommes en Apocalypse 16. 2 est un ulcère douloureux et mauvais. Des femmes qui avaient été guéries d'esprits malins accompagnaient Jésus (Luc 8. 2).

Mariage ○

- Matthieu 19. 4-6 (p. 52)
- Matthieu 22. 23-33 (p. 62)
- Marc 12. 18-27 (p. 116)
- Luc 20. 27-40 (p. 194)
- 1 Corinthiens 7. 1-9 (p. 390)
- 2 Corinthiens 6. 14, 15 (p. 422)
- Éphésiens 5. 22-33 (p. 454)
- Colossiens 3. 18, 19 (p. 470)
- Tite 2. 4, 5 (p. 499)
- Hébreux 13. 4 (p. 525)
- 1 Pierre 3. 1-7 (p. 540)

Marie / de Magdala ○

- Luc 8. 2 (p. 154) – délivrée de 7 démons
- Jean 20. 1-18 (p. 265) – rencontre Jésus ressuscité

Marie / Marthe ○

- Luc 10. 38-42 (p. 166)
- Jean 11. 1-44 (p. 241)
- Jean 12. 1-8 (p. 245)

Marie / mère de Jésus ○

- Matthieu 1. 18-25 (p. 9) – annonce de la naissance
- Luc 1. 26-38 (p. 132) – idem
- Luc 1. 39-45 (p. 133) – visite à Élisabeth
- Luc 1. 46-55 (p. 133) – son cantique
- Jean 2. 1-5 (p. 213) – aux noces de Cana
- Matthieu 12. 46-50 (p. 36) – cherche à parler à Jésus
- Jean 19. 25-27 (p. 264) – à la croix
- Actes 1. 14 (p. 272) – après l'ascension

Massacre / enfants / Bethléem ○

- Matthieu 2. 16-18 (p. 11)

Matthieu (Lévi) / appel ○

- Matthieu 9. 9-13 (p. 26)
- Marc 2. 13-17 (p. 87)
- Luc 5. 27-32 (p. 146)

Mauvais ○, Voir *Méchant (p. 643)*

Méchant ○

- Matthieu 5. 45 (p. 18) – en contraste avec celui qui fait le bien
- Matthieu 13. 49 (p. 40) – celui qui refuse le salut que Dieu lui offre

- 1 Corinthiens 5. 9-13 (p. 388) – celui qui s'est rendu coupable d'un grave péché
- 2 Thessaloniciens 3. 3 (p. 482) – le mal personnifié ou Satan
- Matthieu 13. 19 (p. 37) – le mauvais, le méchant : nom donné au *diable*°
- Éphésiens 6. 16 (p. 456) – idem
- 1 Jean 2. 13 (p. 552) – idem

Mesures ○, Voir *Boisseau (p. 616)*

– 1. Longueur :

Les petites mesures de longueur étaient évaluées par la largeur d'un doigt, d'une main et la longueur de l'avant-bras.

La *coudée* mesurait environ 45 cm.

Le *stade* (185 mètres ; Luc 24. 13) est la huitième partie d'un *mille* (Matthieu 5. 41). Le mille valait 1000 doubles pas.

Le *"chemin d'un sabbat"* (Actes 1. 12) représentait environ six stades.

– 2. Capacité :

Le *bath* valait environ 30 litres (Luc 16. 6).

Le *cor* valait environ 300 litres (Luc 16. 7).

La *mesure* équivalait à 10 litres environ (Matthieu 13. 33 ; Luc 13. 21).

En Apocalypse 6. 6, elle désigne une mesure d'une capacité d'environ un litre.

Mille ○, Voir *Mesures (p. 644)*

Mine ○, Voir *Monnaie / poids (p. 644)*

Monnaie grecque valant 1/ 60 du talent.

Mines ✎, Voir *Talents (p. 665)*

- Luc 19. 12-27 (p. 189)

Miracles ✺

Voir toutes les entrées comportant le symbole ✺

Monde ⊶, Voir *Siècle (p. 663)*

- 1 Timothée 1. 15 (p. 485) – la terre
- Jean 3. 16 (p. 216) – tous les humains
- Jean 17. 16 (p. 258) – système organisé sans Dieu
- 1 Jean 2. 15 (p. 553) – caractérisé par le péché
- Romains 12. 2 (p. 372) – le croyant doit s'en séparer
- Marc 4. 19 (p. 92) – les soucis étouffent la Parole
- Jean 14. 30 (p. 253) – Satan, chef du monde

Monde / haine / persécutions ○

- Jean 15. 18-20 (p. 254)

Monnaie / poids ○

Le mot hébreu "shékel", *sicle*, signifie "poids". Employé pour peser toutes sortes de choses, il est devenu

l'unité de valeur pour l'argent. Il correspondait à environ 15 grammes.
La *mine*° valait 50 sicles et le *talent* 60 mines.
La valeur des monnaies a varié selon les époques et les lieux. Au temps des Romains, le sicle était devenu le *statère* (qui veut dire "étalon") qui correspondait à quatre drachmes.
La *drachme*° a finalement été remplacée par le *denier* romain, pièce d'argent d'environ 4 grammes.
Le *denier*° était le salaire d'une journée d'ouvrier en Palestine (Matthieu 20. 2).
Le *lepton*, ou *pite*°, était la plus petite monnaie de bronze (Luc 21. 2).
Le *quadrant*° valait 2 pites (Marc 12. 42).
Le *sou* valait 8 pites (Matthieu 10. 29), et le denier 16 *sous*.

Mont des Oliviers, Voir *J. C. / sa croix / à Gethsémané (p. 637)*
- Matthieu 26. 30 (p. 73)
- Marc 14. 26 (p. 123)
- Luc 22. 39 (p. 200)
- Jean 18. 1, 2 (p. 259) – jardin, au-delà du Cédron

Mort, Voir *Résurrection (p. 655)*
- Luc 16. 19-31 (p. 183) – après la mort
- Luc 23. 42, 43 (p. 204) – promesses de Jésus
- Romains 6. 23 (p. 360) – salaire du péché
- Philippiens 1. 21-23 (p. 458) – un gain pour le croyant
- 1 Thessaloniciens 4. 13-18 (p. 477) – résurrection des croyants
- Hébreux 9. 27 (p. 517) – précède le jugement
- Jean 5. 28, 29 (p. 222) – deux résurrections
- Apocalypse 20. 12-15 (p. 595) – la seconde mort

Multiplication des pains (1)
- Matthieu 14. 15-21 (p. 41)
- Marc 6. 35-44 (p. 99)
- Luc 9. 12-17 (p. 159)
- Jean 6. 5-13 (p. 223)

Multiplication des pains (2)
- Matthieu 15. 32-38 (p. 44)
- Marc 8. 1-9 (p. 103)

Myrrhe °

Précieuse résine odorante, de saveur amère, utilisée comme parfum (Psaume 45. 8 ; Exode 30. 23-25 ; Matthieu 2. 11 ; Jean 19. 39). Mêlée à du vin, elle était parfois offerte aux suppliciés, pour atténuer leurs souffrancs (Marc 15. 23 ; en Matthieu 27. 34, "fiel", au sens de : substance amère, d'après Psaume 69. 21).

Mysie ○, Voir *Asie (p. 613)*

Mystère ○

Dans la Bible les mystères ont généralement le caractère de secrets révélés (Luc 8. 10). On les trouve surtout dans les écrits de l'apôtre Paul, appelé le fidèle "administrateur des mystères de Dieu" (1 Corinthiens 4. 1). Citons entre autres :

- Colossiens 2. 2, 3 (p. 467) – de Dieu
- Éphésiens 1. 9, 10 (p. 446) – de la volonté de Dieu
- Éphésiens 3. 9 (p. 450) – de l'Assemblée, corps de Christ
- Éphésiens 5. 32 (p. 454) – de l'épouse de Christ
- 1 Timothée 3. 9 (p. 487) – de la foi
- 1 Timothée 3. 16 (p. 487) – de la piété
- 1 Corinthiens 15. 51-57 (p. 410) – de la *Venue*° du Seigneur.

Nathanaël

- Jean 1. 45-51 (p. 212)

Nations / Grecs ○, Voir *Circoncire / circoncision (p. 618)*

Gens des Nations ou Grecs (ou Gentils) (Romains 1. 16) : peuples ou individus non juifs de race ou de religion.

Nicodème

- Jean 3. 1-21 (p. 215)
- Jean 7. 50-52 (p. 231)
- Jean 19. 39 (p. 265)

Noces de Cana

- Jean 2. 1-11 (p. 213)

Notre Père , Voir *Prière dominicale (p. 652)*

Nouvelle naissance , Voir *Salut (p. 659)*

- Jean 3. 3-7 (p. 215)

Obéissance , Voir *Volonté de Dieu (p. 670)* – Voir *Commandement de la Loi / le plus grand (p. 619)*

- Jean 14. 23 (p. 252) – découle de l'amour
- Jean 15. 10 (p. 253) – maintient dans l'amour
- Philippiens 2. 5-11 (p. 459) – de Christ jusqu'à la mort
- 2 Corinthiens 2. 9 (p. 416) – en toutes choses
- Jacques 1. 22-25 (p. 529) – pratiquer la Parole de Dieu
- 1 Pierre 1. 14 (p. 537) – enfants d'obéissance

Occasion de chute ○, Voir *Chute (p. 617)*

- Matthieu 5. 28-30 (p. 17)

Oiseaux / moineaux
- Matthieu 6. 26 (p. 20) – oiseaux
- Luc 12. 24 (p. 172) – idem
- Matthieu 10. 29 (p. 30) – moineaux
- Luc 12. 6, 7 (p. 170) – idem

Oracle
Dans l'A. T., les oracles relatent des prophéties et des paroles prononcées par des prophètes de la part de Dieu. L'apôtre Paul déclare que les oracles de Dieu ont été confiés aux Juifs (Romains 3. 2), soulignant ainsi l'inspiration et l'autorité de l'Ancien Testament. "Parler comme oracle de Dieu" (1 Pierre 4. 11), c'est proclamer, comme de sa part, ce qu'enseigne sa Parole.

Orgueil / humilité
- Luc 18. 9-14 (p. 186)
- Philippiens 2. 3-8 (p. 459)

Ouvriers / vigne
- Matthieu 20. 1-16 (p. 55)

Paille / poutre
- Matthieu 7. 3-5 (p. 21)
- Luc 6. 41, 42 (p. 150)

Pain de vie
- Jean 6. 27-58 (p. 225)

Pains / multiplication, Voir *Multiplication des pains (1) (p. 645)* – Voir *Multiplication des pains (2) (p. 645)*

Pains sans levain, Voir *Pâque (p. 647)*

Pains / trois
- Luc 11. 5-8 (p. 166)

Paix
- Matthieu 11. 25-30 (p. 32) – où trouver le repos
- Romains 5. 1-5 (p. 357) – la paix avec Dieu
- Colossiens 1. 20 (p. 466) – Jésus l'a faite
- Jean 14. 27 (p. 252) – Jésus la donne
- Jean 20. 19-29 (p. 266) – la paix soit avec vous
- Philippiens 4. 6, 7 (p. 463) – résultat de la prière

Pamphylie, Voir *Asie (p. 613)*

Pâque
La première des trois grandes fêtes annuelles auxquelles tous les Israélites étaient tenus de participer (Deutéronome 16. 16). Elle commémorait la délivrance du peuple entier quand, sous la conduite de Moïse, il quitta l'Égypte, où il était asservi (Exode 12). Tandis que l'Ange destructeur frappait les oppresseurs, les Israélites, prêts au départ, étaient épargnés à cause du signe mis sur l'encadrement de leurs portes : le sang

d'un agneau, égorgé la veille au soir. (Pour le sens symbolique, voir Jean 1. 29 ; 1 Pierre 1. 18, 19 ; Actes 8. 32-35 ; Apocalypse 5. 6, 9.) Pendant les 7 jours suivant le crépuscule de la Pâque, on mangeait des pains sans levain (ou : azymes). Voir Exode 12. 14, 15, 19 ; 1 Corinthiens 5. 7, 8. La veille de cette double fête était la *Préparation*° de la Pâque (Luc 23. 54 ; Jean 19. 14).

Pâque ○
- Jean 2. 13 (p. 214)
- Jean 11. 55 (p. 244)
- Matthieu 26. 17-20 (p. 72) – avant la cène
- Marc 14. 12-16 (p. 122) – idem
- Luc 22. 7-16 (p. 198) – idem

Parabole ○, Voir *Royaume des cieux / paraboles (p. 656)*
Comparaison empruntant des détails à la vie courante pour illustrer un enseignement moral ou spirituel (Matthieu 13. 34, 35 ; Marc 4. 33, 34).

Paradis ○
- Luc 23. 42, 43 (p. 204)
- 2 Corinthiens 12. 3-5 (p. 431)
- Apocalypse 2. 7 (p. 567)

Pardon ○
- Matthieu 5. 23, 24 (p. 17) – avant d'apporter son offrande
- Marc 11. 25, 26 (p. 114) – avant de prier
- Matthieu 6. 14, 15 (p. 19) – devoir envers nos semblables
- Matthieu 18. 15-17 (p. 51) – gagner son frère
- Matthieu 18. 21-35 (p. 51) – combien de fois
- Luc 17. 3, 4 (p. 184) – idem

Pardon de Dieu ○, Voir *Pardonner (p. 648)*

Pardonner ○, Voir *Rémission (p. 655)* – Voir *Grâce (p. 628)*
Jésus pardonne les péchés à un paralysé et le guérit (Matthieu 9. 2, 5, 6 ; Marc 2. 5, 7, 9, 10), à une femme pécheresse (Luc 7. 47, 48). Si nous lui confessons nos péchés, Dieu est fidèle et juste pour nous pardonner nos péchés car le sang de Jésus Christ, son Fils, nous purifie de tout péché (1 Jean 1. 7-10). Le pardon divin comprend l'effacement de la faute ou du péché. Ceux dont les iniquités sont pardonnées sont sauvés et bienheureux (Romains 4. 7).

Parents / enfants ○
- Marc 10. 13-16 (p. 109)
- Éphésiens 6. 1-4 (p. 455)
- 1 Timothée 5. 4 (p. 488)

Parfum ○

- Matthieu 26. 6-13 (p. 72)
- Marc 14. 3-9 (p. 121)
- Luc 7. 36-50 (p. 153)
- Jean 12. 2-8 (p. 245)

Parjure ○

- Matthieu 5. 33-37 (p. 17)

Patience ○

- Colossiens 1. 11 (p. 465) – persévérance, joie
- Romains 5. 3, 4 (p. 357) – fruit de l'épreuve
- Jacques 1. 2-4 (p. 528) – idem
- Jacques 5. 7-11 (p. 534) – pendant l'épreuve
- Hébreux 10. 36, 37 (p. 519) – attendre les promesses
- Hébreux 12. 1-3 (p. 523) – courir vers Jésus

Péché ○, Voir *Vieil homme (p. 669)*

Principe de mal dans l'homme, produisant les péchés. Il a été transmis à tous les hommes depuis la désobéissance d'Adam (Romains 3. 9; 5. 12). Il est caractérisé par l'insoumission à la volonté de Dieu, à sa Parole, et conduit à une marche sans loi, sans frein (1 Jean 3. 4).

Péché (s) ○ , Voir *Iniquité (p. 632)* – Voir *Péché (p. 649)* – Voir *Pardonner (p. 648)* – Voir *Transgression / transgresseur (p. 667)*

C'est toute désobéissance à la volonté de Dieu, à sa Parole (Jacques 4. 17). Prétendre vivre sans Dieu, indépendamment de lui, refuser sa grâce, sont autant d'attitudes qui offensent Dieu et placent l'homme sous le coup de son jugement. "Tous ont péché" et "Le salaire du péché, c'est la mort" (Romains 3. 23; 6. 23). "Si nous confessons nos péchés, il est fidèle et juste pour nous pardonner nos péchés et nous purifier de toute iniquité" (1 Jean 1. 8, 9). "Christ est mort pour nos péchés" (1 Corinthiens 15. 3), les péchés de ceux qui acceptent la grâce de Dieu.

Péché contre le Saint Esprit ○

- Matthieu 12. 31, 32 (p. 35)
- Marc 3. 28, 29 (p. 90)
- Luc 12. 10 (p. 171)

Pécheur ○, Voir *Publicain (p. 654)*

C'est celui qui possède la nature pécheresse et qui commet des péchés: tout homme est dans cet état (Romains 5. 8, 19). Le Seigneur était séparé des pécheurs (Hébreux 7. 26) à cause de sa nature exempte de péché, donc ne pouvant commettre de péchés; mais il est venu dans le monde pour sauver des pécheurs (1 Timothée 1. 15).

Pécheresse pardonnée
- Luc 7. 36-50 (p. 153)

Pêche miraculeuse
- Luc 5. 1-11 (p. 144) – conversion de Pierre
- Jean 21. 1-14 (p. 267) – après la résurrection

Pensées / penser
- Romains 8. 5-8 (p. 363) – de la chair / Esprit
- Romains 12. 3 (p. 372) – saines
- 1 Corinthiens 4. 6 (p. 386) – danger de l'orgueil
- 2 Corinthiens 10. 5 (p. 428) – captives à l'obéissance du Christ
- 2 Corinthiens 11. 3 (p. 429) – corrompues et détournées
- Philippiens 4. 7, 8 (p. 463) – gardées en Christ
- Colossiens 3. 1-3 (p. 469) – penser à Christ
- 2 Thessaloniciens 2. 2 (p. 481) – troublées

Pères, Voir *Anciens (p. 612)*

Perle
- Matthieu 13. 45, 46 (p. 39) – de grand prix

Perles / porcs
- Matthieu 7. 6 (p. 21)

Pharisien / publicain, Voir *Publicain (p. 654)*
- Luc 18. 9-14 (p. 186)

Pharisiens

Secte juive très attachée à la Loi de Moïse et à la tradition qui s'y était ajoutée au cours des siècles (Marc 7. 8) ; ils observaient les ordonnances avec rigidité et quelque ostentation (Matthieu 23. 23 ; Luc 18. 9-14). Les pharisiens furent parmi les adversaires les plus acharnés de Jésus (Luc 5. 21 ; 5. 30 ; 6. 7 ; Jean 7. 31, 32, 45-48…). Voir cependant Jean 3. 1, 2 ; 19. 39, 40 (Nicodème). Les *sadducéens*, adversaires des pharisiens, rejetaient la tradition et ne retenaient que les prescriptions morales de l'A. T. Ils niaient la résurrection des morts et l'existence des anges et des démons (Matthieu 16. 11, 12 ; 22. 23 ; Marc 12. 18 ; Luc 20. 27 ; Actes 23. 6-8).

Pharisiens / tradition
- Matthieu 15. 1-20 (p. 43)
- Marc 7. 1-16 (p. 100)

Pharisiens / demandent un signe
- Matthieu 16. 1-4 (p. 45)
- Marc 8. 11, 12 (p. 103)

Phrygie, Voir *Asie (p. 613)*

Phylactères

Bandes de parchemin sur lesquelles étaient inscrits des

versets de la Loi de Moïse ; on portait les phylactères au front et au bras, d'après Deutéronome 6. 6-9. Les franges étaient des houppes de couleur bleue que les Israélites devaient porter aux coins de leurs vêtements (Nombres 15. 38-40 ; Matthieu 23. 5).

Pièce ○
Trente pièces d'argent
- Matthieu 26. 14, 15 (p. 72)
- Matthieu 27. 3-10 (p. 77)
- Marc 14. 10, 11 (p. 122)
- Luc 22. 3-6 (p. 197)

Pierre angulaire ○
- Matthieu 21. 42-44 (p. 60)
- Marc 12. 10, 11 (p. 115)
- Luc 20. 17, 18 (p. 193)

Pierre d'achoppement ○, Voir *Chute (p. 617)*
- Romains 14. 13-15 (p. 376)
- 1 Corinthiens 8. 9 (p. 394)
- 1 Pierre 2. 7, 8 (p. 538)

Pierre / sa confession ○, Voir *J. C. / son ministère / confession de Pierre (p. 635)*

Pierre / son reniement ○
- Matthieu 26. 69-75 (p. 76)
- Marc 14. 66-72 (p. 125)
- Luc 22. 54-62 (p. 201)
- Jean 18. 15-27 (p. 260)

Pierre vivante ○, Voir *Assemblée (p. 613)*

Piété ○
- Tite 2. 11-14 (p. 499) – impiété / piété
- 1 Timothée 3. 15, 16 (p. 487) – Dieu révélé en Christ
- 1 Timothée 4. 7-16 (p. 488) – utile à toutes choses
- 1 Timothée 6. 6 (p. 490) – un grand gain

Pilate ○
Ponce Pilate fut *Gouverneur*° (ou procurateur) de la province romaine de *Judée*° sous l'empereur Tibère (Luc 3. 1) de 26 à 36 ap. J.-C. (voir Actes 3. 13 ; 13. 28). Il fut responsable de la condamnation de Jésus (Matthieu 27. 13-26 ; Actes 4. 27, 28).

Pisidie ○, Voir *Asie (p. 613)*

Pite ○, Voir *Monnaie / poids (p. 644)*
La plus petite monnaie de bronze : 1/8 de l'as (ou sou) romain.

Pont ○, Voir *Asie (p. 613)*

Porte étroite ○
- Matthieu 7. 13, 14 (p. 22)
- Luc 13. 24 (p. 176)

Portique ○, Voir *Temple (p. 666)*
Prédestiner / prédestination ○, Voir *Élection (p. 624)*
Prédestiner, c'est destiner à l'avance. Ceux qui ont cru sont :
– prédestinés pour être adoptés (Éphésiens 1. 5)
– prédestinés à être conformes à l'image du Fils de Dieu (Romains 8. 29, 30)
– créés… pour les bonnes œuvres (Éphésiens 2. 10)
– préparés d'avance pour la gloire (Romains 9. 23).
Prémices / premiers fruits ○
Sous l'ancienne alliance, les Israélites devaient présenter en offrande à l'Éternel la première et la meilleure part de leurs fruits, de leurs récoltes, de leur revenu (Exode 23. 19; Lévitique 27. 26; Nombres 15. 17-21; Deutéronome 18. 4; Proverbes 3. 9, etc.).
– Sens figuré (primauté dans le temps et en valeur, excellence) : "les prémices, Christ" (1 Corinthiens 15. 20, 23); "nous-mêmes qui avons les prémices de l'Esprit" (Romains 8. 23). Voir aussi Jacques 1. 18; 1 Corinthiens 16. 15; Romains 16. 5, qui font allusion aux rachetés comme ensemble ou individuellement.
Préparation ○, Voir *Pâque (p. 647)* – Voir *Sabbat (p. 657)*
Prétoire ○, Voir *Gouverneur (p. 628)*
Prière ○
• Matthieu 6. 5-15 (p. 19) – quand tu pries
• Matthieu 7. 7-11 (p. 21) – demandez, cherchez
• Luc 11. 5-13 (p. 166) – idem
• Jean 14. 13, 14 (p. 251) – au nom du Seigneur
• Jean 16. 23-26 (p. 256) – au Père
• Éphésiens 6. 18 (p. 456) – toutes sortes de prières
• Philippiens 4. 6 (p. 463) – en toutes choses
• 1 Thessaloniciens 5. 17, 18 (p. 479) – sans cesse
• Jacques 1. 5-8 (p. 528) – demander la sagesse
• Jacques 4. 3 (p. 532) – mal demander
• 1 Jean 5. 14, 15 (p. 558) – selon la volonté de Dieu
Prière dominicale ○
• Matthieu 6. 9-15 (p. 19)
• Luc 11. 1-4 (p. 166)
Principaux sacrificateurs ○, Voir *Sacerdoce / sacrificateur (p. 657)*
• Matthieu 2. 4 (p. 10)
Prochain ○
La parabole de Luc 10. 25-37 répond à la question posée : "Et qui est mon prochain ?" En fait la réponse est double :
– 1. Le Seigneur Jésus est le prochain de tous les hom-

mes, parce *qu'il s'est approché de tous, particulièrement* de ceux qui étaient les plus défavorisés. Il a apporté les soins appropriés à chaque cas, et souvent la guérison. Mais surtout, il "s'est chargé de nos douleurs… il a été blessé pour nos transgressions… le châtiment qui nous donne la paix a été sur lui, et par ses meurtrissures nous sommes guéris" (Ésaïe 53. 4, 5). C'est lui qui "a usé de miséricorde" envers le blessé abandonné au bord de la route. Et c'est lui qui, encore aujourd'hui, fait preuve de la même compassion envers tous les hommes. Si nous croyons que nous sommes morts dans nos fautes et nos péchés, alors Christ nous donne la vie éternelle.

– 2. Toute personne est notre prochain – parce que nous sommes des humains –, mais particulièrement celles avec qui nous pouvons être en contact, et ceci quelles que soient leur race, leur condition, leur situation. Au sujet de notre prochain, la Bible nous enseigne à :

– l'aimer comme nous-mêmes (Matthieu 19. 19 ; Marc 12. 31 ; Romains 13. 9, etc.)
– ne pas le mépriser (Proverbes 14. 21)
– lui plaire, en vue du bien, pour l'édification (Romains 15. 2)
– lui dire la vérité (Éphésiens 4. 25)
– ne pas porter de faux témoignage contre lui, ni lui faire aucun mal (Exode 20. 16, 17)
– ne pas le juger (Jacques 4. 12).

Proconsul ○
Gouverneur d'une province romaine quand elle dépend du Sénat (Serge Paul dans l'île de Chypre : Actes 13. 4-7 ; Gallion, gouverneur de l'Achaïe, à Corinthe : Actes 18. 12).

Prophétie / événements à venir ○
"Prophétiser", dans son sens général, signifie : communiquer aux hommes la pensée de Dieu. Voir Matthieu 11. 13 (p. 31) et 1 Corinthiens 11. 4 (p. 399), avec les notes correspondantes.

- Matthieu 24. 1-51 (p. 66)
- Marc 13. 1-37 (p. 118)
- Luc 17. 20-37 (p. 185)
- Luc 21. 5-36 (p. 195)
- Apocalypse 1. 3 (p. 565)

Propitiation ○
Dieu est rendu propice (favorable) non par ce que l'homme peut lui apporter de lui-même, mais par le sa-

crifice expiatoire de Christ. En donnant sa vie en sacri
fice pour le péché, Jésus a accompli une œuvre qui per
met à Dieu de pardonner le pécheur. Celui qui le croi
bénéficie des vertus de ce sacrifice. Christ est la propi
tiation pour nos péchés ; son œuvre est suffisante pou
le monde entier ; elle est efficace pour ceux qui croien
en lui (1 Jean 2. 2 ; 4. 10 ; Hébreux 2. 17).

Propitiatoire ○

Dans l'A. T., couvercle de l'arche surmonté de chéru
bins (Hébreux 9. 5). Une fois par an, le jour des prop
tiations (Lévitique 16), le *souverain sacrificateur*° er
trait dans le lieu très saint et faisait aspersion du san
du sacrifice pour le péché, devant et sur le propitia
toire (comp. Hébreux 9. 11, 12). Dieu présente Chris
comme propitiatoire (Romains 3. 24, 25) : par lui l
croyant trouve accès à la présence divine, sur le fonde
ment de la rédemption et du sang présenté.

Prosélyte ○

Non-Juif converti au Judaïsme (Matthieu 23. 15 ; Acte
2. 5-11, etc.).

Publicain ○

Publicain ou péager : dans le N. T., collecteur d'impôt
opérant pour le compte de l'occupant romain, malgré
son origine juive ; soupçonnés de malversations et sou
vent considérés comme trahissant leurs compatriotes
les publicains étaient méprisés par eux et assimilé
dans l'opinion aux pécheurs notoires, qui ne tenaien
pas compte de la Loi de Moïse.

Pécheur, associé à *publicain* : Matthieu 9. 10, 11
Marc 2. 15, 16 ; Luc 7. 34, etc.

Pureté

- 1 Thessaloniciens 4. 3-8 (p. 477)
- Colossiens 3. 5-7 (p. 469)
- 1 Timothée 4. 12 (p. 488)
- Tite 1. 15 (p. 499)
- 1 Pierre 2. 11, 12 (p. 538)

Quadrant ○, Voir *Monnaie / poids (p. 644)*

Petite monnaie = 1/4 de l'as (ou sou), ou 2 *pites*°.

Quitter maison / parents

- Matthieu 19. 27-30 (p. 54)
- Marc 10. 28-31 (p. 111)
- Luc 18. 28-30 (p. 188)

Rabbi ○, Voir *Maître (p. 642)*

Mot araméen : docteur de la Loi (Marc 9. 5 ; Jear
1. 38).

Rabboni ○
Mot araméen : “mon Maître”, avec nuance de respect et d’attachement (Marc 10. 51 ; Jean 20. 16).

Récompense ⚲
- Matthieu 10. 41, 42 (p. 30)
- Marc 9. 41 (p. 108)

Reconnaissance ⚷
- Luc 17. 11-19 (p. 184)
- 1 Thessaloniciens 5. 17, 18 (p. 479)

Rédemption ○
Rachat au prix d’une rançon, suivi d’une délivrance.
– La rédemption du croyant, auparavant esclave du péché (Romains 3. 24 ; 1 Corinthiens 1. 30), est éternelle et a été obtenue par le sang de Christ (Colossiens 1. 14 ; Éphésiens 1. 7 ; Hébreux 9. 12).
– Le jour futur de la rédemption se rapporte à la délivrance du corps du croyant à la venue du Seigneur (Romains 8. 23 ; Éphésiens 4. 30).

Rémission ○, Voir *Pardonner (p. 648)*
Litt. : le fait de jeter au loin, d’effacer (une dette). Rémission des péchés : effet de la grâce de Dieu à l’égard du coupable qui se repent et croit sa Parole (voir 1 Jean 1. 9 ; Ésaïe 38. 17).

Repentance / se repentir ○
Changement de pensée, du cœur et de l’esprit qui se tournent vers Dieu (Actes 20. 21) ; elle conduit le pécheur à porter sur son état de péché et sur les fautes commises le même jugement que Dieu (Luc 15. 20, 21). Alors Dieu lui accorde sa grâce et le salut en Christ. C’est la bonté de Dieu qui pousse le pécheur à la repentance (Romains 2. 4), car il veut que tous viennent à la repentance (Actes 17. 30 ; 2 Pierre 3. 9).

Reste ○
Ensemble des croyants qui demeurent fidèles à la fin d’une période biblique donnée (ou “dispensation”) (Romains 9. 27 ; 11. 5).

Résurrection / de Jésus ⚲, Voir *J. C. / ressuscité (p. 638)*

Résurrection ⚷
- Jean 5. 28, 29 (p. 222) – des justes et des méchants
- 1 Corinthiens 15. 1-58 (p. 407) – des croyants
- 1 Thessaloniciens 4. 13-18 (p. 477) – idem

Résurrection / du temps de Jésus ⚷
- Matthieu 9. 18-26 (p. 27) – fille de Jaïrus
- Marc 5. 22-24 (p. 95) – idem
- Marc 5. 35-43 (p. 96) – idem
- Luc 8. 41, 42 (p. 157) – idem

Royaume des cieux / le plus grand ⌔, Voir *Enfants / avec Jésus (p. 625)*
- Matthieu 18. 1-5 (p. 50) – petit enfant

Sabbat / épis arrachés ⌔
- Matthieu 12. 1-8 (p. 33)
- Marc 2. 23-28 (p. 88)
- Luc 6. 1-5 (p. 147)

Sabbat ○, Voir *Temps (p. 666)* – Voir *Synagogue (p. 664)*

Repos, en hébreu : le septième jour de la semaine, où toute l'activité habituelle doit cesser pour les Israélites, ce jour étant consacré à Dieu comme signe d'alliance perpétuelle avec ce peuple (Exode 20. 8-11 ; 31. 12-17). Le sabbat commence au soir du 6e jour (que nous appelons vendredi) et se termine au crépuscule suivant (celui du samedi). Le jour précédant le sabbat est appelé la *Préparation*° (Matthieu 27. 62 ; Marc 15. 42 ; Luc 23. 54).

Sacerdoce / sacrificateur ○

Le *sacerdoce (office du sacrificateur)* consiste à être en relation avec Dieu pour lui rendre culte, le servir.

– Dans l'A. T. et selon la loi de Moïse, le culte consistait à apporter des dons ou offrandes. C'est à Aaron et à ses fils, puis à ses descendants, qu'était confiée la charge de recevoir des Israélites et d'offrir de leur part ces *sacrifices*° à Dieu, l'Éternel. Ces fils avaient le titre de *sacrificateurs*, Aaron à leur tête, celui de *souverain sacrificateur*. Ils avaient notamment la charge d'offrir sur l'autel les animaux qu'on devait immoler pour la purification du peuple.

Ils étaient les chefs des *Lévites*°, avec qui ils partageaient la charge d'enseigner la Loi au peuple, et avaient de la part de Dieu une autorité de chefs religieux sur le peuple d'Israël.

– Dans le N. T., au temps de Jésus, on appelait *principaux sacrificateurs*, le souverain sacrificateur en charge et ceux qui avaient eu précédemment cette dignité, mais aussi certains membres de leur famille (voir Luc 3. 2 ; Jean 11. 47-51 ; 18. 13).

– Le mot *sacerdoce* désigne aussi *l'ordre* ou l'ensemble du corps des sacrificateurs et le système religieux qui s'y rattache.

– Le *sacerdoce* lévitique a subsisté jusqu'à ce que se lève un autre sacrificateur qui n'a pas été nommé selon l'ordre d'Aaron (Hébreux 7. 11) : Christ lui-même. Il est *souverain sacrificateur* dans le ciel (Hébreux 2. 17 ; 8. 1). À son entrée dans le ciel, il a reçu la dignité

de souverain sacrificateur pour l'éternité selon l'ordre de Melchisédec (Hébreux 5. 6, 10). Pour la bénédiction de son royaume futur, il sera à la fois Roi et Souverain Sacrificateur. Christ exerce *maintenant son sacerdoce* en faveur des croyants : c'est lui qui les présente à Dieu, qui présente aussi leurs offrandes en les sanctifiant (Hébreux 2. 17 ; 10. 21), qui intercède pour eux et les soutient jusqu'au salut final (Hébreux 7. 25).
– Tous ceux qui ont cru en Christ sont élevés à la dignité de *sacrificateurs* (Apocalypse 1. 6 ; 5. 10). Ils constituent ensemble un *saint sacerdoce* : ils offrent des sacrifices spirituels à Dieu ; ils forment un *sacerdoce royal* en témoignage devant le monde (1 Pierre 2. 5, 9).

Sacrificateur ⌂, Voir *Sacerdoce / sacrificateur (p. 657)*

Sacrifice ○, Voir *Sacerdoce / sacrificateur (p. 657)* – Voir *Holocauste (p. 631)*

C'est ce qui est immolé comme offrande à Dieu. Le sacrifice de Christ est meilleur que ceux offerts sous la Loi (Hébreux 9. 23). Le Christ s'est livré lui-même comme sacrifice à Dieu (Éphésiens 5. 2). Il a été manifesté une fois pour l'abolition du péché par le sacrifice de lui-même, et une fois pour toutes (Hébreux 9. 26). Ayant offert un seul sacrifice pour le péché, Jésus s'est assis à la droite de Dieu à perpétuité (Hébreux 10. 10, 12).

Les croyants sont exhortés à consacrer leur vie à Dieu pour le servir (Romains 12. 1) et le louer (Hébreux 13. 15), à faire part de leurs biens (Hébreux 13. 16). Dieu prend plaisir à de tels sacrifices. Les croyants offrent des sacrifices spirituels agréables à Dieu par Jésus Christ quand ils l'adorent (1 Pierre 2. 5).

Sadducéens ○, Voir *Pharisiens (p. 650)*

Sagesse ○▬

- 1 Corinthiens 2. 4-8 (p. 383)
- 1 Corinthiens 3. 18-20 (p. 385)
- Jacques 1. 5 (p. 528)

Saint Esprit ○▬, Voir *Baptême de l'Esprit (p. 615)* – Voir *Saint Esprit (p. 659)*

- Jean 1. 32, 33 (p. 212) – sur Christ (colombe)
- Matthieu 28. 19 (p. 83) – personne divine
- Jean 14. 16, 17 (p. 252) – envoyé sur la terre
- Jean 7. 38, 39 (p. 231) – source de vie
- Jean 3. 5, 6 (p. 215) – idem
- Romains 5. 5 (p. 357) – habite dans le croyant
- Romains 8. 9-11 (p. 363) – idem

- 1 Corinthiens 6. 19 (p. 390) – idem
- Éphésiens 1. 13 (p. 446) – les croyants scellés°
- 2 Corinthiens 1. 21, 22 (p. 415) – onction, sceau, arrhes
- Galates 5. 22, 23 (p. 444) – les fruits de l'Esprit
- Actes 2. 1-21 (p. 273) – forme l'Église
- Éphésiens 2. 22 (p. 449) – habite dans l'Église
- 1 Corinthiens 12. 13 (p. 402) – un seul corps
- Jean 14. 26 (p. 252) – console, enseigne
- 1 Corinthiens 2. 9-13 (p. 383) – communique les pensées de Dieu
- 1 Corinthiens 12. 4-31 (p. 401) – attribue des dons
- Apocalypse 22. 17 (p. 598) – avec l'Épouse, dit : "Viens !"

Saint Esprit ○, Voir *Esprit / Esprit Saint (p. 625)*

Le Saint Esprit est Dieu, comme le Père et le Fils (Matthieu 28. 19). Il a toujours agi sur la terre et dans les hommes. À la Pentecôte, après que Christ a été ressuscité et élevé dans le ciel, il a été envoyé par le Père et le Fils (Jean 14. 16 ; 15. 26 ; Actes 2. 4). La présence du Saint Esprit sur la terre caractérise la période chrétienne pendant laquelle se forme l'Église (ou l'Assemblée), l'épouse de Christ. Le Saint Esprit habite dans chaque croyant (né de nouveau) et lui donne conscience qu'il est enfant de Dieu (Romains 8. 11, 16). Il est le lien vivant qui unit tous les croyants en un seul corps : l'Église (1 Corinthiens 12. 13). Il agit pour sa formation et son édification, il console, il affermit la foi et l'espérance de chacun, jusqu'au retour de Christ (1 Corinthiens 12. 7-11).

Saints ○, Voir *Sanctifié (p. 660)*

Dans le N. T., tous ceux qui ont cru en Jésus et en son œuvre expiatoire sont : réconciliés avec Dieu (Romains 5. 10 ; 2 Corinthiens 5. 17-20), sauvés par grâce (Éphésiens 2. 8), rachetés (1 Pierre 1. 18-21), régénérés ou nés de nouveau (1 Pierre 1. 3, 23 ; Jean 3. 3-8), lavés de leurs péchés, sanctifiés (rendus saints), justifiés (rendus justes), nés de Dieu, ou fils adoptifs du Père (voir Jean 1. 12, 13 ; Romains 8. 29, 30 ; 1 Corinthiens 6. 9-11 ; Galates 4. 4-7 ; Éphésiens 1. 4-7). Leur responsabilité pratique est de se sanctifier.

Salut ○╜

- Matthieu 18. 11 (p. 51) – pour ceux qui sont perdus
- Jean 3. 16 (p. 216) – Dieu a donné son Fils (Jésus)
- Actes 4. 12 (p. 279) – le seul nom qui sauve
- Actes 16. 31 (p. 314) – crois au Seigneur Jésus

- Romains 3. 24 (p. 354) – gratuit
- Éphésiens 2. 4-8 (p. 448) – par la grâce, par la foi
- Colossiens 1. 13 (p. 466) – délivre du pouvoir des ténèbres
- Hébreux 2. 3 (p. 505) – à ne pas négliger

Salut ○, Voir *Repentance / se repentir (p. 655)* – Voir *Pardon ner (p. 648)* – Voir *Âme / esprit / corps (p. 610)* – Voir *Pé cheur (p. 649)*

Samarie / Samaritain ○

Région située entre la *Judée*° proprement dite, au sud et la *Galilée*°, au nord de la Palestine. Les Samaritain étaient considérés par les Juifs, qui avaient reconstrui le Temple de Jérusalem, comme des étrangers prati quant un culte mélangé (Jean 4. 9, 19-22). La Samari fut évangélisée par Jésus lui-même (Luc 17. 11-19 Jean 4. 39-42), puis par Philippe, Pierre et Jean (Acte 1. 8 ; 8. 1, 4-25 ; 9. 31).

Samaritaine

- Jean 4. 4-42 (p. 217)

Sanctifié ○

Consacré, mis à part pour Dieu. Devant Dieu, tou croyant est sanctifié (Actes 20. 32 ; 26. 18 ; 1 Corinthien 1. 2 ; 6. 11 ; Hébreux 2. 11 ; 10. 10, 14). Il est mis à par pour Dieu par l'œuvre de la rédemption et par le Sain Esprit qui demeure en lui.

En conséquence, dans sa vie sur la terre, le croyan s'applique aussi à réaliser pratiquement et progressive ment cette sanctification (Apocalypse 22. 11) : par l'ef fet de la Parole de Dieu (Jean 17. 17, 19), par la sépara tion du mal (2 Corinthiens 7. 1 ; 2 Timothée 2. 21), pa Dieu lui-même (1 Thessaloniciens 5. 23). Christ sancti fie l'Assemblée (ou l'Église), en la purifiant par le la vage d'eau par la Parole (Éphésiens 5. 26).

Sanhédrin ○

Tribunal religieux des Juifs, présidé par le *souverain sa crificateur*°, ayant compétence pour Jérusalem et la *Ju dée*°.

Satan, Voir *Diable / Satan (p. 622)*

Scandale / scandaliser ○, Voir *Chute (p. 617)*

Occasion ou moyen de tomber (au sens figuré). D'où le verbe scandaliser ; être scandalisé, se scandaliser de (Romains 14. 21).

– Sens particulier : le scandale de la croix (Galate 5. 11). La croix met de côté, arrête, l'homme et ses rai sonnements ; voir 1 Corinthiens 1. 18 ; 1 Pierre 2. 8 2 Corinthiens 10. 5.

Scandales ○

- Matthieu 13. 41 (p. 39)
- Luc 17. 1, 2 (p. 184)

Sceller ○

"Sceller" est souvent employé dans le N. T. avec le sens de : "marquer d'un sceau" (ou d'un cachet), comme signe de possession ou d'authentification (Éphésiens 1. 13 ; 4. 30 ; 2 Corinthiens 1. 22), d'approbation ou de certitude (Jean 3. 33), de préservation (Apocalypse 7. 3-8), ou d'inviolabilité (Apocalypse 5. 1).

Scribe ○

Celui qui écrit, rédige des constats, comptabilise.
– Sens particulier : versé dans les Écritures saintes et capable de les enseigner (dans l'A. T.). Dans le N. T., les scribes s'opposent le plus souvent à la doctrine de Jésus (Matthieu 9. 3 ; Marc 2. 6, 7 ; Luc 6. 7 ; Jean 8. 3-6). En Matthieu 23. 34, Jésus annonce aux opposants qu'il leur enverra des prophètes et des scribes (ceux qui allaient rédiger le N. T. ou publier son message).

Secouer ○

Secouer la poussière de ses pieds, ou ses vêtements (Matthieu 10. 14 ; Marc 6. 11 ; Luc 9. 5 ; 10. 11 ; Actes 13. 51) : geste des envoyés du Seigneur pour témoigner publiquement que leur message a été refusé, mais que la responsabilité des incroyants demeure sur eux.

Seigneur ○

Seigneur ou *maître*° des esclaves et des domestiques. C'est le même terme qui, employé comme titre du "Seigneur Jésus", exprime sa suprématie, son autorité.
– Sens particulier : Seigneur*, avec le sens de : "le Seigneur Dieu" ou "l'Éternel" de l'A. T.

Sel de la terre ○

- Matthieu 5. 13 (p. 16)
- Marc 9. 50, 51 (p. 109)
- Luc 14. 34, 35 (p. 179)

Semence ✿

- Marc 4. 26-29 (p. 92) – sa croissance

Semeur ✿

- Matthieu 13. 3-9 (p. 36)
- Marc 4. 3-9 (p. 91)
- Luc 8. 5-8 (p. 154)

Sentiment d'incapacité ⊸

- 2 Corinthiens 12. 9, 10 (p. 432)
- Philippiens 4. 12, 13 (p. 463)

Sentiment de péché ⊸

- 1 Jean 1. 6-10 (p. 551)

• 1 Jean 2. 1, 2 (p. 552)

Sermon sur la montagne

• Matthieu 5. 1-12 (p. 15)

• Luc 6. 20-26 (p. 148)

Servir, Voir *Serviteur / esclave / domestique (p. 662)*

Servir / service

Honorer Dieu, lui rendre culte (Matthieu 4. 10 ; Actes 27. 23 ; Romains 1. 9 ; 12. 1 ; 2 Timothée 1. 3, etc.).

Servir / être servi

• Matthieu 20. 25-28 (p. 56)

• Marc 10. 42-45 (p. 112)

• Luc 22. 24-27 (p. 199)

Serviteur / esclave / domestique

La langue grecque utilise plusieurs termes qui sont traduits par "serviteur" dans le N. T., parmi lesquels :

– "Serviteur", "domestique" : celui qui a un service dans une maison (grec : "oikétês") : Luc 16. 13 ; Actes 10. 7 ; Romains 14. 4 ; 1 Pierre 2. 18.

– "Serviteur", "esclave" (grec : "doulos"), totalement assujetti à son maître, qui l'a acheté (Matthieu 24. 45-51 ; Éphésiens 6. 5).

Tous les croyants sont des esclaves (volontaires) de Dieu (1 Pierre 2. 16), de Jésus Christ (Éphésiens 6. 6). Les apôtres se nomment ainsi (Romains 1. 1 ; Jacques 1. 1 ; 2 Pierre 1. 1 ; Jude 1 ; Apocalypse 1. 1).

– "Serviteur", dans le sens de "ministre" (grec : "diakonos") : celui qui a reçu du Seigneur un service (ou : ministère) dans l'assemblée chrétienne (2 Corinthiens 6. 4 ; Éphésiens 3. 7 ; Philippiens 1. 1 ; Colossiens 1. 7, 25). Les qualifications morales pour assumer cette charge sont énumérées en 1 Timothée 3. 8-13.

– "Serviteur", ou "jeune homme" (grec : "païs") : Luc 1. 54 ; 7. 7 ; Actes 3. 13, 26 ; 4. 27.

– "Serviteur" (grec : "hupêrétês") qui signifie à l'origine : le rameur obéissant au rythme du chef de rame. Ce mot est utilisé pour désigner divers services dans le N. T., notamment dans l'expression : "serviteur de la Parole" (Luc 1. 2) ; voir aussi Actes 26. 16 ; 1 Corinthiens 4. 1.

Serviteur impitoyable

• Matthieu 18. 23-35 (p. 51)

Sexualité, Voir *Fornication / fornicateur (p. 627)* – Voir *Mariage (p. 643)*

• 1 Corinthiens 7. 1-17 (p. 390) – dans le mariage

• Matthieu 19. 3-12 (p. 52) – idem

• Matthieu 5. 27-32 (p. 17) – adultère

- Jean 4. 16-19 (p. 218) – idem
- Jean 8. 3-11 (p. 232) – femme adultère
- Actes 15. 28, 29 (p. 311) – fornication
- 1 Corinthiens 6. 13-20 (p. 389) – idem
- Romains 1. 18-32 (p. 350) – homosexualité
- 1 Corinthiens 6. 9-11 (p. 389) – idem

Siècle ○, Voir *Monde (p. 644)*

Période de durée non déterminée. (Ce mot n'a jamais dans le N. T. le sens de période de 100 ans.) En particulier :

– "ce siècle" (Luc 16. 8 ; 2 Corinthiens 4. 4) ou "le présent siècle" (Galates 1. 4 ; Tite 2. 12) : la période actuelle, mais aussi tous ceux qui portent le caractère moral du monde actuel, indifférent aux droits de Dieu ou en rébellion contre lui.

– le "siècle à venir" (Hébreux 6. 5) ou "siècle qui vient" (Marc 10. 30 ; Luc 18. 30) : la période de bénédiction qu'attendent les croyants.

Signe de Jonas

- Matthieu 12. 38-41 (p. 35)
- Luc 11. 29-32 (p. 168)

Siméon / son action de grâces

- Luc 2. 25-35 (p. 137)

Solitude

Jésus avec nous : *Voir Aide / conseil* (p. 609)

- Matthieu 28. 20 (p. 83) – tous les jours
- Luc 24. 29 (p. 207) – demeure avec nous
- Jean 14. 1-3 (p. 251) – là où il est, nous serons aussi
- Jean 14. 23 (p. 252) – chez nous
- Apocalypse 3. 20 (p. 570) – J'entrerai chez lui

Sou ○, Voir *Monnaie / poids (p. 644)*

Souci / inquiétude, Voir *Déprimé / découragé (p. 621)*

- Matthieu 6. 25-34 (p. 20) – pour la vie
- Luc 12. 22-32 (p. 171) – idem
- Matthieu 11. 28-30 (p. 32) – dans l'adversité
- Jean 14. 1-6 (p. 251) – le Seigneur répond
- Philippiens 4. 4-7 (p. 463) – prier
- 1 Pierre 5. 7 (p. 543) – Dieu s'en occupe

Souffrance, Voir *Maladie / souffrance (p. 642)* – Voir *Deuil (p. 621)* – Voir *Déprimé / découragé (p. 621)*

- Romains 8. 17 (p. 364)
- 1 Pierre 2. 20-23 (p. 539)
- 1 Pierre 3. 17 (p. 541)

Souffrances de Christ (1)

Dans son humanité : *Voir J. C. / son ministère / accusé par les Juifs* (p. 635)

Souffrances de Christ (2) ⊶
De la part des hommes : *Voir J. C. / sa croix / annonce de ses souffrances* (p. 637)

Souffrances de Christ (3) ⊶
Pour l'expiation des péchés :
- Matthieu 27. 45-50 (p. 80)
- 2 Corinthiens 5. 21 (p. 421)
- Galates 3. 13 (p. 439)
- Hébreux 2. 9, 10 (p. 505)
- 1 Pierre 3. 18 (p. 541)

Souffrances pour Christ ⊶
- Actes 5. 41 (p. 284)
- 2 Timothée 1. 12 (p. 492)
- 2 Timothée 2. 3 (p. 493)
- 1 Pierre 4. 14 (p. 542)

Souper / invités
- Matthieu 22. 1-14 (p. 60)
- Luc 14. 15-24 (p. 178)

Souverain sacrificateur ○, Voir *Sacerdoce / sacrificateur (p. 657)*

Stress ⊶, Voir *Souci / inquiétude (p. 663)*

Suivre Jésus
- Matthieu 8. 19-22 (p. 24)
- Luc 9. 57-62 (p. 162)
- Jean 12. 20-26 (p. 246)
- Jean 21. 15-19 (p. 268)

Surveillant ○
Chrétien appelé à veiller avec attention et consécration au bien de chacun et de l'ensemble dans l'Église locale. Les surveillants ont été choisis au commencement par les apôtres ou leurs délégués, en raison de leurs qualités morales. L'Esprit Saint les recommande aujourd'hui s'ils présentent ces mêmes qualités (Actes 20. 28 ; Philippiens 1. 1).

Synagogue ○
Lieu où les Juifs se rassemblent dans chaque ville, principalement le jour du *sabbat*°, pour la lecture en commun de l'A. T. (Matthieu 4. 23 ; 9. 35 ; 13. 54 ; Marc 1. 21 ; Luc 4. 15, 16 ; Jean 6. 59 ; Actes 15. 21).

Tabernacle ○
– 1. Dans l'A. T., tente (de rassemblement) construite selon les instructions données par l'Éternel à Moïse, pour être une habitation de Dieu dans le désert (Hébreux 8. 5). Le tabernacle était constitué d'un lieu saint, où se trouvaient une table avec les pains de proposition, un chandelier et un autel où l'on brûlait de

l'encens ; de l'autre côté d'un *voile*°, se situait le lieu très-saint, ou Saint des Saints, avec l'arche de l'alliance. Seul le souverain sacrificateur pouvait entrer dans le lieu très-saint une fois par an, avec le sang d'un sacrifice et de l'encens (voir Lévitique 16 ; Hébreux 8 et 9).

– 2. Fête des tabernacles : Septième et dernière fête annuelle en Israël (voir Lévitique 23. 33-44). Elle était célébrée pendant sept jours à partir du quinzième jour du septième mois (notre mois d'octobre), à la fin de la récolte des champs. Elle rappelait aux Israélites que leurs pères avaient vécu sous des tentes après leur sortie d'Égypte, avant d'entrer dans la terre promise. Les Juifs, au temps du Seigneur, célébraient encore la fête des tabernacles (Jean 7. 2, 37).

Talent ○, Voir *Monnaie / poids (p. 644)*

Monnaie de compte valant 60 mines, c.-à-d. 6000 *drachmes*° ; la drachme grecque équivaut à peu près au *denier*° romain.

Talents ♧, Voir *Mines (p. 644)*

- Matthieu 25. 14-30 (p. 69)

Témoignage ○

- 2 Timothée 2. 2 (p. 493) – compte-rendu fait par une personne de ce qu'elle a vu ou entendu. Un témoignage, pour être reçu, nécessite l'avis d'au moins deux témoins (1 Timothée 5. 19).
- Actes 22. 12 (p. 330) – "un bon témoignage" : on rendait témoignage à sa piété.
- 1 Jean 5. 10-12 (p. 558) – "le témoignage de Dieu" : qu'Il a rendu au sujet de son Fils.
- 1 Corinthiens 2. 1 (p. 383) – idem
- 1 Corinthiens 1. 6 (p. 381) – "le témoignage du Christ" : tout ce qui concerne sa personne et son œuvre.
- 2 Timothée 1. 8 (p. 492) – "le témoignage de notre Seigneur" : les résultats de son œuvre qui sont le salut, l'appel, la grâce, le service, la célébration de la Cène, etc.
- Matthieu 26. 59 (p. 76) – témoignages mensongers.

Tempête apaisée ♧

- Matthieu 8. 23-27 (p. 24)
- Marc 4. 37-41 (p. 93)
- Luc 8. 22-25 (p. 156)

Temple / marchands ♧

- Matthieu 21. 12-17 (p. 58)
- Marc 11. 15-19 (p. 114)

• Luc 19. 45-48 (p. 191)
• Jean 2. 13-17 (p. 214)

Temple ○

– 1. Temple, au sens restreint (grec : naos) : pour ce sens seulement on trouve un appel à l'Index dans le texte.

Il désigne l'habitation de la Divinité (Matthieu 26. 61 ; Marc 14. 58 ; 15. 29 ; Luc 1. 9 ; Jean 2. 19-21). Il comprenait le lieu saint et le lieu très-saint, séparés par un grand *voile*. Seul le souverain sacrificateur pouvait y entrer pour le service (voir Exode 26. 31-34 ; Lévitique 16. 12, 13 ; Matthieu 27. 51 ; Marc 15. 38 ; Hébreux 9. 2-12). Le Trésor du Temple de Jérusalem donnait sur le parvis, d'où l'on pouvait verser les offrandes (Matthieu 27. 5, 6 ; Marc 12. 41 ; Luc 21. 1 ; Jean 8. 20).

– 2. Temple, au sens large (sans appel à l'index) : Sanctuaire (grec : hiéron), c.-à-d. l'ensemble des bâtiments sacrés, avec cours et dépendances (Matthieu 12. 5). Vers 20 av. J.-C., *Hérode*° le Grand avait commencé à reconstruire et embellir le Temple d'après l'Exil (Esdras 6. 14-16). Une immense galerie couverte à colonnes, appelée *portique* de Salomon, abritait la foule, y compris les marchands de bêtes pour les sacrifices, et les changeurs ou banquiers (Matthieu 21. 12, 13).

Temps ○

Mesure du temps : les Hébreux divisaient l'année en mois lunaires et en semaines ; une journée était comptée d'un soir au soir suivant, non de minuit à minuit (Genèse 1. 5). Voir *Sabbat*°.

Les Juifs divisaient en 12 "heures" (Jean 11. 9) la durée du jour solaire, de l'aube au crépuscule. Plus longues en été, plus courtes en hiver, ces heures ne correspondent aux nôtres que très approximativement :
– 1e heure : le début du jour
– 3e heure : vers 9 heures
– 6e heure : vers midi
– 9e heure : environ 15 heures (Matthieu 27. 45, 46)
– 11e heure : environ une heure avant le coucher du soleil (Matthieu 20. 1-12).

La nuit était partagée en 4 veilles :
– du coucher du soleil à 9 ou 10 heures du soir,
– la deuxième jusqu'à minuit,
– la troisième jusqu'à 2 ou 3 heures du matin,
– la dernière jusqu'à l'aube (Matthieu 14. 25 ; Marc 6. 48 ; 13. 35 ; Luc 12. 38).

En Jean 19. 14, le temps paraît avoir été compté à la façon romaine : à la sixième heure, il est environ six heures du matin.
– Sens particulier : Temps de rafraîchissement, temps du rétablissement de toutes choses (Actes 3. 19, 21) : Ces temps se réfèrent à l'époque future où la création sera affranchie de la servitude de la corruption (Romains 8. 20-22) et où le Christ fera régner la justice sur toute la terre. Ces temps ont été annoncés par les prophètes de l'A. T. qui ont invité le peuple d'Israël à la repentance comme nation (Deutéronome 30. 1-3 ; Amos 9. 14, 15 ; Actes 1. 6 ; Romains 11. 25, 26).

Tentation / épreuve ⊶

Tentations / Jésus ◌, Voir *J. C. / son ministère / les tentations (p. 637)*

Tétrarque ○

Prince subalterne, auquel était attribué le gouvernement d'une fraction de territoire, sans le titre officiel de roi (Luc 3. 1 ; Matthieu 14. 1 ; Actes 13. 1).

Thomas / Jésus ◌

Tombeau gardé ◌

Tradition ◌, Voir *Pharisiens (p. 650)*

Transfiguration ◌

Transgression / transgresseur ○, Voir *Péché (s) (p. 649)*

Le fait d'enfreindre une loi, de désobéir à un commandement. Le péché a pris par la *Loi*° le caractère de transgression.

Travail ⊶

Trésor caché ◌

Trésor dans le ciel ○
- Matthieu 6. 19-21 (p. 20)
- Luc 12. 33, 34 (p. 172)

Tribut à César ○
- Matthieu 22. 15-22 (p. 61)
- Marc 12. 13-17 (p. 116)
- Luc 20. 20-26 (p. 193)

Tristesse / joie ○
- Jean 16. 19-22 (p. 256)
- 2 Corinthiens 1. 3-11 (p. 414)
- 2 Corinthiens 7. 10 (p. 424)

Troas ○, Voir *Asie (p. 613)*

Van ○

Le blé (froment ou autre céréale) était battu sur une surface plane (l'aire), puis on séparait les grains de la paille et des débris (la balle), en secouant le tout dans un panier en osier (un van) qu'on exposait au vent.

Veille (s) ○ , Voir *Temps (p. 666)*

Vengeance ○
- Matthieu 5. 38-45 (p. 18) – ne vous vengez pas
- Romains 12. 17-21 (p. 373) – idem

Venue du Seigneur ○

– Jésus est venu une fois dans le monde pour sauver ceux qui croient (Matthieu 18. 11 ; 1 Timothée 1. 15). Il a promis : "Je reviendrai" (Jean 14. 3), et "Je viens bientôt" (Apocalypse 3. 11).

– Sa seconde venue aura lieu en deux phases :

– 1. D'abord pour prendre auprès de lui ses rachetés qui seront ressuscités ou changés (1 Corinthiens 15. 51, 52 ; Philippiens 3. 20, 21 ; 1 Thessaloniciens 4. 15-18).

– 2. Ensuite aura lieu, avec eux, son *apparition* dans ce monde pour juger et pour régner (2 Thessaloniciens 1. 7-10 ; 2. 8 ; Apocalypse 19. 11-16).

Vérité ○
- Éphésiens 4. 25 (p. 452) – la vérité s'oppose au mensonge.
- Jean 1. 17 (p. 211) – la vérité (ce qui seul est vrai) est venue par Jésus Christ.
- Jean 17. 17 (p. 258) – la Parole de Dieu est la vérité.
- Jean 14. 6 (p. 251) – Jésus est la vérité.
- Jean 16. 13 (p. 255) – l'Esprit est la vérité et nous conduit dans toute la vérité.
- 1 Jean 5. 6 (p. 557) – idem.
- Jacques 1. 18 (p. 529) – les croyants engendrés par la parole de la vérité.

- Jean 3. 3 (p. 215) – “en vérité, en vérité, je te dis” précède un enseignement incontournable.

Verre d'eau fraîche
- Matthieu 10. 42 (p. 30)
- Marc 9. 41 (p. 108)

Veuve pauvre
- Marc 12. 41-44 (p. 118)
- Luc 21. 1-4 (p. 195)

Vie éternelle
- Jean 3. 16 (p. 216) – don de Dieu
- Jean 3. 36 (p. 217) – comment la recevoir
- Jean 10. 27, 28 (p. 240) – personne ne peut nous l'enlever
- Jean 17. 1-3 (p. 257) – c'est connaître Dieu et son Fils
- 1 Jean 5. 11, 12 (p. 558) – elle est dans son Fils
- 1 Jean 5. 13 (p. 558) – celui qui croit sait qu'il l'a

Vieil homme, Voir *Chair (p. 617)* – Voir *Péché (p. 649)*

Tout homme qui vient au monde naît pécheur, car il descend d'Adam dont la désobéissance a introduit le péché dans le monde. Il a la vie et la nature de ses parents.

Mais “Dieu a envoyé son Fils unique dans le monde, afin que nous vivions par lui” (1 Jean 4. 9). Celui qui croit en son nom est “né de Dieu”, “né de nouveau”, pour être un nouvel homme, “participant de la nature divine” (2 Pierre 1. 4). Dieu n'améliore pas ce qui est ancien. Le vieil homme a été crucifié avec Christ, pour recevoir à la croix la juste sentence qu'il méritait. Désormais, Dieu considère le croyant comme un nouvel homme, responsable de marcher comme tel.

L'expression “vieil homme” (Romains 6. 6 ; Éphésiens 4. 22 ; Colossiens 3. 9, 10), par contraste avec le “nouvel homme”, paraît englober tout ce que j'étais, homme pécheur responsable, dans mon ancienne condition avant d'avoir cru.

Vierges
- Matthieu 25. 1-13 (p. 69) – les dix vierges endormies

Vigne / vignerons
- Matthieu 21. 33-46 (p. 59)
- Marc 12. 1-12 (p. 115)
- Luc 20. 9-19 (p. 192)

Vin nouveau

Dans les vieilles outres
- Matthieu 9. 17 (p. 26)
- Marc 2. 22 (p. 88)
- Luc 5. 37-39 (p. 146)

Vinaigre ○
La boisson fournie aux soldats romains était du vin aigri qu'ils étendaient d'eau (Psaume 69. 21 ; Matthieu 27. 34, 48 ; Marc 15. 36 ; Luc 23. 36 ; Jean 19. 28-30).

Violence ⊶, Voir *Colère / violence (p. 619)*

Vipère ○
- Matthieu 3. 7 (p. 12) – race de vipères
- Luc 3. 7 (p. 139) – idem
- Matthieu 12. 34 (p. 35) – idem
- Matthieu 23. 33 (p. 65) – idem
- Actes 28. 3-6 (p. 345) – morsure de l'apôtre

Voile ○, Voir *Temple (p. 666)*

Volonté de Dieu ○
- Matthieu 7. 21 (p. 22)
- Luc 6. 46 (p. 150)
- Jean 5. 30 (p. 222)
- Romains 12. 2 (p. 372)
- Éphésiens 6. 6 (p. 455)
- Colossiens 1. 9 (p. 465)
- 1 Pierre 3. 17 (p. 541)

Zacharie / son action de grâces ○
- Luc 1. 67-79 (p. 134)

Zachée ○
- Luc 19. 1-10 (p. 189)

Zébédée / ses fils ○
- Matthieu 4. 21, 22 (p. 14)
- Marc 1. 19, 20 (p. 85)

Zélote ○
Mot accolé au nom de l'apôtre Simon, pour le distinguer de Simon Pierre ; l'équivalent : “le Cananéen” (ou : Cananite) signifie “zélé” en araméen (Matthieu 10. 4 ; Marc 3. 18 ; Luc 6. 15). Les Zélotes étaient des patriotes juifs menant des actions violentes contre l'occupant romain.

Achevé d'imprimer en Janvier 2016

IMPRIMERIE-RELIURE

ROYAL JONGBLOED

HEERENVEEN PAYS BAS

Broché couleur

BPC – Réf. **NV767FR**

ISBN 978-2-87907-488-7

Relié simili cuir

BPC – Réf. **NV764FR**

ISBN 978-2-87907-489-4

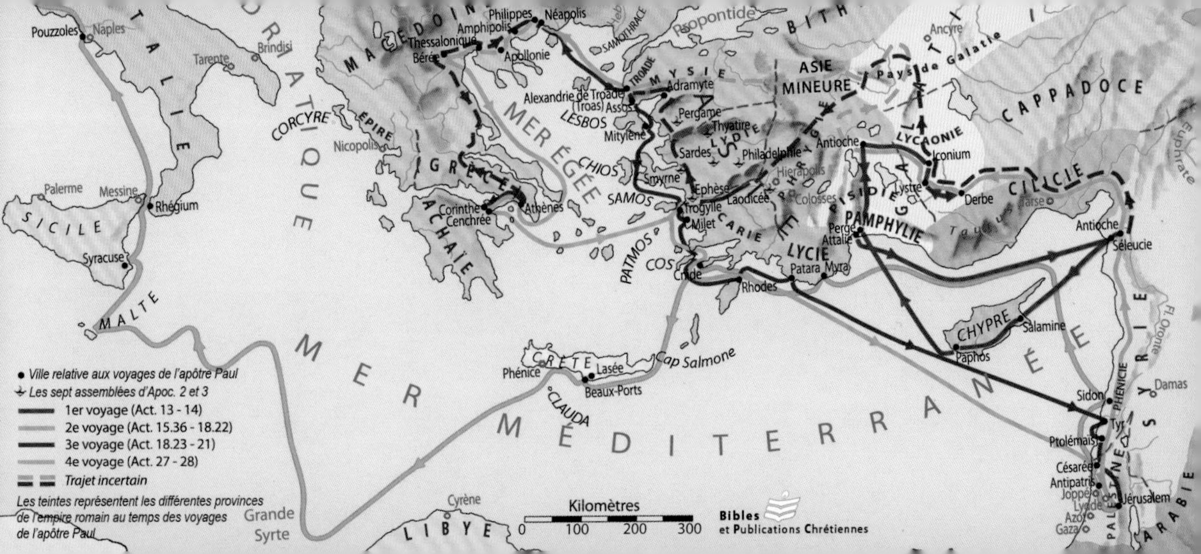

• Ville relative aux voyages de l'apôtre Paul
Les sept assemblées d'Apoc. 2 et 3
1er voyage (Act. 13 - 14)
2e voyage (Act. 15.36 - 18.22)
3e voyage (Act. 18.23 - 21)
4e voyage (Act. 27 - 28)
Trajet incertain
Les teintes représentent les différentes provinces de l'empire romain au temps des voyages de l'apôtre Paul
Kilomètres
0 100 200 300
Bibles et Publications Chrétiennes
MER MÉDITERRANÉE
MER ÉGÉE
ADRIATIQUE
ITALIE
SICILE
MALTE
MACÉDOINE
GRÈCE
ACHAÏE
ÉPIRE
CORCYRE
ASIE MINEURE
MYSIE
TROADE
LYDIE
CARIE
LYCIE
PAMPHYLIE
PISIDIE
PHRYGIE
LYCAONIE
GALATIE
Pays de Galatie
CAPPADOCE
CILICIE
BITH
CHYPRE
CRÈTE
SYRIE
PHÉNICIE
PALESTINE
ARABIE
LIBYE
LESBOS
CHIOS
SAMOS
PATMOS
COS
CLAUDA
SAMOTHRACE
Propontide
Euphrate
Fl. Oronte
Taurus
Grande Syrte
Cap Salmone
Pouzzoles
Naples
Brindisi
Tarente
Rhégium
Messine
Palerme
Syracuse
Nicopolis
Philippes
Néapolis
Amphipolis
Thessalonique
Apollonie
Bérée
Corinthe
Cenchrée
Athènes
Alexandrie de Troade (Troas)
Assos
Adramyte
Pergame
Thyatire
Mitylène
Sardes
Philadelphie
Smyrne
Éphèse
Laodicée
Hiérapolis
Colosses
Trogylle
Milet
Cnide
Rhodes
Patara
Myra
Perge
Attalie
Antioche
Iconium
Lystre
Derbe
Tarse
Ancyre
Antioche
Séleucie
Salamine
Paphos
Phénice
Lasée
Beaux-Ports
Cyrène
Sidon
Tyr
Damas
Ptolémaïs
Césarée
Antipatris
Joppé
Lydde
Azot
Gaza
Jérusalem